永恒之路

奥古斯丁本体形上时间哲学研究

徐龙飞 著

商務印書館
创于1897 The Commercial Press
2018年·北京

图书在版编目（CIP）数据

永恒之路：奥古斯丁本体形上时间哲学研究 / 徐龙飞著 .—北京：商务印书馆，2018
ISBN 978-7-100-16495-5

Ⅰ. ①永…　Ⅱ. ①徐…　Ⅲ. ①奥古斯丁（Augustine, Aurelius 354-430）—时间哲学—研究　Ⅳ. ① B503.1

中国版本图书馆 CIP 数据核字（2018）第 190336 号

永恒之路
——奥古斯丁本体形上时间哲学研究
徐龙飞　著

商　务　印　书　馆　出　版
（北京王府井大街 36 号　邮政编码 100710）
商　务　印　书　馆　发　行
北京市艺辉印刷有限公司印刷
ISBN 978－7－100－16495－5

2018 年 10 月第 1 版　　开本 880×1230　1/32
2018 年 10 月北京第 1 次印刷　　印张 $20\frac{3}{4}$

定价：68.00 元

Für Wang Xi

目　录

导论：时间与存在
——方法论并提出各章节所研究主题之理由

第一篇　Aἰών 与 χρόνος
——论柏拉图的时间学说

第二篇　永恒与时间
——普罗提诺《九章集》第三卷第七章研究

第三篇　奥古斯丁本体论时间哲学研究

结语篇　奥古斯丁的时间学说作为思想史的耕地

附录篇

导论：时间与存在

——方法论并提出各章节所研究主题之理由

0. 引入：生命与时间——存在的意义作为问题

当人越益发现客观世界似乎具有无可想象的悠长的时间时，那么他也就不可避免地同时发现，自己的生命时间是那样的短暂，白驹过隙一样迅捷而去、去而不返，生命是向着死亡的存在、是活生生的死亡，生命被死亡所限定，甚或死亡才是活生生的生命，这一令人煎熬的界限限定了人们充满活力、充满想象的无限的求生欲望。

于是，生命像一首如此荒蛮的史诗、如此留白的哀歌！

人的有限生命时间和宇宙的绵渺悠长的时间形成鲜明对照；而在尼采"上帝死了"的背景下的现代世界中，宇宙时间的客观化与去界限化似乎有了可能性，甚或必然性，换言之，超人也会死的，没有了永恒，取而代之的似乎是宇宙时间的悠悠无期限、绵绵无绝期，末世论的终极性作为救赎的时间似乎为人们准备了达于救赎的有期限的路径，达于救赎的时间似乎既是可望而又是可及的，而一旦这一时间遗失了，那么客观而去界限的宇宙时间所赖以生成和生存的就是救赎时间的遥遥无期了，而时间本身甚至也是死亡着的。[①]

我们在此所能提出的问题是：被理解的死亡能取代生命的意义吗？宇宙论的时间能取代救赎论的时间吗？最终：哲学能取代宗教吗？

1. 生命的短暂与时间的迅捷

塞内卡在他的“De brevitate vitae”[②]（《论生命之短暂》）中反驳了人们对于短暂生命的抱怨，在他看来，并非是我们的生命短暂，而是我们将它弄短了，我们将生命浪费在无价值的事情中，他举出的例子直到今天都有意义：有人从一个约会到另一个约会奔走忙碌着，最终却忘记了自己本有的生活，有人整天和别人讨论自己的卷发发型，他那还唯一残留的一根头发是应当向左打卷呢？还是向右打卷呢？他们浪费了时间、荒废了自己的生命；塞内卡意义上的生命并不短暂，只是人们浪费时间而缩短了自身的生命。[③]但是我们必须看到，他的论证的前提恰恰是我们生命的短暂：如果我们有任意多的时间，如果总是有新的时间生成，那我们就能任意浪费无限而任意多的时间而不会损失任何时间；可事实却是：我们恰恰没有！

对我们而言并没有任意多的时间！我们的时间并非奠定在

① 关于“死亡着的时间”，请参见 D. Kamper, Chr. Wulf (Hrsg.), Die sterbende Zeit. Zwanzig Diagnosen. Darmstadt/Neuwied 1987.

② 就此请参见 Seneca, De brevitate vitae. Gerhard Fink (Hrsg.), Die Kürze des Lebens. De brevitate vitae. De Gruyter, Berlin 2011.

③ 就此请参见 Odo Marquard, Zeit und Endlichkeit. In: Hans Michael Baumgartner (Hrsg.), Das Rätsel der Zeit. Philosophische Analysen. Verlag Karl Alber Freiburg/München. 2. Unveränderte Auflage 1996. S. 365-366.

任意多的时间之上，我们的生命是有限的，我们的生命是短暂的，这意味着，时间并非我们的意志所能决定的，时间作为我们生命经验的原初的被给出性，恰恰并非从非限定性到非限定性不断流淌的同一形式的当下，并非当下不断持续的结果，生命是有限的，时间对于生命而言是有限的，对于生命而言，时间的有限意味着她会越来越少，她不断消减自身，流逝不再、流逝殆尽，没有人能阻拦住她、阻挡她、叫停她的跃动。

时间首先是我们的生命时间，是我们在死亡之前还能拥有的，她对我们而言既是有保障的、又是在一个简短的时期之后无保障的，每一个人最终而确切的将来必定是他的死亡；我们最重要的时间经验是：时间是有限的，时间是有期限的，我们知道这一点，因为我们是向着死亡的存在。如果我们比较宇宙时间、世界时间的话，那么对于时间有限性的经验并非是仅仅主体的时间历验，与客体而可测度的世界时间相比较，我们被死亡所限定的生命期限就是我们现实的时间，我们自己要彻底地生命我们的生命，死亡我们的死亡，我们在有限的现实时间中要彻底地生、彻底地亡！在所有短缺资源中最短缺的就是我们生命的时间，我们的生命来得太晚，走得太早，这期间无论多么长都嫌太短！

无论如何，我们都是较晚出生的，我们生命的开端并非开端，我们似乎并非从第一声啼哭开始我们的生命，而是我们的生命似乎从母腹之中就蠢蠢欲动了；而我们的死亡无论多么迟疑，总会很快到来的，“在慌张迟疑的时候，请跟我来！”这难道不是死亡向我们的讴歌吗？“别说什么！那是你无法预知的世界！”这难道不是死亡向我们的宣言吗？“别说！你不用说！”那并非是我们无奈的回答，而仅仅是我们生命键盘上时间归零的回车！死亡是一件无须着急去做的事情，是一件无论如何耽搁都不会错过的事情，一个必然、必定、必须降临的节日；我们诞生在向着死亡的存在之中，在人的生命中，诞生承载着死亡！这个概率平均是多少？百分之百！[①]

我们真的要呼号：Vita brevis！生命如此短暂！

在我们生命的短暂性中，我们必须考量我们生命的短暂与时间的有限，一方面，我们的时间是个期限，生命有限，我们的将来被死亡所限定而是短暂的，我们不能永久等待，否则我们将错过我们的生命，我们要赶在迅捷到来的死亡之前而迅捷达到我们的目标，否则我们将错过我们的时间；生命的短暂迫使我们加速我们的努力；另一方面，由于我们的时间是个期限，生命有限，由此我们无法随意、任意获得新的东西，为此我们匮乏时间，无论死亡多么迟疑，它总是很快到来，这限制和消减我们更新和改变的能力与努力，将我们和我们的过往，甚或当下联接得如此紧密，以至于我们无法任意向前奔突，以至于我们无论多么迅捷，这迅捷都难免是缓慢的，我们生命的短暂、我们时间的有限、我们时间的期限迫使我们缓期执行我们的努力；最终一个方面，由于我们的时间是个期限，生命有限，因而无论是迅捷还是缓慢，我们别无选择、并无选择；而不可避免的是，我们必须同时具有这两者：快节奏生活、慢节奏生活！我们的生命如此短暂，我们生命时间的有限性迫使我们不得不如此，这一时间性的双重生命节奏迫使我们渴望未来而加快节奏、向往过去而缓慢生活。总之，

---

① 就此请参见 Odo Marquard, Zeit und Endlichkeit. In: Hans Michael Baumgartner (Hrsg.), Das Rätsel der Zeit. Philosophische Analysen. Verlag Karl Alber Freiburg/München. 2. Unveränderte Auflage 1996. S. 367.

快与慢，每个人的时间都是这样，每个时代的时间都是这样，每个时代每个人的生命也都是这样；这似乎撕裂我们的生活，令我们撕裂，可是我们必须在其中坚忍不拔，我们必须、我们不得不在当下如此这般同时快与慢生活，以渴望未来而回忆过往，否则我们仅仅有半个生命。

人是匮乏时间的存在，人在时间上最初的经验就是时间的匮乏性、短缺性；凡不知死的人，也就没有时间匮乏感，而在死亡中存在的人则感受到时间的紧迫，每一个人都生活在一次性的诞生与一次性的死亡之间，尽管诞生并非他自己的意愿，但是他毕竟自己亲自来到这个世界上，而死亡尽管也许并非他的意愿，但是他必须自己亲赴其中，人仅仅有一个唯一的生命、一个唯一的生命时间：人只能活一次！对他而言，有限的时间是一次性的！有限的时间是唯一性的！

我们只能视死如归！

人被迫要迅速、要迅捷，现代世界要求迅速、要求迅捷，迅速、迅捷被如此这般地强调，以至于人的缓慢性被战胜。现代世界也将自己经验为，甚至理解为迅速运转的过程，其更新的速度不断增长，变化速度的增长借助特殊的现代手段而成为可能的，譬如方法的更新、人的缓慢性的中性化，特别是将传统而缓慢的世界中性化，现代化的能力改变传统，现代科学总是取得甚或能够不依赖于传统而检验传统的新成果，并且不断取代传统功能的现实性。①

① 就此请参见 K. Mainzer, Zeit. Von der Urzeit zur Computerzeit. München 1995. J. Audretsch, K. Mainzer (Hrsg.), Philosophie und Physik der Raum-Zeit. 2. Auflage, Mannheim/Wien/Zürich 1994.

而当人们质询存在与时间的内在联系时，在哲学的可能性上或许有不同的回答，或者存在的意义必须从此在的时间性中来阐发，也就是从人的存在的某种特殊境况中来解释之，或者存在的意义来自于并不依赖于任何时间性的判断，也就是说，这样判断的谓项不能是空洞的。不同的回答之间可能是格格不入的，当然哲学也并不要求统一而一致的答案，或许不同回答的出发点是不一样的，或许选取的经验事实不相同，而不同的出发点与不同的经验事实或许都有其自身的理由，而我们又当如何判断这些观点呢？

2. 时间与存在

在亚里士多德看来，动词是一种同时指出时间的语词，这意义在于，如果“健康”是一个名词（主词）的话，那么“是健康的”就是动词，因为它表述了健康在当下依然是在的。[①] 动词同时指出时间的含义并非在于动词表述了自身，而是表述了某种联系，或曰：是在一种与他者的联系中实现动词自身的含义，如同“是”自身并非是一样，但是却表述了一种联系；[②] 固然，动词在句子中借助时态的变化而同时表述时间，既有可能是一种老生常谈，甚或又有可能是一种歧义；而如果说在谓语位置上的“是”既表述时间，同时又指出一种联系，则不仅既有可能是腐儒之见，而且甚或是错误的，之所以能够这样说，

① 就此请参见 Aristotle，De interpretatione. Hermann Weidmann (Hrsg.), De Gruyter, Berlin New York 2014. C. III, 16b 6-9.

② 就此请参见 Aristotle, De interpretatione. Hermann Weidmann (Hrsg.), De Gruyter, Berlin New York 2014. C. III, 16b 23.

原因取决于谓语位置上的“是”究竟是系词、抑或是实义动词。

尽管“某物存在”这一句子在语法上是正确的，但是在语言逻辑上却是误导的；如果将“某物”理解为单数的语词、并且表述一种对象的物，而且“存在”作为谓项、并且表述这一对象物的属性，那么就产生双重的困难，一方面，“不存在”似乎也可以理解为对象的属性，于是在否定句的情形下人们必须接受一种矛盾，这一矛盾在于，人表述的他所确定的存在的某物，其实并不存在，这一困难是意义的矛盾性；另一方面，如果“某物存在”并非被理解为主-谓联系的结构，也就是并非为系表结构，而是被理解为某物的标志，也就是说，谓项“存在”不能是空的，那么“某物存在”就意味着，至少存在着一个东西，这个东西与“某物”等同，于是作为谓项出现的“存在”就不仅转化成为主词表述了，成为“有一个某物”，而且损失了应有的特殊性。

毫无疑问，这一双重困难建立在一定的先决条件上，取而代之的也是有思维的可能性的，如果下车伊始就不将谓项理解为与它指称之物的等同是真或假，那么其否定表述“某物不存在”在并不造成矛盾的情形下则可以理解为“某物存在”是假的，除此之外，从“某物存在”到“有一个某物”的意义转换，也就并非是矛盾的了。

而遗留的问题依然是，“存在”一词的特殊情形及其所有与其它谓项表述相区别的意义，阿维森纳将其表述为在存在判断中的“est”的类偶性属性，[①] 托马斯·阿奎那也区分“ον”

① 就此请参见 Avicenna, Liber de philosophia prima sive scientia divina. VIII, 4-7. Ed. Simone van Riet, Louvain-La-Neuve E. Peeters / Leiden E. J. Brill 1980. II, 397-433.

与“est”作为谓项的意义，[1]邓·司各特就存在判断的“est”表述说，在“coordinatio praedicamentalis”（“谓项联合”或“谓项配合”）之外有一个谓项，因为这并非本质的表述，而是“esse extra causas”（“外在于诸多原因的存在”）的“终极行为”，[2]康德在邓·司各特的意义上认为，“Sein”（“存在”）在“Existenz”（“现存”、“出于存在”）的意义上是一个由自身而来的（sui generis）谓项，并非在“reales”的意义上，亦即并非在确定某物属性（Washeit）的意义上，而是在某物的位置，或者由自身（an sich selbst）而来的谓项的某种限定，[3]于是“Existenz”由此就并非某物自身的谓项，而更多的是关于它的思想。[4]而在弗雷格那里，“Existenz”并非标志、标记，而是概念的属性，仅仅是语言的形式语词，[5]因为在其中仅仅表述了分词判断的形式，“Seiend”一词仅仅是语言迫不得已的创造而已，以能够表述分词判断（partikuläre Urteil）的形式。于是，普遍意义上的存在表述才是有意义的，单数的存在表述，如同“某物存在”，本质上是同义反复，因为此物之逻辑专有名称已经包含此物之

① 就此请参见 Thomas Aquinas, Summa Theologiae. I 3, 4, 2.

② 就此请参见 John Duns Scotus, Ordinatio. II d. 3 p. 1 q. 3 nn. 53-65. Ed. Vat. VII, 419-421.

③ 就此请参见 I. Kant, Kritik der reinen Vernunft. Wissenschaftliche Buchgesellschft Darmstadt. A 599ff./B 626ff. In:Kant’s gesammelte Schriften. Herausgegeben von der Königlich Preußischen Akademie der Wissenschaften.Erste Abtheilung: Werke, vierter Band. Berlin Druck und Verlag von Georg Reimer, 1911. 亦请参见 Kritik der reinen Vernunft. Wissenschaftliche Buchgesellschft Darmstadt.

④ 就此请参见 I. Kant, Kritik der reinen Vernunft. A 584-591/B 612-619; A 600-601/B628-629.

⑤ 就此请参见 Frege, Dialog mit Pünjer Über Existenz. In: Ders. Nachgelassene Schriften. Hrsg. Von H. Hermes. Hamburg 1969. S. 69.

存在了，在被命名的谓项中这一存在已经得到表述了。如果涤除单数的术语，那么存在量化（Existenzquantor）就成为存在意义的单独承载者，存在于是就是借助存在的量化而被表述的。

在这个意义上，术语“存在”不仅损失其多重含义，甚或与此相关联的矛盾，而且还毫无限定地被使用。大凡不存在的，亦即不能作为逻辑主语（主词）出现，也就是我们不能言说的，而但凡能够作为逻辑主语出现的，无论它被归入什么范畴，则一定是在“es gibt”（或“there is”）中落户者，并且能够被言说，这在哲学的思维中就不是谬误或愚见，于是言说超验的存在，譬如上帝，就是有意义的了，于是：尽管我们无法知道上帝的存在与本质，但是唯一言说上帝的途径就是“上帝存在”（“Deus est”）这一表述是真的；[①] 换言之，上帝存在的证明之所以能够成立，恰恰在于我们在上帝谓项中所设置的并非空无，以至于由此构成的句子功能是真的。康德也以类似的方式表述说：“某个存在着的是上帝，这也就是一些谓项属于一个存在着的某物，我们总体上借助‘上帝’这一表述来标示这些谓项。”[②]

上述表述的泛化不仅损失了与存在谓项的，而且也损失了与时间的内在联系，或曰：涤除了时间；但是，只要在存在表述中出现时间关联，那么这一关联必然涉及时空位置，而“es

① 就此请参见 Thomas Aquinas, Summa Theologiae. I 3, 4, 2.

② 就此请参见 I. Kant, Der einzig mögliche Beweisgrund zu einer Demonstration des Daseins Gottes. Historisch-kritische Edition. Mit einer Einleitung und Anmerkungen herausgegeben von Lothar Kreimendahl und Michael Oberhausen. Felix Meiner Verlag, Hamburg 2011. S. 19. A 11（“Etwas existierendes ist Gott, das ist, einem existierenden Ding kommen diejenigen Prädikate zu, die wir zusammengenommen durch den Ausdruck: Gott, bezeichnen”）.

gibt”（或“there is”）也就适用于这一时空位置，而不是适用于自身。

3. 时间与作为谓项的存在

但是存在的表述，无论是同义反复的，亦或是转换形式的，都无法消解时间的关联性及其意义；存在（“Existenz”）并非别的什么，而是对象在时空中的位置的当下性，凡标示质料对象的，则有双重意义，也就是在标示空间位置的同时，也标志了当下在场的时间。

而究竟什么是时空的当下在场呢？事物在某一确切之处的在场，同时也意味着必须理解为时间性法则意义上的在场，存在本身是双重维度的，即是空间的、又是时间性的，而所谓双重维度似乎是存在自身的存在量词化，这一所谓双重维度的存在量词化中的双重维度，并非某种限定，而是意味着多重，以至于全维度的，譬如也包括质量维度以及主体维度等，存在不仅能够以任何一个单维度，而且也能够以任何两个以上多维度之关联来理解，于是存在当然就涵盖时间维度，甚或与时间能够对等起来；不仅任何一个存在表述必然与时间、空间限定相关联，而且如果这的确是一个多重维度之存在表述的话，那么这一表述必然涵盖传达这一表述的主体在内，这不仅是存在的另一维度，而且也表明这一维度必然与时间维度相关联，更何况主体本身也是存在、也在时空维度之中；于是在我们的意义上，存在就不仅是空间的，而且也是时间和主体（甚或个体）的完满维度。

在不远的前文中关于存在谓项的分析也表明，谓项的使用也是应当加以检视的；这样说的出发点在于，托马斯·阿奎那对于 veritas propositionis[①]（执见的真理）意义上的 est 和 actu esse（行为中的存在）意义上的 est 的区分。

当我们忽略属于本性的特殊性时，而且这种特殊性并非标示某种特殊品性，譬如聪明智慧，也并非标示自身特有的行为，譬如奔跑，而是指特殊性与行为的现实存在，那么用亚里士多德的话来说，这一特殊性就是在一种范畴中的现实存在，用托马斯的话来说，就是根据（按照）事物个体化的形式（forma）而属于它的存在（esse）；由此，时间的个体存在指的是事物的当下性、现实性，只要这个事物行为着、变化着，或者同时这两者，亦即不仅行为着，而且变化着，这样的现实性也能够被理解为在因果关联过程中或主动或被动的被牵涉性、被牵连性。

存在（Existenz）在这个意义上作为个体事物的谓项则既非同义反复，亦非毫无意义之表述，同时又没有内在矛盾；存在似乎在这个释义上意味着某种属性，并且是由自身而来的（sui generis）本有、特殊属性，这也就是说，并非别的什么属性，而是使得这一事物存在的属性，使得它是其所是的属性，如同托马斯也娴熟于心的亚里士多德的名言：借助（凭借、通过、以）生命而活着的就是存在（vivere viventibus est esse，或译：借助诸多生命的生命就是存在），生命的存在并非别的什么，而就是这一生命的现实存在，也就是这生命，或者按照托马斯的表述：

① 就此请参见 Thomas Lexikon. Sammlung, Übersetzung und Erklärung der in sämmtlichen Werken des h. Thomas von Aquin vorkommenden Kunstausdrücke und wissenschaftlichen Aussprüche. Editor Ludwig Schütz. Zweite, sehr vergrösserte Auflage. Frederick Ungar Publishing CO. New York 1957. S. 853.

quodlibet esse est secundum formam aliquam！[①]（“任何一个存在都是根据某一形式的存在！”）

根据这一论点，尽管“actus essendi”（“存在的行为”）的确是一种行为（行动），但是却并非自身内涵的行为，而是形式的行为，这样的行为（行动）仅仅在变化过程中为我们展示自身，而这样的变化也能够被理解为个体事物的属性的变化；如果这一变化必须被理解为是现实的，那么被它涵盖在内的时间在语言逻辑上就不能作为存在量词的关联框架、而能够作为、并且仅仅能够作为谓项的部分被重构；在这个意义上，时间呈现为我们所经验的个体事物的存在的建构（constitutivum），因而时间能够是人的心理和宗教意识的建构因素。

这也是本书在较远的后文中分别设专章阐释和分析奥古斯丁的时间作为人的宗教意识和作为伦理宗教的核心概念的充分理由。

4. 存在意义上的时间与永恒

而上述这些阐释和分析对于我们所讨论的存在与时间的内在联系又表明什么呢？

就时间概念而言，个体存在的标志是具有改变的能力，当然，这并非意味着，仅仅这样的个体存在、只有这类存在具有这类能力，因为数字、等级以及事件等并不具有现实改变的能力，这些也并不具有前文所说的个体的存在（Existenz），而仅仅具有存在量词意义上的存在量化“es gibt”（“there is”）；而

---

① 就此请参见 Thomas Aquinas, Summa Theologiae I 5, 5, 3.

对于个体存在者又如何呢？存在与能力的等同能否适用呢？如果答案是肯定的，那么其前提条件不仅仅首先是：现实的改变没有时间是不可能的，而且其次还有：时间没有出自内在于本身而固有的较早和较晚的秩序也是不可能的，而如此不可截然分离的时间秩序在时间阶段中的延展（伸展、时间的伸展）庶几就属于个体存在的意义，在这样的意义上个体存在庶几与时间等同，换言之，甚或就是时间。

就永恒概念而言，属于个体存在行为标志的似乎还有在事物中变化所产生的影响以及精神的内在行为，而精神的内在行为或行为着的内在精神，就是思维等，这样的精神行为当然能够被理解为行为或活动（actus），精神的行为能够带来事物中现实的变化，而自身则并不展示一种现实的变化；由此行为概念就比较清晰了，过程性意味着没有现实的变化，这表明没有时间的展开、延展，而其存在最终仅仅在这类行为中的事物，我们必须说：这是永恒！

而我们又如何在当下性的意义上既毫不涉及时间先后的持续状态而又并非毫无意义地言说这样的存在的意义呢？

如果我们并不采取关于永恒的特权性的认知，或者否认这一概念的意义，那么我们只有一条途径阐释这一无时间性行为的概念，也就是说我们将这一概念和在时间中进行的行为，也就是和现实的变化关联起来，在此与一种“同时性”概念的出现，这一概念被理解为与现实变化的事物的不同过程的时间状态的共同存在，我们以“同时性”概念就能为无时间的事物赋予一种“持续”，而并非必须赋予其现实的变化以及由此而来的时间性作为标志。

这也是本书在此后各章节中一再阐释和分析奥古斯丁永恒概念的充分理由。

当然，这样必然以同时性概念为先决条件，这一同时性概念并非在类比的意义上是空间的邻居，永恒的同时性并非仅仅简单的关系性，并非仅仅如同联接起两个表述的连词一样。

如果非现实变化的行为概念在这个方式上能够被认为是有意义的而成立的话，那么时间与存在的内在联系就有了新的结果，个体的存在作为当下性就能够在现实变化概念的协助下被作为谓项而引入，也就是说，在时间作为主导的情形下而被引入，在这一情形中，并非必然地以“存在”概念，而是在时空的事物的情形下，时间被谓项化。

在不远的前文中所引述的亚里士多德“vivere viventibus est esse”（“借助诸多生命的生命就是存在”）的意义上，就能够言说永恒的存在了，在当下性的行为意义上，存在属于这一永恒存在，这一当下性涵盖一切可能性状态和生命阶段的整体性，与所有时间性存在共存的同时性属于这一当下性，这也就是波埃修斯在《哲学的慰藉》中所说的：“于是永恒就是对于无限时间的全部而完美的占有，这能够从与时间性的事物的比较中更为清晰地得到阐释。”（“Aeternitas igitur est interminabilis vitae tota simul et perfecta possessio, quod ex collatione temporalium clarius liquet.”①）

这同样也是本书在此后各章节中一再阐释和分析奥古斯丁

① 就此请参见Boethius, Consolatio Philosophiae. Lateinisch-deutsch. Herausgegeben und übersetzt von Ernst Gegenschatz und Olof Gigon, Eingeleitet und erläutert von Olof Gigon. Artemis und Winkler Verlag, Düsseldorf Zürich 2004. V. 6.

永恒概念的充分理由。

此外，时间是从永恒中起源的，这一点不仅已然表明了时间的性质，而且同时也凸显出时间与永恒在历史之中的关联，时间是被历史所表述的，时间的品性是历史的，时间的时间品性（首先并非它的另外的什么品性，譬如心理的、文化的，甚或社会的）呈现在时间兴起和运行的历史之中，并且在这样的历史之中被认知，这也是本书设专章以奥古斯丁的《上帝之城》为文本而研讨他的历史哲学和历史神学思想的充分理由。

对于时间性和非时间性的个体存在而言都适用的是，它们仅仅能够在与现实变化相一致而在行为中展示自身当下性的主导中被谓项化；由此我们就有更大可能性，以存在量化来阐释关于个体存在的表述，也就是说，以各自特殊的形式而来的行为当下性能够被理解为属性整体的组成部分，关于这一组成部分就能够在“es gibt”（“there is”）的帮助下而表述说，这一组成部分是完满实现了的。而在这一阐释结构中还嫌匮乏的，恰恰是表述个体存在法则的当下性与行为的统一，也就是所谓存在与运作（esse 与 operari）的统一，而它们的联系就在个体之中，当然这一统一呈现在生命个体中。

5. 量化逻辑论中的时间概念

如果上述分析大致不错的话，那么分析哲学中量化逻辑所说的无时间性的“es gibt”的意义就并非是最后的结论了，而在其中对于存在谓项的一个语言分析的意义阐释就必须终结。

在语言逻辑的意义上，我们在语法中的谓语“存在”就有 ens（超验的现实存在）和 quiditas（具体的现实存在）两个不同的含义，包含两个和时间的不同的关系；而这种不同性自身又如何解释呢？它们仅仅是内嵌于其中、而对于我们的语言应用毫无裨益的二分性吗？它能否阐释存在与时间的内在联系呢？

如果在应用范围的大小的意义上来考量这两个应用方式的话，那么存在量化逻辑意义上的“es gibt”具有一种比较更普遍和更广泛的应用方式，甚或在逻辑上一切都可以作为相关联的量化表述的变种论据而出现，甚至时间性个体存在属性的事物。如同“es gibt”能够表述具体而现实的存在一样，它也能应用到超出经验的存在中，亦即 Deus est，或曰：上帝存在，这也就是说，“es gibt”也具有应用范围的超范畴的、超经验的宽广度。

当然，与这一应用范围的宽广度相关联的，是一个内容上的空；存在量化逻辑意义上的“es gibt”存在法则，在形式上能够归入于对象领域。而适用于对象领域的，也就是谁具有被联系的变种的属性，这是选择的问题。存在的量化总是确定一种内在的存在，而这种内在的存在所设定（以内在的存在为先决条件）的外在的存在，则是存在量化论所无法表述的了。由于其纯粹形式上的作用（功能），存在量化具有一种超范畴的可应用性，但是这同一个作用（功能）则在内涵上排除超验的应用；于是存在量化在本体上是内嵌的，亦即在超验存在的意义上能够说“es gibt”，甚至能够说“Deus est”（“上帝存在”），而在本体论上却并未有足够的实力或阐释力去说上帝的存在究竟是什么存在。

相对于时间而言，存在量化逻辑关于存在的意义显然是中性的，时间呈现为对象领域的属性，并且超出之，也就是同时具有超验属性和范畴属性，时间甚至能够被视为超验存在，借助存在量化论可以说：存在着时间（Es gibt Zeit！ There is time！），无论以何种方式！相反也是有可能的，也就是说，存在量化的"es gibt"自身也必须在时间的意义上情态化、时态化，亦即：曾经（的情形）是，现在是，将来是。

这也是本书在几乎所有章节都一再阐释和分析奥古斯丁上帝概念的充分理由。

从适用范围或领域来看，如果存在量化逻辑论的"es gibt"在"存在"（"Existenz"）的使用方式上更加普遍和更加包罗广泛的话，那么关于个体时间存在的言说在多重意义上、在多重考量上似乎就是切实有效而确切的应用方式了；这一单数的术语对于时间存在的诸多事物而言意味着它们的个体存在，而在康德的意义上，如果在存在言说中一个对于自身而言可辨识的属性并非属于主体，而是对象在关涉我的概念的意义上（Gegenstand in Beziehung auf meinen Begriff，[①] 在与我的概念相关联的意义上）被设置，那么设置的主体就属于言说行为的不可放弃的先决条件，并且是在其个体的时间存在的意义上；设置在这个意义上意味着在主体整体经验的本位中的设置（"im Kontext der gesamten Erfahrung"[②]），这就表明，设置是设置到与在时间和空间中滞留的主体的关系中；相应于此，康德将对象（Gegenstand）纳入客观现实性（"objektive Realität"），这样的对象对于我们而言是以任何一种方式

① 就此请参见 I. Kant, Kritik der reinen Vernunft. A 599/B 627. 亦请参见 J. U. Dalferth, Existenz Gottes und christlicher Glaube. Skizzen zu einer eschatologischen Ontologie. München 1984. S. 122ff.

② 就此请参见 I. Kant, Kritik der reinen Vernunft. A 601 f/B 628 f.

被给出的，并且至少是和经验的可能性（“Möglichkeit der Erfahrung”[①]）相关联的，或曰：是和我们的经验原则相一致的。[②] 从康德出发来看，如果时间、空间属于我们经验的原则的话，并且如果时间在对象的设置上还享有有限性的话，那么设置的主体的时间性个体存在就将自己证实为每一个存在量化逻辑所表述的存在原则的实际上、实用上的先决条件，而就此主体在其个体存在中具有实际的时间性这一点还不够，主体自身还必须处于与时间性的关系中。在这个意义上，也就是说，存在和关联其时间性的个体存在的关系意义上，存在就是每一“es gibt”-表述的先决条件，是每一内嵌与存在的“es gibt”-表述的先决条件；只有质询自身存在的存在者，才能提出汉姆雷特的问题，而汉姆雷特的提问本质上也就是质询时间性的个体存在。

在这个意义上，存在、可经验性和时空的当下在场似乎可等而视之；而康德自己在此区分十分清楚，在他看来，在我们借助时空所获取的经验的确切范围（Kontext，领域、语境）之外的存在，无论如何都不能被解释为不可能的，这个存在是我们无法为之辩护的前提（预设、先决条件），[③] 换言之，在我们所能够经验的范围之外，必定有一个存在，尽管我们无法、不能论证之，但是我们必须接受这一存在；在康德看来，没

---

① 就此请参见 I. Kant, Kritik der reinen Vernunft. A 158/B 197.

② 就此请参见 Walter Gölz, Kants‘Kritik der reinen Vernunft’im Kontext. Textbezogene Darstellung des Gedankengangs mit Erklärung und Diskussion. 2., erweiterte Auflage. Mohr Siebeck Tübingen 2008. S. 22-25.

③ 就此请参见 I. Kant, Kritik der reinen Vernunft. A 601/B 629.

有辩护的可能性、或无法辩护，原因并非在于存在自身，而是在于我们的理论理性的限定，使得我们对于无时间的存在的证明成为不可能的；而如果这一存在以另外的方式将其自身展示给我们，那么这可纳入所谓“客观现实性”（“objektive Realität”）。[1]

这也是本书在随后诸多章节中一再阐释和分析奥古斯丁关于上帝在人的灵魂中这一思想的充分理由。

当非时间性的言说关联设置主体的存在的时间性时，我们才能言说这一非时间的存在，这不仅对于康德而言是一种不可放弃的要求，对于托马斯·阿奎那也同样如此，对于托马斯而言，在真理性的“est”（“存在”）和现实存在的“est”（“存在”）之间有一种相互依赖的关系，借助这个“est”，一个主体获有“in actu esse”（“在现实中存在”、“在行为中存在”）的属性，并且这个“in actu esse”被理解为依据每一形式(actualitas omnis formae）的现实性，这是“est”首当其冲的含义；而如果这一现实存在尽管依据形式而属于每一个存在者，但是并非与形式等同，那么这个“est”在其首当其冲的含义中还意味着一种“集合”（“compositio”），亦即出于esssentia作为个体化的形式和出于现实存在作为“actus essendi”的结合，这一结合也就是在“ens”之中的“quod est”，亦即“什么是”，德语：“was（aktuell）ist”，英语：“what（actuell）is”；因为这一“est”在其首要含义中标示每一形式的当下此在性，所以在引申的方式上（ex consequenti）就能够标示在其主体形

① 就此请参见 I. Kant, Kritik der reinen Vernunft. A 599/B 627 以及 B 836.

式中当下此在的“in-esse”，由此，est 就能够作为系词（copula）将主体（主语）与谓项（谓语）联系起来，并且这个 est 依据其首要含义就能直接（simpliciter）适用于当下的时间模式（样态、模态），同时间接适用于时间的其它模式（样态、模态）。[①] 一个存在者，借助在它之中的本质与存在的统一而标示出我们经验的事物，“actu esse”在关联自身的形式时——也就是在所谓 compositio 的意义上（“集合”的模式上）——也能够被这样的存在者所表述。compositio 的语言形式是至一的结果，而这个至一则是存在与本质区分的至一；在关涉时间时也同样如此，当存在者并非在其本质中享有其存在的基础时，这个存在者就存在了、就是了（est），就能够开始或者停止存在了，这也就是说，时间性的存在者，其存在并非别的什么，而是能够被表述为“secundum praesens tempus”，亦即“根据当下时间”的存在；当判断的主体被一个与对于自身的存在及其时间性的反思关系所表述的时候，存在的时间性就在表述的时间的关联中得到了表述。

这也是本书在诸多章节中一再阐释和分析奥古斯丁时间三类型（过往、当下和将来）、超验主体性的时间概念以及他所提出的全新的当下线性时间观的充分理由。

---

① 就此请参见 Thomas von Aquin, In Peri Hermeneias I, 5, n. 73. A. Zimmermann, Ipsum enim <est>, nihil est (Aristoteles: Periherm. I c, 3). Thomas von Aquin über die Bedeutung der Kopula. In: Miscellanea Mediaevlia 8 (1971). S. 282-295. Ludger Honnefelder, Zeit und Existenz. In: H. M. Baumgartner (Hrsg.), Das Rätsel der Zeit. Verlag Karl Alber Freiburg/München, 2, unveränderte Auflage 1996. S. 357.

6. 依然存在的问题

如果上述思考还恰当的话，那么我们对存在的理解及其哲学的阐释就能够被区分与内在联系者这两个基本可能性所标示，而这其中也涵盖存在与时间的关系，“es gibt”的普遍意义上的（一般意义上的）表述形式与单数的并且和时间相关联的“actu est”的表述相对应；当“est”的第一种应用方式将被设置者无论作为毫无疑问的、亦或是作为恰当的选择而出的时候，“est”的第二种应用方式则将被设置者设置在与主体的现实存在的关系中。“es gibt”因此就依赖于主体，并且是任意的时间性的，而“是现实的”（“ist wirklich”，“is real”）则与主体在空间的存在相符，并且由于主体的时间性和空间相符性，“是现实的”就是根据时间、依据时间的（secundum tempus）存在。两种应用方式是可交互使用的，“es gibt”允许对于经验的超验的质询在语义上是有意义的，并且由此而超越时空存在的主体的范围（领域、语境），这是“es gibt”普遍的形式框架，相反，“es gibt”借助单数的存在法则能够发现其释义的圆满性，这是单数的存在法则普遍的形式框架。

相应于这一点的形上学的双重出发点：因为对于现实的认知主体而言，并不存在无时间的理性观想和思考，所以一方面：主体能够仅仅在质询对于所有认知和言说都是有可能的“超验”的框架中对于超验的经验提出质询，而另一方面：对于超验者的权能，甚或全能的质询也仅仅以在其中的经验的超验的证明为标准而做出回答。在“es gibt”和“individueller Existenz”（“个体存在”）的关系中有一种形而上学自下车伊始就确定了的双重可能性，亦即它所研究的存在整体要么借助在普遍意义上的、要么借助在特殊意义上的存在者来理解，也就是说，在普遍概念的意义上、或者在整体的主线上去理解。

这也是本书分别设专章阐释和分析奥古斯丁主体性时间观、存在论时间观以及认知论时间观的充分理由。

当然，遗留的问题还有：时间与存在的关系究竟是什么？如何理解这两者的意义？因为存在毕竟含有一种非关系的“绝对”意义，所以问题又是：这样的存在与时间的原初的内在关系又是什么？如果时间是阐释存在意义的本源的话，那么当下此在能作为判断这一点的标准吗？或者我们话语的时间性在“较早”、“较晚”以及“当……期间”的表述形式中是形式逻辑框架的一部分吗？这一部分能否回溯到模态逻辑的谓项中呢？也就是说，在诸如此类的谓项中言说者与行为者表述了与存在相关联的本质的现实存在和现实关联性吗？

由于奥古斯丁是从古典哲学出发、是从他所接受的古典教育出发研究时间概念的，所以本书在探讨奥古斯丁的时间观之前首先追溯时间概念作为问题的历史，也就是追溯在思维方式和方法上对奥古斯丁的时间思想产生巨大影响的柏拉图和普罗提诺的时间概念；奥古斯丁在思维方式、思想以及方法上尽管与他们两位不尽相同，甚或截然不同，并有全新思想的提出，但是从中亦能看到一脉相承的痕迹，因而本书不仅研讨他们的思想，而且也尝试将普罗提诺《九章集》中研究时间的第三卷第七章从希腊文译为中文，同时将奥古斯丁《忏悔录》中专门涉及时间概念的第十一章从拉丁文译为中文，并在《九章集》的翻译脚注中提示奥古斯丁的文本所受之影响；由于奥古斯丁在其时间研究中也间或提及亚里士多德的时间概念，因而在行文中也阐释和分析其《物理学》中关于时间的研究。

就我十分有限之所知，奥古斯丁《忏悔录》目前有三个中译本，胡贻穀译本，未提及译本所依据之底本，只是说“是书译文屡经更正”（见《古圣明心》译序），将奥古斯丁译为亚古司丁，书名译作《古圣明心》，其序言中又译为《亚古司丁认词》，上海商务印书馆1909年印上海广学会藏版，然而缺第十一卷至第十三卷；应枫译本，书名译作《忏悔录》，在译序中提及其所依据之底本为百录·赖理奥教授（未给出姓名原文）根据各种手抄本校勘之后的法文译本，应枫中译本完成于1948年11月底，时代文艺出版社（长春）2000年第一版，2005年第三次印刷；周士良译本，书名译作《忏悔录》，商务印书馆，北京1981，译序中提及所依据之底本为法国拉布利奥勒（Labriolle）教授1926年合校本，周译与应译所据之原本应为同一底本。

本书在写作过程中曾以讲座课形式于2013秋季学期、2015秋季学期以及2016年秋季学期在北大哲学系三次公开宣讲，在此非常感谢所有选课和听课的北大各院系同学以及其它院校的同学及朋友，他们在课程中提出许多非常值得深刻思考的学术与人生的问题，对本书笔者启发颇多，特别感谢吴蓓蓓博士、吴莉琳博士、杨虹帆博士、徐文静博士、刘博玲博士、韩梦迪（MA）、王曦博士、康宁博士、詹学昭博士、信美利博士、王佳玘博士、罗泮博士、范吉宏博士、许可博士、潘思（MA）、黄敬哲（MA）、张千千（MA）、李晶博士、黄茜博士、聂建松博士、孙明博士、张天一博士、戚强飞博士、贺腾（MA）、余忠剑博士、王其勇博士、刘勖博士、高嵩（MA）、巩天成（BA）！

其他所有参与课程的同学和朋友们，尽管其中绝大部分我并不知道他们的名姓，但我心中始终对他们存有深深的感激！

衷心感谢北京大学哲学系巩天成同学，他帮我解决了所有写作过程中的电脑技术问题，然而限于篇幅，这部分最终并未纳入本书中。

衷心感谢商务印书馆陈小文先生对本书出版的大力支持，衷心感谢本书责任编辑关群德先生所付出的大量细致入微的辛勤工作。

本书在写作过程中就所引述的伊萨克·牛顿的相关文本及思想请教了北大哲学系同仁孙永平教授，就量化逻辑论请教了北大哲学系同仁邢滔滔教授，他们都给予十分专业的指导意见，邢教授还诉诸文字予以指教，本书在相关部分多有采撷，笔者不敢掠美，在此谨致谢忱！

本书所有引文皆笔者自译，谨此说明，于行文中不再另注！

本书所用中文《圣经》为思高本，谨此说明，于行文中不再另注。

第一篇　Αἰών 与 χρόνος
——论柏拉图的时间学说

一　引入：Αἰών（永恒）与 χρόνος（时间）——问题的本质究竟是什么？

作为奥古斯丁时间哲学的思想源泉之一，柏拉图关于永恒与时间及其这两者关系的思考十分重要，这也是本书探讨奥古斯丁时间概念的出发点。

如果我们将柏拉图的 αἰών 一词未免过快地理解为永恒、而将 χρόνος 不乏感官感觉地理解为时间的话，那么我们面临什么问题呢？问题的本质究竟又是什么呢？永恒与时间作为宇宙的基本轮廓、作为哲学的基本范畴、作为神学的基本架构、作为思维的基本方式、作为艺术的基本模式、作为劳作的基本走势，究竟要表述什么呢？《蒂迈欧篇》的一个片段对于这样的问题颇具意义：

"῾Ως δὲ κινηθὲν αὐτο καὶ ζῶν ἐνόησεν τῶν ἀιδίων θεῶν γεγονὸς ἄγαλμα ὁ γεννήσας πατήρ, ἠγάσθη τε καὶ εὐφρανθεὶς ἔτι δὴ μᾶλλον ὅμοιον πρὸς τὸ παράδειγμα ἐπενόησεν ἀπεργάσασθαι. Καθάπερ οὖν αὐτὸ τυγχάνει ζῷον ἀίδιον ὄν, καὶ τόδε τὸ πᾶν οὕτως εἰς δύναμιν ἐπεχείρησε τοιοῦτον ἀποτελεῖν. Ἡ μὲν οὖν τοῦ ζῴου φύσιν ἐτύγχανεν οὖσα αἰώνιος, καὶ τοῦτο μὲν δὴ τῷ γεννητῷ παντελῶς προσάπτειν οὐκ ἦν δυνατόν· εἰκὼ δ' ἐπενόει κινητόν τινα αἰῶνος ποιῆσαι, καὶ διακοσμῶν ἅμα οὐρανὸν ποιεῖ μένοντος αἰῶνος ἐν ἑνὶ κατ' ἀριθμὸν ἰοῦσαν αἰώνιον εἰκόνα, τοῦτον ὃν δὴ χρόνον ὠνομάκαμεν." ①

"当创造之父运目观视其间充满生命的宇宙在运动之时，而这宇宙又是愉悦永恒的众神的圣物（神圣性、圣殿、饰品），他醉心而神迷于此，且又思考着，以此为蓝本再创设相似者。如同这个[饰品]自身是一个永恒的生命一样，他尝试尽可能地将那一宇宙作为诸如此类者而创设完成。尽管现在这一生命的本质是永恒的，而将这一本质完美地赋予受造者则固然是不可能的。于是他想，建构永恒者的一个运动的素像（摹像、素描），他序顺（理顺）了苍天，他从滞留于至一之内的永恒中汲取了以数字而延展（生发）出来的永恒者的图像（素像、素描），并且是我们命名（称之）为时间的那一个[图像]。"

① 就此请参见 Platon, Timaios. 37 c, d. In: Platon, Werke in acht Bänden Griechisch und Deutsch. Sonderausgabe, herausgegeben von Gunther Eigler. Wissenschaftliche Buchgesellschaft Darmstadt 1972.

在这段文本中相继出现了 τοιοῦτον（诸如此类者）、εἰκόνα（图像）以及 χρόνον（时间）等语汇、表述和概念，概念的限定与展开对于以下的行文颇为重要，尝试而分析之。

“诸如此类者”作为一个语汇、作为一个指示代词，庶几亦可翻译为“肖像”；但是肖像似乎具有某种嫌疑，好像是原象之外的第二个（或曰又一个）范例般的、例像般的、榜样般的原象，以至于能够引起一种误解，也就是存在两个相像（甚或一致）的原象；相对于“肖像”而言，这里译为“诸如此类者”似乎更贴切一些。

“图像”是一个至关重要的名词性表述；如果“图像”真的仅仅是图像的话，那么它所图示的、所表述的，并非其对象本身，而仅仅是令其所表述的对象呈现而已。换言之，图像并非具有它所表述的对象所具有的真实的存在，它更多的似乎是对于所表述的对象的一种命名，它与所表述的对象并非本质相同，而仅仅是同名而已，它们并不享有同样的、或曰共同的本质定义；就此，亚里士多德在《范畴篇》的开篇就已经明确指出了。[①] 于是，一方面，一幅图像的确仅仅是一幅图像而已，而另一方面，图像亦可作为一种关系（πρός τι）来理解，图像之所以能够被理解为图像，并非因为它在质料与形式上等同于，而是因为它在形名上等同于它所表述的真实的对象。[②]

“时间”在《蒂迈欧篇》的这段文本中作为一种阐释的名

---

① 就此请参见亚里士多德《范畴篇》1. 1a, 1-6.

② 关于原象与图像各自之概念及其相互关系，请参见拙作《循美之路——基督宗教本体形上美学研究》（第二版，商务印书馆，2018 年）中之相关研究。

号而出现，是对宇宙本身的一种阐释，固然是一个核心的概念；[①] 宇宙带来生命本身（ζῷον αὐτό）、表述生命本身，而生命本身、生命的本质、生命的理念，又含蕴永恒的某种品性、属性，而对于永恒的阐释就被命名为时间。

庶几如同上帝有诸多名号一样，以使人有某种可能性去理解上帝，时间（χρόνος）是阐释永恒（αἰών）的名号，没有这一名号，我们则无法找到一个恰当的出发点去理解永恒；如果我们在 χρόνος 的语义上质询时间是什么的话，那么在《蒂迈欧篇》这段文本的意义上就是在质询永恒（αἰών）、就是在质询时间究竟表述什么、阐释什么。而与此相关联的问题是，时间阐释永恒的初始原则是什么？也就是说，柏拉图的问题是：时间如何阐释永恒？时间借助什么阐释永恒？换言之，在他看来，时间自身似乎并非阐释的初始原则，时间并非可感知世界的品性（属性），以令人能够由此而分别、而识别、而辨别精神世界，非也！时间本身首先并非我们的感官所感知的世界的流逝、空间的变端、物体的运动等，而是其本身首先就阐释精神世界，时间首先是精神品性；换言之，如果永恒是一种精神品性的话，那么时间作为永恒的名号、作为永恒的表述和阐释首先是精神品性、首先表述精神品性；这一点在奥古斯丁的时间是“精神的延展”（“distention animi”）这一表述中得以充分体现，本书在较远的下文中将设专章探讨之。

① 就此请参见 Hans Poser, Zeit und Ewigkeit. Zeitkonzepte als Orientierungswissen. In: Hans Michael Baumgartner (Hrsg.), Das Rätsel der Zeit. Philosophische Analysen. Verlag Karl Alber Freiburg/München. 2. Unveränderte Auflage 1996. S. 17-50.

二 超时间与时间——时间的两种本体形上类型

恰恰由于永恒表述的是精神，恰恰由于时间是永恒的表述和阐释，所以并非时间是永恒的某种品性，而是恰恰相反，永恒是时间的本质属性；如果要在这个意义上理解时间的品性，首先就需要理解永恒的品性。永恒又究竟是什么意义呢？柏拉图在我们上面所引述的文本中赋予这一概念什么含义呢？换言之，我们能够开掘出什么含义呢？

从对于时间的区分上来看，柏拉图《蒂迈欧篇》中的永恒（αἰών）概念，是为了理解对于 παράδειγμα（范式）的限定而设置和引入的，这一概念也用 ἀίδιον（恒久）来表述和限定，在这个意义上，在 αἰών 和 ἀίδιον 两者的区别之外，似乎还存在一种它们之间的等同，也就是说，永恒甚或是意义的多面体。[①]

我们根据上述引文庶几能够说，一方面，就两者之间的等同而言，由于原象是永恒的，所以创世之父试图尽可能创设一个肖像，而 αἰών 和 ἀίδιον 的等同又概括、并且抽象出了作为一种生命范式的本质品性，生命自身以同样的方式是永恒的，如果永恒能够被理解为至一的话，那么生命似乎能够按照顺序被理解为第二，而这一被抽象而出的永恒作为彼岸的品性有可能被附着给作为此岸的宇宙、被灌注给作为此间世界的宇宙。

① 就此请参见 Hans Poser, Zeit und Ewigkeit. Zeitkonzepte als Orientierungswissen. In: Hans Michael Baumgartner (Hrsg.), Das Rätsel der Zeit. Philosophische Analysen. Verlag Karl Alber Freiburg/München. 2. Unveränderte Auflage 1996. S. 21-23.

对于作为蓝本的（原本的、原象的）生命存在的永恒品性的如此这般的理解，具有重要意义，并且这意义恰恰体现在人的历史之中，而历史恰恰也被奥古斯丁理解为人对自身的认知，本书将在较远的下文“历史哲学与帝国神学”一章中详尽阐释和分析这一点；而之所以能够在此这样说，原因一方面在于，这样抽象理解的永恒是作为原象的蓝本的终极品性、是对蓝本的概念上的界定，而另一方面在于，时间（时间性）因此就能够成为从原象而来的（根据、按照原象而来的）摹像的品性（属性），由此，时间就不仅仅是人内在或外在的感觉，就不仅仅是客观的实在或主观对客观实在的感知，感官感觉的领域于是就成为时间的领域，感官对于世界的感觉就能够成为理性以概念对世界的认知，感官所得感觉之内涵于是晋阶为应当有确定内涵的概念。①

另一方面，就两者之间的区别而言，上述分析所得之初步结果不仅并无太多可修正之处，而且还能得到更进一步的证实。首先，这两者的区别在于，αἰών（το αἰώνιον）表述一种非时间性，永恒是一种绝对品性，无法以量来衡量；而 ἀίδιον 则表述一种持续性、一种不间断的流逝，时间是一种不间断的流逝，是一种无限，但并非永恒；② 其次，众星之神，或曰群星之众神被称为 ἀίδιοι，这也就是为什么在我们本文开篇所引述的文本中，宇宙被称为永恒的众神的神圣性、圣物或神圣的饰品的理

① 就此请参见 H. Nowotny, Eigenzeit. Entstehung und Strukturierung eines Zeitgefühls. Frankfurt am Main. 1989.

② 就此请参见 J. Durandeaux, De l' éternité. Temps réfuté ou temps aimé? Paris 1990. S 13-15.

由。在后面的文本中，恒星之神也被称为永恒的（ἀΐδια）生命（40b5），而且如果他们依照作为世界本源的流溢者的意志而行事的话，那么他们是不死的、是无可朽坏的、无可毁灭的（41b）；固然，他们也有过往性，但是这样的过往性并非是他们的本质属性，而更多的是建立在流溢者的意志之中，或曰依赖于整体的意义。尽管众星之神属于生成的领域、属于流溢而出的领域，但是他们并非是消逝的本质，因为这一领域在整体上、在本质的结构上并不应当消失。属于感官世界（感知世界）这一本质结构的，还有躯体与灵魂。因此，柏拉图在其后的行文中也将灵魂与躯体思考为不可摧毁者，尽管它们和众神一样都属于生成的领域。“灵魂与躯体是作为不可朽坏者而当下此在的，尽管它们并非在永恒的意义上生成而出（ἀνώλεθρον δὲ ὄν γενόμενον, αλλ᾽ οὐκ αἰώνιον），而是完全如同按照法则而生成存有的众神一样行事，因为如果两者中的任何一个消逝的话，那么就没有生命的生成了。”[①]在此值得关注的首先是其理由，也就是说，躯体与灵魂之所以不可朽坏，是因为没有它们则生命的生成将是不可能的，恰恰这一点在《蒂迈欧篇》文本的内在逻辑中指的就是整体的意义，亦即宇宙的意义，这一整体的意义指出生命自身（ζῷον αὐτο）的不断而持续的生成，也就是说，流溢者及其从中流溢而出者所构成的整体，其全部意义在于保障可朽坏者的持续不断的生成和存在；而依然值得关注的是 ἀνώλεθρον（不死、长生）和 γενόμενον（诞生、来源、

① 就此请参见 Platon, Nom. X 904 a. In: Platon, Werke in acht Bänden Griechisch und Deutsch. Sonderausgabe, herausgegeben von Gunther Eigler. Wissenschaftliche Buchgesellschaft Darmstadt 1972.

起源）的对应，生成者的持续存在和范式（παράδειγμα）的持续存在，甚或恒存，显而易见是有区别的；而由于众神被称为（被命名为）ἀίδιοι（持续），并且并非被理解为永恒的，因而彰明较著的是，ἀίδιον（持续）和 αἰώνιον（永恒）之间是有区别的；众神如同灵魂与躯体一样是在时间中的，由于他们并非是消亡性和过往性的，所以他们是在所有时间中的；如果一方面他们的存在被表述为 ἀίδιον，而另一方面这一 αἰών 又和 ἀίδιον 相对应，那么 αἰώνιος 概念则必定是超时间、超时间性。①

这一点应当能够在随后的文本中得到证实，柏拉图紧接着在《蒂迈欧篇》的 38c 中就将 παντὰ αἰῶνα（全部永恒）和 ἅπαντα χρόνον（全部时间）对应起来，“范式存在于所有的 αἰών 之中，而天穹时间则相反是洞彻所有时间而成为了的、而成为着的并且将要成为的。”如果天穹被称为、被命名为 ἀίδιος 的话，那么它在此则具有“历经所有时间而成为着、而存在”之含义。

我们在此庶几能够说，ἀίδιον（持续）和 αἰώνιον（永恒）作为两种永恒的类型，它们之间的区别庶几消减了 αἰών 的所有能够想象的内涵，在这样的意义上，αἰών 仅仅能够在否定的意义上被理解为超时间、超时间性，也就是说，它并非时间。柏拉图在存在与成为（生成）之间、可思维的与可视觉

① 就此请参见 Max Müller, Zeit und Ewigkeit in der abendländischen Metaphysik. In: P. Jordan, Johannes B. Lotz und M. Müller, Zeit und Ewigkeit. Karlsruhe 1970. S. 19 ff. 亦请参见 J. Audresch, K. Mainzer (Hrsg.), Vom Anfang der Welt. Wissenschaft, Philosophie, Religion, Mythos. 2. Auflage, München 1990.

的之间作出明确区分，在关联时间情形下，对于这样的区分的理解被这样的超时间性所完成；换言之，这样的超时间性是理解 ἀίδιον（持续）和 αἰώνιον（永恒）之间的区别的锁钥。如同可视觉的领域是、或曰成为时间的、成为时间性一样，理念的领域通过对于 αἰών 作为超时间的阐释而成为非时间的（非时间限定的）、超时间的。[①]

固然，我们庶几还能够说，将 αἰών 理解为超时间并非没有困难；首先比较困难的是，在 29a 和 37d 中，范式、生命自身被表述为 ἀίδιον（持续），而如果 ἀίδιος 作为永恒的另一个概念的话，并且在与 αἰώνιος 的对应中被理解为“向着所有时间”这一表述的狭义的话，那么这一困难其实也就不存在了；其次更为困难的似乎是，或曰真正的困难庶几在于，时间自身被命名为、被称为永恒者的永恒的图像、永恒自身的永恒的图像；然而如同前文所阐释的，时间作为对于永恒的表述、作为 τοιοῦτον（“诸如此类者”），仅仅是在同名的意义上被命名为永恒的，在这个意义上，第二类困难也就不存在了。而将 αἰών 理解为超时间所带来的第三个困难是，超时间性这一理解似乎突破了柏拉图苦心经营的 παράδειγμα（范式）和 εἰκών（图像）所搭建的结构，或曰搅扰了这两者之间的关系，也就是说，时间对于柏拉图而言是一种表述、是一种摹像（肖像），在这个意义上所产生的疑难是，意图在宇宙内部的时间中寻求超时间性的表述难道不是荒谬的吗？

① 就此请参见 Hans Poser, Zeit und Ewigkeit. Zeitkonzepte als Orientierungswissen. In: Hans Michael Baumgartner (Hrsg.), Das Rätsel der Zeit. Philosophische Analysen. Verlag Karl Alber Freiburg/München. 2. Unveränderte Auflage 1996. S. 24-25.

这样的质询是有一定道理的，将 αἰών 理解为超时间性并非下车伊始即是顺理成章的；对于 αἰών 的这一理解庶几基于这样的假设，即在时间的创设（流溢）过程中对于流溢者而言所深切关注的，是尽可能地将原象的永恒品性灌注给宇宙、赋予给受造者；这一阐释的理由在于，如同前文所引述的，在柏拉图看来，这一 παράδειγμα（范式）是非消逝性的鲜活的生命、持续的鲜活生命（ζῷον ἀίδιον），亦即这一生命的本质是恒常的，甚或永恒的，尽管它尝试将这样的恒常本质赋予给宇宙整体，但是恰恰由于这一鲜活者的本质并非是消逝的，而是永恒的（αἰώνιος），所以将其完美地赋予受造者（流溢而出者）则固然是不可能的，否则，受造者就全等于创造者（流溢者）了；换言之，柏拉图首先确定，流溢者将宇宙流溢而出、将宇宙创设而出，意图在于以宇宙阐释永恒存在的生命，或曰：将宇宙视为永恒存在的生命的阐释，也就是将宇宙作为“诸如此类者”（τοιοῦτον）而创设、而流溢出；然则进一步确定和凸显流溢者的特殊本质，也就是属于这一鲜活生命本质的，并非逝者如斯、流逝殆尽或者幻灭、甚或别的什么，而是某种恒常，在不得已而别无其它选择时姑且称之为“永恒”。

在这个意义上，如果众神在上引文本中也被称为 αἰών，并且他们的生命极限毕竟远远超过此间世界的众生的生命，那么 αἰών 首先并非仅仅用以指称此岸世界的存在所享有的生命时间、有限时间的对应面，而是指称另一种类型的时间，指称众神的，或曰神性的无可伤损性、无可消逝性、无限的生命、无限性；换言之，αἰών 是柏拉图永恒思想的一种表述，它指称超出所有极限和藩篱的恒常的生命，指称超出一切尺度和判准的诸如此类形式的生命，指称对于所有极限、藩篱、尺度以及判准的拓展，甚或突破。

就永恒的意义而言，尽管柏拉图区分永恒和所有的时间，并且认为，仅仅原象作为永恒而是、而存在，而其它诸如此类者不过是生成而已、不过仅仅是在所有时间中对于永恒者的非完美的表述而已，譬如宇宙对于流溢者的表述（《蒂迈欧篇》37δ），但是如果宇宙自身也被设想为某种神明、某种生命体，那么不难理解的是，αἰών 在指称其生命时间的同时，也指称包罗万象的、整体的时间、所有的时间。在此，如果 αἰών 有一种包罗万象、囊括大块的生命力的话，也就是能够将所有的时间整合为一个整体、以至于所有的时间就是生命的时间的话，并且同时，如果宇宙作为也许是唯一一个生命体，并且其生命的时间就是所有时间的话，也就是说，如果整体、整体的时间是各个时间部分的总和的话，那么 αἰών 还有一种意义上的过渡，有一种从“永恒”到“所有时间”的意义上的过渡，也就是说，αἰών 庶几具有这两种含义。[①]

一言以蔽之，我们由此就赢得了 αἰών 这一语汇的应用域与含义，它首先在极致的意义上被应用于指称流溢者（生命）的内在氛围，被应用于所有属于流溢者氛围的对象，而其含义则是指其生命的力量、创设的力量、生命以及生命的时间，这一语汇（或曰概念）表述的并非是非时间性、脱出于时间、外在于时间，也并非是寻常意义上的时间概念，而是属于流溢者

① 就此请参见 E. Ströker, Geschichte und ihre Zeit. Erörterung einer offenen philosophischen Frag. In: Perspektiven der Philosophie 11 (1985). S. 269-297; Phänomenologische Studien. Frankfurt am Main 1997. S. 187-215.

氛围的时间性；正是由于这一点，柏拉图才能够说，将这一时间性完美地赋予给生成者、流溢而出者以及受造者是不可能的；奥古斯丁在思维方式和研究方法上借鉴了这一点，并且由此而认为，上帝的永恒并非是脱离时间的永恒，而是就是时间的永恒、就是在时间中的永恒，而与柏拉图不尽相同，甚或大不相同的是，奥古斯丁认为，上帝将美，甚或完美赋予了此间世界，本书在较远的后文中将不断阐释和分析他的这些观点。

于是 αἰών 在《蒂迈欧篇》中，亦即在柏拉图的思想内在结构中就赢得了非同寻常的语词意义，“永恒”尽管并非一种偏离核心意义域的翻译和理解，但是却必定更多地被理解为超验氛围中的内在的时间性、超出受造的存在的品性的超时间性，甚或赅而曰之：超时间性，这是时间的一种类型，甚或一种高贵的类型、高出于可历验的时间的一种时间的类型；在这样的意义上，αἰών 的意思是时间的原象、原时间、原时间性。在上引《蒂迈欧篇》的文本中，柏拉图自己在柏拉图哲学的意义上建立了 αἰών（永恒）与 χρόνος（时间）的关系，亦即 αἰών（永恒）决定了 χρόνος（时间），以至于前者是蓝本、是原时间，后者是摹本、是“诸如此类者”。

三　柏拉图与亚里士多德对于生命时间的理解

从前此为止的阐释和分析可以看出，无论是时间、抑或是永恒，本质上都关涉时间；固然，只要宇宙在柏拉图之前就被理解为某种生命、生命体，那么 αἰών 一词就有宇宙论的意义，并且通常被理解为“生活”、“生命”、“生命的时间”，当然也可以理解为"宇宙的生命时间"、"宇宙的生存时间"。[1] 而如同上文所分析的，如果 αἰών 被理解为时间，甚或时间的某种特殊类型的话，那么它能否被理解为所有时间本质的原象呢？

从思维的出发点来看，柏拉图将时间命名为 αἰών（永恒）的肖像、摹像，也就是从 αἰών 出发来理解时间，由此我们庶几可以说，他尝试借助时间这一表述譬喻般解释一个作为未知者、难知者（难以定义者）的范畴（παράδειγμα），亦即借助时间阐释永恒（αἰών）；譬喻的，或曰象喻的阐释方式，应当是柏拉图在单刀直入的、分析的方式之外又一探取概念内涵的途径，特别是当这一概念难于以某种清晰的定义来限定时，譬喻的方式则显得尤为有效；由此，尽管亚里士多德批评说，大凡以譬喻被表述者，通常是无法清晰被阐释者，[2] 但是由于人的理性是有限的，分析性的思维及其表述难免有其界限、有其难以言传之处，因此譬喻不仅是理性思维的一种形式，而且也是系统思维的必然要求。

从思维方式上来看，与柏拉图譬喻的思维出发点相关联的是，譬喻的表述作为阐释思想的一种方法和原则，其意义在于，从已知的、被普遍周知的象喻出发去认知那一未知的原象，譬喻、象喻必须是这一原象的阐释和表述；譬喻的切入与贯彻实

---

① 关于这一点，恩培多克勒的表述颇具意义："如同从前就有这两种力量（争执与爱）一样，它们也将存在，而且我相信，这两者的无限的生命时间（ἄσπετος αἰών）将从不会空无殆尽。"在此，争执与爱这两种力量指的是宇宙中两种基本的力量，是对宇宙的一种二元论的理解，而 αἰών 则因此而具有了宇宙论的意义。就此请参见 H. Diels, W. Kranz, Die Fragmente der Vorsokratiker. 11. Aufl., Zürich-Berlin 1964. Fragment 16.

② 就此请参见亚里士多德："大凡被譬喻般表述者，都是不清晰者。"（"Πᾶν γάρ ἀσαφὲς τό κατὰ μεταφορὰν λεγόμενον."）Top Z 2, 139 b 34 f.

施，首先并非意味着理性认知的不可避免的苍白柔弱，而是表明可思维的范畴与感官可感知的阐释之间的本体论关系的必然的摹写，这样的摹写在思维中建构事实、建构事物，令思维能够思考庶几超出思维本身的存在及其属性（譬如永恒、上帝等）；在范畴领域中譬喻的提炼而出、恰当的指称以及恰当的应用，在方法的框架中并非理性分析的语言的无能，而是对作为原象的 αἰών（永恒）的含义的深度开掘；是对原象的美感美学论的阐释，譬喻作为一种提示，令人从可历验的日常生活的时间以及时间感出发而达于对 αἰών 的理解。

从问题的历史来看，在本书的研讨论题之内，并且在本书所讨论的柏拉图和普罗提诺之外，前有亚里士多德，后有奥古斯丁；亚里士多德在 de caelo 中对于 αἰών 的讨论颇可作为柏拉图《蒂迈欧篇》讨论的参照，其中相关联的是 A9，涉及宇宙的独一性、永恒性（αἰών）、非成为性以及非朽坏性。与柏拉图不同的是，宇宙的独一性并非追随其所应当从属的理念而来，而是建立在它包罗全部质料的基础之上。宇宙将全部质料包揽无余，以至于在它之外更无所质料，这不仅是宇宙自给自足和无所钟情的基础，而且也是宇宙之外既无空间、亦无时间的理由，同时，时间不过是运动的数字而已，而一个运动若无一个物理的躯体是无法存在的；[①] 奥古斯丁在其《论音乐》和《忏悔录》第十一卷中也都表述了同样的思想，[②] 本书在较远的后文中也将

---

① 就此请参见 Aristotle，De caelo. 279 a 14-16。

② 关于奥古斯丁的《论音乐》，请参见徐龙飞，《循美之路——基督宗教本体形上美学研究》，中华书局（香港），2013 年，第 75–127 页（商务印书馆，2018 年第二版）。

从这一角度探讨《忏悔录》第十一卷中所呈现的这一思想。

在这一分析的基础上亚里士多德能够得出结论说，它无可变端和激情阙如地彻底度过最佳和最独立的生活，并且贯穿所有 αἰών（时代、时间）而度过这一生活。[①] 在此，“它”指的是宇宙万物意义上使用的“天穹”；这一表述或许是有意针对《蒂迈欧篇》的相关表述而来的，这样说的理由庶几在于，在柏拉图那里，范式或原象（παράδειγμα）洞彻所有时间、所有时代，而与之不同的是，在亚里士多德这里，宇宙自身贯穿所有的时代、所有时间；他继而补充说明，这一语汇被先人们极为幸福地（神圣地）表述出来。[②] 相对于比较新的柏拉图的思想而言，亚里士多德似乎更推崇较早的前辈学者们的观点。

在随后的文本中亚里士多德解释说，它达成了整体（τέλος），这一整体包罗每一单一者的生命的时间，在它们之外并无存在，于是每一单一者都被称为 αἰών（永恒）。[③] 宇宙包罗每一单一生物的生命时间，从本性（本质）上来看在囊括大块、包罗每一生物的宇宙之外并不存在着什么，于是在这个意义上每一个单一者也被称为 αἰών。[④] 在此，αἰών 作为概念似乎具有两重性，它一方面是具有生命者的存在，而另一方面又是包罗万象的整体。

而我们在此面临的问题是，究竟什么是包罗万象的整体

---

① 就此请参见 Aristotle，De caelo. 279 a 20-22。

② 就此请参见 Aristotle，De caelo. 279 a 22 以下。

③ 就此请参见 Aristotle，De caelo. 279 a 23-25。

④ 就此请参见 Alejandro G. Vigo, Zeit und Praxis bei Aristoteles. Die Nikomachische Ethik und die zeit-ontologischen Voraussetzungen des vernunftgesteuerten Handelns. Freiburg/München1996. S. 53-75.

（τὸ τέλος τὸ περιέχον）呢？彰明较著的是，这一整体并非时间的量，并非生命体的全部生命、全部生活的时间的总和；这样说的原因一方面在于，“每一单一生命体的生命的时间”并非被理解为包罗万象者，而是被命名为被包罗者，另一方面则在于某种棘手的问题，也就是说，人无从，或曰难于入手以知晓从何处获取普遍适用的衡测时间的单位与量，以至于能够定义或至少限定这一单位的完整性和属性，奥古斯丁在其《忏悔录》第十一卷中也表述了对这一棘手问题的感知甚或无奈，本书在较远的后文中将阐释和分析之。

由此，正是 αἰών 才借助涵盖和囊括生命的时间而赋予之至少是测度的单位和属性，以使之有能够被思考的存在、属性和完整性。[①] 在这个意义上，亚里士多德在随后的分析中总结说，宇宙达成的整体（τέλος）和囊括所有时间与无限性的整体（τέλος），亦即 αἰών，按照同样的关系，也享有一个永恒存在的别名，也是不死的和神圣的。[②] 也就是说，宇宙同样享有它自身的 αἰών，亦可享有一个 αἰών 的别名，而 αἰών 则又囊括已经是最具包举性的宇宙的生命和所有的时间。

从思维结构上来看，如果 αἰών 在此被理解为生命的时间的话，那么即使如此它也首先并不能被思考为某种特定的时间量，而是这样的时间（也就是 αἰών）应被理解为对于（时间）量的限定者；而从生命的时间切入去思考时间本身并非一件轻而易举之事，甚或并不十分恰当（值得关注并在此就必须

① 就此请参见 K. Mainzer, Thinking in Complexity. The Complex Dynamics of Matter, Mind and Mankind. 2. Auflage, Berlin/Heidelberg/New York/Tokyo 1995.

② 就此请参见 Aristotle，De caelo. 279 a 25-28。

提示的是，生命的时间也是奥古斯丁探讨时间问题的出发点之一，以至于他也因此而陷入时间悖论，本书将在较远的下文中设专章讨论这一悖论产生的原因、性质及其意义），原因庶几在于，原本作为基本存在范畴的时间成为了人生存于其间的一种极致抽象的介质（媒介、中介），或曰成为了一个衡测人们生命的延展的抽象的标准，甚或成为了根据延展而确定人的生命的抽象标准，以至于人对于它熟视无睹因而（以至）或许遗忘了质询其它重要问题，亦即这一标准从何而来、为何以此为标准以及另一个作为范畴的（生存）空间究竟意义何在。

我们或许可以说，对于柏拉图和亚里士多德而言，并非时间创设生命、决定生命，而是相反，生命创设并决定时间的意义。

从思维的逻辑展开过程上来看，固然，αἰών（永恒）庶几能够被理解为时间的标准，甚或作为时间的标准而被使用，但是在这样的理解与应用中所思考的不应当是某种具体或抽象的数字或某种量。如果人将 αἰών（永恒）思考为生命存在的标准的话，那么这一标准并非能够被理解为从外在而来的，以至于决定性的量，而是出于这一存在本性（本质属性）的整一性。在这个意义上，αἰών（永恒）就能够被理解为 τέλος（整体，甚或生命整体以及目的）的表述，αἰών（永恒）作为 τέλος（整体、目的）就是森罗万象、包举无余的整体，大凡属于生命自然过程者都被涵盖在 αἰών（永恒）之内，也就是说，αἰών（永恒）并非仅仅涵盖偶然的、个体的事实的因素，而且就其本质而言涵盖生命之整体、生命之整体存在，这也是亚里士多德在 δε　ξαελο 中一直将空间与时间以平行对照的方式来考察的原因：αἰών 庶几也包括空间在内。[①] 当然在《物理学》中空间自身也被定义为包罗万象者，亦即包举者首选的、不运动的界限；[②] 整体（τέλος）在此庶几意味着极限，或曰最大、最外在的界限，意味着生命的最终完成，甚或意味着终极的意志以及终极的目的，生命在自然意义上的达于终结并非一定是在所应有的内涵上的完美实现，这样的最终完成并非一定是完美的完成、并非一定是达于完美；生命在自然的意义上的完美实现才是真正达于 τέλος、才是成为了整体（διατέλει）。而 αἰών 则是一个作为整体的包罗万象的完成者、完美者（τὸ τέλος τὸ περιέχον），具有最大的包容性，就其本质而言，它涵盖所有的时间段和所有的因素，并且将其涵盖为生命的一个有机而完整的整体时间，在这个意义上 αἰών 并非仅仅指，甚或首先并非指我们感官所感觉和历验的时间、时间的量，而是一个包括生命、作为生命体的宇宙以及时空等诸多范畴在内的极致的整体概念。

在参照亚里士多德的考量之后，我们依然有理由再度质询，柏拉图将时间的本质限定为 αἰών 究竟意味着什么？或曰：αἰών 在这样的限定上究竟意味着什么？

即使在亚里士多德的意义上，我们庶几也能够说，柏拉图是从某种特定的时间类型来理解时间的，生命的时间是从生命出发、从生命所舒张的时间出发来理解的，而生命所舒张而出的时间本身就是一个自然的整体，如同本书前文所提示的以及

① 就此请参见 Aristotle, De caelo. A 9。

② 就此请参见亚里士多德，《物理学》A 4, 212 a 20。

后文将详尽探讨的，这也是奥古斯丁思考时间问题的出发点之一。如果柏拉图尝试从 αἰών 理解 χρόνος 的话，那么他就此是在寻求能够将所有时间整合为、总合为、聚集为一个整体的东西，也就是说，如果所有时间能够聚集为一个独一的整体的话，那么这一独一的整体就是 αἰών（永恒），而需要提及的是，这样的整体似乎并非一个完全而完美的整体，因为它仅仅包含时间而已。在我们所引述的文本中，柏拉图提到，创造之父，或曰流溢者尝试尽可能地将那一宇宙作为“诸如此类者”而创设完成，尽管现在这一流溢者的生命本质是永恒的，而将这一本质完美地赋予受造者、赋予给宇宙则固然是不可能的，由此看来，即使宇宙本身也可以被称为整体，甚或 αἰών，但由于它是受造者，或者流溢而出者，所以它并非完美的 αἰών，而是 αἰών 的表述。[①] 换言之，尽管宇宙在柏拉图那里也是一个生命、一个生命体，但是其中所有的，或曰全部的时间庶几并非一个圆融无碍、周流遍致、兼容并蓄、具足圆满的整体，而更多地似乎是一种无限的、无终结而有周期的运动。于是时间似乎并非一个 αἰών，而是借助周期的前后相续、勾连环节以表述一种生命自身所无法企及的、所无法恒久置身其中的 αἰών。而在基督宗教救赎史的概念中，人们尝试将所有的时间、全部的时间聚集在、凝聚在一个独一的当下此在的意义中，奥古斯丁就将时间与一首歌相比拟，[②] 本书在较远的后文中将会多次阐释和分析这一点。

① 就此请参见 G. Böhme, Zahl und Zeit. Studien zur Zeittheorie bei Platon, Aristoteles, Leibniz und Kant. Frankfurt am Main 1974. S. 83 ff.

② 就此请参见奥古斯丁《忏悔录》第十一卷第二十八章第三十八节。

我们由此庶几可以说，αἰών（永恒）的意义与功能并非别的什么，而是时间的原象，并且使得时间在生命时间的整体性的类比意义上庶几作为能够理解的整体来理解，时间在这样的意义上是所谓永恒，亦即 αἰών 的阐释，时间借助其各个阶段的周期性循环往复、周流不殆，致力于模仿那一生命的内涵，而这生命的内涵仅仅属于那一唯一永恒而整体的生命，或曰：时间所模仿的这一生命的内涵，是那一唯一永恒生命整体所独自享有的。

四　永恒作为生命的本源与整体

我们在此面临的问题是，究竟什么是永恒？究竟什么是时间？如何理解两者的本质？如何确定永恒与时间的关系？在本书、特别是本篇的论题范围内，为了从 αἰών（永恒）的本质出发而理解 χρόνος（时间）的本质，为了确定 αἰών（永恒）和 χρόνος（时间）的关系，我们理解永恒与时间的出发点似乎应当是从语汇或概念本身出发，无论它们是具象的，抑或是抽象的，无论它们在历史上原本的以及较晚出的意义究竟是什么。

从语源学的角度来看，就 αἰών（永恒）而言，其含义原本就是生命的时间，或者更确切地说，其最尊贵的含义原本就是独一无二的神性的时间，也就是宇宙的时间。如果时间的本质在这个意义上从时间的一个特殊类型出发而理解的话，也就是从生命的时间去理解的话，那么为了真正探入，并且勘探出时间的如此这般的含义，就必须质询生命自身。从生命出发才能确定生命时间，并且由此才能在这样的时间理解的框架中确定时间究竟是什么。

由此，我们必须暂时告别柏拉图，到更幽深而悠久的历史中去远足，并且在那早期的埋藏断层中钻探 αἰών 概念的意义：αἰών 概念自身的含义、本义就是生命，在这个意义上才能表明，普罗提诺的时间学说是柏拉图时间学说的可能性的、原本的阐释，这一点呈现在本书随后的关于普罗提诺时间概念的篇章中。

在此，古典语言学的研究能够表明，在 αἰών 概念中一个更深的含义还有待开掘，其基本的、最早的含义是本源、生命的源泉、生命力、活力，[①] 其中，αἰών 在本源上就与一个比较稳定的意义群有直接的情缘关系，诸如年轻、青年人、生命力等，[②] 并且这样的含义直到柏拉图所生活的时代都是鲜活的；[③] 这样的含义在梵文中是 yúvan（年轻、年轻人），在拉丁文中则是 iuvenis（年轻、年轻人），我们也能看出这一语汇在印欧语系中相互之间的亲缘性。在荷马那里，αἰών 并非生命的时间，而是生命的力量、活力、生命力的源泉、活力的本源；在这个意义上，αἰών 的最近、最亲缘性的意义是 ψυχή，当一个人亡故时，可以说 αἰών 和 ψυχή 离开了他："一旦当 αἰών 和 ψυχή 离弃了他，那么也就将死亡留给了他作为陪伴，也给了他静谧的安眠。"[④]

---

① 就此请参见 C. Lackheit, Aion, Zeit und Sprache und Religion der Griechen. Dissertationsarbeit, Königstein 1916- S. 8.

② 就此请参见 E. Benveiste, Expression indo-européenne de l' Éternité. In: Bulletin de la Société de linguistique de Paris, 1937. XXXVIII, 103-112.

③ 就此请参见 Gernot Böhme, Idee und Kosmos. Platons Zeitlehre—Eine Einführung in seine theoretische Philosophie. Vittorio Klostermann, Frankfurt am Main 1996. S. 93.

④ 就此请参见 Homer, Illias. II 453："τὸν γε λίπῃ ψυχή τε καὶ αἰών." Griechisch-Deutsch. Übertragung von H. Rupé. 2. Auflage. München 1961.

而在此尽管彰明较著，但依然需要提示的是，ψυχή 在荷马时代并非我们后来所理解的灵魂、心灵等含义，并且和精神、意志、意愿、情感、情感状态等含义毫无关系，而仅仅表述生命之意义，并且是鲜活的生命、活体，固然亦是可消逝、可死亡的生命；[①] 也就是说，ψυχή 的这个意义属于 αἰών 最核心、最内在、最原本的含义；当人呼出最后一口气时，也就意味着不仅呼出了他的 ψυχή，而且同时就意味着呼出了他的 αἰών。[②]

在和 ψυχή 的内在关系中，或曰在最核心、最内在、最原本的含义中所理解的 αἰών，并非生命的时间、并非在一段时间中延伸拓展的生命所牵连的所有内在、外在的关系，生命在这个意义上意味着一个躯体自身所感知的肉体性的、躯体性的活力（生命力），意味着他者（其它的鲜活的躯体）所能够感知到的这一躯体的肉体性的、躯体性的活力（生命力）。这样说的理由在于，人在其最后的气息的呼出中，并不能呼出其曾经具有的全部生命的活动、全部生命的延展、全部生命的关系、全部生命的历史，呼出的仅仅是其生命力、活力，以至于他的躯体不再是一个热力鲜活的肉体，而是死亡所陪伴下的静谧安眠中冷寂的躯身。

当然，αἰών 和 ψυχή 两者似乎并不能完全等同，至少在荷马那里，不同于 ψυχή 的是，αἰών 首先和生命另外的领域相关联，也就是和呼吸密切相关，特别是和生命力的某种特殊

① 就此请参见 B. Snell, Die Entdeckung des Geistes. 3. Auflage. Hamburg 1955.

② 就此请参见 A. E. Taylor, A Commentary on Plato's Timaeus. Oxford 1962. Fr. 801. Euripides：“ἀπέπνευσεν αἰώνα.”

类型相关联，αἰών 通常被称为年轻的、喷薄欲出的生命力，这一鲜活的生命（或生命力）和身体所历验的属于生命力的生殖力密不可分，甚至在组织解剖学的意义上能够和人的脊柱、脊髓等同起来。[①] 从 αἰών(永恒)作为生命力的原始的意义出发，似乎能够更好地阐释从 αἰών（永恒）出发而对于时间的理解，生命在这个意义上、在其整体而全部内外在关系上是伸张延展、舒卷廓如的生命力，而被理解为生命时间的时间，则是在逻辑秩序上被建构的整体而全部内外在关系的形式。

在语源学上 αἰών 和 αἰει 似乎有某种亲缘关系，后者从其根源上来看首先表述持续更新的开端，并且由此具有停留、滞留之含义；尽管 αἰών 和 αἰει 似乎具有共同的根源，以至于能够公设这两个概念在内涵上并非相互龃龉，而是相安无事、和睦相处，甚至和谐一致，但是阐释永恒的含义的某种更好的出场路径，似乎是从宇宙的无限的生命及其 αἰών 入手；在希腊的历史上，特别是在语言和概念的历史上，αἰών 并未真正赢得时间性的含义，而更多的是生命力的意义，[②] 而如同前文已经阐释和分析的，在柏拉图所阐释的意义上，时间与 αἰών（永恒）的关系并不能被理解为来历不明，但却是预先给定的秩序的模式、现象(表象)的载体(或媒介)，而首先应当被理解为生命(生

① 就此请参见 E. Benveiste, Expression indo-européenne de l' Éternité. In: Bulletin de la Société de linguistique de Paris, 1937. XXXVIII, 109. Gernot Böhme, Idee und Kosmos. Platons Zeitlehre−Eine Einführung in seine theoretische Philosophie. Vittorio Klostermann, Frankfurt am Main 1996. S. 94.

② 就此请参见 Liddell and Scott's Greek-English Lexicon. Oxford at the clarendon press. London Glasgow, 1977. p. 23. Adolf Kaegi, Benselers Griechisch-Deutsches Schulwörterbuch. Verlag und Druck von B. G. Teubner in Leipzig und Berlin. 1931. S. 22-23.

命者、生命体）耽处其间的形式。生命（或曰生命者、生命体）并非呈现而出，以至于成为它所是的，而是借助其自身的展开、借助其不同的阶段的连绵相生而将其存在掬捧而出；这一连绵相生就是最初的、本源的生命力的绽放和舒张；生命力将自身舒展在生命的整体性中，在这样的整体性中生命力阐释了它自身的原始的至一性、统一性。

从日常用语出发，我们赢得了关于 αἰών 的思辨的理解；如果尝试去理解生命自身的话，那么似乎可以说，自身展开并非必然地属于生命的本质，而是整体（πᾶν ὁμοῦ）地呈现和消逝；生命力将自身展开到生命整体之中，生命的整体凝聚在可经验、可历验的生命力中；前此为止的讨论过程，是从直到柏拉图时代都是日常惯用语意义上理解的 αἰών（永恒）出发，以尝试接近作为时间原象和范式（παράδειγμα）的永恒，而时间则是永恒的阐释，时间类比于生命整体而言是有划分、有层次的整体，而 αἰών 作为生命整体能够使我们更进一步限定时间整体，生命整体是统一性的形式，生命力借助其自身的展开将这一形式赋予给了生命的过程。

固然，柏拉图与普罗提诺在时间与永恒的关系问题上的理解大相径庭。

柏拉图将永恒理解为止息宁静、固若金汤的范式（παράδειγμα），将自身运动的时间作为永恒的阐释，并且在这个意义上才将这两者对立起来。而这一金瓯永固和自身运动的对立又表明什么呢？这里的运动似乎更多的关涉变化，似乎更多的关涉呈现与消逝；柏拉图并非将运动着的肖像和宁静的原象对立起来，而是借助画像（或曰肖像）的运动，也就是借助时间的运动，来阐释存在自身在呈现与消逝的陵替中所展示的宁静的运动性。

普罗提诺将时间并非理解为永恒的阐释，而是更多地阐释为永恒的对立面，而在柏拉图那里，尽管时间或许并非是可朽坏、可消亡的世界的本质，但是又并未遗失与世界各部分、世界秩序以及数字的关系，时间在这样的意义上是永恒在呈现之中的真实阐释，或曰将永恒掬捧在呈现之中；时间作为在绽放中的统一性，恰恰是那一本源的、始元的统一性的阐释，而这本源的、始元的统一性则是绽放的基础。

五 运动作为时间的样态

对于时间的样态而言，重要的文本采撷如下：

"Ἡμέρας γὰρ καὶ νύκτας καὶ μῆνας καὶ ἐνιαυτούς, οὐκ ὄντας πρὶν οὐρανὸν γενέσθαι, τότε ἅμα ἐκείνῳ συνισταμένῳ τὴν γένεσιν αὐτῶν μηχανᾶται· ταῦτα δὲ πάντα μέρη χρόνου, καὶ τό τ' ἦν τό τ' ἔσται χρόνου γεγονότα εἴδη, ἃ δὴ φέρουτες λανθάνομεν ἐπὶ τὴν ἀίδιον οὐσίαν οὐκ ὀρθῶς. Λέγομεν γὰρ δὴ ὡς ἦν ἔστιν τε καὶ ἔσται, τῇ δὲ τὸ ἔστιν μόνον κατὰ τὸν ἀληθῆ λόγον προσήκει, τὸ δὲ ἦν τό τ' ἔσται περὶ τὴν ἐν χρόνῳ γένεσιν ἰοῦσαν πρέπει λέγεσθαι κινήσεις γάρ ἐστον, τὸ δὲ ἀεὶ κατὰ ταὐτα ἔχον ἀκινήτως οὔτε πρεσβύτερον οὔτε νεώτερον προσήκει γίγνεσθαι διὰ χρόνου οὐδὲ γενέσθαι ποτὲ οὔδε γεγονέναι νῦν οὐδ᾽ εἰς αὖθις ἔσεσθαι, τὸ παράπαν τε οὐδὲ ὅσα γένεσις τοῖς ἐν αἰσθήσει φερομένοις προσῆψεν, ἀλλὰ χρόνου ταῦτα αἰῶνα μιμουμένου καὶ κατ᾽ ἀριθμὸν κυκλουμένου γέγονεν εἴδη καὶ πρὸς τούτοις ἔτι τὰ τοιάδε, τό τε γεγονὸς καὶ τὸ γιγνόμενον εἶναι γιγνόμενον, ἔτι τε τὸ γενησόμενον εἶναι γενησόμενον καὶ τὸ μὴ ὂν μὴ ὂν εἶναι, ὧν οὐδὲν ἀκριβὲς λέγομεν. Περὶ μὲν οὖν τούτων τάχ᾽ ἂν οὐκ εἴη καιρὸς πρέπων ἐν τῷ παρόντι διακριβολογεῖσθαι." ①

中译："日、夜、月以及年，在苍穹诞生之前并不存在，也就是说，当流溢者创设苍穹时，他也同时顺势令它们呈现而出；它们是时间的诸多部分，'曾是'和'将是'则是已经成为了的时间的形式，而我们却并未意识到将它们错误地转用于永恒的存在，因为我们的确表述说，'曾经是'，'当下是'，并且'将要是'。但是根据真实而正确的表述方式，仅仅'当下是'才是恰当的，而'曾经是'和'将要是'则仅仅被在时间持续中的成为来表述才是适宜的，因为这两个是运动。而总是等同于自身，并且并不运动者，并不在时间中比较年轻，或者比较年老，也从不成为存在，从不或者现在存在，或者在将来才成为，而且与成为在感

① 就此请参见 Platon, Timaios. 37 e-38 b. In: Platon, Werke in acht Bänden Griechisch und Deutsch. Sonderausgabe, herausgegeben von Gunther Eigler. Wissenschaftliche Buchgesellschaft Darmstadt 1972. Band 7.

官感觉的领域中所运动的东西毫无关系，而这些更多的是作为模仿永恒并且根据数字关系而周行的时间的形式而呈现。除此之外我们还说：已经成为者是已经成为了的，正在成为者是正在成为着的，在将来要成为者是在将来成为着的，一如非存在是并不存在者，所有这些表述都是不精确的。而现在就精当地去阐释它们，好像还不是时候。”

这段文本紧接着我们在引论的开篇所引述的《蒂迈欧篇》的文本之后，在此柏拉图首先提示出，日、夜、月、年不仅是时间的类型，而且同时也是时间的部分，如同男人与女人，不仅是人的组成部分，而且同时也是人的两种类型一样；其次他所要考量的是两种基本关系，一个是时间本身和借着苍穹的运动而来的（而定义的）时间的伸张延展之间的关系，另一个则是时间和时间的样态之间的关系。

柏拉图在此借助一个小品词 γάρ（“也就是说”、“而”），这段文本承接上文，并且提示上文所表述的内容，也就是说流溢者通过理顺苍天将永恒领入到了表述这一永恒的运动的图像之中，这一图像被命名为时间；小品词“也就是说”又加强了苍穹的秩序和时间之间的关联，并且提示出，如果提及时间这一术语的话，那么人们在习惯上所想的诸如日、夜、月、年等作为时间的延展和现象，都一总被称为时间；而所有这些被称为时间者又和那一阐释永恒的时间有着尽管清晰而却又不易言传、不易说清的关系：所有这些总合起来都是时间的部分（ταῦτα δὲ πάντα μέρη χρόνου）；而所谓“曾经是”、“当下是”以及“将要是”等，似乎亦非时间本身，其所关涉的不过是已经成为了的（已经呈现而出的）时间的各种形式（χρόνου γεγονότα εἴδη）而已，似乎要表述时间的某种独特属性而已；或简曰之：如果 εἶδος（亦即引文中的 εἴδη）具有诸如理念、类别、类型等含义的话，那么它们涉及的则是时间呈现的形式、样式、类别。尽管日夜月年等不过是苍穹秩序的现象而已，以至于其功能在于，通过它们人则有可能探寻和理解苍穹的秩序，但是柏拉图并非从这些现象、从时间的模式、而是从苍穹的秩序出发去理解时间，他所深切关注的，是将时间的模式（态势、样式）与时间概念建立关系；尽管时间的部分与时间的形式能够成为人理解时间的两大锁钥，也是我们随后要讨论的两个重点论题，但是这其中首先涉及的思维方式不外乎是形上学中所探讨的存在与成为的关系。

六　μέρη χρόνου：时间的诸多部分

我们在此面临的问题是，如果说日、夜、月、年是时间的诸多部分，似乎是老生常谈而并未带来些许之新内容、新思想，但是它们为什么依然是值得思考的呢？原因似乎在于，它们并非几种任意的时间部分，它们似乎有某种特殊的品性，并且相互之间有着举足轻重的关系；它们之间的关系以及交互的呈现，似乎决定了苍穹的秩序，而在柏拉图看来，恰恰是在这样的秩序中永恒才得到阐释。

就时间之延展和部分而言，日、夜、月、年似乎已经足以了，已经决定了、限定了时间。而从 χρόνου εἴδη 出发来看，也就是从时间的样式上来看，诸如“曾经是”、“当下是”以及“将要是”等，则似乎是时间的某种特定的形式，或曰是无自身质料的形式，而质料却要牵连它们、钩沉它们；作为质料而运作的是不同的时间部分，这些部分按照先后循序而取得已流逝的存在形式、当下存在的形式和将要存在的形式，其中过往和将来就时间而言尽管似乎是外在的（似乎已经不在了、或者尚未存在），但是在本质上又并非另类的形式，因为它们曾经存在、或者将要存在，在这个意义上，它们似乎应当享有同样的类型。在此之所以说“按照先后循序”，理由庶几在于，这些先后而勾连不断的存在形式，作为已经成为了的形式（γεγονότα εἴδη），并非关涉和表述总是同样运作的存在，而是表述各种变端和运动（κινήσεις）。

在这个意义上，从时间与永恒的区别与关联上来看，时间毕竟不是理念，而是永恒的感官感知的表述、感官感觉的表述，况且如同前文所分析过的，在柏拉图看来，由于时间的本质立于永恒之中，所以时间的类型似乎从根本上就应当被理解为永恒的样式；这固然是一种可能的阐释，这一可能性的合理之处还在于，依然如同前文所分析过的，永恒毕竟是全部生命、所有生命的生命整体，生命的每一样式也都有其生命过程的特殊的统一性和部分，同时，永恒在宇宙之内并非一定仅仅具有一种，或某种特定的阐释，并非仅仅通过宇宙整体的秩序才能够被表述，似乎每一个生命都以其特有的方式表述作为生命基础的永恒，在这个意义上，似乎在包举万有的宇宙时间之外还应当有多样的时间、作为复数的时间以及作为复数的时间的多样性。

于是我们在此面临的问题，或者所应当提出的质询是，日、夜、月、年作为时间的延展和部分是否还具有其它品性？换言之，它们是否也能够被视为时间的类型？而时间的类型（或样式）这一表述在柏拉图学说的框架内有何等之意义？

部分与类型固然有区别，当然也允许，并且也必定有区别，否则也就不存在我们所提出的问题了。而问题在于，时间无论是作为现象，抑或是作为概念，难道仅仅能够要么是部分，要么是类型吗？它能否是部分与类型的相互依赖、不离不弃以总合而成的呢？时间仅仅能单一地被理解为部分或者类型吗？如果回答是肯定的话，那么究竟什么、究竟哪一个才能被理解为时间呢？是部分还是类型呢？

这些问题不仅能够是柏拉图的，而且也能够是奥古斯丁的，后者在其《忏悔录》中也一再提出这样的质询，并尝试从不同角度深入探讨之；本书在探讨奥古斯丁的时间概念的部分中将随处展现这一点。

如同人是一个整合概念一样，这一概念包括男人和女人；无论是男人，抑或是女人，都无法单方面表述人这一概念，而必定是总合起来才能成为完全的人概念。换言之，男人和女人分别既是人的部分，亦是人的类型，两者同时作为部分和类型构成人这一品种（物种）和概念。而永恒既是部分、又是类型，如同作为生命整体理解的 αἰών 一样，它包举每一生命的种类、包举所有生命的种类，而每一种类又同时就是整体中的一个部分，每一个部分作为一个种类（或曰所有的部分作为全部的种类）都分别以各自有限的方式表述和呈现作为生命整体的 αἰών，而只有在整体的结构中 αἰών 才能够表述自身、才能够呈现而出，或曰才能够被表述出来。类比于此，在我们所提出的质询的意义上，日、夜、月、年首先固然是时间的部分，并且以各自特殊而有限的方式表述永恒，但恰恰是因为它们以各自特殊而有限的方式表述永恒，它们就各自是一个相对独立的类型，就不仅是时间的不同部分，而且同时也是时间的不同类型（样式）。它们是不同的类型，宇宙内的各种生命通过它们各自的生生不息、通过它们在生生不息意义上的永恒而表述那个独一而恒久的永恒、独一而恒久的永恒的生命整体。当然，这种生生不息、周行不殆本质上也是运动，日、夜、月、年不仅是借助日与月的运动而定义的时间和时间的部分，日月的运行不仅是柏拉图时代人所已知的运动的现象和类型，而且其运动也是观察其它星宿运动的基本的周期和标准，在这个意义上，不仅日月的运行表述运动属性，并且恰恰因此而具有一种公度性、公约性，而且由此而来作为时间的部分（μέρη χρόνου）的日夜月年也因此而能够被理解为，或者至少被设定为时间的类型。于是，日、夜、月、年是一个时间的各个部分，同时也是这同一个时间的各个不同的类型，它们既分别、又共同表述那个独一的永恒、那个作为生命本源和整体的独一的永恒。

七　时间的诸多形式（εἴδη χρόνου）

奥古斯丁的以及我们现在所谓的当下、过往以及未来这三类时间的样式、时间的模式，在语言的表述上、在思维的方式上并非什么新鲜消息，甚至在希腊文学中已有先例；荷马在谈到预言家卡尔哈斯（Καλξηασ）时说，他看到了（当下的）存在、即将到来的以及之前存在的（ὃς ἤδη τά τ' ἐόντα τά τ' ἐσσύμενα πρό ἐόντα）；[①] 我们在此面临的问题是，时间的这三重形式的划分究竟有什么意义呢？

在 χρόνος（时间）的意义上，诸如荷马、柏拉图以及奥古斯丁的这些表述，似乎并未直接和时间有所牵涉，既非在时间的模态上，亦非在时间的形式上，既非在时间的部分上，亦非在时间的方面上；而所谓时间的模态似乎更多的是表述存在之间的区别，这一方面表明，存在之间的区别是以时间来考量的、是以时间来衡测的，另一方面也提示出，存在之间具有统一性（一致性），并且这一统一性是泊锚在时间中的，或曰泊锚在时间的统一性的本质（属性）中。而在柏拉图之前，恩培多克勒（Εμπεδοκλεσ）也谈到，爱与恨（或争执）这两种力量曾经存在，也必将存在，而无限的生命时间（αἰών）将不会匮乏这两者；[②] 其中，之前的存在（曾经存在）和之后的存在（将要存在）被理解为生命的整体、生命时间的整体。如果时间的本质被理解为生命的整体的话，那么在柏拉图这里"之前的存在"（"曾经存在"）、"当下此在"（"现在"）和"之后的存在"（"将要存在"）就能够在时间的意义上被理解、就能够被理解为时间性的了。当然，在此必须提示的是，"之前的存在"、"当下的存在"和"之后的存在"，并非被理解为存在的不同

① 就此请参见 Gernot Böhme, Idee und Kosmos. Platons Zeitlehre–Eine Einführung in seine theoretische Philosohie. Vittorio Klostermann Frankfurt am Main 1996. S. 106.（A70）

② 就此请参见 Empedokles, Fragment B 16. Friedrich Überweg, Grundriss der Geschichte der Philosophie. Erster Teil, Die Philosophie des Altentums. Zwölfte, umgearbeitete und erweitete, mit einem Philosophen- und Literatorenregister versehene Auflage. Herausgegeben von Dr. Karl Praechter. Verlag E. S. Mittler & Sohn, Berlin 1926. S. 91, 93.

类型和模态，在时间的意义上，过往并非是一种已成的事实、以往的事实，以至于庶几是一种非现实（非事实），当下并非是一种现实，将来并非是一种可能性；尽管时间模式的这种三重性能够被理解为存在的秩序，但是这并非意味着在认知上的先后秩序，而是这三者是同时可知的，而认知受限定的理由并非在于已知的质与量，而是在于人的有限性，特别是人的生命力和生命整体的有限性，奥古斯丁亦作如是观，本书在后文关于他的时间概念的多个篇章中将详尽阐释和分析之；预言家对于时间的观视，并非仅仅聚焦在捉摸不定的未来之上，而是以同样的方式同时捕捉过往、当下和未来。

我们在此面临的问题是，时间经验的方向与空间经验的方向究竟是什么关系呢？这一问题并非没有意义，其意义在于提点出存在的理解方向；需要提示的是，时间经验的方向和空间的方向，也就是和视觉的方向的关系；“之前的存在”（“曾经的存在”）在时间上已经是过往的了，但是在视觉方向上似乎又是在面前的，在空间上的方位似乎是正面的、似乎是迎面而来的，“之后的存在”（“将来的存在”）在时间上是尚未呈现的、尚未出现的，但是在视觉方向上、在空间的方位上似乎又是从背后袭来的、似乎是背面的；在中文的古典文学作品中也有庶几同样的表述，譬如人们耳熟能详的陈子昂的《登幽州台歌》：“前不见古人，后不见来者。”其中，在面前、迎面而来的、立于眸前的、瞻之在前的，似乎是已经发生的、已经作古的，好像我们踽踽前行就能相遇到我们的先人，而尚未到来的、尚未呈现的、将要成为的，似乎是回望的、后顾的、忽焉在后的，好像我们谦谦退行就能造访到我们的后人；时间的理解与人的生命感受相关联，将要到来的，已是无数过往者，已经过往的，却是将要成为者；已经过往的，曾经是将要成为者，将要到来者，必定成为已经过往者；时间经验的方向和空间方位的方向似乎恰好相反，在这个意义上，时间并非是消逝的时间，而是成为着的时间，或曰时间的消逝恰恰同时意味着时间的成为，时间是消逝着并且同时成为着的时间，于是过往与将来在模态上似乎并非两种截然不同的类型，而是构成并无区别的一个时间过程、一个生命过程、一个整体的生命过程。

从时间的类型上来看，在柏拉图的时间学说中，也就是在他的时间本体论和时间形上学中，εἴδη χρόνου（时间的样式、时间的模态等）庶几恰恰关涉 γίγνεσθαι（成为），并且被设置在成为的疆界之中，而并非在 εἶναι（存在）的边陲之内。“曾经是”（“曾经存在”）和“将要是”（“将要存在”）是成为着的、呈现而出的 εἴδη χρόνου（时间的模态），通常被误以为是存在，被误设为存在；柏拉图首先明确区分存在（εἶναι）与成为（γίγνεσθαι），然后建立起时间的模态和这一明确区分之间不可分割的联系，尽管如前文所分析的，呈现与消逝庶几是一个，并且是同一个模态，而 ἦν 和 ἔσται，亦即、甚或 εἴδη χρόνου（时间的样式、模态），则仅仅属于呈现和消逝的领域。

从时间的品性上来看，同样在柏拉图的时间学说中，时间作为运动是在自身中静止的永恒的对应面，存在范式的非运动性与运动的、感官可感知的阐释（亦即对永恒的阐释）相对应，运动不仅意味着（甚或首先并不意味着）变端，而且应当被理解为存在的现实性的完整的关系，是存在的充满关系的、整体关系中的现实性，在这个意义上，运动（κίνησις）不仅能够被理解为在自身中的静止、在自身中静止的对应面，而且也能够被理解为变端以及本质在时间中的变端。而变端并非仅仅是以某种感官可感知的特殊的运动形式呈现而出，也应当能够以可思维的形式呈现（或者隐匿着，无论如何，应当存在这样的形式）；如果柏拉图的时间系统是范式的存在和对这一存在的感官可感知的阐释所构成的话，那么在感官感知中的过程和变端就其本质而言不应当与在存在中的变端（如果其中有变端的话）隔如参商，而是也能够在存在中相遇到的运动，或至少是其阐释；于是变端就能够被诠释为运动，如同在感官感知中所感知到的作为对于运动的阐释的运动。当然，运动（κίνησις）必定在感官的领域有其呈现、有其阐释，但是尽管如此却并非一定首先在可感知的变端中去搜寻，或许首先应当在能动力的运作中、在能动力运作的现实性中；变端并非自身专属的、为自身的形式，而是借助呈现、成为（γίγνεσθαι）将运动领入到、创设在感官可感知的氛围中。如同前文已经引述和分析的，在这个意义上，柏拉图才说，那个总是等同于自身、并且并不运动者，从不成为存在，从不或者现在存在、或者在将来才成为，而且与成为在感官感觉的领域中所运动的东西毫无关系，这一永恒者原本就是存在，他自己决定，究竟什么呈现而出，而所有这些呈现、所有这些变端则尾大不掉，黏附于永恒者（固然，从目的论上来看，它们作为不同的部分与类型似乎原本也是要表述永恒者），以至于似乎是永恒者自身有所变端，其实更多的是这些变端为模仿永恒而在数字关系的秩序中以时间的形式而呈现。

从本体论和形上学的角度来看，庶几有如下之述说：

首先从形上学层面来看，柏拉图用于概括感官领域的属性的概念表述 γίγνεσθαι（成为，包括 ἀπολλύναι），为的是区别精神领域中事物的属性，其含义并非指内在于世界的成为，并非指从某一状态到另一状态的成为过程、变化过程，而是作为关系的限定和确定，感知与精神也正是在这样的关系中惺惺相惜、形影相吊；在这个意义上，γίγνεσθαι 表述精神在感官感觉中、在感知阐释中的呈现与消逝。

其次，同时从本体论和形上学两个层面来看，固然毫无疑问的是，总是存在至少一种状态，然后才有可能变端为另一种状态，或曰才有可能被另一种状态所取代；这也就是说，这两种状态必定有某种联系，必定有某种因素将这两种状态联系起来，或曰将它们聚合起来在整体上成为一种状态；如果设定这样的变端是最简质的变端，或曰是变端的最简质的模型的话，那么联系起两种状态，以至于引起变端的因素自身并不应当有所变化，而是应当前后一致、保持不变，应当是同样的、同一的因素自身；在这样的情形中，两种状态才能被理解为交替变化的状态，并且是作为其基础的那一自身不变的因素的交替变化状态。在柏拉图看来无可置疑的是，被理解为在同一不变因素下的状态交替的变端，并非感官世界的真实的感知和限定，而仅仅是假象而已。①

① 柏拉图在《会饮篇》中提到人从小到大、到老的变化过程，但是尽管一个从总角到耄耋之年的过程要历经几十年，而他总是这个人本身。就此请参见 Symposium. 207 d-208 a. In: Platon, Werke in acht Bänden Griechisch und Deutsch. Sonderausgabe, herausgegeben von Gunther Eigler. Wissenschaftliche Buchgesellschaft Darmstadt 1972.

其三，从本体论层面来看，状态的变端能够被理解为图景的、图像的变端，而图像的变端庶几可命名为时间；时间是在一个宁止的、庶几亘古不变的永恒中不断前行的图像，宇宙的秩序通过不断的呈现和消逝得以持续，以至于总是得出一种这一秩序的交替变换的图景。“曾经是”、“将要是”在这样的意义上不仅能够被理解为时间的不同部分和类型，而且庶几一方面能够被理解为时间的不同方面，而另一方面却又享有共同的本质，也就是在永恒中所奠定的、共同表述永恒的品性，它们共同属于呈现或成为，而这呈现或成为与感官所感觉的运动相关联。时间在成为与消逝中络绎不绝、展示着宇宙的秩序，在曾经与将要中阐释着自身，时间当下所是的，也是其曾经是和将要是的，时间是曾经是和将要是的整体；时间所将要是的，也已经曾经是了，其所曾经是的，亦将要是。固然，尽管有共同的品性，但是时间中的曾经是与将要是并非仅仅是两个不同的方面，并非仅仅是对于时间的两种不同的观察，它们当然也表述现实的、实实在在的区别；大凡时间持续奔流而捐旧迎新之处，“曾经的”、“曾经是的”渐次沉溺到无可再度救拔的过往之中，“到来着的”、“将要到来的”则层层叠加、不断超越着连绵不绝、时时刻刻逐次叠加着的每一“过往”。

八　“成为”（γίγνεσθαι）的形式

如前文所阐述和分析的，柏拉图并非从时间的模态出发来理解时间的，而是相反，其出发点在于，ἦν 和 ἔστι 在何种意义上表述时间。柏拉图不仅一方面明确区分 ἦν 和 ἔσται，而且另一方面也明确区分 ἦν 和 ἔστι；在区分的意义上，只有 ἔστι 表述真实的存在，而 ἦν 和 ἔσται 则关涉感官感知的领域，如前文所分析的，这两者或可命名为时间的方面、样态、类型和模态，以“成为”和“消逝”之样式演漾于感官感知的领域。

我们在此面临的问题是，柏拉图是如何探讨感官感觉领域中的当下的，换言之，我们所应当提出的质询是，柏拉图是如何观想和考量 γίγνεσθαι 的形式的。

在柏拉图的意义上，ἔστι 仅仅适用于作为本源的、范式的存在，这未免引发一种至少是可能性的考量，即在感官感觉的范畴之内似乎原本就并无“当下”、并无当下此在，所有感官所感觉的都总是曾经是、或者将要是，严格说来，并无当下是、当下此在，这应当是一种误见。柏拉图在《蒂迈欧篇》（28α）也讲到，在感官感知的领域中必定有当下这一样式，必定有当下的呈现，这样说的理由庶几在于，感官感知毕竟是当下的，即使是对以往感知感觉的回忆，这感知感觉在此时此刻的回忆中也是当下的。如果柏拉图并未将 ἦν 和 ἔσται 设置在存在之梯次上，并且将它们的含义奠定在呈现（成为）和消逝的形式上，也就是奠定在 γίγνεσθαι 之上，那么原本被 εἶναι 和 γίγνεσθαι 所区分、所甄别，甚或所撕裂的时间的三重性（过往、当下以及将来）就以 γίγνεσθαι 的形式再度凸显而出。

由于希腊哲学中关于存在、成为等问题主要来自于希腊语特有的语法现象，所以我们探讨这一问题的切入点似乎应当从其语法规则中去寻求。

纯粹从语法形式上来看，不同于包括拉丁语在内的其它欧洲语言，并因此而值得注意的是，希腊语的语法在时间形式上的独特性在于其时间梯次和类型的四分法，柏拉图亦不例外，老年和青年（年老和年轻）是他探讨时间中的存在的典型例证，在这一问题上，他总是区分完成的和未完成的现在时，如同后来的斯多葛学派的语法一样，总是区分 χρόνος παρατατικὸς ἐνεστώς（伸展到当下的时间，也就是说，是“从过去伸展到当下的时间”）和 χρόνος τέλειος ἐνεστώς（完成现在时）。我们在前文（小标题五）中所引述的《蒂迈欧篇》的文本，亦可作如下之阅读与解读，也就是说，那一总是等同于自身、并且并不运动者，并不在时间中比较年轻、或者比较年老，也从不成为存在，从不或者现在存在、或者在将来才成为；这意味着，原本就恒久存在者并不成为年轻的、或年老的（γίγνεσθαι），换言之，这样的成为在这段文本中所提及的所有（至少三个）时间梯次的每一个中，都应当敬告阙如。质言之，恒久存在者在四重方式上并不成为年轻的和年老的，在这个意义上，前文所引述的《蒂迈欧篇》之相关语句（38a）亦可作如下之翻译：“他并不在时间中年老、或者年轻（γίγνεσθαι，起始性现在时），并不曾经成为（γενέσθαι，一般过去时），并不已经成为（γεγονέναι，完成现在时），也并不将要成为（ἔσεσθαι，将来时）。”

对《蒂迈欧篇》的这一分析，并非是对于时间如此这般理解的一个孤证，在《巴曼尼德篇》中能够找到对这一问题的更清晰的分析，其中，年老与年轻（老年与青年）应当是同一个自身，或曰：年轻是一个自身，年老亦是同一个自身：

“Ὧ δε· διάφορον ἕτερον ἑτέρου οὐδὲν δεῖ

γίγνεσθαι ἤδη ὄντος διαφόρου, ἀλλὰ τοῦ μὲν ἤδη ὄντος ἤδη εἶναι, τοῦ δὲ γεγονότος γεγονέναι, τοῦ δὲ μέλλοντος μέλλειν, τοῦ δὲ γιγνομένου οὔτε γεγονέναι οὔτε μέλλειν οὔτε εἶναι πω διάφορον, ἀλλὰ γίγνεσθαι καὶ ἄλλως οὐκ εἶναι." ①

"一个和另一个已经有了区别，则这一个和这另一个不必被区别；而更多的是，这个区别于另一个，则与之就是（εἶναι）有区别的了；一个和另一个已经有了区别，于是就陷入了（γενονέναι）与这另一个的区别性；一个和另一个将要被区别，那它将（μέλλειν）与之有区别；一个与另一个将有（γιγνομένον）区别，则这个和这另一个既未有（γεγονέναι）区别，也未将有（μέλλειν）区别，也未是（εἶναι）有区别的，而是将要（γίγνεσθαι）区别于它；此外更无其它情形。"

从这一文本出发可见，当下者（或曰当下存在者）与尽管并非当下，但或者先前曾是者、或者后来将是者，是有区分的，时间的三重性，或曰三重区分性（当下、先前以及将来），切合于相应的存在或者非存在；而成为则不同，并不能简单地对应时间的三个梯次，特别不能机械地对应时间中的当下模态，成为应当具有双向的联系，作为起始性现在时的成为（γίγνεσθαι）是从当下到将来的萌动，是从当下到将来的绽放，是从当下到将来的

① 就此请参见 Platon, Parmenides. 141 b-c. In: Platon, Werke in acht Bänden Griechisch und Deutsch. Sonderausgabe, herausgegeben von Gunther Eigler. Wissenschaftliche Buchgesellschaft Darmstadt 1972. Band 5.

喷薄欲出，它同时关涉着当下与将来，或曰同时具有牵连当下与将来的双重含义；而作为完成现在时的成为（γεγονέναι）则是萌发于过往的本源，绽开于当下的结果，它同时关涉着过往和当下，或曰同时具有牵连过往和当下的双重含义；除此之外，固然亦有表述过往的先前的成为（γενέσθαι）和表述未来的将要成为（μέλλειν）。

固然，这段文本在时间类型、时间梯次的阐释上与《蒂迈欧篇》略有不同，在此，对于时间模态的三重性是以 εἶναι（当下）、γεγονέναι（过往）和 μέλλειν（将来）来表达的，而在前文引述的《蒂迈欧篇》中则是以 γεγονέναι νῦν（当下）、γενέσθαι ποτέ（过往）和 εἰσ αὖθις ἔσεσθαι（将来），但这并不影响我们在前文中的分析结论；同时也正如前文所提示的，在这段文本中，关于时间梯次的阐释似乎更加充分地体现了希腊哲学对于希腊文语法的依赖性，其中，起始性现在时（γίγνεσθαι）与结果性完成时、事实现在时（εἶναι）和将来时之间的区分是彰明较著的，比起《蒂迈欧篇》甚或更为清晰。无论如何，时间的三重模态，或曰三重性一方面表述根据当下、过往、将来而来的存在的三重区分，另一方面，在严格的意义上，当下仅仅表述真实的存在，而成为（呈现）和消逝则仅仅表述曾经是和将要是而已，而从不意味着真实的当下此在。① 原本意义上的当下并不褫夺、并不涤除成为（呈现）与消逝领域中的所有当下性，而是将其判别为起始性现在时和完成性现

① 就此亦请参见 I. Prigogine, From Being to Becoming. Time and Complexity in physical Sciences. San Francisco 1978.

在时两个截面或界面，这两个界面又通过成为所具有的亲和性而将自身分别决定为将来和过往。

于是，从时间出发，则时间的三重模态能够被理解为存在的三重样式，而在成为和消逝领域中则仅仅有 ἦν 和 ἔσται，在这一点上，奥古斯丁是有所继承的，这在本书之后的若干篇章的阐释和分析中随处可见；而从成为出发，则时间的样态有四重梯次，过往的成为、完成的成为、当下的成为以及将来的成为。

九　范式存在与生命过程

在从语法程式上讨论了起始性现在时（γίγνεσθαι）等的意义之后，我们所面临的问题是，成为作为内在于世界中的成为，能否被理解为范式存在在感官世界中的阐释和表述，也就是说，能否指出某种程式上的确定性，而这一确定性又恰恰提示出范式存在和感官世界。

在前文所引述的文本中，亦即“较年轻与较年老作为人自身”这一表述中，成为指的是变化，而自身则指的是一致性，成为是趣向于、校准于一致性的同时所发生的状态的变化，这样的变化并非范式存在的属性，而是感官感觉所能感知到的运动变化的事物的属性；除了我们在此引述的《蒂迈欧篇》的文本之外，《巴曼尼德篇》的 141 以下（以及 151 以下）也将较年轻和较年老理解为在时间中的此在的突出品性，并且认为，大凡参有到时间中的、在时间中的存在，其中的每一个都自身与自身有着自身同样的齿龄，无论是较年轻、抑或是较年老，都是同一个这个自身；[1]而这与亚里士多德在《物理学》中的理解大相径庭，在那里，时间的本质被理解为消逝、流逝，甚或毁灭的原因，是一种熵值意义上的、平均量意义上的消长过程和结果。柏拉图则不然，并未将较年老与较年轻解说为《阿含经》中所描述的成、住、转、坏，并未由此而将时间的本质阐释为此消彼长，在他看来，较年老不仅（甚或首先并非）意味着生命渐次的老去，而且（而是）同时就意味着较年轻，这初看起来似乎是一种自相矛盾、或者至少是一种悖论，我们在随后的下文中将对此加以些许之解释；但是在此无论如何：成为较年老的庶几并非意味着自然过程的单向拓展性，并非意味着从源泉到末流的无可回返性，并非意味着从原因到结果的逻辑顺序的不可逆性，这庶几不应当是时间性存在的属性、庶几不应当是在时间中的存在的属性。

在此，成为较老的并非在比较的意义上而言的，而是对于在时间中的生命的理解，是以鲜活的生命为象喻而对于时间的阐释，成为较老的并非是一种在比较意义上的表述，而是被理解为一种常态的事实、一种常态的生命事实，甚或一种常态性，是绝对（Absolutus）独自在某人或某物自身中所生发而出的，并且持续的过程，成为较年老的指的是一种在自身中的统一性，指的是在自身生命中的蹒跚而行，甚或就径直是生命自身、就是不断前行的生命自身；成为并非是某种属性，并非是人或可赢得的某种品性，而是人贯彻和完成了它。成为较年老的，意

① 就此请参见 Chr. Wulf, Lebenszeit−Zeit zu Leben. Chronokratie versus Pluratität der Zeit. In: D. Kamper, Chr. Wulf (Hrsg.), Die Sterbende Zeit. Zwanzig Diagnosen. Darmstadt/Neuwied 1987. S. 266-275.

味着较年老的存在的成为（或曰：成为了较老的存在），而较老的存在并非是一个与他人、他者相比较而言的系词表语，而是一个相对的谓项表述，是一个在自身中的相对的谓项，是自身现在所是的与自身以往所是的相比较而获得的谓项表述，而“现在所是的”（成为了较老的）和“以往所是的”（成为了较年轻的）这两个表述恰恰意味着存在，于是较年轻的存在和较老的存在同样在严格的意义上就意味着存在、就意味着自身的存在；而就自身而言，自身可同时是较老的和较年轻的。

“同时是较老的和较年轻的”这一表述，关联着临近的前文中提到的所谓悖论，而这一悖论在本质上也并非悖论，也就是说，较老的意义在于人比自身而言的，人比较老于人自身、比较老于人曾经所是的，而较年轻同时也意味着较老，固然也是在与自身比较的意义上，也就是说人比较年轻于人尚未成为的、尚未是的；这首先强调的并非某种兴衰变化和隆替更迭、并非生物医学意义上的生命的生老殆尽，而首先意味着成为了较老的存在的呈现，意味着较老的存在的呈现，而较老的存在所呈现之处（无论是在人，甚或某物之中），则是一种动态的较老地存在着，换言之，较老着比较老自身还要老，较老的存在实际上一直都是现在进行时，一直都是较老地存在着，这是一种分分秒秒、时时刻刻都发生着的常态性，这其中自然也涌动着生命自身的活力，或曰这是生命自身在时间中的涌动，这是时间在生命载体中的呈现，是时间在生命载体中的自我展现，是永恒将自身启示在生命中、启示在绽放于时间中的生命，是永恒（或曰永恒的存在）在舒卷于时间的生命中的自身启示；较年轻的意义亦应同样如此，恕不赘言。

无论是较年轻，抑或是较老，都属于成为的范畴，都属于感官可感知者的领域，是感官感知领域中可感知者的自身呈现和阐释，并且首先是生命的阐释；生命体的生命，譬如人的生命，是通过成为（较）老的而阐释其整体的，被阐释的生命整体即被命名为时间，而如果作为本源和范式的存在又被表述为在时间中的存在的话，那么这一表述，或曰这一存在本身就是一个悖论性的存在。生命的展示（过程）提示出不同的、多样的，甚或矛盾的方面，这些方面并非事物在程式上的区别，生命展示的诸多方面的区别，并非区分了已经被展示者与还需要被展示者之间的不同；时间中的存在的诸多方面，并非将这一存在区别于它所归属的范式，并非将它区别于它所从属的本源而范式的存在。"曾经是"、"将要是"、"曾经成为"、"已经成为"、"成为"以及"将要成为"（"将要是"）等所有这些表述，都阐释感官所感知的生命整体，它们都标示时间的诸多方面（εἴδη χρόνου）；奥古斯丁也由此而建立其时间类型论（时间类型说），并将其理解为人对时间的感知经验，我们在后文中将详细阐释和分析之。

第二篇　永恒与时间
——普罗提诺《九章集》第三卷第七章研究

一　引入：问题的维度

如果近、现代的哲学将时间理解为主体的存在的话，那么与之不同的是，在普罗提诺新柏拉图主义的哲学中，时间有其本体形上之基础、形上超验之基础，这样的表述凸显了他的时间哲学中的问题维度。[①] 普罗提诺的《九章集》第三卷第七章的标题是 Περὶ αἰῶνος καὶ χρόνου，亦即“论永恒与时间”；尽管“永恒”与“时间”即使在普罗提诺的哲学中也是本体论意义上的相对应、以至于相对的概念，甚或相反、以至于反义的概念，但是它们也应当，甚或必须被理解为某种辩证的统一，或曰辩证的合一；能够这样说的原因在于，时间作为被建构者、作为在成为之中提示（指示）自身者，庶几仅仅在其不变的存在基础之中，亦即在永恒之中方能存在与可理解，并且也方能被理解。而从时间问题的生成史来看，时间向着永恒的必然的

① 就此请参见 Hans Poser, Zeit und Ewigkeit. Zeitkonzepte als Orientierungswissen. In: Hans Michael Baumgartner (Hrsg.), Das Rätsel der Zeit. Philosophische Analysen. Verlag Karl Alber Freiburg/München. 2. Unveränderte Auflage 1996. S. 35-36.

本体论的回溯与还原，一方面提示出普罗提诺的时间的形上基础（时间超验性理由）与亚里士多德的世界内在性时间理解的本质区别，另一方面也要求向着柏拉图哲学，特别是《蒂迈欧篇》的回溯，在其中，时间的本质在已知的全部哲学史上第一次被形上地建构并被给出建构的理由，也就是时间从其原象，亦即永恒出发而被考量；如同在其它问题域中一样，在时间问题中，普罗提诺也依然是柏拉图本体论哲学的诠释者，他从柏拉图出发展开了时间问题，并且将时间概念引入、并最终置于自己的存在哲学系统中，也就是置于他的 ὑπόστασις 系统中。[①] 而从时间问题的展开史来看，时间向着永恒的回溯，也标示了普罗提诺的时间哲学与近、现代哲学中的时间理解的本质的区别，在后者之中时间甚或能够被理解为、被思考为无需回溯到一个永恒存在基础而在有限而历史性的主体中的存在。

面对普罗提诺时间哲学的问题维度，我们首先必须对于永恒与时间的本质提出质询、对于它们之间的相互对应（甚或相反的）关系提出质询，而这样的质询并非是物理学的专业问题——尽管从其起源来看，物理学或许也是从形上学与伦理学脱逸而出的[②]——而是从普罗提诺哲学的整体出发而提出和理解的问题，这样的质询以及由此而给出的可能性的回答，涉及的是给出关于时间问题的形上理由；由此就要梳理这一问题的普

① 关于 ὑπόστασις 概念及其系统，请参见徐龙飞，《形上之路——基督宗教哲学建构方法研究》（北京大学出版社，2013 年）中相关篇章及其所引用之众多权威参考文献。

② 就此请参见 B. Budinich, Neue Aspekte der Zeitkonzeption in physikalischen Theorien. D. Kamper, Chr. Wulf (Hrsg.), Die sterbende Zeit. Zwanzig Diagnosen. Darmstadt/Neuwied 1987. S. 152-168.

遍的哲学维度，在这样的维度中，普罗提诺思考其永恒与时间的存在。

由于普罗提诺是以原象与画像的辩证关系而思考永恒与时间概念的，并且从这一辩证关系来看，没有对于原象的存在与本质的思考，也就无从思考画像，也就是说普罗提诺也正是在这样的轮廓上展开他对永恒与时间的探讨的，[①] 于是无论是从方法上来看，抑或是从这一论题的实证的角度来看，问题的设置都应当首先质询永恒的存在与本质，之后方能顺理成章、章成理顺并简而成章地质询时间的存在与本质，并且如此这般的质询方能具有意义；由此，我们探讨问题的出场路径以及对于问题的研究，概言之，我们的方法，亦是适合普罗提诺的思考逻辑的。

永恒作为原象，并非理性的思考自身所能直接掌控的，必须要借助其基础，也就是精神来思考，理性在精神之中，并且借助精神而生存，精神是理性的生命；于是一个逻辑的结果是，在探讨永恒与精神的关系之前、在探讨这一关系的本质与意义之前，精神本身必须成为思考的对象。由此，第三卷第七章中的本体论的前提就得到了思考，而我们的考量方法是本体论的还原法，这一方法质询存在的基础以及存在的等级系统中外在于至一存在的每一存在梯次的本源；这一点对本书探讨奥古斯丁“精神的延展”理论具有十分重要的意义，这在本书后文中对奥古斯丁时间理论的阐释和分析中将一再呈现出来。

① 就此请参见 Hans Jonas, Plotin über Zeit und Ewigkeit. In: A. Dempf, H. Arendt, F. Engel-Jonasi (Hrsg.), Politische Ordnung und menschliche Existenz. München 1962. S. 295-319.

二　普罗提诺对柏拉图时间学说的阐释

从人物的精神史背景上来看，普罗提诺不仅立于尚未中断过的古典哲学的传统中，而且希腊语是其进行哲学思考的母语，尤为难能而可贵的是他在其希腊母语中以希腊哲学的思维方式对希腊哲学本身进行希腊式哲学的思考。作为新柏拉图主义的奠基人，普罗提诺能够被视为柏拉图思想最本色的阐释者，其思想在古典哲学中不仅从整体上来看颇具代表意义，而且就我们的时间论题而言亦极具思想价值。

从其思维方式上来看，尽管有柏拉图以譬喻方式所进行的思考在先，但是普罗提诺依然以单刀直入、径取主题的方式探入时间概念的核心内涵，而且他并非亦步亦趋、人云亦云的诠释者和研究者，而是在《九章集》第三卷第七章“Περὶ αἰῶνος καὶ χρόνου”（“论永恒与时间”）中在思辨的维度上对时间概念做了有概念史和问题史源头的独立思考。确然，普罗提诺并非下车伊始就另辟蹊径，而是在柏拉图譬喻式言说的殿堂前拾级而上，不但登堂入室，而且越出其堂庑，以抽象的和分析的言说方式建构出感觉与超感觉关系之间的形上思维系统，以至于在前人思想的基础上形成自己学说的确定性、稳定性和独特性。

从思维的内涵和过程上来看，普罗提诺所发展出的形上思维系统涵盖 αἰῶν（永恒）和 χρόνος（时间）的关系。在柏拉图的譬喻系统中作为时间的背景（亦即本质）而被表述为原象的 αἰῶν（永恒），在普罗提诺的形上系统中作为彼岸，或者至少彼岸的构成部分而具有其独立而无关乎他者（譬如时间）

的存在和本质。换言之，在普罗提诺看来，如果要理解时间，则必须首先将 αἰῶν（永恒）作为独立的对象来思考，他认为：

> “Γνωσθέντος γὰρ τοῦ κατὰ τὸ παράδειγμα ἑστῶτος καὶ τὸ τῆς εἰκόνος αὐτοῦ, ὃν δὴ χρόνον λέγουσιν εἶναι, τάχ᾽ ἂν σαφὲς γένοιτο.”①
>
> “如果原象的品性被认知而出，那么摹像的本质也就清楚了，而他们视时间为摹像的本质。”

根据上下文，引文中的“他们”指的是前辈的哲学家们，庶几包括恩培多克勒、柏拉图和亚里士多德等。尽管普罗提诺承认，由于时间似乎与永恒有某种相似性，所以从时间出发庶几能够成功地贴近原象，但是这即使并非一条歧路，也未必是一条捷径。在普罗提诺看来，αἰῶν（永恒）是独立的、有独自的品性，时间与星辰运动的内在联系被消解，这一点似乎直接影响奥古斯丁，以至于他在《忏悔录》第十一卷中将时间与日月星辰等天体之运动隔离开来考察，本书将在较远的下文中探讨这一点；而从时间概念出发理解数字亦不可取，甚或亦属荒谬。单纯在星辰的诸多不同之周行运动中并不能聚合出 αἰῶν（永恒）的本质属性，甚或并不能呈现出对于它的阐释，它们至多仅仅

---

① 就此请参见普罗提诺《九章集》第七章第一节；本书所分别引述的普罗提诺关于时间概念的文本，引自 Werner Beierwaltes, Plotin, Über Ewigkeit und Zeit (Enneaden III 7). Übersetzt, eingeleitet und kommentiert. Vittorio Klostermann GmbH, Frankfurt am Main, 4., ergänzte Auflage 1995. 这是经 Beierwaltes 考证并研究的本子，极具权威性。

能够是作为永恒者、作为宇宙灵魂的 αἰῶν（永恒）的内在生命意义的外在表述、外在呈现而已，如同腿的运动表述情感的运动一样，并非腿的运动决定内在的情感喜怒哀乐等运动，而是情感的各种变端引发并决定腿的诸多运动（第三卷第七章第十三节），在此，腿的运动的功能在于表述人的情感。庶几与柏拉图一样，在这样的比喻中，星辰的诸多运动的意义被降解，甚或被骤降为一种功能、一种令人感知时间的功能，或曰其意义原本就在于使时间成为可感知者、原本就在于表述时间（第三卷第七章第十二节），奥古斯丁也将人对于星辰等的观察视为人对时间的经验，并且尽管会造成时间概念的悖论，但是他依然将这经验作为他时间研究的出发点之一，本书在较远的下文中将设专章探讨这一出发点及其所造成的悖论。

如前文所分析的，柏拉图是从内在于宇宙的时间类型出发，亦即从生命时间类型出发，去认知 αἰῶν（永恒）的意义和存在本质，并且这样的 αἰῶν（自然也包括其意义和存在本质）并非某种物自体般的由自身而为自身的存在，而是在整体的宇宙时间中得到表述，而普罗提诺在《九章集》第三卷第七章开篇就明确指出：

> “Τὸν αἰῶνα καὶ τὸν χρόνον ἕτερον λέγοντες ἑκάτερον εἶναι.” ①
>
> “我们分别不同地指称永恒与时间。”

① 就此请参见普罗提诺《九章集》第三卷第七章第一节。

普罗提诺探讨问题的切入点在于，将 αἰῶν 视为 ὑπόστασις，亦即视为原本的存在，而非成为者，这使他能够在本体形上层面径取 παράδειγμα（范式、原象）和 εἰκών（画像、摹本），并直接考量它们的关系；尽管作为 παράδειγμα 和 εἰκών，但是 αἰῶν 和 χρόνος 这两者归根结蒂依然是不同领域中的同一个，亦即同一个生命。所谓 αἰῶν（永恒）属于恒在的域界，是精神域界的生命，而所谓 χρόνος（时间）则属于此间宇宙（亦即 τόδε τὸ πᾶν）之领域，是灵魂的生命，在这样的考量中，普罗提诺说：

> "Eἰ γὰρ αἰών ἐστι ζωὴ ἐν στάσει καὶ τῷ αὐτῷ καὶ ὡσαύτως καὶ ἄπειρος ἤδη, εἰκόνα δὲ δεῖ τοῦ αἰῶνος τὸν χρόνον εἶναι, ὥσπερ καὶ τόδε τὸ πᾶν εἴχει πρὸς ἐκεῖνο, ἀντὶ μὲν ζωῆς τῆς ἐκεῖ ἄλλην δεῖ ζωὴν τὴν τῆσδε τῆς δυνάμεως τῆς φυχῆς ὥσπερ ὁμώνυμον λέγειν εἶναι καὶ ἀντὶ κινήσως νοερᾶς φυχῆς τινος μέρους κίνησιν." ①
>
> "如果永恒是在恒常和自身中的生命，并且是尽善尽美的无限的话，而且如果时间是永恒的摹像的话，那么按照宇宙与它的关系，取其生命而代之的则必定是另一个庶几同名的生命，这一生命从属于灵魂的力量，而取代精神的运动的是：灵魂的一部分的运动。"

① 就此请参见普罗提诺《九章集》第三卷第七章第十一节。

从思维方式和逻辑过程上来看，我们在此面临的问题是，或者更确切地说，普罗提诺面临的问题是，αἰῶν（永恒）究竟是什么？αἰῶν（永恒）作为所谓的生命在精神领域中究竟意味着什么？

这样设置提问的原因在于，如果人知晓了 αἰῶν 是什么，也就是阐释了 αἰῶν 的内涵，那么按照相互对应或平行对应的表述原则，也就知道了、也就阐释了时间是什么，时间庶几也负载同样的意义或名号（譬如生命等）。普罗提诺借助对于 αἰῶν 的直观（εἰσαθρήσας）发现了其中的奥秘，αἰῶν 具有诸如存在、恒常、运动、自性和他性（陌生性）等本质属性，他认为：

“Καὶ ὅ γε τὴν πολλὴν δύναμιν εἰσαθρήσας κατὰ μὲν τοδὶ τὸ οἷον ὑποκείμενον λέγει οὐσιαν, εἶτα κίνησιν τοῦτο, καθ᾽ ὃ ζωὴν ὁρᾳ, εἶτα στάσιν τὸ πάντη ὡσαύτως, θάτερον δὲ καὶ ταὐτόν, ᾖ ταῦτα ὁμοῦ ἕν. οὕτω δὴ καὶ συνθεὶς πάλιν αὖ εἰς ἓν ὁμοῦ εἶναι ζωὴν μόνην, ἐν ούτοις τὴν ἑτερότητα συστείλας, καὶ τῆς ἐνεργείας τὸ ἄπαυστον καὶ τὸ ταὐτὸν καὶ οὐδέποτε ἄλλὰ τὸ ὡσαύτως καὶ ἀει ἀδιαστάτως, ταῦτα πάντα ἰδὼν αἰῶνα εἶδεν ἰδὼν ζωὴν.” ①

“谁如果在其多样的能力中获有精确的观察，那么

① 就此请参见普罗提诺《九章集》第三卷第七章第三节。

> 他会依此而称之为基础：亦即存在；而只要他将其视为生命，那么亦可称之为运动；而另外亦可称为恒常，因为它毫无变端，他也称之为他性和自性，只要它集合这些为一个至一的整体的话。而如果他将这些再度聚合到一起，以至于它们同时就是一个生命，如果他涤除其中的陌生性，并且看到无终止的运作、自身（自性）和绝非他性以及思维和并不世代相生、而是无可变端和无可延展的生命，如果他看到这一切，那么他就看到了永恒（αἰῶν）：生命（ζωή）。”

由此可见，在精神的域界中并非简单的存在者的存在，也并非简单的某种恒常性等，而是应当理解为上述诸多本质属性的综合，是存在的内在辩证性。

而这样的理解未免有某些困难。

从思维的主题及方式上来看，观察和理解生命本质的一个庶几最大的困难在于，将生命和运动与某种被视为并无变端者联系在一起，譬如属于范式和精神域界者。这一困难来自于对于柏拉图哲学理解的欠缺，甚或偏离，譬如智者们反对将存在定义为能力、能动、能量（δύναμις），在他们看来，尽管能力、能动性与绽放、生发、涌出等相关联，甚或是其内在的本质属性，但是能力并非其中的存在。[①] 由此毫无疑问的是，变端仅仅发生于生发涌出以及流逝消亡之处，或者用佛教的术语来说，仅仅

① 就此请参见 Platon, Sophistic. 248 c. In: Platon, Werke in acht Bänden Griechisch und Deutsch. Sonderausgabe, herausgegeben von Gunther Eigler. Wissenschaftliche Buchgesellschaft Darmstadt 1972.

发生于成住转坏之处；[1]于是运动并未仅仅被思考为涵盖变化的运动。

从思考的论题本身来看，另一个困难在于，存在被同时定义为静止（隐忍）和运作。运动固然属于存在，而除此之外柏拉图还引入了似乎是相反于运动（κίνησις）概念的静止（στάσις）概念，固然，静止和运动这两个看似相互反义的概念并非是寻常的意义上的两个语汇，甚或不能被理解为两个寻常的术语。静止属于存在，静止与运动是存在的两种样态、两种程式，原因在于，如果没有静止，那么就无法理解，甚或就没有诸如 κατὰ ταυτὰ καὶ ὡσαύτως και περὶ τὸ αὐτὸ（"根据自身"、"以同样的方式"或曰"以自身的方式"以及"在自身的周围"或曰"围绕自身"），如同《智者篇》所说的。[2]如果这样的限定敬告阙如，那么对于存在的认知将近乎于不可能，或曰至少不可能获得对于存在的比较完整的认知。

从问题本身的性质上来看，也就是从问题究竟是什么的角度来看，如同自身性、自性（ταυτόν）和他者性、他性（τὸ ἕτερον）的关系一样，柏拉图引入的静止概念，似乎并非运动概念的反义，而是存在的另一种方式，静止与运动庶几并非处于一种直接相对的关系中，更遑论一种反义关系了。运动似乎更多地呈现在存在者之中（呈现在涌出者、生发者之中），

① 就此请参见《新修大正藏》"大楼炭经"、"起世经"以及"起世因本经"，各经中多次使用"成住转坏"这一术语。

② 就此请参见 Platon, Sophistic. 249 b. In: Platon, Werke in acht Bänden Griechisch und Deutsch. Sonderausgabe, herausgegeben von Gunther Eigler. Wissenschaftliche Buchgesellschaft Darmstadt 1972.

而静止则在其自身性中有其本源，这似乎是两种平行的存在程式。存在被理解为能力，并且是同时朝向他者、朝向不同者（ἕτερον）的能力，存在作为能力总是朝向他者的能力、朝向存在者的能力；本书在“导论”部分已经阐释并分析了存在与存在者之区别，在此不再重复。

我们在此面临一系列问题。

一方面，如果无需借助他者的自身关系（自身关联）、自身性而总是一种现实性，并且是纯粹的现实性，借用莱布尼茨的术语来说，就是 actus purus，而另一方面，只有当他者也存在时，才存在可能性、内在性、自身性（自性），而这可能性仅仅存在于他者之中，并不存在于纯粹的存在之中，那么这里自然产生的问题是，能力（δύναμις）是否有可能，甚或必然被理解为并不关联他者而仅仅是纯粹的自身关联性。答案应当是否定的，理由也是彰明较著的，作为基础的存在总是朝向他者的存在，总是具有运作和影响他者的关系（ποιεῖν-πάσχειν）；存在作为基础、作为能力，甚或作为全能，总是关涉他者，总是含有与他者的关系，因为能力一方面是在自身中隐忍的能力，而另一方面则总是运作他者的能力；由此，运动在现实性的意义上（或曰运动作为现实）就和能力联袂而来，因为无论是运作，抑或是隐忍（亦即所谓静止），两者同时都是存在的形式、运动的形式，一则是主动的，一则是被动的，两者都关涉到现实性的不同方面，或曰：其静止就是运动，其恒久之运动就是静止之状态，换言之，其静止在于其从不改变其运动状态。将存在的现实性设定为单一性，既难以解释存在自身的运动与静止的同时存在性，也难以解释存在者的多样性和多样性的存在者；对于存在而言，关涉他者是其本质，如果存在本身就是现实性，或纯粹现实的话，那么由于存在的关涉他者（他者关涉性）就在自身中至少蕴含了自身静止（隐忍）和运作他者的可能性，否则存在者的多样性将消失殆尽，或者至少难以解释。于是自身性总是与作为能力的、有运作力的存在相关联，总是其内在属性，当作为能力的存在尚未进入与他者的现实的关系时，体现而出的就是静止、就是自身性。

接踵而来的问题是，究竟什么是自身性？

如果运动被理解为变化、变端的话，那么静止（στάσις）在相反的意义上，也就是在“不变”的意义上就难以理解了。静止似乎更应被理解为未主动性、未主动运作、未主动运作性；静止绝不是非运动、不运动，而是在自身中的静止，是一种主动的运作形式，是主动未与他者发生关系的运作形式，是一种主动隐忍的形式，是作为恒常性的存在。作为存在者的现实性的运动，借助与他者的关系而决定存在者，木块在火中燃烧，在水中则漂游，也就是说，存在者存在的可能性决定于与他者的关系，在现实性上似乎并非自主的，这也涉及到原本的存在，只有当灵魂认知到原本的存在时，原本的存在才是被灵魂已知的，当灵魂将原本的存在认知为什么时，那么原本的存在才是什么，甚或在认知的领域就是什么。

而未及旋踵就呈现出下一个问题，存在者自身在持续的意义上究竟又是什么呢？或曰总是在一种方式上又是什么呢？

存在者在持续的意义上、在一种方式上所是的，被称为στάσις（静止），而στάσις就是存在者自身的存在，也就是说“根据自身”、“以同样的方式”、或曰“以自身的方式”以及“在自身的周围”、或曰“围绕自身者”（κατὰ ταυτὰ καὶ ὡσαύτως και περὶ τὸ αὐτὸ），就是静止（στάσις），或曰：只要存在者作为能力持续凝滞在、止息在、宁止在自身之中，那么它的存在就是静止，存在者就是自身（ταυτόν），在这个意义上的存在者就是存在自身，就是纯粹的存在。

正是在这个意义上普罗提诺才说，永恒是彼岸的生命，或曰是在自身中憩息的生命、是固守于自身的生命，这样的憩息和固守涉及永恒的整体。因为属于永恒的运动并不外泄、并不外乎于静止，并且因为这一运动并不涵盖变端和陵替，所以永恒憩息在自身之中。这样的生命无需逃逸出自身、无需脱逸出自身以成为整体，大凡属于它的，总是已经在其中了，它本身就是整体、整全、整一（ὁμοῦ πᾶν），无空间、无分离、无距离（ἀδιάστατον）、固实质密（ἀθρόος）。

而灵魂（或曰灵魂的生命/生力）则相反，这被理解为躁动的、非宁静的本性（本质），并不愿意满足于在至一中的隐忍和蹲守，而是充满好奇（πολυπράγμονος），愿意成为自己的主人（ἀρχεῖν αὐτῆς），愿意自主、愿意属于自身（εἶναι αὐτῆς），并且愿意追寻超出当下此在者（πλέον τοῦ παρόντος ζητεῖν）；[①]于是灵魂就从永恒之中脱落而出，并且借助自身的行为而运作出时间和世界。确切地说，只要灵魂不得不模仿永恒的话，那么时间就是灵魂的行为，只不过这一行为被称为时间而已；或许正是在这个意义上，奥古斯丁才说，

① 就此请参见普罗提诺《九章集》第三卷第七章第十一节。

时间是精神的延展（“distentio animi”），本书在较远的后文将设专章阐释和分析奥古斯丁关于时间概念的这一核心表述。

如果考量时间的这一起源的话，那么或可期待的是，模仿关系的这一样式与柏拉图的构想大相径庭；按照柏拉图的构想，如果时间的呈现如同宇宙一样是一种（对于永恒的）偏离、远离、扯离的话，那么它的功能或目的则在于将真实的存在捧捧而出；世界对于柏拉图而言是众神的摹像，是为了表述众神的在场而被创造的，是为了表述众神在场的神圣性的；在这个意义上，永恒（αἰών）与时间（χρόνος）的原象-摹像关系就能够被解释为永恒借助时间而被阐释、借助时间而来的永恒的阐释。而在普罗提诺那里，这样的关系被改变为、被理解为一种适应；时间要将其与永恒的亲缘性、亲和性更多地归功于灵魂在永恒中的本源，而不是沾沾自喜于自身的运作品性（属性）、行为品性（属性）。普罗提诺认为：

> “Eἰ οὖν χρόνον τις λέγοι ψυχῆς ἐν κινήσει μεταβατικῇ ἐξ ἄλλου εἰς ἄλλον βίον ζωὴν εἶναι, ἆρ ἂν δοκοῖ τι λέγειν; εἰ γὰρ αἰών ἐστι ζωὴ ἐν στάσει καὶ τῷ αὐτῷκαὶ ὡσαύτως καὶ ἄπειρος ἤδη, εἰκόνα δὲ δεῖ τοῦ αἰῶνος τὸν χρόνον εἶναι, ὥσπερ καὶ τόδε τὸ πᾶν ἔχει πρὸς ἐκεῖνο, ἀντὶ μὲν ζωῆς τῆς ἐκεῖ ἄλλην δεῖ ζωὴν τὴν τῆσδε ἧς δυνάμεως τῆς ψυχῆς ὥσπερ ὁμώνυμον λέγειν εἶναι καὶ ἀντὶ κινήσεως νοερᾶς ψυχῆς τινος μέρους κίνησιν, ἀντὶ δὲ ταὐτότητος καὶ τοῦ ὡσαύτως καὶ μένοντος τὸ

μὴ μένον ἐν τῷ αὐτῷ, ἄλλο δὲ καὶ ἀλλο ἐνεργοῦν, ἀντὶ δὲ ἀδιαστάτου καὶ ἑνὸς εἴδωλον τοῦ ἑνὸς τὸ ἐν συνεχείᾳ ἕν, ἀμτι δὲ ἀπείρου ἤδη καὶ ὅλου τὸ εἰς ἄπειρον πρὸς τὸ ἐφεξῆς ἀεί, ἀντὶ δὲ ἀθρόου ὅλου τὸ κατὰ μέρος ἐσόμενον καὶ ἀεὶ ἐσομενον ὅλον. οὕτω γὰρ μιμήσεται τὸ ἤδη ὅλον καὶ ἀθρόον καὶ ἄπειρον ἤδη, εἰ ἐθελήσει ἀεὶ προσκτώμενον εἶναι ἐν τῷ εἶναι· καὶ γὰρ τὸ εἶναι οὕτω τὸ ἐκείνου μιμήσεται." ①

"如果谁说时间是灵魂在运动中的生命，是灵魂从一种生命状态到另一种的过渡，那么他说的是真的吗？而如果永恒是在持续性中的生命和在自身中的完美的无限，而时间则或许是永恒的图像，也就是按照宇宙和永恒的关系来考量的话，那么并非那里（彼岸）的生命，取而代之的似乎是另外的同名的生命，并且这一生命属于灵魂的此间（此岸）的能力（力量），并非智性的运动，取而代之的是灵魂一部分的运动；并非隐忍者的自身性和非变端性，取而代之的是不在自身中的隐忍而总是运作不同者；并非距离消失性和至一，取而代之的是一借助内在的联系作为至一的摹像；并非完美-无限者和整体，取而代之的则总是相互进入无限；并非整一的整体，取而代之的是部分的并且总是仅仅未来的整体。于是，如果这一整体总是愿意并努力追求蹲守（隐忍）于存在之中的话，那么它就能够模

① 就此请参见普罗提诺《九章集》第三卷第七章第十一节。

仿完美的整体和在自身中凝聚完美的无限；因为只有这样才能模仿彼岸的存在。”

灵魂在其不断涌流的行为中所遗失的，恰恰就是永恒的宁静，是无分离、无距离的在自身中凝聚的永恒的宁静。而恰恰就是在其不断的见异思迁、厌旧喜新的追寻过程中，灵魂尝试补足所遗失者，并且是借助进入无限而追寻，甚或猎取、攫取一个未来的整体（整体性）。彰明较著的是，柏拉图将时间理解为差强人意的无限，但是尽管如此却能将真实的无限搁捧而出、表现出来，而普罗提诺则认为，时间恰恰借着它未免愆尤的无限而模仿真实完美的无限，时间是灵魂义无反顾地在自身中不断弃旧逐新的行为或运作。普罗提诺并未认识到这一行为的秩序和周期性对于柏拉图具有何等之意义，于是他也就因此而忽略了时间与数字的关系。

三　精神的结构

1. 精神的本源：为什么是“为什么毕竟是存在？”而不是“为什么是存在而不是虚无？”

质询精神的来源、或者本源的问题，与质询存在的等级系统的整体的基础相关联；在上文提及的原象与画像辩证关系的意义上质询时间的存在，必然要质询时间的本源；同样，永恒与精神的关系问题，也必然引起对于精神的本源的质询，由此能够探入对于永恒的基础和本源的质询；由此看来，奥古斯丁在精神（或灵魂）中探讨时间概念，这庶几应当有其问题史和概念史的原因。

而在质询精神的结构及其本源时，我们所面临的问题庶几能够这样提出：为什么至一并非康德意义上的物自体般的存在？或曰：为什么至一自身并非为自身、在自身中滞留？为什么毕竟是多样性？为什么至一在自身之外还令他者存在？这些问题与如下问题是等同的：如何能够从简质而毫无关联性的至一自身之中涌出关系领域和似乎是相互离散的多样性？至一如何能够给出它自身并不具有者？[①] 或者更深入、也更原始的问题庶几是：为什么至一从自身所涌出者，是其所并不具有者？而果真如此的话，这又是如何达成的呢？

一言以蔽之，这类（或这些）问题能够回溯到一个单一的问题，亦即：为什么人以精神的、灵魂的以及无论何种方式所感知和认知而来的是存在？或曰：为什么毕竟是存在？

这一问题与质询"为什么是存在而不是虚无"[②] 的问题截然不同、绝然不同、绝不相同，这样说的原因在于，此类提问总是将至一的无可置疑的存在设置为前提；而由于至一自身作为超存在、作为一切存在之所以存在之理由和前提是无可置疑的，没有至一则存在由自身而言即不存在、亦不可理解，所以在普罗提诺的问题维度中的形上学问题，不仅是最原始，而且也是最廓如的问题，于是"为什么毕竟是存在"的提问，实质上也

① 就此请参见《九章集》第六卷第七章第十五节第十九小节以下。

② 近代以来，这一问题已经被莱布尼茨（Principes de la nature et de la grâce 7; VI 602）和谢林（Philosophie der Offenbarung, I. Vorlesung; Werk II-III ［1858］7）提出了，海德格尔在质询形而上学的本质时，又重新提出了这一问题（Einführung in die Metaphysik, Tübingen 1958. S. 15 以下）。在普罗提诺思维的问题域中，莱布尼茨们的问题并不存在、也无需存在。

就是“为什么在至一之外毕竟是存在而不是至一自身”的问题；或曰：为什么在至一之外是存在而并非别的什么而就是至一自身呢？

意图针对这一问题给出理由、给出答案的尝试，庶几消解了这一问题的质询意义，这样说的原因在于，这样的质询是一个终极设问，终极设问所质询的问题庶几无法给出理由和答案。至一已经是终极的、终末的了，至一作为终极基础已经是无基础的基础、无需基础的基础。“无基础”意义在于，建构基础的行为（或活动，actus）自身就是基础和理由，已经无需理由和基础了。在此彰明较著的是，一方面，在面临有理由的存在时，质询建构的理由和对于这一质询的有理由的回答（答案），尽管或许依然并非轻而易举，但是也是可以理解的；而另一方面，质询无基础、无理由的存在之所以存在的基础和理由，虽然可以理解，但依然并非轻而易举，并且难免陷入于窘迫。尽管如此，质询无需基础的第一存在的本源也是具有意义的，因为第一存在的存在并非缘起于某种“约略”（τύχη）；[①] 在这个意义上，其本源是可描述的，但是并非是可赋予其原因的，因为至一本身就是自身的本源和原因[②]；在思维方式上，这一点庶几直接影响奥古斯丁以至于他在《忏悔录》第十一卷中批驳了“上帝在创世之前在做什么”这一诘难，而仅仅从上帝出发来阐释上帝及其创世。

由此可见，对于最原初的问题的回答尽管有可能性、姑且

① 就此请参见《九章集》第六卷第八章第十节第十三小节以下。

② 就此请参见《九章集》第六卷第八章第十节第十九小节以下。

有可能性，但是这样的回答难免一种暂时性和临时性。

如果精神存在的话，那么它必定从先于它的既非存在亦非思维者之中获取其存在与思维，至一先于精神、是精神的源泉（πητὴ νοῦ），[①] 而这一源泉则完全滞留在、坚守在自身之中，尽管至一涌流其能量，但是它并未散发在、散佚在它所涌流而出者之中，并未散逸在从它所涌出者之中。[②] 从至一之中涌流而出的精神的存在，就是在其自身中存在着的、受限定的、立于所给出的基础之上的形象，亦即所谓的 ὑπόστασις，[③] 它在自身之中展示了本源的超存在的存在。于是，尽管从至一（非诸多）中诞生了诸多，但是这一诸多是至一自身在自身中的区分，而区分的能动性或力量也来自于至一自身，于是这一诸多借助至一自身本源的力量而被引入和建构在无时间的（时间阙如的）“总是-将要”和“总是-回返”之中，而至一的本源的力量就是至一自身在自身中区分自身的力量。

一方面，从本体论层面来看，如果至一本源的力量就是至一自身在自身中区分自身的力量的话，那么“本源”（或曰“源泉”）这一名号就从来不会指称自身封闭的、滞留于自身之中的至一的本源性；固然，它也并非同时提示“本源”之所以就是“本源”的理由，这一名号之意图亦并不在此，因为它本身就是“原名号”、“初始名号”，它已经是最初始、最本源的名号了。而阐释这一原名号的最原本的意义的尝试，表明了至一的超完满、超圆满（τὸ ὑπερπλῆρες αὐτοῦ πεποίηκεν

① 就此请参见《九章集》第六卷第九章第九节第一小节等多处。

② 就此请参见《九章集》第六卷第九章第一节第五小节以下。

③ 譬如《九章集》第五卷第四章第二节第三十五至三十七小节。

ἄλλο）。[①] 这一“超完满”、“超圆满”本质上就是善，甚或超善，它以超存在的方式囊括万物，而它所囊括的万物原本也是作为可能性和现实性从它自身之中涌流而出的。恰恰由于这一“超完满”在初始的意义上（初始般）享有“尚未存在者”（亦即所谓非诸多）于自身之中，所以它毫无可能从万物（从诸多）中兴起。而“令兴起”的行为是一种圆满的行为，[②] 或更确切地说，是一种首先令自身圆满的行为，是以自身具足圆满的行为（actu ipso）而完满他者。

另一方面，从形上层面来看，本源自身对自身的思考，建立了本源自身与自身的关系，这一无需他者而建立的关系是本源自身的具足圆满，甚或可称为超圆满；而本源自身对自身的思考及其自身的超圆满，令他者产生、兴起，这一“令他者兴起”的行为并非呈现为一种本源智慧的思考行为或者自我意识的反思行为，而是一种形上的必然性行为，并且这一必然性已然被含蕴在至一概念自身之中了，或曰已经在至一概念之中被给出了，也就是说：至一作为超存在的超圆满必然是本源（源泉）和初始原则。如同其它所有存在一样，这个至一自身也受形上法则的制约，或者更确切地说，也遵循原本也是来自它自身的形上法则而引出在它之后的存在（或者作为现实的可能性存在），并令其绽放自身（ἐξελίττεσθαι），“如同从一粒浑然一体的种子生发而出以达于可感知的目的，就此较早者总是在滞留在它自己的处所，而在它之后存在者面临超强的能动力

① 就此请参见第二卷第一章第八节以下。

② 就此请参见《九章集》第六卷第七章第十六届第三十一小节第三卷第八章第八节第三十四小节。

仅仅似乎（看上去是）从自身茧蜕而出，它承载完满于自身之中，它并不允许将其束缚于嫉妒的囿圉之中，直到所有的存在获得其极致的［存在］可能性。”[①] 至一的本质属性恰恰在于它的不嫉妒（ἄ-φθονον），或曰：在于不嫉妒之存在，它毫无戒心、毫不嫉妒将其本质法则无偿赋予在它之后的它者。

在这样的行为中，自由与必然是等同的、全等的，自由并非必然的对称面、对立面，而是借助这一在本性中作为形上自由的必然而运作，并且绽开这一必然、并将它绽开为本体和形上的自由。由于有了这一“朝向万物的权能”（δύναμις πάντων），[②] 于是在兴起之物的无权能、非权能（ἀδυνατῶν）之中那一初始（原初）而承续过来的同一性（统一性）才得到护佑。[③] 蕴含在至一运作之中的必然与自由的统一、等同庶几是一个悖论：必然性，在此因着其初始性，或可名曰首选性，即联系又释解（释放）含咀于其自身之中的、作为其自身属性的自由；而自由则意味着至一朝向他者的开放性，仅仅借助这一点他者才能够、就能够存在了。而如果必然并非βίαιον（强力、张力）

① 就此请参见《九章集》第四卷第八章第六节第八小节：“οἷον σπέρματος ἔκ τινος ἀμεροῦς ἀρχῆς εἰς τέλος τὸ αἰσθητὸν ἰούσης, μένοντος μὲν ἀεὶ τοῦ προτέρου ἐν τῇ οἰκείᾳ ἕδρᾳ, τοῦ δὲ μετ᾽ αὐτὸ οἷον γεννωμένου ἐκ δυνάμεως ἀφάτου, ὅση ἐν ἐκείνοις, ἣν οὐκ ἔδει στῆσαι οἷον περιγράφαντα φθόνῳ, χωρεῖν δὲ ἀεί, ἕως εἰς ἔσχατον μέχρι τοῦ δυνατοῦ τὰ πάντα ἥκῃ αἰτίᾳ δυνάμεως ἀπλέτου ἐπὶ πάντα παρ᾽ αὐτῆς πεμπούσης καὶ οὐδὲν περιιδεῖν ἄμοιρον αὐτῆς δυναμένης.”

② 就此亦请参见 V 4, 2, 38; V 4, 1, 25.

③ 就此请参见第六卷第七章第十五节第二十至二十二小节：“ἣν γὰρ ἐκομίζετο δύναμιν ἀδυνατῶν ἔχειν συνέθραυε καὶ πολλὰ ἐποίησε τήν μίαν, ἵν᾽ οὕτω δύναιτο κατὰ μέρος φέρειν.”

意义上的，或者从外在袭入而来的原因的话，而是至一自身的形上法则的话，并且根据这一形上法则至一是毫无嫉妒、毫无猜忌的超圆满，以至于它作为超善、超圆满而运作和施加影响的话，那么至一的自由在辩证的意义上就必然是、必定是这一必然性的极致，借助这样的极致必然性展开自身。[①]

2. 精神如何产生

从问题本身来看，如果至一本身就已然是具足圆满的存在了，并且其关联自身的形上法则也出自于这个至一自身，那么这个至一自身似乎就是存在整体，是存在的真实性质、是自身联系和他者联系（亦即将自身作为他者而联系）的统一，在这个意义上，至一是终极而绝对的存在；而由于这一终极而绝对的存在及其超圆满的形上法则规避了对于“为什么”的质询，所以普罗提诺的思考就转向了对于“如何”的描述，因而在这一思维转向之后，我们面临的质询是：如果他者毕竟要涌出的话，那么他者从至一之中的产生又是如何，或曰又是以何种方式完成的？

普罗提诺认为：“而那一个（至一）并非精神，他又如何能产生精神呢？是这样的，至一在朝向自身的回程中观视自身，而这一观视就是精神。”[②]

---

① 普罗提诺在其《九章集》中，在联系起灵魂的起源问题的同时而从意志的本质出发详尽思考了这一问题的结构；而这并非本书的主题，就此请参见《九章集》第六卷第八章。

② 就此请参见第五卷第一章第 7 节第四至六小节：“ἀλλ’ οὐ νοῦς ἐκεῖνο. πῶς οὖν νοῦν γεννᾷ; ἢ ὅτι τῇ ἐπιστροφῇ πρὸς αὐτὸ ἑώρα. ἡ δὲ ὅρασις αὕτη νοῦς.”

这表明，精神的产生是至一对于自身的反思。由于至一在自身之中毕竟是关系阙如的（这一点就至一概念自身而言自始至终应当是彰明较著的，原因在于至一本身就是不可分的，或者我们最多能够说，至一是自身关系，并且首先是自身关系，甚或首先仅仅是自身关系），所以精神的诞生即可理解为至一朝向自身的驿程（或行程），而这一朝向自身的驿程则意味着至一不仅依然是至一自身，而且同时又是他者，而在诸多（诸多性）中反思自身的至一就是精神。“朝向自身的驿程”只有在进入诸多的行为中，并且在对其反思之中才能得以完成，而精神则是至一在诸多性中的自我反思，甚或是至一在他者之中的反思，并且这一诸多（或他者）是至一借助自身建构（建构自身）而获得的。

固然，在另一处的文本中似乎有相矛盾的表述：“所兴起者（精神）又倾身于那一位（至一），并且被它所充满而诞生，它通过观视自身，于是就有了精神。它对于那一位的倾身带来了存在，而对它的放眼望去（对它的观视）则就是精神。”①

从问题的思维方式来看，对于这段文本的理解是有一定难度的，或曰是能够产生歧义的，其难点或歧义在于“对它的观视”中的“它”，既可以指精神自身，同时又可以指“那一位”，这一难点或歧义产生的原因在于“αυτό”的读法从古典学和古文字学的词法角度来看能够有两种，如果读作非送气的弱音

① 就此请参见第五卷第二章第1节第九至十二小节：“τὸ δὲ γενόμενον ἐις αὐτὸ ἐπεστράφη καὶ ἐπληρώθη καὶ ἐγένετο πρὸς αὐτὸ βλέπον καὶ νοῦς οὗτος. καὶ ἡ μὲν πρὸς ἐκεῖνο στάσις αὐτοῦ τὸ ὂν ἐποίησεν, ἡ δὲ πορὸς αὐτὸ θὲα τὸν νοῦν.”

“αὑτὸ”指精神自身，而如果读作送气音“αὁτό”则指的是“那一位”（亦即至一），不仅从词法和语法上这两种矛盾的读法都有道理，而且在哲学的意义上这两种读法所带来的不同，甚或矛盾的阐释亦都有合理性，并且研究普罗提诺的专家们也的确有不同之观点。[①]

要之，“αυτό”不应读作“αὁτο”，以避免至一在自身之中有一种并非自身关系的关系，以至于它涤除了至一性而不再是至一了。由不同的读法所带来的矛盾似乎在于，并非至一反思自身以至于产生了精神，而似乎更多的是兴起者（亦即精神）反思至一自身。不过这一矛盾仅仅是表象而已，甚或仅仅是假象而已，这样说的理由庶几在于，至一由自身生发的过程生出了精神，或曰精神展示自身的至一。精神本质上则是至一生发与回溯的合一（统一），精神是思考着的朝向自身的驿程（去程）；精神通过思考自身也就思考了它的本源，亦即思考了它所从出的至一自身；当至一悖论般地并不思考自身时，则它就是自身、滞留为自身，或曰：精神是至一反思自身而诞生的，当至一不思考自身时（固然是悖论般的，因为至一不能不思考自身，这并非表明至一是受限定的，而是表明它的内在的形上法则），是尚无法确定的涌出，则精神是尚未被、尚无法被限定的涌出；而精神是涌流到多样中的至一，是反思自身的至一，精神通过

① 本书在此无意纠缠各种观点及其理由，就此请参见 Werner Beierwaltes, Plotin, Über Ewigkeit und Zeit (《九章集》第三卷第七章). Übersetzt, eingeleitet und kommentiert. Vittorio Klostermann GmbH, Frankfurt am main, 4., ergänzte Auflage 1995. S. 15. Beierwaltes 在此引述了研究普罗提诺的若干专家学者的观点并分别加以分析，颇可参考。

至一对于自身的思考而完成并完满自身，并由此而赋予自身无限而尚需限定的界限。

从问题的始因来看，普罗提诺这类表述之中所蕴含的疑难[①]（甚或悖论）的原因在于，人对于精神兴起（诞生）的无需时间性的思考必定是在时间中实施的，并且人对此也必须在时间中思考，以至于某种嫌疑甚至能够悄然袭入，即无时间的同时性的行为（这也是一种无奈的表述，因为我们毕竟在时间中思考，否则我们就没有了话语），似乎有一种在秩序上的先后相续性；奥古斯丁的时间悖论也具有同样性质，他是否直接受到普罗提诺的影响，我们由于没有强有力的证据而无法遂下断语，或许是所面临的问题本身的内在逻辑矛盾所导致的，本书在后文中将设专章探讨奥古斯丁的时间悖论。

而在此，尽管一方面，诸如“所兴起者通过观视自身（或者那一位），于是就有了精神”以及“它对于那一位的倾身带来了存在，而对它的放眼望去（对它的观视）则就是精神”之类的句子，容易引起一种印象，即先诞生了“某物”，然后这一“某物”回溯于自身，或曰思考着地回溯于、倾慕于至一，非也！并非如此！但是另一方面，这一兴起（诞生、涌出等），同时就是倾慕于、朝向于自身和本源，涌出和回溯同时就在至一之中、在至一之中是同时的；借着这样的同时的涌出和回溯，所有最初兴起的 ὑπόστασις（存在）都是恒等恒同的、都是全等全同的。

从问题的历史来看，在普罗提诺思想的早期，这样的

---

① 就此请参见第二卷第二章第一节第九小节。

涌出是借助类比论来思考的，在这样的类比论中至少有三个方面值得考量，一方面，思考是关涉存在的，至一自身就是νοητόν，换言之，被思考者或者需要被思考者，并非毫无自我意识，并且这恰恰也是在无时间状态中的思考，以至于至一如此这般的思考似乎并非思考精神，而是在做另外的思考；而另一方面，精神则诞生于（涌出于）“那一位”，并且是当这个“那一位”并非别的什么（也不能是别的什么），而就是它自身原本所是的、原本就是的；并且最终一个方面，当“那一位”作为被思考者而滞留时，那么所诞生者（所涌出者）就是思考（思想）；而由于“那一位”就是思考，并且由于它当下此时思考它所从出者，亦即思考它之所从来、思考它所涌出之处，于是（由此）它就是精神，精神也就诞生了[①]。在此彰明较著的结论庶几是，至一对自身的、在自身之中的现实的和仅仅方法的反思性（或曰至少至一的旨趣性），亦即至一的被思考的以及要思考的存在（固然，这两者是恒等恒同的），是精神绝对存在的理由，或曰：赋予精神绝对存在的反思性、回溯性以理由（无论这一反思或者回溯是朝向“那一位”，亦即至一，亦或是朝向自身）；这也就是说，至一的内在旨趣性必然引领出精神。

从问题的本体形上的逻辑展开来看，出自至一的多样性（亦即至一对自身的思考）的绝对存在的反思性，或曰这一绝对存在的回返性，表明其凝聚到至一之中的收敛性、收束性，这一行为的本源和目的其实都是（就是）至一之内核，所有的行为

① 就此请参见 V 4, 2, 19-26. Beierwaltes, Plotin, Über Ewigkeit und Zeit (Enneaden III 7). Übersetzt, eingeleitet und kommentiert. Vittorio Klostermann GmbH, Frankfurt am main, 4., ergänzte Auflage 1995. S. 16.

（思考、倾慕等）都朝向这一内核（核心）而汇聚、而汇流、而回流，因为它们都由此而获有其存在和运动的内在意义。在绽放之中，内核（核心）的本质和权能喷薄而出、横斜而出，而这同时又近乎于一种“并非绽放的绽放”（ἐξελιχθὲν οὐκ ἐξεληλιγμένον）[①] 作为非绽放者，内核引领绽放者总是不断回溯于自身；并且是如此这般地：从至一之中涌流而出的精神，亦即从至一之中绽放而出，并且依赖于至一的精神，将似乎处于至一之中的非精神的“准精神”作为其可能性（亦即作为其权能性）引领而出、引入存在。[②] 如同圆周作为圆周自身总是朝向其本源性的核心一样，并且总是同时关涉多样性的凝聚、收聚（收敛、收束）一样，精神作为如此这般者也总是回溯到它的本源，亦即回溯到至一自身，这是因为精神从至一之中获取它的精神的存在（ἅτε παρ᾽ ἐκείνου ἔχων το νοῦς εἶναι）。[③]

从问题展开之后的样态来看，初看之下，普罗提诺思想中似乎有流溢说之痕迹，在自身中收聚凝束的内核（核心）滞留于自身之中，从自身释放出诸多存在，而同时并不消减自身，甚或并不出离自身，再看之下，普罗提诺的这一思想又不仅并非庶几是流溢说，而且甚或是为了避免和反驳流溢说而提出的；古典的流溢说认为，诸多性从至一中的呈现是一种涌出、流溢，

---

① 就此请参见第六卷第八章第十八节。

② 就此请参见第六卷第八章第十八节，第十九至二十二节：“γενόμενον ἐξ ἐκείνου καὶ οἷον ἐκχυθὲν καὶ ἐξελιχθὲν καὶ ἐξηρτημένον ἐκ τῆς αὐτοῦ νοερᾶς φύσεως μαρτυρεῖν τὸν οἷον ἐν ἑνὶ νοῦν οὐ νοῦνὄντα· ἓν γάρ.”

③ 就此请参见第六卷第八章第十八节第七小节。

至一借助这样一种流溢而成为内在于世界的基础、理由、本源，而世界则在单子论的泛神论意义上最终仅仅是本源的自身客体化；尽管至一被视为本源，但是它也被认为是出自一时冲动而满盈充溢（ὑπερερρύη），[①] 或充盈外溢（ἐξερρύη）。[②] 而这一盈溢涌流的画面既将肖像之理智、理性、智性之意义肖像而出，或曰是象喻它们的，而同时又是回溯到它们之中的；因此这一画面的内在旨趣并非依附于这一画面本身，或曰：甚至能够完全脱却于这一画面本身，尽管这一画面能够征象出在意义维度中涌流而出者。而画面对于本源（源泉）的提示，并非仅仅是其本质的自身涌流（或曰自身流溢，如果是这样的话，那么这一单方面的观察容易导致泛神论的流溢说，或曰容易邀来诸如此类的诟病），而更多的是：一方面，本源除它自身之外不再有任何其它初始和开端，本源并非将自身封闭在自身之中，并非滞留在封闭的自身之中；而另一方面，涌流而出者也仅仅从这一本源涌流而出，并从它获取并涌入存在。[③]

从思维方式及过程上来看，正是在这样的考量上，普罗提诺给出了树根（或根本）这一象喻（譬喻），而树根（根本）这一象喻的意义恰好适合源泉这一画面的意义，存在整体能够被思考为一棵大树，尽管其在自身之中滞留的生命的基础能够（并且必须、必定）上行到树木的所有部分、上行到树木的整体，

① 就此请参见第五卷第二章第一节第八小节。

② 就此请参见第五卷第一章第六节第七小节。

③ 关于涌流画面的意义请参见 W. Beierwaltes, Plotin, Über Ewigkeit und Zeit (Enneaden III 7). Übersetzt, eingeleitet und kommentiert. Vittorio Klostermann GmbH, Frankfurt am main, 4., ergänzte Auflage 1995. S. 18 所引述的各家之观点。

而其原初的生命始基（根基）则固然在其根部[①]。这一对于盈溢涌流画面的流溢说的误解，主要出自于对于前文说提及的悖论的误解，甚或理解上的无能，换言之，出自于将这一悖论理解为有意义的正论，甚或理解为唯一有实证意义的表述。而如同在较远的后文中涉及奥古斯丁时间悖论时还将阐释和分析的，悖论则要求思考似乎矛盾的东西：源泉或者树根同时在自身之中又出离自身；如其不在自身之中，则其不成其为源泉与树根；方其出离自身，则其方能完成，甚或完满自身；而惟其总是在自身之中滞留、看护其作为源泉和树根的本质，才能够因此而作为源泉和树根而存在、而出离自身、而完成和完满自身。

这两个画面或象喻的理性结构恰恰提供了一种悖论，或曰：能够通过这样一种悖论而被理解，亦即至一无处不在而同时又是处无在，无所不在而又无所在，在亦非在，非在非非在，非在亦在，非非在而又非在；这一看似悖论的思想（或思想象喻）意在尝试回答诸多（诸多性）的起源（缘起），如同普罗提诺自己所强调的：“如何能从至一生发出诸多呢？因为它无所不在，［而这又是］因为不存在它不能居处之处；它因此而充满万物，［与其说］这就是诸多，［毋宁说］它恰恰就是诸多。而如果至一仅仅无处不在（随处而在）的话，那么它自己就是万物；而因为至一又是处不在，所以万物通过它而兴起（诞生），只要至一无处不在，但是只要又和那个是处不在的至一相区别。但是为什么至一不仅必须无处不在，而且除此之外还要是处不

① 就此请参见第三卷第八章第十节第十三小节以下：“ἔμεινε δὲ αὐτὴ（ἡ ῥίζα）οὐ πολλὴ οὖσα, ἀλλ᾽ ἀρχὴ τῆς πολλῆς.”

在呢？因为至一必须（必定）早于并超于万物，由此它必须（必定）充实并创设万物，并且也不允许它所创设的万物自己存在。”①

赅而言之，在本体论意义上，至一无处不在而同时又是处无在，这一本质属性不仅使得纯粹的内在，而且使得纯粹的超验都毫无可能，而更有甚者，至一由于其无限的、无可限定的权能（甚或全能）而能够置身于所有存在之中，同时又作为包罗万象的基础和始元（本源）而超出万物。至一的“在其中的存在”不仅绝不涤除其“超出的存在”，而且最终还完满了“在其中的存在”。在万物之中（或无处不在）本身就是在自身之中：πανταχοῦ ἔσται ἐφ' ἑαοτοῦ。② 这一“同时”的悖论迫使人思考两个极端的一致性，而这个一致性并不让这两个极端相互消解、相互涤除。

建立在同样的理性结构基础之上的其它画面或象喻，诸如光、火、声音等，亦能描述诸多从作为本源的至一中兴起的方式及过程等，但是比较难于描述其为什么兴起，或曰比较难于给出其为什么兴起之原因，因而从至一的不存在回溯到至一的存在似乎是徒劳无功的。③

---

① 就此请参见第三卷第九章第四节第一至九节：“πῶς οὖν ἐξ ἑνος πλῆθος; ὅτι πανταχοῦ· οὐ γάρ ἐστιν ὅπου οὔ. πάντα οὖν πληροῖ; πολλὰ οὖν, μᾶλλον δὲ πάντα ἤδη. αὐτὸ μὲν γὰρ εἰ μόνον πανταχοῦ, αὐτὸ ἂν ἦν τὰ πάντα· ἐπεὶ δὲ καὶ οὐδαμοῦ, τὰ πάντα γίνεται μὲν δι' αὐτὸν, ὅτι πανταχοῦ ἐκεῖνος, ἕτερα δὲ αὐτοῦ, ὅτι οὐδαμοῦ; ὅτι δεῖ πρὸ πάντων ἓν εἶναι. πληροῦν οὖν δεῖ αὐτὸν καὶ ποιεῖν πάντα, οὐκ εἶναι τὰ πάντα, ἃ ποιεῖ.”

② 就此请参见第五卷第五章第九节第二十三小节以及第六卷第四章第十一节第二十小节；第三章第十二节；第六卷第八章第六节第一小节以下。

③ 就此请参见 W. Beierwaltes, S. 20 (Fussnot 30).

在形上学意义上，在缘起（兴起、出现、诞生）之中者是一个他者，他者的首次临在就是精神，而这一他者在自身之中有分别（区分自身）而同时又作为整体在自身之中囫囵整一。相对于他者而言，至一就是趣向万物的他者。[①] 这一思想经普罗克鲁斯（Proklos）直达库萨的尼古拉，后者在上帝的名号 Non Aliud（非他者）中将上帝理解为超范畴的他者（oppositio oppositorum），以对应于所有此间世界的存在。[②] 这一他者之所以能够是趣向万物的他者，是因为他自身对于自身而言并非别样的、并非他者，[③] 这也就是说，在他之中并无关系上的分别性、区别性，他是自身关系。而作为精神存在的他者，其本质属性（本质行为）在于，思考自身特有的他者性而再度回溯到本源的自身性之中；这一点能够成为可能性（并且至少是可能性）的原因在于至一（在自身中）的在场性[④] 以及同时在他者中的在场性。"在他者中的至一"是思维的持续的理由，使思维自身收束（凝聚）在自身之中并由此而收束（凝聚）在其本源（源泉）之中，并且自身踱入（跃入）本源之中。由此而彰明较著的是，没有他者（没有他者之存在）就没有思维着的（思考着的）回溯，而这样一种回溯只能（只有）通过至一在他者之中的能量（力量）

---

① 就此请参见第五卷第三章第十一节第十八小节：ἕτερον ἁπάντων, 第五卷第四章第一节第六小节：πάντων ἕτερον, 第六卷第七章第四十二节第十三小节：ἐκείνου ἑτέρου ὄντος τῶν πάντων.

② 就此请参见 W. Beierwaltes, Plotin. Über Ewigkeit und Zeit. Enneaden III 7. Übersetzt, eingeleitet und kommentiert von Werner Beierwaltes. Vittorio Klostermann, Frankfurt am Main, 4., ergänzte Auflage 1995. S. 20.

③ 就此请参见第六卷第八章第十二节第二十三小节以下，第六卷第二章第九节第九小节：ἀδιάφορον ὂν αὑτοῦ（τὸ ἕν）.

④ 就此请参见第五卷第三章第十七节第十一小节：τῇ ἑνὸς παρουσίᾳ.

方能肇始；而精神的回返则是其自身本质的具足圆满，是在对他者性的克服之中的自身特有本质的圆满完成。①

3. 在自身中的精神作为多样的统一

奥古斯丁时间观的核心之一，是“时间是精神的延展”，不仅奥古斯丁要阐释其所使用的精神术语的涵义，这一点将在后文中加以探讨，而且普罗提诺也同样面临精神究竟是什么的问题，从问题本身来看，质询精神在自身之中究竟是什么，这一问题本质上是由其出身（缘起、本源）和初始所决定的。也就是说，至一毕竟是原象，而精神则是至一的肖像、画像、图像（εἰκών ἐκείνου）。② 由此，精神的统一性（一致性）则并非如同其本源的至一性、一致性，后者的至一性在于，在自身之中并无关系、并无运动、并无存在与思维，而是含蕴所有这些多样性于自身之中，亦即统合的一致性、无可区分的一致性、无可离析的一致性、无可条分的一致性。而精神则同时是一与多，是一个存在（ὑπόστασις），其内在的区分是奠基在至一自身的“失能”基础上的，亦即这个至一尽管有其与身俱来的、恒等于其存在的全能性（权能性）而并不蜗居在自身之中，不宁唯是：并且恰恰由于这样的权能性，至一还创设他者、将他者作为图像（画像）而创设（ἓν ἄρα πολλὰ ἔσται③）。精神的质料性、精神的图像性体现在它必然的内在矛盾之中，体

---

① 就此请参见第三卷第八章第十一节第十七小节。

② 就此请参见第五卷第一章第七节第一小节。

③ 就此请参见第五卷第四章第 1 节第二十一小节；第五卷第四章第一节第二十八小节：“οὐκ ἀνεχόμενον ἐφ’ ἑαυτοῦ μένειν, ἀλλ’ ἕτερον ποιοῦν.”亦请参见第二卷第九章第三节第 7 小节以下以及第四卷第八章第六节第十二小节以下。

现在它的存在（本质）的辩证结构之中；作为至一的图像（象喻、喻像），精神是多样性（诸多），并且由此也是“ἀπόστασις του ἑνός”（至一的陷落、陷落的至一，或至一的远离、远离至一）。[①] 而作为至一的图像，精神又必然是统一的，它是在自身之中有分别的统一，没有这样的分别，其统一性则不成其为统一性，精神在这个意义上本然地就是诸多与简质的统一，[②] 是多样性的（多样化的）逻各斯（λόγος），[③] 亦即理性的形式，这一理性的形式不仅是整体的存在，而且能够引领出其品类的整体（的存在）。精神并非一成不变的权衡，精神的无限性恰恰奠基在它庶几是一种多样的统一，是在自身中的多样性；作为至一的图像，精神以其唯一的形象、以其唯一的轮廓而涵盖无穷多的轮廓于自身之中，并且总是涵盖无穷多的形象、能量和理念（思想）于自身之中，而其所涵盖的每一轮廓、形象、能量和理念（思想），又涵盖无穷多的诸如此类者；[④] 以此类推，无穷无尽，其无限性庶几能够以当今所谓分型理论推述之。[⑤] 从这一理论出发，在精神之中的多样性并不能被思考为无序的堆砌，似乎这样的堆砌期待着能够终究成为精神；精神之中单一

---

① 就此请参见第六卷第六章第一节第一小节及其以下相关文本，在此中译则有二格主语与二格宾语的译法。

② 就此请参见第六卷第四章第十一节第十五小节（τὸ ποικίλον ἁπλοῦν αὖ, καὶ τὰ πολλὰ ἕν）及其以下相关文本。

③ 就此请参见第六卷第四章第十一节第十五小节以及第六卷第四章第十一节第十六小节：“λόγος γὰρ εἷς καὶ πολύς.”

④ 就此请参见第六卷第七章第十四节第十一小节及其以下相关文本。

⑤ 关于分型理论，请参见 Benoît, Mandelbrot. “How long is the coast of Britain?: Statistical self-similarity and fractional dimention.” Science 156 (1967):637-638。

的因素（元素）就已经总是整体了，在整体之中没有什么不是其本质的，每一元素都是整体的精神，而精神就是这一整体的精神。

如果至一本身并不含有数字，也就是说，至一在数字序列之外（固然，它原本也并不含有数字、原本也在数字序列之外，这样说的原因在于，至一原本也并非是数字一，原本也并非属于数字系列，至一表述初始本源、初始原则而已；至一并不在数字序列之中，并非是数字序列中的第一个，如果是这样的话，那么至一就仅仅与位于其后者有直接的关系，而是与整体的数字序列保持联系），那么在思维的逻辑上精神就能够被思考为在自身中运动的数字。[①] 这一在自身中运动的数字赋予存在以追求多样性的意图和努力；而多样性则是精神作为绽放开来的数字，至一则是回返归一了的数字，或曰九九归一了的数字，于是，能够存在于在自身中运动和绽放的数字，就是收束归一的数字，这样的数字就是本源，就能够作为本源而运作；精神证实自己是从何而来（ὅθεν，ἀφ' οὗ）与向何而去（εἰς ὅ：πολλά）的至一、统一。[②]

尽管在生命的时空上普罗提诺与柏拉图并非摩肩接踵，但是在思想的传承上，普罗提诺则与之肩随辙结，在普罗提诺看来，至一深入多样、将精神展开在多样之中，如此这般，则在至一的超存在之外又有了一的存在，这一存在（ὑπόστασις），或曰这一第二位的（位于第二的）存在，就是精神的多样性统一

① 就此请参见第六卷第六章第九节第三十小节（νοῦς δὲ ἀριθμὸς ἐν ἑαυτῷ κινούμενος）及其以下相关文本。

② 就此请参见第三卷第八章第八节第三十八小节及其以下相关文本。

（ἓν πολλά），而第三个存在（ὑπόστασις）则使灵魂成为对象（ἓν καὶ πολλά），或曰使得灵魂成为存在、成为现实之存在。无论是在精神之中，抑或是在灵魂之中，一与多的辩证、一与多的辅车相依，都并非仅仅形式上的、空洞无意义的互在对方之中的存在，精神的本质行为更多地是对于存在的思考、对于存在的思维；而存在则是在精神之中一直已经“需要被思考者”、“必须被思考者”，而这一“必须被思考者”、“被思考者”的传统名号，就是（柏拉图的）理念，也就是说，精神是理念的处所、是理念之所在。而由于在普罗提诺的思辨中，思考者将自身设置为思考的对象，于是被思考者与思考者（或曰“思考者的”）是等同的，也就是说，被思考者同时就是思考者，所以理念就必须同时被理解为思考者、被思考者以及被思考的思考本身（被思考的思想本身）。而如果存在一直就是必须被思考的或被思考的，而思考着的又和被思考的等同，那么存在就与思考（思想）等同了。

赅而言之，精神的本质行为则被命名为存在的思想；而由于在精神之中的思想和存在又并非同一者，而是精神自身是思想和存在的自身性，所以精神的本质行为就被理解为对于它自身的思考。于是，“思考着的”就是作为“必须被思考的”精神自身：存在、作为思想的存在理念。

从问题的展开过程来看，如此这般的论点固然必须被论证。

从概念本身及其历史来看，理念在中柏拉图主义中被理解为“上帝的思想”[①]，而在普罗提诺这里则成为思考着的（处在

① 就此请参见 Werner Beierwaltes, Plotin. Über Ewigkeit und Zeit. Enneaden III, 7. Übersetzt und eingeleitet. Vittorio Klostmann, Frankfurt am Main. 4., ergänzte Auflage 1995. S. 23. 亦请参见其就此所引述的诸多参考文献。

思考状态中的）绝对精神的自我理解，换言之，是绝对精神的运动；这一方面表明，柏拉图哲学的思辨内涵不仅被认知到，而且亦被传承下来；另一方面也体现出，亚里士多德的思辨尝试，亦即上帝的本质行为是其对自身的思考，也得到考量；这两位的思想都得到汲纳和改型。

从概念内在结构的展开来看，柏拉图在《智者篇》（248ε以下）提出的质询是，是否παντελῶς ὄν（完美的存在、绝对的存在）能够被思考为“崇高和神圣的、凝滞于自身之中而不运动的”？抑或它的属性更多的是运动、生命、灵魂和思维？后者恰恰是一个逻辑的和本体论的必然性，如果理念在整体上能够被理解为辩证的统一的话（συμπλοκή，κοινωνία）；在语法规则上，由于παντελῶς还具有副词的意义，而副词又可描述动态的某物或这个某物的动态，所以这一“完美的存在”或“绝对的存在”本身也包含运动与自身之内，而共同的、涵盖所有思想的、思考着的、借助思考而活着的、并且借助因思考而活着的理念的统一性是否有一个运动的基础，尽管这样的质询被柏拉图所提出，而问题的目的（意图）却似乎并未被涵盖在问题之中。

依然从概念结构的展开来看，亚里士多德神学的最高的思想是要证明，上帝总是在运作中的、在自身中存在着的、思考自身的思想，因为“至善”并非别的什么，而不外乎是能够思考自身；[①] 上帝是自身思考的、思考自身的纯粹行为，是对

① 就此请参见《形而上学》1072b 18 以下，1074b 34 以下（νοήσεως νόησις）。

自身的有意识的享有，是对有意识的思考自身的纯粹行为的享有，[①] 这也就是说，存在着的思考和存在着的被思考者在上帝之中被提升为一种鲜活的共同性、等同性、统一性、同一性。上帝的思考就是上帝的生命（1072b27：ἡ γὰρ νοῦ ἐνέργεια ζωή）。亚里士多德在全部哲学史中首次将存在的本源思考为绝对的自我反思，这不能被理解为内涵空洞的、纯粹形式的、仅仅方法上所要求的对于“第一”（“第一者”、本源）的抽象结论，这样说的原因在于，νόησις 就是质量性的思考、或者在旨趣（目的、意图）上所限定的理解，并且考量亚里士多德哲学所描述的上帝的全部存在；由此，νοήσεως νόησις 就是上帝的本质，就是上帝纯粹的、肇始性的现实性和初始性的存在。

诸如此类之柏拉图和亚里士多德的思维元素对于普罗提诺哲学中绝对精神的结构而言极富建设性，这些元素的思辨性展开，则奠定在它们既涵盖一切、又洞彻一切的基本法则：存在与思维是同一个。

根据德国著名学者维尔纳·贝尔瓦尔特斯（Werner Beierwalters）的研究，在巴曼尼德哲学的影响维度上，普罗提诺汲纳了这一基本法则；[②]“思维与存在是同一个”在巴曼尼德的意义上指的是，存在由于其理性的结构而能够被思考。在存在中思维被表述、被表达而出，理性（理性可思考性）被展示

---

① 就此请参见 1072b 23（ἐνεργεῖ δε ἔχων）。

② 就此请参见《九章集》第五卷第一章第八节第十五小节以下；第八卷第八章第八节第八小节，第五卷第九章第五节第二十九小节。Parmanides, fr. B 3, FVS I 231, 22. Werner Beierwaltes, Plotin. Über Ewigkeit und Zeit. Enneaden III, 7. Übersetzt und eingeleitet. Vittorio Klostmann, Frankfurt am Main. 4., ergänzte Auflage 1995. S. 25.

为存在的结构，而思维则思考，因为存在被理解为被思考者，甚或被理解为必须被思考者；在存在中，思维方有其对于意义的决定性、对于意义的限定性。而（前文所提及的）ταὀτό 的意义在普罗提诺这里则有所变端，在巴曼尼德那里能够被理解为外在关涉性，而在普罗提诺的思想中思维与存在这两者则被提升为奠基于自身的精神所享有的相互水乳交融而合一的本质行为。精神自身的这一内在性，就是思维着的存在和存在着的思维的运动的统一性、同一性，以至于思维与存在的等同性能够被阐释为寻求自身的完美、对于自身寻求的完成、完满达成；这也就是说，真实的自身将自身视为这一等同性的始基和本源；而这一借助精神的无时间性（时间阙如性）而来的对自身的寻求（寻求自身），其实就是已然寻到了自身（对自身的已然寻到）。

在上述分析之后，我们就能理解普罗提诺关于精神与存在的同一性以及精神与存在的关系的论述："在万有之中（从所有、从万有之理性之中），每一单一者都是精神和存在，而整体则是整体上的精神和整体上的存在，由此，精神在思考中奠定存在，而存在则借着其被思考而赋予精神以思考（思维）和存在。"①

从前此为止的分析以及这一文本出发，我们庶几可以有若干角度之述说：

首先，在本体-形上的意义上，精神本身就是思考的、思考着的，并且是所有必须（必定）被思考者以及思考着的所有

① 就此请参见普罗提诺《九章集》第五卷第一章第四节第二十六至二十八小节："ἕκαστον δὲ αὀτῶν νοῦς καὶ ὄν ἐστι καὶ τὸ σύμπαν πᾶς νοῦς καὶ πᾶν ὄν, ὁ μὲν νοῦς κατὰ τὸ νοεῖν ὑφιστὰς τὸ ὄν, τὸ δὲ ὂν τῷ νοεῖσθαι τῷ νῷ διδὸν τὸ νοεῖν καὶ τὸ εἶναι."

必定被思考者；精神的思维思考存在，并且思考的是作为精神自身的存在，而且这一思考与精神自身亦同在。如果将精神思考自身的行为视为精神的运动的话，那么一方面，就精神与存在、思维与存在之统一性而言，由于思维与存在的统一性、同一性这一理由，或曰：如同在精神之中思维与存在被提升为统一性、同一性一样，于是恒常性与运动性（恒常与运动，στάσις καὶ κίνησις）也必须被思考为统一性和同一性。精神思考存在的思维，就是其被运动的恒常性，这一恒常性就是精神思考着的自身存在（ὑπόστασις），精神的思考是一种恒常状态、恒常性，这一恒常性、恒常状态，似乎亦可被视为静止，这样说的原因在于，这一精神的思考作为一种恒常状态从不改变自身；从精神本身出发来看，这里所谓“被运动的”或许并非一个好的表述，“运动着的”庶几是一个更恰当的表述，无论如何，“运动”与“被运动”在此亦应当是全等的、等同的、统一的、同一的。另一方面，就精神与存在、思维与存在的关系而言，在与思维的等同性中的存在，尽管借着思维的运动而是一个自身在自身之中区分的运作、是一个纯粹运作的存在，但是借着其运动属性的独自凝滞性（独自恒常性、独自性），思考自身的存在同时就是精神的等同行为（辨识行为）；也就是说，如果精神的思维与其存在等同的话，那么它所思考的就仅仅是自身而已；在关涉其存在的思维中，精神就真实的是、就的确是它自身，这是因为，恰恰是在这个意义上，思维才真的是存在的思维，而存在才真的是思维着的存在。作为存在，精神借着思维才与自身等同；而作为思维，则精神借着存在而与自身等同。精神自身所是的思考（思维），就是精神的存在；精神自身所是的存在，将自身思考为思维，借着这一点精神就是存在。

其次，在形上认知的意义上，精神的这一等同行为（或曰等同活动），能够被理解为精神的思考着的自我理解、思维着的自我理解，或曰能够被理解为精神的自我当下化，在这样的自我当下化之中，精神意识到自身。在意识到自身的行为中，思维开启了存在，在这样的开启中，思维并非固止了、并非底止了、并非定止了存在，而是能动了、邀动了存在，并且在存在中认知了自身，亦即认知了自己的自身性、自身的自身性（自身的特有品性）；而精神自身的特性、精神的自性则是在其自身之中先在而当下的本源。①

其三，从思维方法论的意义上来看，普罗提诺对于思维和存在的优渥性（优选性、优先性）的质询，既不能被理解为思维思考了存在（以至于思维有某种先在性，并且存在因此而能够存在），亦不能被理解为存在首先存在而后才有了思维。而普罗提诺尝试提示存在面对思维时的优渥性，固然有其方法上的意义，亦即抵御设置存在的思维，以论证存在总是内在于思维之中的标准，同时他的意图也在于提示出，非时间性的行为（活动）不得不在时间之中时间性地表述出来，当然，这里的“不得不”并非被迫的、并非内在驱迫的，而是“由衷的”、“首创的”，这也是奥古斯丁所说的“上帝是时间中的永恒”这一表述的思维方式，这一点在本书后文中将得到多次阐释和分析。

① 就此请参见普罗提诺《九章集》第六卷第九章第二节第三十五小节以下：“ἐὶς ἑαοτὸν γὰρ ἐπιστρέφων ἐὶς ἀρχὴν ἐπιστρέφει.”也就是说，精神在对自身的思考中发现了至一在精神自己之中的光，就此亦请参见第五卷第五章第七节第十七至三十五小节。

而在绝对精神中存在相对于思维的优渥性，仅仅能够在逻辑的意义上被思考，因为思维下车伊始并自始至终一直就是存在的思维（就是关于存在的思维）；不思考的存在、不被思考的存在，庶几并不存在，不思考存在的思考庶几亦不存在、亦不能被思考为思考存在的思考；这一点在不远的前文中所引述的文本（第一卷第四章第 27 节：精神在思考中奠定存在，而存在则借着其被思考而赋予精神以思考、思维和存在）中已然是彰明较著的了。思维与存在的非时间性的、无需时间的等同（同一），并非能够以前、后等术语将其离析开来而表述，而是仅仅能够被理解为在自身之中运动并且同时静止的真尽惑空与朗鉴无碍，仅仅能够被理解为绽放并且同时收束的一种协成遍致与具足圆满。

于是乎：圆音一演，异类等解！

第三篇　奥古斯丁本体论时间哲学研究

第一章　论奥古斯丁时间哲学的思维方式

一　问题的提出

奥古斯丁的时间学说，集中体现在他的名著《忏悔录》（Confessiones）第十一卷中，其学说的核心一言以蔽之：时间是永恒的图像（或曰肖像），上帝不仅是在时间中的永恒，而且是永恒的当下；从哲学史上来看，这一学说作为对时间问题的思考不仅有其问题的来源，也就是有其在希腊哲学，特别是柏拉图和普罗提诺哲学系统中的源起，而且在其后的哲学史中还引发了关于时间理论的，特别是奥古斯丁时间理论的持续探讨。在主体思想和思维方式上，奥古斯丁受普罗提诺影响极大，他阅读过后者的学生维克托里努斯翻译的《九章集》，他也熟谙这位译者的丰富著作，他不仅对柏拉图的《蒂迈欧篇》了然于心，而且对亚里士多德的范畴学说的熟知程度亦如指掌观纹；[①] 此外，他还盛赞西塞罗的“Hortensius”。[②] 从《论音乐》和其著作中经常出现的数字象征论来看，他对毕达哥拉斯的数学思辨亦了如指掌。[③] 在熟谙古典文献的同时，奥古斯丁在对许多诸如时间概念的哲学问题的思考上，不仅从古典出发，而且也尝试走他自己全新的道路，仅仅这一点就对当今已有深刻之启发。

尽管他在《忏悔录》中并非自己提出了，而是概括了包括他的学说在内的三种时间理论，但是这些时间学说自公元四世纪、特别是八世纪以来直到当今都一直被归在奥古斯丁名下而被十分密集地讨论和诠释，[④] 这一（包括从古典哲学出发的）时间学说讨论的全部历史，建构了非同寻常的理性思维的过程，以至于从中所不断涌出的无论是哲学思辨的，抑或是自然科学的，无论是庞杂繁复的，抑或是简质素朴的疑难和问题，都无法轻易就能找到恰如其分而又普遍适用的答案，尽管这些问题，甚或更精确地说，至少其中一些，既不能作为非哲学的，亦不能作为荒诞无稽的被视而不见和束之高阁。[⑤]

在《忏悔录》第十一卷第一章开篇伊始，奥古斯丁就提问说：

---

① 就此请参见奥古斯丁《忏悔录》第四卷第十六章第二十八节，Insel Verlag, Frankfurt am Main, 1987.

② 就此请参见奥古斯丁《忏悔录》第三卷第四章第七节。

③ 就此请参见徐龙飞，《循美之路——基督宗教本体形上美学研究》，中华书局（香港），2013 年，第 75–127 页，特别是第 91–94 页。

④ Morrison 对这一讨论的丰富历史作了粗犷的梳理和研究，并概括了其中所涉及的时间理论，就此请参见 John L. Morrison, Augustin’s two theories of time. In: New Scholasticism, 1971, pp. 600-610.

⑤ 就此请参见 Kurt Flasch, Was ist Zeit? Augustinus von Hippo. Das XI. Buch der Confessiones. Historisch-philosophische Studie. Text-Übersetzung-Kommentar. Vittorio Klostermann. Frankfurt am Main 1993. S. 196.

“Numquid, domine, cum tua sit aeternitas, ignores, quae tibi dico, aut ad tempus vides quod fit in tempore? Cur ergo tibi totum rerum narrationes digero?” ①

中译如右：“主啊！你才是永恒的！可你知道，我想对你说什么吗？你俯瞰一下时间，在时间中究竟发生了什么呢？为什么我要把所有这些诉说给你？”

在第三到第八章中，甚或在引述《圣经·创世纪》之后，他也一再以呼语和祈祷的语言表述形式提出问题：上帝是如何创造天地的？人如何才能理解这一点？神学的答案不仅并未妨碍哲学的理性不断发问，而且恰恰还激励哲学的理性不断质询神学的答案——这是基督宗教哲学的特质之一——以至于奥古斯丁最终总结性地提问说：

“In hoc principio, deus, fecisti caelum et terram in verbo tuo, in filio tuo, in virtute tua, in sapientia tua, in veritate tua, miro modo dicens et miro modo faciens. Quis conprehendet? Quis enarrabit? Quid est illud, quod interlucet mihi et percutit cor meum sine lacsione? Et inhorresco et inardesco: inhorresco, in quantum dissimilis ei sum, inardesco, in quantum similis ei sum.” ②

中译如右：“天主！在这个起初之中你创造了天地！③在你的圣言中，在你的圣子中，在你的德能中，在你的智慧中，④在

① 就此请参见奥古斯丁《忏悔录》第十一卷第一章第一节。

② 就此请参见奥古斯丁《忏悔录》第十一卷第九章第十一节。

③ 就此请参见《创世纪》第1章第1节：“在起初，天主创造了天地。”

④ 就此请参见《格林多前书》第1章第24节：“但为那些蒙召的，不拘是犹太人或希腊人，基督却是天主的德能和天主的智慧。”

你的真理中；[1]你以奇妙的方式言说，你以奇妙的方式创设！谁能理解？谁能叙说？究竟什么是那个让我一晤遂颖而豁然开朗、涤荡心灵而抚慰有佳的粲然真光？我觳觫战栗，我心期欲往；我觳觫战栗，皆因我冥顽不肖；我心期欲往，恰逢我愿与追摹。此乃智慧，此乃智慧自身，令我彻悟玄机，为我驱散阴霾。”

他的精神在燃烧，他急切地要解开这致密繁复的谜团。[2]

如果我们意图探讨奥古斯丁时间哲学的思维方式而从《忏悔录》的文本出发，并且将奥古斯丁的提问展开的的话，那么我们所面临的主导问题是：其语言风格表述何种思维方式？什么是他时间思维的本体形上出发点？其认知时间的基础究竟是什么？本书这一部分尝试在各个问题之下以若干方面分别探讨之，最终以笔者之微末而不敢有所结论，谨作一提示性结语而已。

二　语言风格与思维方式

1. 语言风格的哲思意蕴

尽管奥古斯丁《忏悔录》的语言表述风格同时具有深度的虔敬与散文的优美，但是我们在此所更为关注的问题似乎应当在于：其独特的语言表述风格具有何种深刻的哲思意蕴？

语言的风格与品性决定思维的风格与品性，奥古斯丁以其独具特色的提问和呼求的语言，意图并非在于要彰显，甚或张扬其思考的结论，而仅仅是要展示其思考的过程以及这一过程

① 就此请参见《若望福音》第 14 章第 6 节：“耶稣回答说：‘我是道路、真理、生命，除非经过我，谁也不能到父那里去。’”

② 就此请参见奥古斯丁《忏悔录》第十一卷第二十二章第二十八节。

的艰辛。在此彰明较著的是，哲学的思辨是丰富的、自由的，不受任何束缚的，在其开端、过程与其最终的结果之间并非总是、并非一定保持逻辑上的一致性，时常也无法达到什么结论（没有结论固然也是一种结论，并且至少总是一种结果），而且对于哲学的思辨也不能有这样的要求；如果结论轻易就能获得，甚或攫取，那么问题和思维的始作俑者（譬如柏拉图们、普罗提诺们、奥古斯丁们以及中世纪的托马斯们），何尝不愿意一蹴而就、将其径直道出而使之大白于天下、以避免徒劳而无谓且无价值的争论呢？思考问题时的殚精竭虑、徘徊不决、举棋不定，对于思维的前提、过程以及结果的审慎观视、虑之再三、踌躇不定，对于他人，特别是不同观点的倾听与斟酌、扬弃与汲纳，不仅是对问题和他人的尊重，而且也都属于哲学的思辨和反思，并且哲学的问题和思考在变化着的历史境况中、在不同时代的不同背景中一再地重新提出和思考，并非显露问题和思考的有限性和局限性，而是恰恰提示出它们不同寻常的质量和内蕴丰厚的意义，奥古斯丁《忏悔录》第十一卷就是这样的文本。

在哲学的问题上和哲学史上具有这样风格和品性的文本，具有这样思维质量和内涵的文本，即使不是凤毛麟角，也庶几是昆山之玉、荆山之璧，不仅是因为它并未对于论题给出某种一劳永逸的结论、并未拒绝进入新的问题结构和新的历史本位，而且还因为它不断思考着问题的出发点、不断质询着问题本身；尽管奥古斯丁也毕竟给出了他思考的结果，但是这一结果不仅原本就是他思考过程的逻辑终端、是其思考过程所决定的，而且更有甚者，他还尝试多种思考的框架、稽核多种批评的结构，以检测他的结论；奥古斯丁自己都没有停留在他自己的思维中，正如他自己以祈祷礼仪中的呼语形式所表述的：

"Quaero, pater, non affirmo."①

"圣父！我是提问，并非确认。"

前文所说的奥古斯丁的一再的提问，一方面展示了他的思考过程，另一方面也正是他内心躁动的表现以及有所倾诉的渴望；在此，呼语形式"圣父！"不仅是祈祷的惯常用语，而且恰恰表述他审慎的思索和探寻、小心的分析和求证，这一对于圣父的倾诉庶几是其包括时间学说在内的全部思考的前提，同时也是其全部思想、全部哲学和神学的思维方式；在此，我们甚或可以说：祈祷即思考，祈祷的形式即思考的形式之一，祈祷的表述即思考的表述。

也正是在奥古斯丁思维方式的意义上，我们也无法以某种确定的结论终结对于奥古斯丁思想的学习、研究和讨论，而他本人在其有生之年也从未终结过任何思考和探讨；我们只能追随奥古斯丁的整体的和每一单一的思想运动，在首先展示其内蕴丰富而涵盖广博的思维运动的同时，在对尚未解决的问题的思考中并非提供某种结论（更非一锤定音），而是提供些许思维的可能性，以表达作为学者（亦即作为学习着的人、而非知识分子、更非青年导师和公共知识分子）的我们对于这位思想家、哲人和圣人的尊敬。

2. Confessio（忏悔）表述的质询与思考

忏悔究竟是什么？它与哲思有关系吗？若有，究竟有什么

① 就此请参见奥古斯丁《忏悔录》第十一卷第十七章第二十二节。

关系？

语言是人类存在的家园——如是我闻——奥古斯丁渴望进入他的精神的故乡、进入永恒存在的怀抱，并在永恒所奠定和铺就的旷莽原野上风餐露宿、历练其理性的哲思，这样的语言表述风格庶几贯彻他的全部思考。

在呼语形式的祈祷所引出的理性思考意图以及这一意图的实施之外，Confessio（Confessiones）一词同时在“忏悔”和“认信”，并且特别是在“认信”含义上的应用，充分表现了这一语言表述艺术形式的功能与目的，充分提示了奥古斯丁哲思品性的躁动与宁静、真挚与急切、锋锐与温润、纯净与深刻；这一语汇并非仅仅神学意义上的宗教虔诚性的表述，并非仅仅痛悔曾经的过犯的表述，并非仅仅趣向真、善、美的意志力的表述，而首先就是理性的忏悔、理性因着其在无限和绝对面前的有限性不得不表现的自谦，是理性从骄奢淫逸的放纵中返回到它素朴宁静的故乡；这样说的理由在于，奥古斯丁问询上帝，是否自己还没有，甚或并没有认知到真理，是否自己能够测度时间的长短和段落，并且在测度中将真理一览无余；[①] 奥古斯丁当然确切地知道，他有能力测度时间，并且也实际去测度了；一方面，这一确定性庶几贯穿并承载他全部关于时间问题的讨论，它既非来自于《圣经》，亦非来自于在神视中的渐悟或顿悟，而是来自于日常生活的经历和经验，但是尽管如此，这一经验依然成为他忏悔的重要内容和认信的基本原因，依然成为他理性思考的重要而基本的对象，之所以这样做的原因在于，奥古

① 就此请参见奥古斯丁《忏悔录》第十一卷第二十六章第三十三节。

斯丁并不愿意挟哲思以超信仰、挟理性以令万物，而是十分愿意在小心翼翼中获得一种被确定感，以保证他持续的理论建构在语言表述上的前后一致性、在逻辑上的内在连贯性、在思维上的整体稳固性；另一方面，这一确定性也活动在奥古斯丁深层的宗教意识中、深层的宗教心理中，他确切地知道，他所认信的上帝面对理性在全能美善者自身面前的忏悔，并不会拒绝，而是会主动接纳这位走失的儿子，甚至在他忏悔之前就已经接纳了他，奥古斯丁皈依基督宗教的经历和撰写《忏悔录》的过程能够充分说明这一点，否则这部书早就，甚或至迟在第十一卷第三章第五节第十四小节就终结了，以至于这位讲求修辞风格的哲学家没有机会，也无需展开他关于时间问题的审慎而深度的思考。

固然，在我们力图严肃而严谨地面对奥古斯丁的语言风格的同时，在我们考量由此而决定的他的理性思维特质的同时，我们也愿意表明，尽管《忏悔录》第十一卷中倾诉般的娓娓道来、期待中的侃侃而谈，或曰：（表面独白而实则）对话体的语言风格、祈祷呼求的语言形式，首先表明一个孤独的思考者和反思者并非是被隔绝的、被隔离的，一个寂寞的思考者在其思考的当下此在并非孤芳自赏、孤馨自爱，以令千载而后哲人学者齐声一叹，非也！他至少有一个内在的对话伙伴，甚或能够自言自语并检视他自己的言语，而所有这些并非已经就是对话体形上学的直接证据（如同柏拉图的多篇对话一样），并非时间经验的直接而本体形上的表述（如同亚里士多德的《物理学》等一样），但是其神学语言和本体形上语言的心心相映、圆融无碍，其宗教语言和哲学语言的雍容默契、互为表里，其混成风格的运斤如风、娴熟运用，使得奥古斯丁能够聚合其中修辞和语汇的精英因素与程式、思维和表述的精华元素与范式，不仅仅以充分表达他对时间概念的深思慎虑，而且一方面首先与基督宗教中的同道心领神会，另一方面抵御基督宗教敌对者观点的来势汹汹的攻击；其次，一方面反驳摩尼教依然甚嚣尘上的说教，并且与此相比而更重要的是不断问询上帝、以向他倾诉并维系和他的内在关系，另一方面向当时以及其后历代所有读者传达他的思想、以建立和他们的超时间、超空间、洞彻时空、超越时空的关系。

3. 独白体内的对话风格之意义

如同前文所提及的，忏悔和倾诉本质上是祈祷礼仪中的语言表述风格，是一种对话体的文体风格，在独白体的《忏悔录》中忽然引入对话体的语言表述风格究竟要表明什么呢？

奥古斯丁表述其问题和思想的语言风格（确然也包括由此而决定的思维方式），有其无可混淆的独特性；不同于他的对话体的专著《论音乐》，[①]《忏悔录》庶几是独白体的著作，但是尽管如此，至少关于时间的思考是以个体的灵魂向上帝的倾诉，是以和上帝对话的形式和风格写作的，或者至少是意图以对话的形式写作的，如同前文所引述和分析的，他时常以呼语形式引出他的思考：

① 关于奥古斯丁的对话体专著《论音乐》，请参见徐龙飞，《循美之路——基督宗教本体形上美学研究》，中华书局（香港），2013 年，第 75-127 页。

“Domine! Sentimus intervalla temporum.” ①

“上主！我们感到诸多时间的留白。”

这样的倾诉和写作风格的目的并非在于征询上帝对自己殚精竭虑的体恤和恩许，因为对于一些简单事物的思考和确定似乎无需他者的助佑和肯认，更无需上帝的恩准（在奥古斯丁看来，上帝赋予人理性，原本也是令人独立去思考的），而是表述其思考的反复斟酌、踌躇未决的过程，以求得上帝的运作、以求得上帝对他自身的光照、以求得上帝对于人的理性和认知对象的光照。这样的思考近乎于一种祈祷的方式，这一方面固然体现其神昆品性，但是另一方面也体现其谦逊的品格，并不因为理性能够有所思考、能够对所思考之对象有所认知和掌控而骄奢起来、而内圣外王起来。

奥古斯丁面对永恒的真理而坚定持有日常生活的经验，在兼顾这两者的情形下去检视人是如何感知时间的，是如何感知时间的诸多段落的，是如何体认这些段落的起始和终结的，他在这部分中对于时间的思考基础并非仅仅是《圣经》的启示，而是恰恰在引述《圣经·创世纪》之后提出了时间问题，他并未主张个人的思维游戏的优先性，而是恰恰认知到其有限性和限定性，尽管他有能力确认时间的诸多段落以及这些段落的长短不同；他的祈祷贯彻他在《忏悔录》第十一卷中对时间的全部思考，尽管其呼语般的祈祷和倾诉形式是一种对话体的风格，但是这样的对话体风格恰恰掩饰了一个孤独寂寞的思想者，掩饰了他独白体的思想品性，掩饰了他思想的难以企及的高度和深度。

① 就此请参见奥古斯丁《忏悔录》第十一卷第十六章第二十一节。

人对于事物毕竟有所历验，甚或对上帝有所历验，而人的无可争辩的经验被奥古斯丁命名为事物的声音和上帝的声音，而上帝的声音固然是一种内在的声音，在人的内在、从人的内在而内在地向人诉说。[①]而事物则是变化的，甚或变化着的（亦即一直处于变化之中的），这一点表明事物是受造的及其受造性，对奥古斯丁而言这是彰明较著因而是不言而喻的，[②]我们从其基督宗教哲学家的身份亦能充分理解这一点。如同任何一个（每一个）言说，甚或一个对于启示的言说，受造的事物的声音是从外而来的，但是却被内在之耳所听觉、所判断，内在之耳捕捉和判断从外而来的声音亦并非是任意的，而是有其内在之标准的，这一标准就是内在的真理。对于他人的倾听、对于《圣经》（也就是对于其文本颂读）的倾听、对于某一事物的叙述的倾听，是人外在的倾听行为，倾听与所听到的和内在所相遇到的真理进行比较，明确地呈现在奥古斯丁祈祷形式和对话形式的语言风格中。在其恳求般的祈祷中所经常表述的，是请求上帝对于自己过犯的理解与宽免、将自己从堕落中解救出来。[③]奥古斯丁不断表白自己的内心的纯洁、无私的意图以及思考的真实，这其中还隐含着甚至是针对某些基督宗教信徒的委婉巧妙的护教论，这些人并不十分情愿参有到对于《圣经》的理性思考之中；他将上帝引入到自己的阵营中，以针对现实中以及设想中的可能的相反的观点，譬

① 就此请参见奥古斯丁《忏悔录》第十一卷第八章第十节至第九章第十一节。

② 就此请参见奥古斯丁《忏悔录》第十一卷第四章第六节。

③ 就此请参见奥古斯丁《忏悔录》第十一卷第二章第四节；第十九章第二十五节；第二十二章第二十八节；第二十五章第三十二节；第二十九章第三十九节。

如针对摩尼教的以及认为在当下此在的世界之前存在一个前时间的、前世界的观点，譬如针对非洲的一些基督宗教信徒，他们嘲笑那些试图以个人的思考达于无限的人们。满腹经纶以至于大腹便便的母蜘蛛们——抱歉！这样尊称那些道学家们实在恰当——或许在此不免又要公然怀疑奥古斯丁发自内心的真挚诚意，又要以所谓价值无设、价值中立的“立场”对此指手画脚——注意：所谓“价值无设”毕竟也是个立场，有立场就已经参与到了问题之中，何来中立呢？参与到问题之中就难免有立场，否则何必混迹于其中呢——他们又要以其所谓爱智的庄严尘网区分祈祷的诚恳与论辩术的机巧和技巧——允许他们这样做，并允许他们做所有这些，甚至更多！但是！奥古斯丁向上帝的恳请般祈祷形式的呼求“Vocas itaque nos ad intellegendum verbum!”（“你呼唤招叫我们到理性的语汇中吧！”）[①] 本身就表明，他意图在上帝面前证实自己的真实渴望，证实自己渴望进入《圣经》的内在语汇、进入其文本所表述的思想、进入理性的虔敬和虔敬的理性之中；不宁唯是：这其中还有他不断的思索和质询，他的祈祷就是思考，他的呼求就是对思考的思考，其对话体风格所蕴涵的哲思的深度由于其如此这般的祈祷和呼求而无可蠡测。

三　时间思维的本体形上之出发点

1. 神学哲学之圆融无碍

如同前文所分析的，所谓“忏悔”，是奥古斯丁对自身存

① 就此请参见奥古斯丁《忏悔录》第十一卷第七章第九节。

在的反思，而这能否作为他时间分析的本体形上的出发点呢？

奥古斯丁诠释《创世纪》第一章的动机及其实施，不仅并未在任何意义和方式上遮蔽时间在日常生活经验层面、宗教经验层面中的理解，不仅并未丝毫消减时间作为哲学问题的任何品性和意义，而且恰恰在其中呈现出他对时间概念的思考的独特性，也就是说，恰恰在神学的质询和探寻中，时间问题才呈现出能够令人不断深思的意蕴；奥古斯丁探讨时间的这一出发点、意向和旨趣，不仅呈现其独特的基督宗教哲学之品性，而且在思维方式上亦有其古典哲学的清晰烙印。其思想不仅来自于日常生活诸多领域中的丰富经验，而且亦是整体的、一以贯之而逻辑展开的，他的思考并非仅仅是哲学家、神学家的思考，而且径直就是人的思考，是人之所以为人的思考；其思考的独特精神品性在于它庶几涉及人的生活的所有问题领域，无论是情感的、抑或是认知的，无论是理性的、抑或是信仰的，无论是情爱的、抑或是意志的，无论是个人的、抑或是人际关系间的，无论是奥古斯丁自身的、抑或是其身后每一代人的。

当我们谈及奥古斯丁时间哲学的本体论出发点时，我们无法将这一出发点视为完全隔绝分离的，我们不能不关注其在宗教和神学以及宗教神学中的着床点，神学作为一个学术领域是包括奥古斯丁时间概念在内的其整体思想的本然而正当的思维故乡；从《忏悔录》出发来看，从他的忏悔和对自身生命的反思来看，其思想的出发点不仅是哲学的、神学的，而且首先就是他本人，就是他自身，换言之，他不仅深谙古典哲学的抽象概念和思维法则，而且熟稔时代当下的疑难命题和历史使命，特别深知他自身的呼召；他并非仅仅从外在世界探寻问题、追寻真理，他首先从内心世界、从精神世界，甚或就从精神之中观想和回忆那恒久不变的存在及其本质。为了认知这一恒久的真理，人必须认知自身；为了历验这一真理，人必须历验自身；为了言说这一真理，人必须言说自身；人最终也必须认知到，历验过、并且言说出，他不仅无法真正掌控这一真理，并且无法将其言说殆尽，而且甚或无法真正理解自身，并且将自身言说殆尽；人必须在自身中超越自身，必须返回到自身之中，在回忆中发现上帝，在自身中发现相遇上帝的空间。历验、言说和回忆自身的能力，就是作为肖像的人的内在性，这是真理的精神居所，是永恒的原象所光照之处，是人作为时间性的存在历验超验者之处，是在时间中存在的人向永恒开放自身之处。或许时间的意义并非在于它是人存在的一个范畴，或许相反，由于人的存在，时间才有了意义；时间并不绵延不绝、并不存在，是人存在，是人的回忆行为绵延不绝。

奥古斯丁的时间概念，不仅涉及他本人所思考的诸多问题领域，而且庶几涉及人的思考的所有问题领域，不仅涉及他本人的存在与思想的张力，而且庶几涉及人的存在与思想的所有张力，并且他并不力图给出终极之答案，甚或并不尝试给出答案，不唯如此，他还使问题本身不仅毫不销声匿迹，而且更加明晰尖锐，与他的整体的思想一样，其时间问题的思维过程与思维品性在每一种维度中、在每一种考量中，都是绽放延伸的；这不仅呈现出其思想的丰富性与开放性，而且也是其之所以丰富和开放的原因。

为了认知和掌控真实的世界，人首先必须认知自身，而为了认知自身，人必须历验到，他无法真正理解和掌控自身，如果他并没有在自身之中回忆起上帝的存在的话。换言之，无法真正认知自身的人，必须要、必定要超出自身、超越自身，以为了认知真理；而超出与超越自身之处，就是人返回内心最深之处，彻底的穿越自身，也就是超越自身，这恰恰就是人触摸永恒真理的空间，是与上帝相遇的空间，是在自身之中与上帝相遇的空间。正是由于人需要洞彻自身以超越自身，正是由于真理的精神品性需要在永恒辉耀的原象中去追寻，于是在奥古斯丁看来，返回自身、在自身内心最深处的回忆行为（亦即回忆上帝的行为），不仅恰恰才是人的内在性，而且也是人的人格（位格），并且是建构人格的内在性；① 这种作为精神的内在性，在朝向超越者（亦即上帝）的开放性中，亦即在这一开放性行为中，不仅历验时间、时间性的存在以及在时间中的存在，不仅历验精神与此间世界的关联性，不仅历验朝向永恒与真理的认知行为和意志的行为本身就是时间性的行为、就是追求持续的行为，而且还历验到，时间本身并非持续，并非存在，而是人存在，人的行为持续而已。

追寻、认知，甚或触碰永恒真理，是奥古斯丁时间存在之标识，或曰：奥古斯丁对于永恒、永恒真理的追寻和认知，表示了时间的存在；返回内心以历验上帝的临近或距离，不仅是人的存在的，而且也是时间的开放品性，存在并非是时间之外的、时间边缘的存在，时间并非是跳跃的、否定的存在，存在就是时间性的存在，是精神的绽放，是灵魂的舒展，是灵魂和精神的构型，它们的感观之美辉映着、回映着，甚或放射着永恒之

① 就此请参见徐龙飞，《形上之路——基督宗教的哲学建构方法研究》，北京大学出版社，2013 年，第 322–325 页，第 339–344 页。

美的光芒。

奥古斯丁意义上的存在，本质上就是在时间中的存在，就是向真理开放的存在，就是向时间开放的存在。就此而言，奥古斯丁对于《圣咏》38，7 的研究亦颇重要："有多少当下流逝的时间你赋予给我？如果你说是，那只不过是个音节而已，一个瞬间而已，而这个音节也只有三个字母而已……我的时日存在；并非当下存在者，并不存在……在与不在（尚未存在者，我们无可名之为存在；而到来而又消逝者，我们又无可名之为不存在。）而我寻求那简质的是（存在），那真实的是（存在），那本源的是（存在）。"[①] 所谓"三个字母"和"三个音节"，是指拉丁文的"是"一词，即"est"。上帝对于奥古斯丁而言就是真理自身（veritas ipsa），是生命在人格中的圆满，就时间论题而言，关涉的不仅是过往的存在（erat），不仅是当下此时的存在（est），不仅是尚未存在而将来的存在（erit），而且也关涉此间世界、此间存在的可视之美。[②]

于是，奥古斯丁对自身存在的反思，就是人对自身存在的反思，这反思具有普遍性，能够作为时间思维的出发点。

2. 记忆 – 回忆论与三位一体论之思维程式

在确定了自身反思作为时间思维的出发点之后，我们所面

---

① 就此请参见 Hans Urs von Baltasar (ausgewält und übertragen) Aurelius Augustinus, Über die Psalmen. Leipzig 1936, S. 62.

② 关于存在之美与此间世界之美请参见徐龙飞，"存在之美与此间世界之美——试析托马斯关于美的论述"，《云南大学学报》，社会科学版，2009 年第 2 期第 84–93 页以及奥古斯丁《忏悔录》第十二卷第六章第六节。

临的问题是：对于存在的反思究竟具有何种形式呢？换言之，对于时间的思考是以何种形式实施的呢？

在奥古斯丁时间思维的特殊性上，首先必须澄清的是，在他那里，原因并非因果律意义上的原因，不能理解为因果关系中的原因，而是例证意义上的原因，亦即所谓 causa examplaris，causa extrinseca 以及 causa formalis；也就是说，思维作为原因指的是对于认知对象的在思维上的理解和掌握，是思维朝向认知对象的运动，在这个意义上，思维并非一定先在于对象，亦即思维并不创造、并不造就、并不改变对象本身，并不将对象从潜能引入活动。

在奥古斯丁理论品性的特点上，庶几可以说，他的时间分析在整体上有一种三重建构，从三位一体论中的位格概念出发，灵魂摄取事物的画面，并将其看护在记忆与回忆之中（species in memoria，species animae）；由于浇灌而入的光照，于是在灵魂敏感的巅峰（acies animae）内视（visio intus）得以贯彻和完成；浇灌在人的灵魂之中的光才使得认知作为内在的意趣、旨趣（intentio）成为可能并真正完成。认知行为本身是一种联络行为，它作为一种联络（copulatrix）在灵魂中的画面和灵魂的敏锐之间建立起联系，它是在两者之间建立联系的内在意趣（intentio），这意趣也就是意愿（voluntas）；换言之，精神在认知活动中朝向自身的努力、朝向自身的运动方使得认知成为可能并且达于完成。①

① 就此请参见徐龙飞，《形上之路——基督宗教的哲学建构方法研究》，北京大学出版社，2013 年，第 339–344 页。

在这个意义上，三位一体论和记忆-回忆论本质上是时间思维的形式，奥古斯丁的时间认知本质上就是精神的自我阐释、精神的自我呈现、精神的自我绽放；如果在永恒理性（rationes aeternae）之光中的精神在自身中回忆（即认知）事物的画面（图象、形象）的话，那么他也就认知了自身；在精神朝向自身的回返关系中，也就是回忆自身的关系中，精神也就认知了事物究竟是什么；当人的精神屈尊就卑、朝向自身而谦谦然徐徐降下时，它也就认知了所存在的事物；固然，所存在的依旧是存在者，并且依然是一个他者，并不被认知者所获取、或者涤除，人仅仅认知他的存在和本质（属性）而已，它对于人的精神而言不再是一个陌生者，在这个意义上，被认知者不再是一个外在者，也不再是一个外在者在意识之中的理性肖像、概念性肖像，精神自身取代了观视的客体，并且将自身拥有为完成了的客体；于是，时间思维的理性形式就是回忆。

就奥古斯丁时间理论中的三位一体论的程式而言，对于外在世界认知的可能性和必然的条件，在于人对自身的认知，在对自身认知之中，感官所获得的事物的画面（形象）不仅栖（棲）止在回忆和记忆之中，而且借助照射进灵魂之中的光而成为焦点，并且在精神的意愿性旨趣下而聚焦于精神敏锐的尖峰；由此，事物不仅被认知到其存在，而且被认知到它们如何存在，在这个意义上彰明较著的是，事物存在的方式并非感官所感知的那样的存在，而是精神所认知的那样的存在。

尽管如前文所述奥古斯丁受普罗提诺影响极深，但是并非后者之风流遗响；尽管《忏悔录》的最后几卷与其前面的部分迥然不同而能独立成篇，但是这毕竟表明，这位基督宗教的哲学家和思想家有其自身的原创性思想和哲学；一方面，在普罗提诺的哲思体系中，“究竟什么是存在”这样的提问似乎有一种一劳永逸的解决，这一质询自身从至一以及由此而来的唯一的至一原则出发庶几自动就能得到解决，对存在问题的这一解答固然不乏流溢说和泛神论的色彩，因而这样的解答在其至一-精神-灵魂的三位一体序列中甚或是流溢说的和泛神论的精神-灵魂论；而另一方面，在奥古斯丁的思考过程和思想体系中，存在问题、对存在的质询总是最真切、最本真的问题，他总是提出可能性的思考、可能性的答案，这不仅并未妨碍他思考的系统性、逻辑性，而且更呈现出他思考的灵动性、多样性；他认为，如果人在对自身的认知中认知到事物真实的存在的话，那么这并非表明，被认知事物的存在化解，甚或消弭在人对自身的认知之中，恰恰相反，庶几只有当认知者以简质而单纯的理解为目的（simplex apprehensio）将事物而摄入自身中时（也就是仅仅为了认知事物的存在时），并且事物作为被认知者而在认知者自身之中沐浴到永恒理性之光时，事物才有其存在，反之，当事物处于认知者之外的黑暗与隐匿之中时，当事物在来去匆匆的时空形象中时，则事物总是逃离于存在、被绝罚出存在、并陷入于虚无的怪圈中。

在奥古斯丁看来，一方面，认知并非仅仅意味着人的精神简单地面对事物、简单地观视认知对象，之所以这样说，原因恰恰在于，人并非要认知对于感官而言不断变化着的对象，而是要认知其滞留不变的存在；另一方面，认知并非意味着创造什么、造就什么，并非意味着创设一个尚未存在者、尚未存在的事物，而是寻求它的存在、承认它的存在、认信它的存在，甚或是不断去探寻、理解和相信它的存在！在奥古斯丁的回忆理论中，在亚里士多德和普罗提诺意义上通过抽象概括而获取的概念固然重要，但并非是至关重要以至于最重要的，奥古斯丁无须从获取的画面和形象中抽象出概念，而是直接从中作出认知判断，于是并非是概念，而是直接的回忆才是精神的话语、精神的权能！才是认知的话语、认知的权能！才是忏悔的话语、忏悔的权能！才是认信的话语、认信的权能！

固然，在奥古斯丁的时间分析过程中应当在认知对象本身的画面（形象）和在记忆-回忆之中借助以简质而单纯的理解为目的（simplex apprehensio）所获取的画面（形象）之间作区分，也就是在简质的事实（事物、实物）画面和记忆-回忆画面之间作区分，换言之，要区分精神敏锐性中的简质性理解（simlex intelligentia）和精神的话语（verbum mentis，也就是关于“究竟什么存在”的判断性表述）。[①] 在此，就简质性而言，所有物理性的、躯体性的存在都是被集合的存在，并且由此都是可分的；而精神则并非如此，精神并非仅仅是多样性的有秩序的统一、被纳入秩序的整一，而且原本就立于简质性之中，简质就是精神存在的方式，精神的行为、状态以及判断就是以这样的方式，并且出于这样的简质性而达于完成，以为了返回到其简质性的统一和整一之中；在这个意义上，精神越丰富，也就越简质，奥古斯丁的思考是如此这般的辩证。奥古斯丁的认知并非奠基于感官对事物感觉的稳定性，并非奠基于被抽象而出的概念建

① 就此请参见 Augustinus, De Trinitate. Neu Übersetzt und mit Einleitung herausgegeben von Johann Kreuzer. Felix Meiner Verlag Hamburg 2001. IX, 6, 11.

构，并非奠基于人自身的思维能力，甚或并非奠基于上帝，而是与亚里士多德的思维体系截然不同，其认知是一种在上帝光照之下在精神之中被摄取的画面与永恒的原象之间的比较，而关于被观视者的真实的表述，同时也就是关于真理的认信和宣证；在这个意义上，作为认知的回忆与认信周流遍至、圆融无碍，认知同时就不仅意味着对于真理的鲜活的见证与认信，而且还意味着对于真理的有力的宣证与追求。

3. 存在、时间与虚无

如果面对流逝的时间而言说当下此在就已经是棘手的难题了，那么面对过往的和尚未到来的时间似乎更无可捉摸的是：如何言说已然不在的存在（这是不得已的表述，尽管这一表述颇有些自相矛盾）？如何言说尚未存在的存在（同理可证）？在此，诸如存在、虚无、非存在、存在者、时间性、世界存在等是至关重要的概念。

上帝的存在是无限的，或曰上帝控有其存在的无限性，在其之外的存在是为了言说上帝的存在（而存在）；奥古斯丁一再强调，在事物诞生（兴起）之前，并未有事物之存在；《创世纪》开篇就说，世界并非从存在或某种曾经存在者而被创造，而是从无到有创生的（de nihilo，ex nihilo）；而一个内在的逻辑似乎是，从虚无中所来者，亦保持和作为本源的虚无的关联；而对于万物的变端性的历验，对于时间每一瞬间的流逝，以至于对每一个时间的瞬间到来而且转瞬即逝因而原本并不存在的历验，令奥古斯丁不得不、不能不思考和质询，在这样流转不息的时间中、在这样的逻辑中能否发现真理？而真理似乎意味着并无变端！这样的质询引出随后的质询，亦即所有变化的事物必须、必定参有到某个存在之中，必须参有到一个永恒的理念之中，以能够被称为存在者；只有当事物改变自身时，或曰：只要事物自身变化着，那么它就尚未存在，并且不再存在。

存在者是被保有在存在之中的变化者，而这一存在亦被标识为永恒理念的精神世界，这样的存在概念不含本质，因为它是包罗万象的，它关涉万有、关涉一切存在，永恒理性在上帝之中，甚或就是上帝，世界则是存在者，是存在所关涉的；而世界则并非仅仅奠基于存在者之中，也奠基在所谓非存在者之中，在上述奥古斯丁对时间分析的意义上，亦即奠基在时间之中，所谓的非存在跻身于存在者之中，跻身于存在者的间隙之中，以至于所有时间性的存在由于时间的非存在性质而成为了非存在，或者至少倾向于是非存在（est non est）。

奥古斯丁的时间哲学，本质上是一种虚无哲学；时间性似乎固然是时间存在的整体属性，但却作为非存在而流浪于此间世界中；而在此间世界中非存在并非具有可理解的意义，他植根于超验，紧邻虚无的边界，而世界就是从这一虚无中诞生的；这一相邻性并非毫不相关的并存性，它恰恰表明一种时间（时间性）与虚无的相互触摸、摩肩接踵、相互摩挲、相互映带；虚无滞留于时间的每一瞬间，它属于时间，试图突破时间、涤除时间。

一个严肃而严谨的哲学形上学的思考不能无视虚无的意义；在奥古斯丁看来，这一虚无其实就是事物中无处不在的可变性（mutabilitas），它带来甚或是美好的、优美的、美的变化及其消亡。虚无控有一种能力，控有一种承载此间世界的能力，奥古斯丁称之为“另外的虚无”、“某种虚无”（nihil aliquid），称之为“是-不是”，或“是非存在”（est non est），[①] 它甚或消弭所有已成为者；由此，世界的基本法则奠基在两个基点（或极点）上，一方面是虚无使某物成为具象（species）的权能（也就是说，虚无能够使某物获取呈现的形式），另一方面是所有具象（所有存在）所朝向的虚无。

我们所谓的此间世界之存在，并非别的什么，而是“能够存在”（“esse posse”）与“能够不存在”（“non esse posse”）的开放性事实。作为前者，存在不仅关联起永恒存在真理的开放性，而且跻身于其间，在奥古斯丁时间分析的意义上，这意味着向内参有到上帝神性生命的内在性之中；作为后者，存在侧身于关涉虚无的开放性之中，在同样的意义上，这意味着向外流落到死亡的世界中。

而人则着床于时间性的此间世界中，人对存在的每一质询与回答都能够被理解为与此间世界的关联性，都能够被理解为这种关联性的多样性；人的境况，或曰人的精神本性，是在其自由之中对于存在真理的责任感，这是人被标识为存在、被表述为存在者的意义所在。人的每一个质询都摇撼着世界的似乎清晰无误的意义，都探寻其意义的深度本源，每一种回答，每一种肯认和否定的回答都有其理由，这理由甚或处于

① 就此请参见奥古斯丁《忏悔录》第十二卷第六章第六节：“Si dici posset ‘nihil aliquid’ et ‘est non est’, hoc eam dicerem; et tamen iam utcumque erat, ut species caperet istas visibiles et conpositas.”（“如果能够说‘某种虚无’和‘是－不是’的话，那么我就这样表述它。但是尽管如此，无论由于什么，它那时曾经存在，否则它将不能获取所有这些可视见的以及被纳入秩序的呈现形式。”）

且出于当下此在的虚无。“所有的限定都是否定”（“Omnis determinatio negatio est”），这一经院哲学的准则，就有了本体论的基础；虚无并非是逻辑秩序中必须要涤除的理性存在的虚无（“ens rationis”），而是作为“nihil aliquid”之类的虚无宣告了它在时间性中的权能，这一权能也是建构此间世界的形象的权能，是能够使此间世界获有具象的权能和现实性。

质询性的回答与回答性的质询、寻求性的发现与发现性的寻求、开放性的圆满与圆满的开放性，是奥古斯丁的思维的辩证性，这并非纯粹理性的思维游戏，甚或并非文字游戏，而是人对存在的思考，是人存在性的思考，如同前文所提及的，是建立在消逝意义上的“不再”与朝向存在的“尚未”这两极之间的；奥古斯丁意义上的人的存在并非意味着人蛰居在虚无之中，而恰恰就是坚忍在世界的“尚未”与“不再”之间，在这个意义上，世界对于人而言就是通达存在之路径，只是这路径临近虚无之渊底而已，于是有可能的是，在这条路径上的每一个发现与找到被流放给了遗失与憾恨，每一种宁静与闲暇都被放逸给了躁动与不安，每一种充实与圆满都被徙配给了空虚与阙如。

4. 方法论的怀疑论

前文所引述和分析的奥古斯丁的呼求与祈祷的语言风格，固然有其语言哲学意义上的思考、探寻与质询，但是我们毕竟还面临某种似乎是隐匿的问题：其呼求和祈祷的语言表述难道不也透露出一丝怀疑的气息吗？这种怀疑性的思考、探寻与质询具有何种思维的意义呢？

固然，哲学在整体和广义上就是怀疑论的，而奥古斯丁以呼求和祈祷的语言风格所表述的怀疑，则是他所特有的思维方式、所特有的方法，或曰具有方法论的意义。奥古斯丁对于时间的检视，同时包括对于日常的时间意识及其形式的分析，在他看来，日常语汇中涉及时间限定的表述有一种表象的确定性，而实际上时间又明显具有某种无可捉摸、无可琢磨的谜团品性，在表象的确定性和本质的疑难性之间必定有某种关系，人有可能将这一关系诉诸为非恰当的关系，无论如何，某物确定性的同时的非确定性原本亦是一种悖论式的表述，同一事物同时的可确定性与不可确定性之间庶几是一种非正常的关系。这样的关系要求对于经常引用的《忏悔录》第十一卷第十四章第十七节做解释，亦即要解释时间究竟是什么？这一对时间问题的怀疑和质询已经令人感到了某种窘迫；也就是说，过往已经不存在了，而将来还尚未到来、尚未存在，这是在古典哲学中并且一直到奥古斯丁的当下都十分流行的时间学说，奥古斯丁一再引述之是为了表明，这样的观点本质上将时间物化了、将时间视为具象的物体，这未免动摇人们作为整体与过往和将来的关系、与他自己作为个体的过往和将来的关系，难道当下此在的人们在其生命过程中曾经不存在吗？难道当下此在的人们在未来的生命中还要将要存在吗？如果是这样、抑或不是这样，究竟又分别如何理解人的存在呢？

此外，人们日常总是测度时间的长短，而从第十一卷第十五章第十八节到第二十四章第三十一节奥古斯丁一再提及时间的确定至少在量上的不可能性，这样的重复是那样的引人注目，以至于产生的疑惑在于，过往和将来是否的确也当下存在？

我们究竟能否测度时间？而如果奥古斯丁在追随古典哲学传统的意义上将时间阐释为并非延展的点（无延展性的点）的话，那么时间不就真的既非过往、亦非当下、更非将来了吗？

他的意图似乎并非是要将其疑问作为观点或论点推出，而是要消弱，甚或消解日常生活中所形成的时间经验、时间观念，或曰要为这样的时间经验和观念所形成的老旧危房写上一个“拆”字。在这个意义上，奥古斯丁的怀疑表述具有一种理性的闭关、闭静以及避静品性，也就是说，理性在此不断反思自身，不断反思自身对认知对象的认知前提、过程和结论，并且不断地提出疑问和质询，其步骤约略是这样的：

首先是理解日常生活中，甚或教科书中语法意义上的时间阐释，再则解构这样积习已久而又困扰人们的时间假定，然后转求诸己、沉浸于自身之中去思考，令自己作为时间维度去运作，最终通过呼求和祈祷而令置身于思考者中的永恒者来确定这一思考。

相对而言，其中的前两步关于时间的反思所占篇幅比较长（第十一卷第十五章第十八节至第二十五节，第三十二节），而第三步是《忏悔录》第十一卷对于时间问题思考的特殊品性，这一步包含自我静默、自我反思以及精神向着自身的回返（回归），这在十一卷第二十六章第三十三节中作为论题、甚或作为主题被提出，而在第十一卷第二十七章第三十六节至第二十八章第三十八节中有充分展开和深化，这一步的思考具有一种隐忍克制、谨小慎微的品性，思考的过程呈现出一种优柔寡断、犹豫不定，怀疑论的主题在若干段落中占主导地位，似乎一旦开始思考时间问题，那么就难免陷入一种庶几无可救药的矛盾窘境，令人感到时间问题的棘手性。

奥古斯丁总是以一种尝试性的话语表述其尝试性的思考，即使在其文本的终结（并非其思考的终结）部分第十一卷第二十六章第三十三节至第二十九章第三十九节将谜底和盘托出时，其思考的理性也并未呈现一种自鸣得意和欣喜若狂的凯旋。

奥古斯丁尝试去思考时间问题的诸多疑难，至少他展示了其不乏艰涩，甚或有些拖泥带水的思考过程，坦诚公开了他的尝试性解决方案。尽管过往的存在似乎已经不再、未来又尚未存在，而当下又并无延展性，但是时间毕竟是可测度的，毕竟有某种伸张性，而这一伸张性仅仅是存在于精神（或灵魂）之中、仅仅在精神之中才是现实的，甚或就是精神的延展（distentio animi），而精神的行为功能和运作功能又恰恰令精神自身能够回忆（memoria）、注意（intuitus）和期待（expectatio）这一精神中的现实存在。

在对时间的整体的思维和探寻中，奥古斯丁坚守其形上协调系统，或曰形上对应系统，在这一形上系统中，包罗万有的永恒的止静与时间的流逝之间的对照，是他思考的焦点，他对此从未持怀疑的立场，他从不怀疑质料世界中的运动，也就是事物的变化，甚至人也在其中改变自身，固然，在他看来，上帝是所有时间的原因和始作俑者；时间亦如万物一样是上帝的创造物，受造的外在事物总能在人的精神和灵魂中留下它们的蛛丝马迹，在这样的基础上人总能有测度时间的方式和方法，并且至少能够在精神中测度之，精神给出时间的功能并非其突发奇想，时间原本就是精神的存在。

当然，我们在此所能提出的质询是，或曰奥古斯丁在此所面临的问题和疑难是，个体的精神（或灵魂）中的时间的测度能否作为普遍适用的时间测度标准？每一不同的个体在其各自的精神中的时间的测度会是相同的吗？诸多不同的测度能够建立一个共识的时间测度标准吗？能够有一个共识的时间测度标准吗？个体精神的时间测度难道不会突破每一种客观共识的时间标准吗？如果时间都难以界定，那么由此而来的相关问题不就更如隔雾看花吗？

面对这样的疑难，奥古斯丁保持沉默，这既非理性的沉沦，亦非其过早的枯萎，理性在此仅能知白守黑、负阴抱阳而已；奥古斯丁的沉默无语与其说是论辩术的终结，不如说是语言和思维的终结，理性在此遇到了它的边界，更不如说是一种修辞与训诲的妙绝之处，提示人去意识自己的边界，在这个意义上，我们更能理解前文所引述的奥古斯丁的呼语程式“Quaero, pater, non affirmo.”（“圣父！我是提问，并非确认。”）以及恳请般的祈祷程式“Vocas nos ad intellegendum verbum!”（“你呼唤 / 招叫我们到理性的语汇中吧！”）的深刻含义。

哲学的理性不仅并非全能的，甚或并非万能的，而且他原本就必须有一种主动的意识去勘定和标注自己的边界，亚里士多德就是借助过往的不存在和将来等疑难开启并淡出淡入于他的时间概念的研究，[①] 奥古斯丁也同样深知存在和时间的各种学说和论辩，固然，当人开始怀疑、开始思考是否存在时间这么个东西以及它究竟是什么的时候，他已经不再仅仅奔波于对于时间的日常经验之中，不再混迹于物理学的各种考量之中、不

① 就此请参见《物理学》IV 10。

再倥偬于测量学（计量学）的繁多数据之中，而是升华到了哲学的纯然境界，并且能仰望第一哲学的灿烂星空。

四　认知论的基础

1. 新柏拉图主义的思维认知方式

固然，时间问题毫无疑问具有重要意义，那么奥古斯丁探寻时间问题的认知方式究竟如何呢？其思维有何种之品性呢？其思维的行为又能被判断为何种行为呢？其思维行为的目的又何在呢？

在奥古斯丁的《忏悔录》全书中，时间概念贯彻始终都是一个核心概念，他常常中断对于自身生活的忏悔，转而去质询，究竟什么是时间（以及与之相关联的问题），[①]特别是在第十一卷中，时间问题关联《圣经·创世纪》不仅被着重提出，而且由此还成为直到全书终结的主流思考，以至于在结构上最后三到四卷能够独立成篇。[②]固然，如同前文所分析的，其忏悔本身就是思考，而忏悔与思考以如此这般方式的合一，其自身的人性主体经验和实证世界的客观意义以如此这般方式的合一，似乎、应当，甚或必定能够有多种不同的阐释，一方面，其发自内心生命的忏悔固然构成其著作的核心，然而追求哲思的渴望

① 就此请参见奥古斯丁《忏悔录》第四卷第十章第十五节。

② 这一点早有学者指出了，Georg Graf von Hertling 在其《忏悔录》的德译本中就将最后三卷省略未译，其理由即在于此；就此请参见 Georg Graf von Hertling, Die Bekenntnisse des heiligen Augustinus Buch I-X. 28. Auflage Freiburg 1936 以及 Erich Lampey, Das Zeitproblem nach den Bekenntnissen Augustins. Verlag Josef Habbel, Regensburg 1960. S. 15.

总是突破这一灵魂的忏悔，并最终喧宾夺主，以至于最后三到四卷在言说的文气上、在思维的一贯性上、在逻辑的展开上似乎完全能够独立成书；另一方面，个人生命历验的反思和客观世界的实证性的结合庶几亦能表明，在奥古斯丁那里对自身的认知和对外部世界的认知，立于一种必然而内在的逻辑关系中，以至于这样的结合不仅成为奥古斯丁认识论意义的支撑点，也成为我们认识这一意义的出发点；一言以蔽之，在奥古斯丁那里，信仰与认知、信仰与理性有其内在的逻辑关联，在认识论上不必刻意去凸显它们两者之间外在貌似的区别，以至于我们在形上学的意义上甚或能够说，人对自身的认知与其对世界的认知并无参商之隔，哲学的认知与信仰的认知和已知、与信仰所传介的认知和已知亦并非远隔参商。

在奥古斯丁认知理论的思维方式上，庶几可以说，普罗提诺新柏拉图主义的痕迹历久弥深；在普罗提诺看来，因为仅仅至一并不需求什么，亦不需要占有什么，所以至一是自身完足而完美的，它满溢而涌流不止，这样的满溢涌流也就带来了它者的诞生；而这个已然诞生而成就了的它者又朝向至一并因此而是（而存在）、并且成为精神自身，亦即当精神朝向自身、静观自身、并因此而处于观视自身的境况中、并且在这样的境况中建立和至一的关系时，它才同时就是存在者、并且成为精神。①

为了理解奥古斯丁对于时间问题的研究，我们必须首先犁

① 就此请参见 Plotinus, Enneaden（普罗提诺《九章集》）Editerungt Paul Henry et Hans-Rudolf Schwyzer. Paris Bruxelles Leiden 1973. V, 2, 1. 徐龙飞，《形上之路——基督宗教的哲学建构方法研究》，北京大学出版社，2013年，第124–126页。

清其认知方式的本然特征，[①] 即使在涉及光照论，甚或理念论的情形下，在奥古斯丁那里认知方式也并不仅仅具备抽象性，奥古斯丁将世界理解为秩序、标准与数字，譬如身体的形式能够回溯到某种数字的关系之中，甚至人的生命行为也是由精神性的数字法则所诞生和发展而来；[②] 固然，对于人的思维而言，物理的世界恰恰由于其物理性而不能径直探入在梯次等级上超越自己的精神，然而这样的物理性使物理的世界自身朝向于灵魂与精神，于是物理的外部世界就是由精神所统摄的，甚或就是精神的，也能够、并且必须被认知为精神的，在身体朝向灵魂的方向上并不存在质料实体的否定，而恰恰由于灵魂对于躯体的超越性，在灵魂朝向躯体的方向上，能够有一个质料实体的否定。较低梯次者不能影响较高梯次者，而较高梯次者却能运作于较低梯次者而对其施加影响，[③] 在奥古斯丁的理解中，精神能够在由躯体所历验的物理世界的以及由其变化而来的数字中直接理解和掌控构成外部世界的数字，[④] 也就是说，奥古斯丁从此间世界的事物出发，将其视为在人的精神中的数字和画面（species），在他看来，思维被赋予了以画面和数字直接认知的能力，以至于思维必须能够在，甚或必定在真理的源泉

---

① 就此请参见 Martin Grabmann, Der göttliche Grund menschlicher Wahrheitserkenntnis nach Augustinus und Thomas von Aquin. Münster 1924. S. 23-25. 以及 Erich Lampey, Das Zeitproblem nach den Bekenntnissen Augustins. Verlag Josef Habbel, Regensburg 1960. S. 15.

② 就此请参见徐龙飞，《循美之路——基督宗教本体形上美学研究》，中华书局（香港），2013 年，第 75–127 页，特别是第 91–94 页。

③ 就此请参见徐龙飞，《形上之路——基督宗教的哲学建构方法研究》，北京大学出版社，2013 年，第 126–138 页，第 427–433 页。

④ 就此请参见 E Gilson, Der heiliger Augustin. Hellerau 1930. S. 157-160.

中认知。

在此彰明较著的是，奥古斯丁式的怀疑和质询之本质在于，究竟什么是认知的判准？或曰在何处寻求认知及其判准？这样的质询意味着，此间世界为什么能够以及如何能够成为人的认知的？立于客观事物中的客观真理如何能够转化成精神中真实的认知。奥古斯丁的旨趣尽管一方面在探寻时间概念的内涵，而另一方面则更多的在于对于真理的认知；概念的定义固然重要，因为这能够确定“（时间）究竟是什么”，但是在确定了，甚或无法确定“究竟是什么”的情形下，“为什么是”，或者“为什么不是”，似乎显得更为重要，这是因为，能够将自身传介给精神的，必须将自身证实为真实的，即使是假象，也必须是真实的假象，这关涉到判断“究竟是什么”的标准，涉及到作为此间世界基础的存在者的真理。

而思维的运动一旦涉入，则在精神和灵魂中对于此间世界的数字或画面的感知就有两种相互关联而双重的原因关系，一方面，双重的光照呼唤出对于事物的感知，也就是说，光外在地照明事物，事物借助内在的光在精神中被感知，在感知过程中，光是行为和活动，事物的质料性是纯然被动的，事物并非仅仅作为质料被感知，而且也作为存在和属性被感知和认知，而理性的认知行为亦须通过光照才能使感知和认知行为所捕捉到的成为认知；另一方面，不仅被光照的事物自身对于画面而言是部分原因，而且思维的运动更是其本然的原因，这两者共同，并且同时建构了事物在精神中的认知画面，即使是感官对事物的感觉，也并非仅仅是对其简单而外在的触及，这已经是思维的行为了，在这个意义上，感觉并非仅仅是一种察觉（sensus），而已然是精神的运动了（mens，motus mentis）；[①] 由此，在光照中的认知过程，就获有一种双重意义上的深化，一方面，事物的画面不唯触及灵魂和精神，并且嵌入灵魂与精神，而且由于原象－肖像关系的理由而奠基在上帝的精神中，并在其中奔走呼号；另一方面，在灵魂和精神之中需要自上而下浇灌而来的光照，以使得灵魂和精神能够在事物本身的真实性中观视事物本身；人的精神就处于和理性（理念）的现实性的关系之中，并且能够在某种关照之中观视其自身的非躯体性（in quadam luce sui generis incorporea）。[②] 在这两种相互关联而双重的原因关系中，不仅每一种关系中的两个元素相互关联，而且这两种关系亦相互关联。

2. 真理论的思维特质

在新柏拉图主义的思维方式下，《忏悔录》关于时间的认知究竟具有何种品性呢？如前文所提及的，在奥古斯丁的认知理论中，意志的因素被视为认知过程中主动的因素，这意味着被观视者被精神所获取、所汲纳，非其如此，则无法享有认知。并非认知的能力、并非基于这一能力而来的纯粹理性导致真实而真理的认知（在此，并不存在假设而虚假的真理），而是除此之外还包括认知意愿在内的全部而整体的人的全身心的倾注才使人能够获取和汲纳真理的认知，奥古斯丁的时间认知具有

① 关于光照论请参见 Lexikon für Theologie und Kirche. Herder, 2006, Freiburg in Breisgau. Band 5, 423-425; Theologische Realenzyklopädie. Walter de Gruyter, Berlin New York. Band 10, S. 164-173.

② 就此请参见 Augstinus, De Trinitate. XII, 15, 24. 不仅如此，在《论音乐》、《论上帝之城》以及《〈创世纪〉字解》中都有相关之论述。

真理论的品性。

由此，在真理认知中同时关涉的是对于自身内在的认知；人以其全部而整体的人格存在立于真理之中，这一形上的准则有如下之体现：

首先泊锚于灵魂之中的是在记忆和回忆之中隐匿的人类的整体性、完足性，其次是精神的普遍观视，同时精神还将人呼召到记忆和回忆之中，这是精神的思考，借助这一思考，意愿（意志）作为联系者将原本绽放为三的精神的普遍观视、回忆和自身在意愿自身中合而为一；在这个意义上，存在本身普遍而言就是三位一体的存在，就是出于某个三的某个一（unum quidam ex quibusdam tribus），[①] 存在以及人的存在在这个意义上就是 Persona。在普罗提诺的思维体系中，这一形上准则庶几不仅适用于绝对精神，而且也是一条普遍适用的存在准则，而奥古斯丁将这一形上准则仅仅限定于人，在认知之中，质料的现实性、对于这一作为外在的现实性的理性的肖像以及作为观视对象的自身，都提供给了精神，通过精神的选择或者放弃，人决定其自身的精神程度、决定其精神的质量。由此可见，在奥古斯丁的思维体系中，真理的认知并非必然是中性的行为，甚或并非是中性的行为，并非必然与人建立关系，但对于认知者而言决定的因素在于，人作为 Persona 自身是否将自身建构为 Persona，是否主动将自己奉献给真理的认知，[②] 这是人之所

① 就此请参见 Augsitinus, De Trinitate. XI, 7, 12.

② 就此请参见奥古斯丁《忏悔录》第十二卷第十章第十六节；第十卷第二十六章第三十七节；第十卷第二十七章第三十八节。由此亦可见，前文提及的所谓“价值中立”纯属浪言。

以为人而非动物的判断标准。

在奥古斯丁看来，如果不同时从神学、本体论以及心理学方面入手的话，那么认知的本质甚或无法被全部掌握，在这个意义上，他的认知理论也奠基在神学、宗教学所深切关注的旨趣中；奥古斯丁作为哲学家同时也是神学家和基督宗教信徒，这种多重身份圆融无碍集于一身的情形直到今天在东西方诸国不仅也是习以为常，而且还是令人艳羡之事，但是对于当今中国一些自视为、且自恃为、也的确被视为宗教学家的人而言是多么的陌生，而在奥古斯丁那个时代和帝国却是那么自然而然、理所当然！不可理喻的究竟是谁呢？究竟是哪个时代、那个国度呢？

在奥古斯丁看来，人必须在其自身之内在将对于永恒真理的认知和对于人自身的认知融合起来，在如此这般地思考着的、反思着的认知行为和思维的运动中，人恰恰由于其思考的内在性而相遇到"你"，亦即相遇到生命的上帝。人要认知上帝、寻求上帝，就必须认知自己；尽管在奥古斯丁看来，人的精神已然意识到自身，这一点在他的三位一体之人论中已经展露无遗，[①] 但是他的意义上的人的自我认知，从来都没有汇入到精神的纯粹自我表现之中；尽管在奥古斯丁看来，人自身也是其原本的、本然的认知对象，但是他的意义上的人的自我认知，从来都没有终止在对于人自身的真理性认知上；尽管在奥古斯丁看来，人在将自身作为认知对象时所获取的认知毫无疑问具有

① 就此请参见徐龙飞，《形上之路——基督宗教的哲学建构方法研究》，北京大学出版社，2013 年，第 339–344 页。

真理性，但是他的意义上的人的自我认知，从来都没有无视作为人自身存在基础以及终极目的的上帝在其内心之中的存在；尽管在奥古斯丁看来，在人内心中存在的上帝与人的关系比人距离自身还要近，[①] 但是他的意义上的人的自我认知，从来都没有停止对于上帝存在的质询和思考；尽管在奥古斯丁看来，对于上帝的思考和质询并非一劳永逸而无从终止，但是他的意义上的人的自我认知，从来都不乏思考意义上的祈祷和忏悔意义上的认信。

奥古斯丁的伟大在于他为人的谦卑和哲思的深蕴，我们当今的时代难道不需要这样的奥古斯丁吗？我们当今的时代还有这样的奥古斯丁吗？行文至此，顿感“余生也晚”之恨！

对于内在而永恒真理的认知和对于人自身的认知既相互关联，又相互区别；这两者的相互交融固然并非杂沓混淆，但是亦非混一不清，不仅人的思维过程的主动性和内在能动力从未有过任何倏忽之间的减弱，甚或消逝，而且这两种认知也从未有过单方面的消弭或凸显，这两种认知并非此消彼长、相互龃龉，而是相互萦绕、圆融无碍，意味着生命意义的建构与圆满；人在客观真理认知中认知到事物存在，在对自身认知中认知到上帝存在，无论是位格的上帝，抑或是受造的存在，甚或是作为上帝肖像的人的人格存在，都不会消逝在这样的融合之中，都不会失踪在统一之准则中，而是每一个都是他自身，或者都以其自身而存在、而在其存在之中，或者以其自身而存在、而

① 就此请参见徐龙飞，《形上之路——基督宗教的哲学建构方法研究》，北京大学出版社，2013 年，第 322–325 页，第 339–344 页。

在其成为之中；奥古斯丁的认知辩证法是一个过程，在认知中所赢得的、被认知的以及被承认的他者，都再度呈现于存在的真理之中。

对于自身灵魂境况的认知，意味着对于自身作为受造物的依赖性的认知，意味着对于人的上帝关联性的认知：

“他在内心的最内在之处，但是心却迷失了他。离经叛道的人啊！返回内心吧！并且宁止于你们的创造者之中吧！”①

精神的敏锐能够完成对于外在事物的认知，人在这样的认知中赢得对于自身本然属性和人的内在的认知，而当人反思、洞彻对自身内在的认知时，他也就超越了自身：

“我自身无法掌控我自身整体所是的；精神过于狭窄而无法掌控自身。而精神无法掌控自身的原因立于何处呢？在其自身之外而不在其之中吗？”②

当人超越自身时，他才成为人：“借助我的灵魂我跃升至他，我要超越我的力量，通过这一力量我和我的躯体相关联，并且鲜活地充满他的结构。”③

人在其内在精神的处所超越自身，这一处所被奥古斯丁命

---

① 就此请参见奥古斯丁《忏悔录》第四卷第十二章第十八节：“Intimus cordi est, sed cor erravit ab eo. Redite, praevaricatores, ad cor et inhaerete illi, qui fecit vos.”其中，“Redite, praevaricatores, ad cor”是奥古斯丁自由引述《圣经·依撒意亚先知书》第46章第8节：“叛逆的人啊！你们应记在心头！”

② 就此请参见奥古斯丁《忏悔录》第十卷第八章第十五节：“Nec ego ipse capio totum, quod sum, ergo animus ad habendum se ipsum angustus est, ut ubi sit quod sui non capit? Numquid extra ipsum ac non in ipso?”

③ 就此请参见奥古斯丁《忏悔录》第十卷第七章第十一节：“Per ipsam animam meam ascendam ad illum. Transibo vim meam, qua haereo corpori et vitaliter compagem eius repleo.”亦请参见《忏悔录》第七卷第十七章第二十三节以及第七卷第十章第十六节。

名为回忆（memoria），《忏悔录》的第十卷（特别是第八至第十六章）就是对于回忆的颂歌，奥古斯丁的回忆概念，固然对于心理学中的回忆概念具有重大意义，但是毕竟并非心理学中经验现象的抽象概念，而是带有超验深度的精神现象的抽象概念，是本体论和方法论意义上的开放性的概念；奥古斯丁认为，在人之中毕竟存在某种并非下车伊始即不言自明的东西：

“精神在人之中，但是尽管如此，在人之中也有精神自身所从不知晓的。”[①]

在随后的章节中，他分析了回忆行为，从采集感官所感知的事物的回忆画面入手（第八章），历经精神的现实（自由学术的对象、数字、几何图形等），直到对回忆的反思性回忆、对灵魂在情感状态中的回忆、对于回忆的遗忘以及对于遗忘的回忆（第九至第十九章），直到对于回忆的本源的发现，借助对于本源的回忆人发现内心中的上帝。

3. 人格论的思维内核

无论是真理论的，抑或是其它品性的认知，毕竟都是人的行为，这样的行为就思维而言究竟是何种行为呢？或曰：是具有何种品性的行为呢？

认知并非仅仅出于自身就能被理解，还需要来自人格深处的运动的推动，以能够在认知中真正达到所要认知的对象。所谓人格深处的运动，指的是内心所倾向的旨趣、意志，甚或是

① 就此请参见奥古斯丁《忏悔录》第十卷第五章第七节：“Tamen est aliquid hominis, quod nec ipse scit spiritus hominis, qui in ipso est.”

cor inquientum（躁动的心），亦即内心的涌动、躁动，诸如此类者推动人去追寻、去探讨外在与内在的世界，并将其所得看护在理性之中；由此，被物所掌控和制约的人则转而掌控和制约物化的世界，而制约与被制约的内在联系恰恰也能够使得奥古斯丁的思想富饶丰硕起来，这样的思维是一种人格的行为，也就是说，是一种关系性的思维，是对人与其相关联的事物以及对这种关系的思维；对于真理的认知意愿出于被物所制约的迷离郁闷和心灵的躁动，一方面，不仅渴望向物化的世界倾诉自己、倾诉自己的内心世界，另一方面，不仅渴望成为物之美的倾诉对象，而且渴望成为永恒真理的倾诉对象，一言以蔽之：渴望成为真、善、美的倾诉对象，这是奥古斯丁人格论的时间思维内核。

经院哲学的纲领“credo ut intelligam”（“信仰为了认知”）在此还有另一层含义：“爱，为了认知！”[①]开放的心灵所持有的爱，催动认知的渴望，催动人去质询究竟什么是存在，存在又从何而来；奥古斯丁认为：

“一当我内在寻求到你，你就揽我入怀，以使我能看到我所应当看到的；可是我还不愿看到。”[②]

奥古斯丁的心运作出敏锐而鲜明的理性，使他不仅能够明察秋毫之末，而且能观须弥山小若一粒沙、而观一粒沙大若须

① 就此请参见 Lexikon für Theologie und Kirche. Herder Verlag, Freiburg im Breisgau 2006. Band 2, 1343-1345.

② 就此请参见奥古斯丁《忏悔录》第七卷第十章第十六节：“Et cum te primum cognovi, tu assumsisti me, ut viderem esse, quod viderem, et nondum me esse, qui viderem.”

弥山。

当然，认知过程中意志的意义亦不可低估。尽管在一个精神存在之中绽放成三个关系，亦即存在、意志和思维，但是在整体上它们依然是一个，并且是同一个；精神是意志朝向自身，并且是朝向对自身的思考、对自身存在的思考。意志是基本存在，并且是理性能力和意识内含的联系者、联络者，意志是本然的建构人格的因素，意志概念被奥古斯丁理解为终极的关联性表述，是精神人格之全部而整体的因素，在人之中的意志是人的存在的中心，而且并非是被动的、被激发起来的中心，而是具体而主动活动的中心，意志的原始冲动、原始运动，从朝向被认知的他者开始，直到发现"超我的你"，这全部过程必定时时建构理解自身和阐释自身的人格；奥古斯丁理解的意志并非仅仅超验的原则，并非空虚而形式化的准则，而是人的存在意义上的我你关联性原则，它既关联人的行为本身、行为的对象，亦关联行为的形式与原则。

如同他的三位一体理论一样，奥古斯丁时间理论中最凸显而出的核心品性在于，他发现了人的 Persona，也就是发现了隐匿于人之中的人格、人格性，这一点是他的思维与古典思维的本质区别，是他的思想与古典哲学的分水岭；[①] 对于希腊哲学而言，人是着床于原始创世神话之中的，也就是植根于原始创世神话的宇宙万物之中，人与世界的多重相遇维持一种属种意义上的纽带关系，人与世界保有一种亲缘，甚或血缘关系，人无

① 就此请参见徐龙飞，《形上之路——基督宗教的哲学建构方法研究》，北京大学出版社，2013 年，第 227-263 页，第 360-366 页。

法从物化的世界中提升出来，无法从世界中脱化而出、脱身而出、脱颖而出，人无法与世界互为譬喻，甚或人是世界的譬喻，世界是人的意义，人无法真正成为世界的意义，对于人的如此这般的理解，不乏创世神话的色彩。而奥古斯丁思维的力度则在于，尽管人与其自身血肉之躯有着不可消解的联系，尽管人与外部世界及其意义有着几乎先验而天然的联系，尽管人无论是感官直觉的，抑或是理性深思的几乎总是参有到理念之中、参有到永恒理性之光中，甚或径直参有到上帝之中，所有这些或许都有其深度的思考、深刻的意义，但是：奥古斯丁毕竟发现了、终于发现了、终究发现了人的精神中心，人在这一中心的最核心之处立于自身之中、向着自身开放，并且安然享有自身；人是自己血肉之躯的精神中心，他必须珍惜生命、珍惜全部而整体的生命；人是外部世界及其意义的精神中心，他必须珍视与周边世界、共同世界的先验而天然的联系；人是自己思想的精神中心，他必须珍藏他那返回内心的思考，不断反思理性对于永恒真理的肯认性抉择，以能够在依然维系所有关联的情形下而真正从物化的世界中、从原始神话的世界中升华而出；在这个意义上，人是独立的人格！荣耀的人格！尊严的人格！

奥古斯丁时间论的思维特质在于，他通过认知外部世界的事物而认知人自身，通过认识人的内在世界而深入认知人自身，通过认识人的内在世界而进一步认知永恒理性、永恒真理，并最终认知隐匿于人内心深处的上帝。认知并非仅仅理性的单纯行为，而是精神、意志、灵魂的综合涌动、整体运动，即使是诸如时间是什么、时间从何而来、时间向何处而去等纯粹而本真的哲学论题，在他的认识论中都本然而有机地属于他的整体生命的反思、灵魂的忏悔和理性的认信，属于他的内在经验的反思、诚挚的忏悔和虔诚的认信。尽管对于时间问题温婉的描述、洞彻的思考、缜密的判断、犀利的分析，似乎一再被即兴的表述、杂沓的语言、虔诚的祈祷、内心的焦灼所打断，但是——想一想本文开篇所引述的文本——他那发自内心的焦灼、出于虔诚的祈祷、不乏杂沓的语言以及看似随意的即兴表述，难道不是更宁静、更清晰、更深层、更深刻的哲思吗？人格的行为在此绚然绽放。

4. 目的论的整体思维结构

究竟为什么要探讨时间呢？奥古斯丁认为，对于上帝的追寻奠基在人对于身心福祉的渴求中，一个纯然而不关涉任何肉身和理性的享受的上帝认知其实并不存在，“如果我寻求你，我的上主，那我就是寻求幸福的生活；我寻求你，以使我的灵魂活着。”[①]而在何处找到幸福的生活呢？思考时间目的何在呢？

“但是我问，是否幸福生活在回忆之中呢？因为如果我们不知道这一点，我们将无法爱它。”[②]

译文中的“它”指的是幸福生活。人之中有一种朝向和追求幸福生活的原始的冲动，“所有人都同意，愿意幸福的生活”。[③]而那些追随上帝意志的人能够找到幸福，“他们的幸福就是你

① 就此请参见奥古斯丁《忏悔录》第十卷第二十章第二十九节：“Cum enim te, deum meum, quaero, vitam beatam quaero. Quaeram te, ut vivat anima mea.”

② 就此请参见奥古斯丁《忏悔录》第十卷第二十章第二十九节：“sed quaero, utrum in memoria sit beata vita. Neque enim amaremus eam, nisi nossermus.”

③ 就此请参见奥古斯丁《忏悔录》第十卷第二十一章第三十一节：“ita se omnes beatos esse velle consonant.”

自身,而幸福生活本身就是朝向你、出于你并且由于你而喜悦。”[①]在灵魂中发现上帝，就是发现真理，而这一真理的发现本身也包含对于同时关涉身心的纯粹幸福生活的公然追求，在此，人被视为整体，人被从整体上来考量。人必须将寻求与发现引入灵魂的深处，才能作为整体的人，以其全部情感的激荡与理性的能力着陆于他的内在的最深处,在那里上帝自己会与他相遇。

灵魂所意愿的，是发现永恒真理，然而他却在所有外在的原野上寻求上帝，但是并未找到，而如果他返回内心深处，则在回忆中就能找到：

“在我发现真理之处,我也就找到了我的上帝：真理自身；而因为我认知了这一真理，我就无法忘记之。于是，自从我认识了你，你就存留在我的记忆中，而如果我总是不断回忆你，并且在你之中而愉悦，那么我就在那里发现你。这是我神圣的喜悦，是你的垂怜看顾我的贫瘠时赐予我的。”[②]

奥古斯丁探讨了如何能在更富逻辑结果的意义上将上帝汲纳到自己的内在之中，他在随后的章节中再度强调说：“在我认识你之前，你根本没有在我的记忆之中；如果不在超我的你之中，我又在哪里找到你，以为了认识你？没有任何地方，除

① 就此请参见奥古斯丁《忏悔录》第十卷第二十二章第三十二节：“Quorum gaudium tu ipse es. Et ipsa est beata vita, gaudere ad te, de te, propter te.”

② 就此请参见奥古斯丁《忏悔录》第十卷第二十四章第三十五节：“Ubi enim inveni veritatem, ibi inveni deum meum, ipsam veritatem, quam ex quo didici, non sum oblitus, itaque ex quo te didici, manes in memoria mea, et illi te invenio, cum reminiscor tui et delector in te. Hae sunt sanctae deliciae meae, quas donasti mihi misericordia tua respiciens paupertatem meam.”

了我们所从来而又归宿之处，没有任何地方了。”[①] 其中，“在你之中”的拉丁语是“in te”，介词“in”后面的“te”在此既可以是第四格，亦可以是第五格，作第五格则意味着“in”是静态的，表述地点；而作第四格则意味着“in”并非表述静止的地点和空间，而是表述动态的行为，表述的是人要动态的在“你”之中寻找、要寻找到“你”之中；而“in te”又被一个“supra me”所修饰，也就是被“超出我”所修饰，于是“in te supra me”意义为“在超我的你之中”；而介词“supra”（“超出”）并非远离“我”之外的，并非时空，而是质量意义上的“超出”，或“超出我”，在这个意义上，“in”首先并非是空间的限定，而是质量的限定，也就是说由这个“in”决定的“你”并非在空间意义上远离由“超出”所修饰的“我”，以至于“你”对于“我”遥不可及，或者“我”对于“你”可望而不可及，而是超高质量的“我”，“超我的你”是上帝在“我”之中存在的方式，上帝以超我的方式在我之中存在；在此，“超我的你”不仅关涉认知的内含，而且同时也触及一个爱的心灵的思考、忏悔和认信：

“我进入内在并以灵魂之眼观视，是那样的羸弱，而奇异之光则远超我灵魂之眼自身，远超我的精神，并非一切所能想象的、对于所有人而言所能看到的，亦非同样品性中较大者，好像他更亮地照耀着，并且以其强力笼罩着一切；非也！绝非

① 就此请参见奥古斯丁《忏悔录》第十卷第二十六章第三十七节：“Neque enim iam eras in memoria mea, priusquam te discerem. Ubi ergo te inveni, ut discerem te, nisi in te supra me? et nusquam locus, et recedimus et accedimus, et nusquam locus.”

如此！而是另外的、迥然不同而完全殊胜的；他也并非以如此这般之方式超越我，如油超于水面、如天君临地上，而是因为他创造了我，我就在他之下；我被他所创造，他崇高在上；谁认知了真理，谁就认知这一点，而谁认知了这一点，他也就认知了永恒；爱认知这一点。"[①]

由此，"在你之中"其实同时就是"在我之中"，也就是说，人并非在其它什么地方、并非在我之外的什么地方，而是就在肉身之我与精神之我的圆融无碍中寻求上帝的存在，我们在此庶几可以说，因为"你"并不在任何其它地方，而是就在"我"之中，所以如果"我"存在，那么"你"必定存在；如果我存在，那么上帝必定存在。

奥古斯丁的这一思考开笛卡尔"因为我存在，所以上帝存在"论断之先河，[②]并且是远在笛卡尔一千多年前！行文至此，不禁掷笔慨叹：伟矣哉！奥古斯丁！

当然，灵魂与上帝的相遇并非，也并未使得独立的人、独立的人格的界限恍兮惚兮而惚兮恍兮；人恰恰借助作为上帝的肖像而受造于上帝，并且与上帝的相遇才成为Persona，才成为

---

① 就此请参见奥古斯丁《忏悔录》第七卷第十章第十六节："Intravi et vidi qualicumque oculo animae meae supra eundem oculum animae meae, supra mentem meum lucem inconmutabilem, non hanc vulgarem et conspicuam omni carni nec quasi ex eodem genere grandior erat, tamquam si ista multo multoque clarius claresceret totumque occuparet magnitudine. Non hoc illa erat, sed aliud, aliud valde ab istis omnibus. Nec ita erat supra mentem meam, sicut oleum super aquam nec sicut caelum super terram, sed superipor, quia ipsa fecit me, et ego inferior, quia factus ab ea. Qui novit veritatem, novit eam, et qui novit eam, novit aeternitatem. Caritas novit eam."

② 就此请参见笛卡尔,《第一哲学沉思集》,庞景仁译,商务印书馆,1986年,第52页。

人格，才获有人的尊严、人格的尊严，否则与禽兽无异；上帝是在我之中超我的你、在我之中超我的存在，存在与意识（灵魂、精神）在此合而为一，它们是等同的，绝对真理与上帝合而为一，它们同样泊锚于人的意识（灵魂、精神）之中。

留给人的是衷心的祈祷和赞颂：

“Sero Te amavi！”[①]（“我已经爱你太晚了！”）

这祈祷与赞颂难道不是更深刻的思考吗？爱在此不仅是纯洁的情感，更是纯净而崇高的价值[②]！

奥古斯丁的认知是一种整体的认知，关涉的是整体的人，而其认知之过程则是辩证的，是多种不同而相互勾连的过程的组合建构，人处于世界的中心，将其所感知和认知的领入其内在之中，在迈出其自身的同时发现了在质量上超出自身的真实的存在，人借助对自身的认知而认识了世界，在其自身之中又发现了世界的某种恒常性，在返回内心的内省般的回忆中发现了上帝，灵魂与上帝的相遇又开启了人之所以为人的人格及其尊严。思维从感官可感知的事物出发，可感知事物的画面被保有在记忆和回忆之中，其存在在原象之光的光照下得到认知，而能够被认知的同时还有感官所无法达到的对象，甚或还有在记忆和回忆中所先在的存在；借助画面和事物，游离在外以至于走失的人，能够返回自身，留居于自身之中：

“我的眼光那时并未观视自己，内在固然已经有了，而我

---

① 就此请参见奥古斯丁《忏悔录》第十卷第二十七章第三十八节：“Sero te amavi!”

② 就此请参见徐龙飞，《形上之路——基督宗教的哲学建构方法研究》，北京大学出版社，2013年，第64–321页；其中，详尽讨论和分析了作为价值的爱。

却彷徨在外，而外面那地方却一无所有。”[①]

人基于回忆的理由而在自身之中发现上帝，回忆就是人发现上帝之处所，“你”已经在“我”之中，但却是以“超我”的方式而在“我”之中，并且这个“你”不仅是距我最高的、最崇高的，而且也是最近的，不仅是最奥秘的、而且也是最当下此在的，[②]认知上帝和追求福祉的（亦即至少满足思维理性的愉悦和肉身的享受）目的论支撑着奥古斯丁时间思维的整体构造。

五　结语：毫无疑问

奥古斯丁在其《忏悔录》中以反思《圣经》（特别是《创世纪》）文本为基础而同时从古典哲学和日常经验出发提出了时间是否存在、它究竟是什么以及如何能够存在（亦即是否能够测量）等问题，并以质询的语言和怀疑论的方式而试探性地给出了他的思考过程；本书尝试从语言风格所表述的哲思意蕴、时间思维的本体形上的出发点以及认知论的基础分析等方面提出问题，探讨了奥古斯丁时间哲学的基本思维方式，在此希冀提示其思维方式在人文学科、精神学科的基本概念和基础理论的研究中所深蕴的方法论意义与价值。

① 就此请参见奥古斯丁《忏悔录》第七卷第七章第十一节：“Et lumen oculorum meorum non erat mecum. Intus enim erat, ego autem foris, nec in loco illud.”亦请参见《忏悔录》第七卷第八章第十二节：“Et stimulis internis agitabas me, ut inpatiens essem, donec mihi per interiorem aspectum certus esses.”（“你从内在激励我，以至于我无法承受，直到我在我的内在观视到你的确定性。”）

② 就此请参见奥古斯丁《忏悔录》第六卷第三章第四节：“Tu autem, altisseme et proxime, secretissime et praesentissime.”（“而你，最崇高而又最临近，最奥秘而又最当下。”）

从历史和思维方式上来看，奥古斯丁所生活的时代，不仅蛮族入侵使得罗马帝国处于分崩离析之前夜——之后的历史发展过程固然并非人们当时所预感的，但这毕竟令奥古斯丁对基督宗教的命运感到某种忧虑，而且古典哲学的传统也日渐式微，普罗提诺已经是古典传统中最后一位俗世的伟大哲学家了——这固然为基督宗教哲学的兴盛提供了契机，但这也不能不令人对基督宗教哲学的思维方式的前景忧心忡忡；于是，奥古斯丁的思考不惟切中时代、直入主题，尽管他思考的是罗马帝国所面临的重大问题、尽管他从不因此而把他的思考作为罗马帝国的宏大问题而高调推出，这固然是他谦逊的品格所决定的，但是其思维的独特精神品性也恰恰正是在历史转折的峰巅时刻为人们提供了思考的可能性和精神空间，尽管在其中不仅不乏哲学的疑难、神学的焦虑，但是恰恰这样的焦虑和疑难又激发人的精神的不断的躁动，去思考譬如时间这一关涉诸多层面而又令人百思不得其解的问题，使得这一精神的内涵无限丰富、精神的空间无限延伸。有学者指出，奥古斯丁关于时间概念的思考，如同他的整体的思想一样，具有彰显无遗的“疑难品性”，或曰“疑难气质”（“aporetische Mentalität”），[①]其思维之系统散布在其论题之中，其思忖之答案隐匿在其设问之中，其思想之完整性奠基于其内在而恒新的开放性之中。

从时间问题的本体形上出发点来看，即使具体到《忏悔录》的第十一卷，以本书笔者之微末，也无法完全清晰阐释出奥古斯丁时间理论的普世品性，也无法真正提示出其全部思维运动

① 就此请参见 E. Przywara, Augustinus. Leipzig 1934. S. 87.

的强劲活力，也无法给出其所引发的全部讨论史中的各种思想的勾连相生、砥砺切磋，更遑论其整体的著作和思想，我们仅仅能够提出范式般的基本问题：奥古斯丁的思维方式究竟是什么？他关于时间究竟说了些什么？并且尝试回答：时间究竟是什么？时间存在的逻辑出发点是什么？时间概念在逻辑上又是如何展开的？时间在其过去、现在、未来所有三个维度中都并未有某种延伸、延展、伸展，并未因此而能够测量，而人们却测量时间；在这样的意义上，时间必定有某种拓展伸张、并由此而具有某种可测量性，而这一可测量性则仅仅存在于人们的精神之中，换言之，人是如何认识时间的？

从方法论上来看，提出这样的问题似乎本身就有问题，因为：即使人无法回答时间究竟是什么，但是时间毕竟具有某种可测量性，奥古斯丁终究也认为，人们毕竟以小时、天等单位表述时间，甚至以之比较时间之长短盈缩；于是，关于时间人们毕竟有所成见，而需要检视的是，在包括这些成见在内的各种前提下是否时间能够有其伸展，这同时也关涉对这一基本假设的检视和判定。而如果我们以小时、天等表述时间的话，那么这首先意味着我们是在数字中、或曰以数字谈论问题，于是根据数字测度时间的伸张，或曰时间的可测度性，固然是奥古斯丁从日常经验出发而思考时间问题的出发点，甚或终端，或至少是一种路径，但是对于他而言更重要的似乎并非是在这一前提之下，而是在整体的框架条件改变之后论证时间概念，也就是讨论时间伸张的量的限定的可能性条件。当然，时间之所以可能，或曰我们在此所说的“可能性条件”本身，本质上其实就是一种现实性，奥古斯丁并非从人对于时间的经验的可能性出发，尽管这一可能性亦是毋庸置疑的，而是从现实世界的现实的开端出发，以讨论时间的可能性为前提条件的，他将流逝的时间的所谓不存在与永恒的无可变端的同样性对照起来，在他的整体的时间思考中，永恒并非是时间的无限流逝、无限前行，而是时间所无法比拟的终极意义，是内涵同时极为丰富和贫瘠而又无法限定其内涵的概念，如同上帝概念一样，是一种否定概念，仅仅能够被理解为或可言说而又无可言说的真实的存在；① 然，这一存在并非某种实物性的、对象性的存在，但是却植根并生长于人的内在世界之中、人的精神之中。

除此之外，奥古斯丁时间哲学的思维方式对人文学科、精神学科的基本概念和基础理论的研究，特别是对宗教哲学、基督宗教哲学而言蕴涵何等方法论价值呢？

毫无疑问，在亚里士多德和奥古斯丁之间，历代哲人不知又有多少疑问才下眉头、又上心头，时间无论是作为一个问题，抑或是作为一个概念（或范畴），甚或是作为一个物像，总是与哲人的思考如影随形、挥之不去，而奥古斯丁则从中集约出一个简捷澄明的思路历程，他在其文本中清晰表明，他的思考从何处启程以驰近他的结论，这一思维的路径被他描述为从黑暗驰向光明之路；他坚定地认为，他已经达到了那些彰明较著的结果。② 他终于看到真理的朝阳在晨光熹微中冉冉升起、照射在他那一片狼藉的时间研究的荒原上，③ 理性在这旷蟒的荒野上

---

① 关于上帝作为否定概念，请参见徐龙飞，《循美之路——基督宗教本体形上美学研究》，中华书局（香港），2013 年，第 137–142 页。

② 就此请参见奥古斯丁《忏悔录》第十一卷第二十章第二十六节。

③ 就此请参见奥古斯丁《忏悔录》第十一卷第二十七章第三十四节。

狼奔豚突，心灵在这浩渺的汪洋上风樯阵马，在表象的躁动之下隐匿着稳健与从容，从方法论角度设置的诸多疑难、诸多怀疑、诸多无法企及答案的棘手问题，不仅并未消减其思考过程的质量，而且反而提升其理性思考的深度和纯净度。

毫无疑问，奥古斯丁并未意图解决时间问题、对各种疑难给出最终的答案，他更多地是希冀唤起多样的思考、以多重方法实施的思考，甚或唤起宗教的虔敬，精神向着自身的返回就是一种带有宗教维度，甚或宗教虔诚性维度的思考，但是这一维度首先是一种不乏深度的思考的行为、哲学的行为、理性的行为、论证的行为。①

毫无疑问，曾经有人试图离开这一宗教虔诚性以再度返回奥古斯丁原本的理性诉求所提出的诸多疑难、怀疑和质询，托马斯·阿奎那的亲传弟子、中世纪著名经院哲学家、曾任奥古斯丁隐修会总会长的艾吉迪尤斯·罗玛努斯（Aegidius Romanus，约 1243—1316）尝试远离这一路径，而最终在问题和疑难内涵的探讨中又不得不在方法上回到奥古斯丁的轨道上来，并且将给出时间的精神（animus）或者诠释为世界灵魂（anima mundi），或者诠释为作为世界灵魂运作的上帝（或曰在世界灵魂中运作的上帝），艾吉迪尤斯最终还是沿用了奥古斯丁《忏悔录》第十一卷的论点：精神造就了时间认知，他的神学与哲学的奥古斯丁色彩更远远浓重于托马斯·阿奎那。②

---

① 就此请参见奥古斯丁《忏悔录》第十一卷第二十六章第三十三节至第十一卷第二十八章第三十八节。

② 就此请参见 Lexikon für Theologie und Kirche. Herder, 2006, Freiburg in Breisgau. Band 1, 180-181; 以 及 Theologische Realenzyklopädie. Walter de Gruyter, 1993，Berlin New York. Band 1, S. 462-465.

毫无疑问，针对亚里士多德时间存在（《物理学》IV 10）的怀疑论的诘难，一直都是哲学史和哲学传统中的组成部分，这一怀疑论在方法论的意义上并非哲学领域中本色的怀疑论，而是要将借助精神（或灵魂）而来的时间建构阐释为所有怀疑论诘难的消解；而真正的哲学自柏拉图以来一直就将自己表现为怀疑主义，真正的哲学将怀疑的和相对的论说推进到极致，并将自身证实为解释这一或许无可解释的极致的始作俑者；尽管奥古斯丁以虔诚的祈祷和呼求表述他深刻的哲思，但是：如果我们没有看到其虔诚的祈祷和呼求就是其深刻的哲思的话，那么我们就没有看到、更无从理解他理性思辨的强烈诉求；而如果我们仅仅将《忏悔录》第十一卷的祈祷和倾诉、虔诚和静默、怀疑和质询视为宗教的内在维度的话，那么我们就遗忘了、甚或即使没有遗忘而也漠视了奥古斯丁理性思辨的诉求深度。

毫无疑问，奥古斯丁在方法论的意义上并非 dubito ergo sum（“我疑故我在”）的简单机械的怀疑论者，《忏悔录》，特别是我们在此探讨的第十一卷，其目的群，亦即文本的接受群体，也包括虔诚的怀疑论者，尤其是带有宗教虔诚性的怀疑论者，他们在面对哲学的诘难时往往容易过早地逃入单纯的信仰之中；奥古斯丁坚持不懈的思辨努力清晰地表明，所有人、特别是有信仰的人，不仅都有权力，而且更有能力，甚或最有责任从事理性的探讨；在他看来，一些批评基督宗教的所谓哲人，不仅并非娴熟于哲学论证，而且在思维和判断的方法上甚或还未免其先入为主之偏见。①

① 就此请参见奥古斯丁《忏悔录》第十一卷第二十二章第二十八节。

毫无疑问，奥古斯丁对于时间问题的宗教哲学、哲学以及神学的阐释，是宗教虔诚性和理性思辨圆融无碍、周流遍至、允洽汇通的极佳例证，其方法论意义对于我们当今之人文基础科学之研究无论如何高度评价都不过分。

毫无疑问……，毫无疑问！

第二章 《忏悔录》时间概念之类型与结构研究

奥古斯丁《忏悔录》第十一卷庶几是其著作中最被经常研究的文本，本书在这一部分的问题旨趣投向其时间分析之出发点及其品性，也就是说，我们的设问在于，时间分析在《忏悔录》的整体中处于何种位置？在第十一卷的框架中其时间分析的功能是什么？文本内在结构又如何？由此而转入对他的精神时间观（灵魂时间观或心理时间观）的初步探讨，以此作为对时间这一基本概念的阐释而开启随后各篇章的相关研究。

一 奥古斯丁时间分析的类型学

在所谓类型学的意义上，探讨时间分析在整体《忏悔录》中的位置、时间分析的功能以及内在结构。

1. 时间分析在《忏悔录》整体中的位置

包括对于《忏悔录》内在的文体结构统一性等问题的质询并非我们在此要展开的主题，[①] 就时间概念而言，《忏悔录》最

---

① 关于《忏悔录》整体的阐释，请参见 Eginhard Peter Meijering, Augustin über Schöpfung, Ewigkeit und Zeit. Das elfte Buch der Bekenntnisse. Leiden (Brill) 1979; Josef Weis, Die Zeitontologie de Kirchenlehrers Augustinus nach seinen Bekenntnissen. Augustinus Confessiones, XI. Buch: 14-18Kap. Frankfurt/Bern/New

后三卷（亦即第十一、十二以及十三卷）构成一个融入全书中的完整的部分，这三卷并非仅仅对于《圣经·创世纪》中若干文本的意义阐释，而且从文本类型上来看，还更多的是涵盖基督宗教全部学说的基本内容，① 这体现出《忏悔录》，特别是其中这三卷的真正价值。一方面，在最后三卷中对于上帝救赎工程的阐释与分析、感恩与赞美，与前十卷中对于上帝全部行为的分析与阐释、赞美与感恩，构成这两部分之间文本与思想的内在联系，并且形成一种赞歌风格的神学；另一方面，《忏悔录》也可被视为传记形式的作品，奥古斯丁在祝圣主教之后不久，便回顾他的生命历程，其中上帝的垂怜与恩宠一直临在于他的生活与思想中，直到他终于成为服务于教会的神父与主教（以至于他生命的全部），对于自己心路历程的回顾以及对于这一历程终于在当下达于完满的范式般的观想，不仅意味着回忆，而且同时也是对将来的展望，这也是《忏悔录》整体的写作动机。第十一卷开篇就给出了他的主教职务的提示，这不仅是在第十卷中已经暗示的，② 而且也是全部回顾的终结；第十卷所具有的整合、联束功能，不仅拓展到第十一卷，而且甚至伸张到整体的论题；《忏悔录》是奥古斯丁在回顾自己过往的迷茫与变化时和永恒者的交谈，是一位在时间中的人与在时间中的永恒者

York (Peter Lang) 1984（此书核心部分已于 1937–1939 年写成）Sigurd Boehm, La temporalité dans l'anthropologie augustinienne. Paris (Cerf) 1984.

① 就此请参见 Wolf Steidle, Augustins Confessiones als Buch. Gesamtkonzeption und Aufbau. In: Romanitas-Christianitas. Untersuchung zur Geschichte und Literatur der römischen Kaiserzeit. Hrsg. von Gerhard Wirt. Berlin (De Gruyter) 1982. S. 436-527; N. Georg Knauer, Psalmenzitate in Augustins Konfessionen. Vandenhoeck & Ruprecht, Göttingen 1955.

② 就此请参见奥古斯丁《忏悔录》第十卷第四十三章第七十节。

的促膝谈心，这里没有坐忘，没有“经幢相对两无言”，时间与永恒及其关系是交谈中一再被强调的主题，是从回顾到当下的过渡话题，是对个人生命历程的回顾和对末世期待的普世性的思考之间的核心论题；第十一卷不同于《忏悔录》其它卷章，是奥古斯丁与造物主和救世主的交谈与倾诉，这一交谈与倾诉是借助灵魂与自身的对话而来的。

2. 时间分析的本体论提问功能

最本质、最本色的时间分析是在《忏悔录》第十一卷第十四章第十七节至第二十八章第三十八节以至于第三十一章第四十一节之间展开的；当然，在此之前奥古斯丁也谈到了时间，而且不仅谈及上帝无需时间的倾听和言说（譬如创世的话语）以及这一言说的非时间性（永恒性），而且还谈及自身作为主教事务繁忙而深感时间之匮乏，深感缺乏时间来默观、祈祷与写作①。《忏悔录》各卷在文本上呈现为两部分结构，第十一卷亦不例外，关于时间的分析处于这一卷的第二部分，并且呈现为一种框架结构，14，17 以结束之前的讨论而提示于前，30，40 以再度分析言说创世之前的时间的无意义性而提示于后；当然，这一无意义性已经在时间分析过程中阐明了。

这一再度的提示本质上是一种确认，原因在于，如果没有受造的灵魂（精神）的话，那么就没有时间的展开；时间对于奥古斯丁而言总是具有一定的持续，因而 tempus，也就是时间一词，在第十一卷中总是以复数出现，并且在第十一卷中出现

① 就此请参见奥古斯丁《忏悔录》第十卷第二章第二节。

49次，而即使它以单数出现，并且在第十一卷中也的确以单数出现100次，通常也指的是一种持续，即使当奥古斯丁言及时间的统一性时，通常指的也是复数的时间的统一性，[①] 而尽管时间毫无疑问属于受造的领域，尽管奥古斯丁之前也假设时间不依赖于天地而存在的可能性，但是受造的时间由于其过往性而其存在必定依赖于上帝，而且受造的时间的如此这般的展开毕竟是在灵魂中完成的。于是在时间受造性的前提下，如果没有灵魂，则时间之存在无法想象，其现实性在非神性领域，亦即在人性领域也能够清晰彰显出来。

当然，奥古斯丁并非在护教的兴趣和意义上阐释时间的存在，尽管这也是允许的，他在探讨时间的同时也在关注人性中原本就有的对于将来的期待，或曰：他同时也关注人的末世期待；他并非简单认可、认信《圣经》中的时间创造论，而是由此出发提出问题、提出反思，他的提问旨趣首先在于探讨作为存在的时间本身，也就是在本体论、认知论，甚或宇宙论的层面阐释和分析时间，他同时也关注在时间中的人的时间与人对未来期望的关系，或曰：末世的期待是时间性的吗？是实现于时间之中呢？亦或是实现于时间之外呢？甚或是终结时间的呢？

3. 时间分析的文本结构：祈祷本身就是思考

尽管奥古斯丁习惯于将在新一章节要讨论的主题在前一章中就提出来，但是时间论题在奥古斯丁的讨论中有其完整性，

① 就此请参见 Gerd Haeffner S. J., Bemerkungen zur augustinischen Frage nach dem Wesen der Zeit im XI. Buch der “Confessiones”. In: Theologie und Philosophie. 63 (1988), S. 569-578, 在此，570.

探讨时间、探讨时间中的永恒以及永恒的非时间性是他的初衷和动机，这也体现在他的文本的结构中，特别集中体现在 14，17 到 30，40 的框架中。

如同前文已经提及的，第十一卷的全部文本是一种交谈的风格，是在时间中，并且服从于时间的存在的奥古斯丁与永恒上帝之间的交谈，在这样的交谈中，还有一个对谈（对话）袭入其中，也就是奥古斯丁与自己的灵魂之间的对谈（譬如第十五章第十九节；第二十七章第三十四节；第二十七章第三十六节等）；奥古斯丁区分 anima 与 animus，前者 anima 是灵魂，是被质询的对象，作为阴性的品性而与肉身相关联，参有人身的一切节律，灵魂自身并不认知，而仅仅是感觉、感知，而后者 animus 是精神，是阳性而积极主动的质询者[①]，这是典型的新柏拉图主义的秩序论。而奥古斯丁的知识素养、学术涵养是另一个谈话的形象，这一形象不仅作为 homo doctus（有学识的人）出现在第二十三章第二十九节，而且也作为普遍的学院派的形象而出现，而第十四章第十七节；第十五章第十八节；第十六章第二十一节；第十七章第二十二节；第二十章第二十六节等章节则以不断出现的“tamen”（“但是尽管如此”）来反驳各种臆测；当然，最引人瞩目的是与上帝的谈论，这样的谈论浓缩为奥古斯丁虔诚的祈祷，而这样的祈祷也一直伴随着他思考的过程，大凡在他思考过程暂时中断之处，都是他主动中断之处，都是他深入祈祷之处，以向上帝倾诉他的无知、

① 就此请参见 Gerard O’Daly, Artikel Anima, animus. In: Augustinus-Lexikon. Hrsg. von Cornelius Mayer. Vol. I, Fasc. 1/2. Basel/Stuttgart (schwabe) 1986. S. 315.

他的疑惑、他的问题，以祈求更多的恩宠和智慧，以继续思考；这样祈祷之处、这样的中断之处在《忏悔录》中、在其第十一卷中俯拾即是，譬如第十三章第十六节和第二十九至三十一节，这构成整体框架，第二十二章第二十八节和第二十五章第三十二节标示出奥古斯丁处于进退维谷的境地，而又加之第十九章第二十五节是为了理解特殊而超自然能力的预言的祈祷，而这祈祷本身并非仅仅为了更进一步思考，而且其本身就是忏悔、就是感恩、就是思考。

从文本结构意义上所提取的这些段落，不仅与它们的表述意图（也就是与奥古斯丁的表述旨趣），而且也与实际表述的意义相吻合；奥古斯丁批评了关于时间意义的若干误解性，甚或谬论般的设想，首先一个误解在于，如果时间不是已经过往的和将来的时间的话，那么当我们测量时间的时候，我们测量的是当下的时间（第十五章第十八至二十节）；第二个误解在于，当我们测量时间的时候，我们所测量的既非过往的、亦非将来的、更非当下的时间，而是正在流逝的时间；奥古斯丁以大量篇幅，也就是从第十六章第二十一节（praetereuntia metimur tempora）直到第二十七章第三十四节之结尾，展开并批判这样的误解（或假设），在这期间，奥古斯丁两次提到这一误解（第二十一章第二十七节："Dixi ergo paulo ante, quod praetereuntia tempora metimur." 亦即"我之前曾说过，当时间流过时，我们测度它。"以及第二十六章第三十三节："Quid ergo metior? An praetereuntia tempora, non praeterita? Sic enim dixeram." 亦即"我究竟在测量什么呢？或许我并未测量已经过往的、而是正在行过的时间？我之前已经强调过这一点了。”），直到最终在第二十七章第三十四节将其彻底批判（“Nec futura ergo nec praeterita nec praesentia nec praetereuntia tempora metimur.” 亦即“我们既不测量未来者，亦不测量过往者，即不测量当下者，亦不测量恰恰正在延展的时间的舒张。”）对于这两个误解或假设的分析过程，被第三个假设所打断：时间并非别的什么，而是物体自身的运动，或者是天体、或者是此间世界之某一物体，这一假设不仅在其事实的毫无区分上、而且在各种不同的表现形式上都是最原始的，在奥古斯丁看来，这一假设距离正确答案堪称最远，因而不再被 magister interior（内在的导师）、也就是不再被真理自身所教训，而是被由真理训导出来的事实上的权威来教训（也就是所谓 doctus）。奥古斯丁依赖内在于他的真理的帮助克服了他的疑惑，这一真理以否定的谓项帮助他彻底认清这一假设的非恰当性；从方法上来看，达于最终正确的结论有时可能要经过最迷茫的途径。时间究竟具有何种之存在？这一问题的答案恰恰来自于对这三种误解的思考之中：奥古斯丁在第二十章第二十六节中强调，三种时间样态（或曰：三种时间模式）相应于灵魂的三种能力，在第二十六章第三十三节中提出，时间是否可以思考为灵魂自身的延展，在这两段文本中，问题的结论初露萌芽，在第二十七章与第二十八章中，结论则彻底展开；其文本呈现出如下的结构：

否定　　　　　　　　　　　　　　　　　肯定

第十三章：祈祷

（第十四章：问题）

第十五章：第一个误解、迷途

第十六章至第十八章：第二个误解（1）

（第十九章：祈祷）

第二十章：在灵魂中

第二十二章：祈祷

第二十三至第二十四章：第三个误解

第二十五章：祈祷

第二十六章：灵魂的延展？

第二十七章：第二个误解（2）

第二十七章至第二十八章：解决答案

第二十九章至第三十章：祈祷

当然，我们也能对文本的结构做另外的划分，第十四到第二十章是对已经提出的问题的先行回答，第二十一到第二十八章是对先行给出的答案的更进一步的阐释。

二　时间究竟如何在灵魂中

奥古斯丁在其认知之路的高峰情不自禁地说："In te, anime meus, tempora metior."[①]（直译："我的精神！在你之中，我测量时间。"）这一表述究竟要说什么呢？与之相关联的句

① 就此请参见奥古斯丁《忏悔录》第十一卷第二十七章第三十六节。在这一简质的文本中，拉丁语汇"anime"是阳性名词"animus"的单数呼格，词句固然亦可译为"我的灵魂"，因为如同本书多次提及的，奥古斯丁既精确区分精神与灵魂，又偶尔混用之，但是在此比较精确的翻译应当是"精神"，因为如同本书多处所阐释和分析的，在奥古斯丁看来，精神是主动的、行为的、劳作的、运作的，而灵魂则是被动感知的。

子："Longum futurum longa expectatio futuri est."[①]（"长远的将来是对将来的长久的期待。"）时间与运动究竟什么关系？时间只是在对运动的感知中才诞生吗？或者无需运动而时间毕竟就在灵魂之中、人就可以言说时间？运动在时间中进行以及我们以时间测量运动又意味着什么？

1. 时间与运动

对于亚里士多德而言，时间依赖于运动，能够从"早与晚"的区别中得到量化；[②]而由于时间（甚或复数的时间）是在一个无限持续中的有限持续，并且在一个无限持续中某种界限也并非自然产生的，所以亚里士多德的结论在于，没有一个能够区分、能够历数（计量）的主体（也就是观察时间的灵魂），就没有时间。[③]彰明较著的是，灵魂庶几是时间存在的前提，时间在这个意义上甚或早于它和运动的等同，但是尽管如此，时间依然与运动有密切之关联。

奥古斯丁在这一问题上似乎表现出另一种意图，或代表另一种观点；他在第二十四章第三十一节中提出："Non est ergo tempus corporis motus."（"时间并非物体的运动。"）他对这一论点的阐释并非倾向于亚里士多德的时间与运动无论如何都相关联的观点；奥古斯丁出于对上帝创世的认信而要赋予时间以独立于物体运动的存在，甚或先于运动的物体以及物体的运动的存在："Videant itaque nullum tempus esse posse sine

① 就此请参见奥古斯丁《忏悔录》第十卷第二十八章第三十七节。

② 就此请参见亚里斯多德《物理学》IV, 10-14。

③ 就此请参见亚里士多德《物理学》223 a 16-17。

creatura."[①]（“看啊！没有创世就不可能有时间。”）当然，这里的“创世”究竟指什么呢？从整体的文本的行文痕迹来看、从文本的内在逻辑来看，这一“创世”并非仅仅指时间，甚或首先指的是灵魂的受造，《上帝之城》第十二卷中的文本能够作为互见的文本，他区分时间的两种含义，其中之一是寻常的含义，指的是譬如小时、天、月以及年等，时间的这一类型依赖于天体的运行；另一个含义指的是运动，特别是灵魂的与精神的运动究竟在何处进行，这个含义使得第一个含义成为可能；[②]奥古斯丁在《上帝之城》中还阐释说："Ubi enim nulla creatura est, cuius mutabilibus motibus tempora peragantur, tempora omnino esse non possunt."[③]（“在没有创世之处，时间也无法被创世所带来的运动而带领出来，时间无法凭借万物而存在。”）这首先指的并非是物体的运动，而是指精神的受造物的运动品性。精神的受造物固然也包括天使，而天使对时间的感知与认知和人对时间的感知与认知有何种之关系，奥古斯丁并无太多的文本对此加以解释。

2. 灵魂的以及物体的运动

从前文的分析能够看出，奥古斯丁所面临的问题是，精神或灵魂的内在运动与时间究竟什么关系，换言之，灵魂的内在运动与可在量上掌控的持续究竟什么关系？这一问题质询的是，在可感知的外在变化的前提下，是否运动仅仅在灵魂之中成立？

① 就此请参见奥古斯丁《忏悔录》第十卷第三十章第四十节。

② 就此请参见 Augustinus，De Civitate Dei，XII, 16, 36-46。

③ 就此请参见 Augustinus，De Civitate Dei，XII, 16, 77-79。

亦或是它借助灵魂而成立?

奥古斯丁并未如同古希腊的一些哲人们一样，从天体等大物体、大物件的运动中寻求例证，而是从音乐学与修辞学领域中，也就是从有声的吟诵（甚或吟颂）中汲取例证。当然，他也强调，存在着超越一切大小领域的法则，这样的法则关涉可感知的物体的运动过程及其运动过程的条分缕析；[①]如果这样的过程（或者过程的一部分）的时间的持续被测量的话，那么灵魂从不会直接借助自身而实施这一测量行为，而是总是借助与另一个被客观的给出的时间持续的比较，或曰：借助另一个客观的可比较、可参照的时间的持续或过程。对一个时间的持续的感知和确定，无论其是精确的，亦或是模糊的，本质上总是一种比较，尽管这一比较并非以绝对的时间统一性为基础[②]；如同奥古斯丁所说："因为，当我们就多长作表述时，我们必须基于一种比较，譬如说，这个与那个一样长，或者这个是那个的两倍长，等等。"（"quia et quantum cum dicimus conlatione dicimus, velut:'tantum hoc, quantum illud' aut :'duplum hoc ad illud'."[③]）由此我们庶几可以说，奥古斯丁的时间概念是一个相对的时间概念，"时间"对于他而言庶几是"每一个时间"、"任何（任意）一个时间"，"tempus"在他的语言应用中首先并非单数的"tantum"，而是从复数的"tempora"而来的单

① 就此请参见奥古斯丁《忏悔录》第十一卷第二十三章第二十九节。

② 就此请参见奥古斯丁《忏悔录》第十一卷第二十六章第三十三节。

③ 就此请参见奥古斯丁《忏悔录》第十一卷第二十四章第三十一节；亦请参见第二十一章第二十七节（接近结尾），第二十三章第三十节（开篇）以及第二十六章第三十三节（结尾）。

数性、单数属性，即使比较的标准并非借助外在感官所感知的过程，而是内在的理解（内在的感官）而来的过程，譬如对旋律的内在感知，这一结论也依然适用。而如果时间概念是相对的话，那么它也是客观的；在这个意义上，奥古斯丁的时间概念是否一定能够被视为心理的时间理论，是否时间是灵魂的产物，是否是灵魂将其产物投射到现实的世界中，应当是可斟酌的问题；换言之，如果奥古斯丁的时间理论真的能够被视为心理的、心灵的时间理论的话，那么如何才能够将其视为如此这般的呢？如何在方法上阐释这一点呢？以何种方法才能达到这一点呢？这是需要我们思考的问题，我们将在较远的下文中设专章进一步阐释和分析之。

而由此带来的新问题还有：奥古斯丁所说的“一个绵长的未来是对未来的一个悠长的期待……一个迴长的过往是对过往的一个漫长的回忆”（“Longum futurum longa expectio future est, ...longum praeteritum longa memoria praeteriti est”[①]）究竟意味着什么？这一小节是阐释第十五章第十八节到第二十章第二十六节所展开的本体论、宇宙论以及心灵论等疑难问题的，在这一简短的文本节录中是否有一种心理论、心灵论意义上的客观的时间关系呢？时间是否具有一种个感知的内在的感知过程呢？这一文本中的“est”究竟是何种含义呢？是指量的同等性呢？亦或是指形式上的等同呢？无论如何阐释，在这两种阐释情形中都有棘手的问题。

在第一种情形中，其所执见认为，longitudo futuri est longitudo

① 就此请参见奥古斯丁《忏悔录》第十一卷第二十八章第三十七节。

expectationis，亦即一个将来的时间的持续如同对于它的期待的长久，这一执见所表述的普遍诉求具有多重困难，一个困难在于，非常有可能的是，在定义上足够充分的时间段120000年的1月1日到120000年的6月1日庶几无法适应人的期待，问题在于，奥古斯丁就将来时间而言仅仅设想了它的时间段（时间距离），而这一时间距离恰恰并非明天到后天的展开，而是恰恰与当下、与现在是分离的；而另一个困难在于，譬如无论是作为老师，抑或是学生，从现在开始直到本学期结束的那一天还要持续两个月，那么无论我是无分昼夜、分分秒秒一刻不停地思念和期待这一天，亦或是我仅仅以很少的时间期待它（譬如我要吃饭、睡觉、工作等），甚或我完全不理睬它，这之间并无区别，这一天无论如何还是要到来，于是毫无疑问的是，“长久的期待”（“longa expectatio”）无法被理解为灵魂对于将来某一结果的专注态势的持续，否则的话，可能产生灵魂的专注态势与被专注的时间（时间段落）之间的不一致，更何况期待的长短是被距离将来结果的长短所决定的，而非相反；于是期待（expectatio）指的并非是灵魂的时间过程或事件过程，而是具有旨趣上的特性，其长短并非某一关注（某一关注行为）的持续，而是那样一个持续的长短，是其先期行为、预期行为尚未达于圆满、尚未实现的时间的持续。

在这个意义上，第二个问题也能得到解决，这一问题来自于对“将来是一种期待”（“Futurum est expectation”）这一执见的语言意义上的纯粹性方面的解释，这一句子建立在范畴有误的基础上，它将两种属于完全不同的存在领域的现象等而视之，亦即时间维度并非等同于想象或行为；于是这一“est”应当做另外的阐释，如果我们意识到，期待（expectation）与被期待者、被敬候者（expectatum）在辩证的意义上是同一个的话，那么期待（expectation）和将来（futurum）这两者的等同就可理解为：Futurum est expectatum，亦即：将来就是期待，相应于此，回忆（memoria）与过往（praeteritum）的关系也是一样。

由此可见，无论是形式上的，亦或是量上的，当将来时间的持续消减到对于这一时间的期待的持续上时，那么这一过程的时间的客观性就与主观的时间感觉（时间感知）混淆了；我们在此对于将来时间的分析，本质上也适用于对于过往时间的分析；我们可以将心理的时间论视为奥古斯丁本人的本意，但这并非必须的，奥古斯丁认为，时间的成立并非无需灵魂，并且在这个意义上是在灵魂之中，但并非首先通过灵魂的活动（行为）才产生时间，因为灵魂建构时间的功能是以时间关系为其前提的，而这一先决条件已经客观存在了，并且它在奥古斯丁强调性的表述中就是：时间被上帝所创造！

当然，研究奥古斯丁的学者早已指出，奥古斯丁的时间概念阐释中也还依然存有一些棘手之处，奥古斯丁从对于将来与过往的直接经验出发，或曰：从直接经历的将来与过往出发，而客观的时间无论如何超越于每一个个体的回忆和预期或期待，但是似乎也都以回忆和预期或期待为其基础。① 而另外的问题

① 就此请参见 Ulrich Duchrow, Der sogenannte psychologische Zeitbegriff Augustins im Verhältnis zur physikalischen und geschichtlichen Zeit. In: Zeitschrift für Theologie und Kirche. 63 (1966). S. 267-288. 关于奥古斯丁的时间观与普罗提诺的时间观的关系，请参见 Jean Cuitton, Le Temps et l'éternié chez Plotin et Saint Augustin. Paris (Vrin) 1959; Roland Teske, The world-soul and time in St. Augustine. In: Augustinian Studies (Villanova) 14 (1983). pp. 75-92; idem, Platonic reminiscence and memory of the present in St. Augustin. In: NSchol (Neue Scholastic) 58 (1984). pp. 220-235.

是，精神或灵魂的两个延展（extentio）的形式，也就是进入时间（甚或复数的时间）的延展（distentio）以及进入其自身的延展（intentio in idipsum）之间究竟是何种关系？

3. 时间的延展性存在与灵魂的非等同

奥古斯丁在《忏悔录》第十一卷第二十七到第二十八章的过渡中对两种时间意识做了区分，一个是量化的时间意识，另一个是超维度的时间意识，在第二十七章中，问题涉及的是对每一个持续（譬如声音、甚或宁静、留白）的量的确定，而在第二十八章中，问题则涉及确定每一个持续的消逝，这一问题似乎更为基础。

如果要确定一个持续的长短，那么其最基本的先决条件是：当这一持续终结的时候；只有当持续并非是当下的，而是作为已经结束的，对于它在量上的测量才有可能；而在这个意义上的测量就不再是对于一个现实持续的测量；这是一个关系的确定，而且是以数字对于一种关系的确定（长于，或短于另一个，两倍于另一个等），旋律也是这样，能够以计量的方式被展现出来。而计量的（或数字上的）关系确定也需要一个确定的持续概念，而概念对于感觉的关系则不再被考虑。这表明，在量上对于持续的比较，是坐落在记忆和回忆中的，而当下现实的持续则不再是测量与量的比较所能控制的了，将来的以及过往的维度也是这样；而当一个持续的确过往之后，时间的量的概念才能够被建构起来，而这样的概念是坐落于记忆与回忆中的，而这样的记忆与回忆也能够逃逸出过往的时间，以至于能够设想（构想）将来所限定的时间。

而究竟什么又是持续呢？何况持续还同时被视为过往！[①]这庶几只能从持续的当下性来阐释。奥古斯丁从一个由于已经结束因此而已经进入记忆与回忆的持续（tempora）[②]而过渡到向着将来或过往而展开的持续。[③]

持续从时间到时间性的方式，同时也就是时间意识逐渐逃逸出外在的羁绊而进入灵魂的方式。第一步就是测量已经过往的振响的当下的间歇，或曰：测量静默的时间、非振响的时间，其可能性仅仅建立在“这寂静和那个声音持续的一样长，好像那一声音恰恰还在同样长地振响”，[④]在第二步中，不仅间歇，而且振响，都在我们的精神中构成一个和谐的整体，无论它们在当下的现实中是否真的振响或间歇。就此，尽管每一种外在的 affectio（效果）都已不再，但是不仅量化意义上的时间比例并不改变，而且时间自身的运行过程亦不消逝，于是时间感觉（时间的感觉、时间感）的出现就比较纯粹了：一首诗歌可以不被吟诵而依然成立，无论是在内在灵魂中的吟诵，这是以灵魂自

① 就此请参见奥古斯丁《忏悔录》第十一卷第二十八章第三十七节：“但是绵延持续者就是对当下的凝神的关注（感受、掌握），来临者穿过当下而进入离遁（abesse）。”（Sed tamen perdurat attentio, per quam pergat abesse quod aderit.）

② 就此请参见奥古斯丁《忏悔录》第十一卷第二十七章第三十五至三十六节（开篇）。

③ 就此请参见奥古斯丁《忏悔录》第十一卷第二十七章第三十六节（结尾）以及第二十八章第三十七节至三十八节。

④ 就此请参见奥古斯丁《忏悔录》第十一卷第二十七章第三十六节：“而当我们测量寂静的时间延展时，我们说，这寂静和那个声音持续的一样长，难道我们不是拓展我们对那寂静的思想恰恰和那一好像还在振响的声音同样长吗？”（“Quid cum metimur silentia et dicimus illud silentium tantum tenuisse temoporis, quamtum illa vox tenuit, nonne cogitationem tendimus ad mensuram vocis, quasi sonaret？”）

足的当下的模式而达成的；或者以一个当下此在的感觉的（感官的）当下化，也就是将一个已经过往的当下如此这般地领入将来，以至于将来从这一过往的当下（从过往）而来。

当然，一首诗歌对于一个讽诵者而言按照其音韵格律而在内在的讽诵，对于其他倾听者而言则是这首诗歌有声的朗诵的形式的消失；其内在的诵读过程与其外在的朗读过程都提示一个现实的时间，与人们思考一个问题不同的是，这一时间不能任意拖长或缩短，这个时间对于感受时间的灵魂而言是其生命力（活力）的延展（distentio vitae）。[①]灵魂的延展具有某种存在的余音，灵魂原本与时间也并非处于相对的状态中，奥古斯丁对于这样的延展（distentio）才能说“离散”、“消散”或“迷离”（“dissilui”）：“我却迷失在岁纪绵邈之时间中，而又不知晓它内在的端严秩序。我全部身心颠沛流离，我的思考辗转反侧，我的灵魂寤寐思服。”（“At ego in tempora dissilui, quorum ordinem nescio, et ego tumultuosis varietatibus dilaniantur cogitations meae.”[②]）而当灵魂仅仅能够掌控某一简短的诗歌

① 就此请参见奥古斯丁《忏悔录》第十一卷第二十八章第三十八节：“Distenditur vita huius actionis meae in memoriam propter quod dixi et in expectationem propter quod dicturus sum.” 29, 39：“Ecce distention vita mea.” 另请参见普罗提诺《九章集》第三卷第七章第四十一节：“diastasis oun...xronon eiche.” 在《忏悔录》中 distendere 或 distentio 共出现 11 次，其中 8 次出现在第十一卷第二十三章至第三十一章之间（其余则出现在第八卷第十章第二十四节，第十二卷第十一章第十二节以及第十二卷第十五章第二十二节等章节中）；而 tendere 与相关联的语汇 intentio，attentio, intedere, attendere 等，则主要出现在第十一卷的文本中；就这一统计，请参见 Gerd Haeffner, S. J. , Bermerkungen zur augustinischen Frage nach dem Wesen der Zeit im XI. Buch der “Confessiones”. In: Theologie und Philosophie. 63 (1988), S. 577.

② 就此请参见奥古斯丁《忏悔录》第十一卷第二十九章第三十九节。

的持续、而无法掌控整体的生命历程并且无法认知整体的生命秩序的时候，灵魂自身在这其间就产生了痛苦，灵魂的持续在这个意义上是人所无法设计与计划的。

在 expectatio 与 memoria 之中，也就是在期待与回忆之中，灵魂享有某种统辖力，因为只有在这一情形中我们才能够认知当下的时间并测度其持续；① 在对时间的测量中，灵魂展示了自己某种超时间的属性或自然本性，但是灵魂依然不能在其超时间的自然本性中为自身的时间性寻求避难所，而且灵魂的超时间性反而强化了它的时间性，这两者的纠结关系导致了奥古斯丁内在的躁动以及对于灵魂宁静的渴望和追求，② 我们并非自上而下主导时间，而是从内在，而是将我们作为存在而赋予给时间。当然，灵魂中的非时间性比起其中的时间性而言，享有某种优先性，灵魂的时间性或时间性存在，体现在其外在的维度上、体现在对时间的感知上，而灵魂的非时间性存在则体现在灵魂的内在性上，而且这一内在性并非能与内在感知相等同，而是在"最内在"（"intimum"）的意义上来理解，在这个最内在中居住着那一位，他是"interior intimo meo"，③ 亦即：他是我的最内在的内在；不宁唯是："而你是比我的最内在还要更内在，

① 就此请参见奥古斯丁《忏悔录》第十一卷第二十章第二十六节："过去的当下，当下的当下，以及未来的当下。"（"Praesens de praeteritis, praesens de praesentibus, praesens de futuris."）

② 就此请参见奥古斯丁《忏悔录》第十一卷第三十章第四十节："我将在你之中植根立足、固本筑基。"（"Et stabo atque solidabor in te."或译："我将在你之中站立并且稳如泰山。"）亦请参见《忏悔录》第一卷第一章第一节："我们的心躁动不安，直到它宁静在你之中。"（"Inquietum est cor nostrum, donec requiescat in te."）

③ 就此请参见奥古斯丁《忏悔录》第三卷第六章第十一节。

并且比我的最高还要更高！”（“Tu autem eras interior intimo meo et superior summon meo.”[①]）这里的是动词用的是一般过去时，这表明上帝不仅永恒地在人的最内在之中，而且同时永恒地在人的最高处的更高之上，对于人而言，上帝是超越的内在与内在的超越。

总而言之，在灵魂中存在两种展开方式，存在两种并非一致的模式，一方面，我们被卷入时间的涌流中，灵魂在这个意义上展开；而另一方面，我们的生命又在开端和终结中展开并且完成，灵魂在其中展开，我们并不享有这一开端，这开端作为创世法则是我们生命的基础，或曰：这开端在创世的意义上是我们生命的法则，我们也不掌控生命的终结，那是我们全部生命的完满实现；我们生命的开端、生命的法则以及生命的完满实现并不仅仅在时间之中，而是在满披永恒圣宠的时间中。

言而总之，灵魂并非在某种状态中存在，以至于人能够将其延展到时间之中，人或许也无法将这一状态标示为“背井离乡”或者“异样于他的本质”，以至于真正到了时间之中灵魂才终于重返故乡，而没有这样一种非等同性，则也无法滞留于不断消失的当下之中，而只有当这一滞留参有到那一立于过往性之彼岸的形象中时，这一滞留、这一灵魂在当下的滞留才真正具有意义；在这个意义上，奥古斯丁将他在此间世界的生命、将此间世界感知为、视为“非相似领域”、“陌生领域”（“in regione dissimilitudinis”[②]），他的灵魂本质上渴求自身

① 就此请参见奥古斯丁《忏悔录》第三卷第六章第十一节。
② 就此请参见奥古斯丁《忏悔录》第七卷第十章第十六节。

的等同，而只有当灵魂被那一立于彼岸的形象抱持于怀中时，灵魂才能与之合一，灵魂这一自身的等同才能实现。[①] 于是，决定了时间的流逝与滞留这两个维度相互纠结，就能够在另外的关系中重新相互关联起来，如同奥古斯丁所说："……直到我最内在的生命涤尘洁虑、青（清）泠甘洁而融入你圣爱的炽热涌流中。"（"...donec in te confluam purgatus et liquidus igne amoris tui."[②]）灵魂的流动性、消逝性不再是其无可清晰视见的、无可掌控的时间性，而是它走入神性火焰的敏捷而灵动之中，而这恰恰是真正的稳定性的基础，由此，灵魂自身被汲纳于上帝的流动之光中，贯彻全部时间中的灵魂的稳定性与流逝性之间的对立，恰恰因此而被彻底涤除。

---

① 就此请参见奥古斯丁《忏悔录》第十一卷第二十九章第三十九节："可是你的手臂却挽住我于我的主、你和我们众多之间的中保和人子之中，那是在众多之中并且为了众多的中保。"（"Me suscepit dextera tua in domino meo, mediatore filio hominis inter te unum et nos multos."）

② 就此请参见奥古斯丁《忏悔录》第十一卷第二十九章第三十九节。

第三章 《忏悔录》第十一卷中时间理论的内在逻辑结构

一 引入：问题的提出及其历史——古典哲学的以及犹太-基督宗教的传统

关于奥古斯丁时间理论的研究有颇多不同之角度，有学者（譬如德国学者杜赫洛夫，U. Duchrow）认为，奥古斯丁是心灵时间论之父（或曰：心理时间论之父），这一观点认为，奥古斯丁是第一位将时间去宇宙论、去物理论的人，也就是说，他脱离了与传统的联系，不再从诸如行星以及其它物体的运动的考量入手而探讨时间，取而代之的是，从灵魂出发、从阐释灵魂的存在方式出发而思考时间；[①] 而也有学者认为，这一论定需要更精确的限定或修正。[②]

奥古斯丁的时间理论并非单纯对于时间概念的探讨，而是与历史、永恒等概念有着不解之缘；我们在此面临的问题是，永恒与时间这一体系是否是一个等级秩序？如何理解其内在的

① 就此请参见 U. Duchrow, Der sogenannte psychologische Zeitbegriff Augustins im Verhältnis zur physikalischen und geschichtlichen Zeit. In: Zeitschrift für Theologie und Kirche. Band 63 (1966), S. 267-288. J. F. Callahan, Four Views of Time in Ancient Philosophy. On the Views of Plato, Aristotle, Plotinus and Sain Augustine. Cabridge, Mass. 1948. p. 204.

② 就此请参见 Karen Gloy, Die Struktur der Augustinischen Zeittheorie im XI. Buch der Confessiones. In: Philosophisches Jahrbuch. 95. Jahrgang 1988. Verlag Karl Alber, Freiburg/München. S. 72-95, 特别是 72.

结构？这一理论究竟应当如何定性？究竟是宇宙论的，亦或是心灵论的？究竟是物理论的，亦或是历史论的？亦或是别的什么？

1. 处于希腊古典哲学传统中的奥古斯丁

如同在较远的前文的阐释和分析中已经提及的，早在柏拉图的时间哲学中，时间就是永恒的肖像，而尽管时间首先仍然与宇宙的运转和星球的周行相等同，但是在这一等而视之的情形中也已经透析出时间与灵魂的某种内在联系；不仅如此，个体的灵魂在对行星有规律、有同样形式的运行的默观中，也能在自身中产生内在的规律性，同时，由这一默观不仅能在内心模仿其运行及规律，而且还能达到心灵的宁静；[①] 而柏拉图思想的画外音还在于，即使是所谓世界灵魂（世界精神）也作为自身关涉性和自身运作性而被时间所标示，并且是自然而然被关涉自身且周行不殆的时间所标示，而且将这一时间转承到宇宙之中，也就是说，世界灵魂作为一种建构的原则而运作。

在亚里士多德的哲学中，灵魂与时间的联系也颇为紧密。他在《物理学》中对于时间庶几作了定义，[②] 时间在这一定义中被理解为按照运动的先后而来的数字（数量、量），这一定义以能够主动计量的灵魂为前提，或曰：以灵魂计量的主动性为前提；这一时间概念建立在从持续性的时间长河中截取某一连续的时间段落的基础上，即使在运动中诸如此类的纯粹现象的

---

① 就此请参见柏拉图，《蒂迈欧篇》，47 a 以下。

② 就此请参见亚里士多德，《物理学》，IV, 219 b。

时间并不回溯到灵魂中，在这一概念中所理解的时间也必须奠基在有规限的和有计量功能的灵魂中才有可能成立；亚里士多德甚或尝试放弃外在运动对于时间定义的必然性，在他看来，在闭目观想和外在的运动敬告阙如时，纯粹的灵魂的运动足以在其自身的限定（自我决定）中给出时间概念，在这一点上，奥古斯丁更超出于他。

在柏拉图和亚里士多德的全部古典时代，时间的神话化、宇宙论化、占星学化以及天文学化似乎在时间研究中占主导地位，个中原因似乎在于，天体的运动给出了限定时间的最终标准；但是尽管如此，至少在普罗提诺那里（见于《九章集》第三卷第七章；如本书前文所翻译、阐释和分析的），已经有了比较明确的时间的心灵化或心理化，时间不仅被视为灵魂的生存方式、存在方式，而且时间的心灵化也在于阐释灵魂的存在方式，普罗提诺试图从心灵追求的内在结构阐释时间的结构；当然，他也并未放弃（至少并未完全放弃）时间的宇宙品性或宇宙关联性，他将灵魂也理解为世界灵魂，在他的 hypostasis 系统中，这一世界灵魂不仅是宇宙的建构法则，而且个体单一的灵魂也都参有到其中。①

在上述阐释和分析的基础上，我们庶几可以说，时间的心灵化与主体化的论题，使得时间成为人存在方式的论题，时间坐落在人的存在之中，坐落在人的存在方式之中；尽管奥古斯丁并非时间心灵化的始作俑者，但是他继承古典而成为集大成

① 就此请参见徐龙飞，《形上之路——基督宗教哲学建构方法研究》，北京大学出版社，北京，2013 年，特别请参见其中关于 hypostasis 的长篇论述。

者。而当人提及时间的心灵化（心理化）和主体化时，时间通常都很乐于被视为栖身于灵魂的内在中，并且作为时间的想象、时间的历验、时间的经验而呈现在灵魂中。在奥古斯丁看来，在时间作为灵魂的存在方式与时间作为在灵魂中的想象之间，在现实的时间和在灵魂中的时间想象之间，是应当，甚或必须作区分的。无论时间还能够被视为什么，奥古斯丁在思维方式和内涵上的贡献在于发现了内在于主体的时间，或者更确切地说：在于发现了内在主体的时间；相对于古典希腊的宇宙论的、天文论的，甚或神话论的旨趣，奥古斯丁的旨趣在于时间的本体论、认知论、心理论（心灵论）、历史论以及神学论等方面，于是在他述及所谓世界时间时，本质上也是在讨论人的时间；无怪乎胡塞尔在其《内在时间意识现象学讲座》中开篇就引述《忏悔录》第十一卷第十四章，并以此来引导他的讲座，他将奥古斯丁的时间学说奉为“deskriptive Phaenomenologie”（“描述现象学”）以及“Erkenntnistheorie”（亦即“认知理论”），并且将奥古斯丁视为自己现象学的时间分析的先行者。[①]

2. 处于犹太－基督宗教神学传统中的奥古斯丁

除了古典希腊的哲学传统，奥古斯丁还秉承犹太和基督宗教的宗教、神学传统，在构想的时间和现实的时间之外，他还阐释和分析永恒，这是另一个与时间有着千丝万缕联系的概念，他将永恒视为时间的原则、时间的准则，永恒同时是时间的本

① 就此请参见 Husserliana X, 3; 他所引述的是《忏悔录》第十一卷第十四章中著名的句子。

源和目的；永恒的构想及其与时间关系的阐释，并非纯粹地出于现象学和心理学的考量，一方面，它们庶几更多地出于传承而来的形上学与神学的假设，譬如本书较远的前文所阐释和分析的柏拉图的本体形上构想（亦即时间是永恒的肖像），另一方面，它们也来自于《圣经·创世纪》的神学构想，亦即永恒的上帝创造天地与时间。

奥古斯丁既非出自任意和想象，亦非仅仅出于自身研究兴趣和理智的好奇而建构他的时间概念，而是身陷于希腊古典的时间理解之中深思熟虑的行为，古典哲学对时间的阐释萦绕甚或纠缠着他，使他欲罢不能；问题的焦点在于，如果将时间置于与现实事物的关系中来考察，或曰：如果将事物置于时间中来考察的话，那么人就难免限于一种窘境之中，亦即随着时间的过往、流逝，不仅似乎时间并不存在，而且在时间中的事物也不复存在，或曰：人只能宣布时间与事物并不存在，因为正如奥古斯丁自己所分析的，只要人将时间视为一种延展，那么作为过往，时间已经不再存在了，作为将来，时间还尚未存在，而作为当下，则时间却是一种偶然；而如果不将时间视为一种延展的话，那么时间近乎于一种虚无；而如果人要抓住、握紧时间的话，那么时间并非别的什么，而是转入到主体中而成为想象（设想）；[①] 在奥古斯丁看来，尽管时间或事物的运动有其外在于人的灵魂的一面，但是人的灵魂（或曰：人作为主体）是时间经验的前提，这是时间经验的主体限定，它同时具有建

① 卡拉翰（J. F. Callahan）甚至指出，除了陷于古典的疑难之外，奥古斯丁的时间主体论（或曰主体时间论）是接受和继承尼撒的格里高利的观点而来的，就此请参见 J. F. Callahan, Gregory of Nyssa and the Psychological View of Time. In: Proceedings of the XIIth International Congress of Philosophy. Firenze 1960. pp. 59-66.

构客体的功能，这使得时间作为客体庶几只能在主体的心灵、主体的想象中存在（正如奥古斯丁自己所说的："In te, anime meus, metior." 也就是人在精神或灵魂中测度和理解时间）。

二　外在现实的时间

在关涉甚或梳理上帝与世界之关系的创世主题中，时间也被从肯定和否定两方面而言说；一方面，时间被视为受造物，而作为受造物它并不属于始元的维度中，而仅仅是创造行为的结果而已，这被视为否定方面的言说，相对于永恒的完美存在，时间被视为虚无、匮乏等；另一方面，时间被视为上帝的受造物，并且作为上帝的产品而参有到神性之中，时间借着与永恒上帝的关系则从不会沦落于虚无之境地，而是总会保持其正面的品性。究竟什么是时间的本质？奥古斯丁在《忏悔录》第十一卷第十四章中以"什么是"的质询而开启了原本意义上的时间分析。

1. 时间的三种类型所提示的理论疑难

日常生活中对于时间的经验有两个标志，或曰：有两个标志的纠合，一个标志是时间的三重样态模式，亦即过往、当下以及将来，[①] 时间建构在其中、呈现在其中，另一个标志是时间的流逝性，这其中实际上也呈现出较早、较晚以及同时这三种划分，而且对于每一个较早而言还有更早，对每一个较晚而言还有更晚，在这一系列中呈现出明显的相对性。就三重样态的

① 就此请参见奥古斯丁《忏悔录》第十一卷第十七章，第二十章。

模式而言，是否它们涉及自然的、原本的时间限定，或者是由传统给出的、重新激活的，并且奠基在长久的思考习惯的基础上因而成为不言自明的时间限定，奥古斯丁对此并不十分清楚；他承认他从年轻时代就知道了这些，以至于对于他而言没有什么是能够确定而毫无疑问的；[①] 而如果对时间三重样态详加审视的话，那么时间又由于其过往（praeterire）、当下（esse）以及将来（advenire）[②] 之变化而呈现出流动性、连续性的品性，也就是呈现出上述第二个标志，过往与到来并非是一种静止的状态，而是一种运动的类型。

在奥古斯丁所阐释的时间标志中，涉及的并非时间形式上的品性，而是存在意义上的、现实的、实在的品性限定，在这个意义上，奥古斯丁所阐释的并非所谓过往、当下以及将来，而是过往的时间、当下的时间以及将来的时间；过往、当下以及将来本身，是确切的、无可变端的时间的形式，是时间顺序的模型，其本身并非时间，而过往的时间、当下的时间以及将来的时间才立于时间性中（才是时间品性的）、才是真正被奥古斯丁探讨的存在。

这样定性的三重存在，或曰：在这样的定性中所展开的三重时间，提示着存在的某种疑难，这是论题本身的疑难，与本书随后章节中的困惑相关联，而困惑更多的是方法论上的棘手之处；奥古斯丁回溯到亚里士多德《物理学》的理论中以探讨这一问题，[③] 在他看来，过往的时间由于是过往的，所以不再存在，

① 就此请参见奥古斯丁《忏悔录》第十一卷第十七章。

② 就此请参见奥古斯丁《忏悔录》第十一卷第十四章。

③ 就此请参见亚里士多德《物理学》IX, 10217b。

将来的时间由于是将来的，所以尚未存在，这两者都不是存在；至于当下的时间，如果将其拓展开来，那么它就分裂于过往与当下之中，于是也无法认定为存在；无论当下的时间有多么长久，无论是一小时、一天、一年，甚或一个世纪，其中一部分尚在当下，而至少其中一部分则总是已经过往的时间、总是在过往之中，而这两者（两部分）又无法脱离干系，于是这两者就都无法被认定为存在。而如果将当下理解为并非延展的时刻，而仅仅构成过往与将来之间的界限，那么尽管这当下的时刻能够被界定为存在，但是它也仅仅具有被消减的意义，因为每一个当下的瞬间都会急剧消逝殆尽，其存在是消逝性的，是“倾向于虚无的”（“tendit non esse”），[①] 由此，点状的当下的存在基础，立于“将不存在”（“non erit”）之上。[②]

2. 疑难的品性：究竟是存在的亦或是认知的？

尽管当下的时间还依然代表着时间的某一特殊位置，尽管当下是独一无二的，尽管它也提示着存在，并且由此而建立与永恒神性存在的联系，但是在这样的否定性中，受造的时间的存在庶几远离神性的永恒；永恒要阻止当下的时间（甚或全部时间）陷入于虚无，而当下的时间则似乎是永恒破裂之处的填充，相较于神性存在的完满，当下（的时间）似乎仅仅具有微末的存在，并且是倾向于虚无的存在。

奥古斯丁不仅感受到当下时间的支离破碎，不仅感受到每

① 就此请参见奥古斯丁《忏悔录》第十一卷第十四章。

② 就此请参见奥古斯丁《忏悔录》第十一卷第十四章：“Cui causa, ut sit, illa est, quia non erit.”。

一个瞬间甚或是持续时间的统一性和联系性的前提，而这每一个瞬间恰恰又是断简残篇般的、倾向于不存在的，而且也深受他自己由此而来的思想焦灼的折磨。质言之，折磨奥古斯丁的，是前文所提及的疑难，在时间问题上、在时间与永恒关系的问题上其难点在于，究竟这是一个存在的疑难呢？亦或是一个认知的疑难呢？也就是难在确定时间的存在呢？亦或是难在我们认知能力的匮乏以至于无法确定时间的存在呢？如前文所说，这是思考时间本身的疑难，是论题本身的疑难，无论那种疑难，不仅都包含纠缠在一起的困难，而且与下一章节要分析的思辨难点亦相关联。

前一个疑难并不在于要解释时间的诸多瞬间构成的多样性，并不在于要安顿这些瞬间在时间之流的顺序中的秩序，而是要阐释贯通于现实时间之中的某种恒常不变的东西，而且要阐释时间构想（时间印象）在灵魂或精神（甚或主体意识）中的滞留，这或可称为时间的本体论疑难；而在后一个认识论的疑难中，在现实的时间长河中存在着时间诸多瞬间的多样性，解释这一事实似乎并不困难，这恰恰是本体论解释的疑难所带来的成功，而问题的关键在于：这些瞬间究竟在何处？在精神（或灵魂）之外存在现实的时间难道不是颇可接受的设想吗？

就认知论的疑难而言，奥古斯丁在《忏悔录》第十一卷第十四章中以一个方法论的反思入手而开启他的研究，这是他著名的方法论的反思，值得再一次原文引述：

“Si nemo ex me quaerat, scio; si quaerenti explicare velim, nescio.”

“如果没有人问我，［什么是时间］那我就知道；如果我要为提问者解释之，那我就不知道了。”

奥古斯丁以这样的警句指出了无法借助概念传授的认知与可借助概念而传授的认知的基本区别，前者庶几只能借助相信而接受；这一区别不仅关涉到前科学的、自然认知的状态，而且也关涉到科学的认知状态，从一个状态到另一个状态的过渡可能会造成认知的某些损失，熟知和娴熟的有可能成为陌生的和误解的。奥古斯丁在第十七章中给出了答案，在此，过往的时间与将来的时间被视为隐匿的（occultum）和掩盖着的，只有当下的瞬间才是明亮清晰的，才是可视觉的；时间从将来行入过往、从将来经历当下而行入过往，是从隐匿走向隐匿，是从隐匿经过唯一的明亮而走向隐匿。奥古斯丁尝试加强现实时间的存在猜想这一论点，尝试阐释未来的隐匿以及隐身其中而又从中而来的当下；当然，这并非是说，奥古斯丁已然解决了上述本体论的疑难，他似乎，甚或并未意识到这一疑难，而是直入主题，在方法论的反思之后而毫不犹豫地径直进入这一疑难，或者他原本也并未将此视为疑难；尽管他对于疑难的本体论和认知论的阐释庶几尚不能得出甚或令他自己些许满意的最终结果，但是他的尝试足以令人高山仰止；他的时间构想并非仅仅来自推测和回忆，并非仅仅来自假设和推理，并非仅仅来自他的学术的素养和学识的涵养，并非仅仅来自他对因果律、逻辑论等哲学公理以及哲学准公理的娴熟于心，并非仅仅来自他对智慧的热爱以及上乘的智慧，并非仅仅来自诸如此类的一切，而且还来自于他面对哲学的疑难杂症时所具有的胆识和勇气，换言之，是否敢于面对困难的问题，也是考量哲学家、思想家的重要判准。

三　主体构想的时间

1. 从宇宙论到主体论的时间

本书在这一部分研讨奥古斯丁主体构想的时间理论，这与下一章节要探讨的时间的超验主体性既相关联，又相区别，在这一部分主要从宇宙论、本体论以及神学论等若干角度探讨其主体论的时间观，亦即其“精神的延展”理论，而在随后的章节中则从超验关系的建构角度来阐释和分析奥古斯丁的时间理论。

在《忏悔录》第十一卷关于时间的述说中，奥古斯丁最本色的成就和哲思在于他所草创的主体时间构想的理论，或曰：时间是精神（或灵魂）的延展。其理论草创的动机始自现实时间的本体论疑难，他不满足于古典哲学的宇宙论的时间、宇宙论的时间论，诸如柏拉图在《蒂迈欧篇》中的设想，他的旨趣在于尝试以一个新的模式阐释时间，以“精神的延展”（或“灵魂的延展”）作为时间构想的统一性模式，涵盖包括古典以来的时间构想、时间理论。一方面，借助严谨的论证过程指出，过往的、当下的以及将来的时间并不存在，亦即指出时间的本体论的疑难，另一方面，又明确肯定，时间无论如何毕竟存在着，而且不仅作为瞬间，而且作为拓展。我们真切地感知到时间、确定时间的长短等，特别是对于时间的测度，表明我们至少尝试在量的层面探讨时间问题，而量的层面不仅对于日常生活，而且对于科学领域都至关重要，并且量的层面的研究又使得时间论题更加清晰锐利，或曰更加棘手：因为不仅过往的时间无可测量，因为过往的时间已经不再存在，而且将来的时间亦无法测度，因为将来的时间尚未存在，而对于伸张的当下的时间亦难于测度，因为当下的时间向着过往和将来两个方向支离消解，而且是无限地支离消解，而一个无限者，甚或一个无限运动者是无法测量的，而并不展开的当下仍然无法测度，因为就某一从不展开者之本质而言，并无可测度者。然而尽管有如此这般的否定考量，奥古斯丁的论证依然提示出肯定的方面，时间的当下性以及时间的持续至少在量上是能够探究的。

就上述问题而言，奥古斯丁的思考方案在于，将时间从外在的现实而移入人的主体之中，在人的灵魂或精神中时间作为设想、作为想象、作为构想而呈现，在这个意义上，精神（animus）[①]或灵魂（anima）[②]成为时间的处所；人作为世界的一部分本质上也是时间性的、也是过往性的，在其想象力（构想力）中占据着一种能力，亦即将现实整体的时间构想为当下的、在灵魂（或精神）中构想为当下的，由此不仅时间的本体论品性凸显而出，而且也满足了测度时间的条件，或曰：满足了在量的层面测度和探讨时间的条件。而一个当下时间整体的构想又如何可能呢？在奥古斯丁看来，当下是时间的模式之一，当下被归类于人的感知和关注；[③]而就过往而言，回忆具有激活的功能，通过对于将回忆（memoria）、感觉（contuitus, intuitus）以及期待（expectatio）当下化的心理行为，通过依然保留着的以至于还是当下存在的，或者将所保留者领入当下，这样就能建立

① 就此请参见奥古斯丁《忏悔录》第十一卷第十八，二十六，二十七，二十八章。

② 就此请参见奥古斯丁《忏悔录》第十一卷第十九，二十章。

③ 就此请参见奥古斯丁《忏悔录》第十一卷第二十，二十七章。

一个当下时间整体的构想。奥古斯丁以其孩童时代为例证阐释这一方法，[①]在当年孩童时代的整体的事实在记忆中所留下的痕迹与印象，甚至依然被鲜活地保留在记忆之中，尽管孩童时代作为事实已经无法重演于当下，但是作为回忆则能不断重现于精神或灵魂之中，通过回忆能够被承载在当下之中。

在类比的意义上，奥古斯丁也尝试以回忆来建构和阐释将来的时间、将来的期待；在奥古斯丁看来，回忆并非仅仅是对过往的忆念，而且也是对将来的设想与期待，在这个意义上，借助回忆而映现于眼前的，被视为将尚未存在的时间领入了当下；这约略有三种类型，首先是比较少见的对将来的释义，也就是说，有少数一些人具有能力和禀赋以征象和画面观想尚未存在的、对于寻常人等而言尚属隐匿的时间，这当然未免有《圣经》先知与预言的意味；再者就是行为的结构，以将来为目的的计划、行动等，本质上、结构上是将来的某种先行者，庶几是一种从当下进入将来的回溯，借助这样的回忆，将来参有到当下之中；其三是近乎于自然科学的尝试，譬如见到早霞，则可依据不断观察而得出的早霞与日出之间关系的经验来断定即将的日出，或曰：见到早霞则可依据自然的法则而断定即将的日之出，在此，不仅有对于以往经验的回忆，同时也有当下的感知，对于将来的推断是结合这两者而来的。[②]

时间的当下性借助人在回忆、感知以及期待行为中的构想力而被建构出来，这一行为亦可被视为当下着的当下，或曰：

① 就此请参见奥古斯丁《忏悔录》第十一卷第十八章。
② 就此请参见奥古斯丁《忏悔录》第十一卷第十八章。

使某物当下化的当下，能够使某物当下化的当下的行为，借助这样的行为时间客体才被建构、才被建构进主体之中，才被领入到灵魂和精神之中；时间在这个意义上并非过往、当下以及将来的纠合，而是过往的当下（praesens de praeteritis）、当下的当下（praesens de praesentibus）以及将来的当下（praesens de futuris），不仅是借助回忆（meroria）、感知（contuitus）以及期待（expectatio）等心灵的行为，而且是奠基在记忆的痕迹、回忆的画面、想象的图景、心灵的印象、学养的积累以及思维的范式基础上构想而出的；由此，不仅时间的当下性、当下存在性的本体论条件得到了满足，而且在这样的建构中时间具有一种伸张性，并且也是伸张的，于是时间的量的条件也完备无缺，在这个意义上，奥古斯丁将时间定义为"distention animi"，也就是本书前文中经常提及，并且在后文的专章中依然要详尽阐释和分析的"精神的延展"或"灵魂的延展"。固然，这一表述似乎并非白璧无瑕，问题在于：究竟是什么在延展（或曰：是什么延展了）？是被构想的时间呢？亦或是构想时间的精神（或灵魂）呢？然而，这里虽然讲的是主体精神（灵魂）的延展，但毫无疑问也是适用于其所构想的客体的；由于主体精神（灵魂）之中构想力与被想象的痕迹、图像、画面等彰明较著的区别，因而奥古斯丁将人的时间意识思考为一种旨趣性的机制，换言之，并非置身于时间中而思考时间的人（构思者、精神、灵魂）被延展、或拓展自身，而是人的精神所趣向者具有延展的品性。

2. 主体时间论的理论建构力

奥古斯丁的时间构想理论具有一种建构理论的品性，他以歌曲或诗歌来建构他的时间理论，如同音步由音节组成、诗节由音步组成、一首诗由诗节组成一样，如同诗歌可以纳入一个个体生命、而个体生命又能够纳入整体的人类（人性）中一样，[①]这种部分与整体的关系也适用于时间的建构。时间的各个部分被整合在一个较大的部分的内在关联之中，各个较大的部分又被整合在更大的部分中，依此类推直到一个全部完整的整体；而时间又是一个相对的整体，是一个由诸多部分构成的相对的整体；并非仅仅时间的流逝运动，而且作为整体的流行不殆，才都是时间构想的主题，奥古斯丁意图在于将自身扯离时间的过往性而探讨时间，或曰涤除时间的过往性而在概念上限定之，于是我们在此获有一种去时间化的时间。时间在这样的建构性理论中具有一种形象，也就是说，尽管时间是被伸张开来的，但却可比拟为一个完整的形象，固然这并非古典哲学以对行星运行的观察为基础的宇宙论的时间理论中所言说的循环论的形象，而是涉及韵律的形象、语言的形象、音节的形象、诗节的形象、诗歌的形象、旋律的形象以及歌曲的形象，这是奥古斯丁从他所娴熟于心的修辞学、音乐学、诗歌格律学等汲取而出的；其理论直到今天对于时间概念的理解都极具意义。

如同空间以其所有的部分而同时是当下的一样，也就是说，是同时在每一个当下的瞬间，被空间化的时间则与当下相关联，并且与当下的优先性（特殊性）相关联，空间化的时间整体在目的论意义上关涉被结构而出的整体，在这样的整体中从开端就已经蛰伏着它的终结了，而在其终结则其开端又被实现，而

① 就此请参见奥古斯丁《忏悔录》第十一卷第二十八章。

在整个运行过程中开端与终结同样运作；从一段旋律的结构就可以证明这一点，在倏忽之间被中断之处，也被我们自然而然地继续下去，乐音振响的图像总是作为整体而当下此在。

从主体，也就是精神或灵魂的角度来看，当下的意识与共同当下的时间整体是相适应的，回忆、感觉以及期待（期望）合一在这样的意识中；由于这三者都是当下化着的、当下的构想，所以它们的合一能够以相互的穿插进入来解释，奥古斯丁以诗歌的朗读为例证来论证这一点，如同对于位格的解释一样；[①] 在朗读的开始，占主导地位的是对整体的期待，在终端是对整体的回忆，而在朗读过程中则总是一部分是回忆、一部分是期待，无论是否每一部分都被感觉、感知；于是三个行为都洞贯整个诗歌，并且在全部过程的统一中建构当下意识。[②]

人的当下意识同时涵盖（甚或同时就是）对过往的回忆、对当下的感知以及对将来的期待，而上帝永恒又被设想为包罗万象的神性意识，人的当下意识与上帝的神性意识又是何种关系呢？是否会陷入某种竞争呢？在《忏悔录》第十一卷的尾声，也就是第三十一章，奥古斯丁自己提出了这一质询，他抛出两个精神，一个是超越（或曰：超越个体的）人的意识，这一意识观想整体的过往、当下以及将来，并且由此而是涵盖万物而自身完全当下化的；一个是神性意识（上帝的意识），这一意识同时观想万物而是完全彻底的当下；但是尽管如此，这两者并非同质的，是不可同日而语的，人的意识作为时间意识借助

① 就此请参见徐龙飞，《形上之路——基督宗教哲学建构方法研究》（北京大学出版社，2013 年）中对位格概念的专章分析。

② 就此请参见奥古斯丁《忏悔录》第十一卷第二十八章。

过往、当下和将来的持续不断而被定性，而上帝的意识则无分先后与变化而同时认知万物，在上帝之中，万物同时而且一劳永逸被认知，在人之中，万物被分割为先后彼此。当然并非没有道理的是，将人的意识与上帝的意识相类比，人的当下意识将与之重合地永恒向着伸张而持续的当下展开，也就是向着时间长河的当下展开。

四　上帝的永恒

从奥古斯丁所娴熟于心的古典创世神话论题来看，上帝在本体论层面庶几仅仅具有某种否定性谓项，譬如无可通达性与无可限定性；而如果有某种肯定性谓项的话，那么这未免就转入神学层面，并且需要神学的理由，而神学层面的意义至少在于，相对于此间世界的虚无性和过往性而确定上帝的至高性、全能性与圣善性；而无论如何确定之，这些必须从人的有限的、被限定的认知出发，并且以人所能掌控的时间的工具而从两个方面考量，也就是说：或者借助在人之中被分离者的、多样（诸多）与相区别者的聚合，或者借助对某一单一而隔离的限定的绝对化。

1. 本体论与神学认知论的分析

就前一个方面，亦即哲学层面而言，时间的过往、当下以及将来三重样态，对于我们来说就是时间的品性，在我们之中的寒来暑往、年复一年，是一种摩肩接踵而持续不断的过程，而这种过程在上帝的永恒性中则被涤除殆尽，在奥古斯丁看来，在上帝的永恒性之中一切时间都是一个，在他的永恒性之中，并无过往和将来，而是仅仅有同时是当下和将来的过往，仅仅有同时是过往和将来的当下，仅仅有同时是过往和当下的将来，或者更确切而简洁地说：上帝同时就是当下、过往和将来，[①] 奥古斯丁甚至引述《圣咏》101，28 而机智地表述说："Tu autem idem ipse es."（直译："而你则恒是同样的。"）我们的生命年华被过往所标示、被悄悄流逝所标示、被诸多和区别所标示，而神性的氛围则被非过往性、宁静与稳固等属性所装点，奥古斯丁恰恰也用"stans"一词来表述这些品性，[②] 这一由动词 stare（站立、站稳）而来的、ns- 形式的形容词正是表述神性氛围的这些属性的；人的时间性的持续性以及与此相关联的多样性和区别性与上帝神性氛围的稳固性、一致性和至一性形成鲜明对照，人之中的时间模式、时间样态的分别在上帝神性氛围中消逝殆尽。

就后一个方面，亦即神学层面而言，奥古斯丁从时间的三重样态中提取出当下，并将其提升为无终结的当下、永恒的当下，这亦可视为持续当下的永恒，用他的话说："semper praesens aeternitas."[③]（"［永恒］即总是当下。"）"Quod semper est praesens."[④]（"［永恒］就是持续的当下。"）或者："Totum esse praesens."[⑤]（"［永恒］就是整体的当下。"）这一思想

① 就此请参见奥古斯丁《忏悔录》第十一卷第十一章。

② 就此请参见奥古斯丁《忏悔录》第十一卷第十一、十三章。

③ 就此请参见奥古斯丁《忏悔录》第十一卷第十三章。

④ 就此请参见奥古斯丁《忏悔录》第十一卷第十一章。

⑤ 就此请参见奥古斯丁《忏悔录》第十一卷第十一章。

为“nunc stans”（“恒久的当下”）这一术语奠定了坚实的基础；我们的“今天”有着昨天的过往和明天的将来，而上帝的“今天”全然不同于我们时间意义上的“今天”，上帝的“今天”是永恒的“今天”，他并没有我们时间意义上的“cotidie”（“今天”），而是他的每一天都是“hodie”（“天”、“今天”）。

奥古斯丁在这两方面的阐释和分析中隐匿着一个核心旨趣，也就是将我们的时间性的世界的多样性、区别性和相对性涤除在同时是整体性、整全性的统一性之中，这一不乏聚合的统一性并非抽象的、多样性敬告阙如的，而是具体的、在其中多样和整体的区别敬告阙如而成为至一，而至一同时又是多样和整体，在这个意义上，奥古斯丁所理解的永恒则是：“Simul ac sempiterne Omnia.”[①]（“一切都是同时的并且总是这样。”）这一思想表述了万物与时间的双重关系，一方面是与时间点的联系，就时间点而言，一切（万物）在永恒中都是同时的，如同时间与空间的关系一样，在每一个瞬间都共同存在；另一方面是与时间持续的关系、与时间伸张域的关系，就时间的伸展甚或全部时间而言，万物的关系是不中断、不终结而持续的。

奥古斯丁以这一关联当下的永恒概念而远接古典传统、远接古典希腊的永恒思想，远接其中凸显存在的当下模式的本体论传统。自巴曼尼德以来，相对于兴起、过往、成为、变化等，存在作为坚韧之持守、作为稳固之停留而享有优先地位，前者庶几从不存在，而后者则总是存在，从不兴起，也从不过往，

① 就此请参见奥古斯丁《忏悔录》第十一卷第七章，亦请参见第十三章：“Omnes simul stant.”亦即：“一切同时成立。”

这在柏拉图对于理念世界和可感知的世界的区分中得到极大之张扬。当然，这里不仅被古典的哲学家，而且也被奥古斯丁绝对化了的存在，在可感知的事物的当下的存在中有其出发点，这一当下的存在提示出事物完整的具体性、清晰性，事物不再是隐匿的，而是彰显的，展示其全部的开放性；而过往的存在则庶几仅仅是这些品性的部分而已，将来的存在则尚未将它们全部展现出来。于是，如果设定一个当下的存在，那么适应于、相应于这一存在模式的就是精神（或灵魂），与当下相关联的理性的观想与精神则是一致而共同的，在基督宗教的传统中，上帝的永恒也被阐释为上帝的全部整体的当下。

2. 从否定神学到启示神学的逻辑展开

尽管永恒在创世神话和创世论题中被否定的谓项所表述，并且被视为时间的对立面，但是永恒毕竟还有汲纳时间的品性，并且是作为初始原则、作为时间的初始维度。由此而来的问题是：永恒作为自身非时间性如何以及是否能够化解或解除时间？这难免有排他论的色彩！而问题依然是：永恒涵盖时间在自身之中吗？或曰：永恒从自身中释放出时间吗？这难免二元论的嫌疑！总之：永恒能够同时是时间的本体论的开端和时间本身的时间的开端吗？永恒能够同时是时间的时间性开端和时间涤除的理由吗？

在奥古斯丁看来[①]，上帝在其永恒之中观想其理性，在其全

---

① 就奥古斯丁解释《圣经·创世纪》的方法有不同的观点，大体分为两种，一种认为他是辩证解经，以 L. Boros 为代表，这一派认为，在奥古斯丁的释经学中，上帝的永恒不仅在同时，而且在时间的先后顺序中实现自身，由此，上帝才

部而整体的当下中，非时间性和时间性融合为一体，上帝完全认知时间的开端与终结，在他之中，全部时间序列同时就是当下；尽管上帝创世的话语是能够涤除一切时间的，但是却是同时向我们倾诉的，由此，这一话语在保持其永恒品性的同时而在时间性存在的序列中作为第一个而存在，并且向我们倾诉，[①]如同上帝为我们启示了他自身一样；奥古斯丁在“praec eder”与“ante”之间设置某种对抗内在矛盾、内在对抗，[②]这两个术语是用来表述与世界和时间的关系中的上帝及其永恒的，并且具有双重含义，既是时间的，又是非时间的，从时间的意义上来看，指的是类比于因果关系中的原因的“先行”和“早于”，从非时间的意义上来看，指的是逻辑顺序中的“基础”和“先验”，指的是相对于经验世界而言的独立性。奥古斯丁思维的视野同时在这两个方向上展开，从前一个，也就是时间的方向上来看，当他将上帝表述为“先行于所有时间的”时候，这其中含有一丝时间的意味，当他将上帝解释为时间的开端的时候，上帝似乎又是时间顺序中的第一个，[③]人所信仰的上帝，正是时间中的

能够在看护其永恒存在的同时享有真实的时间以及时间顺序，参见其 Das Problem der Zeitlichkeit bei Augustin. (Dissertation) 1954, S. 28；另一种认为他是非辩证解经，以 O. Lechner 为代表，这一派认为，在奥古斯丁的释经学中，时间非时间性地、无时间地、时间敬告阙如地展开了永恒，以为了拯救作为时间法则的时间自由性，参见其 Idee und Zeit in der Metaphysik Augustins. 1964. S. 143；由于其观点各成体系、论证翔实，在此由于距本书主题稍远，并不详加引述，仅概括其核心观点，以各备一说而已。

① 就此请参见奥古斯丁《忏悔录》第十一卷第八章。

② 就此请参见奥古斯丁《忏悔录》第十一卷第三十章第四十节。

③ 就此请参见奥古斯丁《忏悔录》第十一卷第十三章第十六节：“Omnia tempora praecederes.”（“你先于一切时间。”）；第十一卷第三十章第四十节：“Ante omnia tempora.”（“在一切时间之前。”）

上帝、在时间中启示自身的上帝；从后一个，也就是非时间的方向上来看，上帝如同时间的开端一样，是时间的逻辑基础，“开端”在此并非意味着时间顺序中的起点、出发点，指的更多的是逻辑的开端；如同“先验”所要求的一样，在上帝的永恒和世界的时间之间的纯粹逻辑限定关系中，世界与时间并非处在与上帝的时间序列（时间秩序）中，并非是按照时间而排序的，而是与上帝处于一种逻辑的关系中，而且如果上帝是永恒的，那么在这样的逻辑关系中世界与时间也是永恒的，人对于永恒生命的期待和期望、企盼和祈盼就立于这样的逻辑关系中，人对于永恒生命的坚定信仰就立于这样的逻辑关系中。

五　上帝与宇宙（或永恒与时间）之关系作为主体时间理论的基础结构

1. 逻辑限定与因果关系作为神学方法论

在此，上帝与宇宙之关系亦即永恒与时间之关系；在《忏悔录》第十一卷中，关于时间的哲学研究集中在第十四至二十八章，这其中也包括神学的讨论，从《旧约·创世纪》的述说入手，期待所有时间的终结，直到最终与上帝的合一。尽管对于时间问题的现象学的研究或许无需追述时间究竟从何而来这一问题，或曰：无需追述时间的起源问题，并且无需由此而展开问题，但是无论是从实证上，亦或是从方法上，在此都关涉着植根于宗教文本本位中的现象学的时间分析，这一本位无疑对于时间状态的判断、对于时间分析的判断饶有影响。而根据《创世纪》的报道，时间是和世界一起受造的，既不早于，亦不晚于世界的受造，而是共同受造的，奥古斯丁也欣然认可这一点，他说：

“Procul dubio non est mundus factus in tempore, sed cum tempore.” ①

“我从不怀疑世界并非在时间中，而是与时间一道受造的。”

奥古斯丁这一论述，既不同于当时流行的观点，即世界是在时间中受造的，时间于是成为某种虚无形质、空无内涵者，需要在其中造就些什么以填然充塞之，亦不同于古典的时间理论，即时间是永恒的肖像、永恒是时间的代理以及时间与世界是否永恒等，如同本书已经在较远的前文分析柏拉图和普罗提诺的时间理论时所阐释和分析的；在此，创世譬喻的使用、因果之间的内在关系、理由与结果之间的逻辑关系以及条件与被限定者之间的关系，对于阐释上帝与此间世界的关系至关重要；从逻辑与现实的意图上来考量，因果范畴仅仅标示一个单方面的依赖关系，在这样的关系中，原因先于结果，而结果追随原因，而从认知的角度上来考量，因果范畴则包含双重的关联，其中不仅原因提示结果，而且相反，结果也提示原因；这样说的理由在于，对于这一结果而言必定有一个先在的原因是毫无疑问的，而能被理解为结果者，意味着它必定提示某种原因，必定是某一原因的结果，固然，从结果中开掘出原因并非是任意的，是需要犁清其中的内在逻辑关系的，方能提取出恰当的原因类

① 就此请参见 Augustinus, De Civitate Dei, XI, 6. 此句亦可更加直译为：“不要怀疑：世界并非在时间中，而是与时间一道受造的。”

型。仅就从上帝与世界的关系来看，可质询的不仅是：是否世界一定被解释为一个原因的结果？是否世界本身就已经是不再能够继续追问的终极原因？而且还可质询的是：世界是否一定有其超验的创造者？世界是否就是其自身的原因？

就奥古斯丁引述《创世纪》所阐释的世界和时间受造性而言，奥古斯丁深知这一问题的难度，他在这一问题的论证过程中有意偏离他所娴熟而又惯常依赖的柏拉图的论证建构，① 他拓展了自己的论据。奥古斯丁在《忏悔录》第十一卷第四章首先确定世界是一个有原因的现实存在，于是，原因或者可能是一个超验的存在，譬如上帝，或者可能是世界自身，而后者是不可能的，奥古斯丁在时间的意义上阐释这一不可能性，亦即在时间上世界作为引起自身的原因必定在自身存在之前，而这在逻辑上是说不通的；于是世界以及时间必定有一个创造者，时间是受造物（creatum），这表明时间并非是 causa sui，亦即时间并非是自身的原因，从其受造的品性而言，它必定在原因和逻辑上都提示着一个创造者、一个造物主；确然，仅仅从受造的品性而言，时间在此尚未被明确区分为现实的时间和构想的时间；如同柏拉图和普罗提诺一样，奥古斯丁的论证既是因果关系和逻辑关系意义上的哲学的论证，同时也稍具宗教的（以及基督宗教的）品性，在世界起源问题上哲学与宗教（甚或自然科学）有密切之联系。

即使接受上帝是超验的原因、超验的初始原则，这也还并不能确定上帝的优秀品质、上帝的质量。尽管因果律能够提

① 就此请参见柏拉图《蒂迈欧篇》27d 以下。

示甚或证明创世上帝的存在，如同托马斯·阿奎那所论证的那样，[①]但是这还依然没有给出其诸如真、善、美、正义、博爱、终极原因等品性和标示，特别没有清晰提示出上帝关联于时间的永恒品性，并且没有为这些品性做辩护，当然，在论证时间概念这一研究中，诸如此类的辩护也并非奥古斯丁的当务之急；而无论如何，时间的必然性关联上帝的必然性。

2. 本体论与创世神话论的表述方式

当然以时间性为工具来表述上帝，也就是说在哲学上、在本体论上言说上帝，尽管是通过否定方式，但是也依然仅仅是我们的设想的极致而已，而且这样的表述既不能提出与现实性相适应的描述，也无法给出描述的最终而必然的收束（或曰：最终而必然的终止）。终极原因、作为引起和规限万物的终极原则必须、必定、必然不同于任何被它所引起者，作为世界的最后的原因，只能被表述而已，只能被领入语言而已，只能被表述其存在而已，所有限定性的、有限的谓项必须都被涤除；不止一位学者指出，在《忏悔录》第十一卷，特别是第五章中，当谈到上帝时，譬如世界是从虚无中，并且被造就于虚无中，有些表述也的确是在这一倾向中；完全不同于人的造作的是，上帝的创世行为并非在时空中、并非借助什么质料，而且时空原本也是他的受造物；完全不同于人的语言的是，上帝的话语并非在时空中兴起、在时空中滞留、在时空中消逝，而是截然

① 就此请参见徐龙飞，“托马斯论证上帝存在的五种路径”，载《外国哲学》，第二十七辑，商务印书馆，2014 年，第 60–92 页。

不同者（譬如第六章：Aluid est, longe aluid est. 或曰：是他者，是截然不同的他者）；在这个意义上，尽管《创世纪》言说的是上帝与人的关系、永恒与时间的关系，但是上帝的永恒性和此间世界的时间性似乎并不兼容（第十一章），上帝的质量对于人而言似乎是无可企及的，人与上帝的关联似乎并不存在；这在关联时间主题时则意味着，究竟什么是永恒与时间的关联，上帝与人、永恒与时间之间的非相似性似乎大于他们的相似性。[①]

柏拉图创世神话的意味在这样的语意和语境中透析而出，奥古斯丁或许的确从《蒂迈欧篇》直接借鉴了论证及其过程，当然彰明较著而毫无疑问的是，奥古斯丁的旨趣并非相同于柏拉图，他对时间的分析应当有不同于柏拉图的目的设置。

如同本书在较远的前文中所阐释和分析的，柏拉图从可感知的世界及其基本的存在本质（譬如运动变化）出发，亦即从可感知的世界现实性出发，而追溯出一个原因，他将这一原因定义为神性的流溢；这一作为世界本源的流溢不仅具有因果律意义上的初始原则之品性，而且分别也作为形式因、质料因与目的因等原因功能而运作，这四重功能在柏拉图的哲学构想中是分离的。而在柏拉图这里，这一追溯而出的结果在世界内外的普遍适用性以及在世界与其它存在的关系之间的普遍适用性并不完全清楚，或曰：适用于世界内部的某一单一存在的，并

① 就此请参见 E. Rudolph, Einheit und Differenz. Anmerkungen zu Augustins Zeitauffassung im XI. Buch der “Confessiones”. In: K. Gloy und E. Rudolph (Hrsg.), Einheit als Grundfrage der Philosophie. 1985. S. 102-119, 特别是 115; Karen Gloy, Die Struktur der Augustinischen Zeittheorie im XI. Buch der Confessiones. In: Philosophisches Jahrbuch. 95. Jahrgang 1988.Verlag Karl Alber, Freiburg/München. S. 77. O. Lechner, Idee und Zeit in der Metaphysik Augustins. 1964. S. 125.

非一定同样适用于、并非一定普遍适用于整体的宇宙世界，神性的这种产出的行为在柏拉图这里更多地具有形上譬喻的意义，而非对现实的实实在在的阐释。不同于《圣经·创世纪》的以及不同于奥古斯丁对于《圣经·创世纪》的解释的是，柏拉图的创世神话总是有一种经验实证的时间外衣披于自身之上，也就是对世界的永恒性的理解（亦即永恒是通过生命不断地传承等），本书在较远的前文分析柏拉图的时间与永恒概念时已经阐释过这一点了，而这其中本身就隐含着时间与永恒的关系；而神性之流溢也并非一种从无到有的创造行为，而更多地是按照某种理想的、理念的形式系统或理想的、理念的宇宙系统的归类行为，或者质言之：按照理念的宇宙而施展的将业已存在的无序的质料梳理归类、涵养甄陶的行为，于是对于原始的流溢生成的设想，就是对于世界内在结构的理解的过程；而由于世界内在结构必定是按照理念的范型结构而生成的，并且这一范型结构作为标准以及判断的基础对于世界而言又是内在而现实的，于是就有了我们在较远的前文中所阐释的原象与肖像的关系、也就是永恒与时间的关系，时间是永恒的肖像，并且是循环的运作，通过这一周而复始的循环运作而体现持守于其中的永恒，永恒属于理念的领域，时间则属于现实的领域，我们由此而相遇到柏拉图的宇宙的建构法则及其构造原则。①

原象与肖像的关系结构类似于因果关系的结构而又有所不同，在原象-肖像关系中，庶几只有单方面的依赖关系，在逻辑上并非原象依赖肖像，而是肖像依赖原象，并且没有原象则

① 就此请参见柏拉图《蒂迈欧篇》37 d 以下。

无法存在，而原象庶几仅仅在认知关系上依赖肖像而已，原象的超验品性体现在肖像之中、体现在肖像对它的肖似性上，肖像也具有超验而提示原象的品性，在原象-肖像关系中凸显而出的是肖似性，而非区别性。在因果关系中，结果仅仅提示出原因的存在，并非一定肖似原因，而原象-肖像关系中的肖像则提示出一个范型，人借助这一范式可以知道，原象与肖像至少有一部分品性是共同的。

柏拉图启用原象-肖像关系意图在于强调永恒与时间的共同性，奥古斯丁以因果关系取代柏拉图的框架模式，意图庶几在于凸显其区别性；尽管柏拉图的时间构想在奥古斯丁早期关于时间的定义中还余音袅袅（譬如《论音乐》I，11，29：“当天堂的运行向着永恒回溯时，［时间］就是模仿永恒。”亦即“Aeternitatem imitantia, dum coeli conversio ad idem redit.”）①，但是在《忏悔录》对于《创世纪》的阐释中这回响着的袅袅余音则庶几已经销声匿迹了，奥古斯丁在时间概念的探讨上更坚定了他基督宗教的独立的思考。

在柏拉图的构想中，理念的永恒将自身转播到可感知的世界中，并相应于运动世界的可感知性而呈现自身，也就是在可感知的周而复始的循环运动中呈现而出；而奥古斯丁则坚定反对作为上帝谓项的永恒在此间世界的任何转播式的内在化，对于他而言，世界以其时间的结构并非与上帝同样永恒，这一观

① 就此请参见 Augustinus, De musica, VI, 11, 29；此外，Enarrationes in Psalmos, 9, 7, 17: “Aeternitatis quaedam imitatio.”（“［时间］是对永恒的某种模仿。”）以及 De genesi ad litteram imperfectus liber 13: “Vestigium aeternitatis.”（“［时间］是永恒的痕迹。”）

点与整体的古典传统截然不同，他在《忏悔录》第十一卷第十章中拾起这一论题并加以论述。在古典的传统看来，如果创造世界与时间并非是偶然的，而是上帝的意志和存在本性的话，并且如果他的存在是永恒的话，那么他的意志也必定是永恒的；而上帝的意志与其创世的行为是一致的，那么世界与时间的结构则与上帝是同样永恒的存在；奥古斯丁不同于这一古典思想中的超验－内在的永恒思想，他拣选《圣经》中所报道的世界的受造性以及世界和时间的开端性而与之对垒，并且由此强调世界与上帝的区别、时间与上帝的区别，强调受造的世界与上帝之间的区别；尽管在这样的思考中有其宗教的坚定性、信仰的坚定性，但是与古典的传统在思维方式与论证过程上如出一辙，都是选取一个庶几无法再回溯、无法再论证的出发点（甚或设定一个出发点）而开始其论证。

六　结语：奥古斯丁分析时间概念内在逻辑结构之方法论意义

1. 思维方式的多样性

从思维方式上来看，奥古斯丁的时间论证不仅颇具本体论、宇宙论、认知论之色彩，而且他不仅在永恒与时间之间，而且在现实的时间与构想的时间之间发现一种内在的关联，并且所有这些也是他时间概念所含有的内在结构；不宁唯是：时间构想概念同时也是奥古斯丁之所独创，在精神（或灵魂）中构想时间避免了时间的非现实性，甚或虚无性，其哲学与神学的意义在于，为阐释和分析上帝在时间中的存在埋下伏笔，因为显而易见的是，上帝并非不存在、并非虚无，上帝的永恒是在时间中的，而非在虚无中的永恒，是在人性中的、历史中的，而非在乌托邦中的永恒；其哲学史的意义在于，不仅为他之后的时间概念研究留下了丰厚的思想资源，而且在方法上为康德的先验哲学以及胡塞尔、海德格尔的现象学开启先河。仅就康德先验哲学而言，主体时间经验的限定同时就是客观的时间构想的限定，而由此出发的每一个时间构想的表述都能成为超越任何一个主体的现实时间的表述；换言之，从现实时间到构想时间（时间构想）的过渡不仅仅是时间客体（客体时间）到主体构想时间（主体时间构想），甚或主体构想时间能力的过渡，而且也是思维原则的转换，亦即：既然时间从现实而落座于主体之中，那么在这一问题上，思考主体（精神、灵魂）就是思考时间，思考主体对时间的构想能力也关涉对时间的思考，从对客观时间的思考到对主体的思考、对主体思维能力、思维方法以及思维原则的考量是一种思维的转换，奥古斯丁的时间概念为其间的转换奠定了思维的基础。

2. 对哲学史上相关问题和方法的反思

从问题本身的哲学史来看，奥古斯丁不仅从古典的传统中汲取宇宙论－物理论的现实时间，而且从犹太教－基督宗教中汲取存在论－历史论的现实时间，以填充，或曰以阐释和分析本体论的疑难所指的现实时间的某种虚无性；于是，古典传统中的循环论的时间观奠基在对于同一事物的不断循环往复的观察的基础上，而犹太教－基督宗教教义中的时间观则建立在将未来时间阐释为有终结的末世论的基础之上，这两者与奥古斯丁奠定在旋律理论、音乐理论、诗歌理论、语言理论基础上的时间概念及其理论系统并非完全兼容，奥古斯丁阐释和分析时间概念的价值之一就在于将罗马-拉丁的修辞学与古典希腊自然科学品性的（宇宙论的、物理论的）以及犹太教-基督宗教的救赎史理论结合在一起。

尽管奥古斯丁并非完全赞同古典希腊传统中两个最尊贵的理论形象，亦即柏拉图的宇宙论的和亚里士多德物理论的时间观，甚或还批评之、批驳之，但是这首先恰恰表明他对传统的尊重、表明他无法脱离传统，而且从文本来看，这一传统并非仅仅以被批评的形象（当然，被批评也表明这一传统的重要），而且还以正面的积极形象而不动声色地袭入他的时间分析系统中；从柏拉图出发，奥古斯丁将时间和行星的运行等量视之，甚或视之为宇宙的周行不殆，从亚里士多德出发，他将时间视为物体的运动，甚或视之为遵循一定轨迹的运动；在奥古斯丁的时间分析中，比起柏拉图宇宙论的时间观，亚里士多德物理论的时间观甚或有些许之优越性，因为在他看来，即使当日月星辰停止运行，而仅仅一个陶轮的转动也能为人提供时间的参数。[①]

就宇宙论的时间观而言，奥古斯丁的批评始于一个设定，他将一天（24 小时）纳入太阳的运行过程，而为了整体的部分（pars pro toto）则纳入天体运行的时间；[②] 其中一个前提是，一天与太阳运行等而视之，另一个前提是将一天视为太阳运行

① 就此请参见奥古斯丁《忏悔录》第十一卷第二十三章。
② 就此请参见奥古斯丁《忏悔录》第十一卷第二十三章。

的持续；[①] 从结构上来看，前一个前提将时间理解为运动，而且即使太阳以当前一半的速度，或者双倍于甚或三倍于这一速度在其轨道上运行的话，那么人依然也有一天，这提示出运动与时间的相对性，因为时间在这个意义上依赖于运动，甚或就是运动，所以时间速度的改变本质上必然与运动速度的改变相呼应；而又因为这一可能性原则上无可争议，所以行星的运行不能作为最终的时间标准，如同一个长的诗节能够很快、一个短的诗节能够很慢被诵读一样，在这样的情形下，在人的精神或灵魂中就没有一个精确的标准；而后一个前提则将时间理解为运动的时刻，当太阳以多于或少于 24 小时终结其运转的话，人就无法按照已有的常规而言说一天了，奥古斯丁引述先知若苏厄（《若苏厄书》10，12 以下）论证说，在先知的期望和呼求下，上帝令太阳停止运动而保持静止，以使得以色列子民能够取得战役的胜利，太阳果然宁止不动，而战役和时间却仍在持续进行，于是时间与运动的内在联系就是值得争议的了。

而针对物理论的时间理解，奥古斯丁认为，即使取消外在的运动，时间也依然存在，在精神中想一个诗歌的诵读，则这一行为必定包含内在的运动和时间。[②]

即使不考量奥古斯丁对这两种时间观的批评，它们也依然自然而然地出现在他的时间分析中，宇宙论的时间观体现在他将时间划分为年、月、日、时，这是人日常生活中所熟知的，[③] 这一表述泊锚在柏拉图《蒂迈欧篇》38e、41e 与 42d 的表述基础上，在

① 就此请参见奥古斯丁《忏悔录》第十一卷第二十四章。

② 就此请参见奥古斯丁《忏悔录》第十一卷第二十三，二十七章。

③ 就此请参见奥古斯丁《忏悔录》第十一卷第二十三章。

此，上帝创造了日月等星球，以限定和确定表述时间的数字，亦即测量时间，行星被视为解释时间的工具。奥古斯丁不仅从未否定，而且还认可并言说运动，他以太阳的运动、陶轮的转动、诗歌的诵读等内外运动来构造和述说时间，无论如何理解运动，无论是位移，亦或是状态变化，运动只是阐释一种时间的过程，没有时间则运动无法想象，在现实中的运动给出现实的时间，物理论的时间观于此可见一斑。

3. 奠定神学、宗教学时间论之基础

从宗教和神学传统上来看，奥古斯丁还汲取了犹太教－基督宗教的历史时间观；构想时间的人（精神、灵魂）就立足于历史的时间中，在这一宗教传统中，历史的时间具有别样的品性，这一历史时间观的基础是将人类史视为救赎史，人类历史处于上帝的救赎计划中，这一计划将以一个新的、得救的世界解除陈旧的、已然腐朽的世界。救赎史的概念涵盖一种面向未来以及末世期待的思想，将历史视为是有神性目的，以这一概念为核心的历史观是犹太－基督宗教这一宗教潮流所特有的。

旧世界的涤除与新世界的降临，最初在以色列子民看来能够在有限的时间内部实现，走出时间并且进入一个超时间的世界，似乎在时间的每一个瞬间都可实现，如同他们走出埃及一样，于是他们也自视为上帝的选民，而他们在历史中的经验又不断表明，新世界的降临似乎一再推迟，于是新世界的降临被设想为在所有时间的终结之处，甚或庶几仅仅在时间的终结之处，这一设想赋予人以希望和期待。但是尽管如此，这一理论自身依然有某种症结，因为这一绝对化了的末世的时间不仅确定了

旧世界在时间中的终结，而且庶几确定了世界与时间同时的终结，与这一确定相关联的是无时间性的救赎世界的降临。而新世界的时间阙如性似乎又表明这一世界独立于时间之外，不依赖于时间，是一种先验的时间观；这其中隐含一种与未来时间的矛盾，也就是与在时间意义上理解的末世论概念相矛盾，因为适用于一切世间的非时间性庶几不可能从时间性中推理出来。

与末世论的时间概念相对应的是创世论的时间思想，在其中时间具有一个绝对的开端；根据这一思想，时间的绝对开端似乎是在时间阙如性中形成的，正如奥古斯丁所指出的，这一思想也面临一种困惑，甚或棘手的难题，即如何在绝对时间阙如性中倏忽之间产生了时间？此外，以创世的和救赎史的思想所建构的时间，不仅具有其开端和终结之两极，甚或有可能取缔非时间性的永恒，因为在逻辑上似乎无法排除一种可能性，即一个永恒处于时间的开端，而另一个则处于时间的终结，在这两个永恒之间则是时间嬉戏的空间，而被开端和终结所限定的时间本应坐落在非时间性的超验中，而这一超验不应仅仅在开端、或者仅仅在终结、或者分别在开端和终结，而是应当同时在开端和终结以及全部时间的过程中。①

奥古斯丁在《上帝之城》中比较详尽地探讨了末世论的时间概念，而在《忏悔录》第十一卷中则仅仅是略有涉及而已，并且是在与创世论的对应中作为伦理的背景氛围，这涉及的是为时间的多样和支离破碎找到一种统一，这也意味着为身处其中的人寻求至少是伦理的归宿；奥古斯丁深感自己

① 就此请参见奥古斯丁《忏悔录》第十一卷第十章。

在时间中的身心流放，[①] 这使他有一种收敛自己，并将自己汇聚到上帝之中的内在诉求，而这一诉求最终完全的满足似乎只有在所有时间的终结才能实现，而在生命的过程中则仅仅保持为希望与期待，当然，这一希望与期待的基础是上帝给人的预许。他感叹他的时间在叹息中度过，他想远离旧日的岁月，而唯有上主才是他的慰藉，[②] 在诸如此类的表述中人能够发现和领略末世论的时间概念，而希腊本体论的时间思维则涌入其中而对此有所搅扰，典型的文本："Praeterita oblitus non in ea quae futura et transitura sunt, sed in ea quae ante sunt non distentus, sed extentus, non secundum distentionem, sed secundum intentionem sequor ad palmam supernae vocationis, ubi audiam vocem laudis et contempler delectationem tuam nec venientem nec praetereuntem." [③]（"我能够忘记那已经成为过去者，不再分心于会在未来成为过往者，取而代之的是将我自己舒展到立于我面前者之中，以至于我不在隔阂离析之中，而在聚精会神之中向上追求圣召的棕榈枝，在那里我聆听到你称扬赞颂之歌，看到你的愉悦，这愉悦既不来，亦不去。"）而这又可回溯到《斐理伯书》3，13-14："Fratres, ego me non arbitror comprehendisse; unum autem: quae quidem retro sunt, obliviscens, ad ea vero, quae ante sunt, extendens me ad destinatum persequor, ad bravium supernae vacationis Dei in Christo Iesu."（"兄弟们！我并不以为我已经夺得，我只顾一件事：即忘尽我背后的，只

① 就此请参见奥古斯丁《忏悔录》第十一卷第二十九章。

② 就此请参见奥古斯丁《忏悔录》第十一卷第二十九章。

③ 就此请参见奥古斯丁《忏悔录》第十一卷第二十九章第三十九节。

向在我前面的奔驰，为达到目标，为争取天主在基督耶稣内召叫我向上争夺的奖品。”）希腊原文 εμπροσθεν 是“自身向未来伸展”之含义，是十分清晰地趣向将来，并且是末世论的，而拉丁译文则有歧义，ante 在“in ea quae ante sunt”这一表述中不仅能够是时间的，而且也能够是非时间的含义，在非时间的含义中，ante 具有“不依赖于时间”的意义，如同在第三十章中“ante”被阐释为“ante omnia tempora”一样。①

总而言之，一方面，奥古斯丁作为犹太教-基督宗教末世论的时间观的传介者，为中世纪以至于近现代的时间理论和历史理论提供了一种独特的思维方式和内涵；另一方面，奥古斯丁认为，单一主体的时间构想具有客观性的诉求，这消解了时间的单纯外在性，凸显了时间内在于精神或灵魂的品性，他的个体主体的时间构想与主体之间的时间构想的关系理论，他的时间理论的心理学化也为精神史的发展提供了更为重要的方法，因为这一方法为主体主义和超验哲学指出了方向、开启了道路。

固然，奥古斯丁似乎还应当更进一步阐释时间的主体化与内在化，似乎还应当更进一步阐释究竟什么是被主体化与内在化所掩盖了的主体之外的现实的时间，似乎还应当更进一步阐释主体时间想象（主体时间设想）的唯一性，然而他更多地阐

① 就此请参见奥古斯丁《忏悔录》第十一卷第三十章第四十节：“Extendantur etiam in ea, quae ante sunt, et intellegant te ante omnia tempora anternum creatorem omnium temporum neque ulla tempora tibi esse coaeterna nec ullam creaturam, etiamsi est aliwua supra tempora.”（“他们也应当面对立于我们面前者而展开自己，他们应当理解，即使有超出时间的受造物存在，而你，所有时间的永恒的创造者，也无疑立于所有时间之上，没有任何时间、没有任何受造物能和你比权量力而同样永恒。”）

释和分析的是现实而超主体的时间（亦即超越任何个体而能够被普遍理解的时间）及其在物理和历史意义上的限定；当然，尽管奥古斯丁的主体论并非康德、胡塞尔之辈所最终畅谈者，然而却是他们远在千年前的始作俑者。奥古斯丁处于古典与中世纪的门槛，他尊重古典的传统、尊重问题的来源和问题的历史，无论他的论据本身，亦或是论证过程，无不体现出他人格的修持和古典的素养，[①]而他又并不拘泥于其中，[②]他将娴熟于心的古典传统与陌生的蛮族文化融为一体，古典与中世纪在他之中相互间美目流盼，他不仅为他之后的中世纪以及直到今天的时代留下了典范性的、独创性的、丰厚的思想资源，而且也为之传承了恭谨谦逊的传统美德和令人心向往之的人格魅力。

① 关于奥古斯丁的古典修养，请参见 Heinri-Irénée Marrou, Augustin und das Ende der antiken Bildung. Übersetzt von L. Wirth-Poeschau in Zusammenarbeit mit W. Geerlings, Herausgegeben von J. Goette. Ferdinand Schoeningh Verlag. Paderborn/München 1995.

② 卡姆拉（W. Kamlah）认为，奥古斯丁似乎更沉浸于古典的传统，就此请参见 W. Kamlah, Christentum und Geschichtlichkeit. Untersuchung zur Entstehung des Christentums und zu Augustins “Bürgerschaft Gottes”. 1951. S. 226.

第四章　时间的超验主体性

一　引入：时间超验主体性思维的出发点及其意义

当罗马大公教会发展到四、五世纪奥古斯丁的时代时，令他萦绕于怀、百思不得其解、得其解亦百思的问题，当不在少数，而时间问题不仅是其中最重要、涵盖因素最多的问题，而且也是与我们当今时代的多种问题、与我们当今时代的思考有密切内在逻辑关联的问题，之所以能够这样说的原因在于，奥古斯丁关于时间主题的思维力、启发力及其持续建构的能力在于，一方面，奥古斯丁将他对时间问题的思辨庶几贯彻到全部时间问题以及时间问题史的每一个方面，尽管他从古典而来、从古典借鉴了思维方式和提问的出发点，但是他在此基础之上的独立思考，不仅使得普罗提诺妥贴精致而又囊括丰富的形上学成为古典形上学最后的里程碑，不仅使得古典的形上学终结在他的思考之中，而且使得中世纪经院哲学有了新的思维出发点和形上哲学的基础；另一方面，奥古斯丁不仅提出全新的思维初始原则并引导人依照这一更为逻辑、更为新颖的思维方式在不同时代、不同领域不断思考，以至于不唯哲学、更有美学、音乐学、甚或数学等诸多领域无法绕开、甚或无法离开他的思维建构，而且他的思考还改变并且重建了自古典以来就被历代哲人所持续深思的存在问题，使这一哲学和人生最根本的问题不但具有古希腊哲学古典本体论、认知论的提问和思考方式，而且更具有宗教哲学以及基督宗教品性的新思维，并且他所开创的这一新思维经中世纪经院哲学的不断丰富而不但一直深刻影响到我们今日之时代，并且对我们今后时代的深远影响亦可想见；我们将在随后的章节中阐释和分析与本章“时间的超验主体性”相关联的时间概念的本体论与认知论的意义。

奥古斯丁思考时间范畴的出发点，不仅曾经，而且也是当今与将来讨论时间主题的出发点和初始原则，正如胡塞尔所正确指出的，对于如此森罗囊括、艰深棘手的时间问题如此深刻的思考以及对于甚或是自己的那已然如此深刻的思考的不断怀疑和反思，只有奥古斯丁才做的到，甚至在当今时代要研究时间问题，都必须认真研读他的《忏悔录》第十一卷，他作为思想家和哲学家那严肃而精彩的思维将我们所带到的高度和深度，是当今任何狂傲的认知与认知的狂傲所没能达到、也无法达到的，甚至今天我们也必须引述奥古斯丁而说：“如果没人问我，那我就知道；如果我要为某人解释此一问题，那我就不知道了。”（“Si nemo a me quaerat, scio, si quaerenti explicare velim, nescio.”）这是胡塞尔在其《内在时间意识现象学讲座》序言中所强调的。[①] 也如同著名奥古斯丁专家昂立·伊雷内·玛鲁（Henri-Irénée Marrou）所指出的：“在探讨存在本质的哲学中，时间总显得是那样的令人棘手。”“（“Dans une philosophie de l’essence, le temps apparait toujours un peu comme

① 就此请参见 Edmund Husserl, Vorlesungen zur Phänomenologie des inneren Zeitbewußtseins. Herausgegeben von Martin Heidegger. 1928. Einleitung.

un scandale."[①])在此，法语中的“scandale”并非“丑闻”、“陷阱”以及“障碍”等诸如此类的意义，而是从希腊语本意而来的“令人棘手的”含义，以至于在此可译为“令人棘手而又爱恨交加且须臾不可离开”，比如此，方有可能真正理解奥古斯丁时间问题之难度所在。

不断重新思考奥古斯丁关于时间问题的思想，总是富有丰硕成果的，大凡在奥古斯丁自己深刻思辨之处，从古典哲学中所汲取的思维方式和问题意识就显得捉襟见肘了，这并非奥古斯丁学养不足，而是古典哲学所提供的思维工具本身鞭长莫及、力所不逮，不足以令奥古斯丁以陈旧的形式——虽然这形式并不过时——理解新的问题和问题的新内涵，奥古斯丁以其创造性的思维方式探讨古典以来就存在的问题，关于时间的思辨、时间概念的辩证思维在他富含逻辑而又清晰准确的推理中是那样的系统而深刻，以至于如果我们今天的研究还具有某种哪怕是浅显的意义的话，那么这也必须要归功于奥古斯丁杰出的哲学思考和思想贡献。

二　质询时间问题的出发点：建立超验关系是人的存在及其思考一切问题的初始原则

为了并不偏离奥古斯丁时间问题的思考维度，为了能在他的思考基础之上有所前行，同时也是出于方法的理由，首先考

① 就此请参见 Henri-Irénée Marrou, L'ambivalence du temps de l'histoire chez Saint Augustin. 1950. p. 43.

量奥古斯丁的思维方式就是必然的了，并且首先考量的是其思维的形式上的结构。

首先，从本体论层面来看，奥古斯丁关于时间问题的探讨始终具有一种辩证思维的品性，他的《忏悔录》下车伊始就坦承到，他不仅并不知道他源自何方，而且也不知道：究竟什么是存在？存在究竟是可朽的生命呢？亦或是活生生的死亡呢？[①]这也是我们在本书开卷伊始之“导论篇”首先谈及生命与死亡这一命题的充分理由；没有死亡无法思考生命，没有生命也无法思考属于生命一部分的死亡，在时间论题上同样如此，人与上帝、时间与永恒总是被置于一种整体的关系中的一考量；在奥古斯丁的思维系统中，呈现出鲜明的整体性、分析性的特征，这样的思维方式使他更接近、更深入他所探讨的主题，同时使他的探讨更为全面；他的辩证思维以辩证逻辑为基础，辩证逻辑不仅承载着他的思维，不仅保证其思维过程的通畅、思维结构的坚实、思维肌体的活力以及思维结论的有效性，而且至少在形式上保证他的思维并不陷入空泛，甚或空洞。在这一基础上，我们才能理解奥古斯丁借助忏悔所表述的思想的基础以及在此基础之上所建构的深刻的思想，这样的思考并不滞留于任何宁止的结论中，这样的思想呼召人，甚或呼召他自己去进行更进一步的思考，而更进一步的结论又令人重新思考。奥古斯丁不断返回自身，并且检视，甚或审视他的思维的前提、过程与结论，这样的辩证以及辩证逻辑的呼召性思维，是被他虔敬的美德、深度的学养以及理性的智慧所含咀和浸润的，当然，也被他向

① 就此请参见奥古斯丁《忏悔录》第一卷第六章。

往真理的激情和意志所催动，这从前文所阐释和分析的他的时间概念的结构中也能清晰看出。

不宁唯是，从认知论层面来看，奥古斯丁的时间思维亦颇具形象性，换言之，他的形上思辨不仅在抽象性和抽象解释力上所达到的高度难以逾越，而且亦颇具细腻的敏感和丰富的画面感，兼具抽象与形象两种优异品性，以至于他不仅能够思考，而且还能够品味真理，不仅能够思考，而且还能够品味时间与永恒，不仅能够思考，而且还能够品味生命与死亡；诗意的哲学与哲学的诗意在他的时间探讨中浑然天成，真、善、美的内在圆融在他的时间品味中盎然如一。

尽管毫无当今现象学的专业术语，但是奥古斯丁依然先知先觉而对时间现象做了现象学的区分；他的思考同时承载并区分自身存在与作为对象的时间，他既未将自身的存在、自身的此在强加给检视对象，也未将现象的对象绑架于自身之中，尽管这两者有着脱不开的干系；同时，尽管他的思考是系统的思考，但是这一系统的思考绝不僵化在自身的系统之中，而是充满活力、充满思维潜力，并由此才能影响他之后的全部哲学史对于时间理论的研究。

从人本论的层面来看，尽管他在其辩证和辩证逻辑的呼召性思考中总是同时考量上帝与人、永恒与时间，尽管他在其现象学的思考中总是同时区分和联系起自身存在与现象界的存在，但是他的思想始终以人为核心、以思考着的人为核心，在他所讨论的主题中。人是他关于时间问题的哲学思考和反思的最高配置，在他看来，人是具有超越能力的主体，在上帝的恩宠中能够回应上帝的话语、能够建构与上帝的关系，人能够将其内在性、将其内在主体性投射到超验之中，并与之建立联系，建立超验的联系恰恰也是人之所以为人的开端，是人独立思考的开端，也是奥古斯丁思考时间问题的开端；通常情形下，哲学的使命与目的并非仅仅要谈论某种论题，并非仅仅要“关于什么”、“就什么”而谈论，非也！并非如此！甚或绝非如此！而是要思考事物的存在与本质、思考事物自身的存在与本质、思考人自身的存在与本质；而如果事物自身的存在作为其本质被思考所理解的话，事物也就被理解了；而思考时间问题则不尽然，人越益深入这一论题，则未免越益身在此山中而不识其真面目、未免过尽千帆皆不是、未免烟锁重楼而不见佳人；由此而能够产生的质询是：人在时间的激流中究竟能否径直抓住时间而一探其究竟呢？抑或人必须稍稍远离时间、与时间保持距离以为了探究它？人能够借助什么而研究时间以为了理解时间究竟是什么呢？人能够对时间须臾有所脱离而对象化它吗？隔雾看花般的研究能够直指事物的本质吗？

这些质询是奥古斯丁思考时间论题的潜在或显在的出发点，而他所一再强调的人的精神（或灵魂）作为人的主体性则是他通达时间奥秘的必由之路。

三　精神（或灵魂）概念作为超越的主体性

1. 人作为超越性主体

究竟什么是超越的主体呢？奥古斯丁在其重要论著《论真宗教》中说：

“不要向外，而是返回你自身，在人的内在居住着真理；而当你发现你变化着的本性时，你也就超越了你自己。但是想一想，如果你一旦超越了你自己的话，那么你就超越了思考着的灵魂；于是在那一时刻你就转向了理性之光燃起之处。”

（“Noli foras ire, in teipsum redi, in interiore homine habitat veritas, et si tuam mutabilem naturam inveneris, transcende et teipsum. Sed memento cum te transcendis, ratiocinantem animam te transcendere. Illud ergo tende unde lumen rationis accenditur.”①）

其中，“变化着的本性”亦可译为“无常的本性”；而“在那一时刻”亦可译为“在那里”，因为拉丁文原文“illud”一词的原意为“那个”，既可指时间，亦可指地点，既可指方位，亦可指在时间或空间上较远的对象。

对于理解奥古斯丁时间论题而言十分重要的是，他所说的内在或内在性，并非蛰居在自身中而无所事事，并非懒散在人的内在而游手好闲，而是发现了自身无常的本性，也就是发现了自身的时间性，而且这内在性并不滞留于这时间性的无常本性之中，而是超越自身，并且在这一超越行为中洞悉自己的超越行为、洞悉自己超越行为的品性，这一超越行为是一种提升自身的行为，这并非仅仅是量的转变或某种品性的转变，而是一种存在意义上质的转变，由此人才是人、才真正成为人、才能被称为人、才有人的人格和尊严；一旦人发现了他的无常而时间性的变化本性时，那么他才能够、就能够作为内在的人而确定其自身的开端，或曰：尽管作为无常的时间本性，但是一

① 就此请参见 Augustinus, De vera religione, 39, 72.

旦当人发现这一点时，他也就由此而返回到了自身，这也正是他自身确定的开端，是他真正开始确定其人的存在，他由此而肇端以确定其人的存在；对于时间的经验突破了人的当下此在的经验，人由此不再将自身的当下此在视为亘古不变而永恒常在的，人由此认识到自身的局限和有限，人由此必须谦卑起来，向内寻求居住于他的内在的永恒真理，这就是人建立与内在的关系的行为，这就是人建立超越关系的行为，这就是人的超越的行为。

2.“我错故我在”作为形上思维的出发点

奥古斯丁的转向内在的思维，特别是他的“si enim fallor, ergo sum”[①]（“我错故我在”），或许仅仅在形式上类似于（甚或等同于）而本质上并非等同于笛卡尔的“cogito ergo sum”（“我思故我在”），两者都提到“思”、都提到内在的思，以发现永恒真理或上帝，但是在奥古斯丁这里，思的标准来自于永恒真理或上帝，上帝是思的始作俑者，以至于这思能够发现上帝；而在笛卡尔那里，“思”来自于人的精神，是在人的意识中所发生的一切，在这个意义上，时间固然使得人对自身当下此在的经验成为可能，但是时间仅仅是思考的模式（modus cogitandi）而已；[②]尽管两者都从思维出发，尽管两者都从人的经验中理解人的当下此在，尽管两者的意图都是在于肯定人的确定性（certitudo），尽管对于两者而言人的确定性是不言而

① 就此请参见 Augustinus, De Civitate Dei， XI, 26.

② 就此请参见 Descartes, Prinz. D. Philosophie. Nr. 7; Nr. 9; Nr. 57.

喻、由自身而明确的事情（res per se nota），尽管对于两者而言这一不言而喻且由自身就明确的事情是借助精神的简单的直觉（simplex intuitus mentis）而获得的，但是其表述在形式上的细微区别，则恰恰表明两者的哲学出发点不尽相同，甚或大不相同，以至于它们仅仅具有形式上的类同而已。在两者的思维中，人都被理解为不言自明的事物（res），或曰：被理解为不言自明的存在，甚或都被理解为主体，而在笛卡尔的“我思故我在”中，人在自身中将自身作为对象而思考、将自身思考为对象，人在笛卡尔的思考中被对象化、被客体化，如此这般的每一种系统的思考都难免将人自身对象化、客体化，而人将自身思考为对象的原因在于，人借助人（的思考自身）而给出了作为人自身思考对象的人的存在；在“我思故我在”中，我在思维中思考我，我借助我的思考而给出我的存在，这个被给出的我是作为对象被给出的，当然，对于思考着的我而言，这个被给出的存在的我是在我的思考行为中的作为当下此在的完整的对象的我；而如果我如此这般的思考的话，那么我就历验到我的当下此在以及作为当下此在的我；在“我思故我在”中，当下此在的我在自身中超越地实现了我的不言自明性，或曰：超越地实现了自身的不言自明性；于是“我思故我在”表述了在思维行为中实现了当下此在的我，表述了我的不言自明的存在、表述了这一存在的彰明较著性、显而易见性，思维在此似乎迫不得已去超越自身，以为了保证它自身的原初性及其思想的确定性；而在这一思考自身、反思自身之中，思考行为的本体论属性凸显而出，自我的确定性、自身的确定性出自于这一自身思考的行为中；笛卡尔的“我思故我在”涉及的是思维对存在的理解，于是时间在这样的思维中作为一种持续而被理解为思维的模式（亦即不远的前文所说的 modus cogitandi）。

而奥古斯丁则从不将自身作为对象来自考，他的“我”就是“无常的本性”，人并非是、并非作为（或并非仅仅是、并非仅仅作为）“思考着的存在”（“res cogitans”，亦可译为“思考着的现实”，甚或可译为“思考着的东西”，因为 res 亦有“物品”、“东西”之类的含义），人作为被思考者而思考自身，人借助一个他而思考自身，而这个他（或他者）来自于超验理解的你，人借助一个来自超验理解的你的他者而思考自身，人借助这样一个被思考的我而思考自身，人借助这样一个思考我的我而思考自身；在奥古斯丁的“si fallor, ergo sum”中，既包含逻辑形上的真理，又包含精神（或心灵心理）的时间经验，并非笛卡尔意义上的思，而是他《忏悔录》意义上的；“忏悔”意义上的思才是他的时间形上学和心灵形上学的思维出发点。

四　时间性主体的三位一体结构在本体论层面的自身确定

1. 究竟什么是三一结构中的“思”及其标志

我们首先面临的问题是，究竟什么是奥古斯丁意义上的思（cogitare）呢？在《忏悔录》中，奥古斯丁总是将思（或思维，cogitare）与回忆（memoria）置于一种内在逻辑中思考，亦即总是将思维与回忆联系在一起思考；落定于回忆基础之上的，恰恰也就是在思维中、在思想的一致性系统中被统合起来的，在这个意义上，思维是发生于精神（或灵魂）中的，而所发生者则被精神收聚为一个有系统的整体。

奥古斯丁的思考过程约略是这样的，他在《忏悔录》中提出，“cogo et cogito sic est ut ago et agito, facio et factito”[①]（“‘cogo’与‘cogito’是那样的相似，如同‘ago’与‘agito’以及‘facio’与‘factito’一样。”或译：“‘联系’与‘思维’是那样的相似，如同‘劳作’与‘驱动’以及‘产出’与‘创作’一样。”）这种相似的基础奠基于我的（亦即人的）存在、认知和意愿（意志）这样一种三位一体结构，在这一 esse-nosse-velle[②]（存在-认知-意志）三位一体结构中没有任何一个成分享有独立的时间过程，这样说的原因在于，一方面，我是认知和意志的存在，人知道他存在并且具有意志，最终人也愿意存在并且认知，[③]存在、认知以及意志是从我出发而理解的；另一方面，我被理解为认知和意志的存在，而在认知中存在与意志作为当下此在而被理解，在意志中存在则被理解为我的自身特有的存在；总之，存在、认知与意志在它们三者之间的相互渗透、相互融合中被理解，并且被理解为三位一体的结构。在奥古斯丁看来，一方面，尽管我作为当下此在既是认知的，又是意志的，而在意志之中我则思考着理解我的存在与认知；但是另一方面，我却并非这三者各自单一的存在，何况它们原本也无法分离，也

① 就此请参见奥古斯丁《忏悔录》第十卷第十一章第十八节。

② 就此请参见奥古斯丁《忏悔录》第十三章第十一章第十二节等多处，在此：“Dico autem haec tria: esse, nosse, velle. Sum enim et scio et vollo: sum sciens et volens et scio esse me et velle et volo esse et scire.”（“而我认为这就是三位一体：存在、认知、意愿。我存在并且知道并且意愿：我认知着并且意愿着存在；我知道我存在并且意愿，我意愿存在并且认知。”）

③ 就此亦请参见 Michael Schmaus, Die psychologische Trinitätslehre des hl. Augustins. 1927. 其中多处都对此有详尽而系统之论述。

就是说，我既非单一的我的生命（vita）、亦非单一的我的精神（mens）、亦非单一的我的存在本质（essentia），我并非借助任何一个单一者而确定我自身（的存在），而是通过“内在的人”（“homo interior”）的这三者的相互之间的圆融无碍；人作为“无常的本性”就是这种存在的至一，这三位一体结构中的任何一个都享有存在，它们都享有存在，用奥古斯丁的话来说：inseparabilis distinctio，亦即：它们是无可分离的区分。①

知道自己享有存在、愿意自己享有存在，这意味着至一，并且是至一的存在和存在的至一，认知、意志与存在这三者并非分别享有各自的时间，而是同时在一个时间过程和时间结构中，我们仅仅在此享有这个意义上的存在，因为在此至一与存在是一个存在；由此，并非我的主体性和内在性，而是我的生命、认知与意志作为一个圆融无碍的整体存在的主体性才是奥古斯丁时间思想（以及其它思想）的标志；在奥古斯丁的时间研究中，涉及的并非是一个回溯到，或还原到主体性的 cogito（思或思考），而是在三位一体结构的圆融无碍中发现并理解其主体性的思考。

2. 时间性主体在三一结构中建立与超验之关系

从本体论层面来看，奥古斯丁的存在，并非是仅仅从单一的自身思维行为中分析而出的，而是从融为一体的三一结构中阐释而出的，这样的至一并非我的整合，并非我的机械的合一，并非多种对应面，甚或对立面的聚合，而是三者相互间在区别

---

① 就此请参见拙作《形上之路——基督宗教哲学建构方法研究》（北京大学出版社，2013 年）关于奥古斯丁三位一体论的相关研究，特别是第 89–93，第 322–407 页，在此不遑多论。

中的无可区别、相互间的圆融无碍的合一以及在任何一者之中的三者的圆融无碍；奥古斯丁的思考，并非将主体对象化，以至于能够分析其存在，而是将主体当下化，以至于能够超越自身存在而在当下此在建立与超验的联系，也正是在这样的当下此在中、在这样的当下此在的超验关联中，时间呈现出它的存在本质，也就是说，只要并且一旦人尝试去理解这一三一结构，他也就不仅仅以时间为媒介而在时间中理解时间，而且也由此而历验和理解其自身的时间性、其自身的限定性和有限性；奥古斯丁将存在理解为时间洞贯性、时间洞彻性，理解为时间对自身的实现，而将时间理解为不断建构自身的，亦即不断建构当下此在的当下此在。

在此我们庶几可以说，对于在时间中存在的人而言，时间并非仅仅思维的模式和框架结构，时间就是他的存在、生命与认知，就是他的存在、思维与意志，就是他的回忆、关注与期待，就是他的生命、情感与理性，甚或就是他的感觉、理解与情爱；在这样的三一结构中、也就是在这样的时间模式中，人建立与永恒真理的联系，人以超验的自我认知历验和理解他所生于斯、长于斯的时间，历验和理解他的时间性、限定性和有限性；尽管人有其时间性以及一切限定性和有限性，尽管人是“无常的本性”，但是奥古斯丁的时间形上学依然并非将人视为可以任意分析其存在和本质的对象，而是将人视为人格、位格（persona），亦即将人视为有尊严的人，视为有理性、有信仰、有人生关怀的人，在奥古斯丁那里，尊严、信仰与理性也是须臾不可或分的三位一体结构，同样也是在这个意义上，奥古斯丁说：“无可分离的区分，但是毕竟是区分；有能力的，去理解吧！”“（“Inseparabilis distinctio, sed tamen distinctio, videat, qui potest!”①）

五　究竟什么是时间？

1. 质询时间究竟意味着质询什么？

本书这一篇前此为止的阐释和分析并非没有意义，这样说的原因在于，前此为止的分析及其结论，恰恰是奥古斯丁本体论时间质询的基础，换言之，我们已经探讨的问题是：奥古斯丁究竟在什么意义上提出他的本体论的时间质询？在此之后我们面临的问题是：Quid est ergo tempus? 也就是说：究竟什么是时间？

在确定三位一体的思维框架之后，并且在确定了人的三位一体存在情态的同时，奥古斯丁顺势将他的时间质询奠定在这一基础之上，他在《忏悔录》第十一卷中提出了本书行文中多次引述过的著名的论断：如果没人问我时间是什么，那我就知道，如果要让我给提问的人解释，那我就不知道了。这不仅是他恭谨谦卑的表述，同时也表明在本体论意义上阐释和分析时间的困难，然而尽管这是一个困难、一个棘手的问题、一个有多重疑难的问题，但是奥古斯丁依然直入主题、自信而坚定地说：“但是尽管如此我还是确切地说，我知道！”（“fidenter tamen dico scire me.”②）

在奥古斯丁关于时间的这一经典表述中，包含对时间提问的若干问题，譬如：“什么是”（“quid est”）究竟意味着什么？

---

① 就此请参见奥古斯丁《忏悔录》第十三卷第十一章第十二节。
② 就此请参见奥古斯丁《忏悔录》第十一卷第十四章第十七节。

“提问”（“quaerere”）又意味着什么？“知道”（“scire”）、“不知道”（“nescire”）是在何种意义上的“知道”、“不知道”？又“知道”什么、“不知道什么”？而最终“fidenter tamen dico scire me”（“但是尽管如此我还是确切地说，我知道！”）又是何种意义上的确切的知道呢？

从奥古斯丁的提问和思考的方式来看，关于时间的质询本质上也是关于人的存在、关于人的此在的质询，换言之，关于时间的思考其核心宗旨是人的存在的自我诠释、人的当下此在的自我诠释；奥古斯丁如此这般提问的意义何在呢？人终究真的能针对“什么”提问吗？能针对时间的“什么”提问吗？换言之，能针对时间的存在和本质提问吗？不宁唯是：如果时间真的存在并且有其本质的话，那么奥古斯丁对于时间的提问才是恰当而正当的；况且：奥古斯丁是对时间的本质提问吗？他的质询难道不是对时间的时间性的提问吗？难道不是对当下此在的时间性的提问吗？

一个纯粹现象学的时间观察与研究必定在现象面前以失败告终！

2. 质询时间就是质询一个谜团吗？

在这个意义上，对于时间本质的质询最终无法提出，原因在于，时间并非能够从其本质出发，而仅仅能够从当下此在出发来探讨，[①]仅仅能够从此在的当下、从此在的当下此在来探讨；由此而决定性的是：如果纯粹的现象学将时间收入眼帘的话，

① 就此请参见奥古斯丁《忏悔录》第十一卷第五章第七节。

那么时间意识的纯粹现象学的研究或许恰恰失去了它的研究对象，而本体论的质询则能就时间而展开提问和思考，奥古斯丁的时间研究就是这样。

关于时间本质的提问必须回溯到对于时间存在的提问，于是我们最终面临的问题就是“时间与存在”，奥古斯丁就时间的“知”与“不知”的思考驱迫人去思考“究竟什么是时间”这一最基本问题中的那个“是”，换言之，要质询的是这个“是”、或这个“esse”（“存在”）！奥古斯丁在提出认知论的问题，亦即“知”与“不知”的问题后，再度表述了他的“知”，对于他而言，没有消逝，就没有过往的时间，没有什么向我迎面而来，就没有将来的时间，而什么都没有，也就没有当下的时间。一方面，尽管奥古斯丁也追问了时间的起源，但是时间起源问题对于他而言并非什么疑难问题，在他看来，时间是受造的，于是时间的存在是受造的存在，时间被给出了存在，时间是被给出的存在，当然，他也在创世论之基础上提出本体论之思考；另一方面，尽管时间是被给出的存在，但是时间依然是一个自身封闭的谜团（implicatissimum aenigma[①]），人依然无法清晰知晓时间的本质，在关涉和考量存在问题时，过往已经不再（iam non esse），将来尚未存在（nondum esse），而当下也既非我们的世纪，亦非年、月、天以及小时，当下并非一种拓展、并没有拓展（nullum spatium），[②]这样说的原因在于，一旦当下有所拓展、有所延展，那么当下就已经部分地进入过往、部分

① 就此请参见奥古斯丁《忏悔录》第十一卷第二十二章第二十八节。

② 就此请参见奥古斯丁《忏悔录》第十一卷第十五章第二十节。

地尚留在将来，于是要么也已经不再，要么还依然尚未；于是无论是过往，亦或是当下或将来，时间总是在隐匿之中。[①] 无论人从过往、当下以及将来这三种时间情态中的任何一种出发探讨时间，人似乎总会与“不存在”（“non esse”）不期而遇，时间总是一种“匆匆走过”（“praeter-ire”），总是从“尚未”（“nondum”）通过“毫无延展”（“nullum spatium”）而进入“已然不再”（“non iam”）；时间在这个意义上是一个无法解密、也无法揭秘的深密而神秘的谜团！

六　时间究竟何在？

1. 时间与质询时间的“我”

那么：“Ubi est ergo tempus?”[②] 亦即：“时间究竟何在呢？”即使奥古斯丁不提问，我们在此也要提出这一质询！

如同不远的前文所阐释和分析的，当人反思其日常的时间经验和时间意识时，当人关涉并非向外寻求（“noli foras ire”）而开始思考时，当人转向自身的内在，并且从“内在的人”（“homo interior”）和“变化无常的本性”（“natura mutabilis”）出发而理解时间时，这一谜团或许方有揭开之可能。

奥古斯丁回忆了他的童年时光以及对将来的期待，认为它们在他的“我”之中留下了痕迹，于是过往不再仅仅是过往，而是过往的当下（praesentia de praeteritis），这个过往在他的回忆中

① 就此请参见奥古斯丁《忏悔录》第十一卷第十七章第二十二节。

② 就此请参见奥古斯丁《忏悔录》第十一卷第十五章第二十节。

是当下的；将来亦同样如此，当人预先设想将来的行为时，将来的当下存在就是可能的了，将来就是当下的存在了（praesentia de futuris）。[①]

从奥古斯丁的阐释和分析出发我们可以说，只有当人将过往和将来在回忆中当下化的时候，他才再度认知到过往和将来，也就是说，过往和将来具有当下的存在、具有当下着的存在，具有当下现在进行时般的存在；过往在回忆中、将来在期待中是当下的，换言之，过往、当下和将来在“内在的人”的当下存在中是当下的，在（当下的）回忆中是当下的，在（当下的）关注中是当下的，在（当下的）期待中是当下的；在回忆、关注和期待中，时间作为整体被考量、被反思；当奥古斯丁一再阐释过往、当下以及将来等时间样态时，这一方面表明，时间尽管有其神秘性、尽管有其隐匿性，但是终究并非虚空、并非虚无，另一方面也明确提示出，时间问题涉及的不仅是时间的存在，而且还涉及时间存在的方式；换言之，当他更进一步引入精神的延展和灵魂的回忆等表述时，则更加彰显出他对时间的本体论和认识论的判断：一方面，如果时间是虚无形质、空无所有的话，那么人的精神的延展究竟为了什么呢？人的灵魂究竟能回忆什么呢？另一方面，况且：时间的存在与人的存在是不可分的整体！

在奥古斯丁的时间分析中，时间并非仅仅被理解为原始的、原初的现象，以由此出发阐释其它次生现象，他对于时间的阐释是从阐释时间的我（亦即人）出发的，他阐释人的回忆（memoria）、关注（contuitus）和期待（expectatio）的行为，在这个意义上，

① 就此请参见奥古斯丁《忏悔录》第十一卷第十八章第二十三节。

奥古斯丁阐释的首先是人，他将人自身阐释为时间性的，他阐释人的时间经验、时间意识和时间旨趣，阐释人对时间的经验方式，存在的我（人）时间般地阐释了时间，由此达成对于时间的反思，存在的我在其内在性中、在其内在时间性中通过确定自身、公证自身而尝试揭开时间的奥秘，存在的我借助时间、协同时间、在时间中而理解自身，将自身证明为时间性的；而理解了自身的并且将自身证明为时间性的我，则借助、协同并且在这个我自身之中阐释和分析了时间，我们甚或还可以说：这个我阐释和分析的，是在这个我之中的时间，否则，时间还能在何处呢？

人由于时间才存在，人是时间性的，而时间则在人之中而存在、在人之中而时间着；如果时间奥秘尚有揭开的可能性的话，那么谜底的揭晓一定在人的当下，时间在人之中才呈现其自身的当下此在的时间性，换言之，时间的存在是当下此在的，而这一当下此在的性质就是时间性、就是当下的内在的人！一方面，时间性意味着时间的多重样态、意味着时间的三重样态，或曰：意味着人的时间样态，意味着过往、当下以及将来的圆融无碍；而另一方面，内在的人则意味着：人总是处于存在、认知与意志的圆融无碍的三位一体结构中，这一本体而圆融无碍的三位一体存在结构是时间三重样态的三位一体圆融无碍的存在的基础，处于这一本体意义上的三位一体结构中的人，总是在被观想的时间中建构时间概念、建构时间观、建构对时间的理解，以至于时间也是三而一、一而三的！

2. 精神的运动与主体的超越

在奥古斯丁看来，对于时间内在性的经验，来自于人的

animus，亦即来自于人的精神，精神能够感知和测量时间的持续——固然，这一持续指的首先是对时间的理解；而时间的持续，甚或时间的存在，则能够被理解为从尚未、历经当下而进入不再的过渡过程，也就是毫无犹豫、毫无迟疑（sine mora 或 sine morula）、毫无留白（sine spatium）的运动过程，时间在此亦呈现为一种运动，时间的这一运动也提示了人的时间经验的品性，也就是说，人不仅在日常生活中，而且在对时间的反思中历验时间，人并非在运动之中，而是在存在的时间中、在当下此在的内在的我中测量时间，换言之，时间自身并非测量时间的标准，测量时间的标准是人的精神、是人的精神的延展，[①] 实质上，如同本书在关于“精神的延展”部分以及其它多处所阐释和分析的，人测量的是滞留在回忆中的时间的痕迹，是时间的运动过程在内在的人的回忆中沉降下来的痕迹，这样的痕迹庶几能够被理解为（内在的）人的内在时间性。

在奥古斯丁看来，我们能够默想一段旋律（或诗节等）并进而测量其长短，在这个意义上我们是在思维中、在思想中令这旋律振响，我们测量的是在思想和回忆中的一个运动的时间值；将来、当下以及过往本质上也是在内在精神中、在内在灵魂中建构出来的，而时间的持续在这个意义上亦可称为精神的延展，是回忆、关注与期待的同时进行，时间的持续是一种过程，是我所回忆的、我所观想的和我所期待的这三者作为整体的运动过程，时间的存在在这个意义上并非虚无，时间的运动也并非指向虚无；即使在三位一体结构中的人的存在是时间性的，以至于人的本性

① 就此请参见奥古斯丁《忏悔录》第十一卷第二十六章第三十三节。

是时间性的，但是时间的整体性品性决定了它的运动方向并非指向虚无、并非指向过往、并非指向死亡，而是指向毫无留白的当下；而一旦这个当下不再从将来获取它的期待而成为一劳永逸的过往，那么这个当下也就真的无意义了，人的生命也就终结了，于是：有的人活着，但是他已经行躯（身）走肉了！

我们在此面临的另一问题是：如果时间是精神的延展的话，那么精神在其时间性上是否是分裂离析的呢？奥古斯丁也承认，他在时间中迷失离散，他不知晓时间的秩序；[①] 这一提问并非没有理由，原因在于，回忆总是滞后的、总是在时间成为过往之后，期待总是超前的、总是在时间成为当下之前，而关注则尽管将三重时间样态观视为一，但是却依然无法脱离时间，而只要在时间中观视时间，那么也就无法令时间持续逗留在精神的当下，更何况人的存在难道不是在时间中、协同时间的存在吗？人的存在能够在时间崩解之前被完好无损地看护吗？

在这样的问题面前呈现出主体超越性的最原初的意义：超出自身！奥古斯丁是如何赢得时间的秩序的呢？如同不远的前文已经引述、阐释和分析的，不要向外寻求（“noli foras ire”），而是只有在超越你自身时（“transcende te ipsum”），“不要向外寻求”才能在“超越你自身”中具有完整的意义，而奥古斯丁又

① 就此请参见奥古斯丁《忏悔录》第十一卷第二十九章第三十九节：“Ego in tempora dissilui, quorum ordinem nescio.” 直译：“我在时间中迷失离散，我不知道它们的秩序。”在此，时间一词是以复数出现的，并且“in tempora”是介词 in 加复数第四格的 tempora，用来表示一种动态，这样的语法形式不仅表述奥古斯丁在时间中的迷茫，而且更多的是表述他尽管奔忙于时间之中，却出乎不知所如往！

提醒到："Sed memento, cum te transcendis ratiocinantem animam te transcendere." 亦即"想一想，当你超越你自己的时候，你就超越了思考着的灵魂！"[①]

七　从 chronos 到 kairos：永恒的智慧作为时间的秩序

1. 生命历验中的"这个时间"

在奥古斯丁的生命中，两个重要事件影响，甚或决定了他的时间性存在，这是他于 386 年的皈依基督宗教以及和母亲在奥斯提亚（Ostia）的谈话，他在《忏悔录》中描述了在事件过程中他内心的激烈冲突，[②]这样的生命历验将奥古斯丁领入对于时间的经验和理解之中，他终于领悟到他在时间中时间着、存在着，当决定性的时刻越益接近的时候，他的内心也越益惶恐纠结，他终于理解了万物不仅与其空间，而且与其时间相一致，[③]他似乎只有借助他的存在的当下性而涤除他的时间性；整个事件过程都呈现出他内心的忐忑隳突，甚或全部心灵内在的纵横驰驱、狼奔豚突；尽管他受新柏拉图主义，特别是普罗提诺的影响，但是他的时间哲学由于这样的生命历验而在本质上区别于古典的思维。

内心的焦灼以及由此而历验的内在时间性是奥古斯丁生命中

① 就此请参见 Augustinus, De vera religione, 39, 72, 以及不远的前文中的译文。

② 就此请参见奥古斯丁《忏悔录》第九卷第十一章。

③ 就此请参见奥古斯丁《忏悔录》第十二卷第十五章。

决定性的时刻，他将这一决定性的时刻称为“id ipsum tempus”（“punctum ipsum temporis”），[①] 亦即“这个时间”或“时间的这个点”、“时间的这个时刻”，在这一时刻，奥古斯丁将其内在的时间经验从 chronos 转化为 kairos，也就是从寻常的日常经验的时间转化为某种瞬间、某种机会、某种契机，而且这一本体论意义上的契机同时也就是“hodie”，就是“今天”、就是“天”，如同奥古斯丁所一再强调的：上帝的时日就是今天、就是每一天、就是天，就是非时间性的今天；就此，奥古斯丁是这样总结他在奥斯提亚的时间经验和存在经验的：“我们上升到内在之中，思考着、言说着，并愉悦着你的杰作！我们就这样来到我们的精神中（mens），越过了它，踏上无尽的沃野，你，永恒的以色列，徜徉在真理的牧野上（veritatis pabulo）；在那里，生命就是智慧，当下此在的、曾经存在的以及将要存在的万物，借着这智慧成就了；而这智慧自身并不成为，而是就是，如同她曾经是，并且将总是一样，过往与成为并不在她之中，［在她之中的］仅仅是存在（esse solum），因为她是永恒！而过往与成为则并非永恒！而由于我们谈到这些、品味这些，于是我们就在瞬间触摸到了永恒，我们整个的心都在激荡着！”[②]

---

① 就此请参见奥古斯丁《忏悔录》第十三卷第十一章。

② 就此请参见奥古斯丁《忏悔录》第九卷第十章：“Et adhuc ascendebamus interius cogitando et loquendo et mirando opera tua et venimus in mentes nostras et transcendimus eas, ut attingeremus regionem ubertatis indeficientis, ubi pascis Israel in aeternum veritatis pabulo, et ibi vita sapientia est, per quam fiunt omnia ista, et quae fuerunt et quae future sunt, et ipsa non fit, sed sic est, ut fuit, et sic erit semper. Quin potius fuisse et futurum esse non est in ea, sed esse solum, quoniam aeterna est: nam fuisse et fururum esse non est aeternum. Et dum loquimur et inhiamus illi, attigimus eam nodice toto ictu cordis.”

2. 永恒作为时间的维度

奥古斯丁在那瞬间之中、在那稍纵即逝的契机中品味着永恒，如同他自己所说的："Rapida cogitatione attingimus aeternam sapientiam!"[①]（"我们在激烈的思考中触摸着永恒的智慧！"）

在这样的理解中，时间已经不再是chronos，亦即不再是寻常的时间、不再是在寻常时间中寻常的时间经验了，而是成为了瞬间、成为了瞬间而至的契机（kairos），或曰：就是成为了契机、成为了理性的时刻（momentum intelligentiae[②]），因为永恒智慧之永恒的正午之光（semper meridies）——这一本体论限定的智慧被回溯到上帝的智慧（sapientia Dei）中——永恒的照耀在当下[③]，在永恒的智慧中并无时间，在这一永恒的正午之光之前并不存在时间，而仅仅是造物主的永恒，时间在这永恒中获取它的本源（exordium[④]），本源指的是形上的优先性，是当下此在的先决条件和基础，于是，奥古斯丁的契机（kairos）借助与永恒智慧的接触就成为时间的秩序，毕竟他的契机是在时间之中的，这一契机可能是每一个人的，如同时间一样，这契机也稍纵即逝，而永恒的智慧作为存在、作为永恒、作为超验则照耀在人的时间经验中；当下此在被智慧之光所照耀，于是也成为闪光的，智慧是从不缺失、从不过往之光（lumen indeficiens）[⑤]，在上帝的智慧中、在非时间而无时间的上帝永

---

① 就此请参见奥古斯丁《忏悔录》第九卷第十章第二十五节。
② 就此请参见奥古斯丁《忏悔录》第九卷第十章第二十五节。
③ 就此请参见奥古斯丁《忏悔录》第十一卷第十一章第十三节。
④ 就此请参见奥古斯丁《忏悔录》第十二卷第十五章第十九节。
⑤ 就此请参见奥古斯丁《忏悔录》第十三卷第十章第十一节。

恒智慧中，时间最终找到了它的秩序，众多时间终于找到了它们的秩序！

在此，尽管永恒的智慧、或曰永恒的真理、甚或永恒的上帝，是借助自身而存在的、是自身完足的，是无时间而非时间性的，但却并非仅仅是自身超验的，而更多地是人在超越自身中建立了与它们的关系，它们的超验性体现在人的超越性中，体现在人建立超越关系的本性之中，而建立超越关系的本性也就是人的主体性；尽管在照耀之光和由于被照耀而闪光者之间的区别又是如此之巨大，尽管创造的智慧与受造的智慧之间的区别亦是如此之巨大，但是在奥古斯丁这里，人作为有超越本性的主体通过建立与超验的关系、哲学作为形上学通过对永恒智慧的思考而使得人对于永恒存在、永恒真理的认知成为可能。

人在时间中思考时间、反思时间、反思自己对时间的思考，这也意味着人对自身时间性、有限性和可朽性的思考；对于奥古斯丁而言，与其说时间是存在的维度，毋宁说作为永恒智慧与永恒真理的存在是时间的维度，只要人在时间中、只要人还在时间中时间着、并思考着时间，那么他就在时间与存在之间存在着，他就徜徉于尚未（nondum）与不再（iam non）之间，他就攀援在当下此在与永恒的痕迹之间，他就吟颂出那已然浸润到他内在最深处的永恒！

第五章　时间作为本体论的思考

一　引入：时间类型的三位一体结构作为本体论思考的出发点

如同本书前文所一再阐释和分析、后文也依然会不断提及的，奥古斯丁在《忏悔录》中所表述的时间概念，应当与他作为忏悔者本人及其忏悔的背景联系起来考量，由此，时间有其过去、当下和将来三种情态，而时间的本质就是其当下性，其基础则是回忆，而人所历验的时间就是上帝所创造的时间的直接结果，或曰：就是受造的时间，而人也以其对时间的历验而提出对时间的思考。

固然，我们庶几也能够说，并非当下情态，而是将来情态才是奥古斯丁所理解的时间的本质，也就是说，他凸显将来情态的地位和品性，其原因不仅在于，在时间中当下来自于将来，而且在于，将来才是人的时间性的存在与本质，并且最终在于，精神或灵魂的功能在于回忆，而回忆则是不仅是忆想过去，而是首先是忆想将来，也就是说，人的灵魂的展开首先是将来的、是朝向将来的，是以永恒为校准的，是朝向救赎史的；在这个意义上，灵魂就是当下（或当下的时间）和救赎史之间的逻辑联系，是当下与终极目的之间的逻辑联系，一言以蔽之，是作为无限的时间与作为超越的永恒之间的内在逻辑联系。

尽管永恒并非立于将来之中，而是就在当下、就在当下情态中，但是恰恰在上述这样的联系中，时间才有了心理学的维度；这样说的理由在于，在奥古斯丁看来，一方面，在灵魂的拓展中，时间的三重情态呈现而出；另一方面，由于这三重情态又无法截然分开，所以我们庶几能够说，它们又是灵魂的三一结构，是灵魂在存在、认知与意志所构成的三一结构之外所能够被观察到的三位一体结构；当然，这并非意味着灵魂具有不同的三一结构，而是意味着，从不同观察角度出发而能对灵魂有不同的三一结构的分析，本质上则是一个灵魂和一个三一结构；于是出于这样的理由而能概言之：时间作为精神的延展、作为灵魂的拓展，建构了人的内在生命和心理结构，建构了希望与期待的心理机制与过程，人不仅借助时间本身（不仅在时间中、并且通过时间），而且借助对其意义的认知，在其全部生命之中时刻怀抱希望与期待而参有到永恒之中；在人的时间意识中，灵魂是心理与认知的交汇，是它们交汇处的纽结。

二　时间概念的方法论分析

奥古斯丁在《忏悔录》第十卷中认为，对每一事物至少能够有三类提问，亦即：是否存在？存在的是什么？是怎样存在的？[①] 在随后的第十一卷中他提出的一个问题是：时间究竟是什么？在奥古斯丁的这一提问中有两个基本内涵：首先，这一提问确定了时间的存在，其次，它至少也暗示了时间具有延展性。这不仅在奥古斯丁之前的时间问题的研究历史中已经有足够丰

① 就此请参见奥古斯丁《忏悔录》第十卷第十章四十七节。

富的讨论，如同前文所分析的（譬如在柏拉图和普罗提诺的时间哲学中），而且在人对于时间的日常经验中庶几也是不言自明的。在奥古斯丁看来，一方面，时间当然存在，这一认知不仅是无需质疑的，而且还以其上帝创世（当然包括创造时间，《忏悔录》第十一卷第十三章第十五节；第十一卷第十四章第十七节）之信仰为基础，也就是说，时间作为上帝的受造物而获有其存在；另一方面，人不仅试图测量时间，而且也历验时间的长短，这不仅表明时间的可测量性和延展性（《忏悔录》第十一卷第十七章至第二十六章），而且更突显出人理解时间的渴望以及从《创世纪》出发而提出的哲学思考。

时间究竟是什么？奥古斯丁的这一提问也表述了两个思辨的难点；首先，既然确定了时间存在，那么随之而来的问题或困难则是：如何思考时间的存在？其次，既然确定了时间具有延展性，那么另一个问题或困难则是：如何思考其延展性以及如何确定其延展（或曰：如何测量其过往、当下以及将来）？这两个甚或纠结在一起的思辨的困惑不仅是方法论上的困惑，而且与前一章节所讨论的时间疑难品性亦密切关联。

前一个思辨的困惑关涉的是本体论的问题，也就是说，未来作为尚未存在、过往作为已经不再存在，都能够被视为不存在；即使是当下，也能够被视为正在不存在者（《忏悔录》第十一卷第十四章第十七节），尽管它在回忆（memoria）中保有其当下性。就此，奥古斯丁提出其独特的思考，他首先给出时间的三重样态，或曰：将时间理解为过往、当下以及将来，然后将它们引入回忆，也就是说将它们理解为当下的回忆、当下的感觉、当下的历验和当下的期许，这也就是他所说的：

“有三种时间，过去的当下，当下的当下，以及未来的当下，在某种意义上这三种才在灵魂之中，在其它地方我找不到它们：过去的当下作为回忆，当下的当下作为明觉直视，未来的当下作为期待。”（“Tempora sund tria, praesens de praeteritis, praesens de praesentibus, praesens de futuris. Sun enim haec anima triaquaedam et alibi ea non video, praesens de praeteritis memoria, praesens de praesentibus contuitus, praesens de futuris expectatio.”）[①]一方面，时间的三重样态在回忆中都是当下此在，回忆将时间识别为当下此在，这不仅确定了时间的存在，而且这一对时间存在的确定同时也引入了对于时间的认知，或曰：时间问题不仅是本体论问题，而且同时也是认知问题；如同前文已经阐释和分析的，这样的考量透析出希腊古典哲学的思维品性，也就是说，奥古斯丁在这一问题上的思维出发点是他所娴熟于心的古典哲学。另一方面，对时间存在的确定以及对于时间三重样态的认知，也来自于奥古斯丁的学习经历，或曰：来自于他对于语法的学习；他说：“我们作为年轻人学过、并且教导给年轻人，有过往、当下和未来。”（“Tria tempora, sicut pueri didicimus puerosque docuimus.”[②]）时间的存在及其样式在语法中展开为过去是（过去存在）、现在是（现在存在）以及将来是（将来存在）；时间被设置在学习者的灵魂中，语法的时态系统呈现出时间与精神（或灵魂）的内在关系，关于这一点本书将在探讨“精神的延展”章节中做比较详尽的分析，

① 就此请参见奥古斯丁《忏悔录》第十一卷第二十章第二十六节。
② 就此请参见奥古斯丁《忏悔录》第十一卷第十七章第二十二节。

在此，时间作为三重样态建立在对于相关知识（譬如时态）的记忆和回忆的过程中，对于时间样式的认知直接关联学习者的学习过程、感知过程以及心理过程；这样系统性的考量和综合的建构透析出日常生活中司空见惯的思维模式。

后一个思辨的困惑关涉哲学与神学的内在联系，或曰：关涉本体论与救赎史的内在联系；也就是说，本体论的时间分析似乎仅仅确定了时间的当下此在及其意义，而无法确定过往与将来的存在，从而轻忽了这两者的价值、意义和重要性，这似乎与基督宗教将人类史视为救赎史的初衷饶有不符，与“圣言成了血肉”（“道成肉身”）的旨趣饶有不符，与基督以祭献形式而被钉十字架之死的救赎目的饶有不符，与皈依罗马公教的、忏悔着、祈祷着并认信着的（参见本书第三篇第一章对confessio 这一语汇原意的阐释）奥古斯丁的整体写作境况饶有不符。

细而言之则能够有三个方面的述说，一方面，奥古斯丁以其修辞学的专业素养、利用语法中的时态表达，将过往表述为一般现在时的 est（现在是），也就是说，将过往表述为当下此在的过往，表述为在此时此刻的灵魂中的当下此在；另一方面，如果奥古斯丁将过往视为不存在的话，那么他又有什么可忏悔的呢？他又何须忏悔呢？奥古斯丁不仅把自己不乏过错的过往视为当下的、视为当下此在的，他也正是在这种一般现在时的时态表述中、在当下的表述中忏悔自己的过去（当然也在当下祈祷和认信），而且也正是在这样的时态表述中，过往才是当下的、忏悔和认信才是当下的，这样的过往和忏悔才是真实的、真心的，这样的认信才是坦诚的、诚恳的；奥古斯丁并非要忽视过往、并非要忽视他的被过犯所标示的过往，恰恰相反，而是将其过往直接引入回忆、引入灵魂在当下此时对于过往的回忆，这样真心、真实的忏悔意味着灵魂在一般现在时中的回忆，意味着过往即是当下；而最终一个方面，在灵魂中的过往、在当下此时的回忆中的过往，甚或在灵魂和回忆中的将来，都并非仅仅时间现象的心理形成过程，并非仅仅历史事件在思维或意识中的某种重构，而是以历史和个体心理的形式来确定过往的客观性时间品性、确定过往的客观实在性，这样的时间品性和实在性并非仅仅属于奥古斯丁，而是恰恰由于其客观实在性而属于每一个人、属于整体的人类；在此，并非仅仅奥古斯丁自己忏悔自身的过犯，并非仅仅他自己呼求和祈祷，并非仅仅他自己认信天主父和耶稣基督，而是：由于这样的忏悔、呼求、祈祷和认信具备普遍的心理结构和基本的历史形式，因而它们能够是每一个作为个体的人的忏悔、呼求、祈祷和认信；《忏悔录》的深蕴意涵就此也可见一斑，行文至此不能不再度慨叹：伟矣哉！奥古斯丁！

从神哲学的关系来看，奥古斯丁在《忏悔录》中对于上述两种思维困惑的阐释和分析首先在本体论层面表明，尽管时间似乎在流逝，尽管由于这种从不间歇的流逝而使得对它的测量庶几不可能，但是过往的时间与将来的时间并非由自身就不存在，而在神学层面奥古斯丁则又进一步提示出它们并非不存在的理由：上帝创造了世界，当然也创造了时间；上帝是在时间中的上帝，时间对于上帝而言就是当下此时，况且上帝自身也表述当下此时；而由于对上帝而言无所谓过往与将来，所以对于他而言过往与将来的逻辑内涵并非别的什么，而就是当下此在，或曰：它们的存在就是当下的。

奥古斯丁的时间概念将哲学与神学统而筹之，这使得人不仅能够言说时间，而且还能够在其内在之中、在其内心最幽深之处，也就是在其记忆和回忆之中发现当下此在的时间，如同他在其内心最幽深的渊薮中发现上帝一样，本书将在后文中进一步阐释和分析作为人的宗教意识的时间；在这个意义上，人不仅由于其自身的存在而无法否定内在于他的时间的存在，而且也由于其自身的以及时间的存在而无法否定内在于他的上帝的存在；由于奥古斯丁确定了时间的存在及其当下此在，所以他的兼顾神哲学的时间概念，使得人不仅无法否定时间和上帝的存在，而且最终也无法将时间和上帝仅仅视为某种心理现象，甚或仅仅视为心理假象，时间并非是历史的海市蜃楼，并非是宗教的南柯一梦，并非是哲学的歇斯底里，并非是神学的肆无忌惮，在心灵和回忆中的时间是人思考上帝的华夫饼干。

于是在神哲学关系的意义上，我们庶几可以说，一方面，上帝以非时间的方式享有时间，以其永恒并且作为永恒而介入时间、掌控时间；而另一方面，尽管人言说并且历验时间，但是人仅仅能确定时间的存在而已，并非能给出这一概念的普遍被接受的定义，人在时间中时间着，时间并非由于过往和将来而已经不存在或尚未存在，过往和将来并非别的什么，而是时间本身就是作为过往和将来、就是被人视为过往和将来；由此我们庶几能够说，尽管人从不愿意放弃对于时间存在和本质的认知，如同人从不愿意放弃对于上帝认知的企盼和追求一样，但是似乎并非是人控有时间，而是时间总括人寰，人仅仅能在当下此在的过往中、在当下此在的将来中、在当下此在的现在中，怀有对当下此在的回忆和期望、怀有对永恒的回忆和期望；如果时间在过往、当下和将来的三一结构中辗转反侧，那么人则在过往、当下和将来的三一结构中寤寐思服，时间不仅在人的言说和认知中存在，而且在人的灵魂中当下、在人的灵魂中此在，时间在灵魂中呈现自身。①

从认知论的角度来看，奥古斯丁认为，如果将测量仅仅理解为数学或物理意义上的测量（比较长短等）的话，那么人关于时间的思考，必定在测量时间的行为中以失败告终，奥古斯丁对此言之凿凿：将来的时间作为所谓的尚未存在，过往的时间作为所谓的已经不存在，当下的时间作为毫无延展，流逝的时间作为无法确定其终结的存在，无不令人思之在在、念之在在。人仅仅能够在回忆中测量，或曰：人仅仅能够测量时间在回忆中留下的痕迹，仅仅能够测量时间途经人的感官感觉时在意识和回忆中刻下的印记，奥古斯丁说："是测量凝滞在我的记忆之中而刻下痕迹的某种东西。"②

但是："在你之中！我的精神！我测量时间！别吵闹我！是这样的（也就是说），别让你感官印象的纷纭杂沓对我叫嚣隳突。我认为，在你之中，我测量时间；当川流不息的事物摇曳而过时，它们在你之中激荡起这印象，并滞留于你之中，我测量这印象。当我测量时间时，我在它的当下之中测量的就是印象，而非那些

① 就此亦请参见《忏悔录》全部第十一卷第十五章第十九节以及第十一卷第十五章第二十节后半部分。

② 就此亦请参见《忏悔录》第十一卷第二十七章第三十五节："Aliquid in memoria mea metior, quod infixum manet."

在鼓荡而过时制造出这印象的事物。”[①]

在此，不再是“过往的时间”（“tempora praetereuntia”），取而代之的是“当下的现实”（“res praetereuntes”）；时间的测量仅仅发生在回忆之中，这不仅适用于过往，而且也适用于将来。而从“在回忆中”（“in memoria”）到“在你，我的精神中”（“in te, anime”）过渡，是借助在第十卷中就已经提示出的同义词“animus”而完成的，如前文所提示以及后文还将详尽分析的，“animus”与“anima”在《忏悔录》第十一卷的时间分析中是同义词，在三种时间样态的内在联系的意义上，它们甚或与“memoria”以及“distentio animi”是同义词。奥古斯丁提出歌唱的模式来阐释和分析时间测量的模式以及时间当下样态的拓展模式；在听一首歌的意义上，奥古斯丁提出“contuitus”而取代“attentio”，他说：“毫无疑问（直译：谁能否认），当下并未建构时间的延展舒张，因为它在此时此刻（每一瞬间）都在流转，但是绵延持续者就是对当下的凝神的关注（感受、掌握），来临者穿过当下而进入离遁。”[②]在奥古斯丁看来，尽管感官的经验与思考并非一致，即使是“精神的延展”（“distention animi”，本书在后文中将详尽探讨之）也仅仅关涉回忆和期待而已（《忏悔录》第十一卷第二十八章

① 就此亦请参见《忏悔录》第十一卷第二十七章第三十六节：“In te, anime meus, tempora metior. Noli mihi obstrepere: quod est; noli mihi obstrepere turbis affectionum tuarum. In te, inquam, tempora metior. Affectionem, quam res praetereuntes in te faciunt et, cum illae praeterierint, manet, ipsam metior praesentem, non ea quae praeterierunt, ut fierert.”

② 就此亦请参见《忏悔录》第十一卷第二十八章第三十七节：“Et quis negat praesens tempus careet spatio, quia in puncto praeterit? Sed tamen perdurat attentio, per quam pergat abesse quod aderit.”

第三十八节），但是他也清楚地知道，将来与当下似乎并非毫无间距而摩肩接踵，从将来到过往的过渡并非日上三竿般的明澈、月移花影般的曼妙，并非每一单一点的逐一的敲击，当下也并非每一单一点的毫无关联的结果、并非从当下到当下（或曰：从“est”到“est”）的嘀嗒不停。当下自身不仅不断持续地当下着，而且本身就是不断持续的当下，而从将来到当下的过渡以及从当下到过往的过渡则也是持续不停的，或曰：从不同的当下、从一个当下到另一个当下（从不同的当下的样态，也就是说，从当下的将来通过当下的当下而达于当下的过往）的过渡，也是湍流不居的，时间的持续性体现在从一个当下到另一个当下的流转不息，人的听觉比视觉更能捕获这一特点；只有当“现实”（“res”）的“过往”（“praeterire”）作为“时间”（“tempus”）的“过往”（“praeterire”）的时候，“回忆”（“memoria”）才能被理解为感官对时间品性所赢得的图像；也就是说，当对时间意识的当下的感觉进入对时间的当下的感觉时，也就是并非感觉将来、当下和过往的前后顺序，而是就是感觉到当下时，“回忆”（“memoria”）才真正是对时间的品性所赢得的图像。

而“关注持续”（或“关注持续着”，“perdurat attentio”，持续在此是动词）是一种动态，是一种思考的行为，这一思考的行为在对“过往”（“praeterire”）和“测量”（“metiri”）的反思行为中得以完备自身，尽管还依然无法解释，究竟什么导致时间无法测量，但是却使时间测量的基础在某种意义上庶几成为可视的现象、可想见的现象；奥古斯丁说：“想一想吧！一个声音在震响，在回响、在回响，看啊！它渐弱、渐弱。”（此句亦可译为：“看啊！想一想物体的声音开始振响，不仅振响，而且持续振响，并且看啊！它消失。”[①]）在奥古斯丁的意义上，当下是复数的当下，这不仅意味着时间的三重样式，而且同时也提示出，这三重样式所构成的一个整体的当下，无法切割成不同的当下，当下自身并不能分崩离析，并不能被分成两个以上、甚或多个当下；换言之，人无法想象一个从整体的当下中抽离出来的一个部分的当下，或者尽管人能够想象这一点，但是实际上无法做到，也就是说，至少无法将时间拆散开来一一度量。就奥古斯丁以歌声（振响）的例证而言，当声响尚在持续、尚未宁静之时，也正是这声响经过人的感官之时，当此之时，其声响的每一个瞬间的当下、每一个顺序而来的当下（如果可以这样说的话），无不相互内在、无不相生相继：“我们拾取另一个声音：它开始震响，并且毫无间段而持续回响，让我们测量它，只要它还在回响。”[②]尽管人庶几无法测量这声响在人感官中的经过，但是对于留在记忆中的这一声响经过的测量以及对其时间品性的理解而言，这一历验则分明是必要的前提。

三　时间概念中以过往和回忆为模式的将来与期待学说

在奥古斯丁的时间学说中，将来究竟具有何种意义呢？它与当下和过往又有何种关系呢？期待又有什么内涵呢？

---

① 就此亦请参见《忏悔录》第十一卷第二十七章第三十四节：“Ecce puta vox corporis incipit sonare et sonat et adhuc sonat et ecce desinit.”

② 就此亦请参见《忏悔录》第十一卷第二十七章第三十四节：“Ecce puta altera coepit sonare et adhuc sonat continuato tenore sine ulla distinction.”

在《忏悔录》第十一卷中，一方面彰明较著的是，关于时间概念的讨论是以当下为基准的，时间学说的核心内涵是当下，相对于当下而言，将来和过往则逊居在后；而另一方面也显而易见的是，承续第十卷而来的是，在第十一卷中回忆被再度拾起，并且被置于时间概念的考量中而加以探讨，回忆作为一种具有空间品性的譬喻，被引入到关涉于时间的“distention animi”（亦即后文要详尽分析的“精神的延展”）阐释和分析中；关于时间的分析，无论是本体论的，亦或是测量意义上的，庶几都是从回忆出发而实施的，回忆比期待似乎更具价值和意义。从上述这两方面的联系来看，比起将来而言，作为时间三种样态之一的过往的当下，似乎被回忆赋予了更多的良性品质；没有在灵魂中的回忆（或曰：没有回忆在灵魂中建构的图像），就不仅没有可能性去测量时间，而且灵魂的延展也无从谈起；最终，期待的对象与回忆的对象似乎也并无二致。

时间学说的主旨是强调当下，这并非意味着奥古斯丁时间研究的旨趣在于恰恰发生着的当下之瞬间，而是意味着其旨归聚焦在当下，或曰：集中趣向于在回忆中的过往的和将来的当下，我们庶几可以说，这是奥古斯丁思想中最具特色的原创性，当下是回忆和期待最无可消解、最无法消解的对象，甚或对过往（或过往的当下）的回忆也不外乎是将过往牵引至当下，对将来的回忆则亦不外乎如是，过往与将来的相聚就是当下，过往与将来的会饮就是当下此时。

在灵魂中过往的当下，亦可被视为感官对事物的印象在灵魂中所留下的痕迹，回忆在灵魂中所建构的图像能否给出作为时间三重样态之一的将来呢？在面临这一问题时，尽管奥古斯丁的回答似乎有所思忖、有所斟酌，甚或有所狐疑，他说：“我的上主！我承认我不知道。”[①] 但是在灵魂中可想见的将来的当下（当下的将来），也是从回忆入手而设想的，这可有如下三方面之述说：

一方面，在时间的意义上，将来对于奥古斯丁而言更多的是“期待”而非仅仅是“希望”（甚或并非是“希望”）；尽管教会和哲学的传统在这一问题上预先早已给出了“elpis”（“希望”）一词，[②] 但是在《忏悔录》第十一卷中，奥古斯丁却并未使用希腊哲学传统意义上的“spes”一词，而是“expectatio”，即“期待”，而“期待”也并非是随意而任意的期待，而是确切的、从对于原因（象征）到结果（指向）的历验而来的，也就是从对于过往的历验而来的。

另一方面，在启示的意义上，这“期待”奠定在上帝自身启示的基础上，奠定在上帝的救赎的预许上（《忏悔录》十一第十九章第二十五节）；“希望”在奥古斯丁《忏悔录》的意义上似乎更多的是来自于人自身的意愿，而“期待”则更多的是来自于上帝主动赋予人的恩宠，哲学与神学之间的联系与区别由此可见一斑，时间概念中将来样态的神学意蕴由此亦可见一斑。

最终一个方面，如果古典哲学由于将来的无可捉摸性、无可确定性而甚或放弃之，并且要么放逐将来而高呼：“Carpe diem！”（“抓住今天！”），要么也在放逐将来的意义上而预先默观（“praemeditatio”）将来的存在，那么在“期待”的

---

① 就此亦请参见《忏悔录》第十一卷第十八章第二十三节：“Confiteor, deus meus, nescio.”

② 就此请参见《哥林多前书》第 13 章。

意义上，奥古斯丁的时间思想则超出了古典哲学关于时间的存在论的、目的论的、伦理论的和人类学的思考。

总而言之，在奥古斯丁的时间概念中，对于人的将来（或曰将来的存在）而言并不存在未知因素、不稳定因素，因为在这样的时间概念中，期待的对象以及这一对象的存在方式早在过往之中就不仅被一劳永逸地预先给出了，而且这一对象及其存在方式即使在将来也不会稍有减损而依然如同所预许和启示给人的一样，人所期待的并非别的什么，并非他所从未听闻视见的，将来并非别的什么，而是回忆过往的行为，是对过往的回忆的行为，是对预先给定的恩宠的不断回忆的行为，“期待”，特别是对将来的“期待”并非别的什么，而是知识和认知的终极形式。

时间的测量发生在回忆之中（《忏悔录》第十一卷第二十七章第三十五节以下），尽管奥古斯丁也阐释和分析了精神或灵魂对于将来的延展（也就是精神或灵魂对于将来的回忆）和观想，但是在关照将来时间的意义上，他并未使用“测量”（“metiri”）一词；如果“回忆”（“memoria”）提供了丰富的譬喻并具有强劲的解释力的话，那么与之甚或截然不同的则是“metiri”，哲学的传统在这个意义上似乎并未给奥古斯丁留下太多可供借鉴和思考的思想，他也并未找到足够的譬喻阐释和譬喻分析在灵魂中的将来的当下及其内涵。在测量一首歌曲时，人的期待拓展到歌曲的全部，歌曲是取自回忆之中的，也就是说，是人所熟知的；如果歌曲开始被演唱了，那么测量的行为也就展开了，在这一行为的展开中，人的生命也就在期待、关注和回忆中展开自身，这也就是奥古斯丁所说的“生命被我的这个行为所展开”，[①] 于是测量就不仅发生于回忆展开自身的每一个从属行为之中（也就是对已经演唱的每一部分的过往性的不间断而持续的回忆之中），而且发生于回忆的整体的延展中（也就是对全部歌曲的回忆之中），同时发生在认知理性对于这一回忆的确认之中。

四　永恒提升时间存在的质量而不涤除其所具有的朝向未来方向之意义

如果奥古斯丁《忏悔录》的时间概念向人们开启了永恒所具有的意涵的话，那么我们面临的问题是，这个意义上的时间能否被理解为隐匿而潜在的朝向永恒存在的驿站、中转站或乘降所？是否时间的隐秘的意义在其逝者如斯的流程中被涤除殆尽？

奥古斯丁在《忏悔录》开篇伊始就说道：“因为你将我们向着你而创造，而我们的心又是躁动不安的，直到它憩息在你之中。”[②] 固然，一方面，这是奥古斯丁寻求上帝时内心所生发的涌动，特别是当他向上帝开放自己的那一时刻，其内心情感之跳浪、思绪之急湍，然而颇可想见，这一涌动，甚或躁动是正面而积极的，这庶几也恰恰是通往上帝之路，并且能够在上帝中达于宁静；而另一方面，恰恰由于这一内心的悸颤，使得

① 就此亦请参见《忏悔录》第十一卷第二十八章第三十八节：“distenditur vita huius actionis meae.”

② 就此亦请参见《忏悔录》第一卷第一章第一节：“Quia fecisti nos ad te et inquietum est cor nostrum, donec requiescat in te.”

这一话语不仅成为一种结构范式，亦即时间作为通达非时间性之范式，而且也成为本书在较远的前文中所分析过的普罗提诺辩证时间观的程式。

内心的不平并非别的什么，而就是内心的浮动纤颤以及灵魂的四散飞溅、魂不守舍；就此，奥古斯丁说：

“但是他们的心却驰骛在从曩昔到将来的变化不定的事物中，还依然居辍无常。谁将栖止片刻？谁将静谧瞬间？心当片刻栖止，心当瞬间静谧，以为了瞥见那一贯照临当下的永恒之光，哪怕是惊鸿一瞥！他还当将这永恒与川流不息的时间比量裁夺，以考量其间之无可比拟。”[①] 以及本书不止一次阐释和分析，且不妨再度强调的：

“我全部身心颠沛流离，我的思考辗转反侧，我的灵魂寤寐思服，直到我最内在的生命涤尘洁虑、清泠甘洁而融入你圣爱的炽热涌流中。”[②]

无论在这些表述中多么强调时间的将来品性、多么强调状态性的当下的终结，但是将来与当下毕竟并非这些表述的核心，当下的状态却是时间和将来自身的某种涤除，当下来自于将来，并且置身于过往之中；在奥古斯丁的时间学说中，永恒下车伊始就涤除在过往和将来之中漂流浮动的时间（“in praeteritis et

① 就此请参见《忏悔录》第十一卷第十一章第十三节：“Sed adhuc in praeteritis et futuris rerum motibus cor eorum volitat et adhuc vanum est, Quis tenebit illud et figet illud, ut paululum stet et paululum rapiat splendorem semper stantis aeternitatis et conparet cum temporibus numquam stantibus.”

② 就此请参见《忏悔录》第十一卷第二十九章第三十九节：“At ego in temora dissilui, quorum ordinem nescio, et tumltuosis varietatibus dilaniantur cogitations meae, intima viscera animae meae, donec in te conflam purgatus et liquidus igne amoris tui.”

futuris rerum motibus"）；此外，对时间的被建构性以及三种时间样态中的将来的被涤除的分析，在论证上似乎还能更充实圆润，以至于在这样的分析中似乎奥古斯丁自己都没能真正理解他所提出的时间的秩序，亦即从将来经过当下以至于过往的顺序，甚或没能真正理解这些秩序和顺序的意义。我们似乎能够说，即使强调当下，人的将来也并非应当被视为需要涤除的时间，上帝恩宠的介入似乎并不能被涵盖到这样的时间概念之中，原因在于，恰恰是这样的恩宠将人从时间中、从在时间中的流离失所的状态中拯救出来；上帝庶几如同时间自身，他甚或在时间之前就创设了宁静，如同奥古斯丁所认信的那样："而你，上主！你总是运作并且总是宁静，你既不凝视时间，亦不向着它运动，又不向着它憩息，但是尽管如此，你却造就了时间般的凝视、时间自身以及出自时间的宁静。"① 并非身心躁动的人自身以及似乎离散荒疏的时间朝向安息日般的宁静，前文所引述的"你将我们朝向你而创造"（"fecisti nos ad te"）并非意味着，上帝赋予人能力使之在寻求上帝的路上内心躁动不已，而是意味着，人恰恰由于自身被赋予和被决定了朝向上帝的品性，因而在远离上帝时则被躁动和喧嚣所纠缠和撕裂，躁动不平是人的苦难状态。如同本书前文在"时间理论的内在逻辑结构"部分中所提及的，奥古斯丁引述《斐理伯书》3，12-14 来阐释或设想人的时间的涤除，而时间的涤除并非意味着

① 就此请参见《忏悔录》第十三卷第三十七章第五十二节："Tu autem, domine, semper operaris et semper requiescis nec vides ad tempus nec moveris ad tempus nec quiescis ad tempus et tamen facis et visiones temporales et ipsa tempora et quietem ex tempore."

不存在时间，而是意味着永恒被视为永恒的当下。在这个意义上的时间的涤除，意味着上帝将永恒的当下作为恩宠赋予给人，观视永恒意味着无需过往和将来，无需历验过往和将来，无需考量过往和将来，无需长久或短暂，这样的永恒不再仅仅是上帝的永恒，而且也是作为主体的人的永恒，这样的永恒以及对这样的永恒的历验，是将人从本书开篇所阐释的时间有限和时间限定的感知与认知中解放出来，这样的永恒就是全部而整体的当下。[①]

五　在古典传统中奥古斯丁时间学说的神哲学意义

比起同样是在古典传统中的普罗提诺而言，无论是在哲学的，亦或是在神学的理解上，奥古斯丁时间学说都有其独具特色之处，我们在此并非要阐释他们思想上的异同，并非在历史发生学的意义上，而是在系统的和内在关联的意义上同时考量这两位哲学家。

与柏拉图以及普罗提诺不同的是，在奥古斯丁的时间学说中，时间本身并非是永恒的图像，时间与永恒各自下车伊始并不一定表述另一方，由此，它们之间似乎也并非具有某种内在联系，甚或统一性，以至于时间逃逸永恒和时间朝向将来这两者之间的辩证关系似乎并不凸显，因而时间并非具有某种可塑性和能动性；而这些特性之间原本应当相互关联，甚或构成一个整体。

① 就此请参见《忏悔录》第九卷第十章第二十三至二十五节；第十一卷第十一章第十三节。

从奥古斯丁所从出的古典哲学传统来看，我们能够有如下若干方面的阐释和分析：

首先，如同本书在较远的前文所阐释和分析的，对于普罗提诺而言，如同在柏拉图《蒂迈欧篇》中一样，时间与永恒有着无可消解的关联，在柏拉图看来，时间是永恒的肖像，而普罗提诺则将永恒视为时间的表述，时间与永恒的辩证关联是他们时间学说的特色。尽管奥古斯丁并未在《忏悔录》的时间分析中直接引述他们的观点，但是他不仅应当知晓这一图像说以及表述说，甚或在其它关于时间的表述和分析中还间或有所引述，[①] 本书在翻译普罗提诺《九章集》中关于时间与永恒部分中也随处做了提示，以“时间是永恒的肖像”（“aeternitatis quaedam imitatio”）、“时间近乎于永恒的痕迹”（“vestigium quasi”）之类的表述来表明时间和永恒的关系；古典哲学关于时间的学说不仅影响奥古斯丁的思想，而且也使得其后的哲学家在考量时间概念时受益良多。[②]

其次，依然如同前文所表述和分析的，柏拉图将时间理解为永恒的肖像，人必先从时间入手、先理解时间而后方能理解

① 就此请参见 Augustinus, De genersi ad litteram 13, 38: “quasi vestigium.”; En. In Ps. 9, 7,17: “Aeternitatis quaedam imitatio.”; De musica: “tempora aeternitatem imitantia.” 等。Lechner 和 Beierwalters 都指出了这些例证，就此请参见 Odilo Lechner, Idee und Zeit in der Metaphysik Augustins. Salzburg Studien zur Philosophie Band 5. München 1964. S. 135; Werner Beierwaltes, Plotin, Über Ewigkeit und Zeit (Enneaden III 7) Übersetzt, eingeleitet und kommentiert von Werner Beierwaltes. Frankfurt am Main 1967. S. 255.

② 譬如波埃修斯关于时间的思想就直接受到奥古斯丁之影响，就此请参见 Boethius, Consolatio Philosophiae. Lateinisch-Deutsch. Herausgegeben und übersetzt von E. Gegeschatz und L. Gigon, eingeleitete und erläutert von O. Gigon.Artemis & Winkler Verlag, Düsseldorf/Zürich 2004. Liber 5, pr. 6，如同本书在“导论”部分曾经引述过的，并且在不远的后文中还要提及的。

永恒；而普罗提诺则将时间理解为每一个瞬间既相互离散而又相互依存的统一整体，时间甚或是永恒存在的类比，而永恒则是时间的表述，人必先理解永恒而后方能理解时间；奥古斯丁全然不同于他们两人，他将三位一体的“回忆”（“memoria”）、“关注”（“intentio”，或“旨趣”）以及“期待”（“expectatio”）概念融入他的时间哲学中，[①]他的时间（tempus）概念本质上是复数的（tempora），或曰：至少时间的样态是复数的；但是尽管如此，其样态之间却依然是如影随形、如草随风、如泥随印，如音随声，而在其中感到离散的不是时间自身，也不是别的什么，而是人自身，在这个意义上，如同前文所引述的，奥古斯丁才说："At ego in tempora dissilui."[②]（“我散失在诸多时间中。”或曰：“我迷离在诸多时间中。”）这一拉丁文本中的“tempora”一词在此不仅是中性复数，而且是第四格，表明前面介词的含义并非表地点，而是表动态的，是表述主语 ego（我，在此亦即奥古斯丁）离散在诸多时间的样态中（也就是离散在诸多时间样态中的感觉和心理），尽管有多重样态，但是时间自身却并非是散乱无章的；在奥古斯丁的这个意义上，时间既是统一的整体，同时又表述某种多样性；作为统一的整体，时间是永恒的肖像，作为样态的多样，时间是永恒的表述，永恒能够不受任何规限而置身于任何一个时间样态中，并且并非在时间中消弭殆尽，而是丝毫也不消减自身；在柏拉图那里时间是永恒的肖像，在普罗提诺那里永恒是时间的表述，时间与永恒的关系在奥古斯

① 就此请参见奥古斯丁《忏悔录》第十一卷第二十八章第三十八节。
② 就此请参见奥古斯丁《忏悔录》第十一卷第二十九章第三十九节。

丁这里则融聚为时间对于永恒的模仿、时间意欲成为永恒，时间的本质庶几在于，时间总是要超出自身而成为永恒；或曰：时间并非静止的本质，而是在多重样态中的运动，是在多重样态中驰向永恒、追求永恒、追求永恒的存在，这意味着时间在运动中消解着自身的消解性，并且在消解自身的消解性的同时而追逐永恒；整体的统一是时间的本质，样态的多重是时间的呈现，在此，一与多的关系不仅是理解奥古斯丁时间本质的，而且也是理解时间与永恒的关系的出发点。

其三，在普罗提诺的时间理解中，时间是从永恒中起源的，这一点已然表明了时间的性质，时间与永恒的关联体现在历史之中，这一关联本身是时间性的，时间是被历史所表述的，时间的品性是历史的，时间的时间品性（首先并非它的另外的什么品性，譬如心理的、文化的，甚或社会的）呈现在时间兴起和运行的历史之中，并且在这样的历史之中被认知，这也是本书探讨奥古斯丁历史哲学、历史神学思想的理由，这在本书导论部分已经提示过了；而在奥古斯丁《忏悔录》第十一卷的阐释和分析中，时间不止一次被称为受造物，[①]而所谓“受造物”、“受造的存在”并非仅仅某种结果的表述，并非仅仅是关于存在的表述，而且恰恰因为时间是受造物，所以时间不仅有其开端、不仅时间的存在有其开端，而且这同时也还表明时间有其依赖性，换言之，时间在永恒之中才有效用，时间并非借助从永恒

① 就此请参见奥古斯丁《忏悔录》第十一卷第十三章第十五节（“operator omnium temporum”，亦即上帝是“所有时间的运作者”）；第十一卷第十四章第十七节（“ipsum tempus tu faceras”，亦即“你创造了这一时间”）以及第十二卷第十五章第二十节（“creatura temporis”，亦即“时间的受造”）。

中的逃逸而实现自身，并非借助自身独立地追求永恒而实现自身，并非借助将自身建构为永恒的将来而实现自身，而是借助其过往与将来在永恒面前的同等性而实现自身，奥古斯丁说："你并非在时间之中才是时间的前提，否则的话，你就不是所有时间和每一时间的前提了。凭藉你总是当下此在的永恒的无时间性的崇高，你总是一切过往的前提，你总是超越一切将来。"[①] 同时，来自于永恒的过往与将来，它们具有相同的出发点："他要看到，所有的过往都会被即将临在者所淘尽，所有的将来都随过往而逝去，所有的过往和所有的将来都被那永恒持续的当下所创造而运行。"[②] 而当下的永恒则统辖将来与过往，[③] 过往与将来具有和永恒同样的关联，永恒并非一方面是时间的起源而另一方面是时间的目的，而是它同时是时间的起源、载体（中介）和目的，时间从永恒出发而同时向着诸多时间（复数的时间）而分蘖，过往与将来从永恒中同时兴起和流逝（"creari et excurrere"），永恒是当下的永恒，当下即永恒，如同前文所阐释和分析的，《忏悔录》开篇伊始就强调，上帝的永恒就是"今天"，上帝在这个"今天"运作一切，上帝的每一天都是今天，上帝的"今天"就是永恒；[④] 在这个意义上，人的当下是

---

① 就此请参见奥古斯丁《忏悔录》第十一卷第十三章第十六节："Sed praecedis Omnia praeterita celsitudine semper praesentis aeternitatis et superas omnia furura."

② 就此请参见奥古斯丁《忏悔录》第十一卷第十一章第十三节："Et videat omne praeteritum propelli ex futuruo et omne futurum ex praeterito consequi et omne praeteritum ac futurum ab eo, quod semper est praesens, creari et excurrere."

③ 就此请参见奥古斯丁《忏悔录》第十一卷第十三章第十三节："Stans dictet future et praeterita tempora nec futura nec praeterita aeternitas."

④ 就此请参见奥古斯丁《忏悔录》第十一卷第十三章第十六节："Hodiernus tuus aeternitas."

永恒的当下，永恒就是永恒的当下，并且只要人的当下是永恒的话，那么不仅人的每一个当下的瞬间就都总是同时向着过往和将来的运动，而且在这样的永恒中无尽的将来与无穷的过往则相遇在无限恒久的运动中；而精神或灵魂所延展到（“distentio animi”）其中的过往和将来以及分蘖到其中的时间的诸多样态，则都发端于永恒、发端于它们在永恒中的共同的出发点，在面对永恒时，过往与将来具有同样的维度，然而，尽管它们都出自于永恒，但是永恒相对于它们而言则不仅呈现出一种先验的他者性，而且同时也表述出时间的整一性。

其四，当然，奥古斯丁不同于柏拉图，特别是不同于普罗提诺，在普罗提诺的时间观中，时间与永恒的辩证统一以及时间的一致性（整一性）密切联系在一起；普罗提诺思考时间的早与晚，时间的持续是早与晚的环环相生。而对于奥古斯丁而言，时间和永恒是无可比拟的（“incomparabilis”）；[①] 时间并非是永恒的图像（画像），时间并非模仿（“imitari”）永恒，更遑论时间还仅仅是追随（“aemulari”）永恒而已，永恒是时间的维度，时间是永恒的痕迹，如同不远的前文所引述的，波埃修斯在《哲学的慰藉》中同时在普罗提诺和奥古斯丁的意义上阐释和分析了这一点；奥古斯丁思考时间的过往、当下与将来三重样态，时间的持续是三重样态的此消彼长，永恒与时间的无可比拟性以及时间的某种非统一性（亦即三重样态）密切相联；尽管在时间与永恒的关系中不仅透析出人与上帝的关系，而且上帝的存在、上帝的当下此在与人的存在、与人的当下此在尽可

① 就此请参见奥古斯丁《忏悔录》第十一卷第十一章第十三节。

以用永恒与时间的关系来作类比，但是上帝的永恒终究是无与比拟的（incomparabilis）当下的永恒，无论人的时间究竟是什么，它毕竟与上帝的永恒的“今天”大相径庭；而且尽管这两者之不同达到如此这般之极致，但是在奥古斯丁的时间与永恒的类比中，上帝与人之间那简约而又似乎不可跨越的鸿沟已然消失殆尽。

最终，在这个意义上我们庶几可以说，时间能够被视为永恒的呈现，过往与将来庶几从永恒而来，永恒就是永恒的当下，而时间的非永恒的存在就是附着于永恒的过往和将来，永无休止的将来和过往以其恒久的运动而相遇在永恒之中，人的每一个当下的瞬间总是同时朝向将来和过往而运动。永恒并非在过往或者将来之中，而是同时在过往之前和将来之后，并且洞彻过往与将来，或曰：协同过往与将来、携带过往与将来而是永恒；永恒作为上帝的恩宠取代过往-当下-将来这一时间模式而驻跸于当下，永恒将离散的时间收拢起来，抚慰人躁动的内心，安抚喧嚣的时间：“谁将栖止片刻？谁将静谧瞬间？心当片刻栖止，心当瞬间静谧，以为了瞥见那一贯照临当下的永恒之光，哪怕是惊鸿一瞥！”[①] 在奥古斯丁这里，永恒对于时间的关联似乎集中在当下，当下并非永恒的图像，古典哲学关于时间的思辨，将当下理解为永恒赋予时间的征象，这一传统至少到中世纪依然保有其活力，托马斯·阿奎那认为上帝的永恒就是“nunc stans”（“屹立的当下”），这可通过波埃修斯而回溯到柏拉图的传统。[②]

① 就此请参见奥古斯丁《忏悔录》第十一卷第十一章第十三节：“quis tenebit illud et figet illud, ut paululum stet et paululum rapiat splendorem semper stantis aeternitatis?”

② 就此请参见 Beierwaltes, Plotin Über Ewigkeit und Zeit. Enneade III 7. Vittorio Klostermann, 4., ergänzte Auflage, Frankfurt am Main 1995. S. 171.

总而言之，以柏拉图、普罗提诺为代表的古典的时间哲学汇聚在奥古斯丁的时间概念之中，奥古斯丁不仅是古典的集大成者，而且在此之基础上又有长足之发展，并且将融汇古典哲学与基督宗教哲学的时间观传承给后世，在这个意义上，德国学者尤利由斯·施丹策尔（Jiulius Stenzel）正确地指出，作为整体的古典形上学终结在普罗提诺的时间形上学中[①]，我们庶几可以补充说：其原因恰恰在于奥古斯丁总括了希腊古典而又赋予其新的内涵，并将其重新论证的时间哲学藏之名山、传之其人，留给了他身后的精神世界。

六　人的时间与受造物的时间

在人的时间与受造物的时间这两个表述中，奥古斯丁标示出作为人格的人所具有的精神或灵魂的时间以及受造物所具有的物理的时间，这两者甚或相互关联，奥古斯丁《忏悔录》中重要的文本有：

“而如果你运作出所有的时间”（或“而你是所有时间的运作者”），[②]

“因为是你自己创设了时间”，[③]

“他们应当理解，即使有超出时间的受造物存在，而你，所有时间的永恒的创造者，也无疑立于所有时间之上，没有任

① 就此请参见 Jiulius Stenzel, Metaphysik des Altertums. München 1931. S. 125.

② 就此请参见奥古斯丁《忏悔录》第十一卷第十三章第十五节：“Cum ergo sis operator omnium teporum.”

③ 就此请参见奥古斯丁《忏悔录》第十一卷第十四章第十七节：“quia ipsum tempus tu feceras.”

何时间、没有任何受造物能和你比权量力而同样永恒”，[①]

“时间借着事物的变化而形成”，[②]

“永恒的上主！所有过往和将来的时间被你稳固的恒定所统辖，况且在所有时间性的受造物中，没有任何哪怕是最微末者，不是你所创造的”，[③]

“我们是在其过往之中测量时间的”，[④]

“你俯瞰一下时间，在时间中究竟发生了什么呢”。[⑤]

从这些文本出发来看，[⑥]奥古斯丁区分人格的时间与物理的时间，并将两者联系起来考察；人格时间被理解为永恒的痕迹，物理的时间则被理解为受造世界的秩序，这当然，并且固然有其神哲学的背景和基督宗教的信仰痕迹，这一点无需多论；而这两者之间本来也有内在之联系。[⑦]奥古斯丁知道，过往是“曾经是”，而又必须被表述为“当下不是”，但他又从未怀疑过

① 就此请参见奥古斯丁《忏悔录》第十一卷第三十章第四十节：“Intellegant te ante Omnia tempora aeternum creatorem omnium temporum neque ulla tempora tibi esse coaeterna.”

② 就此请参见奥古斯丁《忏悔录》第十二卷第八章第八节：“Rerum mutationibus fiunt tempora.”

③ 就此请参见奥古斯丁《忏悔录》第十一卷第二十八章第三十八节：“Tua, deus aeterne, stabili permansione cuncta praeterita et futura tempora superari nec tamen quicquam esse temporalis creaturae, quod tu non feceris.”

④ 就此请参见奥古斯丁《忏悔录》第十一卷第十六章第二十一节：“Praetereuntia metimur tempora.”

⑤ 就此请参见奥古斯丁《忏悔录》第一卷第一章第一节：“ad tempus vides quod fit in tempore.”

⑥ 除了上述文本之外，本篇第四部分（“永恒提升时间存在的质量而不涤除其所具有的朝向未来方向之意义”）所引述的《忏悔录》第十三卷第三十七章第五十二节的文本亦同样，甚或更为重要，为避免重复，且其稍嫌过长，因而在此不再罗列。

⑦ 就此请参见奥古斯丁《忏悔录》第十一卷第二章第三节之长篇叙述。

往的存在，于是他将过往理解为当下的样式，理解为在人的灵魂中的当下的样式；而问题或许就由此产生了，一方面是关于过往和将来的存在的确切的认知，而另一方面是又必然将它们表述为不存在，这两者之间产生了矛盾；在这个意义上，在《忏悔录》第十一卷中，时间作为一种谜团实际上是人的认知的谜团，于是这里的设问是：时间是客观的吗？如果承认时间是客观的，那么就必须承认精神或灵魂所感知的时间的不同，这样说的原因在于，精神或灵魂确定了时间的三重样态，于是产生的问题是：时间是主观的吗？灵魂中的时间与受造物的时间又是何种关系呢？奥古斯丁似乎将这两者置于某种必然的内在逻辑之中，而又未必清晰知晓它们的内在逻辑究竟是什么。

七　人的认知作为“时间的审视”，或曰：作为人格时间的本质

如同本书较远的前文所阐释和分析的，在柏拉图的《蒂迈欧篇》中，不仅过往、当下以及将来都是存在的表述，而且甚至包括当下在内的这三者也都不过是有缺憾的当下模式而已，仅仅永恒才真正具有屹立的当下品性；确然，时间并非因此而不是存在，而恰恰是作为“永恒图像的数字”（《蒂迈欧篇》37d5-7）而是受造的、成为着的世界饶有秩序的存在方式。这一时间本体论与奥古斯丁的永恒存在的人格化相关联，与他所说的人的“我”和上帝的“你”的辩证关系相关联，与人的人格化时间和受造物的时间的辩证关系相关联，与人在上帝面前、在真理面前并非完美的认知相关联。

奥古斯丁说："毫无疑问，如果存在着精神，它又是那样的博学多知，甚或预闻预知，以至于它洞透一切过往和将来之机微秘旨，如同我熟稔一首歌一样，那么这精神则是那样的奇美轮奂，以至于我们必然叹为观止！在这一精神面前无所隐匿，无论是已发生之过往者，抑或是在即将来临的时间中一切所要发生者，如同我要唱一首歌一样，我完全洞悉从其开端已经有多少唱过了，到终结还有多少余留未唱；毫无疑问，你，宇宙万物的创造者，灵魂和躯体的创造者；毫无疑问，就是以这样的方式洞晓一切将来者和过往者；你是多么奇妙！你是何等深奥！谁颂唱或聆听一首娴熟于心的歌，他就在对将要临在音调的期待中、在对已然逝去音调的回忆中，经历感觉的变换、感觉的裂隙。而你，亘古不变的永恒，精神的真实而永恒的创造者，则绝不会如此这般！你在起初就知晓天地，而且你的知晓恒久不变！你在起初就创造了天地，而且你的运作从不裂隙！"①

在此，人与上帝的对应和比较、精神与认知这两个领域

① 就此请参见奥古斯丁《忏悔录》第十一卷第三十一章第四十一节："Certe si est grandi scientia et praescientia pollens animus, cui cuncta praeteritaet futura ita nota sint, sicut mihi unum canticum notissimum, nimium mirabilis est animus iste atque ad horrorem stupendus, quippe quem ita non lateat quidquid peractum et quidquid relicum saeculorum est, quemadmodum me non latet cantantem illud canticum, quid et quantum eius abierit ab exordio, quid et quantum restet ad finem. Sed absit, ut tu, conditor universitatis, conditor animarum et corporum, absit, ut ita noveris omnia futura et praeterita. Longe tu, longe mirabilius longeque secretius. Neque enim sicut nota cantantis notumve canticum audientis expectatione vocum futurarum et memoria praeteritarum variatur affectus sensusque distenditur, ita tibi aliquid accidit inconmutabiliter aeterno, hoc est vere aeterno creatori mentium. Sicut ergo nosti in principio caelum et terram sine varietate notitiae tuae, ita fecisti in principio caelum et terram sine distnctione actionis tuae."

的对应和比较（与之相关联的语汇有 scientia, praescientia, animus, nota, noveris, nosti, notitiae 等）是彰明较著的，而《上帝之城》11，21 亦可作为《忏悔录》中这一文本的注脚；在这样的对应之处，上帝被理解为人的精神的永恒创造者(aeterno creatori mentium ），亦即是时间性的精神的创造者。

在《忏悔录》第十一卷开篇，奥古斯丁就将其时间学说建构在上帝永恒认知和人的认知与言说的双重限定的主题之上，他说：

"Aut ad tempus vides quod fit in tempore?"

就"videre ad tempus"（在文本中是"ad tempus vides"①）而言，其中的"ad"是"根据"和"按照"的含义，并且又有"理解"、"判断"等含义，因而词句亦可译为"你根据时间看一看"或"你根据时间判断一下"（如同在较后的文本中"temporaliter videre"的"videre"一样②），指涉主体或主语方面（亦即人格化的时间、被受造物的时间所限定的），而随后的"quod fit in tempore"则指涉客体或宾语方面（亦即受造物以及在受造物的时间中受造物的兴起）。而前文引述过《忏悔录》的末卷文本"visiones temporales et ipsa tempora"，③其中"visiones temporales"与"ipsa tempora"比肩并立，指涉的也是第十一卷中的人格的时间；对于上帝而言是"nec vides ad tempus"（亦

① 就此请参见《忏悔录》第十一卷第一章第一节；其中，拉丁文介词 ad 有"根据"的含意，如同奥古斯丁的另一部著作"De genesi ad litteram"中的"ad"一样，在此如果直译的话，则必须翻译为《根据文本而来的论〈创世纪〉》，而译为《〈创世纪〉字解》则仅差强人意而已，这样说既有语法的，亦有释经学的理由。

② 就此请参见《忏悔录》第十三卷第二十九章第四十四节。

③ 就此请参见《忏悔录》第十三卷第三十七章第五十二节。

即上帝“并非根据时间而理解”），对于人而言则是“videre ad tempus”、“temporaliter videre”以及“visio temporalis”（亦即“根据时间而理解”、“时间性的理解”以及“时间性的预视”），这三者是“praesens tempus”（“当下时间”）的三种不同形式，亦即前文所阐释和分析过的“de praeteritis”、“de praesentibus”以及“de futuris”，或曰：“memoria”（“回忆”）、“contuitus”（“关注”）以及“expectatio”（“期待”），[①] 在所有这三种情形中，都有“visio”和“videre”。“Visio temporalis”以及“videre ad tempus”在此并非仅仅意味着被每一个当下所限定的关于“prasentia”的“visio”（“关于当下的视域”），而是还意味着在时间上被三重划分的“visio”，也就是回忆、关注（或感觉）以及期待（当然也包括它们的各种变化、变形、变种）。

当然，在这个意义上，所谓人格的时间并非别的什么，而首先是“时间观”，亦即被时间所限定的、所区分的以及就此而不断变化的关于时间的认知，而由此更重要的是永恒与时间的关系、人与上帝的关系。奥古斯丁将视觉与听觉这两个认知感官以其各自不同的功能引入到对于时间的时间性认知之中，视觉提供当下，听觉则提供时间历验自身，而即使在过往和将来的听闻中，也存在某种“visio”（“预视”、“灵视”或“神视”），也就是在灵魂中的“imagines”（“映像”、“影像”）。

上帝作为“所有时间的运作者”（“operator omnium

---

① 就此请参见《忏悔录》第十一卷第二十章第二十六节以及第十一卷，第十八章第二十三节。

temporum”），在他的认知中知晓一切在时间中的存在；而因为他又超出一切时间，并且是非时间性的，所以他的认知也是非时间性的。而究竟什么是关于时间的非时间性认知呢？诸如此类的认知是一劳永逸的，是并不获有变端的：“因为你恒是同样的一个，你以同一方式而永恒地知道所有那些并非总是、并非以同一种方式而存在的事物。”[①] 这样的认知既是永恒的当下，而又并非涤除受造物的时间品性，既超出于过往和将来，同时又是所有时间的秩序（“ordo temporum”）、并且知晓这些秩序，而且无需回忆、无需期待、更无需回忆和期待的变端，如同奥古斯丁自己所说的：“对于未来事物的期待成为一种关注，如果这些事物已然到来的话；而这种关注将成为回忆，如果它们已然过去的话。而每一种可被改变的内在的关注，都是可变迁的，而所有可变迁的又都不是永恒的，而我们的上主才是永恒的。我将这些认知攒集起来、联系在一起，并且发现，我的上主、永恒的天主，并非借助某种新的意愿而创造了世界，在他的认知中亦不存在来与往。”[②]

但是无论如何，我们在此所面临的问题是，时间在上帝的认知中究竟是如何保持为一种时间？又究竟是何种样式？在这一问题上，奥古斯丁似乎并未给出答案，他仅仅表述说，这是

① 就此请参见《忏悔录》第八卷第三章第六节：“Nam tu semper idem, qui ea quae non semper nec eodem modo sunt eodem modo semper nosti omnia.”

② 就此请参见《忏悔录》第十二卷第十五章第十八节：“Expectatio rerum venturarum fit contuitus, cum venerint, idemque contuitus fit memoria, cum praeterierint: omnis porro intentio, quae ita variatur, mutabilis est, et omne mutabile aeternum non est: Deus autem noster aeternus est. Haec colligo atque coniungo et inventio deum meum, deum aeternum non aliqua nova voluntate condidisse creaturam nec scientiam eius transitorium aliquid pati.”

多么奇迹，又是多么奥迹。① 如同奥古斯丁一样，波埃修斯也仅仅说，上帝的认知是简质的（“simplex”），而所谓“简质的”，就是“当下的”（“praesentia”）、就是“神视”（“visio”）、就是“直觉”（“intuitus”）；② 上帝在永恒的当下中、在其认知的永恒当下中，并未赋予世界以永恒的质料状态之存在，我们由此庶几可以假设，他的时间认知是无需时间的、是永恒当下的。无论是奥古斯丁，亦或是波埃修斯，都没能清晰表述和分析“诸多时间的秩序”（“ordo temporum”），时间在他们那里有一种不受理性掌控的危险、有一种从理性逃逸而出的危险、有一种从理性中出轨的危险，只有在上帝那里时间才无分过往和将来，才是永恒的当下，人的理性庶几无法掌控时间的本质，当奥古斯丁（以及波埃修斯）感知和历验时间时，他们就是在感知和历验上帝，当他们在言说时间时，他们就是在言说上帝，当他们思考无分过往和将来的时间时，那么他们就是在思考上帝。

奥古斯丁（们）不仅仅提出了人的时间认知，而且将人对于永恒的认知（尽管这一认知是时间性的）和上帝的非时间性的知晓和运作对照起来考量；上帝为他所创设的世界、为受造物宣布了时间：“创造时间的你，也时间般地启示了你自己。”③

---

① 就此请参见《忏悔录》第十一卷第三十一章第四十一节：“Longe tu, longe mirabilius longeque secretius.”（“你是多么奇妙！你是何等深奥！”）

② 就此请参见本篇不远的前文曾引述的 Boethius, Consolatio Philosophiae. 5, pr. 6.

③ 就此请参见《忏悔录》第十三卷第十五章第十八节：“temporaliter enuntiantem te, qui fecisti tempora.”

尽管上帝的神视无需时间，[①]但是《圣经》也依然是时间性的言说。[②]

在《忏悔录》中，上帝作为“你”，其位格的永恒和奥古斯丁的“我”总是相对应，无时间的创世话语（《忏悔录》十一第六章第八节至第八章第十节）以及无需时间就已知世界的真理，也总是和时间性的模仿话语以及时间性的认知相对应；在这一过程中，奥古斯丁经验到，他不仅能够表述“是”，而且能够表述“曾经是”以及“将要是”，他由此认知到他的认知的时间结构，过往和将来对于他（亦即对于人）而言并非仅仅，甚或不再是有缺憾的存在或存在方式，而是被受造物的时间所限定的人的特殊的认知模式；时间表象上的不存在，也仅仅是认知的必然性而已，一旦认知确定其时间的结构，那么这一表象也就不再将人引入世界和时间的非存在，而是不仅在现实中，而且也在人的思维中成为实象、成为存在，表象的不存在也就成为了实象的存在。

由此，奥古斯丁对于时间本质的质询，特别是当他将这一质询和上帝的认知及永恒相对应时，就不仅成为对于受造物的及其时间的存在的一种长足的确定，而且成为阐释和分析人认知的和人的已知的属性及结构的工具。上帝并非借助回忆或者期待等而知晓时间，人的认知的时间结构恰恰是借助人关于上

① 就此请参见《忏悔录》第十三卷第二十九章第四十四节：“Tu mihi dicis non esse in tua visione tempora.”（“你告诉我，时间在你的神视中不存在。”）以及第十三卷第二十八章第四十三节。

② 就此请参见《忏悔录》第十三卷第二十九章第四十四节：“Temporaliter dicit.”（“时间般的言说。”）或者：“Cum vos temporaliter ea videatis.”（“你们时间般的观视这一点。”）

帝的言说以及对上帝的言说与倾诉（如同奥古斯丁所做的）而呈现出来的、而被意识到的，奥古斯丁的时间学说存在于他的忏悔之中，并且属于他的忏悔，这一学说将他的“忏悔”，也就是作为整体的忏悔、祈祷、感恩、赞美以及认信等，不仅设置到他的主动意识中，而且始终伴随他思考上帝的主导动机；当然，如同前文已经提及的，上帝的话语并非总是奥古斯丁思考的唯一前提，除此之外，他自身的生命经验和以往的思考过程，也是他在《忏悔录》中思考时间和上帝的最重要前提之一，奥古斯丁知道他的回忆、他的期待，他知道他回忆什么、期待什么，他知道他经历什么、感知什么，他知道他思考什么、言说什么。

奥古斯丁关于时间的思考，特别是关涉时间三重样态的思考，并非将时间缩减到主体的和心理的现象而已，他的思考更多地提示出，受造物的时间甚或也限定人的认知，这也是他的“忏悔”的旨趣之一；时间在人这里匆匆来去，于是在这个意义上才出现过往和将来，而无论是过往，亦或是将来，都被奥古斯丁视为“tempora”（“诸多时间”），而这匆匆来去的时间就是受造物的时间，这是受造物自己从上帝那里所获有的受造的时间，这一时间在精神自身的当下中、在人的意识自身的认同中匆匆来去；在这个意义上，时间并不涤除人的存在，时间是人的认知方式之一，时间梳理人的认知结构，时间提升人的认知质量，人在时间中赢得时间，赢得对时间的认知，人在时间中超越时间而赢得永恒，这也就是说，人在时间中观想永恒，并由此而从流逝的时间中脱颖而出，获得哪怕是瞬间的永恒，这同时也是奥古斯丁时间学说的神秘神学和神秘主义的品性；奥古斯丁在其时间概念研究中并非仅仅要给出人存在的理由和理论，并非仅仅要将人的存在理解为时间性的存在，并非仅仅将时间定位于人的精神或灵魂之中，而是将时间理解为上帝永恒的当下自身的对应面，奥古斯丁在两者的关系中识别自身、认知上帝；在他面对上帝时的默观式的“忏悔”中、在他的独白以及与上帝的独白式的对话中，人的认知的时间限定性与上帝非时间性的认知及其永恒的真理相互对应，上帝的恩宠和奥古斯丁的“忏悔”是《忏悔录》中时间概念的基本内存，忏悔的、认信的和认知的“我”与那一在时间中永恒的“你”是这一时间概念的基本结构，人的认知的时间性陶铸着人在此间世界的存在，提示着永恒的存在；奥古斯丁之前无人做如此之研究，奥古斯丁之后尚无人超出于此。

伟矣哉！

时之是义大矣哉！

奥古斯丁！

第六章　时间概念作为认知论的思考

一　引入：问题的提出

与古典时代已然不同的是，我们当今对于时间的计量更为细微精准，计量工具更为多样，甚或最廉价的石英钟不仅也有一个秒针，而且居然和最昂贵的手工钻石表能走得一样准，甚至手机中都内置一个精准的电子表，这似乎也成为时代进步的标志，而火车站走时准确的时钟竟然历来也是，并且更是所有进步过程和文明过程的加速度的见证与表述；在我们当今的日常语言中，时间约略是物化的东西，尽管我们有时也抱怨时间太过悠长，但是在日常生活中会抱怨时间不够用，因为我们时常说，我们缺少时间，我们损失了时间，我们甚至说：我们要找时间去做某个事情；同样，时间本身也极具价值，甚或是极具价值的东西，我们也会觉得我们浪费了时间、耽误了别人的时间；同时，时间似乎不仅仅是物化的，而且似乎也是鲜活而有生命的，人似乎也能消耗时间，甚或消耗生命。如同在古典时代一样，在当今社会，时间似乎也会成为，甚或更加能够成为一个经常性的话题，也就是更加成为一个被普遍谈论的话题，究竟什么是时间、究竟什么是时间的意义，不仅令哲学家，而且也让许多愿意思考的人冥思苦想。

二 时间的诸多方面

我们就是这样生活在真实的时间和终极时间之间、生活在死亡的时间和行为的时间之间、生活在时间的嘀嗒声和时间的感觉之间，生活在空间的时间和旅行的时间之间，甚或生活在时间与永恒之间。外在的，或曰政治的、社会的、文化的以及习俗等的要求或约定俗成，使得似乎是外在的时间成为每一个个体内在的约束，时间似乎因此而成为判断人和事物的标准，时间这一在不知不觉中悄悄溜走的东西似乎成为整体社会系统的完整表述，时间似乎既是所有事物的共同基础，但是它又很难以作为共同标准而判断所有事物，更何况欧洲古典形上学的思考还在寻求时间的无时间性，甚或寻求时间的永恒本质。①

自古典以来，甚或直至当今的时间理论，无论是神学宗教学的、哲学本体论的、自然科学的、文化历史的、艺术创作的，亦或是社会科学的，无论是主体的，亦或是客体的，无论是牛顿之后关于绝对时间的研究，亦或是康德哲学范围中的内在感

① 就此请参见 G. J. Whitrow, Die Erfindung der Zeit. Hamburg 1991; H. Nowotny, Eigenzeit. Entstehung und Strukturierung eines Zeitgefühls. Frankfurt a. M. 1989; J. F. Frazer, Die Zeit. Auf den Spuren eines vertrauten und doch fremden Phänomens. München 1991; R. Wendorff, Zeit und Kultur. Geschichte des Zeitbewußtseins in Europa. Opladen 1980; G. Picht, Der Begriff der Natur und seiner Geschichte. Stuttgart 1989; C. Fr. v. Weizsäcker, Aufbau der Physik. München/Wien 1985; W. Deppert, Zeit. Die Begründung des Zeitbegriffs, seine notwendige Spaltung und der ganzheitliche Charakter seiner Teile. Stuttgart 1989; H. Hörz, Philosophie der Zeit. Zeitverständnis in Geschichte und Gegenwart. Berlin 1989; P. Bieri, Zeit und Zeiterfahrung. Exposition eines Problembereichs. Frankfurt a. M. 1972.

知意义上的时间形式的研究，甚或是现象学意义上内在时间意识的研究，都至少是时间论题的一个方面、一个领域的研究；①我们由此似乎可以说，一方面，每一种研究中的时间构想，甚或每一种时间概念，在本质上都涉及人对自身和世界秩序的阐释和分析，都涉及对人自身和世界秩序的建构，并且都涉及阐释、分析以及建构的方式；而另一方面，即使不是每一种研究，但也是许多领域的研究都与神学、宗教学关于时间的质询密切相关；我们在此关注时间与永恒之关系，固然，时间已然是一个十分棘手的概念了，而永恒概念似乎来自于对于时间的思考，似乎是对时间概念的限定，甚或否定（negatio），如同有限概念要从其反面，亦即无限概念来理解一样，对时间概念的反思似乎也必须从非时间概念、或从无时间性的概念出发来理解。

三　永恒的多面性

如同本书在较远的前文中对柏拉图、普罗提诺的时间概念所阐释和分析的，如果时间在永恒之中发现它自身的意

① 就此请参见 Werner Gent, Die Philosophie des Raumes und der Zeit. Historische, kritische und analytische Untersuchengen. Die Geschichte der Begriffe des Raumes und der Zeit von Aristoteles bis zum vorkritischen Kant (1768). Verlag von Friedrich Cohen in Bonn. 1926; Bonn. R. Zoll (Hrsg.), Zerstörung und Wiederaneignung der Zeit. Frankfurt a. M. 1988; G. Ch. Tholen, M. O. Scholl (Hrsg.), Zeit-Zeichen, Aufschübe und Interferenzen zwischen Endzeit und Echtzeit. Weinheim 1990; G. Heinemann (Hrsg.), Zeitbegriffe. Ergebnisse des interdisziplinären Symposiums ‘Zeitbegriff der Naturwissenschaften, Zeiterfahrung und Zeitbewußtsein’. Freiburg/München 1986; D. Kamper, Chr. Wulf (Hrsg.), Die Sterbende Zeit. Zwanzig Diagnosen. Darmstadt/Neuwied 1987; H. Paflik (Hrsg.), Das Phänomen Zeit in Kunst und Wissenschaft. Weinheim 1987; St. Toulmin, J. Goodfiels, The Discovery of Time. 1965.

义，并且由此就能够被理解的话，那么这永恒更多地涉及的是上帝的永恒，并且涉及的是对上帝永恒的信任或信仰，于是由此而来的时间分析就并非是哲学的，而是神学的、宗教学的，而在海德格尔看来："哲学家并不相信。"（"Der Philosoph glaubt nicht."）这似乎表明，哲学家必须更多地从时间自身，而非从永恒出发来理解时间，以至于在这个意义上永恒成为了时间存在的衍生物；而他同时也认为，如果在哲学上建构上帝的永恒的话，那么这永恒允许被理解为更加原始的、原初的、本源而无限的时间性（"als ursprünglichere und unendliche 'Zeitlichkeit'"）。[①] 固然，哲学家无需关注神学家的营生，但是哲学家更不能无视这样一个事实：至少自柏拉图已降，两千多年以来时间概念总是和永恒概念联系在一起而被讨论、总是交替着被讨论，我们可以说，一方面，姑且不论古典时期柏拉图、普罗提诺等哲学家下车伊始就从时间与永恒的关系中分析时间，而且无论是时间，亦或是永恒在他们的时间分析中都具有某种神性，前者认为时间是永恒的图像（肖像），后者认为永恒是时间的本质，如同本书在较远的前文中所阐释和分析的；另一方面，尽管哲学也在本体论意义上，亦即在存在意义上讨论上帝概念，但是即便是被海德格尔所允许建构的哲学的上帝永恒概念，即所谓更加本源而无限的时间性，本质上也并非是哲学的，而是神学的，因为这一所谓"更加本源而无限的时间性"恰恰是神学上所说的作为时间起源的以及无时

① 就此请参见 M. Heidegger, Der Begriff der Zeit. Vortrag vor der Marburger Theologenschaft 1924. Hrsg. von H. Tietjen, Tübingen 1989. S. 5-6, 本文中的直接引语见于这一讲座稿的第 6 页；Ders, Sein und Zeit. Frankfurt a. M. 1977. S. 564.

无刻不在时间中的上帝永恒，换言之：永恒并非远离时间的海市蜃楼，并非时间可望而不可及的彼岸，永恒不仅就是时间的起源，而且同时就是时间中的每一瞬间、是在时间中每一瞬间的永恒！最终一个方面，由上述两个方面我们可以说，海德格尔依然无法离开永恒概念而探讨时间概念，依然无法离开神学而探讨哲学中的时间概念！而且无论如何理解永恒，无论它作为存在与作为运动的时间是否相关联，无论它与难以定义的形上时间是否相关联，亦或与同样难以定义的自然的时间是否相关联，无论它是历史时间的整体性和整全性，亦或是数理逻辑思考的必然性，无论是人的无可修正的行为，亦或是上帝（甚或人）的创造，无论是情感的高度关注性，亦或是信仰的超验性，甚或是生命对于超越死亡的现实期待，总之：永恒概念总是一个最根本的概念，质询永恒不仅意味着质询这一根本概念自身，而且同时也意味着质询所有问题，这固然包括时间，甚或首先包括对于时间的质询！

既然永恒即使在海德格尔的意义上也是一个最基本的无限而非限定性的概念，而且又无法脱离时间而被探讨，那么对于永恒的探讨也就无法脱离有限而被限定的概念表述或术语表述，换言之，既然永恒是无限而非限定性的概念，并且在这个意义上无法被定义，而仅仅是在人的认知中被发现者，那么它也就无法脱离否定性的表述形式，人只能用否定形式的陈述句来阐释它，或者以表述时间的肯定形式的陈述句来表述永恒；这样说的理由在于，时间被理解为被限定而有限的，在时间中的人是可朽亡的、是可亡故的，人的亡故性是此间世界中最基本的现实性；而人从何而来、又向何处而去等问题，不仅是哲学，而且恰恰又更是宗教、神学的提问，在此，尽管宗教与神学的质询似乎并不能给出一个普遍适用的时间定义，但是至少给出了阐释时间的理论框架，“从何处而来”质询的是非时间性的“ἀρχή”，亦即“起初”，“向何处而去”质询的则是“τέλος”，亦即“终极目的”（或“ἐν τελεχι”，亦即“终极圆满”），在这个意义上质询时间、质询时间的本质也就是在质询永恒，更何况质询人的亡故性不仅是神学、宗教、甚或神秘传统对于人的生命意义和此间世界存在的思考，而且是将永恒置于、甚或回溯于人的有限性中而进行的思考，这样的思考并非文化史的某种边缘现象，而是人类全部精神史的主导内涵，于是在这个意义上对于时间的肯定句的表述形式同时也就是对于永恒的一种表述和阐释。

当然，也依然是自古典以来，对于永恒的理解也多种多样，就我们的时间论题以及时间与永恒关系的论题而言，永恒似可有如下类型：首先，永恒的回归，这是带有神秘色彩或神秘品性的循环论的时间理论，并且大多从创世神话而来，尽管有时甚或附带一种线性的时间观，但是时间无论如何都是永恒回归的前提，因为这一永恒是发生在时间中的，而这样理解的无休止的回归未必不是人们在思考超出时间的永恒时可选择的一条路径，关于这一点，我们在较远的后文“奥古斯丁《上帝之城》的历史哲学与历史神学”的章节中还会做更进一步的阐释与分析；其次，永恒可以被理解为非限定性的持续，或曰：存在作为在时间中的滞留者，曾经所是的，现在，并且将来也依然如其所是，而且总是如其所是，由此，永恒也能够被理解为在时间中的持续，甚或时间自身被理解为无限的持续；其三，永恒被理解为持续的当下，或曰：是一个贯彻始终的当下，在此，时间也是一种前提，贯彻始终的当下是排他性的，是排除过往和将来的；其四，永恒被理解为一切时间存在的否定、一切时间性的否定，永恒的这一理解在一定意义上类乎于柏拉图的理念，类乎于数学和逻辑学表述的真理、法则以及伦理学等表述的基本关系原则和行为原则；其五，永恒被理解为宗教本意上的永恒的生命。

四　创世神话的警示，或曰：神秘的警示

即使在时间-永恒这种似乎是矛盾的一对概念中，时间现象的多样性也是彰明较著的，这一多样性可以回溯到创世神话的时间设想之中，当然，在我们的论题中，这样的回溯并非为了梳理和分析从神话到逻各斯的内在逻辑，而是要考量精神史的传统是从何处生发而来以及又是如何展开的；如同前文所阐释和分析的，在柏拉图、普罗提诺，甚或亚里士多德的时间模式和结构的理解中，过往已是无可改变的必然，当下在现实的行为中尚可建构，将来作为可能性是完全开放，甚或未知的；而在诸如《圣经·创世纪》传统之外的创世神话中，则有完全另外的时间理解，其中存在神圣循环论的时间和世俗无可修正、无可校正、无可重复而线性的时间观之间的区别，而前者也坐落在后者之中，[①] 而在世俗时间（或俗世时间）中重复，以至于

① 就此请参见 M. Eliade, Das Heilige und das Profane. Hamburg 1957. S. 40 以下。

持续循环出现的，也同样是在神圣时间中所出现的，从俗世时间来看，神圣时间就是永恒，就是同一者的永恒的回返，而从神圣时间自身的视角来看，神圣时间就是无时间性的当下，于是，不仅古典哲学中过往、当下以及将来三种时间模式和结构的理解无法成立，而且其中时间的早与晚的前后顺序也同样不再成立，这样说的原因一方面在于，不仅时间与永恒这两个维度相互穿透，而且神圣时间的永恒的当下同时滞留在俗世时间的过往、当下和将来之中；另一方面在于，即使是俗世的时间，它也不能被理解为某种在其中发生各种事件的媒介，时间和时间的内涵构成无法消解的统一体。在这个意义上，在创世神话的时间理论中，甚或单纯在时间理论中，就都不能没有永恒概念，时间与永恒共同赋予思维以内涵、共同赋予生命以意义；而如果创世神话是人类的原始记忆和集体意识的话，亦即是人类的思维方式的话，那么创世神话的时间理解就并非所谓幼稚不堪的传说，就不能被简单归入到所谓前哲学的未经批判的胡思乱想中；尽管创世神话的时间理解或许是原始的、前范畴的，然而恰恰就是我们所探讨的时间范畴、永恒范畴的正当内涵；如果说创世神话的时间和永恒理解具有某种前范畴的品性的话，那么这或许表明时间和永恒是人先验的思维方式和结构，而我们思维的任务恰恰是将它们从原初的神话样态中梳理出来。

五　时间作为永恒的肖像

如同本书在较远的前文中所阐释和分析的，在柏拉图的设想中，时间与一种神秘图景密切相关，时间是其流溢说的重要元素，流溢带来宇宙与时间，他在《蒂迈欧篇》中说，创世的上帝意欲建构一个表述永恒的运动的图像（画像），这图像表述的是至一之中的无限性，这无限性就是永恒，并且这图像表述这一无限性（亦即永恒）在数字之中的（或曰：能够以数字计量的）尽管持续，但从不过往的运动，而人则称这一图像为时间，如果有某种消解发生的话，那么时间也就被消解了，时间是按照从不过往的存在的样子、表样或原象而诞生的，以使得它能够尽可能地与之相像，表样就是全部一直存在的永恒，而时间则是不断地成为过往、当下以及将来的时间。[①] 柏拉图的流溢说阐释了永恒（εικών）的图像（αιών），这个图像就被称为时间（χρόνος），这一图像不仅包含永恒与时间问题，而且作为原象-肖像的关系同时也提示出柏拉图的理念世界与现象世界之间的关系，而时间则不仅被呈现为可计量的，而且也呈现为在过往、当下和将来的依次顺序中的现象世界中的现实。

尽管柏拉图以创世神话的方式表述其永恒与时间的构想，但是这其中依然体现出本体论的专业术语之间的内在联系——术语决定一个学术专业领域的基本概念与基本理论！在这个意义上，柏拉图并未向我们讲神话故事，时间并非时间理念的肖像，而是永恒的肖像，而永恒则排除一切时间性，或曰不包含任何时间性。

而在此我们面临的问题是，究竟什么是永恒？为什么时间是永恒的肖像？如同本书前文在探讨柏拉图的时间概念时已经阐释和分析的，永恒在原初的意义上首先是神的名字，其次表述永恒而无休止的存在或生命时间，最终表述无时间性的永恒

① 就此请参见柏拉图《蒂迈欧篇》37d-38b.

或无限，同时也被用作不朽的星空之神的谓项，于是天空自身也呈现为永恒；在变化着的此间世界中，宇宙恒久的生命存在就是永恒的图像，同时，这一恒久的生命存在也就是时间，而永恒则意味着原象，这一原象并非是所有时间的总和，而是就是非时间性的；永恒隐匿在宇宙与时间之中，甚或呈现为天体的无休止的周期性重复运动，而时间的可计量性不仅是宇宙和谐的表述，而且也是这一周行运动的肖像，如同本书在较远的前文中阐释柏拉图时间哲学中所分析的；无论如何，在创世神话中，永恒在原本的生命力的意义上运作在时间中，天体的秩序与时间的秩序相互应和，而天体周行运作的秩序系统不仅并不同于过往、当下与将来这一顺序系统，而且甚或还优于这一系统，因为后者恰恰被认为是变化无常的、因而似乎是非存在的。在创世神话中的永恒回归，成为宇宙论中的天体的周行运动（譬如日、夜、月、年），而永恒则近乎于神性的理念，并且是无时间性的；我们将在本书较远的后文中，在探讨奥古斯丁时间概念域中的历史哲学时，阐释和分析他所提出的独特的线性时间观对于循环论时间观的克服与超越。

六　不动的推动者和计量的精神

在时间和永恒这一论题上，亚里士多德有意将自己区别于柏拉图，他在考量较早与较晚的区别时，将时间理解为物体的运动或运动的数字，这一定义似乎有循环定义之嫌，[①] 因为一方

① 就此请参见亚里士多德《物理学》IV, 11, 219b 2.

面，无论是在运动概念之中，抑或是在较早与较晚概念之中，时间都已经先在其中了；而另一方面，究竟是何种物体的运动以及如何运动，譬如是匀速，抑或是变速运动等，也需要进一步阐释和讨论；并且最终一个方面，物体的运动其实已经在时间之中了，而再以物体的运动以及运动的物体来定义时间似乎也未必妥帖。①

在时间概念上，亚里士多德与柏拉图庶几在如下八个方面有所不同：

首先在于，亚里士多德理解时间的出发点并非是创世神话，而更多地是作为某种物理和本体论概念的时间自身，他的时间概念近乎于一种彻底的去神话化的俗世时间概念；其次在于，其中的上帝概念（或神明概念、流溢概念等）已经不再仅仅是，甚或不再是呼风唤雨、运斤成风的造物主的概念了，而是不动的推动者思考自身的思考；其三在于，世界的，或者时间的开端，世界终结的阙如性，或者时间终结的阙如性的设想，借着上帝对自身的思考而成为现实，他对自身的思考甚或是一种绝对持续的运动，其不动性不仅在于他并不被其他推动者所推动以至于他从不在潜能而只在运动之中，而且还在于他的运动并不含有停滞而重新启动之变化，而是恒久之运动，这一恒久之运动的运动性和运动状态是不改变的；其四在于，恰恰因为这一不动的推动者的运动状态是恒久不变的运动以至于没有开端和终结，所以时间

① 关于亚里士多德的时间概念，请参见 Werner Gent, Die Philosophie des Raumes und der Zeit. Historische, kritische und analytische Untersuchengen. Die Geschichte der Begriffe des Raumes und der Zeit von Aristoteles bis zum vorkritischen Kant (1768). Verlag von Friedrich Cohen in Bonn. 1926, Bonn. S. 1-9.

和世界的开端与终结敬告阙如，在这个意义上，宇宙没有起源和终结，永恒可以被理解为起源阙如性和无可毁灭性；其五在于，质料的永恒、恒久持续的运动以及星空的不变性，这三者在无限持续的意义上就是永恒，它们与不动的推动者共同决定宇宙的永恒性；其六在于，亚里士多德对于数字和计量的强调，[①]不仅开启了对于运动和时间在量上的观察与测度的可能性，而且由于计量并非被计量者（被计量对象），而是计量者的运作，并且是计量者的精神（或灵魂）的运作，所以时间在关涉到精神的运作时就有了主体-客体的关系意义，精神是人计量和理解时间的决定性的、必要的、必需的条件，在这一点上，奥古斯丁似乎与亚里士多德一脉相承；其七在于，亚里士多德所给出的被计量的时间，并非是被计量的当下，而是诸如春夏秋冬等时间的部分和类型，它们被每一个相应的当下所决定，并且它们由此而是可计量的，而且还是运动和计量的标准，以至于时间在这个意义上是运动的标准；[②]其八在于，如果柏拉图强调永恒是关涉神明、关涉上帝的话，那么亚里士多德更强调，永恒不仅是所有时间性的否定，而且包含一切时间、是一切时间的完满，换言之，不仅是每一个个体的时间，而且也是天体时间的完满，不仅是有限的时间，而且是无限持续的时间的完满，在这个意义上，永恒亦可被称为“持续的存在”、“不朽的神性”，时间似乎并非永恒的肖像，但却是从所有运动的本源中带着自身的运动而来的运动。

总之，时间在柏拉图那里被理解为理念和变化的世界之

① 就此请参见亚里士多德《物理学》IV, 14, 223a 22-29.

② 就此请参见亚里士多德《物理学》IV, 11, 220b 32.

间的媒介，天体不断循环的运动及其时间被理解为永恒的肖像，永恒是其运动和时间的标准，而世界受造的目的在于，时间作为永恒的肖像而在其中传达宇宙与生命的意义；亚里士多德似乎从未离开运动而谈论时间，在他那里，非限定的、非受造的时间，具有一种与主体的关系结构和可计量性，但是尽管如此时间与永恒依然处于关系之中；如同柏拉图的时间和永恒观一样，亚里士多德对于永恒、时间、开端、终结以及宇宙等概念的阐释，开启了古典晚期、贯穿中世纪、贯穿经院哲学内外的诸如此类问题的讨论，这一讨论直到今天都有其可感知的影响。①

七　时间作为上帝的谓项？

古典晚期继承柏拉图思想并有开创性的是普罗提诺，在他看来，因为在时间中无所谓较快与较慢，所以时间并非是运动，而在时间中所测量的，也并非时间，而是时间的一个跨度；因为理念并非运作什么，而是精神在运作，所以时间并非源自于某种绝对静止之中，在这个意义上，永恒被理解为非时间性的生命，甚或被理解为灵魂，于是时间不能没有灵魂而被

① 就此请参见 Werner Gent, Die Philosophie des Raumes und der Zeit. Historische, kritische und analytische Untersuchengen. Die Geschichte der Begriffe des Raumes und der Zeit von Aristoteles bis zum vorkritischen Kant (1768). Verlag von Friedrich Cohen in Bonn. 1926, Bonn. Gent 在其著作中不仅梳理了自亚里士多德始历经中世纪直到康德的时间和空间概念，而且还指出其间的内在逻辑联系。此外亦请参见 E. Behler, Die Ewigkeit der Welt. Problegeschichtliche Untersuchungen zu den Kontroversen um Weltanfang und Weltendlichkeit in der arabischen und jüdischen Philosophie des Mittelalters. München 1965.

思考，必须将其设置在世界灵魂中来考量；一旦灵魂返回其宁止的本源，那么时间也就停止了，而即使天体停止运动，灵魂也依然会持续运动；[①] 在这个意义上，时间并不依赖于任何质料。

这一观点被牛顿发展到了某种极致，牛顿在其《自然哲学的数学原理》（“Prinzipia mathematica philosophiae maturalis”）中认为：“绝对的、真实而数学的时间在自身中流动，并且根据其本性不与人和外在的事物有联系，它也被命名为持续；而相对的、可视见而寻常的时间则是持续的一种借助可测量的运动而来的可感知的和外在的标准，无论这运动是精确的，亦或是不规则的，人们以真实的时间而使用它，这也就是小时、天、月以及年。”[②] 牛顿关于时间的表述似乎与永恒并无什么关系，但是却达到当时自然科学对于时间表述的某种极致，一个从永恒脱离出来的时间概念呈现为运动的理念。

不宁唯是：牛顿在他这部后来成为经典的《自然哲学的数学原理》1713 年第二版及其手稿中还强调，上帝“是永恒的和无限的、全能的和全知的……他既非永恒，亦非无限，但是他是永恒的和无限的，他既非持续，亦非空间，但是却持续着、在场着，他无时不在、无所不在，他总是时时都在，他创设了

① 就此请参见普罗提诺《九章集》第三卷第七章第五节至第十一节。

② 就此请参见 I. Newton, Principia mathematica philosophiae naturalis. III. 6. 3. Auflage (1726), Hrsg. von A. Koyré，I. Cohen (KC), 2. Band, Combridge 1972. 原文如下：“Tempus absolutum, verum et mathematicum in se et natura sua sine relatione ad externum quodvis, aequabiliter fluit, alloque nomine dicitur duratio: Relativum, apparens, et vulgare est sensibilis et externa quaevis durationis per motum mensura (seu accurata seu inaequabilis) qua vulgus vice vero temporis utitur; ut hora, dies, mensis, annus.”

时间与空间。”[①] 在此，牛顿并非以名词，而是以诸多形容词从不同方面表述了上帝，其原因在于，名词是名号，对于某一对象的命名是一种权能，人以命名的权能而称呼某一对象，而上帝在牛顿的思维中并非思考的对象，而是在场的主体，人只能表述他、表述他的存在、他的在场，于是牛顿并未如同伪狄奥尼修斯一样在神学和价值层面为上帝找到若干名号，而是以表述属性的形容词来表述上帝，在这个意义上，时间与空间都是上帝的谓项，上帝的永恒性呈现在绝对的时间之中，这一永恒绝非寻常时间的普遍化和理想化，而是如同空间一样是上帝在此间世界直接在场的证据。[②]

八　时间作为世界的秩序结构

在我们的时间论题的意义上，不仅牛顿的本体论，而且莱布尼茨的形上学对于我们进一步理解和阐释奥古斯丁的时间概念十分重要；莱布尼茨时间理论的核心旨趣在于其时间与空间的相对性，它反对将两者的绝对化设置，并且反对将这两者视为上帝的谓项，与牛顿不同的并非仅仅表述形式，或表述程式，

① 就此请参见 I. Newton, Principia mathematica philosophiae naturalis. III. 5. Scholium Generele KC II, 761：“Aeternus est et infinitus, omnipotens et omnisciens...Non est aeternitas et infinitas, sed aeternus et infinitus; non est duration et spatium, sed durat et adest. Durat semper, et adest ubique, et existendo semper et ubique, durationem et spatium constituit.”

② 就此请参见 Werner Gent, Die Philosophie des Raumes und der Zeit. Historische, kritische und analytische Untersuchengen. Die Geschichte der Begriffe des Raumes und der Zeit von Aristoteles bis zum vorkritischen Kant (1768). Verlag von Friedrich Cohen in Bonn. 1926, Bonn. S. 154-165.

而是形上的先决条件，他一再强调，时间和空间都是相对的，分别是一种存在的秩序而相互融汇在一起，只要人们不特别追究事物的一些特殊性质的话，那么就可以说，譬如时间就是事物早晚先后的秩序，空间则是事物共同的存在秩序，特别是当人看到诸多事物的时候，那么这一秩序至少也是人们在意识之中判断和区别它们的标准。[①]

由此也可以看出，在莱布尼茨的阐释中，时间与空间并非仅仅现实事物的，而且也是可能性事物的秩序，一方面，时间与空间共同构成、共同决定全部宇宙可能性的秩序，而且并非仅仅奠定在现实的基础上，而且奠定在一切能够存在（有可能性存在）的事物之中；另一方面，时间与空间所构成的秩序并非如同一种框架一样将世界安装进去，时间与空间也依赖于现实存在的事物，它们应当更多地被理解为一种关系结构，这种结构也应当从时空中的事物之间来考量；而且最终一个方面，时间、空间秩序本身作为可能性也属于永恒真理的范围，莱布尼茨称这样的秩序为一种理想的可能性，或理念的范围（regio idearum）。[②]

在莱布尼茨的时间观中，时间作为包括可能性的世界在内的世界关系结构和秩序结构、作为一种现实性的秩序结构，似

---

① 就此请参见 Werner Gent, Die Philosophie des Raumes und der Zeit. Historische, kritische und analytische Untersuchengen. Die Geschichte der Begriffe des Raumes und der Zeit von Aristoteles bis zum vorkritischen Kant (1768). Verlag von Friedrich Cohen in Bonn. 1926, Bonn. S. 170-195. A. Robinet（Ed.）Correspondance Leibniz-Clarke. Paris 1957. S. 53.

② 就此请参见 C. I. Gerhardt（Hrsg.），Leibniz, Philosophische Schriften. Berlin 1875. II, S. 268.

乎已经最终告别了永恒，然而这种关系和秩序结构依然要求自身的本体论基础和范畴，其理念范围毕竟还在上帝的思考之中，他并没有忘记强调，如同一切永恒的真理一样，空间和时间的现实性真理也都奠基在上帝之中，绝对的理念必定是先决条件。① 于是，我们在受造的世界中所历验的时间作为秩序的结构依然在永恒之中、在理念之中享有其本源，时间概念作为被永恒所呼召的概念、作为被永恒所联络起来的概念是人理解此间世界的櫜钥。

九　永恒的终结？

当今的时间理论似乎不再和永恒相关联，人们似乎在缓缓地进步，在哲学中被给出的时间与永恒的关联，似乎远远不足以满足人们了，特别是康德在不考虑牛顿思想的新柏拉图主义背景的情形下将其时间概念再度理性重构之后，② 时间似乎仅仅沉积在，甚或囤积在认知主体之中，永恒即使并未销声匿迹，但是似乎也已经偃旗息鼓了，哲学似乎不再有谈论永恒的可能性了。永恒真的是多余的了吗？真的失去其建构的力量吗？宇宙的时间性、人的生命的历史性难道仅仅是匮

① 就此请参见 G. W. Leibniz, Noveaux Essais. II. 13, § 17："Mais sa verité et realité est fondée en Dieu, comme toutes les verités eternelles." 以及 § 26："Le temps et l'espace sont de la nature des verités eternelles qui regardent egalement le possible et l'existant."

② 就此请参见 Werner Gent, Die Philosophie des Raumes und der Zeit. Historische, kritische und analytische Untersuchengen. Die Geschichte der Begriffe des Raumes und der Zeit von Aristoteles bis zum vorkritischen Kant (1768). Verlag von Friedrich Cohen in Bonn. 1926, Bonn. S. 257-273.

乏永恒，甚或匮乏时间之后的空洞的意识吗？永恒真的终结了吗？

永恒作为正在持续的当下、作为无时间性的当下，似乎能够被视为一种自然的原初法则，自然法则作为一种原初的法则必定以时间为先决条件，而自身则仅仅作为一种参数、参变量，在这个意义上，自然法则是某种无时间性的持续，这样的持续能够被经验所赢得，当然，其适用性首先应当被保留为一种假设，其次应当与历史的偶然条件的限制相关联。尽管人能够认知自然法则，但是自然法则毕竟并非出自人的理性，于是人关于自然、关于人的本性的普遍表述便有一种模型式的（类型式的）和假设式的品性，而力图将这样的模型和假设视为不依赖于时间而适用的企图和旨趣，对于所有经验科学而言都是标志性的；这样的自然法则承接，甚或取代了宗教的许多作用，时间与永恒之间的所谓张力转换为现象界无可修正、无可逆转的时间与思维中的永恒之间的张力，而思维中的永恒意味着对于普遍适用的自然法则的思维，这些法则不仅能够令人阐释现象的意义，而且也能够令人阐释对于这些现象的描述的意义，时间与永恒在这个意义上不仅有了新的内在联系的内涵，而且还呈现出新的不可放弃性。有些学科不依赖经验的对象，譬如纯数学（理论数学）、逻辑学（数理逻辑）等，它们的表述仅仅依赖其形式，它们的表述形式决定它们的表述（内容），不依赖经验对象的科学可被称为纯粹结构科学，它们的表述在对所有时间性的否定之中重新燃起柏拉图思想的余烬，因为它们的表述富有一种永恒真理的气氛，其概念的建构以及论证的步骤无不呈现出结构与关系意义上的秩序，其结论之适用性并不依赖于时间；而经验科学的表述和结论则难免具有假设品性和历史性，也就是具有时间性。

我们在这个意义上就获有了永恒概念的新形象，而这一永恒概念也是给出思维和判断标准的。这一永恒概念不仅和永恒性真理表述相关联，而且也和无时间性的、不依赖于时间的持续相关联，与涤除时间的数学（的表述）和自然科学的模型式表述相关联，固然：有些模型受历史和时间的限定；此外，从物理学到生物学再到量化心理学等，它们的表述关涉对象，这些对象本身就是历史的、有限而受限定的；不仅由自然法则而来的假设，而且甚或由自然法则决定的关系自身都未免被历史化、都未免其历史性，任何自我结构、自我组织以及生物进化论学说，都将时间的发展提升为主要论题。每一种思考，只要它借助概念、推动概念，就必然与时间相关联，每一种结论都有可能是不依赖于时间而是真的，其真实性并非时间所限定的；尽管我们思维的前提条件是我们总是在时间中思维，但是我们在思维中总是超越于时间而达于非时间性，或曰达于永恒，我们恰恰在思想的、思维的历史中发现思想与思维的本体论的绝对法则：超越时间的理念、超越时间的价值、超越时间的永恒！这一本体论的保障是在我们的思维中展开的，而哲学并不提供绝对理由，恰恰也正是这一超验思维的结果，我们的思维让我们的历史成为我们的内在，质询历史、质询时间、质询永恒——质询它们的意义，恰恰是我们超验思维的标志，而我们所能够提出的所有的理论、所有的假说，都不过是再生的媒介，令我们不断思考我们曾经的思考，令我们不断思考我们曾经的思考的前提、过程和结论；如果时间在人的标准中依然与永恒相关联的话，如果人的理性还依然能够传达不依赖于时间而又在人类历史中普遍适用的表述的话，那么我们既不能离弃时间、更不能放弃永恒，一万年太久只争朝夕，以免得我们不得不寻找失落的永恒！

第七章　从时间悖论到“精神的延展”

——时间概念的本体论思维困境

一　从时间悖论到“精神的延展”

1. 时间悖论作为论题与“精神的延展”作为术语究竟关涉什么问题

一言以蔽之，在奥古斯丁的《忏悔录》第十一卷以及《论音乐》中，作为论题的时间悖论与作为术语的“精神的延展”都直接关涉时间的测量（metior），而测量一词在奥古斯丁的时间概念的研究中又绝非数学或物理意义上的测绘、衡度某物；于是在这个意义上，就时间的测量以及测量的标准而言，奥古斯丁首先面临，甚或主动陷入一种本体论的悖论，在思考的逻辑进程上，必须先行解决这一悖论，然后方能探讨究竟什么是“distentio animi”，亦即究竟什么是“精神的延展”，而由于精神与灵魂这两个概念在奥古斯丁的概念系统和术语系统中经常通用，所以“精神的延展”亦称“灵魂的延展”；我们首先厘清精神与灵魂这两个概念的内涵，然后探讨究竟什么是时间悖论，最终考察术语“精神的延展”的思维建构。

2. 精神与灵魂作为概念

从词源上来看，如同本书在前文中所提及的，精神（animus）与灵魂（anima）既相互区别又相互关联，精神作为阳性更多的是表述一种主动的行为，灵魂作为阴性甚或无性则更多的是表述一种被动的行为。

而从术语上来看，在我们所探讨的奥古斯丁的著作《忏悔录》与《论音乐》中（当然在他别的著作中情形大体也同样如此），distentio animi 作为术语经常被使用，其意义既可译为“精神的延展”又可译为“灵魂的延展”，distentio 在中文中译为“延展”、“拓展”以及“伸展”等诸如此类的意义并无太大问题，而 animi 则不同，在此是 animus 的第二格，亦即所有格（或所属格），其含义既可以是“精神”，又可以是“灵魂”，与另外一个语汇“anima”在“灵魂”这个意义上又是同义词，而且 animus 和拉丁语中同样具有“精神”含义的另外两个语汇“mens”以及“spiritus”也很难明确区分，并且奥古斯丁本人似乎也没有完全明确地条畅缕析之，甚或根本没有试图区分之，于是究竟什么是 animus、它究竟是“灵魂”还是“精神”就成为一个需要探讨的问题。

鲁德格·赫尔舍（Ludger Hoelscher）就此问题做了精当的研究，他梳理了“anima”、“animus”、“mens”以及“spiritus”的意义域，概而言之，在他看来：

首先，anima（soul，Seele）不仅在语汇的本意上更多的是灵魂，而且在奥古斯丁的著作中，在绝大多数情形下讲到灵魂时则使用 anima，一方面，它不仅意味着生命的两个原则之一，亦即灵魂，而且也意味着它是生命的另一个原则亦即身体的主导（“anima corporis vita est.”① 亦即：“身体的灵魂就是生命。”

① 就此请参见 Tract. In Ioh. III, 4。

或:“生命就是身体的灵魂。”甚或:“灵魂就是身体的生命。”);另一方面，它也是人的理性和理智的灵魂（“anima rationalis vel intellectualis.”[①] 亦即：“理性或智性的灵魂。”）。按照潜能与功能，anim 具有七个层面的含义，[②] 它似乎包含除人身体之外的一切东西。

其次，animus（Geist, soul）作为精神也具有灵魂的含义，奥古斯丁从瓦罗（Varro）的自然神学中汲纳了这一概念，它是灵魂中最高的层面，是理性和智性坐落之处，[③] 它决定了人作为理性的存在，在这个意义上，它和 mens 是同义词。

其三，mens（Geist, mind），奥古斯丁最常用在他的《论三位一体》中关于“心灵的”、“心理的”研究中，[④] 它是作为 anima 的人的灵魂中的精华（excels），是人理性的能力（rationalis intellegentia），[⑤] 是理性（ratio）和智性（intellegentia, intellectus）坐落（situated）的领域（faculty）[⑥]，这是人的灵魂认知与理解智慧和信仰的部分，[⑦] 由此，奥古斯丁称之为“caput humanae substantiae”，[⑧] 亦即“人存在之首”。

最终，spiritus（spirit），奥古斯丁简要定义了这一概念：“omnis mens spiritus est, non autem omnis spiritus mens

① 就此请参见 De Trin. XV, 1, 1。
② 就此请参见 De Quant. An. XXXIII, 70-76。
③ 就此请参见 De Civ. Dei VII, 23。
④ 就此请参见 De Trin. XV, VII, 11; V, I, 2; XIV, VIII, 11。
⑤ 就此请参见 De Trin. X, V, 7。
⑥ 就此请参见 De Lib. Arb. I, I, 3; I, IX, 19。
⑦ 就此请参见 De Trin. XII, III, 3; Tract. In Iho. I, 18。
⑧ 就此请参见 De Trin. VI, IX, 10。

est."[①]（"所有的 mens 都是 spiritus，而非所有的 spiritus 都是 mens。"或可译为："所有的精神都是灵性，而非所有的灵性都是精神。"）这意味着 mens 与 animus 庶几是同义词，但并非是排他的（exclusive）；spiritus 不仅可以被用作上帝的谓项，而且在类比的意义上也可以理解为"风"，这是奥古斯丁从《圣经》文本中所汲取而来的，[②]而且作为人的理性能力的一部分（apart from man's rational power），spiritus 也关涉到人建构精神形象的能力（refers to his faculty of foming mental images），这也就是所谓的"visio spiritualis"这一精神形象在灵魂中低于 spiritus。[③]

此外，就 anima 与 animus 的关系而言，欧达里（O'Daly）的研究亦可聊备一说，[④]在他看来，anima 关涉人的灵魂，而在普遍的意义上，anima 与 animus 两者可以毫无意义区别而泛指人的灵魂，在奥古斯丁的"De immortalitate animae"（《论灵魂之永恒》）以及其它著作中，这两个术语能够互换；而 mens（ratio）作为 mind 则固然是灵魂的一部分（pars animi），而且是灵魂的精华部分，或者是灵魂中最尊贵的部分（"quod excellit in anima"），[⑤]而尽管如此，animus 也有"mind"的含义，

---

① 就此请参见 De Trin. XIV，2, XVI, 22。

② 同上。

③ 就此请参见 De Gen. ad Litt. XII, XXIV, 51；Ludger Hoelscher, The reality of the mind. Augustine's philosophical Arguments for the human soul as a spiritual substance. London/New York 1986. p. 228-229.

④ 在此之所以说"聊备一说"，是因为在德国学者看来，欧达里在这一研究上没有充分引述奥古斯丁的原始文献，因而不能作为满足学术标准的研究著作引用；就此请参见 W. Seidel, Rythmus. Eine Begriffbestimmung. Darmstadt 1976. S. 29。

⑤ 就此请参见 De Trin.14, 26。

并且并不用在非理性存在的灵魂中。[①]

即使分别在奥古斯丁的《论音乐》和《忏悔录》中，animus 的含义也并非始终一致，从时间概念的研究角度来看，对于时间的各个部分或者不同时间段落的理解是一个精神的行为，这一行为奠基在人以及认知对象的自然的数字品性上；人的灵魂控有一种数字结构的等级系统，在这一系统中数字的判断（numeri iudiciales）占据最高的位置，数字的判断本性一方面是不可改变的，而另一方面又是有学习能力的，能够通过学习而有所提升，[②]数字判断力属于人普遍的自然本性、精神本性；时间过程的感官可历验性是受到灵魂的数字结构（数字性构造）所甄陶的，并不存在一个纯粹的感官感觉的时间的过程，没有数字结构上的一致、没有对于时间过程的回忆（亦即数字结构的回忆），要想感知时间庶几是不可能的；对一个时间过程的具体的理解，是一个梳理的过程，这是一个筛选的行为、归类的行为，人在自然本性中所共同享有的数字判断（numeri iudiciales）运作于筛选的情形中，而 numeri recordabiles（数字的回忆，或更好的是：数字的记忆）则运作于单一的回忆之中，换言之，人的普遍共同本性并非预先给出时间过程的结果，而是给出限定的可能性，给出感知、判断和理解的多重可能性，或曰：给出判断力而已，施加判断的人（甚或每一个单一的个体）

① 关于欧达里这方面的研究，请参见 G. J. P. O'Daly, Augustine's philosophy of mind. Berkeley/Los Angeles 1987. p. 7;　及　其 Anima, animus. In: Augustinus-Lexikon. Herausgegeben von C. Mayer. Basel 1986-1994. 1986, Band 1, Sp. 315-340, 特别是 315-316.

② 就此请参见 De musica VI, 7, 19。

汲纳这一作为复数的诸多可能性而去感知、而去判断、而去理解；时间的梳理在感知、判断和理解的意义上有一种美学的品性；在所有存在者的运动中都有一种时间的数字，这一时间的数字独立于梳理时间的理性之外，换言之，一旦存在开始其运动的话，无论人是否梳理之，运动都是存在的，都是在时间中的运动，都是具有数字结构的运动。[①]

对于时间数字的理解，本质上也是对于运动者和运动的本性或属性的理解；尽管数字的判断（numeri iudiciales）自身并不改变，并不运动，但是同时由于又能将由学习而获得的能力和判断思考的习惯作为第二本性汲纳于自身之中，在这个意义上，数字的判断是变化和提升的。对于一首诗歌在时间过程上的判断就是数字判断所承担的，在这样的具体的时间的理解中，当判断的标准是非运动的、确定的时候，并且当时间的每一个数字和运动联系起来时，就能有一个关于时间本质的理解。音节的长短作为计量的单位是固定不变的，它决定着测量时间的标准的稳定性，并确定可变事物（亦即时间）的可测度性与可理解性，在这个意义上我们庶几可以说，人理解时间的最高而最终极的机构庶几就是在理解人自身，庶几以其不运动的部分来理解其运动的部分。对于奥古斯丁而言，数字判断（numeri iudiciales）对于人而言本质上就是对于时间以及所有时间性事物的诠释，数字判断本质上就是人的判断力，人的自我意识作为纯粹的、被设想为非运动的功能而反思他自身的功能。

① 就此请参见 W. Seidel, Rythmus. Eine Begriffbestimmung. Darmstadt 1976. S. 30, 尽管本书在此对其有所删削和阐发，但是依然不敢掠美，特此注明。

一言以蔽之：思考时间是人对自身的思考和反思。

在奥古斯丁《忏悔录》的意义上，distentio animi（精神的延展或灵魂的延展）本质上能够被理解为数字判断（numeri iudiciales）栖身之地，是其存在的场所，他在《论音乐》中明确表述：numeri iudiciales 就在 anima 之中，亦即数字判断就在灵魂之中，[①] 从《论音乐》的相关文本的整体性可见，这里讲的是 anima rationalis（亦即所谓理性的灵魂）；于是，anima 与 animus 的关系就有如下的可能性：首先这两者是同义词，其次这两者具有某种等级关系的从属性，要么 anima 被涵盖于 animus 之中，要么相反，其三这两者的意义域相互交叉，anima 的一部分领域属于 animus，反之亦然，animus 的一部分领域属于 anima。

从《忏悔录》第十一卷第二十七章第三十五节以及第三十六节的文本来看，人要么测量他对时间的印象，要么就没有在测量时间，振响者（譬如音节）自身的时间是不依赖于人的，但是人能够感知和汲纳它，它在其振响的过程中则在数字的意义上被感知到，人正是在这个意义上以其精神或灵魂的不变的形式（程式，譬如数字的判断力等）而测度时间，而精神或灵魂不变的形式则施加于运动的过程和结果；人并非能够直接理解时间，而是借助精神或灵魂中之不变者（数字的判断等）将其转译为自己所能理解的对象，而这种转译首先是单数而个别的，因为每个人的回忆并不相同，但是在最终而最高的人的灵魂的精神品性中则能达成一致，因为这一转译适应人类共同

① 就此请参见 De musica, VI, 9, 24。

而不变的本性以及数字判断能力；尽管每一被理解的时间都能够被视为单个人的单一的时间理解，但是这样理解的时间并非个体的时间，而是精神的时间，并且恰恰由于它是精神的时间，所以人的精神本性就能够涵盖它、理解它，于是测度时间在这个意义上能够就是理解时间、理解运动的秩序；我们庶几能够认为，这一普遍的世界灵魂（世界精神）的思想对于奥古斯丁关于世界时间品性的判断至关重要，如果从 animi iudiciales 出发来理解的话，那么这一 animus，亦即这一精神，就具备多重含义，它不仅是世界灵魂（世界精神），它而且是普遍的人类精神的理解力，亦即某种集体的灵魂（精神），并且人类的这一精神建立在对个体灵魂经验的关照中，于是奥古斯丁所说的人类普遍精神必定在其本身的受造性中、必定在其与创世上帝的关系中获有其普遍性，这一受造性与关系性也透析出时间与永恒之关系。

3. 究竟什么是时间悖论

从问题的历史来看，时间悖论，或者至少这一悖论在哲学史上的萌发，至少可以回溯到古典哲学；如同前文所多次阐释和分析的，时间是测度物体运动的标准，这是亚里士多德在其《物理学》中对于时间概念的阐释，而这一概念阐释同时也提示出在本体论和认知论层面讨论作为存在的时间所面临的困难，时间作为过往已经不在，作为将来尚未存在，而作为当下则任意一个时间点都无法最终被确认为时间的部分；在亚里士多德看来，点是借助定义而被确定的，人借助定义而认为、才能够认为，点并不享有部分，而诸多点的总合才使得这一由诸多点而构成的综合享有了部分；而两个或两个以上的点要么集合成一个，要么被离析为两个或两个以上，也就是说介乎于它们之间至少有一个点存在，在类比的意义上，时间点也同样如此。当然，性质不同的点不仅无法联结在一起，譬如一块石头和一段树干，这是因为“联结”（συνεχές）一词意味着捆绑在一起，而且也是无法连接在一起的，譬如一条项链上的诸多珍珠，这是因为“触碰”（ἁπτὸμενον）一词意味着内在与界限的区别；在上述两种情形中，可分性都是先决条件；点、诸多点，要么纠合在一起，要么被分离，它们无法构成一个延展、延伸；[①] 从类比的角度来说，时间点也同样如此，当下（νῦν）或当下的时间点，并非时间的部分或诸如此类者，因而也并不能借助当下而测量时间，这样说的原因在于，无可再分割的时间点并不享有持续，换言之，一个点是没有延伸的，而持续则一定是若干（诸多）时间点被纠集在一起。[②] 亚里士多德的时间定义和理解，作为教课书般的正统的哲学观点，对于有深厚哲学素养的奥古斯丁而言应当并不陌生，甚或必定了然于心，这从他在《忏悔录》第十一卷中对亚里士多德的批评也能看出。[③]

从时间悖论作为论题本身来看，与亚里士多德如出一辙，《忏悔录》第十一卷中的时间无论是作为概念，抑或是作为论题，都是被重点讨论的内容，而其特点在于，不仅时间概念或论题

---

① 就此请参见亚里士多德《物理学》A 1，231a 22-23.

② 就此请参见亚里士多德《物理学》Δ，10，317b 29-218a 6.

③ 就此亦请参见 E. Lampey, Das Zeitproblem in dem Bekenntnissen Augustins. Regensburg 1960. S. 13. Lampey 概述了奥古斯丁古典哲学的素养，对于亚里士多德的思想作为其哲学的源泉之一，特别提及了亚里士多德的范畴学说。

总有些许之无可定义性、无可理解性，这从本书早已经多次引述过的第十四章第十七节的表述中可洞见无遗，这固然是由于时间的存在与本质本身就是一个可探讨的问题，①而且在这一背景上奥古斯丁还阐释了时间的测量问题，这未免隐含一种悖论在其中，即所谓的“时间悖论”：即测定一个无可确定其存在的对象。②

就时间存在的难以确定性而言，奥古斯丁有相同于亚里士多德的表述，这在《忏悔录》第十一卷中是处可见；而在这一本体论的问题背景上，奥古斯丁所面临的另一个问题是，既然时间的存在已经难以确定了，那么在本体论意义上随之而来的问题设置就能够是：究竟如何测量时间呢？换言之，我们如何测量一个无法确定其存在的对象呢？

在此，我们庶几能够说，奥古斯丁时间悖论的内在逻辑矛盾在于，如果他严格使用“当下”这一术语，那么当下（当下时间）的一再延伸就使得他无法再使用“当下”这一术语来表述他原本所要表述的作为“点”的当下；此外，由于时间测量本质上是事件结果（结局）的测量，譬如测量一首歌的吟唱、一首诗的吟诵等，所以由此所能得出的逻辑结论是，讨论当下的持续的可测量性是无意义的，能够得出这一结论的原因在于，如果

① 奥古斯丁关于时间是否享有存在以及本质的探讨，除了本书前此为止的阐释和引述之外，亦请参见 Brigitte Schmitt, Der Geist als Grund der Zeit. Die Zeitauslegung des Aurelius Augustinus. Dissertationsarbeit, Freiburg in Breisgau. 1967. S. 42-65. 此外，B. Schmitt 还提示了奥古斯丁问题设置的基础并非神学，而是哲学。

② 关于奥古斯丁的“时间悖论”，并非本书笔者所提出的，就这一表述请参见 Walter von Del Negro, “Diskussionsbemerkung zum aristotelisch-augustinischen Zeitparadoxon”. In: Zeitschrift für Philosophische Forschung. 1966, 20. S. 309-312.

如同前文在引述亚里士多德《物理学》的情形下所一再阐释的，亦即“点”在其自身的定义上表述的是“无可伸展性”，同时“当下”就是一个点，那么“当下的持续”这一表述本身就是一种含有内在逻辑矛盾的表述。当然，由此还不能得出结论说，在严格的当下的意义上没有什么能被测量，以至于时间也不能被测量。于是我们庶几能够说，在过往、当下以及将来这三种时间模式所搭建的时间结构的意义上，对时间能否测量的质询本质上与时间模式并无关系，或曰：这一质询并非提问时间模式是否能够被测量，而是过往、当下和将来的时间自身能否被测量。

这样的提问固然也直接涉及所谓“精神的延展”，但是我们首先面临的问题是：究竟什么又是所谓的“测量”呢？

奥古斯丁的“测量”一词有比较丰富的内涵，它首先涉及对一个持续过程的推测或揣摩，譬如两个（或两个以上）不同长度音节的比较，譬如太阳的运转与一个陶轮的运转。测量，甚或推测，在奥古斯丁的意义上更多的是一种施行于当下对象的行为；尽管测量的结果是从回忆、是从在回忆中的持续而来的——回忆使得某一对象当下化——但是恰恰由于回忆的行为表明测量行为是在灵魂中实施的，这也就是说，“测量”并非物理或数学等意义上的狭义的测量，也就是并非借助某种测量仪器或工具而进行的测量，并非借助对于某种自然过程的观察而进行的测量，并非某种在量的意义上的计算行为，而是在奥古斯丁的术语系统中“测量”首先意味着在质的意义上对于时间的理解、阐释和分析，这是人的精神的活动，是人主动的思考的行为。

在这个意义上，对于当下的测量并非是以对钟表的应用或对日月运行的观察而实施的，由此，奥古斯丁的时间悖论也能被理解和表述为：如果三种时间模式都无法被测量，时间又如何能够被测量呢？

奥古斯丁以其最娴熟于心的亚里士多德的时间观[①]为出发点，在他看来，一方面，当人们言说或听到时间一词时，我们都能理解它，但是这在本体论和认识论层面还没有开启对于时间的反思，而仅仅提示出时间的模式而已，譬如过往、当下和将来，时间的这三种模式是尽人皆知的；另一方面，当人们言说较久远的和较近的时间时，奥古斯丁又觉得不可思议。在他看来，一个过往的时间段落只有相对于当下而言才能是久远悠长的、才能够是较长（或较短、转瞬即逝）的；此外，我们所生活于其中的每一个当下的时间段落，都能够被分成部分，只有一个部分是当下的，其它部分或者是过往的，或者是将来的；而由此所得出的结论是，只要当下有其延展，并且被划分，以至于能够被视为过往和将来，那么时间在划分的意义上似乎并不存在当下、并不存在当下的时间；而如果没有当下的时间（或当下时间的存在）的话，那么我们能够提出的问题是：时间有当下的存在吗？或曰：时间有存在吗？而如果时间并无延展，那么时间也就并不享有当下，以至于时间无法被测量；由此所得出的悖论是：如果过往、当下和将来都不存在的话，那么又何谈时间的测量呢？

奥古斯丁似乎是自己主动陷入这一悖论的，以为了将这一悖论明确提示出来、提取出来并加以解决；而为了解决这一悖论，

① 就此请参见亚里士多德《物理学》A 1 184a 16.

一方面，奥古斯丁首先确定，测量时间的出发点并非是作为测量对象的时间本身，而应当是时间模式，也就是说，并非过往、当下和将来，而是过往的当下、当下的当下以及将来的当下；在此，被历验的时间作为时间模式而成为阐释、分析和测量（亦即理解）时间的出发点，而之所以被历验的时间作为时间模式而能够成为阐释、分析和测量时间的出发点，原因在于，过往存在于人的回忆之中、当下存留于人的感觉之中、将来存在于人的期待（或曰观视）之中；[①] 另一方面，奥古斯丁确定了他对存在的理解：凡并非当下者，则并不存在，而无论什么存在、无论如何理解存在、无论存在究竟意味着什么，但凡当下者，则为存在提供了存在的必然而必要的前提，过往和将来本身并非是当下的存在，这就已经决定了它们并非存在、决定了它们的不存在，或曰：它们并不享有存在，而这一简质的方式并不能确定当下是否享有存在；尽管奥古斯丁也尝试去论证当下并非"是"、并不享有存在，但是这一论证的尝试似乎并不成功，原因在于：即使在他看来，当下也必定过渡到过往之中，以使自身是时间，否则当下的时间、当下作为时间就不再是时间而是永恒了。然而，如果当下的基础恰恰是向着，甚或达于过往的过渡，以至于这一基础是不存在、非存在的话，那么，当下又如何能够被理解为存在呢？[②] 当然，奥古斯丁并未表述说，由于当下并非是、并非存在，所以当下并非是时间、所以当下并非能够被测量，而是恰恰在考量当下朝向不存在、向着不存在

① 就此请参见奥古斯丁《忏悔录》第十一卷第二十章第二十六节。
② 就此请参见奥古斯丁《忏悔录》第十一卷第十四章第十七节。

过渡的意义上，当下才被命名为时间。

就时间的能够被测量而言，尽管奥古斯丁给出的理由在于，人能够划分时间；尽管时间似乎能够被无限分割下去，但是我们由此并不能得出结论说，奥古斯丁的时间划分理论最终并不能获得一个时间点、一个时间的最小单位，[①]这样说的原因在于，一方面，外在形式上所理解的时间与时间内含的结构（也就是时间在意识中的可理解性）本质上并不矛盾；另一方面，奥古斯丁明确表述说，当下延展自身，以至于能够被分为若干部分，甚或要么所有部分能够全部延展为过往，要么所有部分全部是将来，以至于恰恰不是当下，这表明奥古斯丁并不赞同亚里士多德的持续理论中的时间理解；在严格的意义上，当下只能被理解为一个点，或曰：当下在形式上是一个点，也就是说，当下就是一个最小整体，已经不再有部分了；而如果当下不再延展，那么它也就不享有能够确定的长度。在并未提及时间的“存在”的情形下，奥古斯丁依然认为，他已经成功论证了当下的无可测度性。

4. 时间悖论产生的原因

从一个悖论自身出发来看，由于悖论是把相互矛盾的事物放在一起思考，于是对于悖论并非能够以一个悖论的回答来解决，而是要论证：悖论问题的表述有一个内在的逻辑矛盾（或至少有内在的逻辑错误）；当然，奥古斯丁思考时间悖论之后，

① 就此请参见 Elisabeth Gutwengler, Der Zeitbegriff bei Augustinus. Dissertationsarbeit, Wien 1955. S. 42.

依然毫无顾忌地继续他关于时间模式和时间可测度性的探讨；换言之，奥古斯丁不仅提出“究竟什么是时间”这一问题，而且在提出这一问题的同时也提出了“如何测量时间”这一质询，或曰：后一个问题已经包含在前一个问题之中了，尽管他已经提出：时间并非天体的运动，但是他并非要讨论太阳运行的过程，他的意图不在于要指出太阳或其它天体的运动并非时间，[①]以将自己区别于古典哲学，以将自己区别于柏拉图、亚里士多德和普罗提诺等，非也！这样做是如此地多余！奥古斯丁的主导意图在于阐释时间分析中所隐含的悖论；而他所面临的棘手问题或悖论，并非首先来自于他的时间概念，因为他并未给出他的时间概念，然而恰恰由于他没有给出他的时间概念的定义，于是造成了他阐释和测量时间的困难，这或许也是他的时间悖论的根本原因之一。

从思维方式上来看，奥古斯丁提示说，只有当一个过程结束时，我们才能够表述其全部过程和结果，我们才能说，这一过程曾经持续过；[②]当下在过往、当下以及将来这样的模式所形成的时间结构中似乎被视为并不延伸的，而测量过程的无可实施性似乎也来自于这一非延伸性，不可能性论证已经被设置为这一结构的前提了，也就是说，一个有终结、有延伸大小的过

① 就此请参见奥古斯丁《忏悔录》第十一卷第二十三章第二十九节；第十一卷第二十三章第三十节。在此不得不指出，J. M. Quinn 仅仅看到，奥古斯丁在此探讨“时间究竟是什么或不是什么”这一问题，而没有认识到他探讨天体运行的另一意图（亦即探讨时间悖论以及在其中所包含的思维方式），就此请参见 J. M. Quinn, “The Concept of Time in St. Augustin.” In: Studies in Philosophy and the History of Philosophy. 4, 1969. p. 75-127; 特别是 p. 85.

② 就此请参见奥古斯丁《忏悔录》第十一卷第二十四章第三十一节。

程被视为一个原本并不延伸的结构的前提，这是其时间悖论原因产生之另一重大原因！

从《忏悔录》第十一卷的文本上来看，在奥古斯丁的术语中，“延伸”和“可分”本质上是同义词，因为不仅在古典哲学的观点中，而且在他看来，每一个延伸着的当下都是可分的，而可分的则并不能是点，而是延伸的。在时间讨论之初，奥古斯丁就给作为一个点的“当下”赋予了“延伸”的品性，他要论证的是“当下”、“延伸”以及“可分”必定是矛盾的，而持续或延伸是作为点的当下（或当下的时间）可测量性的前提，于是其间产生的悖论在于：他必须要论证时间的不可测量性是时间可测量性的前提，或曰：奥古斯丁必须要论证包含在时间可测量性之中的时间不可测量性；这是其时间悖论产生之又一重大原因！

奥古斯丁对这一时间悖论的理解在于，一方面，“当下”必须首先被理解为、被设定为“延伸”和“可分”的对立面，“测量”才能真正（在这一语汇原本的意义上）被使用，在这个意义上，每一个时间点既非过往的，亦非将来的，而是当下的；另一方面，即使如此而依然能够质询的是，是否每一个含有当下时间点的持续都能被允许表述时间的普遍持续，这一质询的意义在于，任何，以至于任意一个从时间流转中所截取而来并且其中当然含有相应的当下时间点的持续，似乎都能够在普遍意义上表述当下、表述不同时间的当下，而任意的一个持续似乎又能被分为不同的持续，可长可短，那么，尽管分判的顺序似乎并不真正决定时间的可测量性，而问题依然在于：究竟哪一个持续才真正表述一个当下呢？

5. 时间悖论的意义

奥古斯丁的时间悖论出自于他自己所提出的问题“究竟什么是时间”，这一问题自身也包含“究竟什么是时间的测量”以及“究竟什么是时间测量的标准”等问题，他似乎并未真正找到甚至令他自己满意的答案，他仅仅差强人意地表述说：首先，时间对于他而言似乎并非别的什么，而是一种延伸；其次，他也并不知晓究竟是什么的延伸，而如果不是精神的延伸的话，那么他会感到惊讶的；[①]与其说这是一种回答，毋宁说这似乎是对问题有某种回避，或者至多是一种小心翼翼、不乏推测品性的回答，而这种小心翼翼的回避或推测似乎恰恰表明奥古斯丁超出亚里士多德之处，这样说的原因在于，后者在奥古斯丁的笔下作为“有学养的人”主张：时间是天体（即日月星辰）的运动，而奥古斯丁则认为，天体（譬如太阳）的运行并非一定能用来作为“一天”的唯一判断标准、作为唯一的标准化的“钟表”、作为唯一的判断单位来使用，否则：首先，从事实层面来看，一个不依赖于自然现象（不依赖于宇宙大自然）的时间测量（譬如以诗歌和音乐的测量，再譬如人工造就的铜壶滴漏，或者一个用以测量时间的陶轮）就是不可能的了，而这与事实不符；其次，从方法论上来看，如果仅仅以天体运行等宇宙现象作为限定时间和时间测量的先决条件，那么这未免涉嫌将时间悖论简化了，甚或化解了，因而不具备思维方法论的意义；其三，从文本层面来看，将天体运行作为判断时间的唯一的标准和测

① 就此请参见奥古斯丁《忏悔录》第十一卷第二十三章第三十节；第十一卷第二十六章第三十三节。

量时间的唯一单位，不符合前文所引述的奥古斯丁关于时间概念的文本及其含义、不符合他探讨时间的概念系统，因而这样的考量几乎还没有见到原始文献和术语系统的强力支持。

而我们在此所能够提出的质询是：奥古斯丁就时间悖论的思考价值和意义究竟何在呢？

从思维方式上来看，首先，他并未忽略延伸本身还依然能够被延伸，由此人能够言说某种无限性，于是关于时间的考量也能够成为有限与无限两个范畴的考量；其次，他正确而清晰地指出了“当下的”与“可分的”等谓项之间的矛盾，也就是说，如果当下是可分的话，那么分得的各个部分或者是过往的，或者是将来的，因而并不存在当下，于是“当下”的可分性与“当下”概念所表述的不可分属性成为矛盾，于是时间的考量也能够是关于矛盾律公理的考量；其三，他在其时间思考中论证当下时间的非延伸性、无可测度性，而这一无可测度性的前提恰恰是当下时间的可分性，于是关于时间的考量也能够是关于三段论思维模式的考量。概而言之，奥古斯丁似乎主动陷于时间悖论，他的时间分析并非仅仅探讨时间是否现实存在，并非是仅仅本体论意义上关于时间存在及其属性的考量，而且在本质上还更是思维方式的考量和分析，是关于时间术语和思维术语的创设及其确定性和稳定性的考量和分析，这关涉到全部时间学领域的基础理论建构。

从时间悖论所引发的人对于自然的观察和认知来看，奥古斯丁《忏悔录》第十一卷既无须作为哲学教科书范本来阅读，亦无须作为纯粹自然科学关于时间的学说来理解，这一点是彰明较著而无须作更多之解释的；而因为《圣经·创世纪》是奥古斯丁提出问题的出发点之一，换言之，奥古斯丁并未仅仅固守《创世纪》关于时间的阐释，而是由此出发进而提出他本体论层面的思考，如同前文所多次提及的，所以更无须必然、必须被仅仅理解为、被仅仅接受为神学意义上的《创世纪》关于时间问题的考量。奥古斯丁时间问题的意义在于，时间既然被标示为上帝的创造物，那么它就是上帝所创造的自然的一部分，因而时间就能够成为至少是自然哲学所考量的对象，于是，奥古斯丁关于时间问题的阐释和分析的思路，就是在神学和《圣经》诠释学之外自然科学和自然哲学研讨时间问题的又一条途径。

从时间悖论本身所引发的哲学与神学的张力关系来看，奥古斯丁似乎觉察到，测量时间约略需要两种判断标准，一个是标准的运动形式，譬如匀速的运动或运动的匀速性，另一个是标准的测量单位，譬如从标准的匀速运动中所截取的确定的部分，普罗提诺亦作如是观；在奥古斯丁的理解和阐释中，一方面，太阳及其运动作为自然的天象、作为宇宙的现象被视为判断时间的标准，或曰被提升为判断的标准，也就是被提升为钟表而具有给出判断标准的功能，换言之，尽管并未给出足够的理由，但是太阳的运行依然被视为运动形式的标准，并且这一标准是从众多自然现象中遴选出一个而作为标准，这一根据自然现象而来的判断标准是排他的，否则就存在不同的判断标准，以至于难免引起判断的混乱；另一方面，由于太阳的运行被视为运动形式的标准，至少被默认为最佳的运动形式，于是从太阳运行过程中选取的一个部分“天”（亦即“一天”、“一日”）就能够被视为最佳的、标准的测量单位，在此，奥古斯丁所阐释的不仅是人如何能够言说时间，而且还阐释了如何对日常生活中自然现象的历验与观察加以反思，并由此入手而达成可行的时间测量以及时间测量理论。在此，太阳的运行既作为运动形式的标准，同时又作为运动本身的测量单位，测量标准和测量单位的选取似乎既是不乏任意的行为，又似乎是不得已而为之，如此之所为是否具有方法论意义，似乎也是可以讨论的；无论如何，在亚里士多德的设想中，天体是具有神性的，因而在其中才有匀速形式的最佳运动，而尽管奥古斯丁是基督宗教哲学家和神学家，尽管他笃信上帝创造世界，但是在选取测量标准和单位这一问题上不同于亚里士多德的似乎是，他首先确定：时间并非物体（天体）的运动，因为物体的运动已经在时间之中了，同时：物体的运动并不建构时间，因为这样就无法确定究竟什么物体的运动才是时间，并且无法比较不同物体的运动所建构的时间的持续，此外原因还在于，即使物体并不运动，时间依然持续；而后他并非仅仅从天体的受造性出发，而是也考量到人对于它们运动形式和规律的观察与认知，而与他身份相符的是，他将这样的观察与认知领入语言，以呼应他的哲学考量，以作为人对上帝创世话语的答语。

二　问题内涵的内在转换

1. 从时间悖论出发而理解的“精神的延展”

从本书前此为止的阐释和分析来看，特别是从对时间悖论的探讨来看，一方面，奥古斯丁认为，研究时间有两种困难，首先在于，对于时间的事实上有系统、有逻辑的以及临时动议的测量已属不易；其次在于，对于时间本质的理解、对时间的测量以及测量标准的设定则更为艰难。而另一方面，“精神的延展”恰恰指的就是人对时间本质的理解、对时间悖论的理解，或曰：如何在时间悖论中理解时间；由此，时间悖论就转换为对时间、对时间悖论的理解，也就是转换为探讨“精神的延展”。

奥古斯丁在《忏悔录》第十一卷中关于时间的讨论，是关于时间讨论或时间问题域的经典文本，这一文本自诞生伊始就立即在哲学史、宗教史以及科学史中生发出重大且深远之影响。如同前文已经阐释和分析的，奥古斯丁在此所提出的问题是：究竟什么是时间？时间是否享有存在？人是否能够以及如何能够测量时间？他的结论约略是：“由此我在想，时间并非别的什么，而是某种延展的类型。但究竟是什么的延展呢？这我也不知道，但如果不是精神的延展，我就会很惊讶的。”（“Inde mihi visum est nihil esse aliud tempus quam distentionem; sed cuius rei, nescio, et mirum, si non ipsius animi.”）①

就时间概念本身而言，奥古斯丁在此将时间理解为distentio animi，也就是所谓“精神的延展”，即使没有胡塞尔与海德格尔在当代的持续关注，这一观点在二十世纪，特别是二十世纪末的哲学中也都被以不同的立场而被加以讨论。②而其中每一种阐释都必须面对这一事实，即奥古斯丁以对于振响的

① 就此请参见《忏悔录》第十一卷第二十六章第三十三节。

② 就此请参见 F. W. von Herrmann, Augustinus und die phaenomenologische Frage nach der Zeit. Frankfurt 1992; K. Flasch, Was ist Zeit? Augustinus von Hippo. Das XI Buch der Confessiones. Historisch-philosophische Studie. Text-Übersetzung-Kommentar. Frankfurt 1993. D. Günther, Schöpfung und Geist. Studien zum Zeitverstaendnis Augustins im XI Buch der Confessiones. Amsterdam 1993 (Elementa 58).

声音的捕捉、以对于拉丁诗节的听闻来论证他对时间的理解的，这一理解时间的出发点对于他阐释和限定世界概念具有决定性的影响，这一点已经有学者指出了。[①]

从思维方式上来看，或曰从思维的出发点上来看，奥古斯丁时间哲学中所付出的思维努力的意图，首先在于分别探讨并解决上述这两个困难，其次在于建构这两者之间的联系；换言之，奥古斯丁面临的设问是，一方面，能否在量的意义上从对于时间的测量入手进而在存在与本质的意义上达于对于时间的理解；另一方面，能否在这一过程中在本体论的意义上提出测量以及判断和理解时间的标准。他说：

“可是我又如何测量时间自身呢？我们以一个较短的时间单位测量一个较长的吗？如同以肘臂的长度测量房梁的长度一样吗？很显然，当我们说某个音节是另一个的两倍长时，我们以短音节的时间的延展测量长音节的时间的延展。我们就是这样测量诗歌音节的长短，以韵脚测量诗节的长短，以音节测量韵脚的长短，以短音节测量长音节的长短，而并非以所书写的页数，我们以页数表述某种空间的大小，而非时间的长短，我们以词汇音节的滑动而过判断时间的长短而说：‘这是一首长诗，因为它由许多诗节所组成；那是些长的诗节，因为它们由许多韵脚所组成；那是些长的韵脚，因为它们被拓展为许多音节；

① 就此请参见 U. Duchrow, Der sogenannte psychologische Zeitbegriff Augustins im Verhältnis zur physikalischen und geschichtlichen Zeit. In: Zeitschrift für Theologie und Kirche 63 (1966). S. 272-277. Duchrow 在此还特别考量了这一出发点的来源、理论形成背景及其历史。

那是个长音节，因为它是短音节的两倍长。’”[①]

一个诗节的内在的标准以及一个诗节的诗脚的内在标准，也就是在诗的格律上有规律的抑扬长短，不仅决定了拉丁诗歌的诗节建构，而且也是感官可感觉的，譬如是可听觉的；在此彰明较著的是，尽管奥古斯丁从诗节的建构出发，或曰从诗歌的格律艺术出发，但是这一诗节的建构艺术（或曰诗歌格律）对于他而言并非诗歌艺术意义上的诗节建构艺术，而是另有其意义维度，也就是说，诗歌格律赋予他思考问题的出发点，赋予他关于时间概念的本体形上考量的门镜，使其能够由此而获有一种可能性，就时间概念而一窥堂奥，以揭示甚或能够作为奥迹的时间概念的神秘内涵。

于是，在以诗节为语言基础的意义上，在从时间悖论到“精神的延展”的问题的内在转换之间，奥古斯丁的时间概念面临这样的质询：在何种意义上诗节的建构能够作为时间的标准？对时间（长短）的判断是如何借助作为听觉器官的耳朵呈现出来的？

2. 语言作为“精神的延展”的本体论基础

从语言背景来看，奥古斯丁以拉丁语为母语而生活于公元

① 就此请参见奥古斯丁《忏悔录》第十一卷，第二十六章第三十三节："Ipsum ergo tempus unde metior? An tempore breviore metimur longius sicut spatio cubiti spatium transtri? Sic enim videmur spatio brevis syllabae metiri spatium longae syllabae atque id duplum dicere. Ita metimur spatia carminum spatiis versuum et spatia versuum spatiis pedum et spatia pedum spatiis syllabarum et dpatia longarum spatiis brevium, non in paginis, nam eo modo loca metimur, non tempora, sed cum voces pronuntiando transeunt et dicimus: ‘Longum carmen est, nam tot versibus contexitur; longi pedes, nam tot syllabis tenduntur; longa syllaba est, nam dupla est ad brevem.’”

四、五世纪之间；尽管语言在历史过程中有其发展的连续性和内在逻辑沿革，但是他当时的语言以及诗歌格律不仅与当今的欧洲语言大相径庭，而且与他之前的语言以及诗歌艺术也泾渭分明，奥古斯丁自己以其修辞学的学术背景也敏锐体察到这一现象，他在《忏悔录》开篇就提到：

“看啊！我主上主！如你一向耐心观视一样！人的子孙是多么愿意精当地关注字母和音节的规则啊！那是他们从其前辈那里接受而来的；而从你那里所受享的恒久救赎的永恒法则，他们却视而不见，以至于有人掌握或教授古老且传承而来的读音规则，而却违反语法规则将原本为 homo 的去掉前面的送气辅音而读成 omo，如同他违反你的诫命而痛恨 homo 一样。”[①]

奥古斯丁已经感受到语言的变化，这一变化甚或是人有意而为之的变化，这是令他所不满意的，况且由于“homo”一词的含义是“人”，甚或“义人”，所以在他看来，故意读错其发音，这不仅是蔑视人，以至于违背上帝诫命的行为，而且甚或是公然违反人性的恶行。不仅如此，他还在其早期的、皈依基督宗教前后的著作 De musica（《论音乐》）中就已经以老师的口吻指出：

“回答我！你是否知道老师所教授的短音及长音的区别？或者无论你是否知道，你是否同意我们如此这般提问，好像我

① 就此请参见奥古斯丁《忏悔录》第一卷第十八章第二十九节：“Vide, dominus deus meus, et patienter, ut vides, quomodo diligenter observant filii hominum pacta litterarum et syllabarum accepta a prioribus locutoribus et a te accepta aeterna pacta perpetuae salutis neglegant, ut qui illa sonorum vetera placita teneat aut doceat, si contra disciplinam grammaticam sine adspriratione primae syllabae ‘ominem’ dixerit, magis displiceat hominibus, quam si contra tua praecepta hominem oderit, cum sit homo.”

们对诸如此类之事一无所知，并且不同于长期以来的积习以及权威预设的偏见所强迫我们的那样，而是愿意思考？”①

而学生的回答则是：

“不仅思考本身，而且关于音节的无知，为什么我不要理解它们呢？引领我行进到这条路径上吧！”②

一方面，从师生的对话可以想见和理解，不仅语言本身堕落性的变化积弊已久，而且对于其变化的轻忽以及所谓权威的偏见甚或阻滞了人对诸如此类问题的思考；另一方面，由于语言是人类存在的家园，所以人是在语言中、借助语言、通过语言而思考的；基于这两方面的考量，我们能够体会到奥古斯丁从语言及其变化入手而研究时间概念的方法论意义。

3. 诗节的构造与时间的结构

从问题的历史来看，早在奥古斯丁之前，希腊的哲学家们、音韵学家们（譬如 Aristoxenos，阿里托克斯诺）已经知道了，无论取长音节，或者取短音节，音节的长度本质上就是度量时间的单位；尽管不同的人度量音节长短（也就是度量时间）时所取的作为度量单位的长短音各有不同，但是最终发现原始单位无法再被分为更小的韵脚了，于是初始音节作为测量的最小

① 就此请参见 Augustinus, De musica, II, 1, 1：“Responde, utrum bene didiceris eam quam grammtici docent, syllabarum brevium longarumque distantiam; an vero sive ista noris sive ignores, malis ut ita quaeramus, quasi omnino rudes harum rerum simus, ut ad omnia nos ratio potius perducat, quam inveterate consuetudo, aut praejudicata cogat auctoritas.”

② 就此请参见 Augustinus, De musica, II, 1, 1. “Ita plane malle me, non modo ipsa ratio, sed istarum etiam syllabarum imeritia (quid enim fateri dubim?) impellit.”

单位就出现了，当然，这样的一个作为度量单位的短音节并非必然而系统的，而更多的是偶然且经验性作为标准，这也就是说，最小单位作为纯粹的抽象是从经验事实的限定中获得的，它是建构任何可能的音程（也就是时程、时间过程）的最小的、最基本的单位。[①]

从这一问题本身来看，奥古斯丁在《论音乐》中探讨的是旋律；就此，他言说音节的长短、音步以及音步之间相联的可能性。格律对于他的系统描述和阐释而言并非重要概念，并且仅仅借助休止的阙如而区别于诗节。

从问题的核心内涵来看，在奥古斯丁用以描述和分析旋律的诸多范畴中，最可探讨的是音节的长短；尽管在《论音乐》全书中庶几没有格律范式的讨论，有的仅仅是例词而已，况且在这些例词中，诗步是借助长短音节而被表现出来的，尽管在对话中学生坦然承认他对于音节的长短无所知晓，但是与之交谈的老师不仅对此亦深表认同，不仅在前文所引述的问答中已经告诫学生，在继续进行的交谈和讨论中放弃对于诸如此类的认知的追求，而且甚或将自《论音乐》开篇伊始就产生的所有关于诗步的思考和谈论，又都建立在对于音节长短的区分的基础上。在这篇著作中，奥古斯丁并未提出某种格律的模式，而

① 就阿里托克斯诺具体的论证过程，请参见 A. Keller, Aurelius Augustinus und die Musik. Untersuchungen zu “De musica” im Kontext seines Schrifttums. Würzburg 1933. S. 205-207; L. Pearson, Aristoxenus, Elementa rhythmica. The Fragment of Book II and the Additional Evidence for Aristoxenean Rhythmic Theory, Texts edited with introduction, translation and commentary by L. Pearson. Oxford 1990. P. XXX, XXXVI-XXXVII; W. Seidel, Rythmus. Eine Begriffbestimmung. Darmstadt 1976. S. 18.

是提出例证，并且以在这些例证中出现的传统的长或短的音节的变换来表述格律的模式，通过长短音节的变化使得学生对时间长短的固有的感觉受到影响，甚或受到干扰，而由此一个直接的结果就是：音乐在这个意义上并不关注语言的量、语音的量，[①] 而是在本质上关乎时间的量与标准，关乎对于时间等范畴的认知。

当老师解释诗步和诗节时，所自然呈现而出的一个问题是，诗步关涉到与时间的一致性，随之而来的另一个问题则是，对音节长短区分的放弃并不能下车伊始就解构音节的价值，音节，或音节的长短在此所具有的意义并非是语言的、并非是服从语言学或修辞学的判准和规则的，而是在于它恰恰能够作为计量单位而有其意义，于是师生之间在《论音乐》第二卷中继续讨论诗节长短的问题，并且确定：诗节的建构法则也要遵循其时间的内在结构，这一点能够在正确的朗诵中体现出来；尽管语言与诗歌的艺术在这个意义上并非最重要的，但是它们也不能在诗歌创作中随意被建构，因为诗歌格律的法则对于音节的长短有一定之要求，于是音节长短的意义，特别是它们作为计量单位（亦即作为时间的计量单位）的价值则凸显出来，正是在这样的意义上，老师才要求学生关注和比较与计量直接相关的音节的数字性。而一个音节或者旋律是演奏或歌唱出来的，这就意味着，奥古斯丁更进一步借助运动概念来探讨音节或旋律，在他看来，比较若干音节的长短，本质上是在比较相关于它们

① 就此请参见 H. Koller, Die Silbenquantitäten in Augustinus' Büchern De musica. In: Museum Heveticum. Jahrgang 1981, Band. 38. S. 262-267 (263).

的运动的长短，也就是检测它们的持续或时间上的量，[①]这不仅意味着要历数时间的长短，而且更重要的是：人为了这样的历数需要一种度量标准；如果旋律具有一种运动的品性的话，那么某种被运动者就可以被选择为范式，借助这一被运动者能够轻易确定或定义比较的标准，这就是由音节而来的“一个时间”（“unum tempus”），[②]之所以能够这样说，一方面是因为任何一个音节，无论长短，都能，也都的确占据一定的时间，另一方面是因为在某个确定的语言中的一个音节的长短是自然地植根于这一语言之中的，而且一旦谈及长短，则音节就有了数字的品性，于是“一个时间”就成为一个基本的测量单位；而如此这般的“一个时间”，在19世纪的语言学中则被称为“mora”，也就是“瞬间”。[③]

奥古斯丁以同样的思维方式先确定短音节作为测量单位，亦即前文所提及的“一个时间”（“unum tempus”），所谓“一个时间”对于奥古斯丁而言就是时间持续的最小单位，是言说者口中所说出的以及倾听者耳中所捕捉到的时间的最基本量子，于是，在奥古斯丁的时间哲学中，一方面，“一个时间”的确定不仅仅是测量单位、测量概念的限定，而且也是基本诠释单位、诠释出发点的确定，为判断音乐韵律、诗歌韵律以及时程（时间过程）奠定了基础；由此而另一方面，诗步从此也能够被理解为同样时间过程的可历数的单位，或曰：音程，亦即时程之

① 就此请参见 Augustinus, De musica, II, 3, 3.

② 同上。

③ 就此请参见 W. Seidel, Rythmus. Eine Begriffbestimmung. Darmstadt 1976. S. 12.

长短能够以可历数的诗步来度量；奥古斯丁以其作为“一个时间”的音节的长短而建构时程、而测量时间，这样的建构涉及诗歌（亦即诗歌的朗诵或演唱）在时间中的过程，固然，如同研究奥古斯丁的著名法国学者昂立·伊雷内·玛鲁（Henri-Irénée Marrou）所指出的，不仅奥古斯丁的“一个时间”的确定，多少有些任意性，而且其一个音节的休止也开启并颇具主观诠释的空间，[①]或曰：奥古斯丁的时间模式具有一种被设定和被诠释而出的结构，但是这并不妨碍他探讨、分析和理解时间概念，之所以能够这样说的原因在于，无论探讨什么概念，特别是诸如时间这样的初始概念、这样的初始范畴，人必然要么有一个必须接受的前提或出发点，要么必须设定一个前提或出发点。

4. 时间作为被倾听的存在

如果奥古斯丁以音乐和诗歌的诵读来探讨时间概念的话，那么他的潜在而被默认的前提是：人的听觉能力以及耳聪的判断是每个人天生就给定的、是人与生俱来的，人赖以理解时间中的人自身和时间中的世界，赖以理解人与世界的关系，赖以理解时间和空间及其关系。

于是，如果正常人的听力是与生俱来的话，那么奥古斯丁所面临的问题是：两个或两个以上的正常人在同样条件下收听同一个诗步或旋律会有同样的收听效果吗？或曰：他们听到的

① 就此请参见 Henri-Irénée Marrou, Augustinus und das Ende der antiken Bildung. Übersetzt von Lore Wirth-Poelchau in Zusammenarbeit mit Willi Geerlings, Herausgegeben und für die endgültige Fassung redigiert von Johannes Goette. 2. ergänzte Auflage, Ferdinant Schoeningh, Paderborn. 1995. S. 229-236，特别是 S. 233.

是同一个诗步或旋律吗？他在《论音乐》的第 VI 卷中提出了五种数字理论以探讨这一问题，他以这样的理论将人从感官感知之物引导向超感官的事物。第一种数字类型被奥古斯丁称为 iudiciales，这不仅关涉旋律本身，而且关涉耳聪的判断能力，甚或是灵魂的行为；一方面，数字表述世界的秩序，数字的判断是不变的，数字形成的结构不仅存在于可感知的事物中，而且也存在于人的精神结构之中，并且在人的精神和心理中建构被认知和被理解的事物；而另一方面，由于人的精神总是和数字建构的世界秩序打交道，于是数字结构又的确造就人的新的判断心理和判断能力，这庶几能够作为人的第二本性而与人的天然本性共同增进人整体的理解能力和诠释能力。[①]

从人的本性来看，对于奥古斯丁而言，一种听上去舒适的鸣响应当是遵循某种似乎是天然就给定的规则而来的，人很自然地拒绝刺耳的声音，因为这样的声音无法回溯到自然而然的规则中而被检测为舒适的，适用于耳聪的汲纳规则的，或曰与之相吻合的，就被它感受为美和舒适的，反之则为刺耳的；而人的耳聪的汲纳规则是由数字来计量的，或曰：人的耳聪的汲纳范围是被数字性的事物所决定的，在这范围内的声响会被它感受为舒适而美的，否则就会被历验为陌生而刺耳的；当然，这并非意味着，我个人所能理解的才是美的，而是意味着，凡是美的，则每个人通常都会将它理解为美的，于是我也同样如此；这是奥古斯丁逻辑论证的策略所在，在这一策略中包含着

① 关于奥古斯丁的五种数字理论，本书笔者已有专门研究，此处不遑多论，请参见徐龙飞，《循美之路——基督宗教本体形上美学研究》，中华书局（香港），2013 年；其中关于奥古斯丁《论音乐》的部分，特别是在第 75–127 页。

一个尽管对于他而言是不言自明的，但依然是隐匿的前提，亦即从普遍的人的自然本性而言，不仅人的内在感受力和人的自然的判断能力一样是与生俱来的，而且人的精神具有自其受造以来就内在于他自身的相同的结构，并且在声响的意义上人的精神的功能就在于理解这声响是何种样式的以及为什么是这一样式的，而对于感官感受的整理则独自是精神的能力和工作，并且能够由这种能力和工作带来相应的结果，于是人才能对同一个声响有比较一致的感官的感受和在对感官感受的理解中所得出的比较一致的最终的判断。对于有内在秩序的时间的理解，本质上是一个解决超时间问题的尝试性方案；在奥古斯丁看来，耳聪的功能尚有另一种数字结构，也就是对数字的回忆，如果这一功能敬告阙如，那么听闻则庶几不可能，这一功能建构结构，刚刚听到的声音，必定有一定的延展，必定有其从开端经中间到结束的过程，无论其有多么短暂，它们都被保持在这一结构中，以至于至少产生一种机械性的瞬时记忆，尽管声响已经过去，但是这记忆将其保留在这一结构中；没有这样的记忆、没有这样的结构，人无法表述他所听到的声音，因为声音从振响到结束是有一个过程的，如果没有这样的结构和记忆，那么当它结束时，我们已经忘记了它的开端甚或中间的过程，于是我们无法说，我们是否听到了什么；[1] 由此，不仅一方面，人借助由数字构成的回忆来捕捉和建构感觉，借助回忆将经验汲纳到精神与理性的结构之中以分析和理解之；而且另一方面，尽管人的记忆保持着无法与他人分享（亦即不同于他人）的回忆，

① 就此请参见 Augustinus, De musica, VI, 8, 21.

但是人依然借助回忆而建构从个体到超个体的记忆内涵，借助回忆建构超个体的集体共同意识；并且最终一方面，如果记忆将数字性的回忆和盘托出，那么人也是以数字性的判断而判别之；奥古斯丁由此阐释和分析了回忆着的和理解着的精神或灵魂中的数字结构。

在奥古斯丁的时间哲学中，一方面，由于诗步、音律首先属于耳朵捕捉的对象，所以我们庶几可以说，时间是被倾听的存在，耳聪的能力在于专注并捕捉到有声事物以及它们之间的关系，奥古斯丁将这一能力与音律的数字品性联系在一起；另一方面，由于音律的流动性与持续性具有一种秩序的模式，于是能够被数字建构起它们的形象，由此产生一种数字般的构型，这也是为什么奥古斯丁在《论音乐》中以大量篇幅讨论数字的本质的原因所在，以至于昂立·伊雷内·玛鲁甚至说，奥古斯丁的《论音乐》所论述的内容，并非我们今天所说的音乐或音乐学，而其实就是《论数字》，甚或《数字学》。①

5. 精神的延展（distentio animi）

奥古斯丁在《忏悔录》中对于时间本质和量度的质询，始于对语词的时间秩序的考量，将如此这般的质询和如此这般的考量联系起来，有不止一方面的理由。

首先，从奥古斯丁所学习和娴熟于心的语法规则来看，语

① 就此请参见 Henri-Irénée Marrou, Augustinus und das Ende der antiken Bildung. Übersetzt von Lore Wirth-Poelchau in Zusammenarbeit mit Willi Geerlings, Herausgegeben und für die endgültige Fassung redigiert von Johannes Goette. 2. ergänzte Auflage, Ferdinant Schoeningh, Paderborn. 1995. S. 171.

言中的最重要的语词庶几是动词，至少在拉丁语和希腊语中，动词是首要的语词，动词决定了动作的执行人及其行为本身，甚或关涉到动作的对象，动词自身的变位无需动作执行者的出现就已经包含主语在内了，于是有了动词，我们就有了主语、行为本身以及行为的对象；而动词是必定有时态的，并且是有诸多时态的，时态表述动作在何时开始、在何时进行、在何时完成以及有何种影响等，于是仅就动词而言，语法本身就关涉诸多时态、关涉时间的诸多样态，同时必须强调的是，在奥古斯丁的时代无论是拉丁语语法，亦或是希腊语语法并非如同我们当今学习外语意义上的语法（何况拉丁语原本就是奥古斯丁的母语），而是人的基本素养，如同昂立·伊雷内·玛鲁所正确指出的，学习语法的目的并非在于仅仅掌握若干语法规则，而是要在这一基本素养的基础上学习所谓的littera，也就是文学，甚至包括诗歌格律、诗歌艺术在内的文学也恰恰是作为语法来学习和研究的，正是基于这样的出发点和目的，语法与文学才是关联在一起的课程，甚至是一个课程，[①] 在这个意义上，奥古斯丁必定通过语法暨文学的学习而娴熟于时间的诸多样态，必定通过语法暨文学的学习而娴熟于诗歌格律和诗歌艺术，并且自然而然的由此而探讨时间概念。

其次，从奥古斯丁的神学背景来看，他所娴熟于心的《创

① 就此请参见 Henri-Irénée Marrou, Augustinus und das Ende der antiken Bildung. Übersetzt von Lore Wirth-Poelchau in Zusammenarbeit mit Willi Geerlings, Herausgegeben und für die endgültige Fassung redigiert von Johannes Goette. 2. ergänzte Auflage, Ferdinant Schoeningh, Paderborn. 1995. S. 8-15, 特别是 9, 10, 12, 15；111-113；205-207, 特别是 207。

世纪》开篇就写到“上帝说”，亦即上帝以其话语的权能创造世界，《若望福音》之“序言”与此相呼应，强调世界的开端始于言、始于圣言，由此，奥古斯丁也自然而然从“言”，从语言入手探讨其时间概念。[①]

其三，从奥古斯丁的修辞学背景来看，传统诗歌的格律在他那个时代恰恰就被称为tempora，也就是“时间”，而且是复数的“时间”，如果奥古斯丁以诗歌格律（特别是其中音节的长短）为例证来阐释和分析时间概念以及对于时间的测量的话，那么他所赖以阐释和分析的诗歌格律例证恰恰原本就是在现实生活中、在实践中用来测度时间、阐释时间的，于是他由此入手而探讨时间概念也是自然而然的了。[②]如同不远的前文所引述的，当我们说某个音节是另一个的两倍长时，我们以听到的短音节的时间的延展测量长音节的时间的延展，我们以所听到的词汇音节的滑动而过判断时间的长短，结合《论音乐》中的论述来看，奥古斯丁所说的听闻并非简单的倾听、并非简单的听而不闻而已，而是一种带有思考性和判断性的倾听，是一种理解着的、以理解为目的的倾听，由于音节的长短被视为计量的单位，所以倾听者必须要以其已然掌握的格律的，特别是其中

---

① 德国著名学者、奥古斯丁研究专家Kurt Flasch曾经提出语法学（包括文学）与《若望福音》“序言”对于奥古斯丁时间研究的影响，本书在此受其启发，略加阐发而已，不敢掠美，就此请参见Kurt Flasch, Was ist Zeit? Augustinus von Hippo. Das XI Buch der Confessiones. Historisch-philosophische Studie. Text-Übersetzung-Kommentar. Frankfurt 1993. S. 21, 201.

② 就此请参见Henri-Irénée Marrou, Augustinus und das Ende der antiken Bildung. Übersetzt von Lore Wirth-Poelchau in Zusammenarbeit mit Willi Geerlings, Herausgegeben und für die endgültige Fassung redigiert von Johannes Goette. 2. ergänzte Auflage, Ferdinant Schoeningh, Paderborn. 1995. S. 229-234；特别是233。

关涉音节的知识来倾听、判断以及思考，在这个意义上，他并非在云无心而出岫一般似听非听，而是以其记忆中的格律知识、语法知识等而梳理他所捕捉到并保留在回忆中的音节的振响，并且由此而能够知道并且决定他所提到的振响的类型与长短等，甚或能够再度说出其长短；由于音节能够作为计量的单位，所以音节的长短决定了时间的长短，或曰：决定了时间的量；时间的度量模式是由音节的长短，或曰由音节的量而来的，这一模式建立在最小的（最短的）音节单位上，这一最小的音节在这个意义上则并非仅仅是一个音节，而更多地是测度的单位，由这一最小的、最理想的音节的朗诵而出，我们就能够将其转译为时间的量，我们就同时具有了外在的时间的量，并且是最小的时间的量，这个最小的时间的量即可以作为测度时间的单位，这个时间的最小单位同时也能够被视为建构性的单位或元素，之后的测量都建立在这一基础之上，时间的量能够被视为这一最小单位的累积及这一累积的累计，也就是这一累积的核算；又加之如同本书前文所阐释和分析的，由于音节的振响是留在回忆中的，也就是说是从外在的振响而移居并落户在精神和灵魂中的，所以不仅音节的振响是灵魂或精神的延展，而且由此所测量的时间也是精神或灵魂的延展了。

对于倾听者而言，诗节有一个固定的时间的总量，这一总量依赖于从记忆中所选取的语法和诗歌格律与韵律的知识对于它的归类、分析等，也就是说，这一总量是由数字的判断（numeri iudiciales）做决定的，这与究竟是哪一位个体将音节表述而出并无关系，因为无论哪一个个体，都必须按照语法以及诗歌格律所给出的（包括音节长短在内的）规则诵读。在奥古斯丁看来，尽管音节的振响有可能是某种发自其自身的独立的运动的模式，但是每一个不同的振响都有其内在的时间结构，都有其数字般的以及可历数、可计量的时间结构，这一结构能够存在于人的判断力中，能够被判断力所理解和诠释，音节的拓展决定时间的内在模型；尽管奥古斯丁的时间概念可能也包含外在于灵魂的时间，但是对于灵魂的理解和测量则是发生于灵魂或精神内部，灵魂的判断力以及对于灵魂或精神的时间的判断，与对时间运动的过程的观察总是对应在一起的，对诗节的拓展或音节的拓展的判断属于语法和诗歌格律的能力，这一通过学习而获取的能力已经在人的内在、在精神或灵魂中建构了时间的模式；这表明，尽管每个人甚或能够将同一段时间视为自己特有的时间，视为与他人所感觉和判断的时间毫无共同性的时间，亦即每一个体灵魂的回忆能力、建构能力各自不同，但是灵魂的数字理解、时间理解，也就是所谓的“numeri iudiciales”，不仅能够被视为人与生俱来的自然的能力，亦即这一能力是人普遍具有的、是在人的自然本性中预先给定的，而且这一能力也能在譬如语法和诗歌韵律的训练中而有长足之进步；灵魂所享有的数字结构可以确定时间的运动，尽管每一个体对于时间的判断是独自而单一的，但是这独自而单一的判断则由于人本性中所共享的与生俱来的数字判断而在灵魂中趋于一致。

6. “精神的延展”的理论意义

从前此为止的阐释和分析可以看出，distentio animi 中，也就是“精神的延展”（或“灵魂的延展”）中的精神（或灵魂），不仅是distentio这一行为的主语，而且也就是人对时间的理解，换言之，时间就是灵魂的延展，精神的延展，时间就是世界精神（世界灵魂）的伸展，这一伸展意味着将人的精神在个体灵魂中开掘出来，并且这样的伸展是超个体的，不依赖于任何个体对于时间的个体性解释，于是这样理解的时间就是普遍意义上的时间；运动事物的自身时间属于创世、属于事物的受造性，人的精神并非一定能够洞彻一切事物的受造性，并非能够洞彻受造事物的全部时间性，个体的精神更是如此；精神（或者灵魂）的开张，尝试去测度和理解尽管并非永恒，但却是无限事物（譬如时间）的运动，测度在这个意义上也是理解，精神或灵魂甚或尝试去探触它自身的边界，它也应当知道，它自己是有限的；时间是运动，人相信他自己能够记住其运动，所谓“延展”并非表述精神自身的运动，而是表述某种外在而陌生的运动，精神仅仅是将这一运动翻译到自身的框架和思维体系中而已，精神的延展在这个意义上是精神的一种转译能力。

奥古斯丁关于“精神的延展”的研究具有何种意义和价值呢？

从问题的历史来看，理解时间就是理解上帝；尽管有柏拉图等哲学家先于奥古斯丁提出世界的生命性思想，但是在奥古斯丁那里世界灵魂的思想或许仅仅属于某种设想，晚年的他至少仍在试图将其在早期著作《论音乐》中的时间理解置于世界灵魂的思想中来考量，他不乏斟酌，甚或多少有些举棋不定地写道：

“而这个世界是一个有生命的存在（是一个鲜活的存在），如同柏拉图和大多数哲学家所认为的，我对此既无法借助确切的理性甄别之，也无法通过《圣经》的权威将其作为被确认者而认知之。由此对我而言清晰的是，在人能够从书中借助灵魂不死之说而接受世界是一个鲜活的存在之后，这一萦绕我的诉求，还是很快不期而至；并非是由于我认为这是错误的，而是因为我也无法将其视为真实的。”[①]

这是奥古斯丁在 Retractationes 之中针对《论音乐》的第VI卷（14，44）所做的考量，其中提到，数字原则将灵魂引向上帝，在德国学者、奥古斯丁专家凯勒（A. Keller）看来，在这一原则中涵盖着世界灵魂的思想，[②]不过，另一德国学者、奥古斯丁专家库尔特·弗拉士（Kurt Flasch）甚至更进一步认为，奥古斯丁之所以犹豫不决、蹒跚不定在其思想的过程中，是由于他庶几感觉到，在世界灵魂的思想中隐约涵盖着异样于上帝创世的思想，或者更确切地说，世界灵魂有可能成为一种与上帝、与神性精神相抗衡的存在。[③]当然，奥古斯丁之所以斟酌再三，极有可能恰恰是因为在他看来，世界灵魂（世界精神）丝毫也不能与创世上帝并驾齐驱，丝毫也不能与创世上帝比肩并立。

---

① 就此请参见 Augustinus, Retractationum. A. Muztenbecher (edtion), Turnout 1984 (Corpus Christianorum Seriae Latinae 57) I 11, 14: “Sed animal esse istum mundum, sicut Plato sensit aliique philosophi plurimi, nec ratione certa indagare potui, nec divinarum scripturarum auctoritate persuaderi posse cognovi. Unde tale aliquid a me dictum quo id accipi possit, etiam in libro de immortalitate animae tem(p)ere dictum notavi, non quia hoc falsum esse confirmo, sed quia nec verum esse conprehendo, quod sit animal mundus.” 亦请参见 I 13, 2。

② 就此请参见 A. Keller, Aurelius Augustinus und die Musik. Untersuchungen zu “De musica” im Kontext seines Schrifttums. Würzburg 1993. S. 144-145.

③ 就此请参见 Kurt Flasch, Was ist Zeit? Augustinus von Hippo. Das XI. Buch der Confessiones. Historisch-philosophische Studie. Text-Übersetzung-Kommentar. Frankfurt 1993. S. 405.

从问题的表述方式来看，奥古斯丁在思考的态度上大多以忏悔和认信的方式、在语法修辞上则大多以虚拟语气表述问题，这不仅首先表明他至少设置了关于世界精神（世界灵魂）的假设，再则表明他以谦卑之品德表述他关于世界精神的思想，而且这其中也关涉到人的尊严；由此可见，奥古斯丁并非偶然、并非不假思索地宣示他的思考以及思考的过程，他应当是在深思熟虑之后而将他对于时间的探讨和理解与普遍世界精神的思想联系起来，在这样的关系中，人的普遍世界精神品性必定与创世上帝相关联，必定与降生成人的上帝相关联，尽管人有个体之区别，但是在上帝创世行为中所获有的受造性是一致的，尽管人性有其自受造而来的自身品性，但是在上帝降生成人的启示行为中所获有的神性是一致的，因为上帝在创世行为中、在降生成人的启示中将其神性赋予给人，不仅使人富有精神的理解力和思考能力，而且使人，甚或使每一个个体获有与生俱来而不可染指的尊严，因为这尊严是在人性之中的，于是世界灵魂的普遍性，不仅意味着人的理性能力，不仅意味着人对时间与永恒及其关系的思考，不仅意味着人对自身与受造世界及其关系的思考，不仅意味着人对自身与上帝及其关系的思考，而且最终提示出人格的尊严以及这一尊严的终极来源。

从思维方式上来看，奥古斯丁时间研究的一个成就在于，他提出了研究的方法与标准，一方面，诗步成为，或被设定为测量时间的单位，另一方面，诗步测量时间的方式在于，一个诗步被诵读则时间被测量，也就是说诗步从被诵读到读毕的时间总和，恰恰就是时间的总和，亦即：诗步从产生到消逝的过程，恰恰是时间从无到有的过程、恰恰是时间长短的量，或曰：

一个（诗步）运动过程的量就是所需时间的总和；奥古斯丁这一成就的意义在于，一方面，他不仅将诗步音程的长短诠释为时间的总和，也就是以一个秩序阐释另一个秩序，而且在诗步音程与时程关系的意义上，这样的诠释不仅呈现出一种秩序性思维，而且也将计数（算数、数字的计量）领入到数字科学之中；另一方面，他不仅在西方学术史上庶几首次精辟指出，诗歌美学或诗歌格律学所决定的诗步内在的结构，在本质上就是时间的结构，他的诗步概念不仅能够运用到诗歌和时间的研究中，而且能够运用到，甚或指导非语言的时间顺序的事物的研究，譬如诸多领域对节拍（节律、频率、周期）的研究，特别是中国古琴理论中对于节拍的研究。

从本体论和认知论的角度来看，理解时间就是理解人的本质；对于奥古斯丁而言，理解时间既是在普遍的人性本性中的能力以及这一能力的运作，同时又是在个体灵魂中的能力及其运作（也就是对事件的历验和回忆），无论是在《论音乐》中，亦或是在《忏悔录》中，如果人要质询究竟什么是时间，那么他必须首先理解灵魂的本质、必须首先理解灵魂中那一理解数字的结构、必须首先理解存在于灵魂中的那一理解的结构，在这个意义上，奥古斯丁庶几并未直接给出关于时间本质的答案，他甚或并未直接言说时间的本质，他甚至仅仅说他对此并不知晓。而我们庶几可以说，对于时间本质的质询和理解，实质上就是人对自身的质询和理解，是人对自身的反思，精神的延展（或灵魂的拓展）本质上就是要理解和掌握时间的运动、时间的过程，对于每一个个体而言，时间就是他所理解的时间、就是他对自身的理解，对于人类整体而言，时间就是他们所理解的时间的整体的共同性、就是人类对自身存在本质的整体的理解，就是他们对人类整体理解的共同性；如果人不能理解时间的本质，那么时间对于他而言也就仅仅是一种表象而已，在这个意义上他也没能真正理解人性本身，人性本身对于他也仅仅是表象而已。

从哲学与神学的关系上来看，理解时间就是理解人与上帝以及与世界的关系；在奥古斯丁看来，尽管人的精神能够趣向、能够指向其它受造物，尽管这一精神并非受造物的创造者，但是它获有理解受造物奥秘的橐钥，至少对于个体的灵魂和精神而言，它们作为较高的灵魂形式（精神形式）、作为理性世界本身，相对于较低者而言就是判断的标准，人并非手段，而是目的，甚或是过程与目的的统一，在这个意义上，上帝不仅不能被思考为本体论上的不动者，而且也不能被思考为功能上的不动者，他必定超越一切时间、洞彻一切时间而存在、而在时间中存在；当然，尽管如此，当（如果）一个个体的灵魂由于参有普遍人类精神而有能力去尝试建构和理解时间概念的话，那么在本体论的意义上就仅仅只有否定的可能性，也就是说，他并不知道时间是什么，时间仅仅能够是他，甚或是人类历史的回忆而已，是对过往的现象的回忆而已，是记忆将保有在自身中的现象和盘托出而已，庶几在这个意义上，奥古斯丁才说，当人问我时，我则不知道时间是什么。在神学层面上，上帝是非时间性的，而他的非时间性就是他的非过往性，就是他的永恒性，就是他在时间中的永恒性，仅仅人的精神自身不再能够测度和理解这一时间，但是这一时间依然是时间自身，而如果仅仅人的精神并非能够测度和理解这一时间而这一时间还依然是时间的话，这表明人的理性是有限的，人追求理解的精神是有限的，人在这个意义上没有理由狂妄自大，没有理由成为堕落的天使，在精神的等级秩序中必定有一个层面构成人的理解的终点，这一终点拒绝人的一切狂妄；上帝将自己启示在时间之中，人才能够测度和理解这一时间，如果仅仅上帝存在，则无人会谈起去理解时间、则无从谈起人对时间的理解；如果仅仅人存在，人则无从谈起去理解时间与永恒及其关系。

第八章　时间范畴作为人类普遍的宗教意识

一　引入：问题的提出——究竟什么是“忏悔”？

如同本书前文所一再阐释和分析的，奥古斯丁在他的《忏悔录》第十一卷中从古典哲学、《圣经》神学以及人的日常经验出发，详尽探讨了人的时间经验，在他看来，时间是人不可须臾离开的范畴，人生活在时间中，时间意识不仅并非单个人的心理和心灵的结构意识，而是普遍的人的意识，而且普遍的时间意识也能够是人的普遍的宗教意识；而从这一视角考察他的《忏悔录》的话，那么这部名著在整体上也并非仅仅传记文学题材中的经典之作，它同时也是默观以及上帝经验的见证，它的意义远远超出奥古斯丁所处的时代，并且直到今天都有其对哲学思维、宗教灵修等的推动力。

在回顾自己的生命历程、并审视当下的情形时，奥古斯丁来到他的忏悔、认信和感恩之中，而如同本书前文所一再阐释和分析的，这样的忏悔、认信与感恩本身就是思考，就是深度的思考，他回忆自己生命的源泉、过程以及目的，并以此反省自己、反思自己，他以这样的反省和反思寻求上帝，他默想上帝隐匿但却同时又是彰显的当下此在、奥迹但却同时又是一目了然的运作，他尝试将他内在观想领入语言，并斟酌他的语言，在这一整体相关联的尝试中，奥古斯丁发现，“memoria”（“回忆”）是上帝经验的一个可能的处所，正如德国学者莱西纳（O.

Lechner）所说，忏悔作为自身内敛的表述与皈依上帝的表述，奠定在对于上帝的回忆和追求之中[①]；而上帝则在那一永恒之中含蕴人的时间，并在人的时间之中运作他的永恒，使得人已经过往的岁月并未消逝在毁灭，而是拯救在意义、目的和价值之中，使得人尚需度过的生命并非落入虚无、而是浸润在意义、目的和价值之中，使得人的存在、人的生命尚在时间之中时就已经全然立于永恒之中了。特别是《忏悔录》第十卷中关于回忆的分析、第十一卷中关于时间的阐释以及十一至十三卷中关于上帝创世的诠释，不仅是奥古斯丁这部著作中思想最浓缩之处，而且同时也是基督宗教哲学最集中呈现之处，在这些章节的文本中，奥古斯丁不仅一再质询，而且不断重新开始去理解：为什么（以及如何）在时间中存在的人并非仅仅，甚或从未在时间中成长，而是必须关涉那一永恒，才能真正立于时间、立于存在之中，以至于人的生命才真正具有意义？时间在何种意义上是以及为什么是人的宗教意识？

二 人在时间中的生命历验

1. 人的时间忧患意识

在探讨时间作为人的普遍意识时，奥古斯丁将时间概念回溯到他的生命经验之中，回溯到他对于时间性存在者的经验之中；在他看来，如果没有受造之物，也就是如果没有可变化

① 就此请参见 O. Lechner, Idee und Zeit in der Metaphysik Augustins. München 1964. S. 118。亦请参见 Augustinus-Lexikon, Herausgegeben von Cornelius Mayer. Verlag Schwabe & Co. AG, Basel 1986-1994. 1122-1194; 特别是 1122-1134.

以及变化之物，没有它们的过往性以及在过往性中不再滞留的持续，人就无法谈论时间；借助事物的变化而产生时间，借助事物的变化而成为时间，[①]没有任何时间与上帝等同，因为只有上帝是永恒而从不过往的持续，时间一旦如此，则就不是时间了，[②]时间并非在自身中存在、从未在整体中是它自身，而是开端与终结、上升与下降、前进与后退以及构型与消解，[③]时间仅仅是各个部分，从未是相同的部分，从未是整体，从未同时存在，时间试图在持续不断、摩肩接踵之中建构整体。[④]而人也参有这一时间性，并且立于一种危险之中，亦即在这一时间性中、在与时间长河的上下奔涌中、在时间的激流中流逝了自身，在时间前后部分相互的消解中撕裂了自身，泯灭了

---

① 就此请参见奥古斯丁《忏悔录》第十二卷第八章第八节："时间借助诸多事物的变化而生成。"（"rerum mutationibus fiunt tempora."）如同在奥古斯丁的许多著作中一样，时间在这段拉丁语的文本中也是复数。

② 就此请参见奥古斯丁《忏悔录》第十一卷第十四章第十七节："没有任何时间如你一样永恒，因为只有你恒在；如果相反它们也壅塞滞留，那么它们也就没有了各个时间段。"（"Et nulla tempora tibi coaeterna sunt, quia tu permanes; at illa si permanerent, non essent tempora."）由于时间（tempora）一词在这段拉丁语的文本中也是复数，所以亦可译为"各个时间段"或"诸多时间"；此外，此段亦可更朴素地译为："没有任何时间能像你一样永恒，因为你是永恒的；而如果时间是永恒的话，那它就不是时间了。"

③ 就此请参见奥古斯丁《忏悔录》第十三卷第三十三章第四十八节："它们在时间中享有开端与终结、上升与下降、前进与回返、绽放与枯萎。"（"Habent initium et finem ex tempore, ortum et occasum, profectum et defectum, specium et privationem."）

④ 就此请参见奥古斯丁《忏悔录》第四卷第十章第十五节："你已经给了它们那样多，因为它们每一个都是诸多事物的一部分，它们无法同时存在，而是作为整体在此消彼长中成就世界，它们是这世界的各个部分。"（"Tantum dedisti eis, quia partes sunt rerum, quae non sunt omnes simul, sed decedendo ac succedendo agunt omnes universum, cuius partes sunt."）

自身的存在。人在时间中，却遗失了时间，如同许多无精神、无灵魂的自然存在，对于它们而言，“在时间中的存在”意味着在时间序列中的每一个瞬间都不过如此相同而已，都不具有任何意义，每一个瞬间在其成为当下之后就消失的无影无踪了。

奥古斯丁自己也纵身跃入时间之流中，但却不谙水性，并不知晓时间的顺序，他的精神、他的灵魂在时间的暗流涌动中张惶失措，他的感觉、他的思想在时间的喧嚣动荡中顾此失彼，他的精神、他的灵魂、他的感觉、他的思想，不再此伏彼起、浮想联翩，直到他在“你的爱的火焰中”涤心洁虑、重新找回自己，并且在“你”之中神清气爽、重新收拢自己。[①]人在时间中的生命渴望一种融入，以避免在时间的流逝中陷入深不可测、深不见底的旋流。时间在这个意义上呈现为灵魂深层的焦虑和对宁静的渴望，呈现为人的原始而本性的忧患意识！

2. 宗教意识的深度质询：时间真的存在吗？

而时间存在吗？究竟什么是时间呢？面临这一问题，奥古斯丁依然回溯到单纯的日常生活的意识中，在这样的意识中、对于这样的意识而言，时间是理所当然的、是理所当然存在的，他下车伊始就固执己见地认为，他知晓时间，在他看来，没有流逝就没有过往的时间，没有到来就没有将来的时间，而什么

① 就此请参见奥古斯丁《忏悔录》第十一卷第二十九章第三十九节；由于本书在前文中已经引述并多次提及这一文本，因而在此不再称引。

都没有，就没有当下的时间，[①]或曰：没有过往的时间就没有流逝，没有将来的时间就没有临在，没有当下的时间就什么都没有。而在继续的思考中，奥古斯丁又质疑这种看起来信誓旦旦的观点，所“是”的（所“存在”的），既非过往、亦非将来、更非当下，过往的时间被标示为“不再”，将来的时间被标示为“尚未”，他提问自己说，这两个时间怎么能够存在呢？[②]而当下的时间也倾向于虚无、倾向于不存在，当下的时间流逝着、消逝着，作为任何一个时间点都毫无延展、毫无伸展、毫无持续，当下的时间流失到过往之中，已经“不再”存在了，我们如何能够说，当下由此而成为时间、而存在呢？其赖以存在的基础难道不是立于不存在之中吗？以至于人不能不说，时间之所以存在，是因为它追求不存在，这难道不荒诞吗？[③]

而如果人能够构想时间，那么他就能够将已经不能再分的瞬间称为当下，可是这个当下是那样迅捷地、白驹过隙般从将

① 就此请参见奥古斯丁《忏悔录》第十一卷第十四章第十七节：“但是尽管如此我还是要说，我肯定知道这一点：如无过往，则无曩昔已逝之时间；而如无来者，则无将临即至之时间；而若虚空无物，则无当下此时。”（“Fidenter tamen dico scire me, quod, si nihil praeteriret, non esset praeteritum tempus, et si nihil adveniret, non esset futurum tempus, et si nihil esset, non esset praesens tempus.”）

② 就此请参见奥古斯丁《忏悔录》第十一卷第十四章第十七节：“而如果过往即逝、将来未至，则此两类时间（则斯二者）又如何存在呢？”（“Duo ergo illa tempora, praeteritum et futurum, quomodo sunt, quando et praeteritum iam non est et futurum nondum est.”）

③ 就此请参见奥古斯丁《忏悔录》第十一卷第十四章第十七节：“而如果当下仅仅凭藉流逝到过往之中而是时间的话，那么我们怎么能说，它存在？况且其存在之原因（基础）又恰恰奠基在其并不存在之中。时间存在，因为它消逝殆尽，我们真的能如此这般地侃侃而谈吗？”（“Si ergo praesens, ut tempus sit, ideo fit, quia in praeteritum transit, quomodo et hoc esse dicimus, cui causa, ut sit, illa sit, quia non erit, ut scilicet non vere dicamus tempus esse, nisi quia tendit non esse?”）

来驰入过往，以至于没有时间的滞留、没有时间的延展，而如果有延展的话，那么这一延展被分解为过往和将来，哪里又为当下留下了存在的空间呢？[①]

奥古斯丁始终将时间限定为当下的存在，过往、将来与当下仅仅是时间的三种模式而已，而时间自身则并非"是"、并非存在。如果这三种模式限定时间、决定时间的话，那么我们必须说，时间并不存在；但是尽管如此，我们却知道时间、测量时间、测量时间的持续，在这个意义上，时间必须存在、时间必须是当下的存在，而如果时间必须是当下的存在的话，那么过往、过往的时间如何，并且在何处又是当下、又是过往的当下呢？将来、将来的时间又在何处，并且又如何是当下、是将来的当下呢？

时间以及质询时间在此呈现为自然理性对于宗教意识的深度质询！

3. 质询时间作为位格的人的精神行为

奥古斯丁将对经验意识的反思转向对自己内在的反思，将其思考转向其内在，并且就此而发现了回忆，回忆就是将过往当下化的回忆，回忆是将对未来的期许当下化的回忆，回忆是时间的场所，是永恒栖身之处。

一旦他将思考转向自己的内在、转向回忆的殿堂时，他便在其中发现，天地、海洋以及万物，大凡能感知的，都是当下

① 就此请参见奥古斯丁《忏悔录》第十一卷第十五章第二十节；由于本书在前文中已经引述并多次提及这一文本，因而在此不再称引。

此在的，他在这一殿堂中也相遇到了自己、发现了自己，并且回忆起曾经的岁月、曾做的事情以及当时的感觉，他在那里回忆一切，无论是他亲身的经历，还是他听闻而来的事情，甚或他由信仰而接受的，无论是过往的事情，抑或是对将来行为的设想，对将来的期待，一切在回忆中成为当下的，一切在回忆中联系在一起。①

于是，回忆是一种当下的意识，回忆将过往与将来引入当下；借助人的精神（或灵魂）的回忆以及期待的行为，精神作为当下者而区分时间，将时间区分为三种维度，在回忆中，所有时间性的行为都能被涵盖其中；或曰：这涉及的是灵魂统一而整体性的当下的行为，回忆并非是过往的再生产，并将其保持在记忆之中，以便灵魂（精神）能不断回忆之，回忆同时就是观想、认知，同时就唤醒内在的追求；在当下的观想中，并

① 就此请参见奥古斯丁《忏悔录》第十卷第八章第十四节："我在内在、在我的无尽的回忆空间中做这个。在那里，除了那些我所忘却的，天、地、海洋以及我能感知到的它们所含有的一切都当下在场；在那里，我相遇到我自己，并且再度经历我当时、当地所做的一切，并且再度感知到我当时行动时的感觉；在那里，有一切我所能回忆起来的，无论是我亲身经历的，抑或是我所耳濡目染的。从这同一个蕴藏中，我自己将所亲历亲为的或者从别人那里听闻而来的事物的相似性与过往梳拢到一起，从中提点出将来的行为、事件和希望，并且再度在当下思考所有这些。"（"Intus haec ago, in aula ingenti memoriae meae. Ibi enim mihi caelum et terra et mare praesto sunt cum omnibus, quae in eis sentire potui, praeter illa, quae oblitus sum. Ibi mihi et ipse occurro meque recolo, quid, quando et ubi egerim quoque modo, cum agerem, affectus fuerim. Ibi sunt omnia, quae sive experta a me sive credita memini. Ex eadem copia etiam similitudines rerum vel expertarum vel ex eis, quas expertus sum, creditarum alias, atque alias et ipse contexo praeteritis atque ex his etiam futuras actiones et eventa et spes, et haec omnia rursus quasi praesentia meditor."）其中，"相似性"、"过往"以及"将来的行为、事件和希望"都是复数，直译则应当是："诸多相似性"、"诸多过往"以及"将来的诸多行为、诸多事件和诸多希望"。

非每一个流逝着的短暂瞬间被观想，而是与不断持续的短暂瞬间相关联者，这要么是已经在记忆中者，要么是正在期待者。对于未来的期待无法从中被消解掉，无法从过往和当下被消解掉，于是观想（contuitus）与期待（expectatio）由于回忆的原因而是、而成为作为位格（persona）的人的统一性的行为，于是人的行为作为精神的运动（motus animi）就是一个整体，这不仅同时也是时间的，而且本身也同时是人的宗教意识的表述。

如同本书在多处、经常并且一再提及的，在奥古斯丁看来，人们或许不能说存在着过去、当下与将来三个时间，更好的表述也许是存在着过去的当下、当下的当下以及将来的当下，或曰：当下的过去、当下的当下以及当下的将来，并且这三者都在灵魂之中，而无法向别处寻，过往的当下是回忆（memoria），当下的当下是观想（contuitus），将来的当下是期待（expectatio）。[①]回忆、观想与期待拓展人的时间意识，拓展人的超验意识，将过往拯救于毁灭之前，将未来收拢到当下的可能性中；人的精神和意识收聚在时间的连续性中，收聚在前后相续、接连不断地流逝着的每一单一瞬间，回忆奠定统一性，使得持续成为可能，时间在这个意义上是延展、是拓展，是人的精神的延展和拓展。

在这样的分析的意义上，时间对于奥古斯丁而言呈现为一种延展，但是他首先依然承认，他不知道这是一种什么延展，而如果不是精神的延展的话，那么这会使他感到惊奇。[②]人的精神在其延展之中汲纳各种事物与发生的事件，并将它们联系起

① 就此请参见奥古斯丁《忏悔录》第十一卷第二十章第二十六节。

② 就此请参见奥古斯丁《忏悔录》第十一卷第二十六章第三十三节。

来成为相互关联的当下，成为回忆着的、观想着的以及期待着的当下的意识，在这一行为的实现过程中，精神（灵魂）也将自身历验为当下的，而且是历验为时间性的，并且借助回忆将所有时间性存在者整合成一种持续、整合到时间性中、整合为时间意识，人的时间意识、人的自我认同就在这样的回忆与整合的行为中找到其根源。

而所有这些在奥古斯丁看来并非一种被动接受的能力，更多的是人的精神的一种主动行为，享有时间，并且度过时间被视为人的精神的特殊能力，他对于回忆的分析将三重时间样态（三重时间模式）表述为精神的行为，人在时间中的真实存在由此不仅被标示为服从时间的存在，不仅被标示为服从永恒的存在，而且也被理解为人在精神的旨趣（intention animi）中的特殊标示和特殊使命。时间下车伊始就是人的宗教意识，呈现为回忆、关注和期待这三者在灵魂中的整一性！

4. 时间作为永恒在灵魂中的痕迹

在奥古斯丁看来，人的精神不仅有其主动行为的能力，而且也有其无能的一面，它收聚零散的事物、并赋予它们以持续，而精神本身又在时间之中，它本身也是受造物，也参有受造的存在的变端性，精神（或灵魂）并不享有某种持续的当下，如果当下是持续的当下，那么它就不再是时间了，而是永恒。[①] 如

① 就此请参见奥古斯丁《忏悔录》第十一卷第十四章第十七节："如果当下总是当下的，并不消逝而成为过往的，那么它就不再是时间了，而是永恒。"（"Praesens autem si semper esset praesens nec in praeteritum transiret, non iam esset tempus, sed aeternitas."）

同前文已经提及的，时间呈现为灵魂深层的焦虑与对宁静的追求，奥古斯丁以躁动和宁静两种品性来形象地表述灵魂的状态，灵魂一方面在其撕裂性中煎熬着，另一方面又寻求宁静和稳定，而灵魂在时间中也仅仅能得到暂时的喘息，灵魂只能在一个他者中寻求并发现自己所梦寐以求的持续与稳定，这一他者立于过往性的时间之彼岸，或曰：绝非服从于时间的过往性；上帝将人向着上帝自身而创造，人的心灵躁动不安，直到它宁止和憩息在上帝之中，[①]被躁动所驱迫的精神只有在上帝持续的当下中才能发现、才能找到它所期待的宁静，而这样的当下就是奥古斯丁所说的永恒。

正是由于上帝的垂怜驻跸在人的一切生命之中，也在奥古斯丁的生命中，所以他愿意宁止在耶稣基督之中，宁止在全部人性与全部神性圆融无碍的上帝的独生子之中，宁止在人与上帝父唯一的传介者之中，他愿意在忘却自身之中而追随那一展开（extentus）过去，而非扭曲（distenus）它的那一位，他愿意追随总是在当下立于眸前的那一位，并非在扭曲（distentio）中，而是在精神的内在的收心敛意、涤情洁虑中追随凯旋的棕榈环、追随自上而下对他的圣召，这个“上”谦谦然虚位以下，并非来去匆匆，而是驻跸于当下之中，使灵魂满披圣宠，使时间满披圣宠；时间就是他的印记，时间就是永恒的印记，时间

① 就此请参见奥古斯丁《忏悔录》第一卷第一章第一节：“因为你还将我们向着你而创造，而我们的心躁动不安，直到在你之中憩息。”（“Quia fecisti nos ad te, et inquietum est cor nostrum donec requiescat in te.”）以及第十一卷第二十九章第三十九节。

就是永恒者的印记。[①]

尽管回忆本身也在时间之中、也在时间中时间着，尽管回忆在时间中有着时间的持续，尽管回忆本身还要超越自身、超越时间，但是一旦回忆将时间的流逝和过往的时刻重新捡拾回精神中，并使之重新同时成为其中的当下而持续时，回忆就达到了在时间中而非时间性的持续，回忆就达到了那位在时间中而非时间性的持续者，人就发现了他自身真实的本性、真实的存在所立足之处，人就借着时间、在时间中、与时间一道发现了永恒者在时间中的永恒印记。

而人如何才能知晓这一持续呢？在回忆之外，奥古斯丁没有找到这一持续；这一持续就在回忆中吗？时间在这样的提问中呈现为对永恒的思考、呈现为人对自身超验性的思考！也就是呈现为对自身与永恒两者之间关系的思考！

三　人在时间中的超验质询

1. 上帝究竟在何处？

奥古斯丁也认为，所有的人都追求有福祉的生活、追求幸福生活，而如果在记忆和回忆中并未有、从未有“幸福生活”这一指称所涉及的事实，那么人就不知道如何主动追求幸福生活。而幸福生活又奠基于何处呢？是我们坐在电脑前、开机，然后点击若干窗口就能找到的吗？是我们在互联网上搜一搜就能发现的吗？

① 就此请参见奥古斯丁《忏悔录》第十一卷第二十九章第三十九节。

对于奥古斯丁而言，幸福生活奠基在对于真理的愉悦之中，真理是恒久永昌，不嫉妒、不欺骗，这一真理就是上帝自身，人在回忆中认识了真理，他也就认识了上帝自身，在何处发现真理，就在何处发现上帝，而奥古斯丁一旦发现了真理，就再也无法忘怀，这一真理在他的记忆和回忆中，每当他思考真理时，他就找到了那位“你”，他就在那位“你”之中愉悦，[①]上帝在人的回忆中在场，上帝临在于人的回忆之中。然而，奥古斯丁并未因此而停滞他的思考，他的思绪在延伸，他自己设问到：既然上帝就在人的灵魂和精神中当下此在，那么他曾经在何处呢？他曾经栖身于何处而能够在灵魂中是当下此在的呢？况且灵魂还是在时间之中甚或无法驻足于时间之中呢？灵魂自身、灵魂自身中回忆的空间以及外在的时空必须是交互叠加的，上帝必定是从时空之彼岸而临在于灵魂回忆的空间中，“时空之彼岸”指的并非是上帝从彼岸世界风尘仆仆远道而来，而是指上帝是超越一切时空的，并以其超越一切时空性而驻跸于时空之中，以至于我们才能够回忆他的当下，才能在回忆中确切知晓他的当下。

奥古斯丁提问说，在哪里能够找到上帝、找到“你”，以至于能够认识“你”呢？这个“你”曾经不在他的记忆和回忆中；在人自身之外寻找上帝难道不是南辕北辙、东射西矢吗？而如

① 就此请参见奥古斯丁《忏悔录》第十卷第二十四章第三十五节：“大凡在我发现真理之处，在那里我也发现我的天主，他就是真理自身；自我认知真理之后，我就无法忘怀。于是自我认知你之后，你就留在我的记忆中，我就在那里发现你，只要我一思考你，我就在你之中愉悦。”（“Ubi enim inveni veritatem, ibi inveni Deum meum, ipsa veritatem, quam ex quo didici, non sum oblitus. Itaque ex quo te didici, manes in memoria mea, et illic te invenio, cum reminiscor tui et delector in te.”）

果不是在“超我的你”（“in te supra me”）之中又是在哪里呢？[①]

“在……之中”并非一种空间的限定，而是一种质量的提示，上帝以其超越性而存在于人之中，以其超时间性而存在于人之中，以其超时空性而存在于人的当下此在，他并非被时间限定，而是相反，他是时间的先决条件，他以这种先决性而是超时间的永恒，上帝就是这样“在……之中”，就是这样在灵魂之中而同时超越于它。奥古斯丁欢悦于他回忆的力量，以为了达到这位“你”、这位“超我的你”，他在回忆中感知上帝，甚或触摸上帝，他愿意滞留在、栖止在、盘桓在能够触摸上帝之处。[②]人恰恰就在这样的中间地带，在流逝与宁止之间、在时间与永恒之间、在时间与永恒的关系之间，人具有某种区间性，人自身是变化着的世界的一部分，因而也变化着，他的灵魂参有变化，变化性就是时间中的灵魂的品性，而人同时又有能力参有到永

① 就此请参见奥古斯丁《忏悔录》第十卷第二十六章第三十七节：“我在何处发现你，以至于我认知你？在我认知你之前，你并不曾在我的记忆中存在。我究竟在何处发现了你，以至于认知了你呢？如果不是在超我的你之中，那么又在何处呢？虚无处所！我们离去，我们到来（昔我往矣，今我来思），无所有处！真理啊！你的宝座无处不在，为了所有寻觅你的人们！所有询问你的人们你一一回应！你当然清晰应答，然而并非所有人清晰听闻。所有人都问询他们想知道的，但是并非所有人都总是听他们想听到的。一个人并非更多地被你感觉到他听了他所愿意听的，而是更多地愿意听你所说的，这才是你最好的仆人。”（“Ubi ergo te inveni, ut discerem te? Neque enim iam eras in memoria mea, priusquam te discerem. Ubi ergo te inveni, ut discerem te, nisi in te supra me? Et nusquam locus, et recedimus et accedimus, et nusquam locus. Veritas, ubique praesides omnibus etiam consulentibus te simulque respondes omnibus diversa consulentibus. Liquide tu repondes, sed non liquid omnes audiunt. Omnes unde volunt consulunt, sed non semper quod volunt audiunt. Optimus minister tuus est, qui non magis intuetur hoc a te audire quod ipse voluerit, sed potius hoc velle quod a te audierit.”）

② 就此请参见奥古斯丁《忏悔录》第十一卷第十七章第二十六节。

恒的真理之中；人的区间性决定他的生命的动力，在奥古斯丁的意义上，这一区间性本质上就是人的生命本身，这一生命在人的多样性和上帝至一性之间动荡不安，在消散迷离（distentio）和凝神内敛（intentio）之间摇摆不定，这一生命在寻求和发现之间、在寻找和找到之间展开它的活力。时间在此呈现为人的鲜活能动力的宗教意识、呈现为对永恒在场者的思考！

2. 人的时间与上帝的永恒之关系

人的时间立于上帝非时间性的永恒的地平线上，从时间出发思考永恒，则庶几仅仅能够以否定性的表述来完成；永恒先行于时间，立于时间之前，涵盖并且奠定时间，而这一先行性不能被思考为时间性的，永恒的先行性与时间并非量的区别、并非早或晚的区别，而是质的不可同日而语，是起源上的不同，时间在永恒中起源，时间在永恒的地平线上冉冉升起，时间是受造的，时间自身是过往性的，而只要过往性的事物存在，时间就存在；而永恒则是 causa sui，亦即是其自身的原因，上帝的永恒是无需时间而在时间之中的永恒，以时间为譬喻而言之，则永恒同时是当下和永远；在奥古斯丁看来，上帝立于一切时间之前，他创造了时间，以至于没有任何一段时间中曾经不存在时间，而尽管时间自受造以来就未曾中断而存在，但是由于其受造性而无法与上帝、与永恒相比拟，上帝恒久地持续、恒久地存在，而时间则不然，只要时间一持续，那么它就流逝了、它就不存在了。[①] 上帝永恒，

① 就此请参见奥古斯丁《忏悔录》第十一卷第十三章第十六节；第十四章第十七节。

上帝的话语亦永恒，上帝在其自身中说出与之同样永恒的话语，他所说出的同时是当下和永远，只要他一发话，一切就成就了，上帝并非以别的什么方式，而是就是以其话语、在其话语中创造世界。①如果我们意图在时间的构想中言说上帝的永恒，那么我们庶几只能说，上帝的永恒恒久存在，这一永恒从不摩肩接踵、前赴后继，以时间为譬喻而言之，永恒是恒久存在的当下；上帝的时日不来不往，上帝的每一日都是今日，都不为明天让路，也不令昨天接续，上帝的永恒就是今天、就是永恒的今天；而人的时间却寒来暑往、流转而去。②

上帝的永恒并非能够与时间相平行而被考量，永恒涵盖时间，并且对于时间而言总是涵盖时间而又先于时间，永恒对于时间而言总是非时间性的而又是与时间同时的，时间在永恒中成为着、消逝着，永恒非时空性地在我们的时间中、在我们流逝而毫无持续的时间中。③上帝的永恒并非仅仅是时间的起源，

---

① 就此请参见奥古斯丁《忏悔录》第十一卷第七章第九节。

② 就此请参见奥古斯丁《忏悔录》第十一卷第十三章第十六节。

③ 就此请参见奥古斯丁《忏悔录》第一卷第六章第十节："你是至上崇高而恒久不变的，在你之中今日之日不流逝，但是毕竟在你之中匆匆荏苒，因为所有这些都在你之中：如果你不回护它们，它们就没有嬗变之路。而由于你的年并不消逝，你的年就是当今之日：有多少我们的以及我们先辈的时日尽管穿越你的今日而过往不再，但是不仅从中获得它们的测度标准，而且各自亦稳如磐石；尽管尚有另外无尽的时日向此而来，但是它们依然领受它们的标准，并且稳固存在。而你则恒是同一的自己，所有的明天以及所有的将来的日子，所有的昨天以及所有过往的日子，你今天都创造了，你今天都已经创造了！"（"Sumus enim es et non mutaris, neque peragitur in te hodiernus dies, et tamen in te peragirur, quia in te sunt et ista omnia: non enim haberent vias transeundi, nisi contineres ea. Et quoniam anni tui non deficiunt, anni tui hodiernus dies: et quam multi iam dies nostri et partum nostrorum per hodiernum tuum transierunt et ex illo acceperunt modos et utcumque extiterunt, et transibunt adhuc alii et accipient et utcumque existent. Tu autem idem ipse es et omnia crastina atque ultra omniaque hesterna et retro hodie facies, hodie fecisti."）

而且还是时间以及在时间中的人的目的，人在时间中历验时间与其目的；时间的过往是被决定的，在人的回忆中时间享有其过往性的、时间性的持续；而过往性的人自身能够达于某种持续吗？人对于持续与恒久的希望与期待超出时间的持续、超出时间的过程而跃入到超验之中，处于时间中的人在时间中期待永恒的上帝，他所期待的上帝绝不毁灭他的创世工程，而是赋予受造的世界以恩宠，而是将并不亏欠于这个世界的恩宠赋予它、将自身的永恒赋予此间世界的时间，将自身的永恒赋予在时间中的有限的生命，使之以其时间性而参有到非时间性的永恒之中；这一去时间化并非意味着时间的转型、时间的形变，并非意味着时间以其形变而进入永恒，因为没有永恒进入时间，则时间永远无法进入永恒、永远保持为非永恒，永远附着在过往和消逝之中；去时间化至少意味着一种可能性，令时间性的存在、令人在时间中、在流逝和消亡中、在死亡与衰败中企望永恒、抓住永恒，这同时也意味着让永恒抓住在时间中的生命，让永恒的生命抓住人在时间中的生命。在这个意义上，不仅受造的世界达到了他的目的，参有到了永恒的创世者的安息日之中，而且“你”、永恒的创世者，也就驻跸在人性之中、安住在我们之中，运作在我们之中，“你”的创世工程、“你”的作品就在我们之中存在、就借助我们而存在；“你”并非时间性的、并非时间性的运作、并非时间性的安息，但是“你”却创造时间自身、创造安息日自身，“你”却令人在时间中看到“你”。时间在此呈现为人的超验的宗教意识、呈现为上帝创世的话语、呈现为人对上帝创世话语的答语、呈现为话语和答语的关系！

3. 永恒的存在方式：超验的完满呈现

尽管哲学的理性通常认为，人庶几仅仅能以譬喻言说上帝、言说他的永恒，诸如滞留的瞬间、持久的当下和今天等，就是这样一些譬喻；永恒的存在方式完全不同于时间性的存在方式，由于人自身对于永恒的经验基础敬告阙如，因而人必须以类比来理解它，奥古斯丁似乎也认可这一点，[①] 但是在他看来，言说永恒甚或无需经验的基础，人在某一时刻能够触觉到永恒，这是永恒自身、上帝自身呈现给人，将自身启示给在时间中流转过往的人，他在《忏悔录》中非止一次提到这一点。[②] 在这个意义上，理性的力量略显微弱，奥古斯丁试图以受造的理性在认知中观想上帝的不可视性，然而他并未敢于直视这一不可视性，他的软弱令他回避，他要放弃已有的习惯，而拾起爱的回忆，如同渴望一餐他无法企及的美食一样。[③] 当人言说，并且渴望永

---

① 就此请参见奥古斯丁《忏悔录》第十三卷第三十七章第五十二节："然后你也将宁止在我们之中，如同你当下运作在我们之中一样，你的那一宁止也将洞彻我们，如同时间的运作就是你洞彻我们的运作一样。而你上主！你恒久运作而又恒久憩息；你既不观视时间，亦不将自己向着时间而运动，亦不向着时间而憩息，然而你却创造时间自身和出自时间的憩息，并且时间般观视时间。"（"Etiam tunc enim sic requiesces in nobis, quemadmodum nunc operaris in nobis, et ita erit illa requies tua per nos, quemadmodum sunt ista opera tua per nos. Tu autem, domine, semper operaris et semper requiescis nec vides ad tempus nec moveris ad tempus nec quiescis ad tempus et tamen facis et visiones temporales et ipsa tempora et quietem ex tempore."）

② 就此请参见奥古斯丁《忏悔录》第七卷第十章第一节；第七卷第十七章第二十三节，第九卷第十章第二十至二十四节。

③ 就此请参见奥古斯丁《忏悔录》第七卷第十七章第二十三节："我的理性的力量到达这一状态，这是在震颤的撞击中的凝视，于是我借助受造的理性而凝望你的无形；而我并不敢凝眸直视，并将游移的［目光］折返回所习见者；而依然萦绕情思者，仅仅是爱的回忆而已，如同所渴望的馨香，只是我一时还无法享受。"（"Et pervenit ad id, quod est in ictu trepidantis aspectus. Tunc vero invisibilia tua per

恒的智慧时，他也仅仅是在心跳的一瞬间而触及这智慧，人只能叹息，并返回到语言的喧嚣之中。① 人的灵魂观视上帝的永恒当下也仅仅是一瞬间而已，这一永恒超越灵魂的时间性的当下，并且令灵魂同时成为无需时间的、非时间性的永恒；尽管这一瞬间稍纵即逝，但依然是决定性的，在这一瞬间，人的灵魂与上帝关联在一起，在这一瞬间，上帝与人神秘地接近，甚或合一，在这一瞬间，人预感，甚或知道有这样的合一。这一完满了的

ea quae facta sunt intellect conspecxi, sed aciem figere non evalui et repercussa infirmitate redditus solitis non mecum ferebam nisi amantem memoriam et quasi olefacta desiderantem, quae comedere nondum possem."）由于第一句中"trepidantis"一词是第二格单数，即可修饰单数第五格的"ictu"、亦可修饰单数第一格的"aspectus"，所以这一句亦可译为"这是在撞击中的震颤的凝视"；"invisibilia tua"一词是复数第四格，如果直译的话，则可译为"一切的无形"；方括弧中的"目光"一词是原文中所没有的、而根据上下文必须补足的；由于"olefacta"在这一文本中有两种可能性，一是单数阴性第五格，一是复数中性第四格，于是一方面，由于"olefacta"来自于动词"olfacere"（闻、嗅）的分词，同时由于分词可作名词（可译为芬芳、馨香等），并且由于来自"ns"形式的，并且是单数第四格的"desiderantem"表述一种渴望、一种愿望，也就是表述一种想要获得或占有的欲望，换言之，表述一种缺乏状态，因而根据拉丁语语法，能够以第五格表述这一情形，所以"olefacta"也有可能是单数第五格；而另一方面，由于来自于动词"desiderare"的"desiderantem"要求第四格，所以"olefacta"有可能是中性复数第四格，作"desiderantem"的直接宾语，同时由于随后的，并且指称"olefacta"的关系代词"quae"只能是复数第四格，并且是动词"comedere nondum possem"的直接宾语，于是这再清晰不过表明"olefacta"是中性复数，于是此句可译为："我渴望馨香"，或可直译为："我一时还享受不到我所渴望的众多馨香"。

① 就此请参见奥古斯丁《忏悔录》第九卷第十章第二十四节："当我们谈论并惊喜于那一永恒真理时，我们以全部心的激颤在触摸它，我们不仅相与慨叹，而且在与圣神所赠遗的初熟之果相与盘桓之后，离开而返回到我们的唇舌的喧嚣之中，在那里语言不仅被开启，而且被限定。"（"Et dum loguimur et inhiamus illi, attigimus eam modice toto ictu cordis; et suspiravimus et reliquimus ibi religatas primitias spiritus et remeavimus ad strepitum oris nostri, ubi verbum et incipitur et finitur."）

瞬间甚或是提示那一永恒的完满，永恒已经在时间中破晓而出，并且照耀着时间，在此间世界中的时间性的存在是一个持续的寻找，每一个发现都开启新的寻找，寻找是为了发现，而发现是为了新的寻找，在如此这般的寻找-发现-寻找之中，人的灵魂获有不断上升的自我认知和对上帝的认知，并且在感知上帝的过程中尽管或许不能最终到达，但是却能够不断接近其目的。

正如奥古斯丁所说的，人在时间中彷徨，认识不到时间的秩序，人的思绪、人的灵魂在躁动不安中、在背井离乡中惶惶不可终日，直到他终于返回故乡、返回到“你”之中。[①]时间在此呈现为人对瞬间即永恒的宗教体验、呈现为一种默观和灵修品性！

四　结语：质询时间概念作为对人类普遍宗教意识的反思

奥古斯丁对于时间概念的思考在我们的论题上具有何种意义呢？

人享有、感知以及建构时间的方式，决定了他历验和理解时间结构的基础，人对时间的关系也建构了他的宗教的和信仰的经验，而尽管每一个个体对于时间的关系又是有区别的，或曰：尽管这一关系能够被以不同方式历验和建构，但是我们依然能够概括出在其中的内在联系。

① 就此请参见奥古斯丁《忏悔录》第十一卷第二十九章第三十九节；由于本书在较远的前文已基本章节中已经引述过了，因而在此不再罗列。

人生活在时间之中，人的生命来去匆匆，在时间中的存在庶几是一种时间的遗失性，庶几是损失时间，这导致人在时间中的纠结躁动与彷徨不安；如果不能成功地收拢时间，如果不能成功地将时间收拢和整合到人之中，而且这里所说的人并非仅仅是自然的、纯粹作为动物的人，而是本书前文所不断提及的宗教的、位格的人，是具有宗教本性的人，亦即从其自然本性上天生就是能够建立内在超验而享有尊严的人，[①] 那么人如何能安置他的人的生命、安置他的人的存在呢？

人的确能够享有时间，这里的“享有”并非意味着人是时间的主人，并非意味着人能掌控时间、统辖时间，并非意味着人能够任意妄为、特立独行，并非意味着人能够对时间为所欲为，以至于长生不死：人可能的永生不是这样得来的；然而人也的确能够感知着地、回忆着地、期待着地在其全部历史历程中收聚他支离破碎的生命，以达于一个当下的整体，以将生命的时间聚拢在、设置在上帝永恒的地平线上。尽管将其整合成当下的整体可能是一个临时而急就章式的，然而对于包容更多、内涵更大的生命的聚拢而言，这恰恰是必要的前提；过往的历史在回忆中激活于当下，可能的将来在期待中嬗变为当下，以至于人不再彷徨而生活于、而存在于当下，发现个体生命中这两者之间的内在联系，恰恰是生命史聚拢的核心旨趣，这样的聚拢不仅仅关涉具体的生活，而且更以在时间中达于永恒、达于那一先在了的地平线为目的。

① 本书笔者另有题为“宗教作为人的本性”之专文，论述作为人的本性的宗教性以及具有与生俱来的宗教本性的人，敬请参见《世界宗教文化》，北京，2016 年第 5 期。

人在此间世界时间中的生命有其内在的动荡，他诞生、过往、消亡，绷紧在出生与死亡之间，这一生命究竟有其本源和将来吗？有何种本源和将来呢？或者他仅仅是一首哀歌？仅仅是一首偶然关联起或许原本也是偶然的过往、当下以及将来等各个段落的偶然的流浪之歌？对于永恒的质询，在奥古斯丁那里不仅被表述为对于上帝神性永恒的质询，而且也被，甚或首先被表述为：是否此间世界时间中的生命有其稳固而持续的存在？是否这一生命能够参有到神性永恒之中？是否这一生命能够是永恒的？

奥古斯丁的思考指向上帝的永恒，这一永恒不仅超越并涵盖人的时空和生命，并且同时建构它们，奥古斯丁从中寻求安抚生命、慰藉灵魂的答案。上帝的永恒是在时间中的永恒，但并不涤除时间，反而提升时间的质量，将其擢升到永恒之中，赋予时间中的生命以稳定的基础、坚固的持续和耐久的活力，以使得时间尽管并非全等于永恒，但是毕竟与永恒是同时的、是同时的当下，使得时间在任何段落中都与永恒是同时的，永恒与时间是历时的共时，与时间历历同在；这奠定了人在时间中的期待，这期待并非仅仅指向将来，而且也被视为当下的期待、对于当下的期待，这是对未来的期待赖以升起的地平线，人在此间世界时间中的生命就被这样的期待、被这样的追寻所甄陶。人期待着永恒的生命，永恒浸润着他在信望爱中的期待，返回永恒的故乡、将生命聚拢在永恒中是人隐匿在内心的渴望，而这样的聚拢、这样的渴望在生命初创之时就已经获有神性的恩宠了。

奥古斯丁对于时间的阐释和分析最终也令我们不断反思，

人的思考、人的构想力、人以语言对于时间与永恒关系的斟酌，是有其界限的，人仅仅能对彼岸有所释义，但却无法限定和掌控之；上帝的永恒并非流逝、并非如同人的时间一样前后相续、每一个瞬间相互消解，上帝的永恒是恒久而稳固的持续，上帝的永恒是这样一种永恒，他在永恒中与我们同在，他在永恒中就在我们之中，我们借着他在我们之中而在他之中；在言说永恒时，我们的语言和构想仅仅具有一种譬喻的质量，这譬喻的质量提示出语言和构想的有限性、提示出永恒相对于我们语言和构想的彼岸性，这不仅是我们必须谦卑的理由，而且这同时也是我们的恩宠，以超越自身、以追求永恒！

第九章　时间作为伦理宗教中神人关系的思维建构

一　时间作为人格行为和神人关系的核心：问题的提出

在引述和阐释《圣经·创世纪》的基础上，①在引述和阐释日常生活经验（也就是对日月星辰的观察经验）以及在批判古典哲学的基础上，②奥古斯丁提出了究竟什么是时间、时间是否有存在以及时间能否测量的一系列困扰他的问题；在《忏悔录》第十一卷中，尽管在所谓狭义的时间理论部分譬喻的应用相对而言比较沉寂，③而一旦奥古斯丁考量时间的伦理宗教层面的意义时，譬喻就比较经常呈现，并且有其更加拓展了的功能，其譬喻主要包括光明、声音、富庶、开启、支点、治疗以及解救等。上帝是光，照射到我们的黑暗中；上帝是声音，将我们从黑暗中呼召到光明中；④上帝是富庶的，将其所有赠与穷人；⑤上帝

① 就此请参见奥古斯丁《忏悔录》第十一卷第三章第五节。

② 就此请参见奥古斯丁《忏悔录》第十一卷第二十三章第二十九至第三十一节。

③ 就此请参见奥古斯丁《忏悔录》第十一卷第十四章第十七节至第二十八章第三十八节。

④ 就此请参见奥古斯丁《忏悔录》第十一卷第二章第二节；第十一卷第二章第三节；第十一卷第七章第九节；第十一卷第八章第十节。

⑤ 就此请参见奥古斯丁《忏悔录》第十一卷第二章第三节。

为我们开启那些限制我们的禁锢和桎梏；[①]上帝给我们泊锚地，否则一切将流逝殆尽；[②]上帝是精神和灵魂的助佑者，救治饥渴慕义的人们；上帝是永生，最终也将我们从衰老中拯救出来。[③]

所有这些譬喻都是成对建构和使用的，都是在提示认知和伦理宗教层面向上提升的道德运动，而上帝的恩宠则使得这样的运动成为可能；与神哲学的论题、语言修辞的风格和怀疑论的方法论一样，关注伦理宗教的主题也是《忏悔录》第十一卷的主导动机之一；也就是说，神人关系以及这一关系中人的人格行为（在此，亦即精神或灵魂思考上帝的行为、与上帝建立关系的行为），是奥古斯丁时间概念的核心内涵，是奥古斯丁研究时间概念的核心旨趣，他在《忏悔录》第十一卷中的几乎所有提问，都是围绕这一概念并且围绕由这一概念所建立的上帝与人的关系。

奥古斯丁通过对简质的例证的分析而提示出人在时间中的历史，人有其时间，人的时间的每一时刻、每一瞬间都充满意义。而历史的最本质的意义在于，即使某些事物、某些已经成为者看似是必然而不依赖于人的，但是人依然有其与生俱来的自由意志及其由此而做出的自由的决定。在这个意义上，已经成为者并非是必然的，并非是诸多法则所限定的，以至于它是如此这般而非如彼那般的，而是恰恰由于它是已经成为者而

① 就此请参见奥古斯丁《忏悔录》第十一卷第二章第三节；第十一卷第二章第四节。

② 就此请参见奥古斯丁《忏悔录》第十一卷第二十九章第三十九节；第十一卷第三十章第四十节。

③ 就此请参见奥古斯丁《忏悔录》第十一卷第九章第十一节。

才能够被测量，之所以能够这样说，是因为已经成为者的处所并非在别的什么地方，而是在人的记忆和回忆之中，对于它的测量则在人的自由的精神（灵魂）之中、在人的自由的人格之中。由此，所有成为者都在人的自由中才是可能的，成为的过程就是变化的过程，变化是此间世界的现实，如果谈及必然性的话，那么最大的可能是，一种必然性存在于变化过程的持续之中。

从问题的历史来看，奥古斯丁时间理论中宗教品性的历史特性一方面与其对于天体运动的观察相关联，这一点与古典哲学如出一辙，尽管他处于走出古典的时代，但是还依然属于这一传统，他深受新柏拉图主义，特别是普罗提诺的影响就已经彰显了这一点，而另一方面又和他对《创世纪》的理解和诠释如影随形。探讨他的时间观，不能离开他的思想的世界关联性、不能离开他的宇宙论和创造论的出发点，不能仅仅将内在于精神或灵魂的时间视为他的发现，因为这也是他还依然处于其中的古典哲学传统所具有的特色，如同《蒂迈欧篇》所展示的。

奥古斯丁认为，对于时间存在（或者不存在）的思考以及对它的测量（或者无法测量），建立在精神或灵魂的自我认知、自我理解之中，这也就是说，建立在灵魂在超越自身的行为中与自身所建立的关系之中；他说：

“注油入水，则油浮到水上，而注水入油，水则沉入油下：它们是由于其重量（或译比重）而被驱使这样，它们各自竞逐其宁止之所。没有被纳入秩序者是躁动的，而被归入秩序则是宁静的。我的重量就是我的爱，无论被带去哪里，我都被爱所承载。我们被你的恩宠燃烧着、并被提掖上升；我们置身于火焰、并漫步其中；我们沿着心路上升，并高唱登圣殿歌。”[①]

其中，“沿着心路上升”（ascensiones in corde）是奥古斯丁自由引用《圣咏》第84篇“往朝圣殿歌”中的第6小节，思高本这一句的翻译是：“居心朝圣的人，真是有福！”在此，ascensiones意为“上升”、“提升”，并且是名词的复数，而in corde意为“在心中”或“借助心”，是介词in加第五格，表示地点或工具；所谓“登圣殿歌”指的是《圣经·旧约》中《圣咏》第120–134篇，是以色列人去圣城耶路撒冷朝圣时以及在圣殿的台阶拾级而上时所颂唱的歌咏。

当然，“圣殿”具有双重含义，并非仅仅指信仰的物化形式，也就是作为建筑的圣殿，而且也指人内心或灵魂中圣洁之所；灵魂的权重就是人的全部身心对作为价值的爱的追求、对内在的圣殿的追求，借助这一来自于人格深度的自由的行为，永恒的存在就能照彻全部时间，人就能从囿于自身的谬误中脱身而出，就能冲破束缚自身的缧绁而立于永恒存在的真理之中；灵魂通过自身的自由行为就与上帝建立了内在的关系。奥古斯丁借助对时间概念的分析来建构上帝与人的关系。

从宗教学、宗教哲学以及神哲学基本理论上来看，不仅基督宗教哲学思考上帝与人的关系、注重思维理性中神人关系的建构（固然也同样注重言说与分析道成肉身的上帝与人的生命

① 就此请参见奥古斯丁《忏悔录》第十三卷第九章第十节：“Oleum infra aquam fusum supra aquam attolitur, aqua supra oleum fusa infra oleum demergitur: ponderibus suis aguntur, loca sua petunt. Minus ordinata inquieta sunt: ordinantur et quiescunt. Pondus meum amor meus: eo feror, quocumque feror. Dono tuo accendimur et sursum ferimur; inardescimus et imus. Ascendimus ascensiones in corde et cantamus canticum graduum.”

实践中的信仰关系），注重宗教理性的形式、内容与对象，而且远远晚于他产生的宗教学、宗教民族学、宗教人类学、宗教心理学，甚或晚近才出现的分析论的宗教哲学，也从自身的领域出发而注重神人关系以及建构神人关系的宗教思维方式；在普遍意义上，神人关系亦可表述为人与上帝的关系，其中，上帝并非一定是基督宗教的上帝，可以是哲学的上帝，可以是主宰宇宙万物、主宰一切的至高无上的一位主神，无论如何称呼之。

从原始文献上来看，本书这一部分主要采撷奥古斯丁“Confessiones”（《忏悔录》）中关于时间的论述，时或兼及“De Trinitate”（《论三位一体》）和“De musica”（《论音乐》）中的相关论述，至于奥古斯丁其它涉及时间的著作本书暂不涉及，而当另撰他文以论述之。

从写作方法和提出问题的方式上来看，由于奥古斯丁并非仅仅在基督宗教及其哲学的意义上探讨和分析时间，而是在普遍的人类经验的意义上、在普遍的上帝与人的关系意义上表述和思考时间概念，在这个意义上，基督宗教是一种更具普遍意义的宗教，是更具伦理意义的宗教，因此，本书这一部分尝试在伦理宗教的意义上提出问题：奥古斯丁时间概念的内在逻辑究竟是什么？这一逻辑是如何展开、又是如何收束的？本书这一部分尝试以内在的神哲学方法突入从外在看宗教的宗教学、宗教社会学以及宗教人类学之领域，[①] 由此尝试探讨在能够作为伦理宗教的基督宗教中联系起神人关系的时间概念，也就是

① 关于作为宗教学内在方法的神哲学、作为外在方法的宗教学及其这两者的关系，请参见 Frity Stolz, Grundzüge der Religionswissenschaft. 3. durchgesehene Auflage, Vandenhoek & Ruprecht Verlag Göttingen 2001. S. 35-44.

尝试探讨奥古斯丁如何阐释和分析表述这一关系的时间概念，尝试展示和讨论这一概念的内在逻辑，尝试表述和分析其内在逻辑之展开，尝试概括和总结其内在逻辑之收束，最终以笔者之微末而不敢妄下结论，谨作一简短之结语。

二　时间问题作为伦理宗教的内在逻辑

1. 灵魂与上帝作为时间存在之基础

首先需要澄清的是，如同本书在“时间悖论与精神的延展”章节中引述德国学者的研究时所阐释和分析的，在奥古斯丁的著作中，灵魂（anima）、精神（animus）、心智（mens）、灵性（spiritus）等，构成相互关联的词汇域和术语库；此外，灵魂（anima）与精神（animus）在奥古斯丁的时间分析中是经常可以互换的概念，也就是说，这两个概念经常交替使用，但是在使用 anima 时，则在宽泛而普遍意义上更多的是表述灵魂的植物性因素，或曰无性的因素（亦即表述灵魂的植物性性质或无性性质），而在使用 animus 时，则更多的是表述“灵魂的首脑”、“灵魂的首领”，表述灵魂所应具有的理性的质量，灵魂借助这样的质量与真理沟通交流，在这个使用意义上，animus 与 mens（精神、心智）具有相近的意义。

再则需要说明的是，尽管本书这一部分也探讨和分析时间问题的内在逻辑，但是更多的是在伦理宗教的意义上关注时间概念的内在逻辑，与本书较远的前文“《忏悔录》的时间理论的内在逻辑结构”之部分既相关联，然而又并不相同。

三则需要说明的是，小标题中的灵魂与上帝亦可拓展为灵魂、世界、真理、上帝，这是奥古斯丁探讨时间概念的逻辑出发点；在此能够提出的质询是：如果时间存在的话，那么它的基础究竟是什么？

固然，《圣经·创世纪》已经给出了一种思维的模式，即上帝从无到有创造了世界，当然也创造了时间，甚至首先创造了时间；但是奥古斯丁恰恰从神学的模式出发提出他的问题和思考：如果世界是从无中受造的，那么无（虚无）岂不就是世界和时间的基础了吗？

于是，针对这一问题，灵魂概念就被引入而成为理解虚无（无）、世界和上帝的枢键；就奥古斯丁的理解而言，灵魂有多方面之涵义，一方面，灵魂将世界保有在其存在之中，而另一方面，灵魂也必须借助上帝才能存在。如果世界没有被纳入精神性的灵魂（朝向精神的灵魂）的生命之中、没有被纳入灵魂的认知和意志的行为中，也就是没有被纳入具有理性质量的灵魂中，那么世界就被虚无（无）所危及；而如果灵魂没有参有到真理之中、没有参有到永恒理性之中的话，那么灵魂本身也就是真空而已，甚或就是无；如同身体既可以追求物欲，亦可以追求灵魂一样，灵魂既可以追求身体，亦可以追求精神，那么，灵魂借助什么参有到理念、真理以及智慧之中呢？

在奥古斯丁看来，灵魂借助追求和认知正真者而参有到理念等之中，借助认知和参有到超验的现实世界之中，也就是参有到永恒而终极存在之中，这一永恒而终极之存在不仅赋予灵魂以灵魂的存在（而非肉体、躯体的存在），并且看护和抚慰这一存在，而且将灵魂提升至较高层次的精神现实中，这一精神现实决定性地建构并且限定了灵魂的存在，赋予灵魂以灵魂存在的形式（而非肉体、躯体的形式），而提升至精神中的（朝向精神的）精神性的灵魂与超验现实的交流沟通，则建构灵魂的存在与生命。

原本的、原始的、本色的存在被视为是超验、或上帝，在这个意义上，这个上帝首先是哲学的上帝、是本体论意义上的至上神、最高之存在，然后才是神学意义中的“亚巴郎、依撒格、雅各伯的上帝”，前者是超验而无可证明的（尽管能够被证明），后者是道成肉身而无需证明的；奥古斯丁将超验的上帝首先理解为永恒的真理，在这个意义上，真理有了双重含义，既可以是本体论意义上的，亦可以是宗教意义上的，于是真理成为了形上学意义中的真理，真理在此有了位格而成为关系中的真理，这个意义上的真理联系起超验的真理和可信仰的真理；真理是崇高的精神现实，是理念的存在，其原本的基础在上帝之中，而上帝则是位格中永恒的、绝对的真理；而在此，理念并非柏拉图意义上的世界万物的原象，或者它们的抽象的存在，而是最终立足于上帝之中的原存在，灵魂必须参有到其中，并且以认知真理、以努力去享有真理，并且以观想和理解真理的方式参有其中。

在奥古斯丁看来，如果灵魂拒绝真理，那么这暴露了灵魂的不完美，甚或丑陋；而灵魂对于真理的参有是一种伦理-心理的行为，对真理的追求和认知是灵魂参有真理的过程和方式，这一过程使得灵魂更加完美，甚至灵魂在参有真理时才有其自身的存在，没有真理，灵魂就是虚无、就是无；真理既是超验的、又是当下此在的，并且就是当下此在的存在者，而且只要真理是当下此在的存在者，那么他不仅就是理念现实中的真实的，而且也是现实存在中的真实的；灵魂对于真理的必然的依赖，是在本体论意义上理解的，这意味着，灵魂享有生命，因为真理作为灵魂存在的真理存在于上帝之中。

灵魂远离真理则意味着灵魂的堕落，这固然并非意味着灵魂的个体主体性的现实的毁灭，而是意味着灵魂滑向虚无、滑向无，意味着灵魂跌落到存在的伪真理之中，这一跌落导致灵魂失却真理的生命而陷入“死亡”之中；因为灵魂有能力远离真理，所以远离真理的灵魂的存在就是向着死亡的存在；但是幸好因为上帝就是真理，所以灵魂不会被毁灭；这一辩证的表述表明了灵魂既可以在真理中存在，亦可以在虚无中存在，表明在真理中的可能性存在以及在虚无中的可能性的非存在，奥古斯丁的新柏拉图主义的思维方式在此可见一斑。

概而言之，与躯体，也就是与可变的世界捆绑在一起的灵魂，能够将自己理解为认知真理的、有主动意志朝向真理的以及爱真理的，灵魂由此就能够超出这一可变性，能够从这一可变性中提升出来；与此同时，这并不妨碍灵魂认知可变事物的能力以及这一能力的实施，灵魂自身的存在并非建立在自身之中，而是永恒的真理保有和看护它的存在；灵魂对于真理的参有以及对于永恒理性（ratio aeternae）的参有，借助灵魂在回忆的渊薮中对自身的认知行为、借助朝向精神的行为、借助精神朝向真理基础的行为、借助灵魂自身对于位格上帝的爱的行为的回忆和观想而完成。

灵魂的行为在奥古斯丁的思维中总是有三重性的，甚或总是三位一体的，其理论出发点在于，灵魂是三位一体上帝的肖像（Imago Divinae Trinitatis），奥古斯丁以诸多三位一体之程式表述灵魂的行为，譬如 intelligere-esse-vivere（理性－存在–生命）[1]，esse-vivere-intelligere（存在–生命–理性）[2]，memoria-intelligentia (visio)-voluntas (amor)（回忆–理智–愿望）[3]，vita-mens-essentia（生活–心智–本质）[4]，mens-notitia-amor (dilectio)（心智–认知–爱）[5]，esse-nosse-velle（存在–认知–意志）[6]等；其中最常见的程式是memoria-intelligentia-voluntas（回忆–理智–愿望），灵魂与理性世界（mundus intelligibilis）的亲和性存在于、泊锚于回忆（memoria）中，而intelligentia指的是灵魂的认知及认知的能力，voluntas则指的是灵魂爱的意志以及对于爱的追求。

因为灵魂在其行为中、在其对理性世界（mundus intelligibilis）的参有中汲纳了真理之光，所以在与身体的圆融无碍的合一中认知了时间性的事物及其流逝的和流失的存在，而时间性的事物（temporalia）最终被真理所照耀，并且被真理自身所保有和看护；恰恰由于对于灵魂如此这般的分析和理解，使得奥古斯丁坚定地认为，世界被永恒的和谐所光照，并且闪耀着永恒之美的光芒。在奥古斯丁这里，一方面，灵魂被理解为精神性存在的警醒的当下、警醒的当下此在，这意味着灵魂总是在当下的活动之中、在当下的朝向精神和永恒真理的行为之中，并且将永恒生命和永恒真理的完美传输给肉身的生命，

---

① 就此请参见 Augustinus, De Civitate Dei, X, 10.

② 就此请参见 Augustinus, De Libero Arbitrio, II, 7 以及《忏悔录》第十三卷。

③ 就此请参见 Augustinus, De Civitate Dei, XIV, 7, 10; X, 11, 18; XV, 5; XI, 11 以及《忏悔录》第十三卷。

④ 就此请参见 Augustinus, De Trinitate, X, 11, 18;《忏悔录》第十三卷第十一章第十二节。

⑤ 就此请参见 Augustinus, De Trinitate, IX, 2，2; IX, 4, 4.

⑥ 就此请参见奥古斯丁《忏悔录》第十三卷第十一章第十二节。

并使之与灵魂一道不仅追求这永恒的至一、永恒的生命和永恒的真理，亦即追求永恒的真、善、美，而且还使之能够触摸到、感受到、历验到它们；另一方面，可变的事物由于灵魂的行为而与真理建立了联系，灵魂是包括身体在内的可变事物与真理之间的传输者、联系者（copulatrix），灵魂本质上是精神的、意志的、爱的，是作为人的人格（persona humana）的生命整体；无论如何，上帝以及具有理性质量的灵魂是奥古斯丁时间概念的逻辑出发点。

奥古斯丁这一思辨的形上难点在于，如何以及在何处在绝对真理（上帝）和理性世界之间作恰当之区分，如何界定灵魂参有理性世界与绝对真理以及这两种参有的关系；彰明较著的是，诸如此类的问题不仅是十分棘手的问题，而且即使对它们加以研究的话，也有多种阐释的可能，这超出本书的研究范围，因而在此仅仅提示出这些问题及其难度而已。

2. 回忆作为时间分析之本质特征

在确定和分析了灵魂有能力倾向于上帝，并且也的确朝向上帝之后，奥古斯丁的重要的问题是：灵魂在何处、又如何能够确定时间的标准？如同在较远的前文中所阐释和分析的，他提出时间是精神的延展之观点，什么是时间持续的标准？他从对于时间的测量出发而认为：

“在你之中！我的精神！我测量时间！别吵闹我！是这样的！别让你感官印象的纷纭杂沓对我叫嚣隳突。我认为，在你之中，我测量时间；当川流不息的事物摇曳而过时，它们在你之中激荡起这印象，并滞留于你之中，我测量这印象。当我测量时间时，我在它的当下之中测量的就是印象，而非那些在鼓荡而过时制造出这印象的事物。也就是说：或者这些印象就是时间，或者我根本就没有测量时间。”①

在此呈现出奥古斯丁新柏拉图主义精神理论之苗蘖，也就是说，不受感官感觉所获取之印象所搅扰的精神，才能发现真相，于是精神必须全神贯注于自身；②奥古斯丁认为，affectiones 就是精神的运动（motus animorum），我（也就是精神）追随（追求、企求、追踪）作为复数的时间（并且必须作为复数，而且只能作为复数），这一追随（追求、企求、追踪）在我之中开启了时间，我通过测度这一追随（追求、企求、追踪）而测量时间；也就是说，如果灵魂并不逃避、而且还具有某种渴望的话，那么追随（追求、企求）有更深层的含义，并且指的是精神的运动以及灵魂的原始的精神性追求（追求、企求）。在此，奥古斯丁的时间分析，强调了人的存在，强调了人的时间存在；在此，追随（追求、企求、追踪）意味着我已经命名时间，并且将其命名为回忆（回忆自身）、观想以及期待；追随或追踪是精神的运动，甚或是诸多精神的运动（motus animorum，其中，animorum 在此是精神的复数第二格），尽管时间引发了精神的运动，但是追随或追踪却在个体的人的存在中、在人的人格存在（Persona）中有其基础。

而究竟什么是奥古斯丁意义上的回忆呢？概而言之，回忆

---

① 就此请参见奥古斯丁《忏悔录》第十一卷第二十七章第三十六节。

② 就此请参见 Kurt Flasch, Aurelius Augustinus, Confessione. Liber X et XI. Bekenntnisse 10. Und 11. Buch Latainisch-Deutsch. Übersetzt, herausgegeben und kommentiert von Kurt Flasch. Philipp Recclam jun. Stuttgart, 2008. S. 231.

是人格存在之核心，是人存在的深层基础，是人原本的创造性的存在，回忆并非一种回想忆念的机制、联想的机制、认知的机制、心理的机制，非也！而是人的本然而原始的生命力，是人本然而原始的生命力的涌动，甚或可以说，就是人孕育和诞生生命的原始的力量、就是人原始的生殖力，回忆是人赖以生存的本然的基础；回忆将人展示为整体的人、整体的生命，凭借回忆人才存在，回忆是人生存的中坚、中介，甚或凭借，回忆是生命的开端、是生命的初始原则，是人的鲜活的生命存在赖以持续的终极基础；人首先借助回忆才是上帝的肖像（imgo Dei），类比上帝绝对永恒的存在而言，人借助回忆才是他所是的，人的存在的所有情态、人的人格的所有行为（并非角色行为）都借助回忆而被建构起来，借助回忆人才能是整体的自身、完整的自身、整全的自身，借助回忆人才是独立的人格、独立的个体，借助回忆人作为独立的个体、作为独立的人格才不会被混淆，才不会被张冠李戴，借助回忆人才能够是带有个体生命意义而不可混淆、不可张冠李戴的一次性人格，借助回忆人才不仅能够是如此这般的一次性人格，而且必然是、必须是、必定是如此这般的一次性人格，借助回忆人才不仅必然是、必须是、必定是如此这般的一次性人格，而且在其一次性生命人格中寻求与自身相对应的存在、相关联的存在，无论这相关联的存在是上帝，抑或是不可或缺的任何一个他者。

回忆在奥古斯丁的诸多三位一体模式之一中首当其冲、处于冲要之地：回忆－理性－意志（memoria-intelligentia-voluntas），回忆（memoria）在此可与存在（esse）、生命（vita）、精神（mens）等量齐观，回忆能够直接与所有这些概念交互使用，回忆自身就是向着自身（ad se），或曰：就是向着自身的返回，就是存在、生命和精神理性，如同三位一体的上帝中，每一个位格在其为自身存在之中又同时是另两个位格的存在意志并与它们三个是三位一体的一样，回忆并非仅仅为了自身，以至于另外两个也成为仅仅为了自身的存在，而是总是在自身的独立存在中同时与另外两者处于关系之中，而由于这三者在各自的自身独立存在中其存在本质是全等的，所以其中任何一个的存在本质也就是另外两者的，以至于所有三者的存在本质，而这也恰恰是内在三位一体论的基础、爱的三一论的基础。人的人格（人的人格尊严）是三位一体上帝的肖像，是三位一体的肖像（imago trinitatis），借助这一基础人才能参有到神性的生命之中，才能真正立足于我－你关系之中，以真正是人格的存在，亦即不损失其存在的尊严、不损失其生命存在的尊严，最终不损失其人格的尊严。

人的所有企求、追踪，都在认知自身、理解自身的回忆中有其根源；对于回忆自身的回忆，意味着回忆自身的内在化，并且意味着作为受造的、鲜活的、有创造性的存在朝向其自身本源的行为，在奥古斯丁的时间分析中，这一行为（或曰这一朝向自身的运动、朝向自身的本源的行为），是时间性的行为和运动，这一运动不仅有其时间的量和标准，而且由此就能够被测量；回忆尽管作为灵魂的具体潜能，但是并非能理解为柏拉图的回忆（ἀνάμνησις），也就是不能理解为思辨的理念，回忆近乎于一种中介，这一中介在人的灵魂中建构了与时间经验的最紧密的关系，首先理解了这一内在关联，才能真正理解奥古斯丁时间分析中的回忆概念，这一概念的内涵以及对时间现实、历史现实的基本感觉，应当是奥古斯丁时间分析的主导特征。

而在此回忆也并非人的人格最终的深度，这样说的原因在于，“人的永恒”被时间所消解，并且是完全针对时间而被设置的，恰恰在时间中，在灵魂的企求、期待、担忧、喜悦、恐惧、欢笑和哭泣中，在来自于人心的人的行为中，在灵魂－身体的力量增长和消弱之中，原本的存在内涵展示自身、启示自身，最内在的人格的不朽而永恒的存在展示自身、启示自身；人在此间世界中的存在的原本的内涵就是人的行为、人的运动的存在，这意味着人从存在到存在的成为，意味着从永恒存在的真理出发，并且以永恒地享有真理的存在为目的，以为了能够以最终可能的意义充实并圆满自己。在奥古斯丁这里，出发点是“他”、是上主造物主，目的是“你”、是在爱的相遇中所历验的上帝，以至于最终对于人的质询并非这样的问题：“人是什么？”而是：“谁是人？”（或：“人是谁？”）人并非某物、某种存在，而是：人就是他自身，就是人格、就是人的尊严，人并非因为他自身存在而寻求存在，而是因为“他”存在，而这个“他”同时也就是“你”。

在回忆中，也就是在人格的基础中，也已经包含了另外两种被称为观想（关注）和期待（预视）的时间性的企求；这涉及的是灵魂统一性的当下的行为（活动），在回忆中灵魂观想（观视）某种征象（signum），这征象恰恰也就是灵魂所期待、所意愿、所渴望的，回忆并非仅仅已经过往者的再生产以及把过往者保有在记忆和回忆之中，而是同时就是观想（观视）、就是对于被回忆者的认知（intelligentia），并且唤醒和激发起追求（追随、企求）和爱的欲望（velle, diligere），而且追求的是被回忆者之所以存在的原因（causa, signa）。而在当下的观想中，并非时刻流逝的瞬间能够被观想，而是持续与这一瞬间相捆绑者被观视，这要么是尚被期待者，要么是已经在记忆和回忆之中者。而期待，或尚被期待者（expectatio, praemeditatio）最终并不能被已经过往者所消解，而是期待自身期待着回忆的创设性行为，而且只要即将到来者在事实上能够被设想，那么这一创设性行为就是回忆借助灵魂的力量（vis animae）、灵魂的畅想（phantasia，推想）所赢得的即将到来者而完成的，或者借助畅想的画面所引领出来者而完成的。在此奥古斯丁早就区分了对于较早时候感觉到的事物的想象和纯粹被想象力臆造的想象。[①]

于是观想（contuitus）和期待（expectatio）基于回忆（memoria）之理由就是人的人格的一个统一的行为；在 esse-nosse-velle（存在-认知-意志）的三一程式中，每一个部分都并非与其它部分比肩并立而已，而是譬如存在（esse）借助认知（nosse）和意志（velle）而是一个鲜活的存在，认知也同时就是意志，意志也并非一种能力，而是作为认知的意志朝向被认知者：

"而这是我所说的三：存在、认知、意愿。我存在，我认知，我意愿：我存在，借此我认知并且意愿，同时我认知到我存在并且意愿，而且我愿意我存在并且认知。如同生命是不可分的，是一个生命，一个精神，一个本质，在这三者之中是不可分的

① 就此请参见 Augustinus, De Musica, VI, 32："一个是在回忆中到来的想象，而另一个是从回忆臆造而出的推想。" Felix Meiner Verlag, Hamburg 2002. S. 132.

区分，但是依然有区分，有能力的去理解吧！”①

而《论三位一体》亦有相关文本：

“于是回忆、理解、意愿这三个，由于它们并非三个生命，而是一个生命，并非三个精神，而是一个精神，因而由此也并非是三个存在，而是一个存在。只要回忆意味着生命、精神与存在，那么回忆就意味着关联自身；只要回忆被视为回忆，那么它就表述某种关联。我认为理解和意愿也同样如此；理解和意愿也被表述为某种关联。生命意味着关联自身，精神与本质同样如此；这三个由此是一个，一个生命，一个精神，一个本质。”②

译文中所谓“某种关联”是直译，亦可译为“在关系的意义上向着某物”，意思是表述一种关系的现实、关联的现实，从学理、学术史以及我们所讨论的问题的历史上来看，这是奥古斯丁将亚里士多德的“关系”（πρός　τί）概念直接引入到拉丁教父哲学之中，以解释基督宗教的上帝三位一体程式，在这段文本中是一次范例般地引用和应用，这也表明亚里士多德的“关系”概念已经融入奥古斯丁和拉丁教父哲学之中。③

---

① 就此请参见奥古斯丁《忏悔录》第十三卷第十一章第十二节；本书在较远的前文中曾引述过这一文本，在此不再罗列原文。

② 就此请参见 Augustinus, De Trinitate, X, 11, 18: “Haec igitur tria, memoria, intellegenntia,voluntas, quoniam non sunt tres vitae sed una vita , nec tres mentes sed una mens, consequenter utique nec tres substantiae sunt sed una substantia. Memoria quippe vita et mens et substantia dicitur ad se ipsam dicitur; quod vero memoria dicitur ad aliquid relative dicitur. Hoc de intellegentia quoque et de voluntate dixerim, et intellegentia quipped et voluntas ad aliquid dicitur. Vita est autem unaquaeque ad se ipsam et mens et essentia.”

③ 就此请参见徐龙飞，《形上之路——基督宗教的哲学建构方法研究》，北京大学出版社，2013 年，第 370–379 页。

于是人的行为作为精神的运动(motus animi)就是整体的了，而时间就是灵魂的人格性整体行为的表述，对于灵魂的人格性整体行为的时间性表述，就是所谓的行为的非同寻常的事件（或事件之结果）。

3. 时间研究之超时间目的

在确定了灵魂是时间的基础以及回忆是灵魂思考时间的运动之后，奥古斯丁面临的问题是：人为什么要探讨和研究时间？灵魂为什么要回忆时间？我们所能提出的质询是：奥古斯丁为什么要忏悔？他的“忏悔”究竟是什么含意？难道仅仅是对以往过犯的悔恨吗？

他写道：

“我曾经是那样的狂妄和渎神，以至于我对自己提起诉讼，并寻求正义以历验它；而你，最崇高同时又是最邻近者，最奥秘同时也是最当下者，你从不厚此薄彼，而是以你的整体性而是处皆在，又从不受空间所限，你的形象并非人的类型，但你却按照你的样子造了人，而看啊！人却从头至脚都处在空间的某一场所。”[①]

在本书较远的“论奥古斯丁时间哲学的思维方式”以及不远的前文“时间范畴作为人类普遍的宗教意识”等部分中，我

① 就此请参见奥古斯丁《忏悔录》第六卷第三章第四节：“Eo quipped temerarius et inpius fueram, quod ea quae debebam quaerendo discere, accusando dixeram. Tu autem, altissime et proxime, secretissime et praesentissime, cui membra non sunt alia maiora et alia minora, sed ubique totus es et nusquam locorum es, non es utique forma ista corporea, tamen fecisti hominem ad imaginem tuam, et esse ipse a capite usque ad pedes in loco est.”

们已经阐释和分析了奥古斯丁“忏悔”（confessio）一词之含意，在此从上面引述的文本出发我们庶几还能够说，奥古斯丁认为，人的灵魂应当甚或必须参有到永恒真理之中，参有到理性的世界之中；只有在和永恒理性（ratio aeternae）相接触的情形下，灵魂才能是鲜活的、才有其存在、才有其意义，这意味着，从人的角度来看，灵魂与永恒理性的这样的接触以及由此而来的鲜活的存在，就是灵魂基本的超验开放性；人的精神对认知的追求以及被认知的追求，在有限世界中并没有终极目的，而是突破每一个时空的界限，以为了向着永恒真理伸展自身、绽放自身。人的这一开放性存在提示出人超越自身之外的存在关联，这一开放性和超越的存在关联，令人寻求真理的确切无疑的处所、令人寻求可信靠的真理，并参有到真理存在之中。当然，人的精神必然、必须历验到，这一真理存在并非一目了然、在理解上并非毫无歧义；人的内在的追求真理的躁动，不仅由于时间的拖累（由于人在时间中的存在）而相遇到自身存在的多重涵义，而且也相遇到这一真理存在的多重涵义；灵魂对真理的追寻，特别是奥古斯丁意义上的灵魂对真理的追寻，并非偶然的，而是从他的时间哲学出发而又注入其时间哲学，并且逗留于其中，如同本书前文所多次分析的，他的名著《忏悔录》中所谓的“忏悔”（confessiones），并非仅仅对以往过犯的坦诚承认，并非仅仅以祈祷和认信的形式进行的思考，而是他所有的承认、祈祷、认信和思考都注入到对于上帝的追寻之中，而且这一追寻并非仅仅是对于超验而无可接近的永恒上帝的思考，而更多的是对于置身于时间中的上帝的认信和思考，这一上帝在他永恒的宁静中依然创设了时间，令时间在早晨和晚上之间运动，他的圣神在水面上行走，并及时抚慰和护佑人类。[①]

在此彰明较著的是，奥古斯丁将其探讨时间的目的设置在超时间的限度之外，也就是说，在他看来，人的心灵实际上已经无需在时间中瑟瑟发抖、已经无需在时间的流逝中为此岸的性空不定和彼岸的绵邈迢递而早搏纤颤，无垠的彼岸已经在此岸最幽深的腹地落帆抛锚了，人的心灵已经在永恒中找到了他永恒的宁静，已经憩息在永恒的宁静中了，这是对基督宗教的柏拉图哲学式的阐释；[②]大凡涉及基督宗教时，奥古斯丁总是不遗余力地确定权威文本和教会教义、教会礼仪的思想内涵和哲学意义。在他看来，永恒毕竟是时间的前提条件，基督宗教的这一诉求有其理性的和古典哲学的基础；在时间探讨的意义上，恶对于他而言则是灵魂终极地追逐此间世界的浮华虚美，终极地追求此岸红尘的骄奢淫逸，一言以蔽之：是灵魂为了追逐此间世界的时间性而对于永恒的怠慢轻忽。

尽管奥古斯丁或许并非一个出类拔萃的系统思维家，尽管他对同一概念的阐释可能会分别散见于他的不同的著作，但是《忏悔录》也并非一个简单的随笔、并非一个随意的札记，尽管时间问题的确也是一个哲学本体论、范畴论的根本问题，但是对于时间问题的研究也绝非一个作为罗马帝国的问题的大而无当、似是而非、空空如也的矫情；非也！《忏悔录》绝非不假思索的信手拈来，其写作不仅是其哲思的深层怒放，而且与其作者个人的生命息息相关，或曰：不是别的什么，而就是其

① 就此请参见奥古斯丁《忏悔录》第十三卷第三十三章第四十八节至第三十八章第五十三节。

② 就此请参见奥古斯丁《忏悔录》第十一卷第十一章第十三节。

生命在宁静中的川流不息、络绎奔赴。表述《忏悔录》的思想和情感，无法使用刚从污泥浊水中打捞上来的陈词滥调，而必须使用净心洁虑之后所漂洗干净的语汇，《忏悔录》是奥古斯丁理性的寤寐思服、生命的辗转反侧，是生命与思维当下此在的天作之合。相对于古典而言，奥古斯丁对于时间的分析从其语言风格出发就已经是一种更新，而其思想则更有新颖之处，他不仅汲纳了古典的传统，并且在这个意义上考量和承续了柏拉图、普罗提诺，甚或塞内卡传统中的思想元素，而且不同于古典传统的是，他对时间的考量并非仅仅概念意义上的、问题意义上的，甚或问题史意义上的考量，而且更重要的是他对自身的考量、审视、检视和反省，他知道，时间会枯萎一切此间世界的生命、甚至我们自身；[①] 他知道，此间世界的可朽坏性来自于人的过犯；他知道，并且建构了原罪说的结构；他知道，并且也将自己认知为时间性的，他愿意理解，并且也的确理解逝者如斯、芳华不再，他愿意理解，并且也的确理解年华老去对他自己究竟意味着什么；[②] 他难免躁动不安，因为他无法知晓他的时间关联性、他的时间捆绑性究竟意味着什么；他难免痛苦纠结，因为他无法知晓时间的谜底终究是什么；他感到自己的身心在时间的流转中破碎不堪，他渴求将自己从时间的滔滔流宕中解救出来，他迫切将自己从生命远去的不寒而栗中救拔出来；死亡的意识在这样的时间分析中沙沙作响。

人存在的意义也并非一目了然的，精神并不禁锢自身，并

① 就此请参见奥古斯丁《忏悔录》第十一卷第七章第九节。
② 就此请参见奥古斯丁《忏悔录》第十一卷第二十五章第三十二节。

且还具有无限的开放性；只要精神需要真理以为了存在，那么永恒真理的永恒（永恒性）就是精神的本质，这也提示出精神的绑束性经验、精神的有限性经验，这也就是说，精神靠自身对于永恒真理的全部而绝对的掌控是不可能的，这是人的此在中的负面的、否定性的经验，在奥古斯丁的时间分析中，这里隐匿着人的最内在的逆反和抗争，这种负面而否定性的经验，其实就是人的主体的否定性；意想中的（或者更准确地说是臆想中的）精神的无限性，其实是有限的，而无限性和永恒对于精神而言是唯一确定的，而只要精神在主体之中，那么精神就在此在之中，自以为无限的、无所不能的精神遭遇到的首先是无可消解的经验：自身的有限和永恒的无限之间的矛盾、自身的有限以及无可企及的（可望而不可及的）无限之间的矛盾；人希望占有真理、占有永恒真理，特别希望在自身之中发现和据有永恒真理，但他首先发现的却是不确定性，人希望福祉，但却首先发现不幸与死亡；人没有能力不希望福祉和真理，但也没有能力主控福祉与确定性。

奥古斯丁的时间分析中，这一思想已经是那样的成熟，这并非他自耸奇峰、特蹴奇波，并非他故作惊人之语、故作骇人听闻之奇思异想，而是在他看来，人内心的躁动并非诸多感觉和情绪中的一个，而是人的本性，是人在时间中的本质属性。被誉为当代托马斯的大公教会学者卡尔·拉纳，下车伊始就将人的精神定义为有限的精神，但是这一有限的精神却具有超验性，有限精神的超验性在于它自身没有内在的界限，并且由此而能够将上帝的绝对存在容纳其中；[1] 人作为有限的精神，其本

① 就此请参见 Karl Rahner, Hörer des Wortes. München 1941. S. 79.

质就是对于所有存在的绝对的开放性，而存在的本质则是认知与被认知在本源意义上的统一，这也就是所谓存在的在自身中的存在、存在与自身同在的存在；向所有存在开放也意味着精神进入质料，在质料中精神才意识到自己是精神，精神通往上帝的出口就在精神走进世界的入口中，精神走进世界也就到达了走向上帝的出口，人通向上帝的渠道就在其作为精神的先验结构中被给出，就在其自身特有的超验中被给出，在人返回自身的结构中被给出，也就是在人自身的统一中被给出；人在走出自身而走进世界中才有可能真正把握永恒的存在和上帝在他内心之中、灵魂之中、内省之中为他开启的返回自身之路。

精神的开放性追求倾向于真实的、真理的存在，精神汲纳发自于上帝之中的永恒真理之光照与生命之力量；但是并非仅此而已，精神并非仅仅被诸如此类者所充满，尽管它被诸如此类者所圆满，在精神之中还存在一个隐匿的遗留，而时间就来自于这一遗留的隐匿之中。如前文所分析的，时间庶几并非来自于存在，而是来自于虚无、来自于无，时间既非来自于存在，亦非注入存在，也就是说，时间在虚无中、在无中有其本源，时间在超验的非存在之中有其本源，并且在隐匿之中、在灵魂的隐匿之中时间着；人的精神作为受造而有限的精神在自身之中隐匿着无限的维度，这无限的维度或许也意味着无的维度，人的存在是在朝向不存在的无中被展示出来的朝向存在的追求（朝向上帝存在的追求）。

我们也可以说时间的每一瞬间的纯洁性，这指的是这样的瞬间涵盖人的全部内在性，即使瞬间的存在，也涵盖了人的整体性，人哪怕仅仅存在瞬间，他也是完整的人、完整的人格，这样的瞬间是那样崇高而当下，以至于在其稍纵即逝的短暂之中人不仅同时有其质的绝对存在，而且亦有其量哪怕是些许而微乎其微的延展，人本质上完全被含有在这样的瞬间之中，人的内在是完全的当下，是这一瞬间的当下，是永恒的今天的当下。①

奥古斯丁描绘了他忏悔和认信的瞬间：

“于是我在我的内在说：‘看啊！很快就会发生！很快就会发生！’我已经以这样的话语走入欢悦了。我几乎在（快要）做它的时候，却并没有在做它；但是我并没有落入往昔的岁月，而是伫立其边缘，呼吸着空气。我再度尝试，我越来越近地走向那里，越来越近，几乎触摸到并把握到它：但我却并没有在那里，既未触摸到，亦未把握到它；我犹豫踯躅，不愿死于死亡、活于生命，比起更好的非同寻常者，我更欢悦不那么好的已经习惯者，在时间的这同一瞬间，由于我将要是另外一个，这一时刻越益临近，更深的惊悚就越益驱迫着我，但这惊悚既未使我重蹈旧辙，亦未使我蹒跚前行，而是令我游移（摇摆）不定。”②

这种“游移不定”提示出建构那一瞬间、建构时间的那一点（punctumque ipsum temporis）的因素（要素），也就是说，

① 就此请参见奥古斯丁《忏悔录》第一卷第六章第十节。

② 就此请参见奥古斯丁《忏悔录》第十三卷第十一章第二十五节：“Dicebam enim apud me intus: ‘Ecce modo fiat, modo fiat!’, et cum verbo iam ibam in placitum. Iam paene faciebam, et non faciebam, nec relabebar tamen inb pristina, sed de proximo stabam et respirabam. Et etiam conabar et paulo minus, iam iamque adtingebam et tenebam: et non ibi eram nec adtingebam nec tenebam, haesitans mori morti et vitae vivere, plusque in me valebat deterius inolitum, quam melius insolitum, punctumque ipsum temporis, quo aliud futurus eram, quanto propius admovebatur, tanto ampliorem incutiebat horrorem; sed non recutiebat retro nec avertebat, sed suspendebat.”

这“游移不定”提示了人的自由，这一非同寻常的“游移不定”，在此意味着真理与时间在人的人格中的相遇，这一非同寻常的“游移不定”的人格承载者就是自由意志；自由在奥古斯丁的《忏悔录》中意味着爱的意志自身，并非人的能力所左右的形式上的自由，而是意志自身就是对爱的追求，而且爱推动了意志去追求爱。

于是，奥古斯丁的意志是以爱而追求，意志（voluntas）同时是 velle（意愿）和 diligere（爱），是可以相互替换的概念，决定性的是，爱被认知为人的自由的核心，作为自由本身的核心，爱不仅是本然的、真正的标准，不仅是行为的标准，而且也是时间的标准，是量度或长或短的瞬间的标准（tempus orpportunum），[①] 对于灵魂中的时间的量度，建立在灵魂本身的凝重（权衡）之中，也就是建立在灵魂的爱的品性之中。[②] 就灵魂的品性而言，奥古斯丁在《〈创世纪〉字解》[③] 中，类比上帝三位一体程式提出了“量度–历数–权衡”（mensura-numerus-pondus）的三位一体程式，确然，这三位涉及的也是一个整体；如同三位一体上帝论中在第一和第二位格之间的爱的第三位格一样，在此，pondus（重量、权衡）是这三位的重心，它决定物体的数和量。于是时间的长或短依赖于爱着的灵魂，这一灵魂最终确定时间的每一个量；而由于爱是恩宠对于自由意志的赐予（或曰爱是赋予自由意志的恩宠）、是自上而下托

---

① 就此请参见奥古斯丁《忏悔录》第十三卷第三十四章第三十九节。

② 关于爱的概念，请参见徐龙飞，《形上之路——基督宗教的哲学建构方法研究》，北京大学出版社，2013 年，第 264–321 页。

③ 就此请参见 Augustinus, De genesis ad litteram III, 16, 25; IV, 3, 7.

付给自由意志的，所以在奥古斯丁看来，最终是上帝才规定时间的存在以及测度时间的标准，上帝才是时间研究中超时间的目的。

三　时间问题作为伦理宗教内在逻辑的逻辑展开

1. 神哲学张力中的时间概念

在梳理、阐释和分析了时间概念的逻辑起点之后，奥古斯丁所面临的问题是，既然灵魂与上帝的关系是时间概念的出发点，那么如何展开作为上帝与人的关系的时间概念呢？

由于灵魂与上帝都是神学与哲学所关注的概念和主题，所以探讨时间概念必定关涉这两个相关联的领域；尽管神学与哲学由于其方法及某些论题的相同而圆融无碍，但是毕竟是两个不同的领域而相互之间颇具张力，奥古斯丁也在这一张力中探讨时间概念，他对于时间的质询、对于时间品性的质询，并非类似于对于任何一个任意事物品性的质询，而是同时也是对自身存在品性的质询，这其间具有多方面的张力。

在《忏悔录》第十一卷中，他将自身的存在思考为时间性的，思考为此间世界的时间流逝性、时间崩解性的例证，而人的灵魂和理性在这样的此岸时间性中依然能够实施其运作的功能；我们尽可以将奥古斯丁的时间理论的结构，特别是内在灵魂的和伦理宗教的时间经验移接到此间世界的时间的存在结构之中，这尽管未免显得有些天真单纯，但是毕竟有其可行性，因为在此间世界的时间结构中，奥古斯丁也依然能够发现其自身生命的时间性（亦即有限性，特别是理性能力的有限性）及其所历验的诸多问题，这也是其伦理宗教动机中时间经验的深刻意义，认知的理性和回忆的灵魂将认知的过程和创世的时间观联系起来，将时间的创造和灵魂的造就联系起来，于是时间的结构就能够与灵魂的结构相模拟，展开灵魂的结构就是展开时间的结构。

不仅《创世纪》的第一小节开篇伊始就将人领入了对于时间的思考，而且之前信仰摩尼教，但是之后已经皈依基督宗教的信徒也会追问，上帝在创世之前究竟在做什么？又已经做了些什么？这类问题并非没有意义，哲学家、自然科学家也质询同样的问题：在世界诞生（或曰兴起）之前是否什么东西、由此是否时间已经存在了呢？已经存在之物是否具有时间的品性呢？除此之外，奥古斯丁认为，在人类终极的救赎到来时，人将从时间的本质转化为永恒的本质，或曰从时间转入永恒，甚或依然作为人并且带有人的躯体而继续生活，这似乎加剧了运动与时间在原有联系中的区别，这是亚里士多德和普罗提诺式的思维方式，[①] 本书在较远的前文中多次阐释和分析了这一点；这也为我们留下了思维和提问的可能性：是否在当下的时间之后还会有时间存在呢？如何理解永恒中的我们呢？鲜活的躯体能够没有时间而存在吗？无论如何，这些质询都激荡人的思维，令人反思时间概念、反思各种质询、反思各种反思自身。

对于《圣经》中所报道的奇迹的引用，至多是在事实上（或者更准确地说是在论证的证据上）确认了亚里士多德和

① 敬请参见本书第三篇第一章“论奥古斯丁时间哲学的思维方式”。

普罗提诺的观点，亦即在无、虚空和时间之间是有区别的，即使在世界停止运行之时，也是存在时间的，[①]本书在较远的前文中也已经提及了这一点。另外，从基督宗教的教义传统上来看，奥古斯丁的时间理论的建构在整体上也并非圆融无碍、通透和畅的，而是在逻辑的展开上亦有其内在的隔膜；如果人的时间性和可死性是其过犯（特别是所谓原罪，或原初的过犯）的直接后果的话，那么时间和时间性对于此间世界而言似乎原本就是陌生的了，似乎就是某种原本外在于此间世界而由于人的原因才涌入到其中的品性，这未免与基督宗教所阐释的《创世纪》的思想有些许之不兼容性，甚或相悖性，这样说的原因在于，时间首先是上帝的创造物，而人又是上帝按照上帝自己的样子创造的，这决定了灵魂的永恒品性，于是时间作为受造物而言原则上对于永恒的灵魂而言并不适用。人的生命的目的立于永恒之中，理性的努力亦是朝向于此，而灵魂从时间中的撤离以及同时朝向自身的回返，是一种初始行为，是灵魂朝向永恒的超越行为的出发点，永恒是永驻于时间和灵魂中的，当灵魂遗忘了永恒时，就会追求时间，而当它开始返回自身时，它就开始了超越自身的行为而找到返回永恒故乡的出发点。

① 就此请参见奥古斯丁《忏悔录》第十一卷第二十三章第三十节及其所引用的《若苏厄书》第10章第12–14节："上主将阿摩黎人交于以色列子民的那一天，若苏厄当着以色列人的面对上主说：'太阳！停在基贝红！月亮！停在阿雅隆谷！'太阳果然停住，月亮站住不动，直到百姓报复了自己的仇敌。这事岂不是记载在《义士书》上了吗？太阳停在空中，未急速下落，约有一整天。以前或以后，从来没有一天像这天一样。上主这样俯听了人的呼声，因为是上主在为以色列人作战。"

奥古斯丁的预定论的思想也搅扰着他的时间学说，[①]在他看来，当下和未来（的时间与事件）早已在上帝的预视之中，仅仅需要在此间世界被实施而已，奥古斯丁在其内在的哲学动机和主题中将似乎无可捉摸、无可琢磨的时间，亦即将过往和将来视为某种物化的对象，甚或就是某种事物，以至于在这样的意义上才能结构出语句以表述它们，才能结晶出思想以传承它们，才能将它们作为存在者而领入语言并且表述出来；而当他将它们视为某物、视为事物的时候，这些被他视为某物、视为事物的它们似乎就应当，甚或必须有立足之地，以至于人能够提问："它们究竟在哪里？"这一"在哪里"的质询对于奥古斯丁而言庶几也是一个主导的设问，以至于他必须要问：过往和将来究竟在哪里？这样的质询使得时间的维度庶几能够被理解为某种充满各种未知事件和各种无可逆料的结果的黑匣子，大阿尔伯特在其时间本体论中批评了奥古斯丁这样的时间位置化的学说，[②]这样的学说固然是一种哲学的探讨，这样的批评固然是一种哲学的反思，但是不能不承认，奥古斯丁有时未免将当下理解为从未来的怀抱中脱颖而出，又顺理成章驰入了过往的拥抱中；[③]时间从将来到过往如此这般的投怀送抱使得他不得不推测，甚或臆测，当下在其实现自身之前就曾经以另外的模

① 关于预定论以及奥古斯丁的预定论，请参见 Lexikon für Theologie und Kirche. Herder Verlag, Freiburg in Breisgau. 2006. Band 8, 467-475. Theologische Realenzyklopädie. Walter de Gruyter Verlag, Berlin New York. 2000. Band 27, S. 98-160.

② 就此请参见 K. Flasch, Was ist Zeit? Vittorio Klostermann, Frankfurt am Main 1993. S. 210.

③ 就此请参见奥古斯丁《忏悔录》第十一卷第十五章第二十节。

态具有其存在了，而这样的存在则难免有某种隐匿性。[1] 物的本体论和空间设想的存在概念是奥古斯丁时间哲学的框架条件和结构，这恰恰造成了奥古斯丁时间学说中结构性的不和谐以及不同学说之间的相互摩擦，而我们也能够观察到，奥古斯丁在其时间分析的过程中是如何尝试修正这一倾向的，也就是说，他随即指出：未来和过往并不存在！但是无论如何，关于将来和过往的物化性的设想在奥古斯丁那里总是不断出现，并且是在神学的设定中，特别是在预定论的支持下。

在这样的预定论中，所有在时间中发生的，都曾经在永恒中的无时间性的之前中存在过；所有发生的，也都存留于永恒之中，被看护在永恒中。对于永恒而言，无所谓过往、当下与将来，仅仅对于受造物而言才有所谓过往、当下和将来；奥古斯丁在追寻过往和将来的立足之处时，在探讨“在哪里”的问题时，还并未尝试将过往和将来的当下性的时间性测度（亦即人对过往和将来的当下的时间测量）奠基在上帝之中，他仅仅将其认知的光照理论应用在时间的认知中，在他看来，数学的真理和伦理的法则应当归于神性的光照。对于过往的守护和对于将来的期待在奥古斯丁的时间哲学中似乎是那样的微不足道，在本体论上似乎是那样的无足轻重，以至于人甚或无法借助它们去理解上帝，上帝在他的理解中是当下的永恒。但是尽管如此，时间是在上帝神性的思考中被预先建构而出了，时间以及在其中所发生者在并不改变内涵的情形下从上帝神性的智识中下凡到受造而有限的时间中，奥古斯丁将时间性的事物并非简单理

① 就此请参见奥古斯丁《忏悔录》第十一卷第十七章第二十二节。

解为出自于先前的事物的逻辑发展及其结果，甚或重复，而是将其思考为理念蓝图的质料性的实现，是神性设想的付诸实施，而神性的设想在他看来是拟人化的设计草图。

这一神学的模板在《忏悔录》第十一卷中一直都是最重要的思维背景，而又总是在文本中前突到眸前；奥古斯丁探讨了《圣经·创世纪》的语言特色，亦即未来的时间与事件的结果通常都被视为已经发生者，也就是以完成时的时态来表述；他并非从希伯来语时间建构（时态建构）的独特性，而是从时间对于上帝的无所谓性来解释这一现象的，对于上帝而言，未来已经精确地被设定，并且在这个意义上被视为已经发生的。大凡在时间中将要发生者，其实早已经以同样的内涵完成并立于永恒中了，谁将要受到诅咒，其实早已经受到诅咒了，诅咒在时间中仅仅是被执行而已，其内涵的确定以及在何时执行早已经无需时间而被确定下来了，这样的时间分析也直接涉及他对人类历史的理解，直接影响他的历史哲学，我们在随后的“《上帝之城》与历史哲学及历史神学”部分中还将详尽阐释和分析这一点。

奥古斯丁这一学说在神、哲学之间具有一定张力，对于基督宗教的信仰者而言具有一种指导意义，它使得他们在个人的生命中、在自然的事件中总是观想上帝的预视或预定，而在哲学上则冒有被批评的危险。首先他将神性的思考拟人化，并且人仅仅能够将神性的预视和预定在时间中付诸实施而已。其次他将柏拉图式的世界引入基督宗教并使之双重化，一方面，现实世界是理念世界的实现、是上帝创世理念的实现，另一方面，这世界也早已被预定了一切秩序和规范；这一双重化不仅远远超出柏拉图的理念学说，而且使得每一个事件，甚或人的每一个行为都已经被先行限定了。最终他将时间性事件（和结果）的一次性品性平均化，使得时间性的事件在预定论中不再具有真实而现实的时间性（或时间性存在），而仅仅是伪时间性的。

2. 时间在灵魂中的存在

从前此为止的分析能够看出，奥古斯丁时间概念中的张力结构是彰明较著的，这是由其灵魂与上帝关系的出发点所决定的；但这并不妨碍他在张力结构中探讨时间概念、探讨时间在灵魂中的存在；或许时间概念恰恰原本就具有这样的张力结构。

而我们所认知的时间，作为流逝而流失者在其存在的同时由于其去而不返则又摧毁了每一存在的瞬间和每一瞬间的存在，而恰恰由此而被摧毁了每一瞬间的时间，也就是由此而不存在的时间，却因着灵魂的存在而集结起来，聚合在灵魂的渊薮之中，在灵魂的自我反思、自我观想之中，由于灵魂这一自有的精神基础，即回忆（memoria），灵魂有能力捕捉到、观视到原本并不存在者：

“如果人真实地讲述过往，那么他并非从记忆中取出过往的事实，而是由景象所建构的语词，这些语词假道于感觉穿流行过而在精神中留下稳固的痕迹。譬如，我的孩童时代，已时光不再，立于过往的时间中了，但是如果我讲述它，那么它的景象在［我讲述的］瞬间就是当下可视的，因为它还在我的记忆之中。”①

并不存在的将要到来者，是尚未存在者，奥古斯丁意图

① 就此请参见奥古斯丁《忏悔录》第十一卷第十八章第二十三节。

以同样方式将其视为当下的，也就是灵魂观视（praemeditari, expectare）将要到来者时，这一尚未存在者就是当下的了；也就是说，将要到来者（将来者、未来者）在灵魂中有一个锋锐而隐秘的当下；尽管被观想的并非尚未存在的将来，而仅仅是将来者的根源、原因或征象，借助这一根源将来者才能成为到来着的，但是这一将要到来者的根源只能是流逝而过者，只能是附着于灵魂的流逝而过者，如同已经提及的流逝而过的当下一样，以至于一切都是时间性地持续着、都是时间中的持续，无论是被命名为当下、过往、抑或是将来，在灵魂当下的运作行为中只有当下，只有当下才是、才存在。

时间似乎并非具有存在，时间是世界变化的现象，世界立于其持续的变端性之中，这一持续的变端性总是抵近其此在的终结，也就是抵近虚无（或曰抵近无）；从事物或世界的时间品性来看，事物作为当下此在者同时又是正在不存在者，而如果事物或世界的品性果然如此的话，并且尽管其品性果不其然的话，亦即作为没有存在内涵的存在、作为处于正在不存在之中的正在存在者，那么在其中也依然有某种被现存者（无论它是否正在不存在，但是它毕竟正在存在着，并且恰恰因为它正在存在着，所以它才能正在不存在）所充满的处所，这一处所就是人的精神。

但是这一精神的处所并非下车伊始就毫无歧义、明晰可鉴，人并非仅仅精神的存在、并非遗世独立的精神存在，人不仅处在时间性变化的世界中，而且在（甚或是受造的）此在的空间中受诸多外在因素之影响、受诸多权能之影响；而因为人在世界中的位置并非完全一劳永逸地得到确定，并且远非得到确定，所以人不断寻求某种确定性，也就是不断寻求精神和肉身中的稳定性、稳固性、不变性，进而寻求永生、寻求真理、寻求永恒真理，而追求真理的精神就是稳定性、永恒性的精神处所。人的精神之所以能够成为这样的处所，是因为他参有到理性世界之中、参有到永恒理性之中，一言以蔽之，是因为他参有到真理（veritas）、参有到永恒真理（veritas aeterna）之中。尽管真理有可能是超验预设的，但是真理在理性的现实中有其真实的存在，尽管真理可能在上帝中才有其超验存在的基础，但是真理呈现给人、呈现给认知的精神，如同灵魂呈现给躯体一样。一方面，人自身本来就是变化着的世界的一部分，其灵魂参有到可变性之中，人的灵魂是时间中的灵魂，另一方面，人同时有能力在变化的世界中参有到恒定的真理之中、参有到永恒的真理之中。

在此，呈现出奥古斯丁的辩证思考，灵魂以其和躯体的合一而参有到时间性之中、参有到可变性之中，灵魂运作出躯体的灵魂性（否则，没有灵魂的躯体就是一堆肉而已、就是行尸走肉而已），以至于躯体才真正成为身体、成为 Persona。而奥古斯丁至少还曾经倾向于世界灵魂之说，他曾经认为，世界灵魂令世界追随造物的理念，世界灵魂将时间性建构到存在者之中，但最终认为，这一学说与永恒和救赎学说不相吻合，于是放弃之，[①] 因为接受世界灵魂理论则会导致永恒回归说，[②] 在后文中的“《上帝之城》与历史哲学及历史神学”部分还将提及这一点。灵魂的建构意义在于，在非存在中作为时间性的存在者，也就是受到虚无危及的存在者，借助认知的、意愿的灵魂而得

① 就此请参见 Augustinus, De Civitate Dei, X, 29.

② 就此请参见 Augustinus, De Civitate Dei, XII, 20.

到保护，并且由此而在其存在中超出虚无、超越虚无。

灵魂认知真理、在自身中陶铸着真理，灵魂借助从永恒真理中汲取存在本质，也就是借助认知永恒真理，而将事物认知为存在者，如同本书在较远的前文“时间悖论与精神的延展”部分中所阐释和分析的；奥古斯丁对于时间的分析（特别是《忏悔录》第十一卷第十四章以下）提示出，尽管时间庶几并不存在，但是作为 distentio animi [1]（精神的延展）却是存在的，时间由于精神或灵魂存在的理由而是当下的。

灵魂在自身认知、自身理解中才是它所是的，才是它所应当，甚或必须是的，灵魂的存在立于其运作的行为之中，在认知和理解自身的行为（或活动）中，最本质的是“我认知”，而“我认知”则奠定在真理自身中，之所以能够这样说，是因为只要存在者的确存在，那么认知作为“本质的思维”（“本质的思考”）意味着与存在者（认知对象）的沟通交流；而因为存在者的确存在，所以存在者的确是真实的，于是存在者就在其与存在的真实和存在的真理的关联中被认知。经院哲学“存在与真理可互换”的公理，[2] 在奥古斯丁这里被表述为“万物都是真实的，只要它们存在”，[3] 即使当某人是怀疑论者时，也就是当他怀疑什么时，他也认知到了真实的，也就是说，他必须承认他的怀疑是真实的。[4] 当人误解时，却恰恰确认了某物之存在，只不过

① 就此请参见奥古斯丁《忏悔录》第十一卷第二十六章第三十三节：“Omnia vera sunt, in quantum sunt.”

② 就此请参见 Thomas Aquinas，De veritate.

③ 就此请参见奥古斯丁《忏悔录》第七卷第十五章第二十一节。

④ 就此请参见 Augustinus, De vera religione, 72.

他的误解、他的误解的想法并不正确而已，而误解也只有一种，也就是认为存在着不存在之物，[①] 也就是说，误解也确认了存在；如同对上帝的否定一样，这否定同时也肯定了上帝之存在。

灵魂借助它自身内在的行为（亦即认知的行为）首先确认了自身的存在，而在灵魂的每一行为中，灵魂都理解、领会和把握时间；在奥古斯丁的理解中，时间借助精神性的灵魂（亦即倾向于精神，而非倾向于肉体的灵魂）的行为（亦即认知行为）而是当下的时间；迅速流逝的每一个瞬间的当下，凭借灵魂的当下而被拓展，并且在灵魂的观想（默观）之中而享有其持续（延续）；在瞬间的流逝过程中，灵魂被赋予了滞留者，这滞留者虽然并非流逝本身、虽然并非已然流逝本身、虽然并非已逝者本身，但却是在流逝过程中作为已然流逝者的痕迹（vestigium）而被陶铸在灵魂之中。

3. 时间作为伦理宗教的本质

如同前文所阐释和分析的，既然时间能够在灵魂中存在，而灵魂又在其返回自身中、在回忆中发现上帝，并且灵魂与上帝共同是时间的逻辑起点，同时灵魂结构的展开又是时间结构的展开，那么我们在此能够提出的质询是，时间是否是、能否是某种关系的本质呢？

在奥古斯丁的分析中，时间表述伦理宗教的本质；也就是说，《忏悔录》第十一卷也能够是伦理的宗教的文本，能够是伦理化的宗教文本，是基督宗教的伦理化的文本，是内在于理

① 就此请参见奥古斯丁《忏悔录》第七卷第十章第十六节。

性运动中的伦理化的文本，是对信仰的理性（intellectus fidei）和理性的信仰（fides intellectus）的寻求；这一文本的纲领和结构（也就是意图和意图的建构）有着清晰的纹路，如同本书在较远的前文“时间概念的类型与结构”部分中所阐释和分析的，从这一卷的第十四章第十七节开始，祈祷呼求形式改换了承上启下的过渡呼求形式，[①] 这样的形式一方面构成前此为止的论证和思考的暂时的停顿和留白，另一方面其思考和论证又随即若无其事般地（似乎没有这样的停顿和留白）继续前行；这样的停顿和留白一方面确认了前此为止的思考，另一方面不仅加强了奥古斯丁探究和质询问题的意志，而且同时也将对论题的讨论不断推向极致，最终也卓有成效地抵御了所谓哲人智者们的反理性信仰、反理性宗教的偏激狂热。[②]

从整体上来看，这一文本并非仅仅是关于时间的伦理宗教的经验，而且同时也是对时间本质的哲学的研究，他自己明确表示：

“我渴望知道时间的权能和本质，凭借时间物体的运动被测量。”[③]

这一点清晰地表明，奥古斯丁的时间分析并非简单地涉及《圣经》文本的诠释，并非仅仅（甚或并非）要诠释《创世纪》的文本和《新约》的时间经验，况且他还恰恰是从《圣经》的文本出发而提出他关于时间的质询，而是更要在比较广泛，或

① 就此请参见奥古斯丁《忏悔录》第十一卷第十四章第十七节。

② 就此请参见奥古斯丁《忏悔录》第十一卷第十九章第二十五节；第十一卷第二十二章第二十八节；第十一卷第二十五章第三十二节；第十一卷第二十七章第三十四节，特别是第十一卷第二十九章第三十九节至第三十一章第四十一节。

③ 就此请参见奥古斯丁《忏悔录》第十一卷第二十三章第三十节。

曰更为普遍的意义上给出一个关于时间的学说（或者至少一种学说的可能性，这样说的理由在于，他一再强调，他只是提问，而非确认，也就是说，他愿意展示其思考的过程，而并未固执己见，并未认为自己的思考是一种定论，甚或是唯一的定论），他区分理性的认知和信仰的认知，他努力以理性的认知为信仰的认知筑实基础，他意图从信仰的认知前突到、深入到理性的认知之中，他对上帝的呼求和倾诉并非仅仅表明他的虔敬之心，而是寻求一种确认、一种对自己所表述的思想的反思，这样的呼求和倾诉亦呈现出一种思维品性，或曰：他的祈祷、呼求和倾诉并非仅仅是其虔诚性、谦卑性的表述，而且本身就是思考、就是伦理宗教的思考，而且是深度的思考；虔敬性与思维力是人的本质品性，或曰理性与信仰是人的本性，共同构成人性大厦的奠基石，在其历史的具体境况中，奥古斯丁进一步夯实了这一基础，操之过急的粗野判断只能误解，甚或曲解他，固然，也不排除有人故意曲解他，但这只能在其反人性、反文化的浮浅和谩骂中一方面偏离奥古斯丁思想和论证的丰富性、文本方法和目的的清晰性，另一方面则难免自取其辱而只能自甘其辱；而奥古斯丁在这一卷中寻求的正是信仰的理性以及理性的信仰，他所理解的信仰并非排他的，并非排斥理性的、排斥文化的，他所理解的理性也并非排他的，并非排斥信仰的、排斥神学的，唯其如此，才是历史的、哲学的、神学的奥古斯丁，才是全面的奥古斯丁，这样的奥古斯丁的时间分析，甚或这样的奥古斯丁本人（其谦卑性和思维的深刻性）才能阐释、才阐释了时间的伦理宗教本质。

奥古斯丁的宗教虔诚性有其历史的特殊性，这一虔诚性和他的宇宙论的时间论密切相关，这一点在他对《创世纪》的多重阐释中是彰明较著的，《忏悔录》的第十一至十三卷也集中体现这一点。对于奥古斯丁而言，天与地同时在呼号，它们并非自生自灭，并且也是可变易的。[①] 他对时间的分析始终指向涉及时间的物体（天体）的运动，这一点与古典哲学如出一辙，在他的文本中，并非仅仅对于伦理和宗教经验的描述，而且首先是对天体（物体）运动变化的理论描述和分析，是对个体生活和人类历史的深度思考；他不止一次使用 vox（声音、声调等）一词，以阐释时间的经验，这一 vox 并非一个任意的声音，而是 vox corporis（物体的声音，天体的声音），这样的声音呼号出时间的存在、时间的意义 [②] 在奥古斯丁这里，自然本身以及对于自然的认知本身这两者都具有宗教的意义，而这两者所含蕴的宗教意义则运行在理性的劳作之中，运行在分析与判断的过程之中，这一点不仅提示出其书名“Confessiones”（“忏悔”、“祈祷”、“思考”等）的意义，而且还提示出这一语汇的微妙之处，如同前文已经分析的，所谓 confesseion（congfessiones）并非仅仅中文的“忏悔”一意，而是一个集合的含义，它还有认知、探寻、选择、思考、反思以及在所有这些之后的认信等含义，奥古斯丁自己也表述说，他承认并认信他的已知和无知（scientia et imperitia），[③] 这一伦理宗教的认信动机和表述，首先意味着一种呼吁，要将人呼吁到坚持不懈的理性的努力中，在此，我们不得不再次回忆他以祈祷和呼语形式所表述的思考：

① 就此请参见奥古斯丁《忏悔录》第十一卷第四章第六节。

② 就此请参见奥古斯丁《忏悔录》第十一卷第二十七章第三十四节。

③ 就此请参见奥古斯丁《忏悔录》第十一卷第二章第二节。

“Vocas nos ad intellegendum verbum!”[①]

“你呼召我们到理性的语汇中吧！”

此句亦可译为：

“你呼召我们向着理性的语汇吧！”

如果我们说奥古斯丁强调了基督宗教的时间观，这无论出于何种意图，无论是一种赞美，抑或是一种批评，抑或是别的什么，无论如何，这或许并不能够令奥古斯丁满意，因为他的伦理宗教的动机和自身经验、他关于时间的思考等，并非仅仅基督宗教的，而是超越所有具体的宗教各自所拥有的教义的，是超越一切哲学流派各自所主张的学说的，是超越一切境况的，并且能够体现在此岸世界的诸多领域和事物之中，一言以蔽之，奥古斯丁的意图首先在于研究时间的本质，这一本质是超宗教、超伦理而普遍的，他的时间研究则具有超越各宗教和哲学流派的普遍性。

奥古斯丁的时间分析不仅具有基础哲学的，而且具有伦理哲学的思维特征，他有一种内在的急切欲求，他迫切地想知道，究竟什么是此间世界的时间：

“我的精神在燃烧，要解开这致密繁复的谜团。”[②]

他赋予这一内在的迫切感、内在的旨趣以一种宗教的意义，固然，其认知迫切感的宗教动机更多地是一种内在的动力，目的在于有意识地以理性去见识、去检视对于时间的认知，正如他自己所说的，追求纯粹理论的纯洁的享受（castae deliciae[③]）

---

① 就此请参见奥古斯丁《忏悔录》第十一卷第七章第九节。

② 就此请参见奥古斯丁《忏悔录》第十一卷第二十二章第二十八节："Exarsit animus meus nosse istuc inplicatissimum aenigma."

③ 就此请参见奥古斯丁《忏悔录》第十一卷第二章第三节。

才是他真正的内在的欲求，而这样的追求同时也意味着遭罹追求真理的痛苦过程，意味着时刻警醒而期待听到新郎脚步声的煎熬。① 奥古斯丁在这样的过程和期待中祈祷，恳请上帝纯净他的眼睛，以使他能够汲纳并且欢悦于上帝神性之光；② 在此，其思维中所呈现的宗教虔诚性元素并非意味着理性的天然疲软与早衰，并非意味着对理性无能的无奈的承认，并非意味着思维的贫瘠匮乏，这样的判断是非历史的、反历史的，恰恰相反，我们在此能够明确无误地看到理性与信仰的相互纠结、相濡以沫，信仰沁润着干涸的理性，理性承载着虔敬的信仰；我们不能无视奥古斯丁所处的历史境况，我们无法忽视他的身份背景，历史的奥古斯丁在其思维的黎明中看到神性熹微的冉冉升起，其思维之鹿在上帝预许的理性之林中自由地跳荡奔跃、邃密穷幽。③

四　时间问题作为伦理宗教内在逻辑的逻辑收束

奥古斯丁在确立和分析时间概念的逻辑起点及其逻辑的展开过程中，层层剥离、步步深入，不断提出他的质询和思考；尽管他一再强调，他仅仅是在思考，而非确认他的思考为结论，但是对于问题的思考毕竟要有一个终结（固然并非一劳永逸的终结），而且问题本身亦有其逻辑的终结，于是我们面临的问题是：尽管时间问题本身是开放的，而且对于时间问题的思考即使在奥古斯丁这里也没有终结，但是他的思考也并非野马脱

① 就此请参见《玛窦福音》第 24 章第 36－44 节；第 25 章第 1–13 节。
② 就此请参见奥古斯丁《忏悔录》第十一卷第三十一章第四十一节。
③ 就此请参见奥古斯丁《忏悔录》第十一卷第二章第三节。

缰、不知所终，那么在思维的逻辑上他是如何收束其关于时间概念的思考的呢？

1. 在灵魂中的时间测量作为对外部世界和神人关系的理解

从奥古斯丁的时间提问来看，亦即从“究竟什么是时间”这一问题来看，《忏悔录》中的时间概念首先被理解为本体论的时间概念，应当并无太多分歧，[①]本书将在随后的章节中探讨《上帝之城》及其历史哲学；而奥古斯丁不仅同时将这一问题置于人的灵魂和精神层面来考量，亦即作为灵魂和精神层面的主导问题来研究，而且在《上帝之城》中还将历史的进程与被理解为永恒的今天（永恒的当下）的时间概念联系起来，这使得人似乎并且几乎有理由认为，他的时间概念不免甚或不仅具有本体论意义，而且还不乏心灵和心理特质，以至于与时间相关联的历史也被视为由人对自身的理解所决定的；[②]而如果我们再考量奥古斯丁时间概念的三重出发点的话，亦即古典哲学的、《圣经·创世纪》的以及日常生活经验的，如同前此为止本书多次阐释和分析的，那么，即使我们不在心理层面考量其时间概念，我们依然有充分理由说，奥古斯丁的时间概念以及建立在这一概念基础之上的历史哲学，清晰透射出当时基督宗教的

① 就此请参见 J. Chaix-Ruy, H. Bachschmidt, Der Zeitbegriff bei Augustinus und die Orientierung eines modernen Zeitbegriffs an seinen Gedanken. In:Philosophisches Jahrbuch（PhJ）60, 1950. S. 438-449. E Lampey, Das Zeitproblem nach den Bekenntnissen Augustins. In: Wissenschaft und Weisheit 22 1959, 1-16, 119-148, 190-203. R. Schaeffler, Die Struktur der Geschichtszeit. In: Philos. Abh. XXI. 1963.

② 关于奥古斯丁的历史哲学，亦即“历史是被人对自身的理解所决定的”这一观点，请参见 E. Dinkler, Augustins Geschichtsauffassun. In: Schweizer Monatshefte 34, 1954/1955. S. 514-526, 特别是 S. 524.

哲学和神学的深刻性，更何况其时间概念的心理学特质的阐释和分析，不仅独步于当时，而且其思想内涵至今仍弥足珍贵。

就奥古斯丁的心理论的时间观而言，我们所面临的问题在于，为什么永恒的上帝自身并非是时间性的以及他如何能够是非时间性的，尽管他在时间中运作，并且他的运作还是时间性的、涵盖时间的以及预知时间的？这一问题的提出并非空穴来风，而是有文本依据的。①

这一问题不仅与时间概念本身密切关联，而且与全部《忏悔录》，甚至与奥古斯丁许多著作都直接相关，关于时间概念的内在结构与类型在较远的前文中已分别以专章阐释和分析了，我们在此无法、无须概括奥古斯丁全部著作中的相关联的部分，在此谨就最直接相关的《忏悔录》的文本结构作一概略性阐释。

于是，如果概述《忏悔录》的结构与其所表述的主要内容的话，那么我们可以综而述之曰：奥古斯丁在《忏悔录》中描述的是他曾经的生命之路，也就是从精神的贫瘠与忧惧、历经温良恭俭与虔敬，达至于对上帝的敬畏与虔诚之路（即第一至第九卷），最终，尽管他一再强调，他对《圣经》等并未完全理解、还需不断深入理解，但是他已经将自己全身心交付给了他所敬畏与虔信的上帝，换言之，他不仅已经投身于信仰之中了，而且由此还进一步以自然理性追求对信仰更深的理解（第十至第十三卷）；其中，奥古斯丁首先呈现的是对自身的认知（第十卷），而在第十一至十三卷中，他则从《圣经·创世纪》

① 就此请参见奥古斯丁《忏悔录》第十一卷第十章第十七节；第四十章第四十一节；De Civitate Dei，XI, 4-6.

出发而阐释和分析了他所思考的基督宗教的若干主题。就本书的主旨而言，奥古斯丁从阐释《创世纪》的创世史和救赎史出发，阐释了上帝与人的关系，并且着重考量和分析了时间与永恒以及两者之间的关系，尽管时间即时间、永恒即永恒，尽管二者必然被区分，然而时间满披永恒之圣宠，永恒则永驻于时间、永驻于当下的时间；七天创世的模式充分表明，上帝与灵魂是时间的共同基础（如同前文所阐释和分析的），上帝的普遍性和永恒性永远驻跸于作为救赎史的人类历史之中（第十三卷），上帝的永恒原本就是在时间中的永恒，是陪伴人的永恒，人在认知上帝（甚或不认知上帝）的途中总能满怀希望期待圣城的永恒和平，也就是期待甚或已经享有上帝之城的和平与宁静（第一卷），而人内在的宁静以及当下与未来的福祉恰恰在于认识到存在于人内心最深处的上帝（第十三卷），这固然也是为什么上帝与灵魂共同是时间的基础的原因。

当然，时间存在与否、能否被测量等问题，也依然一直是涉及神人关系的问题，而灵魂对时间的测量，则是对这一关系的一种理解、一种揣摩，是对《忏悔录》第十一卷中所提出的质询的回答和确认；如同本书较远的前文在“时间悖论和精神的延展”中所表述和分析的，“测量”一词在奥古斯丁的时间理解中有比较丰饶的内涵，它并非物理或数学等意义上的狭义的测量，而是不仅涉及对一个运动的持续所做的比较、推测和揣摩，而且更多的是一种实施于当下对象的行为，是回忆的行为及其结果。奥古斯丁以声音为例证，阐释了灵魂对于时间的量度和理解，并且认为，成为着的声音作为正在振响者，是无法被测量的，只有已经成为的声音，也就是奏响过的声音才能被量度和理解：

"但是它还在振响，由此它只能从其开端被测量，因为它开始振响，而直到终结被测量，因为它沉寂；而我们所测量的，就是开端与终结之间的过渡空间。因此，我们无法测量一个尚未沉寂的声音，以为了确认，它究竟有多长，或者有多短。"①

另一个类似的例证是歌曲：

"如同在全部一首歌中一样，它每个单一的部分以及每个单一的音节亦皆如此。同样，在一个较长的行为（运作）中，一首歌曲或许就是这一行为的一部分，亦皆如此；同样，在一个人的全部生命之中，其各个部分就是这个人的全部行为，亦不外如此；在全部人类历史之中，其各个部分构成全部人的生活，尽皆如此。"②

这样的例证表明，测量时间意味着灵魂对于时间的认知、对于时间的掌控，甚或意味着灵魂对于时间的某种建构；时间原本的持续，是灵魂对于世界事物的认知和知晓，灵魂借助对于世界的认知而相遇世界，而时间则借助灵魂和世界的相遇而持续；灵魂将自身认知为当下的，在这样的认知中，也仅仅在这样的认知中，当下的时间才具有作为当下的时间的持续，世界自身才是当下的，以至于世界才能够被称为存在者。

奥古斯丁说：

"有三种时间，过去的当下，当下的当下，以及未来的当下，在某种意义上这三种才在灵魂之中，在其它地方我找不到它们：

---

① 就此请参见奥古斯丁《忏悔录》第十一卷第二十七章第三十四节。

② 就此请参见奥古斯丁《忏悔录》第十一卷第二十八章第三十八节。

过去的当下作为回忆，当下的当下作为明觉直视，未来的当下作为期待。”①

与此相关的其它文本：

“但是尚未存在的未来又如何被消减和消耗成过往呢？而已经不存在的过往又如何增长呢？精神期待着，精神全神贯注地感受（掌握）当下，精神回忆着，仅仅是因为在引起这些印象的精神之中存在这三种行为吗？以至于精神所期待的取道于它在当下所关注的而转进到它所回忆者之中。毫无疑问（直译：谁能否认），未来者尚不存在，但是在精神之中存在着对未来事物的期待；毫无疑问（直译：谁能否认），过往者已不存在，但是在精神之中还存在着对于过往者的回忆；毫无疑问（直译：谁能否认），当下并未建构时间的延展舒张，因为它在此时此刻（每一瞬间）都在流转，但是绵延持续者就是对当下的凝神的关注（感受、掌握），来临者穿过当下而进入离遁（abesse）；也就是说并非未来的时间由于其尚未存在而是久长的，而是一个绵长的未来是对未来的一个悠长的期待；并非过往的时间由于其已经不存在而是幽长的，而是一个迴长的过往是对过往的一个漫长的回忆。”②

那么，究竟在何处才不存在、才不是呢？奥古斯丁认为：

“无论对未来行为的神秘的预先感知是如何发生的，能够被看到的仅仅是当下此在的。而已经当下此在的，就不再是未来的，而是当下的。如果有人说能看到未来，那么他所看到的并非这一

① 就此请参见奥古斯丁《忏悔录》第十一卷第二十章第二十六节。

② 就此请参见奥古斯丁《忏悔录》第十一卷第二十八章第三十七节。

未来自身，而或许更多地是其已经出现的原因或者征象。谁看到了它们，对他而言它们就不再是未来的，而是当下的，精神从中梳理出未来，就能预先宣布它了。而这一在精神中的景象（想象）也已经是当下存在的了，谁若想预告未来，则要首先在其内在之中观视到它。”①

奥古斯丁的时间概念就呈现在这样的结构及其所表述的前后呼应的观点中，而我们也应当在这样的文本结构中理解他的时间概念；换言之，关于时间概念的分析既无法脱离物理论和本体论的质询，亦无法脱离心灵论和精神论的问题，同时也无法脱离历史哲学的提问（关于其历史哲学本书将于随后的阐释和探讨中设专章论述之），当然更无法脱离《圣经》和上帝论的初衷，这样说的原因在于：奥古斯丁阐释和分析其时间概念的出发点，立于古典哲学，以《圣经》为基础的神学和日常经验，如同本书所一再提及的；关于时间的存在与本质的分析不仅是古典哲学品性的物理论和本体论的，而且也是从对时间的受造性和历史性的理解中赢得的，而作为其出发点的日常经验，也就是人对于日月运行等宇宙现象的观察，也并非仅仅是奥古斯丁个人的，甚或任何一个个体的，而是一种带有普遍性的观察、是人类作为整体对宇宙现象的观察，这也就是说，奥古斯丁所探讨的时间概念并非某一个体的，而是普遍适用的时间概念，于是，这样的概念以及对这一概念的理解，不仅至少具有某种程度的普遍性，而且也能够与人类历史相关联，因而这样的概念不仅适用于人类整体，而且也适用于组成这一整体的个体，并且适用于自创世始直到未来的

① 就此请参见奥古斯丁《忏悔录》第十一卷第十八章第二十四节。

人类历史；从文本结构及其内容来看，奥古斯丁在《忏悔录》第十一至十三卷，特别是第十一卷中对于时间的分析、对于历史的分析，以及对于这两者关系的分析也的确是这样的，他在第十一卷第三十八章中以歌曲为例证阐释了他的时间理解，并且强调说，这不仅适用于单一的人，而且也适用于人类后代的一切时代（in toto saeculo filiorum hominum），这样的时间理解恰恰能够被视为奥古斯丁《忏悔录》所表述的心理时间观和《上帝之城》所表述的历史哲学的纲领，本书将在随后的部分设专章探讨其历史哲学与历史神学。

奥古斯丁心灵心理时间观的问题与纲领的提出都是有针对性的，心理时间观所涵盖的问题，一方面针对他早年所相信的摩尼教，摩尼教将无限的空虚与时间视为等同于黑暗与光明的两种原则，另一方面则针对古典希腊的各种宇宙理论，无论其是受造的，抑或是非受造的；而其纲领则以希腊哲学为立足点，并由此为基督宗教哲学和神学赢得方法论的支撑，使得他至少有可能性和方法，在本体论、认识论层面去思考作为普遍真理的基督宗教的信仰，并在普遍真理的意义上宣证这一信仰。

如同前文已经阐释和分析的，奥古斯丁首先质询究竟什么是时间、又如何是时间（“quid est”、“quomodo est tempus”），[①]而由于他的出发点又恰恰是古典哲学的本体论，也就是说：存在是当下的，当下的存在对于灵魂和精神才有意义，并且在灵魂和精神中当下的存在才是在场的，所以他所达到的结论必然在于，过往已经不再存在，将来尚未存在，当下则从将来过渡到过往之中，

① 就此请参见奥古斯丁《忏悔录》第十一卷第十七章第二十六节。

由此则并无延展或伸展（nulla habet spatium），因而无可掌控、无可理解，于是也并不存在；而另一个必然的结论则在于，如果过往与将来作为时间模式倾向于虚无的话，而真正的当下在时间上又是无可理解的，那么当下的时间、或曰当下作为时间的模式岂不是永恒了吗？岂不因此而成为永恒了吗？这难道不是一种矛盾吗？这也是本书在较远的前文中所阐释和分析的奥古斯丁时间概念中的时间悖论！

而我们就这一看似自相矛盾的结论所面临的问题是：奥古斯丁是出于对何种现象的观察与分析而赢得对这一矛盾的解决的？同时，将时间回溯到人的灵魂又能有什么意义呢？这样的质询涉及作为时间分析判准的人的内在心理时间。

除了前文已经表述和分析的，就时间概念的这一矛盾问题本身而言，我们还可以说，关于时间作为存在以及时间模式和时间问题的思考不仅是基督宗教经典《圣经》新、旧约所一再强调的，不仅是基督宗教神学、哲学所一向注重的传统，并且奥古斯丁也很有可能娴熟于这一传统，[①] 而且如同前文所一再阐释和分析的，关于将来与过往的关系的思考、关于永恒的当下的思考，自柏拉图以来就是哲学本体论关于时间思考的重要组

---

① 就基督宗教的传统而言，大巴希尔和尼撒的格里高利都有关于时间问题的思考，就此请参见 J. F. Callahan, Basil of Caesarea. A New Source for St. Augustine's Theory of Time. In: Harvard Studies in Classical Philosophy 63, 1958. p. 437-454; Gregor of Nyssa and the Psychological View of Time. In: Proceedings of the XIIth International Congress of Philosophy. Firenze 1960. p. 59-66. 至于奥古斯丁是否知晓他们的观点，在国际学术界是有争议的，除了此处所引述的 Callahan 的表述赞同的观点之外，亦请参见相反的观点：Ulrich Duchrow, Der sogenannte psychologische Zeitbegriff Augustins im Verhältnis zur physikalischen und geschichtlichen Zeit. In: Zeitschrifft für Theologie und Kirche. Jahrgang 63, 1966. S. 267-288; 特别是 S. 272.

成部分，[①] 并且毫无疑问的是，奥古斯丁学术训练与思想就出于这一传统之中，对于他而言，自古典以来，时间就被理解为流动的存在、被理解为并非滞留的存在；面临问题本身的本体论历史，[②] 奥古斯丁解决这一矛盾的入手点——如同前文所引述过的——在于观察和分析音乐中一段旋律的演奏或一首诗歌的吟诵，其方法的本质特征在于，将时间置于人的灵魂中来考察，将时间与人的精神、人的意识联系起来作为相关联而不可分离的整体来考察，而这一方法的意义在于提出了分析时间问题的基本原则和标准。

所谓观察和分析音乐中的旋律，指的是测量一段旋律，无论是吟唱一支歌曲、演奏一段旋律或者朗诵一首诗歌，奥古斯丁在《忏悔录》第十一卷第二十一章中就已经提出了这一思想，在第二十七章到第二十八章中则再度引入之。他首先批评一种自古典以来——亦即至少自亚里士多德以来——就流行的观点，即时间是天体或物体的运动，其运动甚或是时间测量的标准；相对于这一点，他提出了自己独特的时间理解，即时间是人的精神的延展（伸展），也就是著名的 distentio animi，

① 就此请参见柏拉图《蒂迈欧篇》37b-e 以下，亚里士多德《物理学》IV, 217b, 32 以下，普罗提诺《九章集》第三卷第七章第三节。

② 如同前文所详尽阐释和分析的，奥古斯丁处于古典哲学的传统中，柏拉图的《蒂迈欧篇》（37c-39b; 47a 以下）、亚里士多德的《物理学》（IV，特别是 IV, 14; 223a 16 以下）以及普罗提诺的《九章集》（第三卷第七章“论永恒与时间”）不仅构成奥古斯丁之前时间概念本身的学术史，而且也是他在《忏悔录》中讨论时间问题的哲学传统；就此，除了本书已经引述的文献之外，亦请参见 J. F. Callahan, Four Views of Time in Ancient Philosophy. Cambridge 1948; P. Brunner, Zur Auseinandersetzung zwischen antikem und christlichem Zeit- und Geschichtsverständnis bei Augustin. In: ZThK NF 14, 1933, S. 1-25; J. Guitton, Le temps et l'éternité chez Plotin et saint Augustin. Dritte Auflage, Paris 1959.

如同本书在较远的前文中已经比较详尽阐释和分析过的；奥古斯丁为其观点给出的理由是，只有当人知道一段时间的起始与终结的时候，譬如一首歌曲或诗歌从头至尾颂唱完毕的时候，人才能测量时间；而总有物体从一段时间的起始到终结的过程中运动，在其运动结束之前，人无法测量这一时间段，于是从测量的意义上来说，这一段从起始到终结的时间过程从来都无法在现实中实际测量，人的精神必须期待这一有始有终的时间过程的结束，或曰：人的精神（或灵魂）必须将其期待（expectatio）保持到所要测量的时间段的终结，而人的记忆与回忆（redordiabilis、memoria）则必须持守这一时间段的起始与终结，人的关注、注意（intentio、attentio）更必须保持其持续的当下性，或曰：更必须持续关注或追踪从期待到回忆这一过渡的全过程；必如此，方能测量并非曾经在现实，而是在灵魂或意识之中存在的（时间的）延伸。

2. 灵魂中的时间作为人对上帝话语的答语

在上述回忆、关注与期待这三种行为如此这般的内在关联中，我们所能提出的质询是，是否上帝所创造的灵魂在与躯体如此这般的密切关联及其三种不同之行为中并未分裂为三个而仍然是一个完整而整体的灵魂以至于它能够测度时间？以至于它能够把握物体的运动与时间测量之间的空隙？以至于它能够在某种一致性或统一性中测量时间？以至于它能回应上帝？

这样的质询直接关涉时间类型的区分与灵魂的整体性问题。这样的疑问并非没有道理，因为用以测量时间的物体（及其运动）与时间毕竟是两种不同之事物；一方面，时间与空间都属于可感知的事物或可感知的领域，而如果天体的运动能够用来考量时间的话，那么从观察天体运动出发的星相学就是视觉的学术和科学，而如果旋律或音节能够用来考量时间的话，那么音乐学就是听觉的学术和科学，于是空间是人可以视觉到的、时间是人可以听觉到的，并且如同本书在较远的前文中已经阐释和分析的：时间是倾听的存在，换言之，无论空间，抑或时间，都是人能够以感官参有到其中的、能够以思维分析判断它们的；另一方面，如同三位一体是人的基本存在方式和认知方式一样，[①]在时间的测量问题上（也就是在对于时间概念的认知问题上），姑且不论奥古斯丁关于灵魂受造的神学出发点，亦即灵魂由于其受造性而借着参有到永恒理性的永恒认知之中而是永恒的，而仅仅考量哲学灵魂说，那么，无论是回忆（memoria），抑或是注意（intentio, attentio）以及期待（expectatio），不仅都是灵魂的（感知和）认知行为，而且是灵魂同时的（感知和）认知行为、是灵魂三位一体式的（感知和）认知行为，因而这三种行为之间也是相互关联的，由此我们可以说：回忆时刻保持对旋律已经过往部分，甚或全部过往部分的持守，关注（注意）时刻保持旋律的当下关联性，期待则时刻投射于旋律尚未过往的部分；我们甚或可以说，这是灵魂作为受造的整体在同一时刻的同一个行为，换言之，时间一方面是依赖于物体的运动而被测量的，另一方面，时间是依赖精神的运动（精神的延展）而被测量的；在此，物体的运动当然也可以是一个旋律的演奏

① 关于三位一体作为人的基本存在方式和思维方式、作为基督宗教哲学基本思维方式以及认知方式，请参见拙作《形上之路——基督宗教哲学建构方法研究》中之长篇论述，北京大学出版社，2013 年。

或一首诗歌的吟诵，以至于是一个音节的奏响，而时间与物体之间似乎是两种存在本质，于是时间与物体之间似乎有某种间隙，时间–物体之间的空隙或留白构成一种多样性，而灵魂则借助回忆、当下关联性以及期待不仅将这一多样性总括为一，以至于获得了时间的测量以及测量的结果，而且自身品性并未有所变端，甚或不能有所变端，也就是说，在测量某种运动的过程中灵魂始终保持其内在的静止、保持其内在的感知与认知能力，亦即灵魂的本质并未随着物体的运动而瞬息万变，相对于物体的运动变化而言，灵魂始终保有其感知与认知品性、始终保有其作为一个整体的回忆（memoria）、当下关联性（intentio, attentio）以及期待（expectatio）这一本质属性，换言之，灵魂的能力不仅在于统合自身（seiunctio，或曰：自身统合），而且还在于将诸多事物、将时间的留白统合到自身之中、统合到精确的回忆之中，并且始终保持对上帝的回应；在这个意义上，回忆就不仅是灵魂感知和认知的能力以及整合感知和认知的能力，而且本质上也是人类的社会、文化、科学与宗教的能力以及整合社会的、文化的、科学的与宗教等诸多事物的能力，而所有这些能力都与时间密切关联，都是灵魂的时间能力，都是灵魂感知、判断和分析时间的能力，是灵魂的回忆能力；灵魂的感知、认知与回忆能力一方面固然是朝向感知和认知对象的能力，另一方面首先也是灵魂自身主动的能力，亦即主动借助回忆而将事物与人、将自身与上帝联系在一起的能力。

奥古斯丁的理论旨趣不仅在于探讨回忆、在于探讨灵魂的回忆过程（亦即 memoria-intentio-expectatio 作为整体的过程），而且更在于由此出发而考量时间，也就是说，他分析时间的方法之一是分析灵魂的回忆品性，就一支旋律的演奏或一首诗歌的吟诵而言，灵魂的回忆过程本质上是对于这一演奏或吟诵过程整体的关注，奥古斯丁考量的正是灵魂对于时间性音响现象的关注过程，他的旨趣和研究能力来自于他所接受的古典修辞学的学术训练，这其中不仅包括语言学，而且也包括音乐学（旋律学）、诗学（语言旋律学）等，这都一一呈现在《忏悔录》第十一卷关于时间的研究中。在思维方式上，奥古斯丁不仅受益于新柏拉图主义的思维哲学，亦即灵魂“返回自身”、“返回内在”或“返回精神”的思想，并且从其“存在-生命-理性”（“esse-vivere-intelligere”）三位一体范式中汲取思维方式而建构以灵魂回忆过程（memoria-intelligentia-voluntas）为基础的基督宗教的三位一体上帝论的思维结构，[①] 而且如同学者们早就指出的，他还受益于金提里安（Qintilianus 或 Qintilian）与西塞罗等斯多葛学派的理论，这两位一方面都提出了“存在-认知-意志”（“esse-nosse-velle”）三位一体的存在与思维范式，另一方面还不仅提出了“禀赋-义理-应用”（“ingenium-doctrina-usus”或“natura-doctrina-usus”）三位一体的灵魂关注过程，而且提出了既是本体论的、又是修辞学的思维程式，也就是所谓的“问题的三种类型”（tria genera quaestionum），这三种提问的初衷在于质询：是否某物存在（an sit）？究竟什么存在（quid sit）？这一存在的某物具有何种价值（quale sit）？这一点在较远的前文的分析中已经提及过。

① 就此请参见徐龙飞，《形上之路——基督宗教哲学建构方法研究》，北京大学出版社，2013 年，请参见其中灵魂返乡和三位一体思维方式的分析。

奥古斯丁的回忆－理性－意愿（“memoria-intelligentia-voluntas”）与回忆－当下关联－期待（“memoria-intentio-expectio”）同样也属于修辞学的思维范式，[①] 奥古斯丁将这样的问题类型转换为灵魂对时间的提问、转换为灵魂对上帝的质询与回应，在这个意义上，他不仅借助古典哲学，而且还从其个体的整体学术素养出发探讨时间概念，这使得他的研究及其结论既具有个体特色，又具有普遍意义。

行文至此，我们又面临本书一再、并在本小节开篇也提出的一个问题，为什么奥古斯丁仅仅在灵魂之内，而非在灵魂之外发现时间？这一问题并非没有意义，这样说的原因在于，既然他探讨时间的出发点之一是《圣经》，特别是《创世纪》，既然他由此毫无疑问应当强调人的灵魂以及时间的受造性，并且也的确这样做了，如同本书前文所一再阐释和分析的，那么他难道不是更应当在上帝之中寻求时间，或者至少在上帝与人的关系中寻求时间吗（如同本篇在不远的前文中所阐释和分析的）？奥古斯丁在此质询的是时间的存在，这意味着他以希腊古典的哲学本体论、认知论为基础质询时间的当下存在、质询时间的可感知性与可理解性；而根据奥古斯丁也娴熟于心的古典的认知论，精神（或灵魂）自身不仅是当下的，并且是可认知的，而且也是有认知能力的，由此我们就能够赢得一种可能性，不仅将时间视为当下的存在，而且将上帝视为在时间和灵魂中的当下；在这个意义上，奥

① 就此请参见 Alfred Schindler, Wort und Analogie in Augustins Trinitätslehre. In: HUTh 4, 1965. S. 55. Ulrich Duchrow, Der sogenannte psychologische Zeitbegriff Augustins im Verhältnis zur physikalischen und geschichtlichen Zeit. In: Zeitschrifft für Theologie und Kirche. Jahrgang 63, 1966. S. 267-288; 特别是 S. 276-277.

古斯丁强调说，人只能在灵魂中，而无法在他处发现上帝，人只能在灵魂中，而无法在他处发现时间，当下是对过往的回忆（过往），当下是当下的持续，当下是对将来的期待，换言之：时间在灵魂中是对过往的回忆、对当下的关注、对将来的期待，时间是当下的过往、当下的当下、当下的将来，[①]奥古斯丁总是将存在、当下以及对它们的理解至于一个秩序之中。

尽管奥古斯丁在其较早期的著作中在时间概念的研究上还依然饶有柏拉图、普罗提诺等的思维色彩（这确实不足为奇，因为他毕竟接受的是古典的训练），譬如将时间理解为永恒的肖像，并且是永恒的永恒肖像等，[②]但是处于希腊古典哲学传统中的奥古斯丁在这一传统的支持下、在古典本体论的方法论支持下，却能够将不可视的物理过程（亦即旋律的演奏或音节的诵唱）领入灵魂、带回灵魂，而古典哲学的这些造就者们却没能达到；柏拉图阐释和分析静止与运动、永恒与时间、永恒存在与时间流转之间的关系，他将时间定义为永恒的肖像，永恒驻跸于至一（太一）之中，而时间作为永恒的肖像则呈现在天体的运行过程中，并且呈现为能够以数字计量的运动，天体的循环往复的运动由此也能够被视为、被定义为时间的永恒，[③]而天体的运动原因在于作为理念的天上的精神（νοῦς）自身是能动的，并且人的思维能力（διανόησις）与这一由能动而来的

① 就此请参见奥古斯丁《忏悔录》第十一卷第二十六章第三十三节。

② 就此请参见 W. Verwiebe, Welt und Zeit bei Augustin. 1933. S. 79. 特别请参见 Verwiebe 所引述和分析的奥古斯丁早期著作中的若干文本（譬如 De vera religione. 42; De genesi ad litteram Imperfectum. 13, 38; In psalm. IX, 7 等）。

③ 就此请参见柏拉图《蒂迈欧篇》37d。

变化是相关联的，因而人的思维能够模仿精神的运动，并由此而认知时间；[①] 在此之后，尽管亚里士多德与普罗提诺就时间问题在许多方面与柏拉图不尽相同，甚或大不相同，但是出于对天体运行的观察而在时间的定义上他们都有循环论的思想，或曰：他们都借助循环论的思想而建构其时间概念，而循环论的时间观不仅使得时间，甚或使得包括当下在内的时间模式即使在物理时间的层面上都有一种陷入虚无和无意义的嫌疑，而且也使得具有时间品性的历史本身落入无意义的境地；同时，对于普罗提诺而言，单一灵魂是世界灵魂的一部分，于是单一灵魂的时间借助与世界灵魂的时间的亲缘性而被决定；[②] 尽管奥古斯丁不仅出于，而且在写作《忏悔录》时还依然处于这一传统之中，但是他在思维方式上以及诸多研究领域已经超过了他的前辈，也正是在《忏悔录》中，或曰在他写作《忏悔录》的时代，他就已经批驳了循环论的时间观，而建构了他的关注当下的时间观，或曰：建构了当下观的时间观；[③] 而且由于他已经不再将世界灵魂论和循环论作为他时间分析的基本原则，因而他也不再将在《上帝之城》中所探讨过的天使的时间和《忏悔录》第十一卷中的时间分析联系起来，他建构了过往和未来都朝向当下的新型线性时间观，本书在随后的关于他的历史哲学的章节中将阐释和分析这一点；在奥古斯丁的意义上，不仅时间开放了自身，而且人的灵魂也能够借助回忆将开放了自身的时间从

① 就此请参见柏拉图《蒂迈欧篇》47 b-c。

② 就此请参见普罗提诺《九章集》第三卷第七章。

③ 当然，不仅在《忏悔录》中，而且在《上帝之城》，XII, 10-21 中，奥古斯丁依然不依不饶着重批驳了古典希腊的循环论的时间概念。

天体运行的物理样态领入灵魂之内在，由此，人的灵魂就能够在内省之中观视、测度和理解时间，人就能够借助灵魂的回忆与期待将时间行为的开端与终结联系起来；灵魂将时间领入回忆，借助这样的灵魂，时间就不再是外在于人的天体的（星球运动的）、物理的（音节奏响的）现象，而首先是人的主体的现象、精神（灵魂）的现象、心灵心理的现象，是人的内在心理的结构及其显现，时间的主体化不仅是人对上帝的回应，而且时间概念的主体化借助基督宗教神学对于循环论时间的超越以及古典哲学的本体论、认识论的方法而终于成为可能的了。

3. 灵魂中的宗教真理

即使奥古斯丁的阐释使得心理的时间观能够成立，即使他的分析使得时间不再仅仅是人可感知和认知的外在的物理现象，而是成为人内在的心理结构，这其中依然存在解释上的难点，特别是面对自然和历史时，或曰面对自然的时间和历史的时间时。

我们在此要质询的问题是时间性存在者的真理，我们必须将无可统一者相互对应起来、将悖论梳理通顺，然后尝试去理解，究竟什么原本存在以及究竟什么是所思维的存在。首先要提示的是，veritas（真理）在奥古斯丁的时间分析中，并非纯粹抽象和纯粹精神的概念，而是一个整体概念，指的是对于生命和福祉的享有，如同前文所提及的。由此，对于时间的认知作为对于某种真实（或曰真实对象）的认知，在奥古斯丁那里也就超出纯粹精神和纯粹抽象的概念和理解而是对时间的享有以及鲜活的个人经验，是对时间现象的突破以及对时间现象赋予灵魂，以至于被交付给逝者如斯的时间的人能够在灵魂中捕捉到时间的痕迹，并将时间理解为必然的流逝过程、必然的过渡，理解为与上帝相遇的场所、超越自身的场所，以为了将在灵魂中驰骋的上帝拦截下来并纳入自己的思维和信仰之中，并最终在愉悦的观想之中享有永恒的福祉。

而灵魂又是如何认知和理解似乎并不存在者，如何认识和理解其实并不存在之物以及仅仅是非存在的呈现呢？灵魂具有创化生育的功能吗？时间是被认知时间的灵魂所创造吗？时间完全是心灵－心理的现象吗？肯认这些问题是十分诱人的，因为这样能够解决许多疑难问题。而首先必须确定的是，还处于古典思维传统之中的奥古斯丁，无法认可这种在心理学至上论的意义上的解答；精神现实在普罗提诺、维克托利努斯以及奥古斯丁的思维中，并非抽象的模式和冥思苦想出来的幻影，而是由其存在而来的权能和能动力，灵魂功能论在此并无任何立锥之地。

如同前文已经阐释和分析的，奥古斯丁考量了普罗提诺的时间概念，这位新柏拉图主义奠基人将时间视为未构形、无形式或非形式（infomita、informitas）的质料（materia informita），奥古斯丁试图借助基督宗教的“从无到有”的创世论来加固这一思想；在他看来，物体的运动变化意味着物体从一种状态过渡到另一种状态，而非形式（informitas）在这些状态之间则是变化（mutabilitas）的基础，某一物体借助运动变化并非进入虚无而又成为新的某一物体，而至多仅仅是在作为一物而成为另一物的运动变化的过程中匮乏作为一物和另一将要成为之物所需的特定的形式而已，而这一匮乏则可视为“近乎虚无”（“prope nihil”），在奥古斯丁看来，上帝不仅从无创设了这一“近乎虚无”，以使得所创设之物能够从一种形式之存在运动变化到另一种形式之存在，而且还在永恒与变化的受造物之间作了区分。[①]

奥古斯丁关于时间的这一表述或许隐含着某种内在关联；一方面，即使在《忏悔录》第十二卷中，并且即使在这样的物理意义上的考量中，时间也并非无形式的虚无，甚或并非出于和处于“近乎虚无”之中，换言之：不仅上帝造就了时间的形象和秩序，而且即便是上帝从虚无中所创设的运动变化的受造物也将同样作为受造物的时间呈现而出、也将作为受造物的时间的过程呈现而出，因而时间不可能处在虚无（nihil）中、在非形式（informitas）中；另一方面，物理过程意义上的秩序的时间与在灵魂中的时间并非下车伊始就能够无缝对接、并非能够完全吻合。这样说的理由在于，奥古斯丁恰恰认为：时间在受造而有回忆机能的灵魂之外并不存在！或曰：时间在灵魂之外不仅仅是“近乎虚无”，而且必定就是虚无！但是尽管如此，奥古斯丁似乎仍尝试去建立物理意义上的和灵魂意义上的时间之间的关系，物理意义上的时间对于他而言首先是经验的对象和认知的对象（这也是他阐释和分析时间的出发点之一，如同前文所一再述及的），其次才由此而是认知上帝的途径。而灵魂则截然不同，灵魂深处本身就是上帝的存在，灵魂的时间径直就是上帝的时间，也正是在这个意义上，奥古斯丁才将时间

① 就此请参见奥古斯丁《忏悔录》第十二卷第三章第十节；第十四章第十六节；第二十二章第二十八节等多处；以请参见 R. Jordan, Time and Contingency in St. Augustine. In: The Review of Metaphysics 8. 1954/55, P. 394-417.

视为人的宗教意识、上帝意识，也正是在这一个意义上，时间才是人的心理意识、心理时间，也正是在这个意义上，灵魂才能够将物理的、自然的时间与心理的时间联系起来，也正是在这个意义上，时间才是伦理宗教的核心概念。

在《忏悔录》第十一卷中，特别是第十七至第三十八章中，一方面，奥古斯丁分析了个人的存在经验、分析了个人在历史中的存在经验，并且不仅将个人的存在经验与人类整体的经验联系起来、与世界史甚至于全部自然与人类历史联系起来，在这个意义上，对于灵魂中的时间的认知就成为对于灵魂的时间性的认知，就成为对于灵魂随着时间，并且在时间中的时间性的流逝与崩解的认知，这也就是奥古斯丁所说的："看啊！延展就是我的生命！"（"Ecce distentio est vita mea!"）①另一方面，奥古斯丁借助灵魂的回忆机能以及"灵魂中的时间"这一表述，将本体论的时间分析巧妙转入到救赎论的时间分析，上帝存在于人最内在之中、存在于人的灵魂之中，人借助灵魂的回忆将上帝从心灵最深的渊薮中摆渡出来，将过往与将来领到当下，在这样的时间分析中，道成肉身以及基督将自身祭献而为人类救赎之死就不仅仅是一个已经过往甚或由此而不再存在的事件，而是一件突破古典的永恒回归论和永恒循环论的事件，而是一件在时间中当下永恒的事件，在这样的时间分析中，最终的救赎也并非是在遥不可及中所不断渴望的，而是在期待和希望中已经临在于当下的现实，最终的救赎就是上帝永恒的当下所决定的，就是上帝永恒的当下本身，最终的救赎并非仅

① 就此请参见奥古斯丁《忏悔录》第十一卷第二十九章第三十九节。

仅具有未来的品性，而是既先于一切时间、又自草昧开辟、自创世之始就已经驻跸于一切时间之中了，由此，奥古斯丁奠定了过往与将来共同朝向当下、朝向永恒当下的线性时间观，这超出古典的所有时间观，直到今天都有其重大影响。

这一分析所得出的结论的意义在于，人不仅有对于过往的经验，而且也有历验将来的渴望，对于将来的忧患和期待毕竟重要于对于过往经验的回味，时间概念从此不仅是一个普遍性的范畴，而且由此具有了主体的意义，奥古斯丁既然已知灵魂的起源，于是更渴望知道它的归宿；正是在这个意义上，奥古斯丁关于时间存在的本体论的认知就踱入到心理论、心灵论的认知之中，本体论的时间分析开启了心理论、心灵论的时间分析，本体论、认知论以及伦理论在奥古斯丁的时间分析中构成一个有机的整体，正是在奥古斯丁的本体论到心理论的时间分析中，基督宗教的基督论、末世论与救赎论才有其概念论证的出发点，也就是说，时间不再仅仅是外在于人的、有着自身运动规律因而自身完足的物理现象，而是被灵魂建构到人的认知之中，而灵魂自身也是时间品性的存在，人在对将来的遥望中才能发现的存在，原本在上帝中就已经是当下的了，灵魂将这一存在引入当下，最终的救赎作为永恒的存在并非出现在遥望将来的视野中，“将来”这一语汇甚或并不适用于上帝，与上帝同性同体的耶稣基督成为了时间性的和在当下时间中的，以为了将人类从时间的散乱崩解中领回到时间的至一之中、领回到时间与永恒的至一之中，以为了使人类能够在当下就获有对将来的经验、能够在当下就豁免对于将来的忧患，于是人借助基督、协同基督、在基督内并联合圣神才能从散乱离析的时间性的人而成为在满披永恒圣宠的时间中、在希望的慨叹中朝向永恒并获有永恒恩典的人。

我们应当将奥古斯丁的两种思维过程结合起来考察，一方面，从灵魂的渊薮中、从超验的非存在中涌出的时间，掌控了时间，并隐匿甚或埋伏在其中（in occulto）以期待当下存在的瞬间，时间由自身而言并无能力从虚无、从空无的桎梏中将自身解脱而出，并涌入当下的存在；另一方面，灵魂自身似乎又振作起来，在其认知行为（actio）中提升自己超出时间，为时间保证了存在的空间，借助将自身理解为（认知为）时间的-非时间的，并且由此一劳永逸地成为时间的适用标准，成为分解、判断时间持续的标准。

我们必须尝试将这些似乎相对立的表述置于有内在联系的秩序和系统中来理解，时间并非是、并非存在，这在几乎每一个分句的表述中都不断被强调性重复；但是，如同本书在较远的前文中设专章所阐释和分析的，却存在精神或灵魂的时间性延展（distentio animi），[①] 这是精神或灵魂的确切的时间性而有特殊持续的行为，这样的持续是时间性的持续，并非作为不死的实体而处于灵魂之中，而是只要灵魂认知地、知晓地、感受地、意愿地参有到变化的世界中，那么持续就属于灵魂、就处于灵魂之中、就达于灵魂之中。而隐匿、覆盖、遮蔽（occultum）则是时间不乏神秘品性的掩盖、掩体，时间自身在这掩体和掩盖之中时间着。

时间在灵魂自身中的这一被遮蔽的底层基础，具有权能，

① 就此请参见奥古斯丁《忏悔录》第十一卷第二十六章第三十三节。

并且赋予灵魂进入世界存在的“延展”、“延伸”、“拓展”，或曰赋予灵魂以“延展”，以能够进入世界的存在之中；精神性的灵魂（也就是具有理性禀赋的灵魂）自身并不具有延展或膨胀，但是在其中隐匿的时间的基础，尽管处于无所有处、不在任何一处，却赋予灵魂以伸展、拓展，赋予灵魂以当下的活动领域，灵魂在其中，并且借助这样的赋予而认知变化者，将变化者认知为存在者，并最终将变化者保持为当下的存在。

一方面，尽管灵魂被时间掌控了，但是另一方面，时间恰恰被灵魂所领起，这也就是说，灵魂作为人的精神，被真理所照耀、被上帝神性之光所照耀，由此而有力量和能力决定时间的标准、确定适用的量。人的认知精神的观想，笃定在时间性的事物中，并为之提示出它们所滞留的处所；在人的形象的三重限定的意义上，奥古斯丁将灵魂的这一看似多层面的，然而本质上却是统一的行为（活动），标示为回忆（memoria）、有张力的关注（或曰有张力的注意）以及期待的观想；在其中关涉的是当下的行为（活动），其当下的持续被精神自身所决定；在其中关涉的并非灵魂的自身阐释、自身描述，甚或自我吹嘘，而是其回忆关涉被回忆者，观想关涉被观想者，期待关涉将要到来者。

所谓时间已经不在或时间尚未存在，并非意味着取代“尚未存在”以及“已经不在”的，必定是从灵魂反射而出、投射而出的作为灵魂的现象的某物，而是恰恰意味着被回忆者就是被回忆者，被观想者就是被观想者，被期待者就是被期待者；时间在灵魂中有其隐匿和遮蔽（灵魂隐匿在灵魂之中），但却并未成为灵魂、并非是灵魂。也就是说，在奥古斯丁的时间分析中，即使时间在灵魂中有其隐匿、有其遮蔽，但是时间却并非因此而是灵魂的流溢，灵魂的内在性并非吸附此在的存在者于自身之中，尽管世界被灵魂的行为（灵魂的活动）所关照，并被灵魂保持在此在之中，但是世界依然是被纳入感觉、思维和存在秩序之中的“外在者”（处于灵魂之外者），而且世界的客观存在方式自身也隶属于这一整体的绽放过程，人必须以秩序观念理解在整体的宇宙发展过程中的世界。

在此，灵魂对内在、外在世界对象的观照以及灵魂对它们的摄取，不乏神秘主义之色彩，人对世界的理解不乏客观目的论的色彩，奥古斯丁不愧同时为古典哲学的承继者和教父哲学的集大成者，不愧同时为中世纪神秘主义和理性哲学之开启者；姑且不论对奥古斯丁的这些评价而返回到我们的时间概念：无论如何，灵魂在此建立起了与超验者、与上帝的联系，或者说，通过灵魂对于时间的测量暨认知，奥古斯丁在逻辑上收束了他对于时间问题的思考，并且将时间视为灵魂与上帝关系的直接表述，视为伦理宗教中人格行为和神人关系的核心本质。

五　结语

奥古斯丁作为大公教会的主教固然在其著作和思想中有其基督宗教的思维特质，但是一方面，从他学养的背景、古典哲学的思维方式而言，从他所面临的问题而言，另一方面从基督宗教作为自然宗教的、伦理宗教的和理性宗教的最高形式而言，我们都能够说，他对时间概念的质询和思考更具有普遍意义；无论是自然宗教、伦理宗教抑或是理性宗教，甚或原始宗教（在此，所谓“原始”之意，并非指其比较低级，而是指其更为本色），在关注其它所有相关问题之外，无不更加关注上帝与人的关系，无不更加思考和建构上帝与人的关系，其思考的基本元素，亦不外乎虚无、人、灵魂、世界、上帝（或曰某个至上神）等，在这一基础上，奥古斯丁又引入了时间概念，以探讨能够作为伦理宗教的基督宗教是如何思考上帝与人的关系的，他不仅从《圣经》，而且从人对时间的日常经验、从他对天体的观察出发提出他关于时间的质询和思考，他并不囿于《圣经·创世纪》的思维方式和给出的答案，而是恰恰由此出发，提出其理性的质询：时间存在吗？时间究竟是什么？时间究竟从何而来？时间如何存在？时间能否被量度？这庶几是一个从本体论到认识论的设问过程，他以确定灵魂和上帝的存在作为时间问题的逻辑出发点，将灵魂的回忆行为视为人的最本然的人格行为，人在这样的行为中才真正是区别于动植物的人、才是区别于禽兽的人，才有人的人格和人格的尊严；同时，他将灵魂的回忆行为视为伦理宗教中上帝与人关系的本质特征之一，并且将灵魂对于时间的思考视为具有超时间的目的与意义，这使得他对于时间的思考不仅具有宇宙论、本体论和形上学的意义，而且具有伦理论、目的论和救赎论的意义；尽管神学与哲学有其圆融无碍之处，但是奥古斯丁依然将时间概念的基本逻辑设置在神学与哲学之间的张力氛围中，从这两个不同领域、以其不同之方法而对于时间主题作集束性思考，阐释和分析了时间在灵魂中的存在及其作为伦理宗教的核心本质；尽管实际的思维过程可能是从认识论到本体论，但是奥古斯丁时间分析的表述过程则是从本体论到认识论，也就是说，他最终将已经展开的时间问题的逻辑收束在灵魂对于时间的测量之中，也就是收束在灵魂对于时间的认知之中；而灵魂对于时间的认知，也意味着灵魂对于自身消逝性和过往性的认知、对于上帝永恒性和当下性的认知。

由此，奥古斯丁在《忏悔录》中所阐释和分析的时间概念，就不仅成为基督宗教建构上帝与人的关系的核心概念，而且也能够成为伦理宗教的基本思维元素；奥古斯丁时间分析的普遍意义，从中可见一斑，而关于时间概念的这方面的思考，至今无出其右者。

第十章 《上帝之城》的历史哲学与帝国神学

一 引入：奥古斯丁时间概念域中的历史哲学

1. 历史事件的历史意义

公元410年8月24日，夜，暴风骤雨，阿拉里西（Alarich，或阿拉里克）率领他的哥特士兵从撒拉里亚城门（Porta Salaria）冲入罗马城，罗马沦陷，阿拉里西纵容他的士兵抢劫罗马城三日三夜，幸免于难的只有基督宗教的教堂，许多人为了躲避杀戮和其它暴力行为而到教堂寻求庇护；第三天，入侵者带着大量抢夺而来的战利品放弃罗马城向南呼啸而去；大批逃难者从罗马城和意大利半岛来到西西里和北非，他们一路传布着永恒之城陷落时所发生的令人惊悚的各种细节。①

一个具体的历史事件，不仅使得对历史意义的质询急迫起来，而且更使得对基督宗教护教学的渴望愈加真切，永恒之城罗马的陷落似乎确认了异教对于历史的理解，亦即历史就是国

---

① 就此请参见 Hubertus Prinz zu Löwenstein, Rom: Reich ohne Ende. Propyläen Verlag, Frankfurt am Main, Berlin, Wien 1979. S. 301. Markus Sehlmeyer, Die Antike. Orientierung Geschichte.Verlag Ferdinand Schönigh GmbH & Co. KG. Paderborn 2009. S. 205-209, 特别是 S. 208. Handbuch der Kirchengeschichte (Herausgegeben von Hubert Jedin), Band II, Die Reichskirche nach Konstantin dem Großen. Erster Halbband: Die Kirche von Nikaia bis Chalkedon. Von Karl Baus und Eugen Ewig. Verlag Herder, Freiburg Basel Wien 1999. S. 203, 369, 375, 406. 特别是 S. 369, 375. Bilmeyer-Tüchler, Kirchengeschichte. Verlag Ferdinand Schöningh Paderborn. 16 Auflage, 1958. Band I, S. 227-230.

家政权与众神崇拜的统一，这使得基督宗教历史神学品性的护教学的出现成为了必然，正是在这样的历史背景中，诞生了奥古斯丁22卷本的鸿篇巨制：De civitate Dei，亦即《论上帝之城》（或译：《上帝之城》、《论天主之城》或《天主之城》）。[①]

奥古斯丁《上帝之城》最具意义的贡献在于，他建构了基督宗教的历史哲学意义上的历史神学，这一历史神学从终末论所限定（所决定）的启示的历史景象出发，并最终战胜了异教的古典世界所宣称的循环论的时间概念，这一概念主张时间从它的起点出发、向着它的起点而永恒回归、而永

① 在此首先必须说明的是，关于奥古斯丁《论上帝之城驳诸多异教之论》（或《上帝之城：驳异教徒》等诸多译名）一书之书名，国际学术界素来认为，“论上帝之城”为奥古斯丁原书标题，而“驳异教之论”或“驳异教徒”作为附加的标题则并非出自奥古斯丁之手，换言之，并非奥古斯丁原书所具有的，而是后人添加的；就此请参见 Klaus Thraede, Das antike Rom in Augustins De civitate Dei. Echt und Grenzen eines verjährten Themas. In: Jahrbuch für Antike und Christentum. Jahrgang 20, 1977. Aschendorffsche Verlagsbuchhandlung, Münster Westfalen. S. 90-148. 在此特别是 S. 112 以及他就此所引述的诸多权威参考文献。

此还必须厘清的是，奥古斯丁的这一名著通常被译为《论上帝之城驳异教徒》，即使将“驳异教徒”毫无道理地添加到书名中，这一翻译也是有问题的，这样说的原因在于：首先，拉丁语 paganos 是来自于形容词的阳性名词 paganus 的复数第四格，paganus 的原意并非“异教的”，而是“流俗的”、“农村的”、“农民的”以及“属于乡村的”等含义，作名词时则是“城市”、“涵养”以及“文明”等词汇的反义词，其含义无涉于“异教”，于是从语词的角度出发不能翻译为“异教”；其次，奥古斯丁在其《上帝之城》中并非仅仅批驳了异教的诸多观点，而且同时也批评了教会内部的诸如功利论的、怀疑论的和悲观论的种种观点，因而译为“异教”既不符合文本，亦不符合逻辑；于是综上：无论是在语词层面，亦或是在事实（亦即文本）与逻辑层面，奥古斯丁的这一名著都不能译为《论上帝之城驳异教徒》；而中译本的译法或许受英文的影响，在此，仅仅遵从习惯而仍取此译。关于 paganus 的讨论，请参见 Karl Ernst Georges, Ausführliches Lateinisch-Deutsches Handwörterbuch. 9. Auflage, Nachdruck der achten verbesserten und vermehrten Auflage von Heinrich Georges. Buchgemeinshaft Tübingen 1951. Zweiter Band, S. 1437.

无休止地周流循环。奥古斯丁的工作建构了基督宗教的护教学，他的护教学不同于第一部教会史的作者凯撒城的尤西比乌（Eusebius）的宗教-政治的乌托邦或曰：宗教-政治的乌托邦式的护教学，尤西比乌处于君士坦丁大帝统治下的罗马帝国的时代，那时，人们似乎看到已经实现了的上帝之城、上帝之国。奥古斯丁并非要护卫这个意义上的“上帝之城”，而是要护卫大公教会、护卫基督奥迹的圣体、护卫人的“上帝公民性”。

2.《上帝之城》作为历史哲学和帝国神学所提出的问题

关于奥古斯丁的《上帝之城》一书或者更确切地说“上帝之城”这一概念，在近一百多年来的学术史中颇有不同之理解以及由这些不同理解而来的讨论，讨论的焦点集中在若干问题上，譬如：“上帝之城”是否具有政治含义、是否具有基督宗教政治意涵？换言之：“上帝之城”是人类历史在预视理念面前的破产亦或是绝对非政治品性的？“上帝之城”是否能够被视为历史哲学的开端？或曰：历史哲学究竟是发端于奥古斯丁亦或是发端于维柯、孟德斯鸠和伏尔泰等？奥古斯丁的时间学说是否是对于基督宗教的帝国神学的克服？“上帝之城”是基督宗教之国及其历史的实现抑或仅仅是修会和僧侣制度的建立？奥古斯丁的“上帝之城”有否罗马帝国的图景？“上帝之城”究竟是目的论-救赎论的亦或是赋予罗马帝国在此间世界（在此岸）的奖赏？“上帝之城”是否建构了基督宗教的历史神学？上帝作为创世者是所有时间秩序和历史进程的独一的主导者？抑或是人尽管其理性和认知的有限而也有其在历史中而对于历史的能动性？此岸带有目的的历史过程在时间秩序中所带来的善与恶是否同样施加于善人与恶人？[①]

在本书的写作意义上，历史哲学或可理解为历史理性对于整体的人类历史的所有可能性的思考，这其中既有关于人本身的，又有关于人所须臾不可远离的周边世界和共同世界的思考，既有关于历史的过程的，又有关于历史的认知的思考，既有关于历史的意义的，又有关于历史的目的的思考，既有关于历史之中的时间的，又有关于超越历史的永恒的思考；在奥古斯丁的意义上，无论是《忏悔录》抑或是《上帝之城》，历史哲学都并非仅仅阐释某种特定的哲学思维可能性（譬如希腊的或基督宗教的），并非仅仅阐释某种特定的历史神学（譬如基督宗教的或罗马帝国的），历史哲学都并非仅仅代表某种救赎史的理念，甚或并非表述历史进程及其意义在上帝预定和预视面前的消解；奥古斯丁甚或不仅并未主动尝试将历史和救赎联系起来——历史与救赎之关系对他而言是不言而喻的，而且更有甚者：他还有意识将其区分开来，并且尽管历史对于上帝似乎有着某种根本的依赖，但依然将其置于其本身的俗世性之中，他甚或尝试将受造物的受造性置于和超空间、超时间、超世界、超历史的上帝的距离中来考察；而对于奥古斯丁而言，所谓“saeculum”（亦即俗世的时间、受造的时间）也并非意味着基督宗教的历史能够被理解为人类普世史的统一性，奥古斯丁

① 这些问题是本书笔者从讨论过程中概括的，关于它们的详尽的讨论以及诸多学者各自具体的观点并非本书之写作目的，就此请参见 Ernst A. Schmidt, Zeit und Geschichte bei Augustin. Carl Winter Universtitätsverlag, Heidelberg 1985. S. 64-68.

在此所思考的并非仅仅基督宗教的历史与救赎、哲学与神学，而是从人类整体出发而对于包括基督宗教及其历史在内的整体的人类历史的思考，是将人类整体的永恒福祉与人类自身历史进程结合起来的思考，是对于整体的人类历史、哲学、神学所做的整体性的历史的、哲学的和神学的思考。

从奥古斯丁所处的基督宗教的背景及其基督宗教哲学家、神学家的身份中可以理解，“上帝之城”在奥古斯丁的时间哲学和整体的思想中，不仅并非彼岸世界的虚幻蓝图，而且更非此间世界的社会乌托邦，既非历史将来的目的，亦非社会当下的梦想，而是创世神学与历史神学的圆融无碍、上帝永恒与俗世时间的圆融无碍、上帝神性与灵魂本性的圆融无碍，就是人心灵之城，是彼岸与此岸的合一，是天与地的合一，一言以蔽之：“上帝之城”就是降临在人心中的天国。

“上帝之城”，或者另外而更确切的表述“基督之国”，首先是为人们启示了自身的上帝自身，是上帝的大爱，“上帝之城”或“基督之国”的此间性、此岸性，并非在历史的终结方能实现的人类终极设想，并非人类在末世的忧伤气氛中所期待的安息日般的冲和宁静，并非人类在面临当下的苦难时可望而不可及的彼岸的抚慰，并非人类理性的旨趣在面临自身的有限和界限时可以逃逸其中的避难所，并非人的理性在叫嚣乎东西、隳突乎南北之后所惨淡经营的子虚乌有乡，并非人的情感在歇斯底里之后所追寻的爪哇国，更非无关人内在精神的所谓超验对人的精神内在乘其不备而冷不防使出的无影脚，“上帝之城”就是时间的建构，就是时间在此岸世界的建构，就是作为救赎史的人类整体的历史不可逆转、无可回溯而朝向永恒的凯旋，就是已经斑斓漫漶了的人的上帝肖像性的神圣修复，就是人性向着其神性本性的庄严回归，就是人性尽管以其全部的柔弱而依然向着其不可染指的尊严的郑重告白，就是神圣的永恒在俗世历史中的绽放，就是永恒（aeternitas）在俗世（saeculum）中的自身实现，就是“永恒在今世以至于万世中”（“aeternitas in saecula saeculorum”）一劳永逸的实现。

奥古斯丁首次在基督宗教的历史中系统提出作为国家理念、作为理想之国的“上帝之城”的概念，从奥古斯丁的时间概念出发，我们能够清晰地理解，他所提出的“上帝之城”甚或“上帝之国”暨“基督之国”，本身并非某种单纯的空间概念，并非某种单纯的救赎概念，而是质量概念，“上帝之国”就是历史、就是时间史，就是朝向“国”的救赎史，“上帝之国”就是“基督之国”，这一国家理念不仅是此岸的，而且是内在于历史的、内在于时间的；时间性与非时间性（超时间性）、历史性与非历史性（超历史性）是圆融无碍的，空间性与非空间性（超空间性）、此岸性与彼岸性是周流遍至的，此间世界的教会作为理想的国度与作为天国的超验的国度就是“上帝之国”暨“基督之国”的两种属性，这两种属性是共融的，是在时间、空间、心灵和质量上的共融，是目的与过程的合一，是永恒与时间的合一，天国降临在人的心中，教会就是天国临在的征象，尽管有这“此间”与“天上”两种属性，但是“上帝之国”暨“基督之国”作为“国”是一个并且是同一个现实，始于耶稣基督的“上帝之城”或“基督之国”的理念以及这一理念的历史，在奥古斯丁这里达于高峰。

二　“城”或“国”作为奥古斯丁的问题

1. 问题的神学起源

从《圣经》福音书出发来看，耶稣基督本身作为人的福音而宣证说，他的国尽管已经降临、已经临在于、然而并非源自于此间世界；从此之后，一方面，他的门徒以及所有追随他的基督宗教信徒们不仅都在此间世界朝圣，而且还以此而追求永恒的故乡天国；而同时另一方面，无论他们从属于哪些国家或政治团体，他们也必须面对与国家以及这些政治团体的关系，他们甚或必须阐释他们对国家，甚或对国家统治者的责任与义务，简言之，他们必须解释这种担当义务，因为根据保禄宗徒的要求，他们对国家及其统治者有服从和担当的义务。而在公元一世纪，他们所要服从的是异教的罗马帝国及其异教的统治者罗马皇帝；尽管他们每日祈祷上主的国来临，但是他们也十分清楚地知道，凯撒的归凯撒，上帝的归上帝，对这一譬喻的正确解释甚至在耶稣基督还活着的时候在他们的犹太故乡普遍传播开来，并且庶几并未引发人们良心的忐忑与折磨，而当他们将基督的天国福音传向世界更广阔的地域时，他们便遇到了麻烦。犹太故乡以外的人们认为自己应当，并且也愿意更多地服从上帝，而不是服从一个人（譬如罗马皇帝），但是上帝自己却通过一个异教皈依的宗徒警告说：“所以谁反对权柄，就是反抗天主的规定，而反抗的人就是自取处罚。因为长官为行善的人，不是可怕的；为行恶的人，才是可怕的。你愿意不怕掌权的吗？你行善吧！那就可由他得到称赞，因为他是天主的仆役，是为相帮你行善；你若作恶，你就该害怕，以为他不是无故带剑；他既是天主的仆役，就负责惩罚作恶的人；所以必须服从，不只是为怕惩罚，也是为了良心。”（《罗马书》13，2 以下）

保禄宗徒对主内兄弟姐妹的要求并非没有理由，因为恰恰当他们开始在罗马建立基督信仰团体的时候，罗马帝国不仅将他们与犹太人等同起来（确然，其中有很多是皈依的犹太人），而且还因此而颁布了驱除令（“Idaeos impulsore Chresto assidue tumultuantes Roma expulit”），[①] 保禄的提醒，甚或警告是严肃认真的；宗徒之首伯多禄在他的两封传承至今的书信的第一封中，以这样的话语做结语:“与你们一同被选的巴比伦教会问候你们。”（此句似乎还能够译为：“问候你们！为了巴比伦而选出来的人们！”《伯前》5，13）在此巴比伦作为堕落的象征指的是罗马，而基督宗教的信徒团体在伯多禄的眼中则是优选而出的苗裔，是神圣的民族，是上帝的子民，是上帝的专属财富（《伯前》3，9），在第一次对于基督徒的大迫害之前，伯多禄就已经有了他的基本判断和态度了；耶稣最喜爱的门徒若望也在他的《默示录》中将罗马称为“巨大的巴比伦”、“淫荡及地上所有恶行之母，饱饮圣人以及耶稣见证人之血而醉倒”（《默示录》17，5 以下）；当然，保禄也毫不怀疑基督信徒的公民权力是在天国，而在地上

① 就此请参见 Bilmeyer-Tüchler, Kirchengeschichte. Verlag Ferdinand Schöningh, Paderborn. 13. Auflage, 1952. Band I, S. 80；16 Auflage, 1958. Band I, S. 80. 在此之所以引述这两个版本，是因为所引述的文本在这两个版本中有些许之变化，在第 13 版中是全句引述，而在第 16 版中则并非如此，而在更早的 1940 年第 11 版中并无此句引文；敬请方家参照之。

并无恒久之城，[①] 基督信徒不允许和此间世界之城及其统治者，亦即魔鬼有任何瓜葛。[②] 所有这些对于我们考量奥古斯丁关于罗马帝国的论述都具有十分基础而重要之意义。

从若望的《默示录》可以看出，在基督教会内部也已经开始产生无可否认的巨大分歧了，这是保禄的秩序观和《默示录》的权力观之间的矛盾张力，尽管保禄完全知晓皇帝（尼禄）的丑行，但是依然要求一种忠实，而《默示录》的作者则相反，认为其丑行等恰恰应当是将基督信徒从国家关联中呼唤出来的诱因，基督信徒在国家权力中只会遭遇迫害和痛苦，他们应当以持续的不服从、不合作来回应敌视上帝者。

无论敌视上帝者是公开的，亦或是隐匿的，总之，迫害基督信徒和毁灭基督教会的行为的确来自于国家暴力，以至于在国家与教会之间已经无法维持一种秩序关系，而是一种相互否定的张力关系，以至于在教会与国家之间没有形成一种人员上的联盟，而是成为相互排斥的不同的权能、权力，每一个人都必须知道，他属于哪一个方面。

特别不能否认的是，《默示录》毕竟还带有某种历史终结的意味，于是恰恰由此而令人颇费斟酌的是，是否应当对保禄具有末世品性的秩序观宣证有所保留，甚或消减？而与此相反：在伯多禄持续不合作的意义上是否应当对《默示录》作者完全另外的观点有所宣扬？保禄宗徒引述《玛窦福音》的“山中圣训”：

① 就此请参见 A. v. Harnack, Mission und Ausbreitung des Christentums. 3. Auflage, 1915. Band I, S. 238 以下。

② 就此请参见 A. v. Harnack, Mission und Ausbreitung des Christentums. 3. Auflage, 1915. Band I, S. 247.

你们先该寻求天主的国和祂的义德（第 6 章第 33 节），并以此在《哥罗森书》第 3 章第 2 节中强调说，要先思念天上的事，而不是汲汲于、矻矻于地上的事情。

伯多禄、保禄以及若望在近乎于同样的生命历验中通晓上帝的启示，依然在同样的坚定信仰中知晓他们在上帝信仰团体中的公民权力，这一点他们是一致的，在这样坚实的基础上他们坚信基督信徒团体的终极目标，他们之间的观点分歧是服从于政治权力的要求和抗争于地上的统治者与魔鬼（《厄弗所》第 6 章第 11 节以下）的号召之间的分歧，这分歧观点之间的张力使得基督信徒保持清醒（《得撒洛尼前书》第 5 章第 6 节以下）；而若望也说，耶稣基督是我们的赎罪祭，是我们的救赎，而且并非仅仅是为了我们的，而是为了整个世界的救赎（《若望一书》第 2 章第 2 节以及《格前》第 1 章第 20 节等）。当人们忘记或忽视若望的话语时，这一张力才凸显出来，于是在《若望一书》的意义上，"凯撒的归凯撒，上帝的归上帝"就可以理解为：一方面，从《圣经》出发的理解可以表述为：赞同收税的权力象征，但是否认其宗教崇拜象征；另一方面，从历史和政治情形出发的理解可以表述为：在俗世政治的意义上默认甚或赞同罗马帝国、默认甚或赞同多神论的统治者（也就是皇帝）作为其最高权力的帝国，同时在先知和末世历史神学的精神中尊崇自己的宗教信仰。

从教会法和教会学的角度来看，保禄的教会是基督的教会，若望的教会同样是基督的教会，它们都是耶稣基督的教会，它们在追随耶稣基督的过程中不仅不能，也无法脱离与国家的联系，而且也没有理由脱离国家关联性和世俗政治，这样说的原因在于，教会与帝国之间的联系不仅建立在异教徒之中，而且也建立在基督信徒之中，这不仅是一种人员上的联盟，而且也是一种位格身份的联盟，换言之，基督信徒不仅作为自然人从属于某一国度，而且作为追随耶稣基督的信徒也同样从属于这个国度，教会与国家的交汇线贯穿于每一个基督信徒的个人的存在，贯穿于每一个基督信徒作为自然人和作为位格的人的存在；无论是神圣的教会秩序，抑或是世俗的秩序，都是上帝创设的秩序，它们之间有相互的交接重叠，它们交接重叠于基督信徒的罗马公民和罗马公民的基督信徒的位格人之中；这样的交接重叠也能够给基督信徒个人带来内在的矛盾纠结，但是教会与国家的不同并非必然的矛盾，而是它们的目的的不兼容性所带来的。

历史的发展在很长一段时间中并未令基督信徒从这样的张力中解脱出来，直到君士坦丁大帝时，尤西比乌（Eusebius）将基督宗教神学和罗马人的帝国神学融为一体的时候，以至于一方面，政治的存在和宗教的存在近乎于等同的时候，这一张力才开始缓解；当然另一方面，政治的存在与宗教的存在又是如此这般危险的靠近。即使在信仰基督宗教的皇帝特奥多修斯（Imperator Christianissimus Theodosius）将罗马大公教会宣布为有特权的宗教团体时，甚或宣布为国家教会时，其张力情形也依然存在。①

① 就此请参见 Handbuch der Kirchengeschichte (Herausgegeben von Hubert Jedin), Band II, Die Reichskirche nach Konstantin dem Großen. Erster Halbband: Die Kirche von Nikaia bis Chalkedon. Von Karl Baus und Eugen Ewig. Verlag Herder, Freiburg Basel Wien 1999. S. 89-93. Gestalten der Kirchengeschichte (Hrsg. M. Greschat), Alte Kirche II. Verlag Kohlhammer, Stuttgart Berlin, 2. Auflag 1994. S. 75-86. Theologische Realenzyklopädie, Teil III, Band 33. Verlag Walter de Gruyter, Berlin New York 2006. S. 255-258.

当异教诸神的崇拜被基督宗教信徒的基督敬拜所取代之后，基督宗教信徒在历经现在已经是他们的帝国所面临的各种危机之时反而对自己的信仰内涵的确定性产生了怀疑，直到此前都不断被自己主动加强的上帝信仰反而渐次消弱，甚或有所损失；他们为了包括国王、皇帝等在内的所有人而祈祷、感恩，以为了使包括自己在内的所有人都能享有宁静的、上帝所祝福的生活，而现实却与他们的愿望相龃龉，他们所面临的，并且也是奥古斯丁所要回答的问题是：为什么恰恰在基督宗教刚刚开启她的新时代的关键时刻基督宗教的罗马被西哥特人所侵略、所劫掠？

由于基督信徒一直被教导，世界和平以及罗马的统治秩序是借助他们的宗教而被保护的，他们也被教导被打右脸时还要给出左脸，而当罗马被入侵而面临生死存亡的时刻，特别是当人们将罗马帝国的兴亡视为最痛彻心髓的事件，并且在生死攸关的时刻为了千年帝国的兴亡而最后一战的时刻，这一训导对于异教徒，甚或基督信徒而言都成为一个棘手的问题，于是在面临罗马陷落并被抢劫这样的历史事件时，奥古斯丁必须给出一个判断历史事件和政治事件的标准，以使得基督信徒能够从内在与外在的危难之中稍有解脱，并且使得他们能够在帝国衰落的时候借助宗教的修习与信仰的磨练不仅把持住自己的基督宗教的存在，而且也能为帝国的复兴尽绵薄之力！

在这个意义上，奥古斯丁所深切关注的问题是，如何将基督信徒重新带回福音书所宣证的信仰的坚实基础之上；当此之时，保禄宗徒所主张的帝国忠诚观已经不再那么具有意义，因为帝国的皇帝已然是基督宗教信徒了，帝国上下庶几以一致的信仰认同而共同面临外族入侵，忠诚已是无需提醒的了；而奥古斯丁所急需要做的是，令基督信徒从令人窒息的俗世的以及俗世化的历史理解（历史观）和国家理解（国家观）中挣脱出来，以让他们由此而能够有一个坚定的信心，不仅圆满完成他们的时代所赋予的宗教使命，而且出色完成这一时代所给出的政治任务。

换言之，奥古斯丁和他们一样担忧帝国的命运，他建构时间观和历史神学的努力由此就有了深刻而特殊的意义，其意义在于，他对基督宗教信徒的救赎以及他们所承载的国家的命运（甚或国家的救赎）的解释、对于教会与国家各自的含义及其关系的解释，不仅直达问题内在的深度，而且直到今天都有其适用性，甚或直到今天都适用，以至于我们今天，甚或将来的人们在谈及教会与国家的关系时都必须不仅要从保禄宗徒、伯多禄以及若望门徒出发，而且更要从奥古斯丁的阐释和分析出发来进行我们和我们的后人的思考。

固然，不可否认的是，乐观的历史观依然存在，这样的观点甚或认为，国家理念（罗马理念）与基督宗教的教义的相遇是一种相互补充的完美结合，这一结合的力量是那样的强大，以至于没有任何敌对力量能够动摇罗马帝国，如同本书随后所提及的浦路登休斯以及奥古斯丁的学生欧罗思尤斯所持的观点，这种乐观的历史观的基础在于坚信罗马理念与基督宗教的理念已经是那样充分地和解以及充分地融合，以至于形成一种前所未有的强大理念和力量；而令人心痛而又无法否认的事实却是：不仅罗马帝国似乎在日益衰落，而且与这日益衰落的外在症候同时而来的，是人们内心的焦灼，是人们与政治的国家在理念上、与文化的祖国在情感上的疏离，这不仅仅是异教的人们，甚至基督徒信们也在狐疑，为什么恰恰在基督宗教的时代罗马被入侵、被劫夺并由此而衰落了，人们在心理上、在精神上对罗马不乏怀疑、抵触，甚至反抗情绪；[①]奥古斯丁既要批判盲目乐观的历史观，又要疏导人们的抵触情绪，换言之，奥古斯丁并非要弥合基督宗教教会与罗马帝国之间的鸿沟，甚或并非要让基督宗教帝国与罗马帝国融为一体；尽管罗马理念与基督宗教的理念在他的时代已经并非针锋相对的了，但是奥古斯丁既要批判盲目乐观性的国家理念与宗教理念合一的历史观，同时又要梳理清楚基督宗教大公教会与罗马帝国之间的关系，这体现在他的《上帝之城》一书中。

而我们在此所面临的任务在于，探讨奥古斯丁这一名著的核心旨趣，梳理出其基本而普遍适用的思维原则，考量其在不同时代，甚或今后时代中各自的当下此在对于政治生活、宗教生活以及两者之间的关系所可能具有的意义。

2. 奥古斯丁理解问题的思维方式

从奥古斯丁出发我们可以有国家与教会两方面的述说，一方面，从对于国家的观察出发，认为自己是历史的自我认定的国家，不会是基督宗教的国家，而更可能的是集权国家，而福音书中所说的对于这样的国家的服从不仅在公开的事物上，也就是在国家政治上是需要有所限定的，而且在相互关系的秩序

① 就此请参见 H. Fuchs, Der geistige Widerstand gegen Rom in der antiken Welt. 1938. S. 23.

上也是要有所限定的，政治上的合作在相互承担责任和相互为对方投入努力的意义上尽管是可能的，但是并非下车伊始就是被期待的，国家意识形态与基督宗教的限定之间总是有区别的；另一方面，从教会的角度出发来看，不仅国家的衰亡毫无疑问会影响，甚或危及到基督宗教教会自身的命运和存在，在这个意义上，基督宗教也应当承担起他应有的政治责任和历史使命，而且基督宗教也应当有自己的国家理念、国家学说，以阐释基督宗教教会和信众在国家和世俗秩序中的权力与义务。

在这个意义上我们可以说，奥古斯丁的《上帝之城》对于其后以至于我们当今，甚或今后未来的国家学说和基督宗教神学都具有十分重大的理论和实践的指导意义。

对于基督宗教的信徒而言，此间世界的秩序、此间世界的政治秩序并非是无关痛痒的，在一个正义帝国（iustum imperium）或正义国家（iusta res publica）生死攸关的时刻，是允许有一个正义的战争（iustum bellum）来捍卫和维护它的。基督宗教所宣证的天国，并非彼岸世界虚无缥缈的乌托邦，而是此间世界的福音，是临在于时间中的天国，是临在于此间世界的天国，因而此间世界的时间、此间世界的秩序以及此间世界的和平，是基督宗教最为深切关注的重要事情；建立、建设和维护一个正义的政治秩序，建立、建设和维护一个正义的政治体制和政治团体（譬如一个国家等），以保证所有人——无论是否是基督宗教信徒，抑或是其他宗教信徒、甚或并无具体之信仰的人——在此间世界当下此在的现实福祉，不仅是基督宗教所有教义和神学的核心宗旨，而且也是其最重要的伦理美德。

奥古斯丁身处帝国深刻的危机和飘摇动荡之中，他作为罗马大公教会的主教当然首先感恩和祈祷上帝，因为 in hoc seculo——在此时此刻、因为 in hoc seculo cum dolore——在这带有苦难的时刻，上帝是他唯一更可信靠的，上帝赋予他坚忍、正义以及和谐等美德，上帝赋予的美德以及他的祈祷与感恩不仅仅是为了上帝子民此间世界的以及永恒的福祉，而且确然也是为了此间世界一切有尊严的生命、为了地上之国的和谐的共同生活、为了所有人的永恒福祉；在此两个国，并且是两个相互关联的国，都来到奥古斯丁的视野和考量之中，尽管这两个国似乎各自独处，但无论是在时间上、在空间上、抑或在构成成分上却是相互延入的两个国，它们的国民在奥古斯丁时代（甚或后代也都）无法截然分开，在面对外在的劫难时，奥古斯丁并未要求基督宗教教会与信徒从国家的关联中脱身出来，更何况基督宗教已然是当时国家秩序中的主导力量；包括基督信徒在内的所有公民都应当承担起相应的使命、责任和义务。奥古斯丁并未判断国家作为世俗秩序的世俗性，甚或非神圣性——国家原本也不能将自己神圣化、绝对化，否则，在奥古斯丁看来，极有可能就是集权制国家，他甚至也并未直接批评将罗马帝国与魔鬼之城等同起来的行为——尽管这一等同似乎也并非不能证明，恰恰相反，奥古斯丁指出了两座城至少在潜能上的内在的相互延入性以及实际上的勾连交错（特别是在个体灵魂中的纠结杂糅），指出地上之城也能够在基督宗教精神的引领下而最终被纳入上帝永恒之城的秩序中。

即使在古典时代，政治与宗教崇拜也并非被理解为截然不同类型的事物，两者之间似乎有其天然的内在联系；庶几不可否认的是，在君士坦丁大帝之前，甚或在基督宗教诞生之前，国家也有可能是宗教的国家，罗马帝国作为古典国家的代表原本也是有其宗教崇拜的帝国，其中政治的与宗教的事物原本就（曾经）有内在的联系，甚或以罗马皇帝为代表的世俗的秩序、世俗的国家秩序本身就是宗教崇拜的、就是宗教性的和神圣的（罗马皇帝本人就被视为神），而基督宗教诞生之后，特别是诞生之初，尽管世俗的秩序依然还被视为合理的——凯撒的归凯撒，但是毕竟被涤除了神圣性，在人们的意识中经历了一种去神圣化的洗礼——上帝的归上帝，国家品性的非神圣性一时间是罗马帝国自上到下——自皇帝到奴隶——都十分陌生的；当然，基督宗教成为主导的宗教之后，政治与宗教的内在联系再度被视为是不言自明的，国家作为世俗的秩序尽管再度恢复了某种神圣品性——其神圣性在于：世俗的秩序也是上帝所意愿的，但是恢复的绝非是一种绝对神圣性，在基督宗教看来，不仅如此这般的国家没有权力将自己设置为绝对神圣的而对其子民有宗教服从的要求，而且基督宗教自身也不能将自身绝对神圣化，基督宗教的绝对真理诉求在于：它仅仅是发现了真理，甚或绝对真理，并将这真理在此间世界适用化而已。国家与教会的关系在不同历史时期不尽相同、需要根据历史的具体境况而判断，奥古斯丁没有经历现、当代在基督宗教土壤上的俗世，或世俗国家，甚或俗世化、世俗化的国家（这里的俗世、世俗并非消解了诸如财产权、组织权等权力的意义上，而是政治上的非神圣、去神圣意义上的国家），这样的国家作为一种体制秩序尝试与作为神圣秩序象征的基督宗教比肩并立，奥古斯丁所经历的是古典本色的宗教国家，是基督宗教成为主导力量的国家，因而在面临罗马被入侵的情形时，他的《上帝之城》尽管带有护教品性，但是并非仅仅基督宗教早期意义上针对异教（亦即其它宗教以及哲学）的护教学——亦即将自己的思想徐徐吟颂给周边世界和共同世界，而是新的历史情形下针对尽管依然顽强地存在，但是已经十分式微的传统意义上的异教，针对侵袭罗马城的异教的蛮族（西哥特人）以及针对基督宗教自身（亦即基督宗教信徒对于自己信仰的狐疑）的护教学。

就基督宗教信徒自身而言，奥古斯丁批评他们对于上帝信仰的狐疑；尽管他们早已经是基督信徒了，但是他们依然生活在古典的世界观和国家理念中，他们将罗马以至于全部帝国的永恒视为在永恒上帝确保下的永恒，他们在罗马的和平（pax Romana）中享受古老的、古典的安全感、安详感，但是在当下他们必须经历的是，上帝令阳光既照耀善人，也照耀恶人，令雨水既播洒义人，又播洒不义之人；奥古斯丁必须将他们领回到内在的良心和信仰之中，必须使他们相信，在人犯下原初的过犯、犯下所谓的原罪之后，在此间世界就不会再有永恒的和平帝国的兴起了，所有此间世界中的、在时间的过往中兴起和强盛的帝国都将衰亡。

然而，奥古斯丁并没有将此间世界去神圣化的意图，他更多地是希望基督宗教的信徒追求永恒的福祉，而不是仅仅看到一时的苦难；在这个意义上我们可以说，奥古斯丁的历史观是一种历史现实主义，奥古斯丁所希望的不仅仅是人们此岸世界当下此在的现世福祉，而且更是人们灵魂的救赎，他希望的不仅仅是每一个个体的身心的福祉，而且同时也希望帝国、国家作为一个整体的和平与救赎；在奥古斯丁的历史哲学思想中，并没有基督宗教与罗马帝国之间的极端的不可调和性，并没有教会学说的和谐性与国家主张之间的绝对无可通融性，并没有宗教信仰与帝国理念之间的极致的无可修和性，奥古斯丁固然并非一个职业政治家，甚或并非政治家，他写作《上帝之城》的目的并非在于提出某种新的国家理论或国家观念，如同前文所阐释的，他的意图固然不仅在于将异教众人引导向真实的信仰之中，而且还在于使小信德的，甚或胆小的基督信徒消解狐疑，令他们坚定信仰、勇敢承担起十字架，并且在基督信仰的指引下而改善此间世界。

不宁唯是：当此之时，不仅奥古斯丁没有提出全新的国家观，即使反对基督宗教的所谓异教徒们，如同我们随后将要提及的叙马胡斯等，也并未提出革命性的、极端的国家理论，他们甚或并没有要求改进他们当时的国家立法，尽管叙马胡斯等要求人们放弃基督宗教信仰、再度回到罗马异教诸神的崇拜中——尽管这是一种非历史的、非现实的浪漫想象，但是由此也能看出：无论是奥古斯丁，亦或是叙马胡斯，他们在面对帝国生死存亡的危机时刻都并未要求一场革命、一场政治革命，帝国的整个制度——立法机制、政治体制、官僚系统——并非他们在急切之中所要讨论的对象，双方所言说的、所强调的、所要求的更多的是，甚或仅仅是宗教、信仰以及伦理道德方面的更新、改善或改变，尽管他们的政治观点、宗教信仰截然不同，但是他们在此时此刻的相同恰恰是他们思维方式的相同、提出的问题的相同、判断问题的标准的相同，这是他们共同的教养、修养和学养所决定的：moribus antiquis res stat Romana virisque！也就是说：罗马的政治及其美德是凭借古典的伦理而屹立于世的！这是西塞罗在《论国家》（“De re publica”）1，1

中所强调的！属于古典美德的当然首先是虔敬神明而恭敬他人，无论是异教，亦或是基督宗教都主张这一古典德行，所有其它德行，包括在政治领域中被承认的德行，都依赖于这一终极的、自古典以来的人性固有美德；在奥古斯丁，甚或在叙马胡斯看来，人并非依靠自己各种过剩的能力，而是借助上帝（或神明）的圣德而享有美德的存在，以皇帝和官员为代表的基督宗教之前的罗马帝国也强调神明意志的统治，如同维吉尔以朱庇特之口所说的："我既未设置诸多事物的（或译：空间的），亦未设置时间的界限，我给了无边的帝国。"（"His ego nec metas rerum nec tempora pono, imperium sine fine dedi."）[①] 罗马帝国作为世界帝国并非仅仅是罗马人的努力，而首先是神明的意志，这是罗马人的普遍意识；此外，奥古斯丁也引述西塞罗关于理想国家（optima civitas）的定义，[②] 以为了给人们明确指出，恰恰罗马人自己也主张正义是国家立足的基础，国家衰亡不仅仅由于作为其旧有统治基础对正义观的淡漠，而且也因为基督宗教所推崇的真正的正义观尚未在国家政治秩序中得到真正而切实的贯彻实施；而奥古斯丁的话语则极其浅显易懂而又鞭辟入里，至今都令我们深思：

"我们好好地生活，时代就是好的！我们就是时代！我们如何存在，时代就是什么样子的！"

（"Bene vivamus et bona sunt tempora; nos sumus tempora; quales sumus, talia sunt tempora."）[③]

---

① 就此请参见维吉尔，Aeneis. I 275.

② 就此请参见 Augustinus，De Civitate Dei, II, 21.

③ 就此请参见 Augustinus，Epistulae 104, 6; Sermo 80, 8; 25, 4.

奥古斯丁以其末世论思考的深刻性不仅警示着上帝的子民们：每一个人都应当在他的位置上恭敬上帝、遵守他的诫命、遵守教会的训导；而且也告诫统治者：作为一个人应当在虔敬的生活中恭敬上帝，作为一个统治者则应当以公正的律法维护义人、惩戒恶人，以此来服务于上帝；同时也提醒官员：他们应当以建言和行动为国家服务，以令人们相信他们是信仰上帝的;[①]奥古斯丁希望将异教的世界引入到基督宗教的世界秩序中，这个新秩序所强调的正义和虔敬美德也是罗马帝国的国家理念、政治伦理和公民道德所赞同的。

凯撒城的尤西比乌将君士坦丁大帝时代的帝国描述为上帝此间世界普世统治的肖像，[②]而与这一乐观护教学和历史观不同的是，奥古斯丁则希冀以他全新视角的《上帝之城》为基督宗教赢得原本是对手的异教中人；他在《上帝之城》开篇伊始就将两个似乎是相互竞争而的确又是比肩并立的城，或民众团体相提并论，并非仅仅为了提示俗世之城的俗世景象，以凸显上帝之城之真实性、神圣性，而且也为了给尚在罗马帝国内外为了自己终极愿望的满足而游走于各种神明之间的异教中人的皈依指明道路，狂傲与谦卑、天上的耶路撒冷与异教的罗马、耶稣基督与朱庇特以及上帝的启示与诸神的神谕作为两相对照的形象，鲜明地提示着两种截然不同的境况，提示着外在现实的两个城的对比以及内在现实的心灵中的两个城的交锋，这是狂傲和自我权力欲的地上之城与虔敬上帝和追求永恒和平的上帝

① 就此请参见 Augustinus，Epistulae 185, 19; 153, 6; 155, 17.

② 就此请参见J. Straub, Vom Herrscherideal der Spätantike. 1939. S. 116以下。

之城的鲜明对照，这也是人内心中的虔敬与狂傲的真实写照；“Eritis sicut Deis！”（“你们将如同上帝！”）这并非创世之初魔鬼在人耳畔的冷言冷语，与其说这是魔鬼对初人的诱惑，毋宁说是人在内心对自己的窃窃私语，是自我中心的人在内心深处最深层的自恋。

在奥古斯丁看来，任何皇帝都不是上帝，任何帝国都不是天国，只有上帝才是世界的创造者，才是真理、正义等美德的极致，只有天国才是人永恒的故乡，只有上帝的恩宠才是人永恒的爱；在奥古斯丁看来，并不存在神一般的罗姆鲁斯（Romulus），并不存在罗马女神（Dea Roma），并不存在被视为神的皇帝，并不存在此间世界中的永恒之国以及从它而来的永恒福祉和安定，甚或并不存在完全自治的伦理道德，只有耶稣基督才是奠基者和君王，他的君王统治奠定在永恒稳固的王位上，他也给他的子民颁布了诫命和律法，这诫命与律法在于：“Deus superbis resistit, humilibus autem dat gratiam suam.”[①]（“上帝虽崇高在上，却将他的恩宠给了人！”）这是一切律法和德行的初始原则与基础，如果没有上帝的恩宠或他的大爱作为此间世界一切律法和德行的基础，那么异教世俗秩序中的德行、美德也不过是令人汗流浃背的沉重负荷而已；而如果违逆上帝的地上之城将自己此间世界的法律置于上帝恩宠之上的话，如果地上之城将自己绝对神化、绝对神圣化，如果人在内心中将自己绝对神圣化，那么这毫无疑问就是一种僭越。批评地上之城的以及人的这种变态、批评如此这般变态的国家伦理，

① 就此请参见 Augustinus，De Civitate Dei, Praef. Prov. 3, 34.

正是奥古斯丁《上帝之城》写作的出发点之一，而他的批评的旨趣却并非为了诅咒地上之城与僭越之人，而是要赢得他们的皈依和悔改，以使他们能够从狂傲和僭越中解脱出来。

由此，在奥古斯丁看来，如果、一旦、当任何一个异教国家——当然包括罗马帝国——拂逆上帝的意旨、远离上帝时，那么它就衰落，甚或衰亡；而如同人通过领洗圣事而成为上帝团体中，亦即教会团体中的一员一样，一个国家、一个帝国也可以在这个意义上经过几代人的努力而成就为这样的一员，原因在于，就罗马帝国的具体情形而言，res publica est res populi！也就是说：其国家就是民众（公共的事情就是民众的事情！或：政治的事情就是民众的事情！）！换言之："Populus autem est coetus multitudinis rationalis rerum quas diligit concordi communione sociatus."[①]（"而民族是诸多事物的多种理念之下的联盟，这一民族以戮力同心的结合而愉悦这些理念。"）奥古斯丁将这一罗马国家理念融入到基督宗教的国家理念之中，我们在此并不讨论他的设想是否能够实现；但是无论如何，我们可以说，这样的政治团体本质上和宗教的团体是合一的，并且是天上之城的组成部分："Terrena civitas generatione tantummodo, caelestis autem regeneratione opus habet."[②]（"地上之城不过仅仅是世代更迭而已，而天上之城则借助世代更新而享有成功。"）无论这一目标是否能够在此间世界得以实现，至少基督宗教信徒可以朝着这一方向努力！

---

① 就此请参见 Augustinus，De Civitate Dei, XIX 24; XV 8; I 15.

② 就此请参见 Augustinus，De Civitate Dei, XV 16; XV 20.

奥古斯丁认为："国家并非别的什么，而是人们借助各种社会组带而来的共同的维系。"（"civitas, quae nihil aliud est quam hominum multitudo aliquo vinculo societatis conligata."[①]）于是在他看来，人在此间世界的故乡并非与魔鬼之城（civitas diaboli）等同，地上之城也可以是一个 bona terrena，亦即是一个好城、善城，他呼吁罗马人："是时候了！醒来吧！"（"Expergiscere, dies est！"）甚至不要怀疑自己的立法标准，要经受真正虔敬的洗礼（vera pietate purgatur），[②] 以将自身纳入到上帝的恩宠之中、以将罗马帝国的世俗秩序引入基督宗教的世界秩序中，在这个意义上，罗马的古典美德才能不仅不会衰微，而且还能在基督宗教的伦理训导和国家伦理学说中发扬光大。[③]

尽管奥古斯丁生活在与保禄宗徒完全不同的时代和完全不同的历史境况中，但是他也依然面临"凯撒的归凯撒，上帝的归上帝"这一问题；在这一问题的基础上，他所考量的问题是上帝之城在可朽的人组成的不断变化的世界过程中的位置与秩序，保禄宗徒的秩序视角在他的考量中再次得到体现，奥古斯丁也高度评价地上之城的和平，认为这一和平不仅对基督宗教信徒，而且对所有人都是十分重要而有益的，同时也是基督宗教所追求和努力的，他呼吁说："我们要善用巴比伦的和平！"（"Utimur et nos pace Babylonis！"）[④] 当然，要以全部的虔敬和爱而善用之，他借用先知耶肋米亚的话而提示人们：因为在上主的和

① 就此请参见 Augustinus，De Civitate Dei, XV 8.

② 就此请参见 Augustinus，De Civitate Dei, II 29.

③ 就此请参见 Augustinus，De Civitate Dei, XVII - XIX.

④ 就此请参见 Augustinus，De Civitate Dei, XIX 26.

平中才有你们的和平（“Quia in eius est pace pax vestra！”）[1]

奥古斯丁清楚地知道，此间世界的所有帝国都将衰微并且成为过去，但是他依然为之设想，为了此间世界更好的俗世秩序；尽管上帝之城与地上之城在本质上绝对不同，但是奥古斯丁并没有将它们视为水火不容、截然对立的两个城，尽管他甚或指出两座城在基督信徒内心中的交锋，但是他也同时指出，基督信徒不可能同时属于两个矛盾交锋的秩序，他呼吁基督信徒要有责任感，并主动参与到国家命运之中，以使每天的祈祷“愿你的国来临”能够真正实现在心中、实现在此间世界。尽管奥古斯丁是罗马人（civis Romanus），甚或是外省的罗马人，尽管他生活在具体的历史境况中，但是我们不能将奥古斯丁的成就轻易地仅仅限定在他那个时代来加以判断，我们在历史的发展过程中才能越益清楚地看到和理解他的思想的深刻价值。

三　罗马理念的内涵转换与奥古斯丁的历史哲学

1. 异教的罗马理念

就罗马城于410年的陷落而言，现代的人们，甚或现代的历史学家，在回溯这一比较久远的历史事件时，或许由于事件的久远以至于无法与当时的人们感同身受而将罗马的陷落视为微不足道者，他们或许认为，阿拉里西的初衷也许并非是要摧毁罗马城，而仅仅是要震撼罗马这一老大帝国和它的皇帝，以为了攫取他久已贪念的军事首领的称号而已，此外，他当然还

① 就此请参见 Augustinus，De Civitate Dei, XIX 26.

希望抢夺城中丰厚的宝物作为战利品以奖励他的军队；罗马城的陷落并未导致罗马民族的分崩离析，而仅仅是久久持续而又令人不寒而栗的劫后余烬而已；阿拉里西早就销声匿迹了，恐惧的原因早就不在了，但是恐惧比恐惧的原因持续得更久。

而如果我们尊重这一历史事件，并认真考量之，那么我们不能太过从入侵者的意图、从罗马城物质财产的损失以及从直接的、政治的后果来考量，而是要更多地从人的精神所历验的惊恐和损失来判断，从人类精神史的角度来判断，甚至与罗马并不太亲近的哲罗姆（Hieronymus）在他的文字中都记录他面对这一精神损失时的惊愕，他在《厄则克尔先知书研究》第一卷的前言中就写道，世界之光熄灭了，众国之首、众城之都被洗劫一空，整个世界在这个城中毁灭了；在第三卷的前言中他写道，谁能相信集全世界之精华而建起的罗马城陷落了，众民族之母沉入了坟墓。①

罗马不仅仅对于异教的民族，而且对于绝大部分基督信徒而言是永恒统治的象征，换言之，即使是世俗的、作为帝国理念的罗马理念，特别是君士坦丁大帝之后的罗马理念，对于那一时代包括基督宗教信徒在内的人们而言，也是无可替代的象征；②如同前文所引述的，维吉尔在他的名著《埃涅阿斯记》

① 就此请参见 Gestalten der Kirchengeschichte (Hrsg. M. Greschat), Alte Kirche II. Verlag Kohlhammer, Stuttgart Berlin, 2. Auflag 1994. S. 145-165. Berthold Altaner, Patrologie. Leben, Schriften und Lehre der Kirchenväter. Sechste Auflage, Durchgesehen und ergänzt von Alfred Stuiber. Herder Freiburg Basel Wien 1960. S. 354-365.

② 就此请参见 Klaus Thraede, Das antike Rom in Augustins De civitate Dei. Echt und Grenzen eines verjährten Themas. In: Jahrbuch für Antike und Christentum. Jahrgang 20, 1977. Aschendorffsche Verlagsbuchhandlung, Münster Westfalen. S. 90-148. 在此特别是 S. 91，93-94。

（“Aeneis”）中令朱庇特（Jupiter）对罗马人说：“Imperium sine fine dedi.”[①]（“我已经给了你们无边的帝国！”）公元1到4世纪的拉丁和希腊的作家们称颂黄金的，或金子般的罗马是世界之首都、是从不毁灭的永恒之城；4世纪末，异教的历史学家阿米亚努斯·玛瑟里努斯（Ammianus Marcellinus）还称罗马是凯旋之城，只要还有人在这个世界上生存，那么罗马就会越益强大地统治之。[②]

2世纪末到4世纪的基督宗教的作家们也同样这样认为；在拿步高（尼布甲尼撒）的梦中[③]和达尼尔（但以理）的神视中，[④]人们看到由四大帝国前后相续构成的世界史的象征，其中最后一个就是罗马帝国，这一帝国的毁灭意味着全世界的毁灭，[⑤]在这个意义上，许多基督徒将罗马的陷落视为世界末日的来临，在这个意义上，我们也能更好地理解哲罗姆当时的感受。

奥古斯丁既不认同异教对于罗马的评价，亦不认可基督信徒对于罗马陷落的末世论的阐释；[⑥]不过他也仅仅是在关涉到对

---

① 就此请参见 Aeneis I 255 ff.; 278-279; VI 798; J. Hubaux, Les Grands Mythes de Rome. Paris 1945; Fr. Klinger, Römische Geisterswelt. Leipzig 1943. S. 440-445; Hubertus Prinz zu Löwenstein, Rom: Reich ohne Ende. Propyläen Verlag, Frankfurt am Main, Berlin, Wien 1979. S. 314-315.

② 就此请参见 Histor. XIV 6, 3.

③ 就此请参见 Dan. 2, 31f.

④ 就此请参见 Dan. 7, 1f.

⑤ 就此请参见 Irenaeius von Lyon, Adv. haer. V. 26, 1; Tertullian, De resurr. Carnis c. 24, Apologeticum XXXII I; Lactantius, De div. inst. VII 25, 6-8; Sulpicius Severus, Chronicorum II 3; Cyrill von Jerusalem, Catech. XV 12-17.

⑥ 就此请参见 Augustinus，Sermo 105, 9-10，其中反驳维吉尔的观点；De Civitate Dei，XVIII 53，反驳每一种世界末日说；Sermo 105, 9-12，奥古斯丁期待并祈祷罗马城的坚不可摧。

罗马城陷落的阐释时才有兴趣反驳诸如此类的永恒之城的论点；当罗马被阿拉里西统帅的哥特蛮族大军围困，并被入侵时，尽管入侵以及劫掠暴行最终落败，但是崇拜众多谬神的人毕竟（至少曾经）蜂拥而至，并且带给基督宗教以挫败，他们甚至开始比以往任何时候都更加激烈和疯狂地亵渎真实的上帝，不仅面临这样的现实，而且出于对上帝殿堂的挚爱，奥古斯丁决定写作多卷本《上帝之城》，以反对异教的蛮族和罗马多神论的信仰者们对于基督宗教信仰的亵渎和攻击，以警示基督宗教内部在信仰上的悲观论和怀疑论等[①]。

2. 基督宗教的罗马理念

异教徒与基督信徒之间的论辩从未休止过；当胜利女神像在罗马共和国时期置于元老院内廷时，关于这件事的著名的矛盾冲突使得异教徒和基督信徒之间一直存在的论辩达到高峰。君士坦丁曾将这尊神像移走，而尤利亚努斯·阿颇斯塔塔（Julianus Apostata）又令人重新摆放在原地。在 382 年前后，女神像又被重新移走，但是罗马城的首脑、元老院异教反对派领袖叙马胡斯（Symachus）给皇帝呈上一道请求书，请求保留女神的祭台，他陈述说，古老的众神赞襄了罗马，使之兴盛起来，我们亏欠他们感恩之心，[②]他以罗马城的口气向皇帝说："尊贵的领主们！祖国之父们！看顾好我的祭坛，虔诚的礼俗在那里为我举行！为我保留祖先们就已经习惯于给我的礼

① 就此请参见 Augustinus, Retractationes, II 68,1。

② 就此请参见 Relatio Symmachi 3; 8.

仪，因为我并不懊恼于此；让我按照我的方式生存，因为我是自由的！全世界都依照这一祭献礼而服从我的法律，这些神圣的礼仪将汉尼拔拒之于我的墙垣之外，将高卢人赶下卡佩图山（Capitus）！”[①]叙马胡斯甚至恐吓信仰基督宗教的皇帝，不要欺侮众神、不要惹动众神之怒，并且预言，否则在将来会受到严厉惩罚。[②]

叙马胡斯的前提是，罗马民族与神明的关系建立在“do ut des”的基础上，也就是“我给予［你］，以为了你给予［我］”。安波修斯（Ambrosius）反驳他说，基督宗教的罗马代表着真实的意义，并且有自己的将来，而多神论则是魔鬼崇拜，迫害基督徒就是犯罪。安波修斯也将罗马人格化，他令罗马直接表述说：“我并不感到羞愧，以我全部的祭坛皈依［基督宗教］；因为朝闻道夕死可矣！（因为再老而去学习都不算晚！）而不能更新自己的老者才应当感到羞愧！”[③]安波修斯针对叙马胡斯的恐吓回答说，为什么我们要倒退回异教的风俗中？随着时代的变化不是一切都变得更好吗？[④]安波修斯在基督宗教真实的信仰中看到了国家进步与民族意义的保障；他将皇帝瓦伦（Valen）378 年在阿德里安城（Adrianopel）战役的失败归结为他的阿里乌斯异端的信仰，而预许了皇帝格拉田（Gratian）针对哥特人战役的胜利，以为他是罗马公教信徒，[⑤]在吊唁皇帝特奥多修斯

---

① 就此请参见 Relatio Symmachi 1. c. 9.

② 就此请参见 Relatio Symmachi 1. c. 4.

③ 就此请参见安波修斯，Epistula XVIII 7.

④ 就此请参见 Relatio Symmachi 1. C. 23.

⑤ 就此请参见安波修斯，De fide II 10.

（Theodosius）的悼词中他说，在阿奎莱雅（Aquileja）决定性的战役中，皇帝战胜尤根尼斯（Eugenius），原因在于："特奥多修斯的信仰就是你们当时的胜利！"[①]

我们在此庶几可以说，尽管罗马元老院的异教反对派在罗马城首脑叙马胡斯领导下并未停止为重新安置异教女神雕像而四处活动，但是至公元384年止，关于胜利女神像的争论终于在安波修斯的意义上终结了，[②]罗马帝国异教的政治领袖们终于放弃了神圣祭献的权利。[③]

一言以蔽之，在奥古斯丁《上帝之城》的写作旨趣上，这一争议的意义在于：一方面，这一争议不仅仅早已成为异教的罗马为自己的存在而抗争的象征，而且另一方面，它也是带有希腊-罗马品性的基督宗教在自身发展过程中的一个重要里程碑；并且最终一个方面，它更是基督宗教与异教的罗马双方在

① 就此请参见安波修斯，De fide II. 8. Berthold Altaner, Patrologie. Leben, Schriften und Lehre der Kirchenväter. Sechste Auflage, Durchgesehen und ergänzt von Alfred Stuiber. Herder Freiburg Basel Wien 1960. S. 339-351，特别是 S. 340-341. 关于安波修斯与特奥多修斯请参见 Gestalten der Kirchengeschichte (Hrsg. M. Greschat), Alte Kirche II. Verlag Kohlhammer, Stuttgart Berlin, 2. Auflag 1994. S. 75-86, 101-124；关于他们的关系请参见 Markus Sehlmeyer, Die Antike. Orientierung Geschichte. Verlag Ferdinand Schöningh GmbH & Co. KG. Paderborn 2009. S. 204. 关于特奥多修斯亦请参见 Hubertus Prinz zu Löwenstein, Rom: Reich ohne Ende. Propyläen Verlag, Frankfurt am Main, Berlin, Wien 1979. S. 290.

② 关于胜利女神像争议的原委，除了前文所引述的参考文献外，亦请参见 Markus Sehlmeyer, Die Antike. Orientierung Geschichte. Verlag Ferdinand Schöningh GmbH & Co. KG. Paderborn 2009. S. 202.

③ 就此请参见 Klaus Thraede, Das antike Rom in Augustins De civitate Dei. Echt und Grenzen eines verjährten Themas. In: Jahrbuch für Antike und Christentum. Jahrgang 20, 1977. Aschendorffsche Verlagsbuchhandlung, Münster Westfalen. S. 90-148. 在此特别是 S. 96。

各自的文化、政治以及宗教等身份认同上的努力以及与对方的抗争。从此，罗马的异教徒们只能眼睁睁看着大批民众皈依基督宗教，并且以痛苦和沉默蔑视，或敌视这样的皈依；现在，异教的罗马以其荣耀的历史仅仅属于基督宗教的信徒了，异教的罗马将宗教理解为与众神明的权力关系，并且这一关系奠定在神权（ius divinum）[①]的基础上，罗马帝国的统一并非在于信仰的统一，而是在于对宗教理解的统一，亦即人有权利建立与众神明的关系，现在，这样的理解被赋予了基督宗教的内涵。

信仰基督宗教的诗人浦路登丘斯（Aurelius Prudentius）在403年创作一部长诗“驳叙马胡斯”（Contra Symmachum）以呼应这一情形，他被称为基督宗教的罗马（Roma christiana）的歌唱家，他将维吉尔的罗马理念置换为以基督门徒和殉道者为基础的基督宗教的罗马形象，罗马的和平（Pax Romana）就是基督宗教的和平（Pax christiana）的陪伴者，为此，在他的理解中，当皇帝奥古斯都实现普遍和平时，基督就降临到这个世界中，前者是为了陪伴后者、为后者做准备；君士坦丁大帝奠定了永恒的基督宗教的罗马帝国，[②]对此，浦路登丘斯以维吉尔借朱庇特之口说话的方式、并且也以类似的话语描述说，君士坦丁大帝“创立了传之万世、辽阔无边的罗马帝国，他奠定了无上的皇帝权力，使得罗马的劲力不再如同一位老者，而罗马所获得的所有荣耀也

① 就此请参见 Klaus Thraede, Das antike Rom in Augustins De civitate Dei. Echt und Grenzen eines verjährten Themas. In: Jahrbuch für Antike und Christentum. Jahrgang 20, 1977. Aschendorffsche Verlagsbuchhandlung, Münster Westfalen. S. 90-148. 在此特别是 S. 96。

② 就此请参见 Karen Piepenbrink, Konstantin der Große und seine Zeit. Wissenschaftliche Buchgesellschaft, Darmstadt 2002. S. 74-115.

绝不会垂然老去。”（“Denique nec metas statuit ‘nec tempora ponit, imperium sine fine’ docet, ne Romula virtus iam sit anus, norit ne gloria parta senectam.”[①]）对于浦路登丘斯而言，皇帝特奥多修斯是将罗马从魔鬼的异教手中解脱出来的解放者，他令罗马向着天堂般的国度成长，并使得维吉尔所预料的“Imperium sine fide dedi”（“我已经给了你们无边的帝国！”）成为了现实；[②] 浦路登丘斯以拟人化的手法令罗马不乏骄傲地回答叙马胡斯说：“谁要用对以往的失败的回忆来困扰我的话，那么他的确应当看看，现在基督宗教没有给我带来任何这类恶心事，没有任何野蛮的敌人突入我的墙垣，没有任何外来的入侵者破城而入以掠走我那年轻的子民而将之投入囹圄。”（“Qui mihi praeteritam cladem veteresque Dolores inculcant iterum, vidant me tempore vestro iam nil tale pati. Nullus mea barbarus hostis cuspide claustra quatit, non armis veste comisque ignotus capta passim vagus errat in urbe.”）[③]

“驳叙马胡斯”这首诗作于 403 年，而 5 年之后哥特人的确首次围困罗马城，为了解围，罗马必须签订城下之盟，以大量金钱换取敌方的撤兵。索西姆斯（Zosimus）讲述说，元首庞培（Pompejus）请求教宗英诺森一世（Innozenz I）允许向异教

① 就此请参见 Prudentius, Contra Symmachum. Lateinisch-Deutsch. Brepols Publischers, Turnhout 2008. I 541-543. 在此，中文译文是相对自由的译文。

② 就此请参见 Hubertus Prinz zu Löwenstein, Rom: Reich ohne Ende. Propyläen Verlag, Frankfurt am Main, Berlin, Wien 1979. S. 314-315. Klaus Thraede, Das antike Rom in Augustins De civitate Dei. Echt und Grenzen eines verjährten Themas. In: Jahrbuch für Antike und Christentum. Jahrgang 20, 1977. Aschendorffsche Verlagsbuchhandlung, Münster Westfalen. S. 90-148. 在此特别是 S. 98。

③ 就此请参见 Prudentius, Contra Symmachum. II 690-695.

诸神祭献，以获得众神的帮助，这也是由于一个谣言不胫而走，说众神借助一个奇迹从哥特人手中拯救了托斯卡纳的纳尔尼（Narni）。教宗回答说，元首尽可以放心去为众神献祭，以为了安抚民众惶惶之心。而遵循古老的礼仪，祭献必须在卡佩图山上或罗马市场（forum Romanum）公开举行，这样才能有实效，所以庞培并没有真正敢去献祭。[①]这件逸闻趣事比起许多记载的实事更能透析出罗马城近乎于全部基督宗教化的真实气氛。

然而！410年，罗马真的陷落了！外来的入侵者在罗马街头耀武扬威、趾高气扬，并且掠走一切落入其手中的东西。此时，被浦路登丘斯以毫无理由的乐观主义所驳斥的叙马胡斯的观点，难道不应当被认真想一想吗？浦路登丘斯曾断言，罗马直到时间的终结都不会被占领，而仅仅才过了七年时间罗马就被入侵、被劫掠。异教徒说：“恰恰在基督宗教的时代世界被毁灭了，火焰烧向罗马，刀剑挥向罗马……只要我们还能够为诸神献祭，罗马就能巍然屹立、欣欣向荣。而现在，你们的祭献随处可见、带给你们的上帝，现在，给我们的众神的祭献不再被允许，你们看，罗马发生了什么！”[②]基督信徒们也十分困惑，并被震撼；浦路登丘斯将基督宗教的罗马颂扬到天上：在天堂元老院的伯多禄与保禄宗徒是罗马的守护者，天堂的老楞佐是罗马的执政

① 就此请参见 Zosimus, Histroria nova. Histoire nouvelle, 3 Bde. (Herausgegeben und übersetzt von F. Paschoud. Paris 1971. 1979. 1986. 1989) V. 40. Klaus Thraede, Das antike Rom in Augustins De civitate Dei. Echt und Grenzen eines verjährten Themas. In: Jahrbuch für Antike und Christentum. Jahrgang 20, 1977. Aschendorffsche Verlagsbuchhandlung, Münster Westfalen. S. 90-148. 在此特别是 S. 92。索西姆斯本人是异教徒，并且认为，罗马世界性帝国的分崩离析是基督宗教的过错，他的描述仅仅是一面之词，并不令人信服。

② 就此请参见 Augustinus, Sermo, 296, 7.

官，他们的圣髑作为胜利和平的信物安息在地上的罗马城；现在，基督信徒们提问说：“人们说，伯多禄的圣髑安息在罗马，保禄的圣髑也安息在那里，老楞佐和众多殉道者的圣髑都在那里，而罗马却陷入厄运，罗马被毁灭，到处都是劫掠、杀戮与纵火，死亡借助饥饿、瘟疫和刀剑到处造访。纪念门徒们的场所现在又在哪儿呢？”①

当此之时，呈现而出的是，许多人主要是为了此间世界的兴趣而皈依了基督宗教，他们主要关注外在的利益和物质的赢得，而一路高歌凯旋的基督宗教能够为他们带来这些。他们情愿接受宫廷主教凯撒城的尤西比乌和诗人浦路登丘斯的乐观主义的未来预许；而他们建立在这样基础上的认信被罗马的陷落所强烈震撼，甚或所动摇，奥古斯丁严厉批判了这样的机会主义、投机主义，②他甚或要面临两线作战的问题，也就是一方面反驳异教的观点，另一方面要批评一些信徒的观点，③他既不赞同宫廷主教尤西比乌的天真乐观主义，也不以叙马胡斯的悲观主义判断基督宗教的将来，他严肃看待当时的精神状况，他承认当时的危机，承认罗马的陷落给同时代的人（既包括异教徒，也包括基督宗教信徒）所带来的不安和思考，他看到回应这些焦点问题的迫切性，这些问题不仅与人们的历史观密切关联、不

① 就此请参见 Augustinus, Sermo, 296, 6; 此外亦请参见 F. van der Meer, Augustinus der Seelsorger. Köln 1953. S. 47-54.

② 就此请参见 Augustinus, Sermo, 105, 13.

③ 就此请参见 Klaus Thraede, Das antike Rom in Augustins De civitate Dei. Echt und Grenzen eines verjährten Themas. In: Jahrbuch für Antike und Christentum. Jahrgang 20, 1977. Aschendorffsche Verlagsbuchhandlung, Münster Westfalen. S. 90-148. 在此特别是 S. 99。

仅具有理论意义，而且并非没有实际意义。在非洲，不断出现异教徒与基督信徒之间的冲突，在世界的其它地方，尽管异教徒不能公开讲论，而只能私下传布他们的闲言碎语，但是却等待着一个大的转变。奥古斯丁也知道一个普遍流传的谣言，亦即基督宗教持续存在 365 年之后就要衰落，然后旧有的众神将开始复仇。[①] 情况十分危急，基督宗教大公教会的伦理威望，甚或现实的存在受到威胁；而且异教训练有素的阶层还依然存在，如果他们狂热地鼓动民众骚乱，则前文提及的格拉田和特奥多修斯皇帝所担心的最恶劣的局面将会出现。

奥古斯丁首先几乎在每一布道和书信中一一回应这些问题，直到他在朋友马瑟里努斯（Flavius Marcellinus）激发下认识到一个基本的、包罗广泛的基督宗教护教学的迫切性、必然性，[②] 于是他在 413 至 426 年写下了他的鸿篇巨制《上帝之城》，[③] 他自己在前言中称这部著作为“magnum opus et arduum”，也就是“伟大而艰难的著作”（或译为“伟大而尖锐的著作”），[④] 甚或称之为“ingens opus”，也就是“天才的著作”，[⑤] 而其书名《上帝之城》也并非凭空杜撰，而是在《圣经·圣咏》（86，

① 就此请参见 Augustinus，De Civitate Dei, XVIII 53.

② 就此请参见 Klaus Thraede, Das antike Rom in Augustins De Civitate Dei. Echt und Grenzen eines verjährten Themas. In: Jahrbuch für Antike und Christentum. Jahrgang 20, 1977. Aschendorffsche Verlagsbuchhandlung, Münster Westfalen. S. 90-148. 在此特别是 S. 108。

③ 关于《上帝之城》的成书过程及时间，请参见 Klaus Thraede, Das antike Rom in Augustins De Civitate Dei. Echt und Grenzen eines verjährten Themas. In: Jahrbuch für Antike und Christentum. Jahrgang 20, 1977. Aschendorffsche Verlagsbuchhandlung, Münster Westfalen. S. 90-148. 在此特别是 S. 109。

④ 就此请参见 Augustinus，De Civitate Dei, Praefatio, 1.

⑤ 就此请参见 Augustinus，De Civitate Dei, XXII 30.

3）中有其来源的。① 在这个意义上我们甚至可以说，这是正在死亡着的异教的墓志铭，是正在崭露头角的基督宗教时代的纲领性著作，是基督宗教真理的丰富而强有力的论证；它并非诞生于学院式的闲暇中，而是诞生于危机的压力之下，其意图在于，有效地劝解疑虑者、赢得反对者，并为基督宗教奠定稳固的未来。前十卷以护教的方式批驳异教，后十二卷不仅描述信仰与非信仰之争，并将其视为世界史原本就有的主题，而且阐释信仰内在的优势、优异及其最终的胜利。

历史哲学甚或历史神学在此并非自身的目的，而仅仅是达到护教学完整基础的工具，仅仅是阐释基督宗教普世真理的论证而已。② 毫无疑问，“上帝之城”作为一个概念，甚或一个理论，关涉基督宗教护教学，关涉启示宗教的护教学，并且关涉启示自身全部可历验的过程，因为启示已经在时间中发生，并且必定在时间中展开、在时间中运作而生效，所以启示与历史必定密切关联，而且上帝之国最终还未完全达到其目的，以至于奥古斯丁不仅要考量过往，而且还要在其精神的观想和思考中联系起将来。③

---

① 就此请参见 Klaus Thraede, Das antike Rom in Augustins De Civitate Dei. Echt und Grenzen eines verjährten Themas. In: Jahrbuch für Antike und Christentum. Jahrgang 20, 1977. Aschendorffsche Verlagsbuchhandlung, Münster Westfalen. S. 90-148. 在此特别是 S. 113。

② 就此请参见 H. Scholz, Glaube und Unglaube in der Weltgeschichte. Leipzig 1911, S. IV. Berthold Altaner, Patrologie. Leben, Schriften und Lehre der Kirchenväter. Sechste Auflage, Durchgesehen und ergänzt von Alfred Stuiber. Herder Freiburg Basel Wien 1960. S. 374-413, 特别是 411-412.

③ 就此请参见 Paul Simon, Aurelius Augustinus. Paderborn 1953. S. 152-170，特别是 152；亦请参见 Mircea Eliade, Der Mythos der ewigen Wiederkehr. Düsseldorf 1953. S. 199-200, 229-233.

3. 奥古斯丁历史哲学的核心旨趣

欧罗思尤斯（Paulus Orosius）是奥古斯丁的学生，[①] 与其老师不同的是，他推崇君士坦丁时代的乐观护教学，而奥古斯丁则未免将基督宗教的时代视为世界的年迈时代。奥古斯丁十分清楚基督宗教对于历史的阐释的重要性，十分清楚这一阐释对于急需的护教问题的意义，他将此事委托给了他的学生欧罗思尤斯。这位学生写了七卷本的 Historiarum adversus paganos libri[②]（《历史书反异教诸观点》），但是他未免天真的乐观主义，把所有的阳光都照耀在当下，他回忆说，人们一直都在尝试将过往的时间（将过往的历史）理想化，而贬低当下。他不乏幽默地讲了一个例子，一个人夜里被虫子叮咬了一下，这使他回忆起以往由于重病而造成的许多不眠之夜，固然他早已战胜了那疾病，而蚊虫叮咬造成的困扰本身对于他而言似乎更严重于那曾经的重病以及那些不眠之夜的痛苦。[③] 欧罗思尤斯提醒读者，要男人一样承担当下轻微的病痛，并且好好想一想，在以往所有时间中所必须忍受的那么

---

① 就此请参见 Bilmeyer-Tüchler, Kirchengeschichte. Verlag Ferdinand Schöningh Paderborn. 16 Auflage, 1958. Band I, S. 22, 77, 292-293, 425. Berthold Altaner, Patrologie. Leben, Schriften und Lehre der Kirchenväter. Sechste Auflage, Durchgesehen und ergänzt von Alfred Stuiber. Herder Freiburg Basel Wien 1960. S. 413-415.

② 就此请参见 Theologische Realenzyklpädie. Herausgegeben von Gerhard Müller. Studienaugsgabe Walter de Gruyter Berlin New York 1995. Teil II, Band 25, S. 421-423.

③ 就此请参见 Paulus Orosius, Historiarum adversus paganos libri. VII, lib. IV, praefatio. Rec et commentario critico instruxit Carolus Zangemeister 1882 (CSEL 5). Janet M. Bately, David J. A. Ross, A Check List of Manuscripts of Orosius, Hisoriarum adversus paganos libri VII. Scr. 15. 1961. S. 329-334. Eugenio Corsini, Introduyione alle ‚Stroie’ di Orosio. Torino 1968. Fabrizio Fabbrini, Paolo Orosio----uno storico. Rom 1979. Yves Janier, La Géographie d’Orose. Paris 1982.

多更巨大的苦难。人们只要想一想希腊人在伯罗奔尼撒战争中所经受的灾难，那么我们今天所承受的微乎其微，并未搅扰我们的享受，并未阻碍我们的喜乐。那时与现在的区别在于，那时的人们以同样的勇气和同样勇敢的心承受无法承受的苦难，因为那时的人在其中出生、在其中成长，并未经历过更好的状态，而今天的人们慢慢地已经开始习惯于享受他们明媚的闲暇和舒适，当如此微小轻盈的云朵从忧愁的乌云中袭来时，他们就坐立不宁、躁动不安。他们祈求上帝摧毁这造成动荡的云朵，无论它们有多么轻盈；而他们应当感恩上帝，为这其它所有时代都未曾有过而无法想象的持续的和平。[①]

在罗马陷落、意大利被哥特人夷为平地六年之后，欧罗思尤斯竟然敢于写下如此之文字，这是什么时刻？这正是日耳曼人突破莱茵河与多瑙河之间的里梅斯防线（Limes）[②]、向着高

① 就此请参见 Paulus Orosius, Historiarum adversus paganos libri. I 21, 28. Hans-Werner Goetz, Die Geschichte und Theologie des Orosius. Darmstadt 1980. Harald Hagendahl, Orosius und Justinus. Göteborg 1941. Dorothea Koch-Peters, Ansichten des Orosius zur Geschichte seiner Zeit. Frankfurt Bern 1984. Benoit Lacroix, Orose et ses idées. Paris 1965. Adolf Lippold, Rom und die Barbaren inder Beurteilung des Orosius. Dissertationsarbeit, Erlang 1952. Antonio Marchetta, Orosio et Ataulfo nell' ideologia dei rapporti Romano-Barbarici. Rom 1987. Paul A. Onica, Orosius. Diss. University of Toronto 1987. Kurt A. Schöndorf, Die Geschichte und Theologie des Orosius. Dissertationsarbeit, München 1952. Josef Svennung, Orosiana. Syntaktische, semasiologische und kritische Studien zu Orosius. Uppsala 1922.

② 里梅斯防线起于莱茵河畔的波恩（Bonn）南部，沿陶努斯（Taunus）而终结于美因河畔布格士达特（Bürgstadt）旁的威特劳（Wetterrau），由此向南穿过符登堡（Württemberg），再向东穿过巴伐利亚（Bayern），并终结于雷根斯堡（Regensburg），全长 548 公里；就此请参见 Hubertus Prinz zu Löwenstein, Rom: Reich ohne Ende. Propyläen Verlag, Frankfurt am Main, Berlin, Wien 1979. S. 254, 261, 291.

卢境内蜂拥而至的时刻！这是什么时刻？这正是日耳曼人突破帝国边界所有堤坝、所有堤防而向着帝国的核心斩杀过来的时刻！当此之时，人们还能有这种幻想和天真的乐观主义吗？本质上，这并非天真的幻想和乐观主义，而是当时思想的倾向、当时精神的导向：欧罗思尤斯意图在于捍卫基督宗教的时代，并且借着贬低前基督宗教的时代而捍卫当下的时代！而他的错误恰恰在于，只看到敌对一方的黑暗，只看到己方的光明，而由此来进行比较；这一直到今天都还流行的方法，为某种方式的护教学带来如此这般巨大的影响，以至于一个必然的任务在于：要为护教学的护教品性作辩护！

奥古斯丁自己曾经亲自要求欧罗思尤斯，好好研究以往时代的战争、劫掠、饥荒以及其它苦难（其它恶！），如同欧罗思尤斯自己在其著作扉页上为奥古斯丁的献词中所说的。奥古斯丁，这位希波城的主教，有一种护教的意图，这一意图在他关于罗马城陷落的布道中就已经彰显无遗了：罗马并非由于阿拉里西的入侵才首次被焚毁，而是历经高卢人入侵第一次、尼禄第二次所焚毁；奥古斯丁批驳对于罗马过去的异教历史的理想化，他批驳一种肤浅的企图，亦即将世界所有的恶、所有的灾难都归咎于基督宗教及其时代。[①] 而欧罗思尤斯却走的更远，他的阐释似乎表明，人类历史恰恰还从未有过如同当今时代的和平、舒适、自由与安全。[②]

尽管欧罗思尤斯的天真乐观主义，也许恰恰由于这一点，

---

① 就此请参见 Augustinus, Sermo, 296, 7-8; De Civitate Dei，II, 1; II, 18; II, 22; 在 I, 4 中奥古斯丁简略谈及欧罗思尤斯的主题。

② 就此请参见欧罗思尤斯，Historiarum adversus paganos libri. III 2; V 2.

使他不仅在他那个时代，而且直到中世纪晚期都甚嚣尘上。彼得拉克（Petrarca）批评说，欧罗思尤斯是世界上所有恶的恰当而正确的“共同游戏者”（Compilator）。①

奥古斯丁在其学生的著作中获得的肯定并非纯粹的喜悦，因为他的思考是彻底贴近现实的；尽管他以其全部身心希望一个持久的罗马，但他并不相信一个永恒的罗马，并且也严肃地预断出罗马帝国最终分崩离析的可能性，否则他就不会写作《上帝之城》这样一部鸿篇巨制了。他从未贬低，甚或从未消减罗马过往历史的伟大和意义，他将共和时代视为黄金时代的罗马，他甚或抱怨罗马后期伦理与美德的沦丧，他张大眼睛看到当下的缺憾，他将这种缺憾视为恶劣的世界、恶的时日。②欧罗思尤斯曾努力将当下此时描述为有史以来人所知道的最佳的世界，以弱化野蛮人的入侵，并且建议与之合作，这是他著作中唯一关于未来的设想，并且很快被其后的马尔赛的萨尔维安（Salvianus Marseille，约 400－约 480）所发展。③

奥古斯丁并非如同欧罗思尤斯一样以幻觉安抚自己，似乎一切还会好起来，他犀利的目光看得太过清晰：并非外来入侵者，而是罗马民族内部的褪变（degeneratio）才是罗马帝国遭遇不幸的真正原因！他说：“我在这里还没有处理外在的、更多地是给肉身而非灵魂带来的灾异，如同敌人或者其它什么厄

① 就此请参见 Petrarca, Familiares XV 9-10. Theologische Realenzyklpädie. Herausgegeben von Gerhard Müller. Studienausgsgabe Walter de Gruyter Berlin New York 1995. Teil II, Band 25, S. 255-260.

② 就此请参见 Augustinus，De Civitate Dei，XVIII 49.

③ 就此请参见 Lexikon für Theologie und Kirche. Herder, Freiburg Basel Wien 2006. Band 8, S. 1499-1500.

运所带来的一样；我更多地是在探讨伦理的沦丧，它以某种慢慢的变化开始，然后如同瀑布下落一样一泻千尺，以至于这个国家成为废墟，精神的领袖毫无思想、束手无策，只能将它视为失败，尽管房屋与墙垣还未有任何裂痕残缺。”（“Verum de his adventiciis et corporis potius quam animi malis, quae vel ab hostibus vel alia clade accident, nondum interim disputo: nunc ago de labe morum, quibus primum paulatim decoloratis modo praecipitatis tanta quamvis integris tectis moenibusque facta est ruina rei publicae, ut magni auctores eorum eam tunc amissam non dubitent dicere.”）[①]

奥古斯丁的旨趣并非在于要写一部君士坦丁大帝时代光荣凯旋式的护教著作，而是首先要在其时间意义域中写一部基督宗教和教会的护教学，其意义并非是从罗马帝国及其文化的拯救来理解，而是从整个末世论和本体论的意义上而来的护教学；教会的存在、其任务与目的，如同她的教义与救赎的工具，从来都是不依赖于罗马人的政治秩序的，从来都是不依赖于希腊人的文化成就的，尽管奥古斯丁不仅尊重并且崇敬这两者，而且还为它们的保留和传承尽了最大的努力。

欧罗思尤斯曾力图写作历史，而奥古斯丁则不仅如此，他的《上帝之城》的另一个重要意图还在于要写作历史哲学和历史神学。如果他要反驳异教对于罗马陷落这一事件的释义的话，那么他必须要给出，甚或首先要给出基督宗教对于历史的释义；

① 就此请参见 Augustinus，De Civitate Dei，II 22; 以及 I 30-32; I 33. 亦请参见 F. van Meer, Augustinus der Seelsorger. Köln 1953. S. 64-94.

他并不赞同近视眼的末世论主义，这一理论由于似乎近在眼前的世界的终结而轻视每一种历史的观察，他对核算世界终结的时间、对于千禧年主义毫无兴趣，他也清楚地看到，如果人们将尤西比乌的基督宗教进步论信仰视为仅仅是物质的进步、物质生活舒适性的增长，那将是多么的危险。太多的基督信徒习惯于认为，基督宗教的认信会为他们带来各种益处，并且将基督宗教视为尘世舒适生活的一种保障类型。而现在，在罗马沦陷之后，人们所听到的却是：现在的世界比以往任何时候都更糟糕，在基督宗教的时代，厄运降临！异教徒甚至还质问：难道随着基督的降临我们的状况不是比以前更差了吗？你们曾经的命运不是比现在更好吗？异教的祖先们不是为"永恒的罗马"和"黄金的时代"做了担保了吗？[①]

"永恒罗马"的神话在奥古斯丁时代才出现，并且是通过维吉尔对历史的阐释；[②]之前，罗马民族在所有历史的危机中都以两个世界初创神话来激励自己和恫吓他人，其中一个是罗马建城者罗姆鲁斯（Romulus）在其神视中所看到的十二只雄鹰，这似乎意味着罗马城有一个有限的历史；[③]而另一个则与古老的东西方神话中的世界年相关，这是永恒的回归年，总是开始于一个新的回归，并且总是以新的创造和黄金时代为开端，并且总是以黑铁时代和被火的毁灭为终结。当凯撒越过卢比柯

① 就此请参见 Augustinus，Enarratio in Ps. 136, 9; Sermo 296, 9; De Civitate Dei，III 30.

② 就此请参见 Hubertus Prinz zu Löwenstein, Rom: Reich ohne Ende. Propyläen Verlag, Frankfurt am Main, Berlin, Wien 1979. S. 216-217.

③ 就此请参见 Markus Sehlmeyer, Die Antike. Orientierung Geschichte. Ferdinand Schöningh, Paderborn 2009. S. 115.

河（Rubico）的时候，[①] 费古鲁斯（Nigidius Figulus）就推测了世界最后一个时代的到来，这包括罗马的毁灭，但是尽管如此，他依然希望，这一毁灭应当是可避免的，即使没有宇宙的、历史的灾难，世界的更新也是可能的。

维吉尔在皇帝奥古斯都身上看到这一希望的圆满实现；在血腥的内战结束时，奥古斯都引入了所谓的永久和平（“Pax aeterna”），他实现了从黑铁时代到黄金时代的过渡，[②] 而且毫无循环论所说的世界的毁灭，维吉尔在其《田园诗》（Georgica）的第四篇“牧歌”中说：

> 按照希比勒（Sibylle）的话语，
> 世界的时代最终上升了，
> 并且重新开始一个
> 强大周行的一百年。
> 神性的贞女返回
> 到黄金的时代。
> 从高耸的奥林匹克山，
> 为我们诞生一个新的世系。
> 这婴儿的诞生最终结束了黑铁时代，
> 而黄金时代挣脱而出来到世上，

① 就此请参见 Gaius Iulius Caesar, De bello Gallico. Lateinisch-Deutsch. Übersetzt und herausgegeben von Marieluise Deißmann. Philipp Reclam jun. GmbH & Co., Stuttgart 2012. S. 636. Hubertus Prinz zu Löwenstein, Rom: Reich ohne Ende. Propyläen Verlag, Frankfurt am Main, Berlin, Wien 1979. S. 175.

② 就此请参见 Hubertus Prinz zu Löwenstein, Rom: Reich ohne Ende. Propyläen Verlag, Frankfurt am Main, Berlin, Wien 1979. S. 216, 259.

纯洁的戴安娜（Diana）躬身施礼：
你的兄弟阿波罗开始统治了！[①]

维吉尔《田园诗》中的这第四篇“牧歌”也被称为“默西亚之歌”，其中不仅充满着对于救赎与和平的期待，不仅强烈提示着这两者之间的内在联系，而且预示着一个时代的转折点，甚或不仅被诠释为罗马异教信仰中所隐含的道成肉身的深刻涵义，而且被理解为异教的诗人对于耶稣基督降生的预言。[②]

当皇帝奥古斯都在阿克齐乌姆（Aktium）战役之后似乎的确带来所谓的“黄金时代”时，人们大都认为维吉尔诗歌的预言应验了；他在其诗歌体史书《埃涅阿斯记》（“Aeneis”）中创设了永恒罗马的神话，从此罗马就被称为“urbs aeterna”(“永恒之城”），这意味着，罗马不仅将永远存在，而且还会不断

① 译文根据 E. Stauffer, Christus und die Caesaren. Hamburg 1948. S. 77-80. 在《田园诗》的多篇“牧歌”中都表述了关于黄金时代的思想，譬如 1，24；1，498 等，就此请参见 Hubertus Prinz zu Löwenstein, Rom: Reich ohne Ende. Propyläen Verlag, Frankfurt am Main, Berlin, Wien 1979. S. 213-214. 亦请参见 Mircea Eliade, Der Mythos der ewigen Wiederkehr. Düsseldorf 1953. S. 190-200; E. Peterson, Der Monotheismus als politisches Problem. 1935. S. 82; K. Goss, Christentum und Augustus, Reallexikon für Antike und Christentum. Stuttdart 1950. Band I, 999-1003; K. H. Schelkle, Virgil i. d. Deutung Augustins. 1939. Th. Haecker, Virgil. 1931. 关于希腊神话中的女巫希比勒及其预言以及在犹太教和基督宗教中的发展，请参见 Theologische Realenzyklopädie. Walter de Gruyter, Berlin New York 2006. Teil III, Band 31. S. 240-244. Johannes Geffcken, Die Oracula Sibybllina. Leipzig 1902 (1967). Alfons Kurfess, Sibyllinische Weissagungen. München 1951. Johannes Geffcken, Komposition und Entstehungszeit der Oracula Sibyllina. Leipzig 1902. Herbert W. Parke, Sibyls and Sibylline Prophecy. In Classical Antiquity. London New York 1988.

② 就此请参见 Hubertus Prinz zu Löwenstein, Rom: Reich ohne Ende. Propyläen Verlag, Frankfurt am Main, Berlin, Wien 1979. S. 200-201, 216-218. 特别是 S. 201 与 218。

扩大，“超出年与太阳所有道路的彼岸”（“extra anni solique vias”）。[①]

维吉尔力图将罗马的历史从不断回归的世界年的最后的时期的毁灭力量中解脱出来，他以太阳的世界时代取代世界年，在他看来，太阳借助阿波罗（太阳神）的时代、借着这位伟大的救赎者，能够摧毁世界年的毁灭性大火。他从罗马帝国的内战中看到的并非是世界火焰的象征，而是已经向着黄金时代的过渡，看到的是从永恒到永恒的持续以及不断的更新；就此，维吉尔几乎打破了循环论的历史时间观，他几乎超出了宇宙论-循环论的历史理解，因为他在命运法则中已经看到了一个至高无上的、位格化的神明的意志；维吉尔关于历史是持续不断的思想，预兆了奥古斯丁独具特色的线性时间概念，奥古斯丁以对于基督宗教位格的、在自由中运作的上帝的信仰，克服了古典线性的和宇宙循环论的历史观。

欧罗思尤斯发展了一套基督宗教的奥古斯都神学，他将奥古斯都视为基督徒，将基督视为 civis Romanus，亦即“罗马公民”。如同尤西比乌将君士坦丁大帝视为一个新时代一样，欧罗思尤斯将基督的诞生和奥古斯都的和平（Pax Augusta）视为新时代的开端，这一时代在君士坦丁大帝时上升到它的第一个高峰。奥古斯丁认同帝国借着奥古斯都而来的更新，并且也特别提到在奥古斯都时代耶稣基督的诞生，但是他并未将奥古斯都的

---

① 就此请参见 Vergil, Aeneis.1. und 2. Buch. Lateinisch-Deutsch. Übersetzt und herausgegeben von Edith und Gerhard Binder. Philipp Reclam jun. GmbH & Co., Stuttgart 2007. 1,5,292ff. Hubertus Prinz zu Löwenstein, Rom: Reich ohne Ende. Propyläen Verlag, Frankfurt am Main, Berlin, Wien 1979. S. 215-217.

和平与基督的和平（Pax Christi）相提并论，不但如此，他在以基督开始的时代中看到世界的年迈，看到充斥世界的腐恶，在其中，尽管一些基督信徒能够通过基督的恩宠而永葆青春，但却并非为了此间世界的进步，而是为了灵魂的得救以及永恒的生命，在奥古斯丁看来，基督信徒也担负着推动此间世界进步的使命；他认为，世界走向衰败，人们感到奇怪，当人感到奇怪时，世界正在衰老；世界也如同人一样，人诞生、成长并衰老，这期间有多少烦恼抱怨！世界也一样，也会衰老，到处都听到受压迫者的叹息。上帝在世界衰老时派遣耶稣基督，而耶稣基督恰恰是在世界衰老的时刻到来，以为了更新它。受造的世界、被奠定的世界、垂垂老矣的世界，已经到了它的傍晚了，被苦难所纠缠，丝毫也不令人感到惊异。但是耶稣基督到来，以抚慰苦难中的世界，以将世界从痛苦中、从苦难中解救出来，并预许它永恒的宁静；人不应当倚靠世界，不应当依靠这世界，不应当依赖这年迈的老者，人不应当拒绝在基督中返老还童、永葆青春；世界会老去，世界会消失，世界会有一个终结，世界在其衰老中艰难喘息，而人则不必担心，再度的青春将更新这世界。[①]

“上帝之城”的核心旨趣并非仅仅指向信仰与非信仰在世界历史中（亦即在时间中）的纠葛，并非仅仅指向愉悦上帝者和敌视上帝者之间庶几自人类有史以来就有的近乎于无法调和的纠葛，奥古斯丁清晰地知道，这种纠葛是伴生于人类始终的现象，于是其核心旨趣并非在这种命题与反命题式的论证中推

① 就此请参见 Augustinus, Sermo, 81, 8; De genesi contra Manichaeos I 23, 40; De Civitate Dei，XVIII 49; XVIII 52; XVI 24.

崇基督信仰、推崇“上帝之城”、推崇作为“上帝之国”的“基督之国”从萌芽到最终的盛大凯旋，他既然在他的时间哲学中发现了历史的目的，那么这些对于他而言是无需推崇的，在他看来，“地上之国”（“civitas terrana”或“地上之城”）与“上帝之国”（“civitas Dei”）同时也是人心灵的纠葛，是人内心的躁动纠葛、辗转反侧；而令他寤寐思服的问题是：上帝的预定和恩宠仅仅赋予人“彼岸”的希望吗？人的意志和运作在这样的预定和恩宠中对于人自身的历史难道没有丝毫的权能和影响吗？

无论是奥古斯丁的时间神学，亦或是他的帝国神学，不仅都是拓张在人的心灵的此岸性和彼岸性之间的，不仅呈现为这两岸之间的张力，不仅是一种世俗化的终末论，不仅是一种世俗化的终末启示，或曰：不仅是一种此岸化的终末启示，而且一言以蔽之，更是伦理的乌托邦从期待到现实的过渡，更是历史的终极目的从幻化到达成的过渡，更是哲学的最高理念从创意到完满的过渡，更是宗教的真善美从价值到质量的过渡，最终更是基督宗教的天国（上帝之国）从空间到时间的过渡。

4. 奥古斯丁当下线性时间观的历史思维

奥古斯丁提出了超越循环论的和线性论的全新的历史观，这是过往和未来同时指向当下的历史观，可称为当下线性时间观的历史观。

世界史有其年轻和衰老时代，有其开端与终结。奥古斯丁反对世界时间的永恒循环理论，如同世界智者所说教的。[①] 在

① 就此请参见 Augustinus，De Civitate Dei，XII 13 (14).

没有提及奥利金（Origenes，或译：俄里根）名字的情形下，奥古斯丁批评了他对循环论历史观的好感，哲罗姆也早已尖锐批评了他。[①] 在奥利金的循环论历史观中或许透析出印度的影响，[②] 奥古斯丁所提及的哲学家们，诸如前苏格拉底的哲学家们、柏拉图主义者以及斯多葛学派等，也都是这样的观点。循环论的时间观、历史观在俗世哲学中、在民间文学中是一种流传非常广泛的观点。前基督宗教的世界将时间设想为圆周循环的运动过程，如同春夏秋冬不断往复，于是每一单一的世界时期也遵循一定法则而循环往复：黄金、白银、青铜以及黑铁时代（时期），黑铁时代之后又是从黄金时代重新开始一轮永恒的交替，如同维吉尔在他的第四篇牧歌中所描述的。

古代印度的智者梦想着一个无终结的世界时期，在永恒的回归中上升到人的文化最灿烂的顶峰，然后再度沉降到野蛮之中，以为了重新开始其再度上升的运动，如此不断循环往复。所有当下所存在的，早就无数次存在了，并且还将无数次到来、无数次存在，在太阳底下已经的确没有什么新事情了，所有世界中发生的事情都在无休止的循环中实现自身。[③]

在古希腊，赫拉克利特说，世界是永恒的火，总是在不断回归的世界时代中燃起并再度熄灭；斯多葛学派认为，神的世

① 就此请参见 Augustinus，De Civitate Dei，XII 13 (14).

② 就此请参见 H. de Lubac，Aspects du Bouddhisme. Paris 1951. S. 93-141; 特别是 96-99; 173-191.

③ 就此请参见 H. v. Glasenapp, Die Weisheit des Buddha. Baden-Baden 1946. S. 17-29; C. Regamey, Die Religuonen Indiens. In: Christus und die Religionen der Erde. Freiburg i.Br. 1951. S. 172-173; Mircea Eliade, Der Mythos der ewigen Wiederkehr. Düsseldorf 1953. S. 163-170, 特别是 S. 164.

界理性不仅自永恒以来就与质料的现象世界紧密关联，而且从内部以永恒的回归与重复来不断建构世界、改变世界；于是同样的世界时期就不断重新到来，所有现在存在的还会再度到来。[①]

所有这些概念都与泛神论密切关联，在这个意义上，如果世界过程被视为、被思考为神的必然的自我展开过程的话，那么世界则并不存在较高的，或更高的发展，在历史中也就不存在真正的、现实的进步，而仅仅有永恒的回归和循环；最终也并不存在真正的将来，而仅仅有过往的再度到来。

奥古斯丁坚定认为，循环论的历史思考不仅与人追求幸福、追求福祉的努力无法相容，[②]而且这些还影响人的思考，甚或令人疑惑，并可能驱使人或者成为狭义上的怀疑论者，或者成为断念弃想者；人在永恒反复的世界回归中成为被遗忘者、成为毫无意义而无休止的旋转者、轮回者，他的阐释透析出他对宗教心理的以及循环理论形上结果的敏锐观察。当人终于能够逃逸出生活的重压而在上帝之中获得宁静时，而忽然又想到，他还要从这永恒、真理与福祉中再度一跤跌出去，并且再度往来穿梭在苦难、愚昧和死亡之中，再度迷失上帝、再度告别真理、再度在厄运中寻求福祉，并且无所谓开端和终结，而总是在过往的以及重新开始的时代不断反复，福祉将成为对厄运的期待，

① 就此请参见 M. Pohlenz, Die Stoa. Geshcichte einer geistigen Bewegung. Göttingen 1948. S. 78-81; Mircea Eliade, Der Mythos der ewigen Wiederkehr. Düsseldorf 1953. S. 129-131, 174-182; Augustinus, De civitate Dei，XII 14; 19-21; 特别是 12; 奥古斯丁提示了循环论的思想与自然主义的上帝构想的内在联系，就此请参见 De Civitate Dei，XII 15; XII 18; XII 19.

② 就此请参见 Augustinus，De Civitate Dei，XII 14 以及 21 (XII 13 以及 20)。

厄运将成为下一轮无望的福祉，人既然在当下已经享尽苦难，而所期待的彼岸或许从未有真正永恒的福祉，这一切能不令人的灵魂在最深层的内在叹息吗？[①]

在奥古斯丁看来，新柏拉图主义者波斐利（Porphilius）已经认识到这一点，并且放弃了他的学派的时间循环论和灵魂回归论，[②]斯多葛学派虽然还坚持其观点，但是奥古斯丁批评了他们的伦理思想，指出其生命智慧中的悲观主义基调，批评他们以令人惊异的大胆、鲁莽、放肆与厚颜无耻否认人生命中的恶，否认恶具有恶的品性，而他们甚至还主张，智慧的人（智者）必然自杀、必然离别生命，而如果生命要向死亡喊救命的话，那么究竟什么是幸福生活呢？[③]

奥古斯丁认为，以健康的学说走在直路上（tramite recti itineris）以避免怪异的循环、以避免误导的哲学学说才是有价值的；[④]循环论的观点否定世界中任何一种新的开端，一切都在过往的时代中反复存在过了，并且还要不断存在；如果人的理性就已经能够驳斥循环论的时间观，而且由于上帝自身的启示意味着全新的开端，所以循环论的时间观早已被破除了心理、哲学与宗教的所有基础，那么上帝的启示就更能强调性地提示给我们线性的历史思维，于是我们远离无视上帝的循环论的歧路，愿意沿着直路行进，这条直路就是耶稣基督，他是我们的

---

① 就此请参见 Augustinus，De Civitate Dei，XII 21 (20); 以及 Mircea Eliade, Der Mythos der ewigen Wiederkehr. Düsseldorf 1953. S. 170, 229-233.

② 就此请参见 Augustinus，De Civitate Dei，XII 2; XI 4.

③ 就此请参见 Augustinus，De Civitate Dei，XIX 4; XII 21.

④ 就此请参见 Augustinus，De Civitate Dei，XII 14 (13).

领路人和救赎者。[①]

在此，我们能够看到奥古斯丁强烈拒绝循环论的历史理论和时间理论的理由；由于他全部思想的出发点之一是《圣经》、是启示，《圣经》令他超越异教古典的自然主义循环论的历史观，所以他的历史思维是毫无条件、毫无保留的线性思维；在《圣经》所奠定的线性历史观、时间观的整体框架中，奥古斯丁引入了全部世界史的过程，这样的世界史的和谐的统一性和深刻的意义，并非来自于人不断的努力，甚或不断地循环往复的努力，而是来自于上帝一劳永逸、一次性完成的、无须再重复的救赎行为、来自于上帝赋予人的救赎恩宠；并非仅仅在基督宗教的意义上，而是在普遍人性的意义上，历史最原本的意义就是救赎史，是人类追求福祉、追求终极目的的历史，只不过不同的宗教给人提出的救赎之路不尽相同而已，譬如无神论主张人自身救赎自身，佛教提出涅槃之路，而基督宗教则提出启示之路，上帝自己降生成人，成为了人以及人的伙伴，使得人性中充满当下永恒的神性，而这样理解的基督宗教的启示神学，恰恰是奥古斯丁当下线性历史观的出发点。

对于奥古斯丁而言，俗世史并非仅仅是在时间流逝中上下翻腾、起伏不定的过程，俗世史是救赎史的工具，这是俗世史最深刻的意义，在俗世史对于救赎史而言是其工具意义上，尽管上帝正义的审判是在隐匿中的，并且他的隐匿的审判也是正义的，但是在俗世史中所运行的时间和所发生的事件就是有意义的了，甚至被上帝所允许的人的过犯，也能够服务于较高

① 就此请参见 Augustinus，De Civitate Dei，XII 21 (20).

的秩序。对于奥古斯丁而言，人类历史最原本的主题之一，就是上帝之城与地上之城之间的交锋，这不仅是政治学、政治哲学、社会学意义上的、社会行为意义上的，而且也是个体灵魂意义上的交锋，甚或表现为信仰与非信仰之间、恭敬上帝与自我神化之间以及精神与肉体之间的交锋，这一点后文还将提及。

《旧约》的启示是以这样的话语开始的："在起初天主创造天地。"其意义在于，位格的上帝是世界的主人，他决定世界的过程，世界在他的掌控之中；他是历史的主人，掌控个体以及民族的命运，世界史是为了他永恒的救赎计划、救赎工程才具有意义；而人也是救赎工程的参与者，既是救赎对象，又是救赎的主动一方，其主动性在于对上帝救赎行为的主动呼应，在于对上帝话语的主动答语。

如同前文所阐释和分析的，达尼尔先知在拿步高的梦中看到不同的世界时代相继而来，黄金的、白银的、青铜的以及陶铁混合的时代，然后他看到完全不同而全新的：如果历史的过程到了这些时代的终结，那么它不再重复、不再重新开始，而是有了目的、有了终极目的，并且进入默西亚的和平帝国；默西亚的帝国是全部历史立于将来的目的，由此毫无意义的循环过程就被超越，历史由此就有了真正的未来，人以其全部生命的气息和希望而追寻上主的国，未来的时间也争先恐后到达其中（adesse festinant tempora），所有这些给当下带来极大的张力，人生命中的每一瞬间、每一刻都不再是无所谓的、无意义的、空虚无内容的，每一个瞬间都承载着将来，并向前运动，每一个瞬间都令人抉择，是选择上帝救赎计划，亦或是螳臂当车阻止之。[1]

在此我们发现，奥古斯丁的历史观、时间观是严格线性的，历史的运行是直线的轨迹，这一直线以世界的受造开始，并且追寻其终极目的，也就是默西亚的到来；的确有一个过往，但是它已不再重复回归，的确有一个当下，但是它也无法再度生成，而首先是有了一个真正的将来；[2]我们甚或可以说，这一时间理解是趣向将来的，将来才是全部历史的意义所在，换言之，历史并非是朝向将来，而是将来朝向当下，并由此而将过往领入当下；在这个意义上，奥古斯丁认为，历史才将过往、当下和将来融为一体。

奥古斯丁接受了《旧约》线性时间观，并且将其领入高峰，在他看来，当黑罗德在犹大统治时期，当罗马修改了他的法律之后，当皇帝奥古斯都成功统治以及世界由此达于和平之后，基督诞生了，并且应验了以往的一个预言：诞生在白冷郡的犹大地，由圣父在隐匿中令童贞女所生；[3]奥古斯丁强调这一降生的一次性、这一生命的一次性、救主耶稣基督死亡的一次性、复活的一次性，这一次性终结了一切的重复。[4]上帝之子的降生成人及其救赎工程，使得基督宗教成为历史的宗教，这一宗教突破无限循环的轨迹，这样的无限循环令人疯狂，令人陷入宿命论和宿命论的宗教；而上帝之子的降生成人则是一个永恒的

① 就此请参见《圣经·达尼尔先知书》第 2 章第 31–45 节。

② 就此请参见 Augustinus，De Civitate Dei, XII 12-22 (11-21). O. Cullmann, Christus und die Zeit. Die urchristliche Zeit- und Geschichtsauffassung. Zürich 1948; W. Kamlah, Christentum und Geschichtlichkeit . Stuttgart 1951. S. 111-115, 302.

③ 就此请参见 Augustinus，De Civitate Dei，XVIII 46.

④ 就此请参见 Augustinus，De Civitate Dei，XII 14.

新开端，这一降生将世界从循环论的虚无中呼叫到新的存在中，并且将上帝的永恒一劳永逸而永恒地领入到时间中，为时间与人性带来从未存在过的新品性，并且从不会搅扰已然存在的创世的原有秩序。[①]

不宁唯是：奥古斯丁在此强调的是线性而朝向当下的历史观，也就是说，基督的生命、死亡以及复活是全新的、一次性的、从不重复的历史性救赎事实，这是全部人类历史的核心；之前发生的一切，都是为基督作准备，都是朝向基督迅跑而来，以为了从基督这里获得意义和价值；之后发生的一切，都回望于他，并同时前瞻于未来，以迎接他的再度到来；基督是永恒的当下，过往与将来都指向耶稣基督；历史的直线脉络于是就以世界受造为其开端，以耶稣基督的救赎工程为其中心点，以基督的再度光荣的降临为其目的。过往的时间是鲜活的，在我们之中是当下持续的运作，因为被钉十字架以及复活者不再死亡，而是永生于人们之中，并为人们带来救赎工程的果实；如同有了一个真正的当下一样，人也有了一个真正的将来，因为所有的时日都迎向那伟大的终极审判之日、世界时间的终结，所有的时日都迎向基督的凯旋和从不终结的凯旋庆典；于是，永恒充满了时间，时间满披永恒之圣宠，于是，每一个瞬间都充满了基督、充满了他的当下此在和他的力量；当然也充满了两难的决定：是赞同他，亦或是反对他？

对于奥古斯丁而言，关涉世界起源的神话般的循环论（或曰：世界起源论的循环论）无法建构一个真正的未来，而基督

① 就此请参见 Augustinus，De Civitate Dei，XII 18; XII 22.

宗教在赋予过往和当下的时间以全新价值的同时，也并没有涤除将来的时间，抑或消减其意义。基督并不仅仅是中心，而且也是一切历史的高峰，因为在他之中上帝救赎的预许达于圆满，在他之中上主的国已经来临；这位世界的君王曾经被击倒、被钉十字架而死，但是他以他的死亡和复活战胜了死亡、战胜了地狱的权柄，而基督与反对势力之间的交锋尚未停止，这一交锋是为了每一个灵魂的福祉，每一个人，无论他是否愿意，都在其生命中参与这个交锋，无论他选择哪一方面。

奥古斯丁的这一历史观赋予基督宗教的传统以全新的理论基础和思维方式、以全新的伦理方法和宗教自信、以全新的时间概念和永恒理念。

由此，我们庶几可以说，由于有了这样的历史观、时间观，人就在似乎是悲剧的历史和历史的悲剧中赢得超历史的意义，或许尽管这意义在每一个个体的人的当下此在中有可能尚未充分彰显出来；于是在这个意义上，基督宗教就是历史的和现代人的宗教，是人的历史性和现代性在关注当下的线性时间观中的统一，这样的人同时生活在其个人的（位格的）自由和持续的时间中，生活在这两者的圆融无碍中；在基督宗教中，他发现了个人位格关系的自由与时间持续的同时性；在基督宗教中，他尽管其自然生命的过往性而能因着基督的当下此在不断将自己更新在当下之中；在基督宗教中，他以更多的可能性思考上帝的存在；在基督宗教中，他以更恢廓的视野思考人类和个体自身的历史。

的确，从奥古斯丁的分析出发我们庶几能够说，假设上帝的存在，并非限定人的自由，而是将更大的自由还给了人；假设上帝的存在，并非注定人的依赖性，而是将更大的自治性还给了在自然法则中，并且遵循自然法则而生存的人；假设上帝的存在，并非淡漠人的存在，而是将更大的尊严还给了人的当下此在；总之，假设上帝的存在，是将全新的存在方式还给了在时间中追逐历史终极目的、追逐生命终极价值的每一个人。

四　奥古斯丁“双城”论的历史哲学之意义

1. 根据《上帝之城》之文本而来的“上帝之城”的意义分析

奥古斯丁在《上帝之城》开篇就写道：

“Gloriosissimam civitatem Dei sive in hoc temporum cursu, cum inter impios peregrinatur ex fide vivens, sive in illa stabilitate sedis aeternae, quam nunc expectat per patientiam, quoadusque institia convertatur in iudicium, deinceps adeptura per excellentiam victoria ultima et pace perfecta, hoc opere ad te instituto et mea promissione debito defendere adversus eos, qui conditori eius deos suos praeferunt, fili carissime Marcelline, suscepi, magnum opus et arduum, sed Deus adiutor noster est.”①

“最亲爱的孩子马瑟里努斯！我必须以这部撰写的著作以及我对你的允诺来捍卫最荣耀的上主之城而针对那些将他们自己的众神排在她的缔造者之前的人们；尽管出自信仰的生活暂栖于不虔诚的人们中，但是［最荣耀的上主之城］或者在所有时间的这一过程之中，或者在永恒宝座的那一稳固之中，人现

① 就此请参见 Augustinus, De Civitate Dei, Praefatio. 1.

在以坚忍期待她，直到正义做出宣判，随之最终的胜利凭借［自身的］卓越并且以完全的和平而将圆满呈现；我已经开始了这一巨大而艰辛的工作，但是上主是我们的助佑。”

从拉丁语的语法上来看：

“最荣耀的上帝之城”（gloriosissimam civitatem Dei）是阴性名词 gloriosissima civitas Dei 的单数第四格，是“debito defendere”（“我必须捍卫”）这一行为的直接宾语。

“我必须捍卫”还带有一个介词结构 adversus（“针对”，“驳斥”、“反对”），也就是说，“捍卫”这一行为是有针对性的，是面临特定问题以及特定人群时的行为，或曰：在“捍卫”上主之城的同时还“驳斥”一些人，这些人将众神排列在“她的缔造者”（亦即上帝之城的缔造者）之前。

当然，根据克劳斯·特莱德的研究，动词 defendere 本身就是保卫、捍卫的含义，它与介词 adversus（针对、反对）的连用，也能够被视为拉丁语中并不多见的一种特殊语法现象，克劳斯·特莱德在古典作家中找到了四个连用的例证，并且认为在奥古斯丁的意义上（也就是在“面临……问题”、“面临……人物”的意义上）仅仅存在这四个连用的特殊例证，[①] 而在《上帝之城》中 defendere 与 adversus 连用，构成 defendere adversus，其目的及重要性在于提示人去思考，究竟谁才是奥古斯丁所必须面对的对手。

① 就此请参见 Klaus Thraede, Das antike Rom in Augustins De Civitate Dei. Echt und Grenzen eines verjährten Themas. In: Jahrbuch für Antike und Christentum. Jahrgang 20, 1977. Aschendorffsche Verlagsbuchhandlung, Münster Westfalen. S. 90-148. 在此特别是 S. 113。

在介词结构“adversus eos”之后，有一个由复数第一格形式的关系代词 qui 引出的关系从句，用以修饰介词结构中的第四格复数“eos”（“那些”或“他们”），目的在于说明“他们”究竟是什么样的人。

在上述这个 qui 引出的关系从句中，动词是 praeferunt，意思是“将……置于……前面”，表明介词结构“adversus eos”中的“eos”（“他们”）将他们自己的众神（deos suos）排在前面。

在上述这个 qui 所引出的关系从句中，eius 是拉丁文指称代词 ea（她、这个）的单数、阴性、第二格，词义为“她的”或者“这个的”，用以修饰第三格的 conditori（缔造者，第一格是 conditor），亦即“她的缔造者”或“这个的缔造者”；同时，由于 civitas（城）是阴性，所以 eius 必定是阴性 ea 的第二格，用以指称“城”，在此“她的缔造者”（或“这个的缔造者”）指的是这一文本开篇就提及的“最荣耀的上帝之城”的缔造者。

作为“我必须捍卫”的直接宾语，“最荣耀的上帝之城”还带有由两个“或者”（sive）引出的副词结构，或曰：带有一个“或者……或者”（也可译为：“要么……要么”）前后呼应的关联词结构，以为了从两个方面进一步阐释“最荣耀的上帝之城”。

在上述前后呼应的关联词结构中的第一个“或者”（“要么“）之后，有一个由“cum”引出的虚拟式从句，而“cum”作连词时有“当……的时候”、“因为”、“尽管……”等含义，在此，译为“尽管……”似乎更为恰当。

在上述前后呼应的关联词结构中的第二个“或者”之后，

有一个由阴性第四格的关系代词“quam”引出的从句，这一quam作为阴性第四格指称前面也是阴性第四格的“最荣耀的上主之城”，用以表述人以坚忍所期待的是“最荣耀的上主之城”。

在quam所引出的关系从句中，动词是exspectat，动词的形式是第三人称、单数、现在时，含义为“期待”，也就是“他期待”、“她期待”或者“它期待”，由于quam是第四格宾语，并且指称“最荣耀的上帝之城”，所以动词exspectat的行为者，亦即句子的主语不可能是“最荣耀的上主之城”，也就是说，“以坚忍期待的”并非“最荣耀的上主之城”，而根据拉丁语之语法，如果主语没有在句子中出现时，那么这表明主语已经包含在动词之中了，于是可以说，动词exspectat已经包含一个第三人称单数的主语在自身之中了，并且这一主语并非是特指的，而是泛指的，因而此句译为“人以坚忍期待她”，也就是说，人以坚忍期待最荣耀的上主之城。

“直到正义做出宣判”一句，亦可译为“直到正义被领到宣判的语言中”，意思并非是“正义被宣判”，而是“正义发出宣判的语言”，如同法庭上最终的宣判一样。

如果仅仅从形式上来判断的话，那么“最终的胜利”（victoria ultima）既可以是第一格单数，又可以是第五格单数，但是由于“圆满呈现”（adeptura，亦可译为“圆满成功”）是adipiscor（成功）的将来主动分词，并且最大的可能性是作“最终的胜利”的表语，所以“最终的胜利”（“victoria ultima”）应当是第一格单数。

“凭借［自身的］卓越”（per excellentiam）一句中的“卓越”一词，是介词per带第四格单数的excellentiam（其第一格的形式是excellentia），指的是“最终的胜利”无需借助他者，而是借助自身的卓越品性就能达于成功；同时：由于这一句是指称“最荣耀的上主之城”的第四格关系代词 quam 所引出的关系从句中的从属句，所以“最终的胜利”应当指“最荣耀的上主之城”的最终的胜利，并且这一胜利无需借助他者，而是仅仅凭借自身就能取得胜利，因而在此补充了“自身的”一词，这一补充也符合基督宗教的思维方式，亦即上帝不仅是 a se 而且同时是 per se 的存在，也就是说，上帝是由自身，而且凭借自身的存在，上帝的最终的胜利也无需借助他者，而仅仅是凭借自身而已。

“pace perfecta”（“以完全的和平”）是“pax perfecta”的单数第五格，并且是表述方式的第五格（ablatives modi），亦即表述“最终的胜利”是如何实现的，也就是说，表述其所实现的方式。

从语词、概念或语句的来源，也就是生成史来看，如同随后的许多文本一样，这段文本几乎每一句都有其来源，根据德国学者克劳斯·特莱德（Klaus Thraede）的考据和研究[①]：

“cum inter impios peregrinator ex fide vivens”一句出自《圣经·新约》中的《罗马书》1，17（“义人因信德而生活”）。

“quam nunc exspectat per patientiam”一句出自《罗马书》8，25（“但我们若希望那未看见的，必须坚忍等待”）。

“quoadusque iustitia convertatur in iudicium”出自《圣经·旧约》中的《圣咏》93，15（“原来公理必归正义的人士，心地正直的人，必追求公理”）。

---

① 就此请参见 Klaus Thraede, Das antike Rom in Augustins De civitate Dei. Echt und Grenzen eines verjährten Themas. In: Jahrbuch für Antike und Christentum. Jahrgang 20, 1977. Aschendorffsche Verlagsbuchhandlung, Münster Westfalen. S. 90-148. 在此特别是 S. 146.

“hoc opere ad te instituto et mea promissione debito”是出自西塞罗的《论学院前篇》（亦即 1 Acad. 1，2：“Sed habeo opus magnum in minibus, idque iam pridem; ad hunc enim ipsum me autem dicebat quaedam institui...”）。

“magnum opus et arduum”出自西塞罗的《演讲集》（Or. 33：“Magnum opus omnino et arduum.”）。

“sed Deus adiutor noster est”出自《圣经·旧约》中的《圣咏》61，9（“因为天主确是我们的避难所”）。

从拉丁语的句法上来看，依然根据德国学者克劳斯·特莱德（Klaus Thraede）的研究，这篇散文风格的文本可在句法学的意义上作如下划分[①]：

Gloriosissimam civitatem Dei
sive in hoc temporum cursu,
cum inter impios peregrinatur ex fide vivens,
sive in illa stabilitate sedis aeternae,
quam nunc expectat per patientiam,
quoadusque institia convertatur in iudicium,
deinceps adeptura per excellentiam victoria ultima et pace perfecta,
hoc opere ad te instituto et mea promissione debito

① 就此请参见 Klaus Thraede, Das antike Rom in Augustins De civitate Dei. Echt und Grenzen eines verjährten Themas. In: Jahrbuch für Antike und Christentum. Jahrgang 20, 1977. Aschendorffsche Verlagsbuchhandlung, Münster Westfalen. S. 90-148. 在此特别是 S. 146.

defendere adversus eos, qui conditori eius deos suos praeferunt,

fili carissime Marcelline, suscepi,

magnum opus et arduum,

sed Deus adiutor noster est.

在这样的划分中，我们能够很轻易看出这一文本的结构：

“sive...sive”（“或者……或者”）结构。

在第一个“sive”之后由连词“cum”引出的从句。

在第二个“sive”之后由第四格的关系代词“quam”引出的修饰“最荣耀的上主之城”的关系从句。

由情态动词“debito”（“必须”、“一定”、“不能不”、或“不得不”）带起动词不定式“defendere”（“捍卫”）和介词结构“adversus eos”的简单句。

由第一格复数形式的关系代词“qui”所引出的关系从句，以进一步修饰介词结构“adversus eos”中的“eos”（“那些人”）。

在插入呼语“Fili carissime Marcelline”（“最亲爱的孩子马瑟里努斯”）之后的现在完成时第一人称单数的实义动词“suscepi”（“我已经开始了”，或译：“我已经开启了”）。

实义动词“suscepi”的直接宾语“magnum opus et arduum”（“巨大而艰辛的工作”，或译：“巨大而艰辛的著作”）。

最终是转折句“sed Deus adiutor noster est”（“但是上主是我们的助佑”）。

从奥古斯丁要表述的思想来看，我们可以说，根据上述对语法、句法以及文本生成史的分析来看，这段文本不仅是精心建构而出的，而且有其深刻之用意和丰蕴之思想：

首先，gloriasissima（最荣耀的、最光荣的）以形容词最高级的形式，不仅作为这段文本，甚或作为《上帝之城》全书开篇的第一个词汇，最先体现出奥古斯丁的深刻意图，尽管一方面，在俗世史的意义上，这一对于人间最高统治者皇帝的称呼，在四世纪中期以后才固定下来，[①]这同时当然表明基督宗教如此这般的发展以至于在罗马帝国统治者中逐渐出现基督宗教的信徒，但是另一方面，在基督宗教内部，这一形容词最高级形式历来就是对于殉道者的最尊贵的称呼，并且作为“称颂头衔”、“荣耀头衔”被用来称呼教会的主教、特别是被用来称呼罗马的主教，同时也被用来称呼基督宗教的团体和所有追求至善的人；奥古斯丁在此以这个形容词最高级的“荣耀头衔”来称呼君临万邦的上帝之城，在反驳外教各种神明的同时、在批判人对自身荣耀的追求的同时，意在从本体论角度表述上帝之城的当下此在，意在从救赎论角度表述其君王统治的神权品性，意在从形上论角度表述上帝之城与人性之关联，意在从历史论角度表述其普遍超验的价值品性。

其次，sive...sive（要么……要么、或者……或者）作为呼应连词，尽管一方面在语法上突破了文本的句子结构，但是另一方面却又形成一个思维和思想上的整体框架结构；由于sive...sive这一前后呼应结构在拉丁语中被视为非连接性连词，所以这一看似是选择性的、二者择一的连词结构，实际上表述

① 就此请参见 Klaus Thraede, Das antike Rom in Augustins De civitate Dei. Echt und Grenzen eines verjährten Themas. In: Jahrbuch für Antike und Christentum. Jahrgang 20, 1977. Aschendorffsche Verlagsbuchhandlung, Münster Westfalen. S. 90-148. 在此特别是 S. 112 及其所引述的诸多参考文献。

一个相互层叠的思想内涵，也就是说，奥古斯丁所要表述的思想是：他所捍卫的上帝之城，不仅在一切时间的过程中，而且也在永恒的救赎中。

其三，sive...sive 前后呼应结构又领起 in hoc—in illa 的前后对应结构，也就是"在这……之中—在那……之中"的对应结构，其中一方面，"在这……之中"一句指的是上帝之城"临在于一切时间的过程中"，由于"in hoc temporum cursu"中的"in hoc cursu"（"在这过程中"）是表静态的第五格，所以这一短语并非是说、绝非是说上帝之城穿梭在时间中，而是要表明：尽管时间川流不息、络绎奔赴，但是上帝之城君临于、驻跸于一切时代中！而另一方面，"在那……之中"一句指的是上帝之城"在永恒宝座的那一稳固之中"，出于同样的理由：由于"in illa stabilitate sedis aeternae"中的"in illa stabilitate"（"在那一稳固中"）也是表静态的第五格，所以这一短语也并非是说、绝非是说上帝之城驰骋于永恒的宝座中，而是要表明：人所造作的城池难免坍颓荒废、灰飞烟灭，而上帝之城则出自于、置身于上帝永恒宝座的稳固中而从不动摇！综合这两方面，我们可以说，奥古斯丁意图从两个相互关涉而相互叠加的层面表述上帝之城：一个是哲学层面，一个是神学层面，换言之：一个是本体论的此在，一个是末世论（也就是救赎论）的当下，"在一切时间的这一过程中"是本体论的此在，"在永恒宝座的那一稳固中"是终末论-救赎论的当下，这两个方面既各自独立，又相互关联；也就是说，上帝是时间中的永恒的当下此在，其似乎在末世才到来的终极救赎其实已经是此在而当下的了。

其四，sive...sive 前后呼应结构又领起 cum...quam 的前后对应结构，也就是分别以 cum 所引导的让步从句和 quam 所引导的关系从句的对应；在 cum 引导的让步从句中（“尽管出自信仰的生活暂栖于不虔诚的人们中”），奥古斯丁意在表述教会团体作为主体代表上帝之城，并且这一城池并非坐落于世外，而是置身于此间世界，在 quam 引导的关系从句中（“人现在以坚忍期待她”，或译“人现在以坚忍期待这个城”），奥古斯丁意在表述上帝之城作为主体必然临在于此间世界、必然临在于人的心中；这两个从句，或曰这一 cum...quam 结构，强调上帝之城的此岸性，强调其从过往经当下直到将来而达于圆满的洞彻的时间性、洞彻的空间性、洞彻的超越性。

其五，在第二个 sive 之中，奥古斯丁还嵌入一个 nunc... deinceps 对应结构，也就是“当下……随之”或“现在……然后”；其中，“人现在以坚忍期待她”表述上帝之城的圆满品性以及人们对她的主动追求，“期待”（exspetat）并非是一种无所事事的消极等待，而是充满信心和希望（spes）的积极追求，以至于追求她的人就是在追求真善美等终极价值而能够被称为是“荣耀的”、“光荣的”，甚或是“最荣耀的”、“最光荣的”；同时，由于“现在”（nunc）一词获有《圣经》引文的支持（参见不远的前文中关于文本生成史的阐释和分析），所以它具有极强的表述力与表述质量；“随之最终的胜利凭借［自身的］卓越并且以完全的和平而将圆满呈现”一句，表述上帝之城的终极品性，尽管追求上帝之城的人同时生活在上帝之城与地上之城中，但是终极胜利凭借自身的圆满实现赋予人们以希望；这一“现在……随后”对应结构一方面表述上帝之城的当下状态与应然状态的对应，另一方面也再度强调，上帝之城作为客体既需要捍卫，而作为主体又必将获取终极的胜利。

其六，上 sive...sive 对应结构以及由此而来的一系列对应结构，还表述了教会团体的状态形式，一方面，“在时间的这一过程中”表述其在外教和非信仰的人的理解中的作客品性的当下此在，表述其通往上帝之城的朝圣品性；另一方面，“在永恒宝座的那一稳固中”一句，表述其从上帝永恒性中所获有和享有的坚定性；在此，一方面，“在这……在那”（“hic...illa”）作为指示代词的二分对应，以指示性的提示方式不仅表明上帝之城的空间性，而且更多地表明上帝之城的运动与持续的当下性，不仅表明上帝之城的实存性，而且更多地表明其形上性；而另一方面，由 sive...sivee 所引出的另一个对应结构“现在……随之”（nunc...deinceps），则首先肯认了教会团体的当下神圣品性及其与终末救赎的关联，同时也彰显了她的俗世品性（亦即现实性和现世性）及其在此间世界的可历验性；最终一个方面，“在这……在那”与“现在……随之”这两个各自独立的对应结构，又构成一个双重对应结构，将上帝之城的当下性与运动性、时间性与空间性、此岸性与彼岸性、形象性与形上性彰显殆尽；由此，两种存在形式形成鲜明对照，也就是说，持续运动性与持续运动的稳定性形成鲜明对照，时间性与永恒性形成鲜明对照，这样的对照并非对立，而本体论意义上的这两种存在形式又都同时属于上帝之城的本质品性，在此，既有新柏拉图主义的秩序论思维方式，又有基督宗教的终末论思维特质，奥古斯丁以其修辞学之深度涵养仅仅借助若干语法规则就将古典哲学的本体论引入基督宗教的终末论学说，将他捍卫上帝之城的意图和思想徐徐吟颂给周边世界和共同世界。

2. “双城”（“duae civitates”）作为概念的涵义

需要先行说明的是，首先，本书在此所说的“双城”，并无别的涵义，换言之，并非地理意义上的或带有政治结构的城，而是指奥古斯丁《上帝之城》中所阐释和分析的“上帝之城”与“地上之城”，在此“双城”一词一方面仅仅是为了叙述的简质迅捷而已，另一方面它们也的确仅仅是形上意义中的城；其次，“上帝之城”不仅是主体，而且也是客体，这也就是说，在奥古斯丁看来，一方面，作为客体，特别是作为思维与心灵中的客体，是需要人不断考量、思忖的，甚或是需要人护卫的，这意味着，要将生命整体写入心灵，令生命整体与上帝之城在思维与心灵中相遇；而另一方面，作为主体，特别是作为能够主导心灵的主体，则是始终护卫人性的，尽管人不乏傲慢与僭越，并且主动而有意识地抗拒上帝之城，甚或变态地模仿（perversa imitatio），以至于要成为上帝，但是上帝之城始终谦谦然浸润高傲的灵魂（superbia anima）；其三，在奥古斯丁看来，罗马作为“地上之城”并非一无是处，罗马也有其美德（bonum suum）、也欢欣愉悦其美德（bonum suum laetatur），① 甚或在一些方面也能够是基督宗教的榜样，但是作为“地上之城”毕竟已经是一种损失了；在随后的下文中，还将对此作进一步的阐释与分析。

从概念内涵来看，细而言之，奥古斯丁的“De civitate Dei”

---

① 就此请参见 Augustinus，De Civitate Dei，XV. Klaus Thraede, Das antike Rom in Augustins De Civitate Dei. Echt und Grenzen eines verjährten Themas. In: Jahrbuch für Antike und Christentum. Jahrgang 20, 1977. Aschendorffsche Verlagsbuchhandlung, Münster Westfalen. S. 90-148. 在此特别是 S. 129。

一书中文通常译为《天主之城》或者《论上帝之城》（或《上帝之城》），其中，“civitas Dei”被理解和翻译为“天主之城”或者“上帝之城”，这其中，“civitas”则顺理成章被理解和翻译为“城”，这一切与“civitas terrana”相对应，以至于“civitas terrana”在中文中能够被理解和翻译为“地上之城”，西文中的情形大体也同样如此。[①]尽管“城”颇有“国”的色彩，[②]以至于我们甚或能够说，奥古斯丁时间学说、历史学说不免一种帝国神学的品性（尽管它并非某种国家观念、国家理念），以至于本书在上文中也因此而用到“上帝之国”这一表述；然而有不止一位学者，譬如杜赫洛夫（U. Duchrow）早已经指出，以“国”（“staat”或“state”等）来翻译和理解奥古斯丁的“civitas”并不恰当，并且大多数奥古斯丁研究者都持这一观点。[③]当然，在奥古斯丁的时代，“civitas”一词不仅有“公民”（“国民”）、“公民身份”（“国民身份”）、“公民权利”（“国民权利”）以及“城市”等含义，而且也的确有“国家”之含义，但是奥古斯丁在“国家”这个意义上使用的语汇是“res publica”、“imperium”以及“regnum”，同时，“civitas”的“公民”（“国民”）含义在此并非指单个公民（国

① 譬如德文译本，C. J. Perl, Vom Gottesstaat. Verlag Ferdinand Schöningh, Paderborn 1979.

② 譬如雅斯贝尔斯在奥古斯丁《上帝之城》的意义上将世界史理解为“上帝之国”（Gottesstaat）与“世界之国”（Weltstaat）之间的交锋，就此请参见 Drei Gründer des Philosophierens. Plato, Augustin, Kant. München 1957. S. 152. 以及 C. Andersen, Artikel “Apologetik”. In: Religion in Geschichte und Gegenwart. Dritte Auflag, 1957. Band I, Sp. 482.

③ 就此请参见 Ulrich Duchrow, Christenheit und Weltverantwortung. Traditionsgeschichte und systematische Struktur der Zweireichenlehre. Stuttgart 1970. S. 244.

民），而是其“国家”的“公民整体”（“国民整体”）。[①]“civitas”并不等同于“国家”，“civitas terrena”作为一种思想（或者概念、理念）并不指任何一个此间世界中的具体的国家，并不指任何一个国家类型；作为一个精神的概念，它更多的是和“civitas Dei”相对应而已，更多的是指关涉此岸国家的国家理念而已。“国家”作为现实中的现象的存在，有时并非指“国家”本身，而是指作为国家充分必要前提条件的“国民”；[②]由此我们可以说，civitas在此更多的是一个形上概念。

根据杜赫洛夫和恩斯特·史密特的研究，在奥古斯丁的著作中 civitas 大体有三个方面的含义，一方面，“城”更多的是一种《圣经》语言，是类型学意义上的《圣咏》阐释，是《新约》的类型学意义上的释义；换言之，《圣咏》、《希伯来书》以及《默示录》等作为文本以其特有的《圣经》语言品性赋予奥古斯丁的拉丁概念“civitas”以特定意义域，它既是一种统治的会盟，同时也是指圣城耶路撒冷；另一方面，奥古斯丁“civitas”一词的内涵也受到提克纽斯（Tyconius）《〈默示录〉研究》（Commentarius in Apocalypsin）一书的影响，[③]甚或其浮浅性

① 就此请参见 Ernst A. Schmidt, Zeit und Geschichte bei Augustin. Carl Winter, Universitätsverlag. Heidelberg 1985. S. 78. 在此，Schmidt 从“De civitate Dei”（《天主之城》或《上帝之城》）中庋集大量例证阐释和分析了这一点。

② 就此请参见 Ernst A. Schmidt, Zeit und Geschichte bei Augustin. Carl Winter, Universitätsverlag. Heidelberg 1985. S. 79.

③ 就此请参见 Theologische Realenzyklopädie. Walter de Gruyter, Berlin New York 2006. Teil III, Band 34. S. 203-208. Charles Kannengiessr, Pamela Bright (Hrsg.), A Conflict of Christian Hermeneutics in Roman Africa. Tyconius and Augustine. Berkeley, California 1989. Kenneth B. Steinhauser, The Apocalypse Commentary of Tyconius. A History of its Reception and Influence. Frankfurt am Main 1987.

也在奥古斯丁的著作《上帝之城》以及其它与“civitas”有关的著作（譬如《论真宗教》“De vera religione”50，136–139）中有所体现，在提克纽斯的著作中，作为精神品性的圣城耶路撒冷和充斥肉欲的巴比伦针锋相对；最终一个方面，如同杜赫洛夫所指出，并且恩斯特·史密特也同意的，奥古斯丁“civitas”一词的内涵也受到希腊哲学传统的影响，这一传统体现在建构相互对立的一对概念，譬如人有自由意志并以这样的意志或者趣向永恒、或者趣向时间。①

恩斯特·史密特总结道，即使在普遍语词学的意义上，“civitas”无论是作为“城”、亦或是作为“国”，都不仅同时具有“societas”（“社会”）、“populus”（“民族”、“民众”）等意义，而且这意义并非是借助某种具体的政治体制或者某种宗教圣事而来的；“civitas”是一个精神的概念，甚或是一个灵修的概念，是一个灵修–伦理的概念，而非一个灵修–圣事的概念；“civitas Dei”（“上帝之城”）的对立面是“civitas diaboli”（“魔鬼之城”或“魔鬼之国”），后者之所以通常也被称为“civitas terrena”（“地上之城”），是因为生活在其中者并非依据上帝之真善美，而是完全依据人的肉身欲望而生活，甚或仅仅依据人的恶欲而生活，他们将自己的生命基准

① 就此请参见 Ulrich Duchrow, Christenheit und Weltverantwortung. Traditionsgeschichte und systematische Struktur der Zweireichenlehre. Stuttgart 1970. S. 223，229，232，241 以及 243 以下；亦请参见 Ernst A. Schmidt, Zeit und Geschichte bei Augustin. Carl Winter, Universitätsverlag. Heidelberg 1985. S. 79-81. 尽管 Schmidt 并不同意 Duchrow 的“统治的会盟”之理解，但对于理解“civitas”一词而言亦可备一说；此外，Schmidt 还列举《上帝之城》中众多直接以及间接的表述，以表明“civitas”绝大多数情形下就是指代圣城耶路撒冷，本书在此不一一枚举，就此请特别参见其书第 80-81 页。

仅仅指向此间世界肉身之目的，而一旦“上帝之城”成为时间中的现实、成为心灵中的现实，这样的生命目的便丧失其意义内涵和可能并不曾享有的绝对价值；在这个意义上，“上帝之城”与“civitas caelestis”（“天使之城”）和“civitas aeterna”（“永恒之城”）是同义词。[①]

无论是“魔鬼之城”亦或是“上帝之城”，都会被标示为“城”；而任何一个地上的（政治意义上的）国度，都并非是，并且并非必然是“魔鬼之城”，除非并且仅仅当它将自己展示为“魔鬼之城”时；[②]而尽管基督的教会临在于此间世界，但是她也被标示为“civitas Dei”，亦即“上帝之城”，尽管教会被理解为此间世界中的陌生者，并且她也的确曾经是这样，但是她一旦诞生——并且这个诞生也是在历史中的诞生，则会在历史中的任何一个时代或任何一个时间点代表并且展示“上帝之城”。无论是在奥古斯丁的时代，亦或是在他之前与之后的时代，教会作为“上帝之城”，或曰：至少作为“上帝之城”的代表，与“魔鬼之城”总是缠斗在一起，[③]这并非因为教会与国家作为两个不同的“国”相邻在一起，抑或教会作为“上帝之城”终究必然处在某一个国度之中，而是因为奥古斯丁同时代的人，也就是罗马帝国的国民们，一部分属于上帝之城，并且固然处于教会之中，而另一部分则属于此间世界的国，但是尽管其外在于教会，而依然内在于教会，后者同时既外在于、又内在于

① 就此请参见 Augustinus，De Civitate Dei, 15, 5 以及 Ernst A. Schmidt, Zeit und Geschichte bei Augustin. Carl Winter, Universitätsverlag. Heidelberg 1985. S. 81.

② 就此请参见 Augustinus，De Civitate Dei, 15, 4.

③ 就此请参见 Augustinus，De Civitate Dei，1, 35; 11, 1.

教会；此外，这两个“城”甚至在教会内部、在人的（在信徒们的）心灵中都会胶着在一起；在这个意义上，奥古斯丁的双城理论关涉的并非教会与国家的关系，关涉的并非此间世界的国家理念的建构，关涉的并非教会作为上帝之城或基督之国所应具有的形象与建构，而更多地是心灵中两种力量的交锋。

3.“双城”论的历史哲学之涵义

在《上帝之城》的写作之前，无论是前文提及的对奥古斯丁产生影响的提克纽斯，亦或是奥古斯丁本人，都在他们的著作中提出了两个城及其关系的思想，[①] 这两个城的缠斗不仅表明它们并非两个（政治意义上的）国的矛盾冲突，而且自身也呈现为一种历史的概念、一种建构在时间中的概念、一种心灵的概念，并且同时展示出历史的主体和心灵的主体，两个城的缠斗表明它们之间的难以分离，这一区分的困难，甚或区分的不可能性，首先表明这样的主体更多的是精神的实体，同时也表明这样的主体在历史过程中、在时间中命运的某种不确定性，而在奥古斯丁看来，“上帝之城”终究会建构每一个个人的意志认同，终究是整体的人类历史之终极目的，“城”的概念作为一种譬喻，其历史哲学中历史目的论和历史神学中神学救赎论之意蕴于此可见一斑。

在奥古斯丁看来，“上帝之城”并非是在并不确定的将来才实现的，而是已经在当下临在的、在当下的时间中临在的，即使在此间世界中，“上帝之城”也应当是人的故乡，人也应

① 就此请参见 Augustinus，De catechisandis rudibus, 19, 31; CCL 46, p. 156.

当是“上帝之城”的城民，无论是谁，自绝于此的人则有一种“外邦人”的品性，他们生活在颠沛流离、背井离乡的当下的时间中，上帝早已为他们准备了返乡之路，“返乡”是上帝赋予他们的恩宠、是上帝赋予人的恩宠，在“故乡”中才享有在当下就已经被将来的时间所早已决定了的确定的存在、意志和行为，奥古斯丁称这样的“故乡”为“illa aeterna caelestique patria”，也就是“那一永恒的天乡”，人叹息着渴望这一天乡、渴望她的预许、她的恩宠、她的救赎，[①] 而这一“故乡”也耐心等待着人们的返乡。

恩斯特·史密特在引述教父学及教会史专家阿道夫·冯·哈纳克（Adolf von Harnack）的研究时特别指出，奥古斯丁所用的“城”是一个基督宗教早期十分流行的譬喻，亦即基督徒被视为此间世界中不享有任何国民权力的陌生人和外邦人，“陌生人”或“外邦人”（“peregrinus”）甚或不仅是公元2世纪的基督徒之间在通信中相互的称呼用语，而且是来往信函中固定而典型的范式化的用语；在引述著名神学家马丁·杭格尔（Martin Hengel）的研究时，恩斯特·史密特还强调指出，早期护教教父德尔图良最先使用这一概念，或曰这一譬喻，德尔图良写到：

“Scit ［sc. veritas］ se peregrinam in terris agere, inter

① 就此请参见 Augustinus, De Civitate Dei，15, 1; 5, 18; 11, 2;《忏悔录》第十卷第四章第六节：“Confortium mortalitatis meae, civium meorum et mecum peregrinorum, praecedentium et consequentium et comitum viae meae.”（“［上帝是］将死的我的慰藉，是与我一同蹒跚在朝圣之旅中的人们的慰藉，无论他们是先行者，亦或是我生命的伴侣，甚或是后继者。”）

extraneos facile inimicos invenire, ceterum genus, sedem, spem, gratiam, dignitatem in caelis habere."①

"真理知道自己作为陌生人在地上运作，轻易来到外邦敌意者之中，赋予他们在天的居室、希望、感恩和尊严。"

同样在奥古斯丁的著作中，这一譬喻也并非少见，巴比伦作为"地上之城"的代表，耶路撒冷作为"上帝之城"的代表，以耶路撒冷的品性而身陷巴比伦，则生出一种身在外邦的感觉，这种"陌生性"和"身陷囹圄"有相同的意义域，譬如《上帝之城》：

"Dum apud terrenam civitatem velut captivam vitam suae peregrinationis agit."②

"他的持续的在地上之城中的陌生性如同过着身陷囹圄的生活。"

在此，以色列人的巴比伦之囚及其在叹息中渴望返回故乡耶路撒冷的历史场景如在眸前。在历史中、在时间中的"陌生性"庶几表述一种此岸的生命品性、此间世界的生存样态，而"上帝之城"则表述一种在此间世界中的、在时间中的永恒性，唯其这两者都在历史中、都在此间世界中、都在时间中，它们

① 就此请参见 Adolf von Harnack, Die Mission und Ausbreitung des Christentums in den ersten drei Jahrhunderten. 4. Auflag, Leipzig 1924. Band I, S. 421 以及注释 4; Ernst A Schmidt, Zeit und Geschichte bei Augustin. Carl Winter, Universitätsverlag. Heidelberg 1985. S. 86. 德尔图良的拉丁文本 Apologetium1, 2 亦移引自此页。此外，除了哈纳克的例证外（譬如《伯多禄前书》第 2 章第 11 节以及《希伯来书》第 11 章第 13 节），恩斯特・史密特还列举了"新约"《圣经》中若干希腊语表述及其拉丁语译文作为"城"和"外邦人"的如此这般的理解的例证，譬如《以弗所书》第 2 章第 19 节、《格林多后书》第 5 章第 6 节以及《伯多禄前书》第 1 章第 1 节等，由于问题在正文中已经分析清楚，所以在此不再一一枚举其例证。

② 就此请参见 Augustinus，De Civitate Dei，19, 17.

才有交际的可能性，才能相互交锋缠斗；在此间世界中的存在以及这一存在的历史，并非仅仅满载生命的诺亚方舟驶向希望的彼岸，并非仅仅走出埃及而奔向迦南的朝圣，并非仅仅逃离巴比伦而回归耶路撒冷的返乡，它们更是心灵的航行（navigatio animae）、心灵的朝圣（peregrinatio animae）、心灵的返乡（reditio animae），是在“地上之城”流连忘返的人们自愿将自己放逐到“上帝之城”，是在时间中踟蹰蹒跚的人们自愿将自己流放到永恒之中；“上帝之城”并非在飘渺的彼岸，而是就坐落在此间世界、坐落在时间的嘀嗒声中、坐落在人的心灵深处；“上帝之城”唯其在历史和时间之中、唯其在人的心灵之中，才能够是真正具有此间世界意义的永恒之城，才能既真正是人类所要达到的永恒目的，才能够真正是人类达于永恒目的之路。

五　上帝之城与地上之城各自的意义及其相互关系

1.“上帝之城”与“地上之城”的形上涵义

尽管十分详尽探讨了各色问题，以至于显得有些散乱，但是奥古斯丁的《上帝之城》还是有一个内在的统一的逻辑线索，他在前言中说，无论上帝之城在时间的过程中如何被表述，他不仅被信仰者所朝圣，也被崇拜众神的人所攻击，无论如何，他要有计划地捍卫上主之国。[①]

① 就此请参见 Augustinus, De Civitate Dei, Praefatio；奥古斯丁在 Retractationes, Cap. 43 中阐释了他的写作计划与意图以及每一卷的设置。

从前此为止的阐释和分析我们能够看到奥古斯丁撰写《上帝之城》的旨趣和目的，他既非要写一部纯粹意义上的历史著作，亦非要写一部哲学著作，而是要写一部带有护教品性的历史哲学和历史神学著作，这意味着，他一定要用神学的方法，他一定首先要质询上帝的启示，并且在这一质询中要运用普遍的自然理性在本体论层面考量这一启示，奥古斯丁的旨趣投射在上帝对于历史的意义，其研究在文本方面的出发点是《圣经》新、旧约中所记载的上帝的启示。

从前此为止的阐释和分析我们也能够看到《上帝之城》的写作方法和目的，也就是说，一个事情的意义通常首先是从其旨趣和终极目的出发来理解的，如同一个拉丁语的俗语所说的："finis est ultimum in executione, primum autem in intentione agentis！"（"终极目的固然在执行中，但是首先在其行为旨趣中！"）于是，在历史过程中的上帝预视的计划必须（必然）从世界与人的末世的状态出发才能理解，而这一计划对于我们而言只能从上帝的启示才能知道，而我们的知晓或许是在片段的、不完整的方式中的知晓，这其中就隐含着诠释历史意义的方法与困难，奥古斯丁就是在这样的方法论的意义上写作《上帝之城》的。

基督宗教所言说的启示告知人们说，在人性中将会有两个完全不同的终结状态，一个是天上的耶路撒冷以其万福的信众（国民）、天使以及圣人，另一个是地狱的巴比伦以其魔鬼和受诅咒者；此外，《圣经·创世纪》（4，8）还记载说，这两类状态从天使堕落开始就存在了，它们以亚伯尔和加音为代表在人类历史的开端就存在了。奥古斯丁论证这两个群体在上帝超时间的预定中的存在：

“Genus humanum in duo genera distribuimus, unum eorum qui secundum hominem, alterum eorum, qui secundum Deum vivunt; quas etiam mystice appellamus civitates duas, hoc est duas societates hominum, quarum est una, quae praedestinata est in aeternum regnare cum Deo, altera aeternum supplicium subire cum diabolo.” ①

“我们将人类区分为两种，这两种中的一个是按照人［的品性］而生活的，这两种的另一个是根据上帝而生活的，这就是人的两个团体（societates），这两个中的一个被预定在永恒中与上帝一同统治，而另一个被预定在永恒的诅咒中与魔鬼一道毁灭。”

我们必须审慎考量这一文本，如同在不远的前文中已经阐释和分析的，我们没有理由将civitas不加任何考量而译为“国”；Civitas首先表述公民性、国民性、公民属性、社会结构、团体结构，在这一以及其它许多文本段落中，②奥古斯丁将civitas理解为societas，或曰：将其视为同义词，Civitas Dei与其说其含义为“上帝之城”，毋宁说它在更多的情形中是“天国公民”、“天国公民性”，其原象和榜样是天上的耶路撒冷，而civitas diaboli则基本可以理解为“魔鬼之城”，它以巴比伦为其样本。③大凡在奥古斯丁这里civitas是“国”的含义的时候，指的是“社会的结构”，指的是“有组织的民众（公民）团体”，

① 就此请参见Augustinus，De Civitate Dei，XV 1, 1.

② 就此请参见Augustinus，De Civitate Dei，XV 18; XV 20.

③ 就此请参见Augustinus，De Civitate Dei，XV 2; XIX 11; XVIII 41.

而并非特殊的政治学、政治哲学意义上的“国家”。在我们政治学、政治哲学意义上的“国家”，奥古斯丁所使用的语汇或者是 republica，[①] 或者是 imperium，甚或 regnum。[②]

奥古斯丁思考这一问题的方式并非政治的、政治学的、政治哲学的，而是神学的、历史的、历史神学的以及历史哲学的，这两个 civitas 更多的是形上的意义，它们被对立设置，而这一对立恰恰表明其非政治学的，而是形上的含义，奥古斯丁做了这样的区分：

civitas coelestis—civitas terrena（天乡——地上之国度）

civitas aeterna—civitas temporalis（永恒之城——时间之城）

civitas immortalis—civitas mortalis（不朽之城——死亡之城）

civitas Dei （civitas Christi）—civitas diabolic（上帝之城或基督之城——魔鬼之城）

societas piorum（虔诚的团体）—societas impiorum（非虔诚的团体）[③]

奥古斯丁说，他将人的神秘性（mystice）的两种不同的

① 就此请参见 Augustinus，De Civitate Dei，II 12; II 13; II 19; II 21; II 25; III 15; III 19; V 12.

② 就此请参见 Augustinus，De Civitate Dei，III 10; IV 3; V Praef.; IV 7; 亦请参见 Paul Simon, Aurelius Augustinus, Paderborn 1953. S. 130; H. Scholz, Glaube und Unglaube in der Weltgeschichte, Leipzig 1911. S. 90-105; W. Kamlah, Christentum und Geschichtlichkeit, Stuttgart 1951. S. 155-166.

③ 就此请参见 Paul Simon, Aurelius Augustinus, Paderborn 1953. S. 131; H. Scholz, Glaube und Unglaube in der Weltgeschichte. Leipzig 1911. S. 85-86; O. Karre, Augustinus. München 1954. S. 215.

类型表述为两个 civitas，[①] 这是《圣经》训导他这样做的，[②] 于是，大体说来，civitas Dei 就是上帝子民的团体结构，而 civitas terrena 就是此间世界芸芸众生之团体；由此，这两个城并非具象的，而是更多地具有形上和类型的涵义。

2. 上帝之城（civitas Dei）与教会的关系

在奥古斯丁看来，上帝之城与教会主要有如下三种关联：

首先，civitas Dei 并非等同于地上朝圣的教会，civitas Dei 囊括的范围要宽广的多，它包括地上所有爱上帝的人，也包括天使和已经亡故的人，甚至包括尚未出生而已经被决定了福佑的人子们，教会在这个意义上仅仅是 civitas Dei 的一部分而已，如同奥古斯丁所强调的。[③]

其次，civitas Dei 仅仅由被预定享受福祉的人构成。当然，奥古斯丁上帝之城的概念不同于多那特主义者（donatism）[④] 和后来加尔文式的教会概念，在他看来，在地上可视的、朝圣的教会中，也存在恶人、伪善人以及法利赛人，他们所说的与所做的恰好相反，亦即所谓“他们消解他们所教导的”（“qui solvunt, quod docent”）。[⑤] 教会如同一块耕地，在其中蕈草与庄稼都混合生长在一处，或者如同渔网，在其网眼上也有恶

---

① 就此请参见 Augustinus，De Civitate Dei，XV 1.

② 就此请参见 Augustinus，De Civitate Dei，II 21; XI 1; Ps. 86, 3; 45, 5.

③ 就此请参见 Augustinus，De Civitate Dei，XIX 17; 亦请参见 W. Kamlah, Christentum und Geschichtlichkeit. Stuttgart 1951. S. 158-166.

④ 就此译名请参见《神学辞典》，辅仁神学著作编译会，光启出版社，台北，第 256 页。

⑤ 就此请参见 Augustinus，De Civitate Dei，XX 9.

鱼挂在上面[①]；而在地上之城中也有上帝之城的子民，如同扫罗变为保禄一样，由此奥古斯丁说："Perplexa sunt istae duo civitates in hoc saeculo, donec ultimo judicio dirimantur."[②]（"这两个城在这个时代混合在一起，直到借助最终的审判而被分开。"）这种"混合"在教会和国家可历验的社会结构中是如此这般地严重，以至于人无法确切地知道，究竟谁属于上帝之城、谁属于魔鬼之城："哪些是魔鬼之城的、哪些又不是，上帝愿意隐而不见。"（"Deus occultum esse voluit, qui pertineant ad partem diabolic et qui non pertineant."）[③]

其三，魔鬼之城混入教会的部分，并不能影响教会结构和制度的纯洁，因为他们在教会中生活，但却并非按照教会信仰生活（"Vivunt in ecclesia, sed non secundum ecclesiam"），[④]主教们所领导的教会就是地上的上主之国，这是地上唯一的团体，根据上帝的权能与尊严而参与上帝之城的建设，甚至在这个意义上，教会才是 civitas Dei，才是上帝之城："Civitas Dei, quae est sancta ecclesia in omni terra."[⑤]（"那一处于全部地上的圣教会才是上帝之城。"）地上的教会仅仅是天上的教会的样子、征象（significatio）而已，天上的教会才是上帝之城的象征和完满的阐释（repraesentatio）。[⑥]两个合在一起才构成上帝子民团体。

---

① 就此请参见 Augustinus，De Civitate Dei，XVIII 49.

② 就此请参见 Augustinus，De Civitate Dei，I 35; XI 1; XVIII 54.

③ 就此请参见 Augustinus，De Civitate Dei，XX 7.

④ 就此请参见 Augustinus，De Civitate Dei，XX 9.

⑤ 就此请参见 Augustinus，De Civitate Dei，VII 24; XIII 16; XX 9.

⑥ 就此请参见 Augustinus，De Civitate Dei，XV 2; XV 1.

由此我们可以说，上帝之城并非能与基督宗教教会、罗马大公教会简单等同，而这可历验的教会也并非能与信仰的理想团体简单分开。

3. 地上之城与国家的关系

在奥古斯丁看来，地上之城与国家约略存在如下三种类型的关系：

首先，地上之城并非与国家等同，对于地上之城的理解最好从其构成成分出发，地上之城就是 societas et angelorum et hominum impiorum（亦即“不虔诚的天使和［不虔诚的］人的团体”），地上之城是由魔鬼和所有嫉恨上帝而又无法脱离上帝的人构成。[①] 地上之城在《若望福音》的意义上就是反对上帝信仰、将世界神化、将自己的标准凌驾于一切之上的人构成的，它将所有自恋动员并纠集起来以轻蔑上帝。

其次，所谓的 res publica 就是 res populi，国家就是民众的事物，也就是说，国家是有组织的民众，而民众是具有并遵守共同理念、法律观念和共同利益的联盟，是诸多形成的统一[②]。奥古斯丁在国家中看到家庭所怀有的社会期待以及一家之主的权力，国家的任务在于建立和维持秩序、照料和谐的共同生活、保护民众、保证其此间世界的福祉。[③] 奥古斯丁肯定国家的伦理

① 就此请参见 Augustinus，De Civitate Dei，XVIII 18; XV 15; XVIII 2：“Terrena utilitatis vel cupiditatis societas, quam civitatem mundi huius universali vocabulo nuncupamus.”（“贪欲享乐的地上之城，我们也以俗话而称之为此间世界之城。”）

② 就此请参见 Augustinus，De Civitate Dei，XIX 21.

③ 就此请参见 Augustinus，De Civitate Dei，XIX，16; XVIII 2; IV 33.

存在权力，认为这好于一个无政府（Anarchie）。[①] 无论如何，奥古斯丁既未言说三种不同的上帝之城，亦未言说多种地上之城，而是每一次都以不同的意图而言说同一个子民团体；在此，对于历史在哲学意义上的阐释超越了对它在终末论意义上的阐释，言说意图的转换并非被言说对象和被阐释对象的转换，如果我们追随奥古斯丁言说意图的转换，我们也就能理解他在言说什么了。

其三，只要一个国家（政权）的确将此间世界的事物绝对化，并且反对崇敬上帝（神明），那么它就的确属于魔鬼之城（civitas diaboli）的一部分；敌视上帝的巴比伦以及迫害基督徒的罗马在这个意义上就是地上之城的不同类型，巴比伦是第一个罗马，罗马是第二个巴比伦；罗马继承了巴比伦的遗产，并且表现出地上之城之所能事，表现出其原本的特质及其界限。[②] 统治的欲望（dominandi libido）是罗马民族的本色，他们高傲地统治，而上帝则谦卑地赋予人恩宠，这形成鲜明之对照。地上之城被肆无忌惮的权力欲望推向前进，[③] 其哲学是一种有限的民族主义，会导致持续的战争，由此导致世界上的战争，所有人向所有人开战，在其中，弱肉强食，强者取胜，而弱者则被践踏。[④] 地上之城由于其非正义而由其自身解体，因为任何国家（政权）没有正义就并非别的什么，而是一个大的强盗团伙。[⑤]

---

① 就此请参见 Augustinus，De Civitate Dei，XV 4.
② 就此请参见 Augustinus，De Civitate Dei，XVII，22; I 30.
③ 就此请参见 Augustinus，De Civitate Dei，XV 5.
④ 就此请参见 Augustinus，De Civitate Dei，XV 4; XVIII 2.
⑤ 就此请参见 Augustinus，De Civitate Dei，XIX 23.

无论什么时代、无论什么人、无论什么地区，都会属于这两个国中的一个，不仅仅人，而且天使以及所有具备理性的存在（如果有这样的存在的话）都是这样。[①] 奥古斯丁认为，所谓此间世界的彼岸并非作为人的对立面而存在、并非作为此岸的对立面而存在，[②] 而对于其它星球上是否存在人、类似人的生物或有理性的生物等问题，他则没有考虑。当今的神学并非反对存在着这样的可能性，这更多地需要经验科学做出判断。

4. 教会与国家的关系

就国家与教会的关系而言，奥古斯丁设想了三种类型：

第一种类型，纳入基督宗教秩序的国家，教会认可其权力与伦理，教会强化其良心，尊重其统治，活跃其文化；这是奥古斯丁为未来所设想的，也是卡尔大帝尝试实现的。

第二种类型，宗教中立的国家，在神圣事物中教会不享有优先权，在世俗事物中，只要国家不阻碍（non impedit）教会的宗教活动，那么教会服从国家。

第三种类型，敌视宗教与敌视基督宗教的国家，在奥古斯丁看来，这一类型以敌视基督宗教的罗马帝国的形式出现，异教中受过教育的人鼓噪这样的形式，在不明真相和无知的民众中煽动仇恨（“in odium nostrum”），在这样的国家中，邪神与魔鬼崇拜、宿命论与迷信占统治地位。[③]

奥古斯丁并非仅仅在基督宗教，而是在宗教的意义上探讨

---

① 就此请参见 Augustinus，De Civitate Dei，XVI 8.

② 就此请参见 Augustinus，De Civitate Dei，XVI 8.

③ 就此请参见 Augustinus，De Civitate Dei，XIX 17.

国家与宗教（团体）之间的关系，他考量的不仅仅是基督宗教，而且还将其它宗教包含在他的考量之中；当然，他也从未将国家与教会的关系作为主题来探讨，因为我们已经看到，无论是上帝之城、亦或是地上之城，都是形上的意义，它们和现实中可历验的作为团体的教会和作为团体的国家绝不一一对等、绝不分别对等。一方面，如果认为奥古斯丁将它们分别对应起来，甚或对等起来的话，则是完全错误的，而且另一方面，将奥古斯丁关于这两个城关系的论述转用到教会和国家之间的关系上也必须十分小心谨慎，至多仅仅能够以近似的方式来考量之。

上帝之城中所笼罩的上帝的和平，首先也要求世界和平，而这世界和平需要国家来保障，这是最高的法则，教会与国家的关系就是依照这一法则来梳理的。教会需要这样的国家，这国家对内、对外都能保证和平，对内、对外都能保证公民的平等权利、人身安全、财产安全以及有尊严的闲暇等权力和福利，而国家也在伦理道德上依赖教会。奥古斯丁并未引入一个基督宗教的国家概念，但是他思考一个普遍的国家概念，思考一个基督宗教化的国家架构，如同基督宗教的精神贯彻人类社会一样，国家有责任、也应当（甚或必须）将人们此间世界绽放盛开的幸福在基督宗教为了全人类的福祉的意义上而推向高潮。① 尽管奥古斯丁本身似乎更偏好众多相互联合的小国家，② 但是他也认为，一个普世的基督宗教的大国也是可能的③。在这个意义上，奥古斯丁提出了理想的君主制的愿景，其权力工

① 就此请参见 Augustinus，De Civitate Dei，II 19.

② 就此请参见 Augustinus，De Civitate Dei，IV 15.

③ 就此请参见 Augustinus，De Civitate Dei，IV 3.

具是为了真正的宗教的传播而投入使用的。[①]卡尔大帝正是在这个意义上将上帝之城作为其帝国纲领性的目的，并由此而感觉到自己是一个正当的统治者，其广泛的统治也被视为人们的幸福；基督宗教的加洛林王朝的统治几乎涵盖整个欧洲，奠定了欧洲中世纪物质的和精神的丰厚而坚实的基础，当时基督宗教的欧洲的标志是：帝国与神圣的联合、联盟（imperium et sacerdotium），普世宗教与普世世界观的圆融无碍，公开的与私人的幸福生活的普遍共存，礼仪与艺术的极大发展，信仰的传承与自然科学的充分结合。

在这个意义上，我们不能将卡尔大帝视为“专制国家的鼻祖”，[②]也不能毫无区分地一概反对统治权力中的宗教理由与神圣品性。教会权力与国家权力之间、自然与超自然之间、宗教与科学之间、信仰与科学之间、宗教与文化之间的和谐，并非一种低级的、原始的、直到中世纪才超越的精神状态，而是原本就是在人性中能够和谐相处的因素，只是到了近现代，这一和谐关系才被自由的、俗人的、俗世化的欧洲所打破。[③]

5. 上帝之城与地上之城作为正反命题

奥古斯丁认为，教会不断努力工作，实现上主之国的和平，

---

① 就此请参见 Augustinus，De Civitate Dei，V 24.

② 就此请参见 Friedrich Heer, Aufgang Europas. Wien Zürich 1949. S. 425, 658.

③ 就此请参见 Peter Harrison, The Territories of Science and Religion. The University of Chicago Press, Chicago and Longdon 2015. Peter Harrison 在他的这部著作中详尽分析了科学与宗教不仅并非下车伊始就是对立的，而且它们还同属人的基本德性，特别请参见 pp. 1-54。

在这个意义上，教会是上帝之国在地上的代表和展现，异教的俗世国家代表地上之城，教会在三种意义上与这样的国家成为正反命题。①

第一，在奥古斯丁看来，地上之城的子民并非依照精神（secundum spritum），而是依照肉身（secundum carnem）而生活，②精神与肉身在此也是一种对照，这近乎于一个敬爱上帝与自我神化的正反命题，他说："于是两个城有两种爱，也就是说，一个是反对上帝而对地上之城的爱，而另一个是并不自私的上帝天堂之爱，于是那一个在自身中，而这一个则在上主之中获享荣耀。"（"Fecerunt itaque civitates duas amores duo, terrenam scilicet amor sui usque ad contemptum Dei, coelestem vero amor Dei usque ad contemptum sui. Denique illa in seipsa, heac in Domino gloriatur."③）

上帝之城的子民生活于对上帝的无条件的依赖中，而这正是他们的福祉、内在的自由以及优越性的奥秘所在；④而地上之城的子民视自身为偶像，并且生活在错误而有害的多神论中而不能自拔；⑤奥古斯丁没有预见到现代的无神论国家，至于自然神论（Deism），奥古斯丁则认为它是那样的值得人们尊重，以

---

① 就此请参见 Paul Simon, Aurelius Augustinus. Paderborn 1953. S. 132-144; W. Kamlah, Christentum und Geschichtlichkeit. Stuttgart 1951. S. 166-175, 189; H. Scholz, Glaube und Unglaube in der Weltgeschichte. Leipzig 1911. S. 85-86.

② 就此请参见 Augustinus，De Civitate Dei，XIV 9.

③ 就此请参见 Augustinus，De Civitate Dei，XIV 28.

④ 就此请参见 Augustinus，De Civitate Dei，IX 22.

⑤ 就此请参见 Augustinus，De Civitate Dei，IV 23："Falsorum deorum multitudo noxia."以及 De Civitate Dei XVIII 54; XIX 17.

至于不愿意与之发生纠葛。①

第二，奥古斯丁认为："Boni ad hoc utuntur mundo, ut fruantur Deo; mali autem contra, ut fruantur mundo, uti volunt Deo."②（"善人使用世界，以为了借助上帝而丰富之；而恶人则相反，他们想利用上帝而消耗世界。"）这两个城在思维方式与生活方式上无可修和的对立，也体现在它们与世界的关系上。上帝之城的子民为了上帝的意愿、依照上帝的意愿而使用这一世界上的物质资源，而地上之城的子民甚至滥用关于上帝的思想，以为了能够毫不设防、不受阻碍地享受这个世界。地上之城倾向于不可知论，并且尊崇不友好的怀疑论，上帝之城则拒绝这种在真理面前的疯癫，以为了在对现实的认知中获得喜悦。③上帝之城的子民观想超出此间世界的至善，并且也准备好为此而做出贡献，地上之城的子民则仅仅依赖于此间世界的物质的享受，并且在无休止的奢华和享受中掩饰他们内在的空虚；④在上帝之城中，法律仅仅是为了预防逾越行为而存在，⑤在这样的城中，人们享受秩序和宁静中的无限的自由，是一种如意的享受、随心所欲的享受（luxuria impunitas），⑥是一种宁静的闲暇（secura nequitia）。⑦

第三，但是这样的自由在地上之城中并不存在，其子民之

① 就此请参见 Augustinus，De Civitate Dei，X 18; XI 5; XII 25.
② 就此请参见 Augustinus，De Civitate Dei，XV 7.
③ 就此请参见 Augustinus，De Civitate Dei，XIX 8.
④ 就此请参见 Augustinus，De Civitate Dei，II 20.
⑤ 就此请参见 Augustinus，De Civitate Dei，II 19.
⑥ 就此请参见 Augustinus，De Civitate Dei，I 33.
⑦ 就此请参见 Augustinus，De Civitate Dei，II 29.

间相互争执不休，原因很清楚：如果人将此间世界的物质财富和享受视为最高的价值的话，那么他会不惜一切代价而攫取之，就此会与持相同观点和相同行为的人相遇，于是争斗则不可避免；在国家之间也是这样，每一单一国家的自私自利的民族主义会导致国家之间的战争，强者战胜弱者、压迫弱者、剥削弱者。[①]

6. 教会与现代集权国家

奥古斯丁关于地上之城的属性的阐释不仅击中古代的反基督宗教的国家（与个人），而且他所提到的一些品性是每一集权国家的特性，无论它是公开的无神论的，亦或是所谓的宗教中立的。

在一种确切的帝国神学的意义上，奥古斯丁是这样描述地上之城的本质的，他认为，教会毫无条件地坚守其所有部分构成的共同信仰的一致性，而异教的集权国家则并不在意其追随者相互矛盾的世界观以及相互冲突的众神信仰；当然，这并不适合现代集权国家的特质，他的观点建立在历史的经验中，他认为，苏格拉底并非因为在众神本质问题上传播了与国家意识形态不一致的观点而被判死刑，而是因为他拒绝向国家所承认的神明崇拜表述虔敬，苏格拉底被判死刑的真正原因在于他的对手对于他的嫉恨，这嫉恨借着他的嘲讽将他置于绝境，如同他在法庭最终的议事中所招致的一样，以至于他的死刑并非别的什么，而是一种“自愿死亡”的类型、一种“找死”的类型。[②]

① 就此请参见 Augustinus，De Civitate Dei，XV 4; XVIII 2.

② 就此请参见 Augustinus，De Civitate Dei，VIII 3; Jakob Burckardt, Kulturgeschichte Griechenlands. Wien-Leipzig 1940. S. 323

古代的国家并非一种世界观式的国家，奥古斯丁阐释说，没有哪个哲学流派的开山祖师在地上之城中曾经被如此这般普遍承认，以至于其他人所主张的不同的以及相互矛盾的学说被否决！没有哪一个民族、哪一个元老院、哪一个国家权力、哪一个官位曾经动过心思，去判断哲学家们相互矛盾的意图和学说，以赞襄和接受一个，并且反对和拒绝另一个，这样则有可能导致人们毫无区分、毫无判断地忍耐国家内部的乱象和纷纭杂沓的争吵！而这争吵以及观点的不同，并非涉及耕地、住房以及金钱，而是涉及究竟什么决定了生活的幸福与不幸！即使其中多少有些真实情形被言说，甚或真理被言说，但是难道不是也以同样的自由传播谬误吗？以至于这样被建构的国家恰如其分地获有巴比伦这一称号！巴比伦意味着“混乱”！而巴比伦的国王们、魔鬼们甚至并不关注，是否以相反的谬误控制那些人，而他原本能够以同样方式而凭借多样的、多方面的无神论控制他们。[①]

在此彰明较著的是，奥古斯丁无法事先预见到他之后以至于当代的集权国家官方的世界观，我们必须承认，当代的集权国家比古代的更有甚者，理由在于：

首先，奥古斯丁早就清晰地指出：“Populus est coetus multitudinis rationalis rerum, quas diligit, concordi ratione societus.”[②]（“民族是借助诸多事物的各种理念而形成的联合，这民族尊敬它们，借助社会和谐的理念而存在。”）当代的集

① 就此请参见 Augustinus，De Civitate Dei，XVIII 41.

② 就此请参见 Augustinus，De Civitate Dei，XIX 24.

权国家力求对于公民所有生活领域的全面而普遍的控制，这样的国家政权强调，一个国家的民族只能在一个统一的世界观和国家意识形态理念中和同样的国家意志中才能合而为一；由此，地上之城或集权国家必定、必然规定一个所有人都必须遵守的世界观，这世界观将此岸世界的某一追求绝对化为最高的价值。

其次，现代集权国家有一个古代集权国家所不曾知晓的榜样，也就是基督宗教教会。如同《旧约》只承认一个全民族都遵守的被预言的真理一样，《新约》的教会也无条件地严格遵守信仰学说的统一性。[①] 教会愿意从启示的角度理解和领导生活的所有领域，对于教义纯洁性的关注导致一个古典时代尚不知晓的新问题出现，亦即异端问题。奥古斯丁反对这样的观点，即异端能够滞留在上帝之城中，如同混乱的国家将相互矛盾而相互争端的哲学家们不分青红皂白一股脑囊括怀中一样；在奥古斯丁看来，如果这些异端不接受此间教会的教导的话，那么他们更多地是置身于教会团体之外。[②]

其三，现代集权国家盗用并滥用教会信理的统一性原则，以服务于自身高度集中的权力；现代集权国家滥用其最高的话语权威，并且规定所有人都必须服从的国家意识形态，而且恰恰无神论的集权国家从其设定的先决条件出发（譬如握有最先进的理念等），滥用人民赋予它的权威所带来的逻辑而直接的后果是：无法容许在它之上，甚或仅仅在它之外（在它之旁）还有另外任何一个权威的建立，甚或不允许相反声音的存在。

① 就此请参见 Augustinus，De Civitate Dei，XVIII 41.

② 就此请参见 Augustinus，De Civitate Dei，XVIII 51.

集权国家由此而将自己绝对化，并且以暴力机构维持自己；奥古斯丁没有预见到这一点。

其四，必须确切指出的是，教会并非上述集权国家系统意义上的集权体制，如此这般的偏见都忽略了一个基本的区别：教会的目的全然不同于集权国家的目的，不仅目的不同，而且与此相关联的是，达到目的的手段也不同。教会不威胁人的自由，不使用强迫手段，信仰与爱绝非强迫而来的，也强迫不来！而如果我们再考量一下教会与国家对于真理的态度以及和真理的关系，那么它们的区别就更加一目了然，共同的信仰真理是承载教会的基础，教会并没有创设真理，以将它附加给自己、附加给人，而是发现并依赖于这一真理；相反，集权国家及其集权的政党则创造真理，而且是创造唯一的真理，并且宣称唯独自己握有真理、唯独自己才能有真理诉求。

奥古斯丁庶几是第一个提示出异教国家和真理的这一关系的人，在某种意义上，现代集权国家与真理的关系也同样如此，这样的国家设定一个意识形态或者一个学说，并非因为这一学说是真的，而是因为这一学说能够服务于集权国家自身所想象出来的为了自身的目的；并非思想，取而代之的是意识形态，并非真理，取而代之的是短视的有用性。

在这样的集权国家生活的基督信徒们应当怎么办呢？面临这样的问题奥古斯丁回答说："Etiam pessimam flagitiosissimamque rem publicam tolerare jubentur."[①]（"他们被训导去容忍这一最糟糕以及最应当被起诉的国家。"）基督

① 就此请参见 Augustinus，De Civitate Dei，II 19.

信徒们在大公教会的训导下要容忍这一集权国家，要尝试以基督宗教的生活和榜样使之好起来，使其内部也生活着具有优秀品质的公民，上帝之城的子民应当能够与世上之城的子民共同生活在此间世界之中，并且共同享有此间世界的自然资源，① 他们有同样的生存条件，必须经历同样的自然灾害等，② 而且这两类人都在婚姻中传宗接代。③ 奥古斯丁并不知晓，也无法知晓现代的集权国家，他所熟知的，是古典的宽容，是古典时代的宽容，是古典时代的国家，那时的国家并不阻挠外来文化、外来宗教和信仰在本国的传播；而当今的基督信徒对于现代集权国家的服从应当是有所保留的。

奥古斯丁认为，朝圣的上帝之城也将自己建构到、引入到国家的秩序中，并且也遵守地上之城的法律，这法律规范此间世界尘世的生活，由此，这两个城之间的和谐在它们共同的事物中（譬如共同关注此间世界的生活）就能够被看护好。④ 上帝之城保有并护卫所有缔造和平以及有利于和平的人与事物，并且支持一切人性的追求，只要这样的追求并不影响人的美德、伦理、宗教以及信仰。⑤ 此间世界的和平对于上帝之城而言也是至高之善，是所有文明和文化的基础，是人性所有内在追求、精神追求的前提，上帝之城及其子民完全清楚，在追求和维护这一和平的事业中与地上之城及其子民建立联盟的重要性，并

① 就此请参见 Augustinus，De Civitate Dei，XVIII 54; XIX 17.
② 就此请参见 Augustinus，De Civitate Dei，XVIII 54.
③ 就此请参见 Augustinus，De Civitate Dei，XV 20.
④ 就此请参见 Augustinus，De Civitate Dei，XIX 17.
⑤ 就此请参见 Augustinus，De Civitate Dei，XIX 17; V 17.

且也积极地去实施这一理念。[①] 如果国家服务于民众、为了民众的权力而限定自身的权威，而且并非将自己绝对化、绝对权力化以至于神化，而是将自己视为有限的存在而为时间中的善着想、为人的此间世界的需求着想，如同永恒的罗马将自己时间化一样，那么它就已经将自己纳入了基督宗教的秩序中。

在奥古斯丁看来，这两座城的相互关系并非摩尼教意义上的宇宙的二元划分及其两个部分的尖锐对立，如同前文已经提及的，他从提克纽斯（Tyconius）那里接受这一思想，他对这两个城的关系的阐释恰恰是决定性的反对摩尼教二元对立思想的；根据摩尼及其学生们的学说，世界划分为二元，存在善与恶两种对立原则，由此也存在两个对立的团体，一个天生就是善的，另一个则天生就是恶的；而根据奥古斯丁，恶的本性对于自身而言也是恶的、也要去毁灭自身，因而自身也无法存在，于是在这个意义上甚至地上之城、国家等从本质上也是善的，而有些国家之所以成为恶的（在此：并非原本就是恶的，而是成为了恶的），其原因在于其领导层的意志向着恶的颓败。[②] 奥古斯丁深切关注的是人性的分裂，是国民在社会和政治层面的分裂及其暴力的争斗，在他看来，没有人有权力丑化别人、将别人魔鬼化，因为至少并不确定的是，究竟谁最终属于魔鬼之城。基督信徒愿意接纳甚或去爱每一个人，甚至是自己世界观和信仰上的敌对者，对基督信徒而言，任何一个人都是交谈的伙伴；奥古斯丁特别指出，无论对于任何一个个人而言（并非仅

① 就此请参见 Augustinus，De Civitate Dei，XIX 14; XIX 4; XIX 17.

② 就此请参见 E. Gilson, Der heilige Augustin. Hellerau 1930. S. 323. H. Scholz, Glaube und Unglaube in der Weltgeschichte. Leipzig 1911. S. 78.

仅对于基督宗教信徒而言），亦或是对于教会而言，与有不同思想而热爱真理的人的交流，甚至交锋是多么的重要。他是这样说的，他自己也是这样做的，他从未贬低、甚至还十分看重基督宗教的极端反对者、背叛者尤里安（Julian，亦即 Jiulianus Apostata，即前文提及的尤利亚努斯·阿颇斯塔塔）以及波斐利（Porphylius）的人格的以及学术的意义和价值。①

所谓护教学，并非别的什么，而是一种交流思想的学问，奥古斯丁握有护教学最美好的品性：在交谈中无条件的求真、无条件的真理性！即使面对，而且恰恰是面对自己的对手，甚或敌手时！人们在他的著作中找不到对于他人的，以至于论辩对手的观点的有意图的扭曲，甚或找不到对其证据的有意识的消弱。他认为其中绝大部分人是出于对真理的热爱而研究、而论辩的，②他自己对于真理是那样全身心地、谦卑地热爱，《上帝之城》的结语清晰表述了这一点："我当做的事情在上主的助佑下在这浩繁的卷帙中终于完成了。那些感觉还不够，或者那些感觉太长的人们，请你们原谅我！那些认为足够了的人，请你们不要感激我，而是和我一起在愉悦中感激上帝！阿门！阿门！"③

① 就此请参见 Augustinus，De Civitate Dei，V 21："Julianus Apostata, cuius egregiam indolem..."（"尤利亚努斯·阿颇斯塔塔具有极致的细腻"）；XIX 22："[Porphylius] doctissimus philosoporum, quamvis Christianorum acerrimus inimicus."（"波斐利是哲学家中最有学养的，是基督宗教学人最犀利的对手。"）又：奥古斯丁关于异端的论述亦请参见 De Civitate Dei，XVI 2; XVIII 51; 57.

② 就此请参见 Augustinus，De Civitate Dei，XVIII 41.

③ 就此请参见 Augustinus，De Civitate Dei，XXII 30.

六 《上帝之城》的历史哲学思维模式

1."双城"论作为普世史的样态

奥古斯丁的双城说，亦即"上帝之城"与"地上之城"（或"此岸之城"），确然关涉人类有史以来就存在的信仰与非信仰及其这两者之间的不可避免的相遇，或曰：这两者原本就是共生的；对于奥古斯丁而言，尽管人类由唯一、至圣、至公、至善、至美且全能的上帝所掌控，但是人类史并非仅仅创世史和末日审判之间的游戏，并非"上帝之城"与"世界之城"之间的竞争，并非仅仅作为过往、当下和将来这三种样式的时间与永恒之间的捉迷藏、躲猫猫，并非仅仅时间、空间与历史的有目的的过程之间的不弃不离、若即若离，并非仅仅上帝之大爱与人的自我神化之间的天壤之别、无可比拟。这样说的原因在于，在奥古斯丁看来，历史的意义并非在于上述诸多形象的两两争斗，甚或不可和解的捉对厮杀，并非各不相让的两种历史过程的纠缠不清，更非摩尼教意义上的两种初始原则始终不懈而不分胜负的纠结，而是上帝自己降生成人、将自己启示给人、将自己谦谦然虚位以下启示给自我神化、自我上帝化的人类，这已经就是"上帝之城"的凯旋了，而且是无需任何争斗而恰恰在"地上之城"中的凯旋；这一凯旋终结了上述两类形象持续的胶着过程，给人留下来的是选择：是选择凯旋的一方，亦或是选择漠视这一凯旋，甚或是选择抵抗它。当然，仅仅自身永恒的生命，并非"上帝之城"城民的历史目的，他们在此间世界中的生命亦非"上帝之城"全部的历史，基督宗教所建构的救赎史思想，并非狭隘的、神学二元论的，无论是创世论的，抑或是人文论的以及终末论的神学二元论，这些原本也都是奥古斯丁所要避免的。基督宗教的救赎史思想是普遍的、普世的，它并非仅仅关注“上帝之城”中的人，而是恰恰还要关注“地上之城”中的人；救赎史与普世历史并非两个交锋的对手相互迎面扑来，要么一个战胜另一个，要么旗鼓相当、无分胜负，普世历史并非具有一个超越它自身之外的目的，救赎史也并非要涤除普世历史，而是将它容纳于自身之中，甚或成为一个，并且是同一个，否则不仅普世历史，而且救赎史就都不具备完整的意义了。

如果真地认为奥古斯丁将世界史视为两种原则、两类形象的纠结史的话，那么这一方面遗忘了他摆脱摩尼教、皈依基督宗教的个人生命史背景，另一方面也忽视了他作为基督宗教哲学家、神学家所具有的至少神学、哲学这两个领域之深蕴素养，再一个方面也误解了他以本体论、认知论所阐释的时间概念，并且最终一个方面也终究告别了他奠定在时间与永恒相互间关系之上的历史哲学，或曰：告别了他俗世中的具有普遍时间品性和救赎普遍性的历史哲学。

所谓救赎史，乃是普世历史的意义形象、意义征象；而如果这征象是阐释普世历史的意义的话，那么救赎史就并非仅仅关涉到“上帝之城”的城民，而是关涉所有人，救赎作为在时间中而又非时间性的永恒价值，是人类历史所追求的终极目的；在奥古斯丁看来，上帝创造时间、赋予时间以意义，而人类则承载着时间、承载着历史的意义；如同本书较远的前文在分析柏拉图和普罗提诺时间概念时所表述的，永恒与不朽是人类与生俱来的内在渴望，人甚至通过传宗接代、繁衍生息以达于不朽和永恒的目的，因而朝向终极目的的追求不仅是历史目的论的和历史自身内在的发展要求，而且同时也是生活于时间中的人的内在的意愿，奥古斯丁以其基督宗教的信仰摒弃此间世界的一切华而不实的预言，认识了人类这一目的与愿望，阐释了时间的内在价值，赋予了历史新的意义。

在奥古斯丁时间概念和历史哲学的意义上，我们庶几能够说，历史绝非寄望于“地上之城”，绝非终结在“地上之城”；企望“上帝之城”的人并非仅仅信靠一己之力，并非仅仅观想此岸世界，并非仅仅行尸走肉于当下的时间之中；而在俗世和时间中的救赎史就是“上帝之城”所运作的救赎史，就是“上帝之城”的运作史，就是“上帝之城”的终极目的。

2.“双城”论在基督普世救赎论中的历史哲学涵义

不仅从对时间的理解来看，或曰：从对时间的样态和形式来看，不仅从对《圣经·创世纪》的理解来看，而且从对古典哲学的和基督宗教的传统的继承上来看，[①]奥古斯丁在《上帝之城》中并非将“地上之城”的“城”，而是将上帝之“城”的

① 奥古斯丁在此既未远离古典哲学对时间和生命问题的理解，又承续基督宗教本有的传统，就此请参见 Heinrich Scholz, Glaube und Unglaube in der Weltgeschichte. Ein Kommentar zu Augustin De Civitate Dei. Leipzig 1921. S. 154-162; Karl-Heinz Schwarte, Die Vorgeschichte der augustinischen Weltalterlehre. Bonn 1966. S. 23, 43; Alexander Demandt, Metaphern für Geschichte. Sprachbilder und Gleichnisse im historisch-politischen Denken. München 1978. S. 37-45; Wilhelm Kamlah, Christentum und Geschichtlichkeit. 2. Auflag, Stuttgart 1951. S. 315; R. A. Markus, Saeculum: History and Society in the Theology of St Augustine. Cambridge 1970. P. 17-19; Ernst A Schmidt, Zeit und Geschichte bei Augustin. Carl Winter, Universitätsverlag. Heidelberg 1985. S. 97. 此外，本书在较远的前文中，在分析柏拉图的时间和永恒概念时，也阐释了柏拉图对于生命时期的划分。

历史划分为七个时期，也就是从亚当（也就是从人的创造）到大洪水、从大洪水到亚巴朗、从亚巴朗到达味、从达味到巴比伦之囚、从巴比伦之囚到基督诞生以及从基督诞生到世界终结，而除此之外最终第七个时期则是永恒救赎之到来，这相应于上帝在创世之中的安息日；[①] 这其中蕴涵对于时间周期性品性的理解（譬如七天为一周），蕴涵对于基督宗教礼仪的理解（安息日不仅是上帝之日，并且恰恰由于这一点而是每周的第一日，并且是礼仪日，而且是人与上帝相呼应的时间上的象征），蕴涵对于基督宗教神学整体的理解，在奥古斯丁看来，这适用于“上帝之城”，而非对于普世历史的历史学意义上的时期划分，这是“上帝之城”中的共识。

在此，就“城”的分期而言，恩斯特·史密特对于奥古斯丁《上帝之城》的文本结构、表述程式与内在寓意做了深刻之研究，他认为，奥古斯丁在《上帝之城》第 15 至 18 卷中集中表述了他的时期划分；在第 15 卷中，从亚当到大洪水，相应于第一个时代，在第 16 和 18 卷中又分别提及并确认之（16，43 以及 18，1）；在第 16 卷中，则从大洪水直到达味王，包含第二和第三个时期，这也在第 16 卷中再度被提及和确认，在前此为止的时期中，从亚当到大洪水再到亚巴朗期间，奥古斯丁同时表述了两个“城”，而从亚巴朗开始，庶几仅仅表述了“上帝之城”；第 17 卷则涵盖第四、五两个时期，确然，巴比伦之囚作为这一阶段的终结也包含了先知时代，这是从流亡直至基督诞生的时代；第 18 卷则表述了从亚巴朗以来的“地上之城”，

① 就此请参见 Augustinus, De Civitate Dei，22, 30.

并且以共时的方法表述以色列人的历史以及大的帝国历史（譬如亚述帝国和罗马帝国）；其中，尽管奥古斯丁仅仅在第16卷的最后一章最明确地将达味王时期与人的个体生命历程相类比，但是他并未将两个“城”等而视之，他仅仅将“上帝之城”与人的生命历程相类比，有时甚至在仅仅关涉以色列民族，也就是上帝的子民时才使用这一类比，并由此而引申到全部“上帝之城”，这一程式在“地上之城”的描述中敬告阙如；此外，在达味王所开启的青年期，也就是先知期之后，奥古斯丁并未将巴比伦之囚到基督诞生这一时期类比为人的老年期，老年期在“上帝之城”中敬告阙如，其原因一方面在于老年期未免引起一种生命历程以死亡而达于终结的印象，另一方面在于奥古斯丁意图以此而拒绝千禧年主义，最终一方面在于基督诞生后的时期是“上帝之城”进入永恒的时期；从教会的学术传统上来看，奥古斯丁并未全部接纳和发展传承到他那个时代为止的教会学说之传统，而是汲取了尤西比乌（Eusebius）编年体《教会史》和哲罗姆（Hieronymus）《圣经》拉丁翻译的诸多理念；同时，当奥古斯丁关于时期划分的写作到达基督宗教的时代以及他所处的当下的时代之时，他则庶几立即将其观视的目光超出他的时代而投向两个“城”的超验的终极。[①]

奥古斯丁关于两个“城”的历史时期的划分思想，不仅赋

① 恩斯特·史密特对奥古斯丁《上帝之城》中关于时期的思想有精当之总结和分析，譬如文本的结构、程式化的表述及其蕴涵的深意，本书在此处的正文行文中并非全部征引，而仅仅是概括性的引述与本书相关的部分研究，就此请参见 Ernst A Schmidt, Zeit und Geschichte bei Augustin. Carl Winter, Universitätsverlag. Heidelberg 1985. S. 99-103.

予了人类历史以全新的意义，而且赋予历史学以全新的意义；卡尔·洛维特（Karl Loewith）认为，无论是奥古斯丁，亦或是托马斯·阿奎那都坚持主张，在基督诞生和他再度到来之间的时间不能再被简单地视为俗世历史，[①]我们庶几能够说，这种主张的理由在于，对于基督宗教而言，人类历史已经不再处于任何一个时期的界限之内了，没有任何一段时间能够限定人类的历史，没有任何一段时间能够限定基督宗教的历史，基督宗教的时间不再被理解为某种单纯以时间的段落和样态（或以其它任何标准）来判断、来划分的历史时期，或曰：不再被对勘为个体生命历程中的某个，甚或任何一个阶段，不再被类比为社会史中以往和将来的某个，甚或任何一个阶段，不再被譬喻为自然史中以往和将来的某个，甚或任何一个阶段，人类历史借着基督、协同基督、在基督内并且联合圣神直到永远而一劳永逸地达到了它的目的，历史在基督之中已经达于圆满，上帝在《旧约》中给人的预许以及借先知之口所预言的救赎奥迹，都已经借着基督、协同基督、在基督内而完成了，基督本身就是上帝在《旧约》中给人的预许，就是上帝的恩宠，就是上帝自己亲自降生成人，就是上帝自身的启示，我们甚或可以说，基督是《旧约》的终结、是旧的盟约的终结，基督使得旧的盟约融入到新的盟约之中，基督使得《旧约》中的上帝从不可视者成为可视者，从威严的命令者到人们可以一诉衷肠的倾听者，历史就是在这样的启示和恩宠中达于圆满；在此之后，任何预许、任何预言、

① 就此请参见 Karl Loewith, Weltgeschichte und Heilsgeschehen. Zur Kritik der Geschichtesphilosophie. Saemtliche Schriften, Band 2. Stuttgart 1983. S. 124, 181.

任何类比、任何譬喻都不再是必需的了，基督作为此岸的普世史和救赎史的合一、作为个体生命历程与人类整体历史进程的合一、作为道路与目的的合一、作为时间与永恒的合一，将人类历史在普世大公教会中一劳永逸地带到它的高峰、领入它的目的，由此，基督诞生之后的时间就并非成为历史品性的时间或某个时期，而是排他性的成为终末的时间，或曰：仅仅成为终末的时间。

然而无论如何，从道成肉身的角度来说，基督诞生这一事件，不仅意味着圣言成为血肉，不仅意味着一个真理成为了可以触摸的事实，而且也的确是在时间中发生的重大历史事件，并且本身就是历史品性的事件、就是具有时代特质的事件，因而毫无疑问也由此开启和建构了一个历史的时期；在此毫无疑问的当然是，尽管基督的诞生历史性的终结或曰最终完成了救赎史，尽管他的诞生使得人类历史历史性地达到了它的历史的终极目的，尽管他的诞生在时间的意义上并不终结“地上之国”在时间中的历史，尽管他的诞生并不搅扰普世史在时间中的井然之序，但是我们依然很难真正给出这一历史事件在所有上述这些框架中最终的历史性的深刻含义。

从基督论的角度来说，耶稣基督作为完全的人是上帝的预定（praedistinatio），作为完全的神而自身又是预定者（praedistinatandum），作为完全的人和完全的神的圆融无碍的至一，既是预定自身，又是预定者自身，是这两者圆融无碍的至一，是预定、预定者与被预定者三者的圆融无碍的至一，是上帝自己降生成人，基督的降生、受难、死亡与复活，同样是在历史中一次性的事件，同样是具有普世意义的事件；降生、受难、死亡与复活作为耶稣基督在此间世界中所经历的时间整体，令时间与历史具有了永恒的品性，从此，尽管时间是无限的，但是人类历史从此不再被冻结在时间的无尽流逝之中，不再被禁锢在周期的循环往复之中，更不再被桎梏在无望的倒退衰败之中，而是具有时间品性的人类历史由此而被从无限领入了永恒，被赋予了无限从未具有过的非限定性，被赋予了时间从未具有过的永恒品性。奥古斯丁从未将人类历史置于线性的或循环的轨迹中于不顾，从未将它置于消逝性或虚无性之中于不顾，而是将它置于上帝恩宠的当下来考量，将它置于耶稣基督当下的救赎意志中来考量，在奥古斯丁的时间哲学中，上帝的预定联络起历史的进程，基督一劳永逸的降生、受难、死亡与复活联络起人类历史的终极目的，这样的预定介入人类历史，这样的一劳永逸开启人类历史从此无须再度开启的新时代；奥古斯丁并非单纯在虔诚的信仰中、并非单纯在抽象的理性中、并非单纯在信仰与理性的内在逻辑关系中考量耶稣基督与基督宗教，而是更在具体的历史和时间之中阐释和分析了耶稣基督和基督宗教所蕴涵的从不过时而永远是当下此在的重大而深远的历史意义。

七　结语：奥古斯丁历史哲学思想之重大意义

如果我们在历史哲学和历史神学的意义上探讨时间与永恒的关系问题的意义的话，那么我们庶几可以说，或许奥古斯丁的最大贡献在于，不仅将对上帝启示的思考与历史思维有效地结合起来考量，而且系统地建构它们的关系；他完成了对于宇宙循环论与线性历史观的最终超越，奥古斯丁由此论证了历史的真正的进步，这样的进步当然完全不同于十八、十九世纪世俗化的进步理论，那充其量是个社会观察和批判理论而已，奥古斯丁的历史进步论是涉及人性本质的历史进步论，是建构人性本质的历史进步论，是建构上帝与人的关系的历史进步论，是一次性超越的进步理论，是一次性超越古典，并且至今都没能被超越的历史理论，是否还能再被超越，我们将拭目以待！

对奥古斯丁而言，一个时代的价值在于，生活于这个时代的人能够在多大程度上实现上帝的爱以及与此相关联的美德，他关注的是一个时代的精神价值，当然他也知道，基督宗教的时代在实现这一价值的意义上代表的并非一个仅仅上升的发展，善在成长，恶也并未消停，善是创世者赋予的，而恶则是人造成的[①]。奥古斯丁当然看到人类文明、文化的进步，但是他也看到某些进步带来的灾难，在他看来，技术的问题本质上是人的问题、是人的伦理问题，人应当追求艺术，以正确的生活，而非仅仅活着，以达到终究的福祉和终极的救赎，而非一时的享乐；艺术在这个意义上指的是美德，指的是借着基督、协同基督、在基督内赋予给人的上帝的恩宠。[②]

奥古斯丁的思想，甚至他的直觉，都直入当代，他所阐发的世界史的思想意义、哲学意义、神学意义，其深刻之程度、蕴含之丰富，不仅至今仍然适用，而且至今庶几无人能超过；当然，尽管如此，我们并非将他的思想视为已经完成的、封闭

① 就此请参见 Augustinus，De Civitate Dei，XXII 24 (23).

② 就此请参见 Augustinus，De Civitate Dei，XXII 24.

的工程，并且从中期待对于当下问题的现成答案，奥古斯丁的意义在于为我们提供了思维的清晰法则，在于不断激发我们去思考，激发我们不断去思考。

奥古斯丁并非仅仅以一种方式表述他的思想，其主导思想有各种不同的表述，我们一方面无法穷尽他的思想及其表述的多样性，另一方面我们也不能将其简单化，特别是《上帝之城》，既不能仅仅理解为形上神学的概念集合，亦不能仅仅转播到经验层面，以至于误解了奥古斯丁的旨趣和他的著作的意义；当然：更不能有意曲解他！

如果我们在时间概念和历史哲学、历史神学以及帝国神学的关系上探讨奥古斯丁的《上帝之城》的意义的话，那么我们庶几可以说，迄今为止，还没有任何一部基督宗教古典时期的著作是如此这般的前瞻，如同《上帝之城》一样。恰恰他的松散的结构以及概念的变化，使得不断新颖的理解和阐释在千变万化的精神史中成为可能，由此，奥古斯丁的学说影响每一个世纪。没有他，欧洲教会以及基督宗教当今的形象完全无法想象：神学、法学以及虔敬性和宣证……世界借助奥古斯丁的思想和著作在不断地改进，这进步反过来照耀着我们对这位教父不断深入的认知，特别在当今这个时代更呈现出奥古斯丁的时代契合性；奥古斯丁所处的境况，那时的教会、那时的世界，与我们当今的密切相联。[①]

奥古斯丁以其深邃的哲学、神学之思考，以其概念的普遍

① 就此请参见 Theoderic Kampmann, Augustinus heute. In: Hochland 46 1953. S. 93-95.

性适应程度，超越所有其他教父，他那天才的直觉联系起他神秘的观想以及对古典时代的感觉，他风格的细腻，他那罗马拉丁语的力度，他以所有这些创造了拉丁语的经典形式、创造了拉丁语思维的缜密系统，成为超越古今的伟人[①]。

杜荷斯纳（Duchsne）在曾经的拉特兰宫的图书馆 Santa Scala 教堂地下发掘出最古老的奥古斯丁的画像，[②] 杜荷斯纳向教宗立奥十三世报告这一发掘结果，他将这画像定为公元 6 世纪的作品，当他陈述他的理由时，教宗打断他的报告，并高声喊道："这是奥古斯丁！"

这画像下的文字恰恰画龙点睛般道出奥古斯丁的特质：

DIVERSI DIVERSA PATRES
SED HIC OMNIA DIXIT
ROMANO ELOGUIO
MYSTICAS SENTENTIAS TONANS

不同的教父们讲了许多
而这位却说出了全部
凭借这位罗马人的话语
神秘的句子在振响

① 就此请参见 E. Norden, Die antike Kunstprosa. Neudruck 1909. Band II, S. 621.

② 就此请参见 G. v. Hertling, Augustin. Maiz 1911. S. 111. "sententias" 在铭文原文中是 "sensa"，Hertling 认为，这是俗拉丁语。

总而言之，没有人下车伊始就能在精神的耶路撒冷、在上帝圣城之中被保证终生获有一席之位，在人的灵魂中总是现场直播着耶路撒冷与巴比伦的交锋，总是反复回放着“上帝之城”与“地上之城”的纠结，总是铿锵有声着过往与将来的呼号，总是起伏回荡着此岸与彼岸的喧嚣，也总是辗转萦绕着时间与永恒的追问；尽管我们缠绵悱恻于古典的哲学与宗教的真理，但是我们面临的问题依然是：时间中的事件难道仅仅具有消逝性吗？救赎的事件难道仅仅是过往的历史吗？人类的将来难道已经停滞了吗？当下的终末难道仅仅是一个童话吗？此岸的超验难道仅仅是外在的征象吗？心灵的流亡难道仅仅是徒步在信仰的外邦吗？精神的囚禁难道仅仅是囹圄在理性的故乡吗？

人类可能是他当下时代的外邦人，蹒跚在返乡的路上……

结语篇　奥古斯丁的时间学说作为思想史的耕地

一　方法论的收束

如同本书在整体的行文中所一再阐释和分析的，奥古斯丁的时间学说具有古典晚期基督宗教的品性，他一方面续写了古典哲学的传统，另一方面也对其有所修正；他汲纳原本是古典存在论的，而后又成为怀疑论的时间学说，这样的学说不仅尝试将具有张力的不同的时间段（过往、当下、将来等）汇聚到一起、汇聚到当下此时，甚或凝聚和浓缩在（每一个）当下之时刻上，而且还尝试将永恒与时间对应起来，时间在这样的学说看来并非逝者如斯、芳华不再，奥古斯丁将这样的问题意识和时间观念领入他的时代、他的当下，并特别关注其对于时间的非虚无化，他将古典的时间学说化入他自己的新柏拉图主义品性的精神论的时间观，不仅将希腊、拉丁的语法和修辞学的基本时间概念和柏拉图、新柏拉图的本体论对照起来，而且还尝试将似乎是对立的永恒与时间汇通起来，他的时间观透析出他的本体形上论的思维色彩，在主张恩宠论的同时又弱化新柏拉图主义和普罗提诺主义，使得他自己的时间观在续写古典华章的同时首先凸显出基督宗教的特质。

在思维方式上，奥古斯丁从汲纳和否定出发开始了他对时间概念的探讨，他在解构古典时间观的同时也在搭建从古典而来的时间观的结构，从思维方式上来看，他为我们提示了一个（新的）思想在何处启程；柏拉图与亚里士多德已经说到过时间与灵魂的纠结，普罗提诺将时间的普遍性、普世性回溯到世界灵魂的运作之中，并且归功于这样的运作；只有当我们思考古典哲学所说的世界灵魂时，他们言简意赅的灵魂-时间学说才更加具有意义。尽管奥古斯丁原则上并非反对和拒绝，而且甚或还借用世界灵魂概念，但是其醉翁之意却并不在此，其意图恰恰在于在进入其基督宗教的主旋律之前，尝试将其主导思想在世界灵魂的程式中弹奏而出，并将已经在神学上消解了所有功能的世界灵魂投射到基督宗教的上帝理解之中，换言之，其目的并非在于以古典的调性弹奏出世界灵魂的旋律，何况从世界灵魂理论出发未必能够得出清晰的结论，而是在于从宇宙过程、自然过程的思维角度探讨时间概念，在于以涤除了神学内涵的世界灵魂概念阐释基督宗教的上帝观念，并再度将这一上帝概念赋予神学之理解。

奥古斯丁在强调时间的虚空、虚无、虚妄、虚幻及其微不足道时，也依然没有离弃怀疑论者们所无法推翻的古典哲学的前提，譬如被理解为当下此在、当下永在的存在概念，譬如永恒的优先地位、强势地位，譬如视觉的优越性和存在者的空间化，譬如时间作为宇宙变化（运动）以及人的行为的衡量标准等等，诸如此类、不一而足。

如同古典的哲学家一样，譬如柏拉图在《蒂迈欧篇》的尝试，奥古斯丁也将时间置于对宇宙、自然的起源的质询中而加以考量，也就是置于宇宙论和上帝论的整体氛围中实施考察，奥古斯丁汲取自然的稳固性和持续性，汲取精神的奠基和建构的功能，他的时间分析不仅涵盖了古典思维的宇宙论，同时也能通达基督宗教的创世论的时间理解（尽管这两者多有不同），时间在他那里已经不再是某种质料、不再是智者们用以将其生命作为艺术品来建构的质料。奥古斯丁在《忏悔录》第十一卷中不再将时间仅仅视为可塑造的对象、可建构的对象，不再将时间仅仅视为伦理的最终保障，人不仅应当在时间之中善度其生命，而且应当将自己从时间之中运动出来，甚或更应当让上帝的恩宠将人自身从时间中提取出来、扯离出来；区分世界时间和人的时间似乎并无太大意义，奥古斯丁庶几也并未尝试做这样的区分，原因庶几应当在于，时间本身以及人作为时间性的存在无论如何都属于可变化的整体的存在，人超越时间、超出时间（无论是自身的，抑或是世界的时间）的渴望似乎仅仅能够被拯救在他所从出的自由于时间之外的、不受时间限定的永恒故乡；在这个意义上，对于奥古斯丁时间理论的历史哲学的建构和分析已然并非是多余的了，这样的建构和分析是有意义的，这一方面不仅能够表明奥古斯丁从古典的客体时间观向着人文本体论的和位格论的时间观的转变，不仅能够补充其时间分析中人的上帝肖像性论点——而做不到这一点则庶几毫无疑义，而且另一方面却也能避免陷入一种危险，亦即臆造《忏悔录》第十一卷中所并未出现的所谓外在时间与内在时间的参商之隔，这样则难免低估其从自然和宇宙过程出发判断时间概念的价值，难免混淆这其中的时间研究和对《创世纪》

的阐释中所作的时间分析，并且难免迷乱这两者之间的区别与联系。

从这种臆造的泥泞中脱身出来，才更能发现《忏悔录》中，特别是这里所探讨的第十一卷中语义的丰硕、思想的富饶、逻辑的严谨、内涵的深刻。奥古斯丁的时间理论不仅并不匮乏系统建构的论证分析以及由此带来的说服力，而且同时还由于其发人深省的问题设置和丰厚而深度的哲学与历史的质询，如同他的其它学说一样，不但自身极具思想价值，同时也启迪和滋养了其后历代哲学家，仅仅正确描述他的思维方式庶几就足够了、就足够丰富了，因为我们至今都还在他的思维方式中思考人对于时间的经验、都还没能完全逃逸出他所砌造的思维结构，以至于他的时间哲学能够与亚里士多德和康德的时间哲学比肩并立，并且能够被评价为对欧洲哲学影响最大的时间学说之一，甚至当今的时间学说都无法从旁走过而对它视而不见，要想超越它也必须从它开始；奥古斯丁的时间学说，如同他的其它学说一样，是一片已经开垦和保养了一千多年的丰厚肥饫的耕地，我们必须薅锄掉一切外来的物种、祛除一切人为的稗草，涤除一切故意对它的胡言乱语，驱除一切沽名钓誉者，扫除一切既为自己沽名钓誉而又毁谤非议奥古斯丁者，以使真正勤劳朴实的思想的农夫农妇在这片土地上躬耕不辍。

二　问题的史的收束

1.《忏悔录》第十二、十三卷中的时间分析

尽管奥古斯丁在其思想的田野上躬耕不已，但是人们当

今提及奥古斯丁的时间理论时，通常都是指《忏悔录》第十一卷中对于时间的阐释和分析，这虽然十分正确，但是并不全面；尽管《忏悔录》第十一卷（特别是第十四章第十七节至第二十九章第三十九节）相对而言的确比较独立，但是这一独立性并不足以，也不应当使我们有理由忽视奥古斯丁在其它著作中对时间的表述和分析，更不能令我们的忽视有些许的合理性。孤立地看待《忏悔录》第十一卷会产生一些问题，一方面，这难免掩盖奥古斯丁在不同语境下对于时间概念所做的不同的分析（譬如在《忏悔录》其它分卷和其它著作中对于时间的阐释），也难免遮蔽其时间理论整体的发展脉络，以至于我们难于比较全面地理解他在其时间分析中所呈现的深刻哲思；而另一方面，如果仅仅在本体形上哲学层面孤立地考量《忏悔录》的时间分析的话，那么我们不仅不可避免地将考量的对象从其整体的思维结构中撕扯而出，以至于即使单独对这撕扯而出的部分也庶几无法做出正确的估量和评介，而且我们也难于觉察和理解在奥古斯丁的时间学说中哲学的与神学的分析之间的区别与联系；最终一个方面，奥古斯丁之后的哲学家、思想家们都不断将他的问题意识、问题设置带到他们各自的时代，并且以不同的方式重新提出时间问题，无论是与他们各自时代的理论作比较、抑或是谋求将其同化到自己的理论中，而如果仅仅单独考察《忏悔录》第十一卷的时间分析的话，那么我们不仅无法真正全面恰当判断奥古斯丁时间理论对于后世直到当今的重大影响，而且也难于正确拿捏奥古斯丁之后历经中世纪直到当今研究他的时间理论的学者们的学术研究及其贡献。

由于我们的意图主要在于探讨《忏悔录》第十一卷中的时

间学说，所以我们仅仅是在研究它的意义上，而并非为了探讨其它著作中的时间学说而引述相关的文本；尽管这些文本并非，亦不必和《忏悔录》的文本相关联，尽管它们并非、亦不必和《忏悔录》有内涵上一致的表述（固然，亦不必要求一致），尽管它们并非，亦不必和《忏悔录》分析时间的文本分别保持一致的哲学和神学的逻辑与系统（或许唯其如此，还可能、才可能有更多的理论的能量呈现出来），但是它们至少能够在文献上展示奥古斯丁思想发展的轨迹，它们至少对于历史地、哲学地理解《忏悔录》对时间问题的阐释和分析不仅十分必要，而且十分重要，甚或比起分别而分散的讨论，它们在这种相关联的探讨中能够和《忏悔录》一道在共同的问题域中呈现出更多的哲学意味和神学意蕴。

即使在《忏悔录》中，奥古斯丁对于时间概念的分析也有一个发展的迹象呈现而出；在第十一卷中，他已经不再像早期那样完全重复柏拉图在《蒂迈欧篇》37 d 中将时间描述和分析为永恒的运动的图像，[①] 而在第十二卷中他则认为整体的世界，甚或包括精神在内，都建立在某种质料性的基础之上，并且将事物的运动最终视为时间在其中的运作，事物的变化则出于它们的质料性，而且也恰恰，并且仅仅由于这样的变化人们才能感受到时间、才能测量时间；在这样的分析中，时间的起源似乎并非一个问题，或曰并非一个有待探讨的问题，时间的起源

① 就此请参见 Kurt Flasch, Was ist Zeit? Augustinus von Hippo. Das XI. Buch der Confessiones. Historisch-philosophische Studie. Text-Übersetzung-Kommentar. Vittorio Klostermann, Frankfurt am Main 1993. S. 93.

在这样的分析中理所当然被视为在事物的变化之中，[①] 甚或没有运动变化就没有时间，[②] 在这一点上他延续了在《〈创世纪〉字解》中对时间的阐释以回应在第十一卷中的时间分析。

只要自然的过程、宇宙的过程在行进，那么就存在时间，反之在创世之前则无所谓时间、则不存在时间；[③] 这同时也意味着，只要纯粹质料的无形式性被克服（或曰质料获取了形式），就能、才能产生时间；自然必须是形形色色的，只有这样，时间才有可能产生和存在。在奥古斯丁看来，每一个成为（每一个成住转坏）都是本质建构的转变、都是形式的转变，[④] 他于是由此将第一质料视为无时间性的，而时间则被描述为形式的结果，只是事物的形式才令时间产生；[⑤] 在此，奥古斯丁的观点有所变化，他没有如同在第十一卷中一样将精神（或曰灵魂）视为时间的本源，就目前所知的文本而言，他也并未对这样的变化给出充分的理由、甚或并未给出理由，他似乎无须再为时间寻找另外的本源了，而是完全不顾相邻的第十一卷的阐释和分析而令人惊讶地突然转向似乎毫不相干的方向，也就是仅仅

---

① 就此请参见奥古斯丁《忏悔录》第十二卷第八章第八节："rerum mutationibus fiunt tempora."此句可直译为："借助诸多事物之变化而产生诸多时间。"

② 就此请参见奥古斯丁《忏悔录》第十二卷第十一章第十四节："sine varietate motionum non sunt tempora."此句可直译为："没有诸多事物的变化就没有时间。"

③ 就此请参见奥古斯丁《忏悔录》第十二卷第十五章第二十节。

④ 就此请参见奥古斯丁《忏悔录》第十二卷第六章第六节："transitum de forma in formam."此句亦可直译为："从形式到形式的转变。"亦请参见本卷第十二章第十五节。

⑤ 就此请参见奥古斯丁《忏悔录》第十二卷第二十九章第四十节："formae rerum exerunt tempora."此句亦可直译为："时间出自于诸多事物的形式。"其中，时间与形式在原文中都是复数。

将事物的变化设定为时间的唯一本源，他忽然对第十一卷视而不见、对于精神（或灵魂）的运作功能充耳不闻，我们似乎可以说，其意图庶几在于确定时间的存在而已；固然，他也是在第十一卷的基础上描述人们的时间经验，但是他分别研判人的感觉（sentire）的不同阶段，分别研判人对于时间段落的历数（dinumerare）和测度，他强调上帝是永恒的，并且就是永恒，他强调其原因在于在上帝之中没有运动的变化，而是总是运动，上帝总是保持运动状态，[①] 这样思考和研判问题的过程呈现出一种十分明显的目的，亦即将时间奠定在，并且仅仅奠定在运动之中。

尽管《忏悔录》第十二卷将精神（灵魂）和原始质料视为时间的超时间的初始原则，但是这些所谓初始原则一方面无法比拟于上帝的永恒，无法比拟于上帝逻各斯的永恒，无法比拟于神性的永恒，而另一方面又并非时间性的，也就是说，精神、诸天之天（caelum caeli），甚或理性的受造物（creatura intellectualis）借助持续不断地观想其第一因（亦即上帝）而克服其时间性的变化，[②] 而尚未成形的质料恰恰由于其尚未成形而并不属于任何种属，因而即使有其数字上的限定而也并不具有时空性。在奥古斯丁看来，时间性的事物具有两种初始原则，其一是纯粹精神，尽管它是非时间性的，但是亦并非与上帝逻各斯同等永恒，只是更靠近上帝而已，而另一个则是尚未

① 就此请参见奥古斯丁《忏悔录》第十二卷第十一章第十一节。

② 就此请参见奥古斯丁《忏悔录》第十二卷第九章第九节："excedit omnem volubilem vicissitudinem temporum." 此句可直译为："超越时间的所有任意的流逝变化。"

成形而更靠近虚无的质料；对于奥古斯丁，也就是对于我们要探讨的时间问题而言，处于永恒与时间之间的纯粹精神的区间地位庶几更为重要、更富意味，如同前文所引述的，纯粹精神的受造物被奥古斯丁借鉴《圣咏》而命名为诸天之天（caelum caeli），[①] 这一所谓的诸天之天的两种品性对于奥古斯丁的时间学说颇为重要，在结合相关文本时，我们庶几有如下之言说：

首先，在奥古斯丁一贯的本体形上思维的方法论中，这一表述涉及超时间而又与上帝并非同等永恒的受造物；尽管奥古斯丁首先将其阐释为单数的精神，但是这一单数的精神却同时是（具有）诸多精神的诸多性的单一精神，因而这一单一的精神同时又是复数的，单数与复数这两个方面同等重要。奥古斯丁不仅将这一诸天之天表述为单数的纯粹精神（mens pura），而且同时将其表述为纯粹精神的团体、灵性的国度（civitas spiritus）；[②] 尽管单数的精神似乎享有某种优越性、优先性（确然，这并非近现当代人格意义上的个体精神，亦并非近现当代精神形上学意义上的个体精神），并且也呈现出奥古斯丁超个体的个体精神概念，而复数的精神亦并不令人讶异，它与《忏悔录》第十一卷第二章第三章关于上帝之城的恰当表述相一致。如果命名意味着为所理解的事物赋予概念、意味着在存在层面理解事物的话，那么奥古斯丁对于精神的命名就是赋予存在以特定的内涵，他为本源的精神（或者诸天之天）赋

① 就此请参见奥古斯丁《忏悔录》第十二卷第九章第九节。

② 就此请参见奥古斯丁《忏悔录》第十二卷第十一章第十二节。

予诸多名号，将其命名为纯粹精神（mens pura）[①]、理性的另一个受造物（creatura aliqua intellectualis）[②]、理性的受造物（intellecturalis natura）[③]、理性和知性的精神（mens rationalis et intellecturalis）[④]，并且命名为作为上帝冥想的事实的灵性的或者知性的那一受造物（spiritalem vel intellectualem illam creaturam simper faciem dei contemplantem）[⑤]。

就这一精神的属性而言，奥古斯丁将认知和意愿归结为精神的行为和职能（castus amor，亦即 casto amore），[⑥]精神借助其一致的（统一的）精神行为和职能甚至克服其内在的变端性、可变性，借助其主动朝向和委身于永恒的行为和职能而涤除这种变端性、可变性，或者能够掌控之；这一精神的本质品性是对于所有方面的理性的同时享有，这使它自身区别于人的时间性的观视（visiones temporales）。[⑦]当然，奥古斯丁也在《忏悔录》第十一卷第三十一章第四十一节中还引入了一个超时间的，但是又并非永恒的精神，而且这一精神既区别于人的个体的精神，又区别于上帝的永恒精神；这一精神被假说性地设置，因为奥古斯丁既没有在《忏悔录》第十一卷的框架中论证之，亦没有以《圣经》的权威建构之。在这样的情形中就生发出一种问题：《忏悔录》第十二卷中这一纯粹的精神是否与第十一卷第三十一章

① 就此请参见奥古斯丁《忏悔录》第十二卷第十一章第十二节。
② 就此请参见奥古斯丁《忏悔录》第十二卷第九章第九节。
③ 就此请参见奥古斯丁《忏悔录》第十二卷第十五章第二十节。
④ 就此请参见奥古斯丁《忏悔录》第十二卷第十五章第二十节。
⑤ 就此请参见奥古斯丁《忏悔录》第十二卷第十七章第二十四节。
⑥ 就此请参见奥古斯丁《忏悔录》第十二卷第十五章第十九节。
⑦ 就此请参见奥古斯丁《忏悔录》第十三卷第三十七章第五十二节。

第四十一节中所提及而未论证的包罗万象而又并非神性的精神是等同的？它在时间的建构上又有什么功能？

在奥古斯丁看来，这一具有统一而一致性行为和职能的精神，同时还具有天上天使的诸多性（supercalestes populi angelorum tuorum）；[①] 尽管相比较《〈创世纪〉字解》和《上帝之城》，《忏悔录》第十二卷的这一问题显得并不那么棘手，但是从普罗提诺出发依然会有甚或更尖锐的问题：如果精神（νοῦς）同时是至一和诸多，而灵魂（φύχη）同时是诸多和至一的话，而且它们更多的是哲学的原则，并且从至一（ἕν）而来、被至一以自身之善决定为能动而创设的原则的话，那么尽管在这样的概念上将奥古斯丁与普罗提诺联系起来显得有些操之过急，但是不可避免的问题依然是，奥古斯丁的纯粹精神（mens pura）究竟是什么？纯粹精神能够作神学的理解吗？第十二卷中的诸天之天（caelum caeli）能够被理解为普罗提诺νοῦς的神学的变体吗？能够被诠释为世界灵魂的神学变异吗？

其次，在奥古斯丁一贯的形上思维中，这一超个体的个体性精神（亦即前文分析的 mens pura）尽管是圣善于时间的，但并非与上帝同样永恒。奥古斯丁在第十一卷中否定这一精神的时间经验，认为它不具备它所期待的未来，不具备它所能回忆的过往，它自由于一切变端之外、自由与一切时间延伸（distentio，时间间隔）之外（Supergreditur enim omnem distentionem）。[②] 他认为："那一受造的世界并非与你同享永恒……它既非享有

① 就此请参见奥古斯丁《忏悔录》第十三卷第十五章第十八节。

② 就此请参见奥古斯丁《忏悔录》第十二卷第十五章第二十二节。

一个可期待的将来，亦非享有可回忆的过往，没有什么被改变，也没有什么随着时间而延展。”[①] 奥古斯丁在此将其思考回溯到第十一卷所分析的过往、当下（亦即“随着时间而延展”）以及将来这三个建构时间的行为和职能，特别是回溯到第十一卷第二十六章第三十三节中比较关键的语汇 distentio（延展）一词，其中，纯粹精神世界仅仅倾慕永恒、仅仅倾向永恒，在并非与上帝同等永恒的情形下而能克服所有时间性的分离、间隔等；而诸天之天（caelum caeli）的精神共融不仅从不会离弃永恒（peregrinata non est）、[②] 从不会播撒和分布时间的（亦即有限性的）苦厄，而且这样的精神共融（或曰共同体）还给出令人模仿的范式、指出令人孜孜以求的方向，真实而真正的精神生命是对时间性生命的克服，是参有到非变端性之中。

这样的理解不仅有助于阐释《忏悔录》一书的总体的构造，并且将带有自传性质的所谓“奥斯提亚神视”（“奥斯提亚意象”？）仅仅限定在第九卷之中，而且也有助于对第十一至十三卷的理解与阐释，这样说的理由庶几在于，奥斯提亚的神视经验已经让奥古斯丁原则上达到了在此间世界的生命中所可能达到者，也就是观视到、探入到永恒的当下之中，而这一永恒的当下则是人生命的意义和目的，尽管所谓的纯粹精神（mens pura）似乎并未被推翻，但是对于永恒的疏离，甚或离弃（peregrinatio）也正是在人探入到永恒的当下之中时才有其

---

① 就此请参见奥古斯丁《忏悔录》第十二卷第十一章第十二节：“Nec illa creatura tibi coaeterna est...non habens futurum quod expected nec in praeteritum traiciens quod meminerit, nulla vice variatur nec in tempora ulla distenditur.”

② 就此请参见奥古斯丁《忏悔录》第十二卷第十一章第十三节。

最终的终结，或曰其最终的结束在这个意义上才终于开始；由此，奥古斯丁对于《圣经》的阐释从第十一卷开始发展出一个又一个哲学诠释学的方向，并且沿着这一方向而对于超时间的阐释更加精密、精当；他在第十一卷中区分时间与永恒，在上帝的永恒和两个超越时间的初人的无时间性之间作更明确之区分，进入第十二卷后则在纯粹精神和无形式之质料之间作进一步之区分；行文至第十三卷，奥古斯丁在对六天创世的阐释中引领出一种譬喻论的诠释，而一切阐释都以灵魂在第七天的宁静（requies）为校准，也就是以上帝的无时间性为校准，而宁静这一主题（或曰宁静的主题化）又将第十三卷最后两部分（第三十七章第五十二节以及第三十八章第五十三节）和第一卷的忏悔认信联系起来；之所以上帝自身就是宁静，是因为他自身就是永恒，而这宁静意味着他从不改变自身的运动状态，从不停止其运作，亦即总是在运作之中；上帝自身，并且只有上帝自身才给出宁静，因为我们人沦陷、离散在时间之中，甚或走失、崩解在时间性之中，以至于无法自己给自己心灵的宁静。于是相应于第十一、十二卷而言，第十三卷发展出一系列新的、恩宠论的表述（譬如第九章第十节以及第十四章第十五节），第十三卷以恩宠论开篇（第十三卷第一章第一节），以恩宠论收笔（第十三卷第三十八章第五十三节），奥古斯丁在其中强调的是，所有人都在亚当之中背离了永恒之光而迷陷在荒疏悖谬之中，我们所有人都游离出了（defluximus），离弃了我们原本就有的与神性的合一性以及超时间的本源（第十三卷第八章第九节）。当然，并非自我满足，并非欢娱于苦厄的躁动、而是欢愉于永恒的宁静，才决定精神受造物（亦即人）的意义；

奥古斯丁提示说，按照古典的物理学，每一个元素都根据其自身的重量而追随、而追求其本然的位置，而所谓“我的重量”，“就是我的爱”，如果我们由此向上追求，那更多的是上帝赋予了我们以恩宠；[1]尽管我们的本性原本就是非时间、非有限的，但是我们并不能如同那些元素一样由自身的能力就能达到无限和永恒，灵魂也以存在、认知和意愿而仿效上帝神性的三位一体。[2]在此，一个值得注意的情形是，奥古斯丁丝毫也未提及他在第十一卷中在类比上帝神性三位一体的情形中所分析的精神（animus）建构时间的行为和职能，而与此同时却在《忏悔录》的终篇速写了人的精神的三位一体论形上学，这并非时间维度的三位一体论的阐释，回忆、回忆作为对当下的理解和对未来的期待，并非类比上帝三位一体论意义上的精神的功能，这样说的原因庶几在于，人恰恰并非借助回忆，而是恰恰借助遗忘过往才能接近永恒，奥古斯丁在第十一卷第二十九章第三十九节之后又在第十三卷第十三章第十四节中凸显了这一点，而且和恩宠论不可须臾分离的预定论也出现在第十三卷中，对于时间理论而言不可轻忽的是，这一方面将时间的延展思考为、阐释为永恒法则的呈现和付诸实施，另一方面上帝神性的思维和意愿并非能够被思考为、被阐释为，甚或被描述为在第十一卷中所分析的以回忆、对当下的理解和对未来的期待所建构而成的时间形式（第十二卷第十五章第十八节）。对于人而言这意味着，历史的和个体的时间和事件仅仅宣示在上帝的神性计划

---

① 就此请参见奥古斯丁《忏悔录》第十三卷第九章第十节：“凭借你的恩宠，我们激情似火，我们向上攀升。”（“dono tuo accendimur et sursum ferimur.”）

② 就此请参见奥古斯丁《忏悔录》第十三卷第十一章第十二节。

和工程中早已经成为了的事实（第十三卷第三十四章第四十九节）。奥古斯丁在此再度强调了在第十一卷中多次分析的，亦即上帝存在，上帝创设了时间，上帝赋予我们宁静，而这宁静恰恰是我们逃逸出时间的前提（第十三卷第三十七章第五十二节）。

2.《〈创世纪〉字解》中的时间理论

奥古斯丁对《圣经·创世纪》所做的阐释和分析，名为 De genesi ad litteram（亦即所谓《〈创世纪〉字解》），[①] 完成于401至414年之间。而其时间理论的表述大多集中在前五卷之中，这一部分的写作距《忏悔录》的写作为时不远，这两个文本都涉及对于《创世纪》第一章的诠释，由于主题的相同以及写作时间的相近，对于它们的比较庶几应当有足够的恰当性和理由。如果《忏悔录》的第十一至十三卷是在譬喻论和怀疑论的意义上解释和分析时间的话，而这部《创世纪字解》的标题重心则是 ad litteram（亦即“根据语汇”），那么我们从中似乎亦能体察到奥古斯丁的释经方法，也就是说，尽管这部著作并非在譬喻论的意义上，而是一方面在历史结构和历史关系的意义上展开其对于《圣经》的字义的诠释，但是另一方面则确然也以本体形上的方法追加其对于《创世纪》的研究，这两种方法虽然

① 在此，De genesi ad litteram 这一书名，坊间之译名为《〈创世纪〉字解》，这个译名容易引起误解，似乎奥古斯丁的意图在于解释某些字词；而直译应为《根据语汇而论〈创世纪〉》，这样说的原因在于，首先，ad 在拉丁语中作为介词原本就有“根据”、“根据……而来”之含义，其次，奥古斯丁在这部书中并非要阐释字词的含意，而是要根据字词的含意而阐释《创世纪》的涵义。

并不相同，然而也并不矛盾，并非有如参商之隔，它们的同时运用能够使其研究在整体性和质量上都达到较高之诉求。这两个文本的共同之处在于，它们都出自柏拉图化的逻各斯世界观学说，并且在奥古斯丁这里这一学说至少能够回溯到亚历山大的斐洛和新柏拉图主义者普罗提诺。

在这两个文本中，奥古斯丁都毫无例外将“起初天主创造天地”（“起初上帝创造世界”）与上帝创世之言联系起来，或曰世界的创造在奥古斯丁看来是奠定在上帝圣言之中的。如同在《忏悔录》中一样，奥古斯丁在《〈创世纪〉字解》中一方面也从逻辑上避免，甚或拒绝“时间之前的时间”这样的表述，另一方面则着力反驳诸如“创世之前上帝在干什么”之类的问题，并且由此而强调世界在时间上的非限定性；在此十分重要的是，奥古斯丁在并未引述其《忏悔录》第十一卷的时间学说的情形下回应了诸如此类的诘难，他的驳论独立于《忏悔录》第十一卷第十三章第十七节以下的时间学说的论证；他并不认为，要驳回受时间限定的创世论（时间上的有限创世说）必定要引述其在《忏悔录》第十一卷中所发展而出的特定的（特殊的）时间理论。而如同《忏悔录》第十二卷一样，奥古斯丁给出的决定性的理由是，时间是创世运作的前提，以至于在世界的存在开始之前并没有时间的存在、并不存在时间的存在，或简言之：并不存在时间；换言之，如同在第十二卷中一样，他并未将，甚或不再将时间的存在视为一个问题。这两个文本不仅提示出奥古斯丁时间思维中的不同形态（形式），而且也直接关涉他的时间理论：时间是无可怀疑的本然的存在（范畴的存在）、初始的存在；只要有受造物的存在，并且只要这受造物从属于运动，那么就存在时间、就有时间的存在；在这样的意义上，奥古斯丁格致了普罗提诺化的纯粹精神概念，使得这一概念丧失了它原有的功能而让位于被设想为人格化的有意志的上帝、让位于一个运动与时间的直接的因果律；而这一概念在《忏悔录》第十二卷中却是那么举足轻重，而且在第十一卷第三十一章第四十一节的时间分析中又是那么富有建设性，在此，mens pura（纯粹精神）的思辨似乎有所减退，纯粹精神的超个体的个体性似乎让位给在天堂之光中可以想见的（环绕上帝周围的天使的）多元性。

在这个意义上就有了奥古斯丁关于时间起源的判断：

“Factae itaque creaturae motibus coeperunt currere tempora: unde ante creaturam frustra tempora requiruntur, quasi possint inveniri ante tempora tempora. Motus enim si nullus esset vel spiritalis vel corporalis creaturae, quo per praesens praeteritis futura succederent, nullum esset tempus omnino. Moveri autem creatura non utique posset, si non esset. Potius ergo tempus a creatura quam creatura coepit a tempore, utrumque autem ex Deo.”①

中译如下：“时间借着受造之物的诸多运动而开始流转：由此，在造物之前质询诸多空洞的时间，就如同时间似乎能够在时间之前被发现一样。而如果没有受造物的或者精神的、或者躯体的运动，诸多将来借着这样的运动经历过往的当下而更

① 就此请参见 De Genesi ad litteram. V 5, 12. Bibliothèque Augustinienne, Œuvres de S. Augustin, Band 48, 390. Hrsg. P. Agaësse und A. Solignac, Paris 1972. Joseph Zycha, CSEL, Band XXVIII, 1.

迭隆替，那么就无疑没有时间的存在。而如果没有［时间的］存在，那么受造之物也终究不能被运动。与其说时间是被受造物所开始的，不如说受造物是被时间所开始的，或者说［两者都］是出于上帝的。”

在此，词法、句法以及语法的分析是必要的，这样说的理由是彰明较著的：其一，令人知晓中文译文如此这般翻译的理由；其二，语法与其要表述的思想密切相关。中文译文中方括弧内是原文没有而根据上下文所必须（所能够）补充的；“时间借着受造之物的诸多运动而开始流转”一句，“诸多运动”在拉丁原文中是复数第五格（亦即工具第五格 motibus），所以这里译为多数的“诸多运动”；在“在造物之前质询诸多空洞的时间”一句中，“空洞的时间”（frustra tempora）指的是没有理由、契阔绵邈、空洞虚无而并不存在的时间，类乎于中文中的“无源之水”、“无本之木”一类的表述，因其也是复数，所以译作“诸多空洞的时间”，亦可译为“诸多无端的时间”；在“就如同时间似乎能够在时间之前被发现一样”一句中动词“能够”用的是虚拟语态，庶几表述某种非现实的状态；在“诸多将来借着这样的运动经历过往的当下而更迭隆替”一句中，由于“将来”一词是中性的 futurum 以复数形式 futura 出现的，所以在此译为复数“诸多将来”，否则，作为复数的动词 succederent（“更迭隆替”）就不仅在语法上无法理解，而且其表述时间之绵延不绝的思想亦难能体现；在此，诸多的将来，甚或无限的将来，借助不断易辙更张的当下而实现自身、而成为即将到来的诸多将来的过往了的当下，诸多将来（无限的将来）历经，或曰穿越这些过往了的当下而实现自身、而成为当下和过往，随着诸多将来不断地成为过往和当下，时间历经这时时刻刻的当下而春秋代序、年月更迭，以至历历在目、涓涓沥心、跌宕绵延而成为永恒的肖像，时间与永恒的内在联系仅仅在这样的词法、句法以及语法形式中就已经彰显殆尽。

从上述语法等的分析可见，运动是依附于受造物而实现自身的，而时间则是运动的结果，这两者是由上帝同时创设在受造物之中的；在此，如果时间是借着受造之物的运动而开始流转不殆的话，那么某种能够给出时间的灵魂则不仅并无运作的空间，而且原本也毫无立足之地、毫无本体论上的必然性，或曰：就时间的本源和存在而言，如此这般的灵魂毫无存在之必要。此外，就时间的存在形式、存在模态而言，甚或径直就时间的存在而言，奥古斯丁认为，将来历经当下而成为过往、而进入已经成为者，这恰恰也是他在《忏悔录》第十一卷中所表述的时间观念。

在语法的分析的基础上，再从逻辑上来看，在时间之前并不存在时间，庶几亦是彰明较著而不言自明的结论，这一点从“就如同时间似乎能够在时间之前被发现一样”一句中情态动词“能够”的虚拟语态即可恍然大明白，或曰恍然大悟，因而在奥古斯丁看来无需再追加分析和论述。而十分值得注意的是，奥古斯丁区分精神的和躯体的两种不同类型的运动，这一点并不见于《忏悔录》第十一卷，我们庶几可以说，如此这般的敬告阙如，或曰文本之间的差异，本质上表明思想的差异；我们在其中能够确定的如下若干方面是，首先，这两种运动的区别似乎并不关涉主体的时间和客体的时间之间的区别，似乎并不关涉主体感官感觉的时间与客观存在的时间之间的区别；再则，无论是精神的运动所决定的时间，抑或是躯体的运动所决定的时间，都是上帝所创造的时间，并且都已经被涵盖在受造物中，奥古斯丁以“如果没有受造物的或者精神的、或者躯体的运动”这一条件句清晰表明了这一点，因而亦无需赘述；三则，精神（的运动）庶几一方面表述天使所运作的所有运动，而另一方面则似应表述人的纯粹理性的运动，固然，人的这种运动也需要一个躯体，因而精神的运动似乎亦应涵盖躯体的运动，或至少躯体运动的某种形式；四则，对比《忏悔录》而言，时间的受造性在《〈创世纪〉字解》中似乎更为凸显，时间并非精神或灵魂的流溢，更非人的创造，时间径直就是上帝的造物，时间随着世界的受造而开始了它的轨迹，时间以其受造的自然本性而追随所有运动变化的类型。

由于基督宗教的上帝创造论是奥古斯丁时间研究的理论基础之一，因而从受造的品性上来看，时间与其它运动变化的受造物共同被创造，这是《〈创世纪〉字解》中关于时间的核心表述；受造物在时间上的间隔（在时间上的空间，亦即时间的流动所形成的空间）在时间的意义上也是受造的，时间借助这一点毫无疑问也是受造物；如果上帝不是创造者的话，那么也就没有往在、今在以及将在的时间了，也就没有了诸多的将来穿越（或曰历经）持续的当下而实现自身，以成为持续的往在和当下。在奥古斯丁看来，尽管上帝赋予了人以理性，并且赋予了人一定的创造力和署理受造的世界的能力，但是人在时间的创造上依然毫无赞襄之力、无能赞置一词，时间是创世中的王冠，时间是上帝的囊中私物，上帝将其吟咏而出，而人则在时间之中完美地受造，人是王冠上的明珠。上帝的创世是绝然而确然的，也就是说，创世的全权与全能唯独上帝所有，而他也以其全权与全能创设并且安置了世界，赋予了受造物以存在、以生命、以运动，这一切同时也意味着、提示着时间的创设和川流绵延。而上帝全权与全能的运作则完全出自上帝的意志，这是世界必然受造的初始原因，针对受造世界的一切负面行为，特别是触犯人的尊严的行为，本质上都是冒犯上帝的僭越行为。

在对创世论的整体阐释中，通过强调上帝的创世行为，特别是创造时间的行为，奥古斯丁凸显了在《忏悔录》第十一卷中表述的时间的秩序主题和数字主题；通过前文对词法、句法等的分析可以看出，时间作为范畴决定受造物的秩序、表述受造物的存在，受造物在时间之中绽放其数字品性、呈现其数字属性，事物（受造物）不仅借助时间的数字品性，并且借助由时间建构的数字品性而成现自身的属性，不仅由此而具有时间的秩序，而且也各自表述时间的秩序；数字所建构的时间模式以及时间所表述的对数字的理解，是奥古斯丁时间学说的形上核心，时间的受造的意义同时也在自身之中承载了数字的意义，数字在时间受造的意义上也是受造的。尽管奥古斯丁在《忏悔录》第十一中曾经表示说，他并不知晓时间的秩序（譬如本书所引述过的第十一卷第二十九章第三十九节等多处），但是在此他则借助名词的复数等词法、语法而强调，每一受造物都享有由上帝所预视的、所预定好的数字于其内在之中，它们甚或不仅享有数字，而且就是数字本身，而这些数字也决定它们的时间上的展开和绽放；在奥古斯丁看来，时间在此不仅并非毫无关联的事物及其所形成的领域，亦即并非无序的空间，而且还是在上帝预视之中并由他所赋予生命和秩序的受造世界的可历验的秩序、可历验的美。

奥古斯丁固然无从知晓现代的时间科学之研究，但是他以严谨之逻辑所建构的预定论学说也决定了他的时间理论，在他看来，在时间中所发生的，是在上帝神性思考的计划中所预先给定和预先建构好的；尽管奥古斯丁或许并不赞许上帝的拟人化，但是他依然拟人式（拟人般）地将上帝思考为一个具有精确蓝图、数字和模式的创作者，他根据这样的蓝图和样式将万物创造于时间之中。

我们庶几可以说，相较于《忏悔录》第十一卷而言，奥古斯丁在《〈创世纪〉字解》中对于时间的思考似乎更为圆润流畅、旷照朗鉴，这样说的理由在于，一方面，时间与永恒的关系更加圆融无碍；另一方面，在《忏悔录》中并未得到彰显，甚或并未得到深刻认识的时间秩序说，在《〈创世纪〉字解》中则得以比较充分的阐释；同时，即使在言说从内在到超越的相似时，柏拉图的时间程式（亦即较远的前文所阐释和分析的“时间是永恒运动的肖像”这一表述）亦渐行渐远而庶几不再浮现而出，我们由此能够体察奥古斯丁思想的变化轨迹。如若究其变端的原因，则庶几可以说，奥古斯丁意在提示人们，时间性的此间世界、此间生命之存在，是有先决条件的，这与永恒有着本质的不同，此间世界和生命具有起始（开端）、来临和消逝性，无法同时既是开端又是当下和终结，亦即无法作为这个意义上的整体而存在，这与同时就是开端（过去）、当下和未来而无始无终的永恒截然不同，永恒一方面同时是过去、当下和将来构成的整体，另一方面又可同时分别为过去、当下和将来；简言之，时间无法同时是整体而又是部分，永恒则能够同时既是整体又是部分，永恒是无可限定的，时间与永恒二者在这样本质属性截然区分的意义上无法混为一谈。

于是，时间是我们可以告别的眷恋，是我们能够撒手人寰的存在，而永恒则是我们当下此时的追求，是我们彼岸天乡的归宿，时间并未给我们带来内涵上的展开，并未给我们带来主体上的丰富，无法为此间世界带来新的内涵，时间尽管是精神的当下延展，但是也不过仅仅是延展而已，人的终极目的毕竟在于参有到永恒之中，在永恒故乡中的宁静，毕竟优渥于由时间所带来的和陪伴着的运动；如同本书在较远的前文中所阐释和分析的，在奥古斯丁看来，mens 作为精神本身一方面是时间性的，并且在时间中认知时间，以至于时间甚或是精神自身的延展；而另一方面又并非是时间性的，而是时间仅仅借助 corpus corruptibile（堕落朽坏的躯体）而从外在落入精神之中，当然，这并非意味着人要成为纯粹的精神（甚或精灵），而是要成为纯净朗润、细腻澄明的躯体以能够不再堕落朽坏，而这种秀色蔚然、沐恩承泽的躯体庶几就是天使般救赎的躯体，人能够成为这种浴光融尘的躯体吗？

而救赎意义上的天国的实现似乎意味着不再有时间了，其原因似乎并非在于躯体停止了躯体的存在，而是在于在已经实现的人类救赎中已经不再有躯体的朽坏了，已经不再有时间性的运动而是只有永恒了；奥古斯丁在此展开了一个时间的系统，或曰展开了一个时间系统理论，这不仅使得人的精神化成为可能，而且使得精神化的人在世界历史的终结点上能够赢得被永恒所含蕴的柔腻温润的时间，无所变端，无所流逝，无所欲求，无所遗失；这样一种并无损益的荣耀性的时间，与此间世界中的生命所感知和理解的寻常的时间不止大相径庭，而且更有天壤之别，换言之，两者似乎并无什么联系。对于时间的荣耀性的理解庶几是一种思辨的样式和类型，其功能和目的庶几在于消解和抑制人类对于无可掌控的时间的恐惧，庶几在于消解和抑制人类对于未知而又无可掌控的未来的疑虑，庶几在于使得人类对于未来的憧憬和期待成为可能；如果这一荣耀性的时间理解敬告阙如的话，那么对于基督宗教中人而言，尤其是对于中世纪娴熟于亚里士多德《物理学》（特别是其中第四卷）的神学家、哲学家而言，对于时间的此间世界生命的寻常的理解未免是一种沉重的十字架，而他们恰恰能够借助荣耀性的时间期待从重轭中逐渐地解脱和最终地救赎。

在这个意义上，从动机上来看，奥古斯丁似乎并未彰显而主动地对于时间作出正面而积极意义上的评价，即使在探讨持续存在的受造物的特殊类型的本体论时，其出发点亦不能将我们引入对于时间的如此这般的评价体系中；人在时间中的行为，特别是某种创造行为亦不足以表明时间的积极意义，更不足以表明时间的绵延流转以及由此所呈现而出的持续性，更不足以表明人类对于时间是否有些许之建构能力，至多表明人在时间中的造作以及由这种造作所显示的时间的运动，唯有至高无上而控有全权全能的上帝才能够创造和建构时间，才能够真正在本体和形上的意义中维持和护佑时间、维持并呵护时间的系统和由时间所表现而出的秩序，人只能在这样的系统中遵循上帝所建构的时间秩序。

我们当今能够将《〈创世纪〉字解》作为奥古斯丁为《忏悔录》第十一卷所亲自作的注疏和研讨而阅读，这一注疏对《忏悔录》

第十一卷做了进一步的阐释、假借、通假、转义，甚或放弃了若干观点，最清晰不过的是：并非是人，而是上帝创造了时间。

尽管人是受造世界王冠上的明珠，但是人在创世工程中、在创世过程中不仅毫无参与，而且本身作为受造物毫无些许之能力以赞置一词，天使亦不过欢呼雀跃、鼓掌通过的看客而已；在创世工程中，时间是运动的自然产物和结果，时间首先是星辰运动的现象，时间是日夜轮替、四季更迭，时间是动植物成长繁殖的节律；而在《〈创世纪〉字解》所理解的时间理论中，时间并非径直就是物体的运动，甚或并非是物体的运动，而是精神的运动，甚或仅仅是精神的运动，这样的运动依然是时间的；借助人的灵魂而形成的时间的结构（构造）并不在《〈创世纪〉字解》的思维领域和质量中；固然，尽管其时间学说有明显之不同，并且这一不同甚或是以两种术语系统所表述的时间理论，但是从《忏悔录》到《〈创世纪〉字解》，奥古斯丁对于时间的思考并未有一种极致甚或极端的突变，以至于其思维关联性能够被忽视，非也！奥古斯丁发展了他的时间学说，他修正了他的纯粹精神思辨论（mens-pura-speculatio），将其时间理论的重心移到在时间秩序说之中，移至到运动类型的区别之中，移至到对于中世纪产生巨大影响的本体论的、精神论的以及伦理论的时间学之中。

3.《上帝之城》中的时间理论

奥古斯丁对于《圣经·创世纪》做过不少于五次的诠释，这包括本书多次提及和分析的《忏悔录》第十一到十三卷中对《创世纪》的研究与诠释、《上帝之城》中对《创世纪》的诠释、前文阐释和分析的《〈创世纪〉字解》、《未完成的〈创世纪〉诠释》De genesi ad litteram liber imperfectus）以及《论〈创世纪〉驳摩尼教徒》（De Genesi contra Manichaeos）。[①]而由于每次诠释的出发点、目的、所面临的问题以及所针对的读者群都不相同，所以其观点不尽相同，因而我们必须将其作为一个整体来考量，才有可能真正理解奥古斯丁诠释《创世纪》的思想。《忏悔录》第十一至十三卷已经是他对于《创世纪》的第三次研究，而《〈创世纪〉字解》则是他的第四次研究，最终，也就是时至414年之后，他在《上帝之城》第十一至十四卷中又回溯到对于世界的起源的思考之中，这一次，在写作和研究的意图上固然是为了阐释两座城的起源。由于奥古斯丁并未有一个现代《圣经》诠释学意义上的《圣经》研究和诠释，而更多的是宗教哲学和护教学意义上的《圣经》阐释，所以他在《圣经·创世纪》的阐释中对于时间的研究及其研究过程所呈现出的时间学说的发展变化，不仅一方面具有诠释学的意义，而且另一方面更加具有哲学的意义，也就是具有本体论和形上学的意义；特别是他逐渐淡出于譬喻的解经法（allegoria）更给了我们方法论的提示，当我们比较他的第一个和第四个《创世纪》研究时，亦即388年的《论〈创世纪〉驳摩尼教徒》和401年后的《〈创世纪〉字解》，这一点尤其明显。

在《上帝之城》中，奥古斯丁再度返回到他在《忏悔录》第十一卷中所提出的问题：上帝在创世之前做了什么？奥古斯

① 关于奥古斯丁《未完成的〈创世纪〉诠释》（De genesi ad litteram liber imperfectus）以及《论〈创世纪〉驳摩尼教徒》（De Genesi contra Manichaeos），请参见 Lectio Augustini 8, Palermo 1992.

丁在此探究，如果在上帝的永恒意志中并没有什么新的决定出现的话，又加之永恒的意志又是上帝的本质，这也就是说，上帝的意志是永恒罔替、从不更迭变化的，那么世界如何能够有一个开端呢？奥古斯丁意图再次求证，在时间之前不能有时间存在；他再度尝试论证，《圣经》第一小节的“起初”必须理解为是对于上帝圣言的提示，是对上帝话语的提示；就此，比较重要的文本是《上帝之城》：

“Si enim recte discernuntur aeternitas et tempus, quod tempus sine aliqua mobile mutabilitate non est, in aeternitate autem nulla mutation est: quis non videat, quod tempora non fuissent, nisi creatura fieret, quae aliquid aliqua motione mutaret, cuius motionis et mutationis cum aliud atque aliud, quae simul esse non possunt, cedit atque succedit, in brevioribus vel productioribus morarum intervallis tempus sequeretur? Cum igitur Deus, in cuius aerernitate nulla est omnino mutatio, creator sit temporum et ordinator: quo modo dicatur post temporum spatia mundum creasse non video, nisi dicatur ante mundum tam aliquam fuisse creaturam, cuius motibus tempora currerent.” ①

“如果永恒与时间是被分离的，况且时间没有运动变化并不存在，而在永恒中则并无变化，那么如果没有创世存在，就没有时间；创世借助运动改变他者，其运动与变化关涉他者，而他者则并非能同时存在，而是闻风而动，并追随而动，并且在刹那之间，或者稍纵即逝之瞬间；谁又不能理解这一点呢？

① 就此请参见 De Civitate Dei，XI 6, CC 48, 326, 1-12.

于是，由于上帝是时间的创造者与安顿者，而在其永恒中又并无任何变端：那么，如果不能说受造的世界之前有什么的话，并且时间随创世之变化而流转不息的话，又如何说我无法理解世界在时间之后受造呢？”

这段文本浓缩了奥古斯丁长期以来的思考；在他看来，在世界受造之前并不存在时间，原因在于，时间的存在依赖于可变化的受造物的存在。只有在变化的运动（mutabilis motus）已经被给出之处，才能有时间的存在、才能言说时间；对于运动概念的区分在此依然是彰明较著的，并且精神的运动（spiritualis motus）的运动类型也蕴含其中，尽管这一精神的运动可能并没有外在变化的呈现。[①] 奥古斯丁提出其对时间的认知，并且多少有些诧异，因为其观点毕竟能引起讨论，如他所说：quis non videat（谁无法看到、谁无法理解）等，人们只要理解了时间和永恒的区别，就能理解这一点；换言之，谁正确理解了这一区别，谁就能够理解时间依赖于受造物的可变性（变端性）这一学说；由此，时间与永恒的区别在于，一方面就时间而言，变化总是带来他者（aliquid atque aliquid），由于（借助、通过）这样的变化总是有些东西消逝而另有一些其它东西应运而生、肩随辙结而来（cedit et succedit）；而另一方面就永恒而言，如果时间是一种肩随辙结、绵延不绝的话——固然，时间的流转也的确给人这样一种画面感——那么永恒并非无可想象、难以设想的

① 就此亦请参见 De Civitate Dei，XII 16; CC 48, 372：“Ubi enim nulla creatura est, cuius mutabilibus motibus tempora peragantur, tempora omnino esse non possunt.”（“在时间借助其变化运动而得以实现的创世并不存在之处，所有时间也都无法存在。”）

恒久的持续，而是被理解为对于万有的同时享有，被定义为对于过去、当下以及将来的同时控有（simul omnia）。在回顾《忏悔录》第十一卷的文本时，这段文本则意味着再度肯定并且确认了对于那一著名诘难的强有力的反驳，换言之：无需回溯到对于灵魂建构时间的行为的重复性阐释，就已经再度强力反驳了那一著名的，且又看似符合逻辑的诘难——你们的上帝在创世之前都做了些什么？上帝不仅造就出运动，而且恰恰就是造就出运动的上帝创造了时间。[①]

同时，奥古斯丁强调，上帝也是时间系统、时间秩序的整理者和归置者，时间在《上帝之城》中不再如同《忏悔录》（譬如本书所引述过的第十一卷的第二十九章第三十九节）中一样被理解为由无可历数和无可清点的时间碎片所拥堵而成的旷莽原野，时间不再是支离破碎的断简残篇、鸡零狗碎，不再是散落尘埃、不成片段的七宝楼台，奥古斯丁在此认为，时间（saecula）的神性秩序能够和清微淡远、幽长疏旷的大美之歌（pulcherrimum carmen）相比拟，而这一作为宇宙之歌、宇宙法则的美之歌，恰恰是按照神性的韵律（节律）准则所谱写的。

奥古斯丁的时代，古典美学依然独领风骚，几何对称依然被视为美的最重要标准之一，[②]而此间世界的美化，或曰其运动

① 就此亦请参见 De Civitate Dei，XII 26；CC 48, 383："Quis enim alius creator est temporum, nisi qui fecit ea, quorum motibus currerent tempora?"（"如果不是他创造了万物，借着它们的运动时间流转不息，那么谁是时间的另外的创造者呢？"）

② 就此请参见拙著《循美之路——基督宗教本体形上美学研究》（中华书局，香港，2013 年）中之相关研究，特别是关于奥古斯丁的章节；亦敬请关注商务印书馆（北京）修订扩充之第二版。

轨迹的美学化，不仅能够将时间理解为本体论的存在品性、形上的历史品性以及认识论上的难能（甚或无可）言说性，而且奥古斯丁进一步认为，在面临神正论问题时、在面临此间世界之恶的问题时，对时间如此这般的理解能够为上帝作辩护，在这个意义上，恶并非别的什么，而是婆娑世界自身绚烂的画图中那隐约而些许的暗色斑块。这也关涉《忏悔录》第十一卷的时间理论；时间究竟存在与否，诸如此类之设问在《忏悔录》第十一卷之后庶几不再出现于奥古斯丁晚期著作中关涉时间的文本中，他似乎有意避免诸如灵魂建构时间的行为等问题，他似乎有意不再回溯到他早期对时间的思考；在写作《上帝之城》的阶段，他似乎认为，《忏悔录》中关于时间不免自矜的辉煌言说和尚称严谨的逻辑分析，最终都是那么萎顿乏力，甚或原本就不免多余；时间是朝向虚无的倾流，时间是当下此时的自身迷失，时间是此岸存在的苟延残喘，时间是此间生命皴裂的原野，时间是彼岸期盼萧疏的荒原，诸如此类关于时间的悲观暗淡的表述，不仅已然迥异于柏拉图生机盎然的时间学说——时间是表述永恒的运动的图像，而且也都偏离他对于时间之美的（pulchritudo temporum）深刻观想，也都与时间之美形成鲜明的对照，但是尽管如此，奥古斯丁依然以其预定论而强化其时间哲学："借助预定论所确立的，就是以其时间性而曾经存在的将来。"① 在此，尽管时间哲学的基础似乎又回溯到预定论之中，但是曾经存在的并非是过往，而是将来，时间在曾经的

① 就此请参见 De Civitate Dei，"praedestinatione fixum erat, quod suo tempore futurum erat."（XII 17；CC 48, 373）

将来的意义上从永恒之中踱步而出。

如果奥古斯丁反对世界永恒说、反对永恒的轮回理论，如同本书在较远的前文中所阐释和分析的，其意图并非在于高度评价时间，而是要强调精神或灵魂最终的伦理宗教命运的鲜明而深刻的意义，以肯定人从时间中终将能够被拯救而出，并且这一拯救是唯独宗教意义上的拯救。如果精神或灵魂建构时间的行为并未被奥古斯丁阐释为三位一体的话，那么尽管他在对《创世纪》的阐释中还讨论 mens（精神）的三位一体结构，但是他在对过往的回忆、在对当下的理解和在对未来的期待中并未提示三位一体类比论，这对他而言似乎是一个彰明较著、不言自明的。如果认知时间的，甚或建构时间的纯粹精神（mens pura）在奥古斯丁的时间思考和学说中庶几消失殆尽的话，则只有上帝才唯一是时间及其建构的始作俑者，精神仅仅需要认知这一点而已；奥古斯丁仅仅承认上帝才是时间的奠基者和构造者。这是《忏悔录》第十一卷中的时间分析被超越的理由吗？这是奥古斯丁庶几不再返回它的理由吗？《〈创世纪〉字解》的时间理论是对《忏悔录》第十一卷双重意义的时间理论的修正吗？当我们阅读《忏悔录》第十一卷时，难道不应当时刻警醒、时刻思考这些问题吗？

附录篇

奥古斯丁《忏悔录》第十一卷试译

I.1　主啊！你才是永恒的！可你知道，我想对你说什么吗？你俯瞰一下时间，在时间中究竟发生了什么呢？[①]为什么我要把所有这些诉说给你？当然不是要你通过我而洞晓这些！而是要把我和我的读者的想法表达给你，以使我们共同呼求："上主是伟大的！并且要特别赞美他！"[②]我从前就曾说过，现在还要说：出于对你的矜爱的爱（出于爱你的矜爱）我才这样做。我们向你祈求，尽管真理说[③]：在你们向他祈祷之前，你们的父

---

① 由于原文中拉丁语介词 ad 有"根据"、"按照"等含义，并且由于 videre 有"理解"、"判断"等含义，所以此句亦可译为"你根据时间判断一下，事件中究竟发生了什么"。——译注

② 就此请参见《圣咏集》47, 2："万民，你们要鼓掌欢腾，也要向天主欢呼庆祝！"95，4："因为上主伟大，应受赞美，惟他超越众神，可敬可畏。"奥古斯丁娴熟于《圣经》，在其行文之中经常自由引用；凡遇《圣经》段落，本译文按照奥古斯丁的行文翻译，并以思高本中文《圣经》在脚注中给出原文，全文准此，下不另注。——译注

③ 就此请参见《若望福音》14, 6："耶稣回答说：'我是道路、真理、生命，除非经过我，谁也不能到父那里去。'"这句文本在不远的后文中再度出现，请参见译注 37。——译注

就已经知道你们需要什么！[①]我们向你表白我们内心的痛苦和悲凉，我们完全向你开放了我们，你的垂怜临在于我们，[②]愿你实现早就为我们创设了的自由，以使我们不再内心凄苦，并在你之中安享真福：因为你召叫了我们，要神贫、温润、仰信、饥渴慕义、矜怜哀敬、纯心洁虑（净虑）、闲止宁安。[③]看啊！我尽我所能和所愿和你说了这么多，因为这是你先前就愿意我向你、我的主、天主坦诚认信的，因为你是善的，你的矜怜直到永远。[④]

II. 2　如同你所一直提示我的、警示我的、抚慰我的、引导我的并且指引我的，我何时未曾殚精竭虑去传布你的话语（圣言）、去向你的子民宣证你的圣迹（圣事）？即使我慧思超拔而能一一道来，而那点滴的时间对我而言却又弥足珍贵。长久以来，我就一直渴望沉思你的律法典章，[⑤]并由此向你坦然承认而表白，我从中知晓什么、不知晓什么，你真光的第一点星火

---

① 就此请参见《玛窦福音》6，8："你们不要跟他们一样，因为你们的父，在你们求他以前，知道你们需要什么。"——译注

② 就此请参见《圣咏集》32，22："上主，求你向我们广施慈爱，有如我们对你所存的期待。"——译注

③ 就此请参见《玛窦福音》5，3-9："神贫的人是有福的，因为天国是他们的。哀恸的人是有福的，因为他们要受安慰。温良的人是有福的，因为他们要承受土地。饥渴慕义的人是有福的，因为他们要得饱饫。怜悯的人是有福的，因为他们要受怜悯。心里洁净的人是有福的，因为他们要看见天主。缔造和平的人是有福的，因为他们要称为天主的子女。"——译注

④ 就此请参见《圣咏集》117，1："请你们向上主赞颂，因为上主美善宽仁，他的仁慈永远长存。"——译注

⑤ 就此请参见《圣咏集》1，2："而专心爱好上主法律的，和昼夜默思上主诫命的，象这样的人才是有福的。"以及118，70："他们的心迟钝如蒙脂肪，然而我却欢喜你的典章。"在此以及后文之中，律法总是指言或圣言，亦即上主启示之言。——译注

在我之中渊深旷照至多远，还有哪些对我依然晦暗不明，直到诸如此类的迷茫被你的力量所析解。我并不愿意那罄舟须臾的时光逝去在其它斑驳支离的事物中，而更愿意在职务之外的时间休养身心，以完成我无论是否亏欠他人的精神的劳作。

3　主！我的上主！请垂顾我的祈祷！①请你的矜怜俯听我的渴望吧！②因为这渴望并非燃烧着我自己，而是要恩泽于兄弟般的挚爱；你朗鉴我的内心，就是这样的。我愿意将我的思考和话语的旰劳作为祭献奉承到你台前，给予我应当为你奉献的吧！③因为我是那么饥渴清贫！④你之盈饶富庶是为了所有向你呼号的人！⑤自由于忧患之外的你却照拂着忧患着的我们！无论是内在的抑或是外在的，从我的唇中涤除一切胡言和谬误吧！⑥你的经典是我纯洁的享受，我既不愿迷茫在其中，亦不愿让他人迷失于其外。主！请看顾我！垂怜我，主！我的上主！⑦你既是瞽目者的，同时又是视见者的光明，既是柔弱者的，同时又

① 就此请参见《圣咏集》60，2：“天主，求你俯听我的哀号，求你细听我的祈祷。”——译注

② 就此请参见《圣咏集》10，17：“上主，你垂允了谦卑者得心愿，坚固他们的心灵，也侧耳俯听。”——译注

③ 就此请参见《圣咏集》65，15：“我要以肥大牲畜作全燔祭，配以公羊当做馨香献于你，还要将牛犊和山羊祭奠你。”——译注

④ 就此请参见《圣咏集》85，1：“上主，求你侧耳俯听我，因为我可怜而又无靠。”——译注

⑤ 就此请参见《罗马书》10，12：“其实，并没有犹太人与希腊人的区别，因为众人都有同一的主，他对一切呼号他的人都是富有慈惠的。”——译注

⑥ 就此请参见《出谷纪》10，12：“梅瑟当面回答上主说：‘以色列子民既不肯听我，法郎又怎肯听我？况且我又是笨口结舌的人。’”以及《宗徒大事录》7，51：“执拗和心耳为首未受割损的人啊！”文本中的“涤除”，即“割损”之义。——译注

⑦ 就此请参见《耶肋米亚》18，19：“上主，愿你俯听我。”——译注

是强悍者的力量！请垂顾我的灵魂！俯听来自我心灵渊薮的呼号！[①]因为，如果你的耳聪没有垂听这渊深的迴响，那么我们还能向何方奔走？[②]还能向何方呼号？白天是你的，夜晚是你的；[③]你一招手，如响随声，每一个瞬间都关山飞渡、展翼而来。假以时日，我们的思量将沉浸在你律法那深层的字里行间！轻叩其门，莫要关闭啊！[④]那么多简编策页记载下的奇妙难解的奥秘，你并不愿意它们白白被写下！你当然愿意，那幽深泱莽的森林将我们悦纳于其中，[⑤]如同小鹿在林中憩息，奔跃腾跳，寻泉觅草，或蜷卧，或反刍。啊！上主！成全我的所作所为吧！为我照亮它们吧！[⑥]你倒是看啊！你的声音就是我的欢悦！[⑦]你的声音就是我满溢涌流的享受。我爱的，给我吧！因为我爱！而这你也的确给了！别离弃你的礼物！别忽视你那饥渴的小草！我认信

---

① 就此请参见《圣咏集》129，1："上主，我由深渊向你呼号。"——译注

② 就此请参见《若望福音》6，68："西满伯多禄回答说：'主！惟你有永生的话，我们去投奔谁呢？'"——译注

③ 就此请参见《圣咏集》73，16："白日属于你，黑夜也属于你，月亮和太阳都是由你布置。"—— 译注

④ 就此请参见《玛窦福音》7，7–8："你们求，必要给你们；你们找，必要找着；你们敲，必要给你们开，因为凡是求的，就必得到；找的，就必找到；敲的，就必给他开。"这一表述在不远的后文中再度出现，参见译注 30。——译注

⑤ 就此请参见《圣咏集》28，9："求你拯救你的人民，降福你的百姓，求你牧养他们，提携他们直至永恒。"文中"悦纳"即"牧养"之义。——译注

⑥ 在此，原文中的"eas"作为阴性名词复数第四格，即可译为"它们"，亦可译为"这些"，并且是双关语，即指紧接上句的复数的"森林"，亦指前句中所说的复数的"律法中奇妙而难解的奥秘"；而且"森林"在此恰恰也譬喻"奥秘"。——译注

⑦ 就此请参见《若望福音》3，29："有新娘的是新郎；新郎的朋友，侍立静听，一听得新郎的声音，就非常喜乐：我的喜乐以满足了。"这段引文在不远的后文中再度出现，亦请参见译注 47。——译注

所有我在你的书中所读到的！我要听到你赞美的声音！[①]我要酣饮你！我要深思你律法中的奇妙奥秘！[②]并且从起初，当你创造天地之时，直到你神圣之城的统治，[③]这统治如你一样之永恒！

4　上主！请你垂怜我等！俯听我的渴慕！[④]我觉得，这并非涉及尘世纷华，无关金银宝石，无关衮服轩冕，无关荣位权柄，无关情欲骄奢，甚或也不关涉我们肉体和今生此世的需求；所有这些都已经给了我们，如果我们追寻你的国和你的正义的话。[⑤]看啊！我的上主！我的渴慕究竟源自何方！上主！奸佞的人们向我历数各种享乐，而对你的律法却并未赞置一词。[⑥]看啊！我的渴望源自何处！看啊！它来自何方！父啊！垂顾下情，看顾这里并惠顾恩准了吧！[⑦]愉悦你的矜怜，让我在你面前找到你的恩宠吧！[⑧]以为了你圣言隐匿的内涵向我展开，当我叩响其门之

---

① 就此请参见《圣咏集》25，7："为能高声向你称扬赞颂，传述你的一切奇妙化工。"——译注

② 就此请参见《圣咏集》118，18："求你开明我的眼睛，透视你法律的奇能。"——译注

③ 就此请参见《若望默示录》21，2："我看见那信耶路撒冷圣城，从天上由天主那里降下，就如一位装饰好迎接自己丈夫的新娘。"——译注

④ 就此请参见《圣咏集》26，7："上主，求你俯听我的呼号，上主，求你怜悯我，垂允我。"以及10，17："上主，你垂允了谦卑者的心愿，坚固他们的心灵，也侧耳倾听。"——译注

⑤ 就此请参见《玛窦福音》6，33："你们先该寻求天主的国和它的义德，这一切自会加给你们。"——译注

⑥ 《圣咏集》118，85："不按你法律生活的骄傲人，暗中给我挖掘了陷阱深坑。"——译注

⑦ 就此请参见《圣咏集》83，10："天主，我们的护盾，求你目睹，请你对你的受傅者予以回顾。"——译注

⑧ 就此请参见《路加福音》1，30："天使对她说：'玛利亚，不要害怕，因为你在天主前获得了宠幸。'"——译注

时！[①]我们的主耶稣基督、你的独生子、坐在你右边的[②]人子，我在他台前恳求你，你将他确认为你和我们之间的中保；借着他你寻找我们，当我们没有寻找你的时候，[③]以使我们能够寻找到你。我在你的圣言前恳求你，借着这一圣言你创设了一切，[④]其中也有我；我在你的独生子台前恳求你，借着他你将信仰的民族呼召为你的子女，[⑤]我也在其中；我恳求你，在那位坐在你之右者面前，并且他来到你台前为我们祈祷，[⑥]所有智慧和知识的渊海宝藏都隐匿在他之中（《哥罗森书》2，3）。[⑦]我在你的卷帙中寻找这一宝藏，梅瑟载纪了它，这是他自己说的，真理也这样说！[⑧]

---

① 就此请参见《玛窦福音》7，7–8："你们求，必要给你们；你们找，必要找着；你们敲，必要给你们开，因为凡是求的，就必得到；找的，就必找到；敲的，就必给他开。"这一表述在奥古斯丁的文本中再度出现，参见译注18。——译注

② 就此请参见《圣咏集》79，18："愿你右手扶持你右边的人。并扶助为你所坚固的子民！"——译注

③ 就此请参见《罗马书》10，20："继而依撒意亚也放胆说：'未曾寻找我的人，找到了我；对未曾访问我的人，我显现了。'"另请参见《路加福音》15，11以下关于荡子的比喻。——译注

④ 就此请参见《若望福音》1，3："万物是借着他而造成的；凡受造的，没有一样不是由他而造成的。"——译注

⑤ 就此请参见《罗马书》8，23："不但是万物，就是连我们这已蒙受圣神初果的，也在自己心中叹息，等待着义子期望的实现，即我们肉身的救赎。"——译注

⑥ 就此请参见《罗马书》8，34："谁能定他们的罪？是那已死或更好说已复活，现今在天主右边，代我们转求得基督耶稣吗？"——译注

⑦ 就此请参见《哥罗森书》2，3："因为在他内蕴藏着智慧和知识的一切宝藏。"——译注

⑧ 就此请参见《若望福音》5，46："若是你们相信梅瑟，必会相信我，因为他是指着我而写的。"又见14，6："耶稣回答说：'我是道路、真理、生命，除非经过我，谁也不能到父那里去。"这句文本在不远的前文中也曾出现，请参见译注2。——译注

III.5　在起初，你就创造了天地，[①]我想倾听并且去理解，如何？梅瑟写下了这一点，他写下了这一点之后便蒙召而去，他离开了这里，去了你那里，他原本也从你那里而来，他已不在我面前了。如果他站在我面前，我会抓住他去问询请教；我会以你之名恳请他为我解释这些话语，从他的口中生发的所有声响，我会向它们完全开放我的耳聪；如果他讲希伯来语，那这声响则过耳无痕，我的精神无法触摸它们；而如果他讲拉丁语，那我就明白他说什么了。但是我又如何知道，他所说的是真实的呢？如果我真的知道，那么我约略是从他那儿知道的吗？非也！真理将在我的内在、在我思维的栋宇的内在说："他讲的是真实的。"真理既不以希伯来语、亦不以希腊语、仍不以拉丁语、且依然不以任何蛮语述说，真理无需唇吻舌腭、音节交响的协助；而我则立即以确定性和信赖对你的这个人说："你说的是真实的。"由于我无法请教他，于是我请求你，我的真理！梅瑟被真理所充满而说了真实的！我的上主！我请求你！不要看我的过犯！你教导了你那位仆人他所应当说的，请教导我去理解他所说的吧！

IV. 6　看啊！天与地都在！它们朗声呼喊，它们是受造的，因为它们流变未已、变端不尽；[②]所有存在而非受造的，并不享有之前所不曾存在的存在。这是因为，恰恰之前并不存在而当下存在的这个，叫作"流变"和"变端"。它们还高声呼喊，

① 就此请参见《创世纪》1，1："在起初，天主创造了天地。"另见译注49和56。——译注

② 就此请参见《圣咏集》101，27："天地必要毁灭，而你永远存在，万物必要如同衣裳一样衰败，有如衣服更换，都要新陈代谢。"——译注

它们并非自己创设了自己："之所以我们存在，是因为我们被创造；我们之前曾经并不存在，由此我们也无法由自身而兴起。"它们的呼喊是它们所亲历的见证，提供给我们了。主啊！你创造了它们，你轮奂斯在，于是它们才是美轮美奂的！你至善至极，于是它们才是笃行崇善的！你恒在，于是它们也才存在。但是它们并非能与你媲美，并非能与你比善，并非能如你永在。你！它们的筑基者！和你相比较，它们既不美，亦不善，且不真在！我们知道这些，为此我感激你！当然，我们的知和你的相比较，等于无知。

V.7　可是你如何创造了天地呢？你以何种工具完成了这一宏伟的工程呢？当然并非如同一个工匠一样，根据其灵魂的深思熟虑，从已经具备体形的质料造作出东西，根据其能力赋予它任意一个造型，以其内在之眼审视瑶函；如果你不运作，他如何能这样呢？他赋予已经存在的东西一个新的形象，例如泥土、石块、木料，或者其它什么材料，这个东西也能承纳这个形象。而如果你并未已经造就了它们，这些东西如何能够存在呢？你给了匠人材料，给了筹谋策划的人以灵魂，你创制了材料，匠人即可由此造作出东西，你赋予他秉赋，他以此理解他的作品，并从内在审视之，看看它的外在究竟该如何制作。你赋予他感官，他凭借此而将他所造作的从精神之中造作到材料之中，并且向精神报告，究竟做了些什么，以使之询问在其内在之中寄寓的真理，是否这一造作是好的。万物赞美你作为它们的造物主，但是你如何创设了万物呢？上主！你如何创造了天地呢？当然并非在天上或者在地上造就了天地，即非在空中，亦非在水中，因为它们原本就属于天地。你绝非在此间世界创造了全部世界，因为在有东西兴起，以至于这东西存在之前，在原本应当诞生之处还是虚空混沌；你从未运质料于掌中，以创造天地。在你尚未为了创造而运作之前，你要从哪里获取质料呢？万物之所以存在，是因为你存在；你一发话，万物竞生！在你的圣言中，万物受造[①]！

VI.8　而你又是如何发话的呢？庶几是从云端中传来声响说“这是我的爱子”那般吗？因为这声响传之迩来、而又播之远遁，发端于前、而又消弭于后；当其音声辐辏之际，即是随响湮祀时，前音即逝，后响随之，一之已往，再三接踵，顺序相仍，直至寂静。由此可见，此一音声乃凭藉受造物之运动（婆娑可变）生发而出，它侍奉你永恒的意志，自身则是时间品性的；外在的耳聪将这一你在时间中发出的话语告知给细腻的精神，而其内在的耳聪则关注你永恒的圣言。时刻倾听着的精神将这一在时间中蔼然可掬的话语和你那缄默而永恒的圣言相比较，然后说：“［这圣言］不同凡响，超凡脱俗！而那些话语则远在我之前，它们甚或并不存在，因为它们到来而又消逝；而相反，我主的圣言临在于我直到永远！”[②]如果你以奏响而又消逝的话语说要有天地，如果你这样创造了天地，那么在天地之前就应当有质料体形的受造物存在了，借助这一受造物的时间性的倏忽变端，在时间中的那一声音庶几就能够脱颖而出。但是在天地之前并没有质料性的受造物，如果有的话，那你必定不以消

① 就此请参见《圣咏集》32，9：“因为他一发言，万有造成，他一出命，各物生成。”——译注

② 就此请参见《依撒意亚先知书》40，8：“草能枯萎，花能凋谢，但我们天主的话永远长存。”——译注

逝的声音创设它，以免由此而创设一个消逝的声音，并让它去说，要有天地。无论如何，无论这一“要有”的话语从何而来，确定的是，如果不是你创造的，那就根本不存在。而你究竟是以什么圣言发话说，要有这样的质料体形，以从它生发出那些话语呢？

VII.9　于是你呼召我们在精神上去理解圣言，上主之言在上主之中，[①]它被永恒地言说，借着它万物才被永恒地言说。在那里，凡被言说者，从不消逝；而其后另有他者被言说，并非使得万物都能被言说，而是为了万物都能同时而永恒地被言说，否则，那里就有了时间和变端，就既不是真实的永恒，也不是真实的永生。我理解这些，我的上主！我感激你！[②]我理解这些，并向你告白说，主！每一个人都和我一样理解这些，并且为了所认知的真理的确定性而感激你、赞美你！我们知道，主！我们理解：在曾经存在，而当下又不存在之处，在当下存在，而曾经并不存在之处，那儿才有生死流转。而在你的圣言中则绝无消逝者以及随之而弥散者，因为圣言是真正永生而永恒的。因此你用和你同样永恒的圣言永恒的言说出一切你所说的；并且一旦你说要有，于是就成了；[③]你创造万物，并非借助别的什

① 就此请参见《若望福音》1，1：“在起初已有圣言，圣言与天主同在，圣言就是天主。”——译注

② 就此请参见《格林多前书》1，4：“我时时为你们，对天主在耶稣基督内所赐予你们的恩宠，而感谢我的天主。”——译注

③ 就此请参见《创世纪》1，30：“事就这样成了。”当然，在《创世纪》第1章之中，“事就这样成了”共出现七次，而1，30中的“事就这样成了”指的并非仅仅是创世工程的某一部分，而是全部创世，奥古斯丁正是在这样的意义上引述《创世纪》的，因而在此并非列序其中所有小节，而仅仅称引1，30小节。——译注

么，而是借助言说；尽管你以言说创造了万物，但是并非一切都凭藉言说而被创造，并非一切都相同而永恒。

VIII.10　为什么是这样呢？我问你，上主！我的天主！尽管我察觉到了，但是我却不知如何表述。约略如此吧：所有开始存在的以及停止存在的，都会开始去存在并且停止去存在，当其依据永恒理性中的认知而应当开始并且应当停止之时；而这永恒理性之中则既无开端，亦无终结。而这就是你的圣言，是向我们言说的那一起初。① 于是圣言在福音书中以血肉之躯向我们言说，从外向内徐徐颂入人们的耳郭，以使人认信他、在人的内在寻求他，并且在永恒的真理中发现他，在那里，唯有他对于所有学生而言才是善牧和导师。② 主！我在那里聆听你的声音，这声音告诉我，只有向我们言说的，才是教导我们的；因为谁没有教导我们，他也没向我们言说，尽管他也说话。而谁是教导我们的那位金瓯永固的真理呢？因为，即使我们被一个有所变端的受造物从外在所训导，我们其实也是被引向那一永固的真理，在那里我们才能真正学到它，如果我们从内在专注他，满怀愉悦倾听这新郎的声音，他将我们领回到我们所从来之处。③ 之所以他才是“起初”，是因为当我们迷途不返之时，

① 就此请参见《若望福音》8，25：“于是他们问耶稣说：‘你到底是谁？’耶稣回答他们说：‘难道从起初我没有对你们讲论过吗？’”——译注

② 就此请参见《玛窦福音》23，8–10：“至于你们，却不要被称为‘辣彼’，因为你们的师傅只有一位，你们众人都是兄弟；也不要在地上称人为你们的父，因为你们的父只有一位，就是天上的父。你们也不要被称为导师，因为你们的导师只有一位，就是默西亚。”——译注

③ 就此请参见《若望福音》3，29：“有新娘的是新郎；新郎的朋友，侍立静听，一听得新郎的声音，就非常喜乐：我的喜乐已满足了。”这段引文在不远的前文中曾经出现，在此再度出现，请参见译注 21。——译注

他从不坐视旁观，以使我们能够返回故乡；而我们是借助认知才迷途知返的，而由此我们也才知道，他教导我们，因为他就是起初，并且向我们言说。①

IX.11　天主！在这个起初之中你创造了天地！②在你的圣言中，在你的圣子中，在你的德能中，在你的智慧中，③在你的真理中；④你以奇妙的方式言说，你以奇妙的方式创设！谁能理解？谁能叙说？究竟什么是那个让我一晤遂颖而豁然开朗、涤荡心灵而抚慰有佳的粲然真光？我觳觫战栗，我心期欲往；我觳觫战栗，皆因我冥顽不肖；我心期欲往，恰逢我愿与追摹。此乃智慧，此乃智慧自身，令我彻悟玄机，为我驱散阴霾。而由于我无法瞩目那仑奂灿然的智慧之光，于是阴霾又散而重聚、笼罩于我，我耐受着这种罹罚，因为我的精力是如此这般地积贫积弱，⑤以至于我甚或无法载承我那轻于鸿毛之善，直到你，上主！宽免了我一切的过犯、疗治了我所有的软弱。你会将我的生命从困顿萎靡中拯救出来，你将以恩宠和矜怜为我加冕，你将满足我向善的渴望，你将重塑我青春的生命，如同年轻的

① 就此请参见译注 45。——译注

② 就此请参见《创世纪》1，1：“在起初，天主创造了天地。”另见译注 38 和 56。——译注

③ 就此请参见《格林多前书》1，24：“但为那些蒙召的，不拘是犹太人或希腊人，基督却是天主的德能和天主的智慧。”另见译注 57。——译注

④ 就此请参见《若望福音》14，6：“耶稣回答说：‘我是道路、真理、生命，除非经过我，谁也不能到父那里去。’”这句文本在不远的后文中再度出现，请参见译注 2 和 37。——译注

⑤ 就此请参见《圣咏集》30，11：“我的生命因忧伤而耗尽，我的岁月在涕泣中消逝，我的精力因悲伤而衰退，我的骸骨也已枯槁腐蚀。”——译注

雄鹰，[①] 因为我们在希望中敬候你的拯救、在耐心中期待你的预许。[②] 谁如果能够，就让他从内在倾听你吧！你就在那里向他言说！而我则要在对你的圣言的竭诚信赖中朗声高呼：主啊！你的工程是何等雄美壮阔！在你的智慧中你创造了一切！[③] 那智慧就是起初，你在这个起初中创造了天地！[④]

X.12 看啊！还完全沉浸在过往中的人们提问我们："上帝在他创造天地之前在做什么？如果他安享玄默静谧，如果他并不运作，为什么他倏忽之间易辙更张、一改其无为无作之状态？因为，如果在上帝中涌出新的变化运动和新的意志决定，去呼召万物、实施他之前并未励精图治的创世工程，那么，那一真实的永恒又在何处呢？何况上帝的意志并非受造物，而是在创世之前就存在了呢？而且还因为，如果造物主的意志未尝奉行在先的话，那么就没有任何些许之物被创造；上帝的意志属于他的本质。而如果在上帝的意志中有所更新的话，也就是出现之前并不存在者，那么人就不能认为他的存在是永恒的。如果上帝创世的意志是永恒的意志的话，那么为什么受造的世界（创世）却并非永恒的呢？"

① 就此请参见《圣咏集》102，3–5："是他赦免了你的各种愆尤，是他治愈了你的一切病苦，是他叫你的性命在死亡中得到保全，是他用仁慈以及爱情给你做了冠冕，是他赏赐你一生幸福满盈，是他使你的青春更新如鹰。"——译注

② 就此请参见《罗马书》8，24–25："因为我们得救，还是在于希望。所希望的若已看见，就不是希望了；哪有人还希望所见的事物呢？但我们若希望那未看见的，必须坚忍等待。"——译注

③ 就此请参见《圣咏集》103，24："上主，你的化工，是何其浩繁，全是你以智慧创办，你的受造物遍地充满。"——译注

④ 就此请参见《创世纪》1，1："在起初，天主创造了天地。"另见译注38和49。——译注

XI.13　如此这般絮叨的人，还远未理解你；上主的智慧！[①] 精神的真光！他们还未理解，万物如何凭藉你并且在你之中而受造；他们尝试去思考永恒，但是他们的心却驰骛在从曩昔到将来的变化不定的事物中，还依然居辍无常。[②] 谁将栖止片刻？谁将静谧瞬间？心当片刻栖止，心当瞬间静谧，以为了瞥见那一贯照临当下的永恒之光，哪怕是惊鸿一瞥！他还当将这永恒与川流不息的时间比量裁夺，以考量其间之无可比拟；他要看到，持久的时间不过是由许多时间的片段所构成的，它们疾速过往而无片刻之存在；而在永恒之中则从无消逝，其整体总是当下此在的，而没有任何时间在整体上是当下此在的；他要看到，所有的过往都会被即将临在者所淘尽，所有的将来都随过往而逝去，所有的过往和所有的将来都被那永恒持续的当下所创造而运行。是谁提挈人心，让他静如止水而看到，既非过往、又非将来的永恒是如何决定（掌控）时间的过往和将来的？我的手能运筹此事吗？我口中之手能够凭藉诉说驱驭如此壮阔宏伟之事吗？[③]

XII.14　“上帝在他创世之前在做什么？”看啊！我要回答那些如此这般诘问的人。我不像那种人一样，摄调侃之诡词以回避尖锐之问题，并且说：“那时候上帝给那些冥思苦想这

① 就此请参见《格林多前书》1，24：“但为那些蒙召的，不拘是犹太人或希腊人，基督却是天主的德能和天主的智慧。”另见译注 50。——译注

② 就此请参见《圣咏集》5，10：“因为他们的口中毫无真诚，他们的内心全是虚伪满盈；他们的咽喉是敞开的坟墓，他们的舌头只顾美语逢迎。”——译注

③ 就此请参见《创世纪》31，29：“我本可伸手加害你们，但是你们父亲的天主昨夜对我说：小心，不要对雅各伯说好说坏。”——译注

一高深事情的人建造一个洞穴。”我不这样回答，理解是一回事，调侃则是另一回事。这一回答嘲弄了潜心钻研深刻事物的人，却在胡言乱语者中邀来一番赞美，与之不同，我则更愿意回答说：“我不知道我所不知道的（不知为不知）。”我会说：“我的上主！你是万物的造物主！”如果在“天与地”这一表述之下理解的是所有受造物，那么我会肯定地说：“在上帝创造天地之前，他不运作。”因为，如果他创造，那么他所创造的难道不是受造物吗？我真的应当以同样的确定性知道我想知道的一切，如同我确乎知道的：在任何一个受造物成为［受造物］之前，没有受造物被创造。

XIII.15　而如果一个热衷空想者徜徉在过往时间的幻象之中，并惊讶于，你！全能的上主！万物的创造者和护卫者！天地的肇端者！长时间以来踌躇不决于一个这样宏伟的工程。这样的人应当醒来，并要知道自己是迷茫愚惑的。因为，你才是时间的肇端者和奠基者，如果你从未创设时间，那么时间的无尽长河如何能流宕不息呢？或者，你不创设时间，什么样的时间能够清湍动流呢？如果它们从来未曾存在，它们如何绵亘滔滔呢？而如果你运作出所有的时间，并且如果在你剖判天地之前已经有了任何一个时间期间，那么人如何能说，你对你的创世工程犹豫不决？因为恰恰是这津津流泆的时间是你亲自创造！在你创造时间之前，没有任何时间能够淅沥流潦。如果在天地肇端之前没有时间，那么为什么有人还要问，你那时在做什么？因为在时间尚未存在之前，并没有那时！

16. 你并非在时间之中才是时间的前提，否则的话，你就不是所有时间和每一时间的前提了。凭藉你总是当下此在的永恒的无时间性的崇高，你总是一切过往的前提，你总是超越一切将来，这恰恰是因为将来庶几尚未到来就已经过往了，而你则永远是你自身，你的时日永存不变！[①]你的时日永不缺失，而我们的时日则络绎奔赴，这样万物才能此消彼长而生聚不息；你的时日亘古不变，恰恰因为它不流不滞；在你之中，即将到来的时光并不抵触过往的时光，因为它们并不涓逝。而我们的年光则相反，时日之来，则接踵而至、践迹绵联，岁月之逝，则摩肩以往、辉映后先；你的时间亦如一日，你的一日亦非日日流湍，而就是今天，[②]因为你的今天不敬避明天、不追随昨天，你的今天就是永恒。因此你生就了一个同样永恒者，并对他说：今天我生了你，[③]你创造了所有（整体）的时间，你在万世之前（你在一切时间之前），并不存在任何一个时间，在其中时间尚未存在。

XIV. 17　并不存在一个时间，在其中你毫无运作，因为是你自己创设了时间。没有任何时间如你一样永恒，因为只有你恒在；如果相反它们也壅塞滞留，那么它们也就没有了各个时间段。那么究竟什么是时间呢？谁能为我信手拈来、授业解惑？谁又能思之在在、言之凿凿？可是在我们的日常生活中又有什么能比时间更亲切和熟悉呢？如果我们谈论时间，那么我们知道，这究竟是（意味着）什么；如果其他人向我们论说时间，

---

① 就此请参见《圣咏集》101，28：“但是你却永存不变，你的寿命无尽无限。”——译注

② 就此请参见《伯多禄后书》3，8：“亲爱的诸位，惟有这一件事你们不可忘记：就是在天主前一日如千年，千年如一日。”——译注

③ 就此请参见《圣咏集》2，7：“我要传报上主的圣旨：上主对我说：‘你是我的儿子，我今日生了你。’”——译注

我们当然也知道。那么究竟什么是时间呢？如果没人问我，那我就知道；如果我要为某人解释此一问题，那我就不知道了。但是尽管如此我还是要说，我肯定知道这一点：如无过往，则无曩昔已逝之时间；而如无来者，则无将临即至之时间；而若虚空无物，则无当下此时。而如果过往即逝、将来未至，则此两类时间（则斯二者）又如何存在呢？而涉及当下的是：如果当下总是当下的，并不消逝而成为过往的，那么它就不再是时间了，而是永恒。而如果当下仅仅凭藉流逝到过往之中而是时间的话，那么我们怎么能说，它存在？况且其存在之原因（基础）又恰恰奠基在其并不存在之中。时间存在，因为它消逝殆尽，我们真的能如此这般地侃侃而谈吗？

XV.18　可是我们依然说时间有长短，固然，仅仅是关涉到过往和未来时。譬如，一百年前的一段时光，我们会说它是一段久远的过去时光，而如果是在一百年之后的日子，我们则会说这是遥远的未来；又如，刚过去十天的时间，我们会说它是"短暂的过去"，而十天后的时间，我们则会说这是"将要到来的时间"（"在我们面前的时间"）。但是如果空无一物，又怎么能长短前后呢？因为过往已经不再，而将来尚未临在。因此，就过往而言，我们不应当说："这是久长的。"而应当说："曾经是久长的。"就将来而言："将会是久长的。"我的上主！我的光！[①]你的真理在此会嘲笑人吗？一段久已过往的时间是因其已经过往，抑或是因其那时尚属当下而曾是久长的呢？之所

① 就此请参见《米该亚》7，8："我的仇敌！你不要因我遭难而高兴；我虽然跌倒，必再起来；我虽坐在黑暗中，但上主是我的光明。"——译注

以那时它能够是长的，是因为那时有长物存在；过往者已经不再，而终究已经不再者，也无法是长的。我们因此也不能说："过往的时间是长的。"这是因为，我们无法找到那时的长者，原因在于，只要是过往的，就不再当下此在了；于是我们应当说："当时的那个当下此在的时间是长的。"这是因为，当它还是当下此在之时，它那时就是长的；也就是说，它还没有流失殆尽而进入虚无，因此也还存在而能够是悠长者。而之后，当其运行而过，它同时也停止其悠长之在，因为它停止了存在。

19 而你，人的灵魂啊！让我们看一看，是否当下此在的时间能够是长的，因为你被赋予了感受和测度倏忽瞬间（持续的时间）的能力。你要回答我什么？持续百年的当下是一段长久的时间吗？先看看吧！是否一百年能够是当下的？因为，如果刚好第一年在周行，那么这一年是当下的，而那九十九年则是未来的，也就是尚未存在。而如果刚好第二年在运行，那么一年已经过去，另一年则正是当下的，而其它若干年则是将来的。我们可以将位于这一百年期间中的任意一年设为当下的，逝于其前者则已经是过往的，而其后者将要到来，因此一百年就从不可能是当下的。那么看看，是否在运行的这一年是当下的。如果这一年的第一个月刚好在运作，那么其余各月则尚立于未来之中；如果恰恰第二个月在运作，那么第一个月就已经过往，而其余各月则尚未临在。于是甚至并非一个运行的年是完全当下的，而如果一年都并非完全当下的，那么就没有任何一年是当下的了。因为十二个月是一年，而其中恰恰分别只有正在运行的月是当下的，其余各月则或者是已经过往的，或者是尚属将来的。甚或一个恰恰正在运行的月都并非当下的，而仅仅是某一天而已。而如果第一天是正在运行的，那么其余各天则是将来的；如果最后一天是当下的，那么其余各天则是过往的；如果其中任意一天是当下的，那么它就立于已经过往的和未来的各天之间。

20　看啊！当下的时间庶几缩减为一天，就此我们发现，它才能被称为是“长的”。而如果我们离析这一时间（一天）的延展的话：那么没有一天是全部当下的。每一个白天都和夜晚一道是由二十四小时构成的，对于其中第一个小时而言，其余的都是将来，对于其中最后一个而言，它们都是过往；而每一个在其间的小时都立于过往者之后和将来者之前。每一个小时自身又都是由许多流动的部分构成的，其中流逝杳然的部分，就是过往，而尚屹立存留的部分，则是将来。如果我们就时间而有所发现的话，亦即无可再分、无可再分成哪怕是最小的部分，而这就是我们唯一应当称为“当下”的。而它却从将来迅疾流入过往，以至于它不再延展为任何一个微小的持续；如其延展自身，则必陷入过往和将来，而当下并不延展自身成为一个时间的持续；那么我们可称之为“长”的时间在哪里呢？它是将来吗？但是我们从不说：“将来是长的。”因为大凡能够长的，都尚未存在；我们是说：“将来将会是长的。”而究竟什么时候将来才是长的呢？是它约略还是未来之时的吗？非也！恰恰因为它尚未存在，所以它才能够是长的。或者尚未存在者从未来中析出而成为当下，以至于有所存在，而这有所之存在就是长的吗？而当下却放声疾呼，它并不能够是长的。

XVI.21　无论如何，上主！我们感受时间的段落，相互比较它们，称一个是长的，另一个是短的。我们也测量，一个时间段比另一个究竟有多长，或者多短，并由此确定，一个长于另一个两倍，或者三倍，或者两个同样长。可是如果我们测量时间，则是在其运转之中根据感觉来测定的。究竟谁能够测度流逝以往的，或尚未到来的时间？有人敢说他能够测度不存在者？当时间流转之时，我们才能够感觉和测度它；而当它已经过往，我们就无能为力了，因为它已经辗转而去了。

XVII.22　圣父！我只是提问，而不是固执已见。我的上主！助佑我、引导我！[①]我们作为年轻人学过，并且教导给年轻人，有过往、当下和未来；谁要教训我说，没有三个时间，而是只有当下，因为其它两个都还没存在？或者它们也存在？只不过作为某种藏匿者，如果未来要成为当下的，则当下就从中而来？而如果当下要成为过往的，则当下就退隐其中？如果未来尚未存在，那么咏颂它的人在哪里看到它呢？因为尚未存在者，也无法被视见到，而讲述过往的人们，如果不用精神视见到过往，那么他们也没有讲述真情。而如果毫不存在诸如此类者，那么它们也无法被视见到，于是未来和过往毕竟也存在。

XVIII.23　上主！我的希望！[②]请允许我继续提问！别让我的注意力怠懈涣散！如果未来和过往都存在的话，那么我想知道，它们究竟在哪里？如若我现在还不知道这一点的话，那么我至少知道，它们一定在它们总是所在之处，并非未来和过往，

① 就此请参见《圣咏集》22，1："上主是我的牧者，我实在一无所缺。"以及69，6："天主，我实在卑微而又贫苦，求你速来救我；上主，你是我的助佑和救援，求你不要延搁。"——译注

② 就此请参见《圣咏集》70，5："因为，我主上主，你是我的期望，你是我自幼唯一的仰仗。"——译注

而是当下。因为，如果它们在它们所在之处是未来的话，那么它们就还没有在那里（它们所在之处）；而如果它们在它们所在之处是过往的话，那么它们已经不在那里了。无论它们在哪里，无论它们是什么，它们并非别的什么，而只能是当下！如果人真实地讲述过往，那么他并非从记忆中取出过往的事实，而是由景象所建构的语词，这些语词假道于感觉穿流行过而在精神中留下稳固的痕迹。譬如，我的孩童时代，已时光不再，立于过往的时间中了，但是如果我讲述它，那么它的景象在［我讲述的］瞬间就是当下的，因为它还在我的记忆之中。但是，是否有缘由预言未来，是否我们能感受到尚未存在者的景象，我的上主！我承认，我不知道！而相反我所知道的是，我们经常思考我们未来的行为，而这预先的思考却是当下的，尽管我们预先所思考的行为尚未出现，因为它是未来的。只是当我们进入未来、把我们所思考的开始付诸实施，那行为才是现实的，因为在这情形下它就不是未来的，而是当下的了。

24　无论对未来行为的神秘的预先感知是如何发生的，能够被看到的也仅仅是当下此在的。而已经当下此在的，就不再是未来的，而是当下的。如果有人说能看到未来，那么他所看到的并非这一未来自身，而或许更多地是其已经出现的原因或者征象。谁看到了它们，对他而言它们就不再是未来的，而是当下的，精神从中梳理出未来，就能预先宣布它了。而这一在精神中的景象（想象）也已经是当下存在的了，谁若想预告未来，则要首先在其内在之中观视到它。关涉到这一点的例子不胜枚举，譬如说，我看到一束熹微，我就可以说，旭日东升；我所看到的，就是当下的，而我所预言的，则是未来的；并非旭日是未来的，它已经是当下的了，而是它的东升，这才是尚未出现的。而如果我并非在精神中审视它，像我所做的那样，那么当我要就此发话的时候，我就无法预言他的升起。而我所看到的天空中的熹微，还并非是东升之旭日，尽管它走在旭日之前，而且在我精神之中的想象也并非那旭日；这两者都作为当下的而被视见到，只有这样人才能预先说，旭日东升是未来的，也就是说，未来的是尚未此在的。而如果尚未当下此在，也就毕竟不在；如果并非此在，也就毕竟不能被视见；而我们却能够从我们所看到的已经是当下此在的当下者而预先言及于此。

XIX.25　而你！你的所有造物的统辖者！你怎样教导灵魂未来究竟是什么呢？你不是早就教导了你的先知们吗？可是就未来而言你却如何教导呢？何况对你而言没有什么是未来的。你会更多地教导我们关涉未来者的当下的征象吗？因为尚未存在的，也无法被教授，预言的可能性对于我的视域所及而言立于旷远之外，它远高于我，从我自身的力量出发是遥不可及的；① 然而，我深邃之眼的恬美之光！② 在你的助佑下，我就能一探幽秘。

XX.26　而显而易见，且彰明较著的是：未来与过往并非是（并非存在）；存在过去、当下和未来三种时间，这一执见，严格而言也并未允执厥中。极而言之，必须说，有三种时间，过去的当下，当下的当下，以及未来的当下，在某种意义上这三种才在灵魂之中，在其它地方我找不到它们：过去的当下作

① 就此请参见《圣咏集》138，6：“这是超越我理智的奇事，也是我不能明白的妙理。”——译注

② 就此请参见《圣咏集》37，11：“我的心颤栗，我的精力衰退，我眼目的光明也已经消逝。”——译注

为回忆，当下的当下作为明觉直视，未来的当下作为期待。人总会说，有三种时间：过去、当下和将来，如同在习惯性滥用的意义上早就存在，甚或还要存在下去的；这对我而言并无所谓，我也不会反驳之、责怪之，只要人正确理解他所说的就行了，亦即未来和过往都并非实存辋替的；我们说话并非总是言简意精的，许多事情我们表述得并不准确，但是人们知道我们想说什么。

XXI.27　我之前曾说过，当时间流过时，我们测度它。由此我们可以说，某段时间两倍于，或者同样长于另一段，或者其它在测度时间的各个部分时我们所能确定的。也就是如同我所说过的，我们测度时间，当它流转不息之时。如果有人问我："你如何知道的？"我会回答说："我知道，因为我们测量，并且因为我们不能测量不存在者；而过往和未来就是不存在者。"而我们又如何测量当下的时间呢，当它尚未享有延展之时？当时间当下流转之时，我们测量它；当它已经流逝而去的时候，它就无法被测量了，因为已经不存在人所能够测量的了。但是当时间被测量之时，它又从何而来？穿越什么而流转？又消逝于何方呢？不从未来又从何而来呢？不穿越当下又穿越什么呢？不消逝于过往又去往何方呢？也就是从尚未存在者而来，穿越还匮乏延展者，转进到已经不存在者之中。而我们所测量的，恰恰是带有某种延展的时间；如果我们提及一段时间、两倍于或三倍于其长度的、甚或同样长度的时间，或者诸如此类者，我们所标示的总是其延展。而我们又在什么空间中测量流过的时间呢？在它所从出的未来中吗？而我们终究无法测量尚不存在者；在它穿越而过的当下吗？可是我们无法测量没有延展者；在它要流入其中的过往中吗？可是我们无法测量已经不存在者。

XXII.28　我的精神在燃烧，要解开这致密繁复的谜团。上主！我的天主！至善之父！我借着基督向你呼求，别关闭我求知的渴望！让此事浅显易懂、彰明较著吧！让我的渴望勘探到其中吧！让我在你矜怜之光中洞透它吧！我还能求教于谁呢？不在你台前，而在别处承认我的无知又更有何许益处呢？我的努力不会稍有消减，我要在这努力之中以极致的激情投入到你的经卷之中。我所爱的，给我吧！因为你已经给过我所爱的；圣父！把它给我吧！你在你的真理之中定然知晓，赠予你的孩子们好礼物！①给我吧！因为我已经走上认知之路，我只能艰难跋涉，②直到你为我开拓。我借着基督，我以他的名、众圣之圣的名向你呼求！别让人在我探询之路上阻碍我，我倾心信慕，所以我才敢说③这是我的希望，我为它而生活，我想看到上主的愉悦！④看啊！你决定了我的时日，老冉冉其将至兮！⑤可我不知道，究竟是怎样老去！而我们依然在说时间、时间、岁月、岁月："他说这个有多久了"、"他做这个有多久了"、"我有多久

① 就此请参见《玛窦福音》7，11："你们纵然不善，尚且知道把好的东西给你们的儿女，何况你们在天之父，岂不更将好的赐与求他的人？"——译注

② 就此请参见《圣咏集》72，16–17："我愈设法了解这事，我愈觉得神妙莫测。直到我接近天主的奥妙，直到我注意他们的结果。"——译注

③ 就此请参见《圣咏集》115，1："我对上主爱慕倾心，因他俯听我的祷声。"——译注

④ 就此请参见《圣咏集》26，4："我有一事祈求上主，我要恳切请求此事：使我一生的岁月，常居住在上主的圣殿里，欣赏上主的甘饴慈祥，瞻仰上主圣所得堂皇。"——译注

⑤ 就此请参见《圣咏集》38，6："看，你使我的岁月屈指可数，我的生命在你前算是虚无。世人的生存只是一口呵嘘。"——译注

没看到这个了”以及“这个音节是那个简短音节的两倍长”。我们这样说，我们这样听，我们被理解，我们去理解；最清晰不过，最熟知不过，而同时它们却最隐匿，发现它们则是破天荒之新鲜事。

XXIII.29　听到某位有学养的人教训说，日月、星辰之运行就是时间，[①] 可我不敢苟同。果如其然，则为什么不是所有物体的运动都是时间呢？如果苍穹之光杳然寂静，而一个陶轮却周转不休，那还有时间存在吗？我们又如何测量其旋转呢？当它时而较慢、时而较快地旋转时，那么它时而匀速、时而某个时间段较长、某个时间段较短，是为了能够表述这些吗[②]？而当我们这样说的时候，我们不是也以我们的语言而运动在时间中吗？而在我们的语词中不是也存在长的和短的音节吗？并且其原因在于某些音节发声较长，而某些音节则较短。上主！让人见微知著吧（让人在小事物中理解普遍意义吧）！这意义不仅适用于小事，而且契合于大事。[③] 当然，星辰以及苍穹之光是四季、日和年的象征。但是我并不固执己见说，那个小木盘的一次旋转就是一天，那位有学养的人至少也不要轻易言之，

① 在此有可能指柏拉图，就此请参见其 Timaios（《蒂迈欧篇》）。Platon, Timaios. 37 c, d. In: Platon, Werke in acht Bänden Griechisch und Deutsch. Sonderausgabe, herausgegeben von Gunther Eigler. Wissenschaftliche Buchgesellschaft Darmstadt 1972. 亦请参见亚里士多德《论天》、《物理学》。——译注

② 奥古斯丁的思考在此有斯多葛学派和普罗提诺的痕迹，就此请参见普罗提诺《九章集》第三卷第七章第八节。——译注

③ 有学者认为，这是奥古斯丁《忏悔录》中最具哲学意义的文本之一，就此请参见 Kurt Flasch, Aurelius Augustinus, Confessione. Liber X et XI. Bekenntnisse 10. Und 11. Buch Latainisch-Deutsch. Übersetzt, herausgegeben und kommentiert von Kurt Flasch. Philipp Recclam jun. Stuttgart, 2008. S. 231. ——译注

在小木盘这里毫无时间。

30 我想知道时间的本质和权能，我们凭藉时间测量物体的运动，并且说，譬如某一运动之持续两倍于另一运动。我的问题在于，在“日”之下人理解的并非仅仅时间段，在其间太阳升起于大地之上，由此而日夜有别，而是其全部的（整体的）从东方到东方的运转，据此我们说：“若干时日已经过去。”就此（就一日而言）我们想的是白天与夜晚，我们并不单独计算夜晚为一日。因为一日在这个意义上是太阳从东方到东方的运动和运转而产生的，所以我的问题是，是否这一运动就是天？或者运动在其中完成自己的这一持续才是天？或者两者都是？在第一种情形中，天就是运动自身，因而当太阳在时间的持续中有一个小时的运转，我们就有了一天；在第二种情形中，即使太阳自一个升起到下一个升起之间转瞬即逝地持续有一个小时的话，那还不是一天，否则太阳要二十四次这样做，以为了建构一天；在第三种情形中，一天不仅是运动，而且是时间张力，在这一张力中时间完成自己。于是人既不能说“天”，如果太阳在一小时的时间延展中完成其相应之运转，亦不能说“天”，如果太阳同样长地时间静止不动，如同它通常从早到晚的运作所需要的。我在此并不想探询人所称的“一天”究竟是什么，而是想研究，时间究竟是什么。由于这一理由，我们测量太阳的周转，以至于我们能够说，它的周行只是寻常时间的一半，它只需要十二小时的时间拓展；比较这两个时间，我们会说，一个是单纯的，另一个是双倍的，我们的表述并不依赖于太阳时而以单纯的标准（量）、时而以双倍的标准（量）从东方到东方的周行不息。没有人对我说，天体的运动就是时间，因为那时当那个人祈祷太阳停止、以使他能够取胜那场战斗的时候，[1]太阳的确停止了，而时间却依旧在持续，战斗在所需要的时间中打完了。我就此看到，时间是某种延展，但是我［的确］看到了吗？或者好像我看到了？光明与真理！你会指出来的！

XXIV. 31 有人执意说时间是物体的运动，是你命令的吗？我会赞同的！可你并未下命令！我听到，物体只有在时间中才运动（变化），这是你说的。我并未听到说，物体的运动本身就是时间，你没有这样说。[2]因为，如果一个物体运动的话，那么我是根据时间来测量它从开始到终结的全部持续。而如果我并未看到其运动的起始，并且这一物体在继续运动，而我又没有看到其运动之终结，那么我无法测量运动的持续，而只能测量我对它的观察的起始和终结。如果我对它长久地观察，那么我仅仅能够说，一段长久的时间过去了，而不能说，这段时间究竟精确到有多长。因为，当我们就多长作表述时，我们必须基于一种比较，譬如说，这个与那个一样长，或者这个是那个的两倍长，等等。而如果我们能够确定空间的距离，也就是一个运动的物体从何处开始又在何处终结其运动，或者它围绕着自身的轴而运转，我们则取其中一点而观测，那么我们能够说，

---

① 就此请参见《若苏厄书》10，12–14：“上主将阿摩黎人交于以色列子民的那一天，若苏厄当着以色列人的面对上主说：‘太阳！停在基贝红！月亮！停在阿雅隆谷！’太阳果然停住，月亮站住不动，直到百姓报复了自己的仇敌。这事岂不是记载在《义士书》上了吗？太阳停在空中，未急速下落，约有一整天。以前或以后，从来没有一天象这一天一样。上主这样俯听了人的呼声，因为是上主在为以色列人作战。”——译注

② 奥古斯丁的思考在此有普罗提诺的痕迹，后者认为，物体的每一运动都完成在时间之中，而且人也借助时间测量其运动。就此请参见普罗提诺《九章集》第三卷第七章第八节。——译注

一个物体，或者其中一点需要多长时间从一个位置移动到另一个位置。物体的运动与我们测量其持续运动的测量标准截然不同，每一个人都能理解，两者中的哪一个是我们所命名的“时间”。最终，如果一个物体时而运动，时而静止，交叠进行，那么我们不仅能够根据时间测量其运动，而且也能够测量其静止，并且由此而说：“其静止和运动一样长。”或者：“其静止两倍于、三倍于其运动。”或者如同我们的测量所呈现的，精确的或者估算的，譬如“或多或少”。由此，时间并非物体的运动。

XXV.32　上主！我承认，我还依然不知道，时间究竟是什么。我同时也要向你承认，我在时间中说这些，关于时间我已经说了很久了，而这个“很久”也并非别的什么，而是一个时间的延展。但是我如何能不知道时间究竟是什么而却知道这一点呢？或者我仅仅不知道我应当如何表述我所知道的？可怜的我啊！我甚至不知道，我究竟不知道什么！看啊！我的上主！我在你台前没有撒谎！我所说的，发自我内心；而你，我的上主！点燃我心灵之光吧！照亮我的暗夜吧！①

XXVI.33　如果我的灵魂向你承认，我测量时间，那么这坦白是真诚的吗？我的上主！我测量，可我却不知道，我测量的是什么；我凭借时间测量物体的运动，而我不是也在测量时间自身吗？而物体的运动持续多久？从某处到另一处需要多久？不测量物体在其中运动的时间，我真地能够测量物体的运动吗？可是我又如何测量时间自身呢？我们以一个较短的时间

① 就此请参见《圣咏集》17，29：“上主，是你使我的灯笼放光，我主，是你把我的黑暗照亮。”——译注

单位测量一个较长的吗？如同以肘臂的长度测量房梁的长度一样吗？很显然，当我们说某个音节是另一个的两倍长时，我们以短音节的时间的延展测量长音节的时间的延展。我们就是这样测量诗歌音节的长短，以韵脚测量诗节的长短，以音节测量韵脚的长短，以短音节测量长音节的长短，而并非以所书写的页数，我们以页数表述某种空间的大小，而并非时间的长短，我们以词汇音节的滑动而过判断时间的长短而说："这是一首长诗，因为它由许多诗节所组成；那是些长的诗节，因为它们由许多韵脚所组成；那是些长的韵脚，因为它们被拓展为许多音节；那是个长音节，因为它是短音节的两倍长。"但是尽管如此，我们也无法理解（赢得）时间的精确的标准，原因在于，能够出现的是，如果一个较短的诗节被缓慢朗读的话，那么听起来就会有一个比较长的时间的延展，甚或长于被快速朗读的较长的诗节；这也适用于一首诗、一个韵脚、一个音节。由此我在想，时间并非别的什么，而是某种延展的类型。[①]但究竟是什么的延展呢？这我也不知道，但如果不是精神的延展，我就会很惊讶的。我的上主！当我并不确切地说："这个时间段长于那一个"，或者当我确切地说："这个是那一个的两倍长"，我究竟在测量什么呢？我在测量时间，这我知道。但是我并未在测量将来，因为它还不存在；我并未在测量当下，因为它并未延展任何时间的域界，我也没有测量过往，因为它已不再存在。

① Kurt Flasch 等著名奥古斯丁研究家和学者认为，这是《忏悔录》中时间理论的核心表述；就此请参见 Kurt Flasch, Aurelius Augustinus, Confessione. Liber X et XI. Bekenntnisse 10. Und 11. Buch Latainisch-Deutsch. Übersetzt, herausgegeben und kommentiert von Kurt Flasch. Philipp Recclam jun. Stuttgart, 2008. S. 231. ——译注

我究竟在测量什么呢？或许我并未测量已经过往的，而是正在行过的时间？我之前已经强调过这一点了。

XXVII.34　全神贯注吧！我的精神！看啊！上主是我们的助佑！①他创造了我们，并非我们自己。②看啊！真理之光冉冉升起！想一想吧！一个声音在震响，在回响、在回响，看啊！它渐弱、渐弱，复入沉寂，这声音过去了，它已不再是声音。在它震响之前，它是未来式的，之前人还不能测量它，因为它尚未存在；而当它震响之时，那时人能够测量它，因为那时存在着人所能测量者。但是即使当彼之时它也并非是静止的，它到来，并随之消逝；人能够因此而测量它吗？因为，当它从旁历经一段时间的延展舒张之时，根据这一理由它能够被测量，这在于当下并未构成时间的延展空间。而当它那时能够被测量时，我们拾取另一个声音：它开始震响，并且毫无间断而持续回响，让我们测量它，只要它还在回响。而当它停止回响时，它就消失了，也就不存在能够被测量的声音了。我们只有精准地测量它，尔后方能说，它震响的量是多少。但是它还在震响，由此它只能从其开端被测量，因为它开始震响，而直到终结被测量，因为它沉寂；而我们所测量的，就是开端与终结之间的过渡空间。因此，我们无法测量一个尚未沉寂的声音，以为了确认，它究竟有多长，或者有多短；于是人也无法执意说，它恰恰与另一个同样长；人也不能说，它与另一个相比较同样长，

① 就此请参见《圣咏集》61，9：“百姓，你们该常向他表示依靠，该在他面前吐露你们的心窾：因为天主确是我们的避难所。”——译注

② 就此请参见《圣咏集》99，3：“你们应该明认上主就是天主，他造成了我们，我们非他莫属，是他的人民，是他牧场的羊队。”——译注

或者是其两倍长，或者诸如此类者。而如果这声音沉寂了，那么它也就不再存在了，人还如何能够测量它呢？但是尽管如此，我们依然测量其时间的过渡空间，但是既非尚未存在者，亦非已经不再存在者，亦非从未延展而成持续者，亦非尚未有终结点者。我们既不测量未来者，亦不测量过往者，既不测量当下者，亦不测量恰恰正在延展的时间的舒张，但是尽管如此，我们却测量时间的伸张。

35　“Deus creator omnium！”（上主！万物的创造者）！[①] 这一诗节由八个长短交换的音节组成，四个短音节，也就是第一个、第三个、第五个和第七个，比四个长音节，也就是第二个、第四个、第六个和第八个，只有其一半长，每一个长音节都是短音节长度的两倍。当朗诵这一诗节时，我感觉到是这样的，只要人以听觉感受的话：我借助短音节以及听聪的帮助而测量长音节，只要听聪获取清晰的音声，那么一个长音节就如同两个短音节的长度。而由于一个音节随着另一个而连续震响，先是短的，然后是长的，我如何能够固守住短音节？我又如何能够利用它作为标准以确认，长音节是短音节的两倍长呢？况且当短音节已经停止震响时，长音节才震响；只要长音节还在当下震响，我就测量它吗？而我不是只能在其终结时才能测量它吗？可是当它终结时它不就消失了吗？我所测量的究竟是什么

① 这是晚祷圣咏，奥古斯丁在其《忏悔录》第九卷第十二章，第九卷第三十二章中都曾引用过。其歌咏之全部文本请参见 A. Schwend, Hymnen und Sequenzen. 1954. S. 31 以下，以及 Augustinus, Bekenntnisse. Lateinisch und Deutsch. Eingeleitet, übersetzt und erläutert von Joseph Bernhart. Mit einem Vorwort con Ernst Ludwig Grasmück. Insel Verlag Frankfurt am Main und Leibzig. Erste Auflage 1987. S. 906. ——译注

呢？我借以测量的短音节又在何处呢？而我测量的长音节又在何方呢？两个都震响了，都消失了，都过往了；两个都不在了，可我还测量它们，并且还很确然无疑而以训练有素的听聪的全部确凿性执意说，我感受到长音节是短音节的两倍长。仅仅是因为它们过往了并且终结了，所以我才能测量它们。也就是说，我并非测量这些已经不在的音节本身，而是测量凝滞在我的记忆之中而刻下痕迹的某种东西。

36　在你之中！我的精神！我测量时间！别吵闹我！是这样的（也就是说），别让你感官印象的纷纭杂沓对我叫嚣隳突。[①] 我认为，在你之中，我测量时间；当川流不息的事物摇曳而过时，它们在你之中激荡起这印象，并滞留于你之中，我测量这印象。当我测量时间时，我在它的当下之中测量的就是印象，而非那些在鼓荡而过时制造出这印象的事物。也就是说：或者这些印象就是时间，或者我根本就没有测量时间。而当我们测量寂静的时间延展时，我们说，这寂静和那个声音持续的一样长，难道我们不是拓展我们对那寂静的思想恰恰和那一好像还在震响的声音同样长吗？为了能够确定在一段时间的延展之内的静默的阶段，我们不是将震响的声音设想为标准吗？当我们并不参与到唇吻和声音中而令其静默时，我们也会在思维中令诗歌、诗节和演说走过我们的脑海，并且比较而判断它们的行进过程

① 在此呈现出奥古斯丁新柏拉图主义精神理论之苗蘖，也就是说，不受感官感觉所获取之印象搅扰的精神，才能发现真相，精神必须全神贯注于自身；就此请参见 Kurt Flasch, Aurelius Augustinus, Confessione. Liber X et XI. Bekenntnisse 10. Und 11. Buch Latainisch-Deutsch. Übersetzt, herausgegeben und kommentiert von Kurt Flasch. Philipp Recclam jun. Stuttgart, 2008. S. 231. ——译注

的绵延持续，完全如同我们朗声诵读它们一样。我们假设，某人想让一个的确绵长的音调奏响，并且实现设定，它应当持续多久，然后他在寂静之中令这时间的延展贯穿通彻，将它嵌入记忆之中，并且开始让这声音奏响；这声音奏响，直到它达到他所事先设定的终极界限。更多地是（或者更好地是），它奏响，并且还将奏响，因为被它所引领而出的，无论如何都是被奏响的，而其余的则将奏响，直到其终止。就此，当下伸张的意识行为将未来者领入过往，以至于消减了未来而使得过往增加，直到未来消耗殆尽（成长为过往），而整体完全是过往的了。

XXVIII.37　但是尚未存在的未来又如何被消减和消耗成过往呢？而已经不存在的过往又如何增长呢？精神期待着，精神全神贯注地感受（掌握）当下，精神回忆着，仅仅是因为在引起这些印象的精神之中存在这三种行为吗？以至于精神所期待的取道于它在当下所关注的而转进到它所回忆者之中。毫无疑问（直译：谁能否认），未来者尚不存在，但是在精神之中存在着对未来事物的期待；毫无疑问（直译：谁能否认），过往者已不存在，但是在精神之中还存在着对于过往者的回忆；毫无疑问（直译：谁能否认），当下并未建构时间的延展舒张，因为它在此时此刻（每一瞬间）都在流转，但是绵延持续者就是对当下的凝神的关注（感受、掌握），来临者穿过当下而进入离遁（abesse）；也就是说并非未来的时间由于其尚未存在而是久长的，而是一个绵长的未来是对未来的一个悠长的期待；并非过往的时间由于其已经不存在而是幽长的，而是一个迥长的过往是对过往的一个漫长的回忆。

38　我想唱一首我熟知的歌；在我开始之前，我的期待统摄整体；如果我开始的话，我的回忆则覆盖我已经设置为过往者的那部分；我的行为的生命（活力）条贯为二，一则是对于被我已经唱诵而过的那部分的回忆，一则是对尚需被我唱诵的那部分的期待；而活在当下的，就是我的关注（attentio）：曾经是（erat）未来的，将借助它（attentio，我的关注）被彻底领送过去（traicitur），由此而成为过往。我的关注越多运作，期待就越益消减，回忆就越益加长。如果我的全部行为贯彻到终结，那么全部期待也就消耗殆尽而进入回忆；如同在全部一首歌中一样，它每个单一的部分以及每个单一的音节亦皆如此。同样，在一个较长的行为（运作）中，一首歌曲或许就是这一行为的一部分，亦皆如此；同样，在一个人的全部生命之中，其各个部分就是这个人的全部行为，亦不外如此；在全部人类历史之中，其各个部分构成全部人的生活，尽皆如此。

XXIX.39　但是因为你的矜怜远超所有生命，① 所以看啊！我的生命流落在散逸之中（distentio est vita mea）。可是你的手臂却挽住我② 于我的主、你和我们众多之间的中保和人子之中，那是在众多之中并且为了众多的中保，以使我借着他去理解、在他之中被理解，③ 以至于我能够完全自由于往昔的日子之外而追随那一个（他）。我能够忘记那已经成为过去者，不再分心于会在未来成为过往者，取而代之的是将我自己舒展到立于我

① 就此请参见《圣咏集》62，4："因你的慈爱比生命更宝贵，我的唇舌要时常称颂你。"——译注

② 就此请参见《圣咏集》62，9："我的灵魂紧紧追随你，你的右手常常扶持我。"——译注

③ 就此请参见《斐理伯书》3，12："这并不是说：我已经达到这目标，或已成为成全的人；我只顾向前跑，看看是否我也能够夺得，因为基督耶稣已夺得了我。"这里的"夺得"即理解之意。——译注

面前者之中，以至于我不在隔阂离析之中，而在聚精会神之中向上追求圣召的棕榈枝，[①] 在那里我聆听到你称扬赞颂之歌，看到你的愉悦，[②] 这愉悦既不来、亦不去。可现在，我的岁月在叹息中流逝，[③] 而你，上主！是我的慰藉和永恒的天父！我却迷失在岁纪绵邈之时间中，而又不知晓它内在的端严秩序。我全部身心颠沛流离，我的思考辗转反侧，我的灵魂寤寐思服，直到我最内在的生命涤尘洁虑、青（清）泠甘洁而融入你圣爱的炽热涌流中。

XXX.40　我将在你之中植根立足、固本筑基，在你的真理之中，那才是我的形式、我的真实本质。由此我完全不必忍受由那些人而来的问题，他们被其病态所煎熬，其欲求远超其所能理解的，并且还要说："上帝创造天地之前在做什么？"或者："他如何想起要去做这个呢？而之前却并未做什么？"上主！让他们好好想想吧！他们究竟说了些什么？让他们去理解吧！在还没有时间存在时，无法谈论"之前"！如果说某人从未做过什么，那么另外的表述不就是说他没在任何时间做过什么吗？他们应当去理解，没有创世就不能有时间；他们应当停止其喋喋不休之呓语！[④] 他们也应当面对立于我们面前者而展开

① 就此请参见《斐理伯书》3，14："为达到目标，为争取天主在基督耶稣内召我向上争夺的奖品。"——译注

② 就此请参见《圣咏集》25，7 以及译注 22；参见《圣咏集》26，4 以及译注 71。——译注

③ 就此请参见《圣咏集》30，11 以及译注 52。——译注

④ 就此请参见奥古斯丁《上帝之城》（De civitate Dei）XI 6："毫无疑问，世界并非在时间之中，而是与时间同时被创造。"——译注

自己[①]，他们应当理解，即使有超出时间的受造物存在，而你，所有时间的永恒的创造者，也无疑立于所有时间之上，没有任何时间、没有任何受造物能和你比权量力而同样永恒。

XXXI.41　上主！我的天主！你奥秘的怀抱（锦囊）是多么的邃密深幽！[②]而我的过犯的恶果又将我驱离（抛离）了多么远。[③]疗愈我的双眼吧！以让我愉悦你的真光！[④]毫无疑问，如果存在着精神，它又是那样的博学多知，甚或预闻预知，以至于它洞透一切过往和将来之机微秘旨，如同我熟稔一首歌一样，那么这精神则是那样的奇美轮奂，以至于我们必然叹为观止！在这一精神面前无所隐匿，无论是已发生之过往者，抑或是在即将来临的时间中一切所要发生者，如同我要唱一首歌一样，我完全洞悉从其开端已经有多少唱过了，到终结还有多少余留未唱；毫无疑问，你，宇宙万物的创造者，灵魂和躯体的创造者；毫无疑问，就是以这样的方式洞晓一切将来者和过往者；你是多么奇妙！你是何等深奥！谁颂唱或聆听一首娴熟于心的歌，他就在对将要临在音调的期待中、在对已然逝去音调的回忆中，经历感觉的变换、感觉的裂隙。而你，亘古不变的永恒，精神的真实而永恒的创造者，则绝不会如此这般！你在起初就知晓天地，而且你的知晓恒久不

① 就此请参见《斐理伯书》3，13："弟兄们！我并不以为我已经夺得，我只顾一件事：即忘尽我背后的，只向在我前面的奔驰。"——译注

② 就此请参见《若望福音》1，18："从来没有人见过天主，只有那在父怀里的独生者，身为天主的，他给我们详述了。"——译注

③ 就此请参见《圣咏集》30，23："我虽在惶恐中曾说：'我已被驱除离开你前。'但我一呼求你你即刻俯允我的呼声哀叹。"——译注

④ 就此请参见《格林多前书》13，6："不以不义为乐，却与真理同乐。"——译注

变！你在起初就创造了天地，[①] 而且你的运作从不裂隙！谁理解这一点，谁就会认信你；谁不理解这一点，他也会认信你。你是那样的荣耀崇高，可却居辍于谦卑者心中！[②] 你扶起伛偻匍匐的人，他们不再跌倒，因为你是他们的擎天砥柱！

---

① 就此请参见《创世纪》1，1："在起初天主创造了天地。"《圣经》中开篇第一句也在奥古斯丁《忏悔录》第十一卷的叙述中出现不止一次。——译注

② 就此请参见《达尼尔书》3，87："圣洁和心谦的人，请赞美上主，歌颂称扬他，直到永远！"以及《依撒意亚》57，15："因为至高者，卓越者，居于永远者，名为圣者的这样说：'我虽居于高处及圣所，但我也与忏悔和心灵谦卑的人在一起，为振奋谦卑者的心情，苏醒忏悔者的心灵。'"——译注

时间与永恒——《九章集》第三卷第七章试译

1.

我们将永恒与时间相互区分开来，而且其中一个属于总是持续的存在，而时间则属于成为和可感知的事物；由此我们认为，借助在思维中的直接的考量，就能在我们的灵魂中有关于它们的精确的设想（思想），我们总会言说它们，并且就一切而谈论它们（并就所有方面而把它们置于口中）。如果我们就此而尝试达到对于永恒和时间的理解，并且接近它们，那么我们的思考（思想）则再度陷入毫无出路之境地：我们中的每一个人都采撰前贤关于永恒与时间的不同说法，或许每一个人对于同一说法的理解又是完全不同的；我们将此铭记在心，并且认为，如果我们能够将其学说表述为一个问题就足够了；而我们并不满足于此，还要继续探究永恒与时间。尽管人认为，前辈而可敬的哲学家们已经发现了真理（已经发现此中真意），然而如果谁最靠近之，并且我们以这一方式赢得关于它的理解的话，那么这一理解必须得到斟酌。而且我们以永恒开始，并由此而提问，这不同于那些理解了永恒的人的做法，他们固执已见而认为永恒是不同于时间的。而如果作为原象者得到认知，那么图像的本质也将清晰了，图像被视为是时间。如果人要在观想永恒之前思考时间的本质，那么这位由此及彼在再度回忆中前行者，[1]会看到时间的原象，如果时间具有与永恒的相似性的话。

2.

人必须将永恒的存在标识为什么呢？为相应于时间是整体的天和整体的世界这一表述而标识为一种精神的本质自身吗？而的确有些人持有关于时间的这一观点，如是我闻。因为我们将永恒视为尊贵者，并且把它思考为最尊贵者，而这一最尊贵者就是精神的本质，而不必要说，这两者中究竟哪一个是更尊贵的——由彼还无法及此[2]——以至于能够将两者思考为等同的，因为精神的世界和永恒这两者都是包罗万象的，并且包罗同样者。即使当我们仅仅说，一个栖息在另一个，亦即在永恒之中，[3]而如果我们以它来表述永恒存在的话[4]——据说原象的本质是永恒的——以至于我们相反将永恒言说为全然不同者，那么我们也就是在说，永恒是为了精神的本质或者在其中而存在，或者永恒对于它而言是当下的。[5]而两个都是尊贵的，这还并未提示出自身性，其中一个的尊贵的存在有可能从另一个而获取，另外，包罗万象对于精神的本质而言是对于诸多部分的

① “由此及彼”之“此”指的是前一句中作为时间原象的永恒，“彼”指的是时间；在此，普罗提诺谈到研究时间和永恒的两种不同出发点，一个是从永恒出发，一个是从时间出发；而从不同的出发点而来的研究，则有相应不同的结果。——译注

② “由彼还无法及此”之“彼”指的是“最尊贵者”，“此”指的是“比较”，这句文本紧接上句“哪一个是更尊贵的”，意思是：从“最尊贵者”还无法谈及比较，还无法说哪一个更尊贵。——译注

③ 这句中的“一个”指的是精神的本质。——译注

④ 这句中的“它”指的是前文中的那“一个”，亦即精神的本质。——译注

⑤ 这句中的“它”指的也是精神的本质。——译注

包罗，而在永恒则是同时包罗整体，并非是由部分构成的整体，而是只要是永恒的，那就是根据永恒性而存在的。

或者永恒被理解为固止性，如同人在此根据运动理解时间一样？人们并非没有道理地怀疑，人是否能将永恒执着地视为自身具有恒态性（宁止性），或者并非视为恒态（宁止），而是视为带有恒态性（宁止性）的存在。如果永恒是自身恒态性（宁止性），那么我们首先就不能够将恒态性（宁止）称为是永恒的，如同我们不能将永恒称为是永恒的一样，因为永恒的是参有到永恒之中的。而其次，运动又如何能是永恒的呢？如此则运动就是恒态的了。此外，恒态概念又如何在自身之中享有一种“总是”呢？我指的并非是在时间中的“总是”，而是如同当我们说“总是持续”时我们所思考的。而如果我们将“总是持续”与存在的恒态设置为一个的话，那么我们就将永恒存在的另一个样式排除在外了。于是我们不仅将永恒思考为恒态，而且也将其思考为至一，另外，也思考为不被延展（拓展）的、不随（不因）时间自身而延展的；而恒态作为恒态既不具有至一概念，又不具有不被延展概念于自身之中。另外我们将永恒表述为：在至一中的滞留，它享有恒态，但并非恒态自身。

3.

而究竟什么是我们赖以将整体的世界称为永恒的和总是持续的事物呢？什么又是这一总是持续呢？它究竟是永恒自身呢？亦或是永恒所依据的呢？我们必须将其理解为尽管是整一的，但却是由聚拢的思想的多样呢？或者理解为一个本质呢？这本质追踪存在者并与之合并，或者在其中被观视到，以至于它是一切：

是一个存在，但却是诸多（多样）权能的，并且同时是诸多（多样）。而谁确切理解了它多样的权能，那他就据此为基础而称之为：存在，而只要他将其视为生命，那他也还称之为运动；另外还称之为恒态，而因为恒态是完全不变化，所以他也将其称为他者和自身，只要它（恒态）与这一他者一起是至一的话。而当他将其再并入至一，以至于这同时是一个生命的话，当他涤除其中的他者性，并且看到其中永不休止的行为以及他者自身，从不再是他者以及思维和生命时，这生命从不离弃至一而投入他者，而总是从不变化者和从不延展者——当他看到所有这一切时，他就看到了永恒：生命，这生命栖息在自身中，因为它总是整体而当下此在，并非现在是这样，然后又是那样（他者），而是同时是一切，并非现在是那样（他者），然后又再度是别的（另外的）那样（他者），而是并无部分之分的完满整体；如同一切聚集在一个点上，并且从不投入一个河流，那一永恒自身也容留在自身之中而并不改变自身，而是总是在当下之中，因为没有什么（无物）在它之中是过往的、也没有什么在它之中将要存在，它更多的是它所是的。由此永恒并非所谓基础，而是从基础中根据其自身性而照耀出来者，这一自身性许给它并非将来的，而是已经存在着的存在：这是如此这般而非如彼那般（而非别样）的存在，因为究竟还有什么能够较晚属于它，如果并非它现在就是的？它也不可能较晚才是它现在已经不是的。并不存在什么，它从中出发而能够达于当下，也就是说，它并非曾经是一个它者，而是总是它自身；它也不会在将来才必然性地是它现在所不是的，甚至它也将不会拥有这个“曾经是”；这究竟是什么？它曾经是什么、并且是过往的？还有这个“将是”（“将要是”），它究竟将要是什么？于是答案是，它在那一个之中，那一个是存在（或译：于是答案是，它在那个是存在的之中；或译：于是它在存在之中）。也就是既非曾经是，亦非将要是，而仅仅是，亦即这个存在作为恒态所具有的，因为它既不变化为将要存在，亦从不改变自己，而就是永恒。由此就产生了我们寻找的永恒：在存在中存在着的完满了自身存在的存在着的生命，同时是全部并且圆满而完全不被延展的。

4.

人不能认为，永恒是从外在而归属于那一存在的，而是相反，那一存在就是永恒，并且出自永恒，和永恒在一起。永恒作为内在的存在而先在于其中，因为我们也就所有其它事物说，这事物总之出于存在、并且与之同在，这是由于我们依然发现存在内在于我们所言说的事物那里了。原初的存在必定与原初同在，并且在原初之中，因为美也在其中，并且出于其中，真理也在它之中。一个如同是在这一整体存在的部分之中，而另一个则在全部存在之中，如同这一真实的整体并非由多个部分集合而成，而是它自身创造了部分，以使之在其中也依然是真实的整体。那里的真理并非与他者相一致，而是仅仅与那个其真理就是这个真理者才相一致。

如果这个整体的确是整体的话，只要它是一切，那么这个真实的整体也不仅仅是整体，而是它必定如此这般地享有整体，以至于它无所匮乏。如果它是这样的话，那么对于它而言就没有什么才将要存在（将要是）；而如果将要存在（将要是）的话，那么它一定缺乏什么，那么它也就并非完全整体了。什么能够逆反它的本性而归属于它呢？因为它无所匮乏；而如果不再有什么归属于它，那也就没有之前、无所谓将要，并且也没有曾经过往。如果涤除已经成为者的“将要存在”（“将要是”），那么这个已经成为者径直就不是了（就不存在了），因为它必须不断获得它的存在；而如果为不再成为者添加上“将要存在”（“将要是”），那么它会从存在的宝座上跌落下来；如果它首先还要成为“先前存在”、“已经存在”以及“较晚时将存在”的话，那么存在很显然并非它的本质特征。也就是说，对于已经成为者而言，其存在奠基于它从它的成为的开端而存在，直到它达到它的时间的终结，在这终结的时刻它不再存在（不再是）。这一延展就是它的存在，而如果将这一延展去掉，那么其生命的持续，并且由此其存在就会缩短（就会消减）。即便是宇宙整体也需要这样一种东西，向着它宇宙才将存在，宇宙也由此而向着这一将来而迅跑，并且不愿意稍有停止，它将存在攫入自身，由此总是创设其它东西，并且在追求存在中而周期运行；于是我们也发现了世界运动的原因，这运动就是如此这般朝着那一总是存在（持续存在）而迅跑。另一方面，最初而幸福的存在并不知晓追求未来，也就是说，它们已经是整体了，它们生命所需要的，它们已经享有了，于是它们并不寻求什么，由此对于它们而言并没有什么将来的事物，它们也不追随那种将来存在于其中的那个东西。

这一存在者的完满而整体的存在，并非这一在部分中存在的存在，而是在其中并不匮乏什么，也并未有什么还不存在以至于还要归属于它的这样一种存在——并非仅仅一切存在对于全部整体而言都必须是当下此在，而且在其中也不允许有任何东西倏忽之间又不存在了，它的这一囊括性和本质就是永恒，也就是说，根据“总是存在着的”而叫作永恒。

5.

如果我能谈论我以灵魂所观视的这一事物，不宁唯是：如果我能够将这一事物视为如此这般的，亦即在其中没有什么是成为的——因为，否则的话它就并非总是存在着的，或者并非总是整体存在着的，那么这一总是存在着的，或者说这样的事物难道不需要有一种如此这般的内在本质，以至于人关于它能够有一种确定性，当再度观视它时，它故态依旧、并非其它样子，以至于人发现它依然如故吗？而当人并非中断对它的观想，而是在对它的本质的欣赏中将观想保持在它之中，而它根据其毫不殆懈的本质又将如何行事呢？或者甚至将自身送入永恒之中，并由此而不再偏安他处，以为了成为［和永恒］相似的，并成为永恒的，以纳入自身的永恒而观视永恒和永恒者？

如果这样的事物是永恒的，并且总是存在着的，从不偏入于另一个本质，而且享有生命，而这生命又是整体的生命，无需曾经添加什么、无需添加什么、也无需将要添加什么，那么它就允许是持续的，允许是基础的如此这般状态的永恒，这样的永恒状态出自于它并且在它之中，将基础含蕴于自身中而呈现为这样的状态的永恒。由此，永恒是崇高的，思维将其理解为上帝自身，并且就是这位上帝。于是人能够正确地说：永恒就是上帝，他在其存在中呈现自身、启示自身，这个存在是并不变化的存在，是自身完足的存在，并且也是在其自身生命中是建构者的存在。

如果我们说，这一建构者出于诸多，那么千万别惊讶！其中每个单一者由于其无限的权能而都是诸多，因为这一无限就是“无所匮乏”，并且就是在原本的意义上，因为它并非从自身中消耗什么。如果人由此而还想说，这一永恒是完足而无限的生命——这生命完全是它所是的、并且自身并不损耗什么，因为没有什么在它之中是过往的、或者将来才存在的，因为如果是这样的话，那它就不是整体的了——那么人就由此而接近了一个定义。[补充句：“它是整体的、并且自身并不消耗什么”是对“完足而无限”的阐释。]

6.

如此这般的存在享有如此这般的美与恒久，包容至一，并且由它而来、向它而去，绝不从中逃逸而出，而是总在其中容留，并且以其标准而生存，我认为，柏拉图并非拉杂的，而是准确且以深刻的理解用“永恒容留于至一之中”这样的句子表述了它，以至于永恒并非仅仅是一个自身将自身引入至一的存在者，而是它就是存在的生命，始终不渝围绕至一，这就是我们寻找的那一个[这种样子的容留者就是永恒的存在]；因为对于这样一位、对于以这样的方式容留的以及容留自身而言，这就是生命的行为，这一生命容留于自身中而向着那一位，并且在他之中，而且既不欺蒙存在，亦不欺蒙生命，这样一位才获享永恒。于是真实的存在就是：绝非不存在、甚或另外的存在！而这也意味着：从不改变！这又意味着：有区分的存在！它在自身中既没有他者，而又有它者，人既不能将其隔离而出，又不能展开它、也不能推动它、还不能延伸它；而人也无法从它之中概括出什么是较早的、什么是较晚的。如果在它之中是既无较早、亦无较晚，这个“是”又确实是它之中的最真实者，而且就是它自身，这是因为它就是基于它的存在和生命的，那么来到我们眸前的，也就是我们所言说的：永恒！

而如果我们谈论“总是”（“恒久”）的话，并且由此而认为，它并非时而是（存在）、时而不是（不存在），那么我们也必须赞同，这是由于我们的缘由而被表述的；因为如果不是在原本的意义上被表述，而是为了解释非过往性而被使用的话，那么这个“总是”可能会误导我们的灵魂进入“越益增多”的和“从不终止”的延展之中；也许仅仅说“存在者”会更好。而由于这一术语能够表述主体的存在，而且由于人认为“成为”是为了存在的，所以为了理解它，人就需要一个附加成分“总是”。也就是说，在存在和总是存在之间并无区别，极少“哲学家”不同于“真哲学家”，而仅仅是因为曾经有些［所谓哲学家］混迹于哲学之中，所以才兴起“真实的”（“真正的”）这一附加表述。由此，存在、存在者获有“总是”这一谓项，以至于人说：“总是存在着。”于是“总是”就被理解为“真的存在着”，并且必须和无可再被拓张的权能视为一体，这一权能除了所享有的不再需要什么，这一权能就是整体。

这样的存在本质就是整体的，并且存在着，完全无所需求，并非在此是完满的、在彼则是阙如的。而在时间中的存在者，尽管有可能是完满的，譬如一个为了灵魂而足以完备的躯体可能是完备的，但也总是需要充实，因为对于它而言时间是匮乏的，而它恰恰需要时间，如果时间对于它而言是当下的，那么它就与时间同在，它也与时间流逝，那么它就是不完美的；诸如此类的存在仅仅能够被命名为“完美的”一词的同形异义词。而无需任何什么的存在者，既不需要一个可测度的，亦不需要无限的以及无限将来的时间，而是已经享有所存在的了，它就是存在概念所追求的，其存在并非来自于量的多少，而是在这量之前就存在了（就是了）。由于它自身并非多少量，它也就绝不、从不与量有所瓜葛，以使它的生命从不四分五裂，并提升其纯粹的部分阙如性，而更多地是按照其生命与存在本然就是部分阙如的。柏拉图的“它是善的”① 这一表述关涉整体概念，他以这一彼岸的整体标示那一不囿于任何时间的起始者（开端者）；由此世界也没有时间的开端，因为它的存在的原因为这一开端保障了“更早的”［开端］。尽管柏拉图仅仅提示性地说了这些，但是他后来也批评“是”这一表述，因为这一表述并未恰如其分地表述他所言说和思考的那一享有永恒的存在者。

7.

我们言说这些是为了作为见证人而游说他人吗？我们提交这样的研究是在言说一个陌生者吗？如果真是这样，这怎么有可能呢？如果我们没有触及要理解的东西，我们能达到何种理解呢？而我们又如何触及对我们而言是陌生者呢？就算是我们也必须参有到永恒之中！而这对于跻身在时间中的我们而言又是如何可能的呢？而“在时间中”-存在与“在永恒中”-存在究竟意味着什么，毕竟在时间的存在被发现之前才能得到认知。

① 在此，“它是善的”这一表述中的“是”是一般过去式意义上的“是”，在天主教释经学中，也就是在其《圣经》诠释学中，一般过去时的“是”有一个重要涵义，亦即表述永恒、表述永恒的品性。——译注

因此，我们必须从永恒中急流勇退而进入对于时间的搜寻，并且进入时间之中。在那里，路径引导人向上而去，而现在，我们在我们的检视中还不想完全撤守而出，而是如同时间的退却那么远而已。

如果时间没有被前辈的和福佑的男人们所言说过的话，那么我们就可以直接在永恒之后接续上下一个，并且这样阐释我们的理解，即我们尝试将传承给我们的理解和我们所既有的时间概念谐调（协调）起来。而现在必须的是，先采撰对反思最有价值的表述，以检视我们自己的学说是否适合它们之中的一个。对于前者，也许应当将关于时间所表述的学说在三种意图上加以区分：时间要么是运动，或者人将其理解为被运动者，甚或在运动中的某物；而如果时间要么被理解为恒久，或者恒久者，甚或在恒久中的某物，那么这完全偏离了时间概念，因为时间从未是这个自身；从那些将时间理解为运动的人中来看，一些认为时间是每一个任意的运动，另一些认为时间是宇宙的运动，将时间理解为被运动者的人，指的应当是宇宙星空；而那些将时间理解为在运动中的某物的人，想的要么是运动的距离，要么是其标准，要么无论如何就是运动的一个追随者（一个结果），这适用于每一个任意的或有序（被纳入秩序）的运动。

8.

无论人将各种运动统计起来并且从中梳理出一个来，亦或是当人仅仅指的是有序的运动，时间都不可能是运动，因为这些运动中的每一个被提及的运动都在时间之中。而如果一个运动不在时间之中，那么它还远非时间，因为在运动中者与运动自身是有区别的。相对于其它现在以及稍后要带来的论证，以下这一点就足够了：运动能够停止和消失，而时间则不能。如果一个人要争论说，宇宙的运动不会消失，如果他指的是星空的循环周行，那么这在一定的时间中也确然如是。[①] 运动在这确定的时间中运行到同样的时间点，并非运行到时间的一半，以至于一个是一半的时间，另一个是双重的时间，而两个运动都是宇宙的运动，一个达成自身的运动，另一个则仅仅达成一半。[②] 如果人说，外层天空的运动是最迅捷的运动，那么这一表述则生成了一种执见的真理，亦即其运动与时间相区分。而这运动之所以是所有运动中最迅捷的，很显然是因为它在较少的时间中留下较大的，甚或最大的距离；其它天体比较缓慢，则是因为它们在较长的时间中仅仅运行了这一距离的一部分。

而如果时间并非天空的运动，那么就绝对并非天空自身由于其运动而被考量为时间。

时间是在运动中的某物吗？如果指的是距离，那么这距离并非在每一运动中，甚至并非在匀速运动中都是同样的；运动甚至在同一地点都是可快可慢的。而［较慢的和较快的运动的］两个距离可以借助一个与它们所不同者而测量，人可以称这一不同者为时间。究竟哪一个距离是时间呢？较慢的，亦或是较快的运动的距离呢？甚或无论哪一个运动的距离，毕竟有无数

① 这一段应当是普罗提诺对亚里士多德关于运动与时间关系学说的讨论，就此亦请参见亚里士多德《物理学》第四卷等相关论述。——译注

② 奥古斯丁在其《忏悔录》第十一卷中亦有相似之论述，或许是对普罗提诺这一段文本的引述。——译注

多的这样的运动。[1] 而如果谈及有序的运动，那么也无法谈及全部这样的运动，因为有许多有序的运动，那也就同时又有许多时间了。

如果距离指的是星空运动的距离，并且这距离依然是在运动之中的，那么这距离与运动自身不同吗？运动当然有一个确定的大小，而这一大小是被地点（场所）所测量的，因为地点具有确定的大小，这一大小测定地点，而这就是距离；但这却不是时间，而是地点；或者运动自身由于其内在关系，并且由于它并非随时停止，而是持续运行着，所以必定有其距离。但这仅仅是运动的量，而如果人在考量这一运动时将其论证为“许多”，如同人在谈论太热（许多热）一样，那么时间即使在这里也并未出现而展示给我们，而是不断反复出现的运动而已，如同一再流动的水以及在其中所确定的距离。而这一“不断反复”不过是数字而已，例如两次或者三次，于是距离就是群体（群数）的距离。于是运动的多样性[2]（运动多样的量），譬如十次，或者在运动的群数中所呈现的距离，并非能够在自身中带来时间概念，而更多地是这一确切的在时间中实施的量的大小；或者时间并非到处都是，而是在作为其基础的运动中，于是又出现的是，我们称时间为运动。距离并非在运动之外，而是不受挤迫的持续运动。[不受挤迫的是相较于在时间中受挤迫的而言的。]而以什么区分不受挤迫的和受挤迫的呢？当然是以“在

① 奥古斯丁在其《忏悔录》第十一卷中亦有相似之论述，或许是对普罗提诺这一段文本的引述。——译注

② 此句亦可译为“运动多样的量”、“多样运动的量”，指的是每个不同运动所得出的不同的量。——译注

–时间中–存在”，以至于有距离的运动及其距离自身并非时间，而是在时间中。如果人要将运动的距离称为时间，那么他所想的并非运动的距离自身，而是在其中运动自身贯彻始终所展开自己的那一个，也就是在距离之外运行的那个，而究竟这个是什么，由此还并未得到表述。很显然，这就是时间，运动在其中完成自身；这也是我们的思考下车伊始就寻找的，亦即时间的存在，这也类似于一种情形，也就是说，就像有人就“什么是时间”这一问题回答说：运动在时间中的距离。而什么是你所称为时间的这个距离呢？何况你还将它设置在运动所特有的距离之外呢？

另外，那些将距离设置在运动自身之中的人将陷入窘迫，他应当将静止的距离置于其中。在时间中，在其中某物运动，也可能是其它东西滞留，① 人可以说，这两者的时间是同一个，尽管这两者的时间很显然是有区别的。② 那么究竟什么是这个距离呢？又究竟什么是其本质呢？它不会是场所（空间、地点）的，因为场所是在这两者 ③ 之外的。

9.

现在要检视，在何种程度上时间能够是运动的数字、或者

① “也可能是其它东西滞留”一句，亦可译为“也可能是其它东西静止”；甚或可译为“也可能是静止滞留”，其中“静止”表述的是没有物体的运动，而“滞留”表述“静止”所维持的非运动状态。——译注

② 此句中出现两次的“这两者”指的都是运动与静止。——译注

③ 而这一句中的“这两者”指的是运动与静止，或者指这两者的距离。——译注

是其标准[①]——后者更好一些，因为运动是与之相关联的。在此首先需要被怀疑的，与对“运动的距离”的定义中需要被怀疑的是同样的：是否能够说时间是每一运动的数字？人如何能计量无序的和不规则的运动呢？应当会有什么样的数字？或者什么标准？或者标准自身是根据什么建立的呢？如果人以同样的标准测量两个运动，[②]并且测量每一个快的或者慢的，那么其数字（计量）及其标准如同数字十一样，不仅测量马，而且也测量牛，或者如同以同样标准测量流动者和干涸者。如果时间由此而是这样的标准的话，那么虽然说了时间究竟是谁的标准，亦即是诸多运动的，但是时间自身究竟是什么，还并没有说。

就此，如同理解十这个数字一样，在不考量马的情形下数字也能被思考，[③]在还未测量时标准也依然是具有某种特定性质的标准，时间作为标准也一定有其确切的存在属性（性质）。如果时间如同数字一样在自身中也是如此这般的，那么它如何区别于在十之中存在的或者任何一个个位数字中的存在本质呢？如果它是相关联的标准，那么它就是有一定大小（有一定量）的标准，比如说一肘长。它将成为一定的量，譬如一个直线，这当然是和运动并行的。[④]然而，这一并行者如何测量它所一同运行的这个呢？[⑤]为什么一个应当测量另一个而不是相反呢？

---

① 在此，“运动的数字”亦可译为“运动的计量”；“或者是其标准”亦可译为“或者是其测量标准”。——译注

② 在此，根据上下文而言，“两个运动”指的是有序的和无序的运动。——译注

③ 在此，“在不考量马的情形下数字也能被思考”是直译，此句亦可译为“没有马也能思考数字”。——译注

④ 此句中“并行的”亦可译为“随行的”。——译注

⑤ 此句中“它所一同运行的”亦可译为“它所随行的”。——译注

更好而有说服力的是，不要将标准应用在每一运动中，而是仅仅用于它所并行者。这个必定是相关联的，或者含有并行的直线，而人不能将用以测量者理解为外在的、甚或被分离的，而是与被测量的运动共存的。

用来测量者究竟是什么呢？被测量的是运动，而测量者就是大小（量）。[①] 它们中究竟哪一个应当是时间呢？被测量的运动呢？亦或是测量的大小呢？要么被大小所测量的运动是时间，要么测量的大小[是时间]，要么大小所用的[是时间]，如同人为一肘长所设定的，以为了测量运动的大小（量）。

在所有我们所说过的之中更有说服力的，是设置（预设）一个匀速运动；对于那些将时间理解为标准的人而言，没有一个匀速性和运动的一致性（统一性）以及没有一个宇宙的运动，论证则将毫无出路。

如果被测量的运动，也就是以确切的大小（尺度）所测量的运动是时间的话，随之而来的是：如果这运动被测量，那么这运动如何能够不被自身测量，而是，甚或是必须被一个他者来测量？因为这运动必定有一个与之不同的的标准，而为了测量它我们也因此而需要一个相关联的标准，我是说以同样的方式，大小（量）自身也需要一个标准，[②] 以使得运动自身被测量，并且是借助用来测量这一运动的尺度自身被测出的大小来测量。

---

① 在此，“大小”或“量”，指的是测量的标准；普罗提诺再次提出的问题是：究竟被测量的运动是时间呢？抑或是测量运动的标准是时间呢？——译注

② 此句中的“大小”或“量”，指的依然是测量的标准，普罗提诺在此提出的问题是：究竟什么是测量的标准？究竟什么确定测量的标准？测量的标准是否也需要一个标准呢？——译注

于是伴随运动而［测出的］量的数字就是时间，而不是与运动并行的量。不同于这一单子论的其它什么数字还能够是这个（时间）呢？应当如何测量这个，的确很难思考。而即使一个人发现，他能够如何测量，他也还并未发现测量的时间自身，而是时间的某种阈值，而这并非时间自身。[①] 人们称一个是时间，另一个是时间阈值；在确切的大小（量）之前人必须说，那个具有如此这般大小（量）的究竟是什么。[②] 在运动之外测量这一运动的数字并非就是时间，如同十这个数字在测量马时并未被理解为和马是一起的一样。这一数字究竟是什么，譬如十［作为尺度］，在测量之前已经有了，这数字究竟是什么，还并未被说明。它约略是在沿着这一运动的运行中根据这一运动的之前和之后而测量这一运动所得出的数字吗？同时还不清楚的是，这一根据之前和之后而测量的数字是何种本质。如果这数字根据之前和之后而测量的话，那么它必定要么借助一个点，要么借助任何一种媒介而根据时间来测量。而这个时间就是那一根据之前和之后测量运动的那个时间，和这一时间联系在一起，并且与之相接触，以为了能够测量。也就是说，要么之前和之后是地点的（场所的），如同赛跑长度的起点一样，要么就必须是时间的。一般来说，这个“之前”就是在当下终结的时间，而“之后”则是从当下开始的时间。由此，时间就区别于那个根据之前和之后而并非仅仅测量任意一个，而是也测量一个有序的运动的

① 奥古斯丁在其《忏悔录》第十一卷中也表述了相同的思想，并且在语句上十分相近于普罗提诺这里的语句。——译注

② 在提出究竟什么确定测量的标准这一问题之后，普罗提诺所面临的问题是：这个标准究竟是什么？换言之，要为这一标准下定义并阐释之。——译注

数字。

另外，为什么时间要借助数字的生成而存在呢？是啊！当运动存在，并且之前和之后必然在时间中产生时，为什么时间要借助数字而存在呢？况且数字要么是被测量的，要么是测量的——同样的数字可以同时是测量的和被测量的。这或许是这样的：如同有人愿意坚持认为，如果没有人理解这一大小（量），那么这一大小（量）就并非如同它的大小（量）一样。

另外由于时间是无限的，并且被认为是无限的，所以对于时间而言怎么能有数字呢？这是因为，有人想从中获取一个部分，然后再测量这个部分，而在他测量之前，时间已然在其中了。①

为什么时间不在测量的灵魂之前存在呢？这是因为，有人说，时间的兴起是从灵魂中兴起的；而由于测量的缘故这一点至少绝非必然的，这是因为时间是那样的大，即使没有人测量它，它也依然如是。关于灵魂人可以认为，它是那一大小（尺度）用于测量的那一个；而这个又与时间有什么关系呢？②

10.

将时间命名为运动的结果，这并没传授说，时间究竟是什么，并且在确定这一结果是什么之前，这也并未说出什么，这或许有可能是时间而已。还需要思考的是，是否这一结果依然

① 就时间与测量的关系而言，奥古斯丁在其《忏悔录》第十一卷中也表述了相同的思想，并且在语句上十分相近于普罗提诺这里的语句。——译注

② 就时间与灵魂的关系而言以及究竟在何处测量时间等问题，奥古斯丁在其《忏悔录》第十一卷中也表述了相同的思想，并且在语句上十分相近于普罗提诺这里的语句。——译注

是之后的，或者之前的结果，如果这样类型的结果另有可能的话。无论它如何被表述，它都被表述为在时间中的存在，于是时间就是运动在时间中的结果。

而我们并非在寻求时间究竟不是什么，而是在寻求它究竟是什么，我们之前的许多人就每一原则都讲了许多，这近乎于［问题的］历史的阐释，如果人捋一遍这个问题的话，只要纵观这一问题是有可能的话，那么在被言说之处，并且是在反对时间是一切运动的标准这一观点之处，除了别的之外还尤其有这一点能够被凸显出来，即时间作为运动的标准被讨论——除了非匀速性的论据之外，其它的也都适用——现在关于时间要说的是，时间的存在本质必须被理解为什么。

11.

我们现在必须将我们再度提升到我们所坚持的对于永恒的理解中，那一无可变化，同时又是全部和无限的生命，在至一中毫无改变，并且向着至一而存在。

而时间还未在（还未是），或者至少对于认知（理智）而言还没在，而我们则将借助逻各斯以及后来者的品性而分娩出时间。[①] 当那一［理智］在自身中宁止，时间又如何［从永恒中］呱呱坠地？人无法呼求缪斯，令她们操作这件事，因为她们那时也还未存在；即使她们那时已经存在，人依然也许能够直接质询已经兴起的时间自身，它是如何出现、如何诞生的。它可

① 在此，逻各斯之涵义并不十分清晰，或可指第一存在，或可指人的理智，而“后来者”似乎是在时间、空间、质量和逻辑上都后于逻各斯者。——译注

能就自身而作如下表述：之前，在它生出较早，并且成为需要较晚者之前，它和存在一道在它之中并非是作为时间，而是在那一位之中自身也持有宁止。而在那里有一种品性，活跃的并且追求的，[①] 要是自己存在的主人，并且属于自身；[②] 比起在自身中来，这品性也被意愿寻求更多一些：于是它陷入运动，但是时间也陷入运动，并且我们被运动为总是将来的和较晚的，从未被向着自身而运动，而是向着不断是其它者而被运动；如果我们测量这路径的一段，那么我们就带领出了作为永恒图像的时间。在灵魂中有一种不宁静的力量，[③] 这力量意图将在其中所看到的总是不断传送给其它者，而整体在它之中是当下凝聚的，对此它则并不满意；如同出于不宁静的种子一样，逻各斯自身绽放为通道而进入诸多之中，如同它所执信的，它造作着，它借助区分而涤除诸多（多样），取而代之的是在诸多中的至一，它从不荒废在诸多自身中的至一，[④] 而进入比较弱的展开中，灵魂也是这样，它在对精神世界的模仿中创设可感知的世界，它并不在那里的运动中运动自己，而是在一个与之相似的、能够是其图像的运动中，首先将自己时间化，并非创设永恒，取而代之的是创设时间；然后将其赋予已经成为了的世界，以令世界服务于时间，灵魂将世界作为在时间中的整体的存在而创设，

① “活跃的”亦可译为“鲜活的”、“运作的”以及“运动的”。——译注

② 此句亦可译为“意愿是自己存在的主人，并且属于自身”，“要”或“自身”表述其意志、意愿。——译注

③ 在此“不宁静”是直译，亦可译为“活跃的”、“运动的”、“跃动的”以及“动态的”等。——译注

④ “它从不荒废在诸多自身中的至一”一句，亦可译为“至于在诸多中的至一，它则从不荒废”。——译注

并且在时间中掌控世界的所有运行；而世界在灵魂中运动——因为在灵魂之外对于宇宙而言不再有另外的场所——于是世界也在灵魂的时间中运动。由于灵魂将它的运作保障为一再的另外的依次顺序，所以它和它的造作行为共同生出这个依次顺序，而与总是不同的思考一同而来的，是之前尚未存在的，因为既未存在在行为中的思考，而当下的生命与这思考之前的［依次顺序］又不相似。

生命似乎是另外的存在，而另外的存在也有另外的时间。生命的交互产生需要获取时间，生命不断的前行总是获取新的时间，过往的生命则获取过往的时间。如果人说：时间是灵魂在运动中的生命，是灵魂从一个生命状态到另一个的过渡，那么人说了真实的吗？如果永恒是在恒久中的生命，并且在其中是完满无限的，而按照万物（宇宙）与那一位的关系，则时间又应当是永恒的图像，那么取生命而代之的必定是另一个同名的生命，这一生命也属于（也是）这一灵魂的力量，取代精神的运动的是灵魂的一部分的运动，取代自身性和不变性以及滞留性的是不在自身中容留而总是一再是他者的行为者，取代无距离和统一性的是借助内在联系而来的统一和至一的肖像，取代完满无限性和整体的是总是在先后顺序中进入无限，取代至一整体的是有部分的和将要是的整体。如果这生命总是如此追求、总是愿意是存在的话，那么它就能够模仿完满的整体和在自身中凝聚者以及完美的无限，因为只有这样它才能模仿彼岸的存在。

无论如何，人不应当将时间设置在灵魂之外，如同不能将永恒设置在存在之外一样，时间［相对与灵魂而言］也并非“结果”或者“较晚者”，如同永恒也从不是这个样子的，而是时间在灵魂中被发现，时间内在于灵魂，并与灵魂同在，如同永恒也在那里一样。[①]

12.

由此人也必须理解，从不中断的运作是这一存在的，亦即时间的自身性，时间先行于如此这般的生命在均匀的、同样的以及无声无息的变化中的展开。如果我们在我们的设想中令这一力量回转、令其终结其生命的形式，这是它所享有的从不消减，也从不终结的力量，因为它就是那总是存在着的灵魂的运作，并且并非是关联自身的、在自身中的运作，而是创设和成为的运作，如果我们假设，它不再运作，而是脱离其运作，并且将灵魂的这一部分朝向彼岸和永恒回还而去，并且在宁止中滞留，那么除了永恒还有什么呢？如果一切都在至一中滞留，那么还如何能不断有他者存在呢？还有什么较早、较晚和将来吗？灵魂还能校准于（朝向于）什么呢？又能在什么之中呢？不宁唯是：灵魂也就无所校准了，而灵魂之前必须已经保持了距离，以为了能够校准于（朝向于）它。并非原初就存在的天空也就不存在了，因为天空也在时间中存在、在时间中运动；即使天空停滞，而灵魂仍在自身运作之中，那么我们依然能够测量其停滞的时间跨度，只要在永恒之外灵魂的运作还在的话。而如果这个消减了，并且再度［与永恒］合而为一，时间被涤除，那么彰明

① 奥古斯丁在其《忏悔录》第十一卷中也表述了相同的思想，并且在语句上十分相近于普罗提诺这里的语句。——译注

较著的是，这一运动的开端向着此处（此岸）、这一生命的形式产出时间。因为万物（一切、宇宙）也是在灵魂如此这般的运作中兴起，这一运作就是时间，而世界则在时间之中。

如果有人说，柏拉图也将星空的运行称为时间，那么他就要想一想，根据柏拉图的话语，星空诞生是为了宣证和区分时间，以使得一个精确的标准存在。因为不可能的是，借助灵魂限定时间，人也不可能由自身而测度时间的每一部分，这是由于时间是不可视的、无可掌控的，何况人也不懂得去计量它，所以创世者就创设了白天和夜晚，借助这两者的不同人才能够理解［时间］，并且由此，柏拉图说，对于人而言才有了数字概念。如果人们由此而能够确认从起点再度到起点的时间的跨度，那么他们也能够理解时间距离的量，因为我们所立足（所讨论）的这一运动的样式（类型）是匀速的，我们使用这一手段作为标准。我说的是时间的标准，也就是说，时间本身并非标准。它如何能够测量呢？如果它测量的话，譬如说某物是这样大的，那么它如何测量我的这样或那样大小的部分呢？谁是这个“我”呢？约略是测量所据以实施者。因为它在，[①] 以使得它 [②] 能够测量，所以它自己难道不是标准吗？于是万物的运动是根据时间而被测量的，但是根据其品性则时间却并非运动的标准，而仅仅是随之运行而已，因为时间——它之前是别样的——才厘清运动的大小。如果一个在确切的时间中运行结束的运动经常被

① 这句“因为它在”中的“它”，指的是前一句中“测量所据以实施者”。——译注

② 这句“以使得它能够测量”中的“它”，指的也是前一句中“测量所据以实施者”。——译注

计量的话，那么这运动就引出过往者的大小（量）的概念；于是并非没有意义的是，如果有人愿意坚持认为，天体（天、天空、星空）的运动和旋转在某种意义上测量时间，只要这是有可能的话，他由此借助天体运动的大小（量）而指出时间的量，这一时间的量无法被掌握和理解为别的什么。被运动所测量者，也就是说被运动所宣示清楚者，就是时间，它并非被运动所产出，而是被宣示出来；由此，运动的标准就是被一个受限定的运动所测量者，而被这一运动所测量者则区别于这一运动；这是由于，如果作为测量者的标准区别于［作为被测量者的］另一个的话，那么它也区别于被测量者，而被测量者则仅仅是随之而行者（仅仅是旁支末节）而已。必须这样理解，如同某人用肘长表述被测量者的量一样，却并未说，这肘长究竟是什么，尽管他也想定义之；或者如同某人由于运动的非确定性而无法清晰阐释这一运动自身而将运动标示为被地点（场所、空间）所测量者一样；如果人确定了运动所彻底经过的地点，那么他就能够根据地点的量而给出运动的量。

13.

天体的运动宣示时间，天体在这运动中完成自身。而时间则不再允许享有一个“在……之中”了，时间更多的是最初的，而其它的则有规律地（匀速地）、有序地在其中运动和存在；时间能够从一个有序者而呈现给我们、并且进入概念，时间并非兴起（涌出、生出），既非从一个静止者，亦非从一个被运动者而兴起（涌出、生出），而更多地是从一个运动者而来；运动推动更多的认知并将其推向关于时间的思考的过渡，这时间被理解为恒久，而容易认知的还有，某物运动了多久以及它静止了多久。由此人也被引导说：时间是运动的标准，而不是去说：时间是被运动所测量者，然后还被引导而补充说，究竟什么是被运动所测量者，而非仅仅说，在这个某物中随着发生了什么，或者在相反的意义上表述这些。[①]但是他们可能根本不在相反的意义上说，而我们也完全不理解他们：也许他们清晰理解了“作为被测量者的标准”，而我们却不知道他们的意图。我们不理解他们的理由在于，他们在他们的著作中并未阐释清楚，究竟什么是时间，是测量者呢？亦或是被测量者呢？因为他们是为有学养的人写的，他们自己也属于这样的人。柏拉图则相反，他既未将时间的存在确定为测量者，亦未将其确定为任何一个被测量者，而他更多地是［说］，宣示时间的天体运动有一个最小的片段，这一最小的片段相应于时间的最小片段，以使人由此而能够认知，时间究竟是何种样式和大小（长短、量）。而在他想宣示时间存在之处所时，他说：时间和天体同时产生；他根据永恒原象而命名时间为运动着的图像，因为时间几乎并不滞留，如同生命一样，时间含有生命运行、流转；［他称时间］与天体一同产生，因为如此这般的生命创造天体，运作出生命、天体和时间。而如果这一生命折返回至一，自身法则也好、自身能动也好，那么在这一生命中的时间将同时停止，天体也是这样，因为它不再享有这一生命了。

如果有人秉持这一运动的之前和之后并称之为时间——这

① 这一段落应当是针对亚里士多德《物理学》第四卷中关于运动的表述。——译注

也的确如此——而就那一也有之前和之后的真实的运动说，这一运动并非现实的，那么他就陷入棘手的矛盾中，因为他把未赋予灵魂的运动说成是由它们自身就有了之前、之后和时间，而这一运动，借着它其它的运动以模仿的方式才产生，却没有说成是这样的，尽管之前、之后是从它之中才产生，因为它是自身运作的运动：如同它自己运作出它的各种行为一样，［它也运作出］前后相续，并且同时生出两者内在的过渡。

为什么我们将万物的运动回溯到涵盖它的运动中，并且就这一运动表述说，它在时间中，而不是［回溯到］在其自身中以持续不断的过渡实现自身的灵魂的运动中呢？之所以如此，是因为在它“之前”是永恒，永恒并非与之运行、并非与之延展。灵魂作为第一个落入时间中、诞生（分娩）了时间、并且以自身的行为享有它。而时间又如何能够到处都是（到处都在、到处都有）呢？因为对于世界的任何一个部分而言灵魂都并不遥远，如同灵魂在我们之中没有任何部分对它而言是遥远的一样。如果有人固执己见而坚持认为，时间在不-兴起和不-存在之中，那么：当他说“曾经是”和“将要是”的时候，他就必须承认，他显然是在撒谎。时间会存在的，并且已经如此这般存在了，也就是在他的表述之后时间就会存在了。而那些持有上述这种执见的人则有另外的回答。

以往所有讲过的都必须被斟酌：如果人要确认，一个自己运动的人走过了多少路，那他确定其运动的大小（量）就行了；如果人看双腿的运动，那么他也应当看到，在这一运动之前在人自身之中要走路的运动性已经有了一定的量了，因为他要在一定的时间中正常地保持身体的运动。人会将在一定时间中运动的身体回溯到如此远展开的运动——而这也是原因——及其时间中，而这个则回溯到灵魂的运动中，[①]灵魂获有同样的距离。而人能将灵魂的运动回溯到什么之中呢？人所能将其回溯到的，既已并非距离了，它是更原初者，并且是万物都在其中者，它自身并不在某物之中，因为这一原初者并不含有某物；在万物的灵魂那里也是一样。

那么时间也在我们之中吗？它在每一个这样的灵魂之中，在每一个之中是同样的，并且所有灵魂都是一个；因此，时间也不会被撕裂，如同永恒一样，它（永恒）在别样的意义上同样在所有中是同样（相同、同一）的。

① 此句中的“这个”指的是时间，此句亦可译为“而时间则回溯到灵魂的运动中”。——译注

参考文献

（仅列出本书所引用者）

一　西文原始文献

1.《圣经》

JPS Hebrew-English Tanakh. The traditional hebrew text and the new JPS translation. Second Edition. The Jewish Publication Society. Phladephia 1999.

Nestle-Aland, Novum Testamntum Graece et latine. 26. Auflage (1898), 7. Druck. Stuttgart 1979.

2. 专集

Ambrosius，Epistula (PL 17)

——De fide (PL 16)

——Christoph Markschies (Übersetzt und eingeleitet), Ambrosius von Mailand De fide ad Gratianum. Über den Glauben an Gratian. Fontes Christiani. Zweisprachige Neuausgabe christlicher Quellentexte aus Altertum und Mittelalter. Im Auftrag der Görres-Gesellschaft. Herausgegeben von Siegmar Döpp, Franz Dünzl, Wilhelm Geerlings, Gisbert Greshake, Rainer Ilgner, Rudolf Schieffer. Turnhout, Brepols Publishers 2005, Band I, Band II, Band III.

——Otto Faller (Hrsg.), De fide ad Gratianum Augustum. Sanctus

Ambrosius Mediolanensis. Vindobonae, Verlag der Österreichischen Akademie der Wissenschaft 1962.

Aristoteles, De interpretatione. Hermann Weidmann (Hrsg.), De Gruyter, Berlin New York 2014.

——De caelo.

Augustinus, Epistulae.

——Retractationes.

——Sermo.

——Tract. In Ioh.

——De catechisandis rudibus. CCL 46.

——De quantitate animae.

——De Libero arbibitrio. Opera Werke. Verlag Ferdinand Schönigh, Paderborn 2006.

——Confessiones. Übersetzt, herausgegeben und kommentiert von Kurt Flasch und Burkhard Mojsisch, mit einer Einleitung von Kurt Flasch. Reklam Stuttgart 2009.

——Confessiones. Hrsg. von L. Verheijen. Turnhout 1981.

——Confessiones. Lateinisch und Deutsch. Eingeleitet, übersetzt und erläutert von J. Bernhart mit einem Vorwort von E. Ludwig Grasmück. Insel Verlag, Erste Auflage. Frankfurt am Main und Leipzig 1987.

——De Civitate Dei. Neu Übersetz und mit Einleitung herausgegeben von Johann Kreuzer. Hamburg 2001.

——Enarrationes in Psalmos.

——De musica. Bücher I und VI. Von ästhetischen Urteil zur metaphysischen Erkenntnis. Lateinisch-Deutsch. Eingeleitet, übersetzt und mit Anmerkungen versehen von Frank Hentschel. Felix Meiner Verlag Hamburg 2002.

——De Trinitate. Neu Übersetzt und mit Einleitung, herausgegeben von Johann Kreuzer. Felix Meiner Verlag Hamburg 2001.

——De vera religione. (CCL 32, 226). Tournhout 1962.

——De vera religione. Übersetzung und Anmerkung von W. Thimme.

Stuttgart 1983.

——De vera religione. Opera Werke. Verlag Ferdinand Schönigh, Paderborn 2007.

——De vera religione. Lateinisch-Deutsch, Übersetzung und Anmerkungen von Wilhelm Thimme,

——Nachwort von Kurt Flasch. Philipp Reclam jun. Stuttgart 2010.

——Retractationum. Corpus Christianorum Seriae Latinae 57, A. Muztenbecher (edtion), Turnout 1984.

——De genesi ad litteram. Bibliothèque Augustinienne, Œuvres de S. Augustin, Band 48. P. Agaësse und A. Solignac (Hrsg.), Paris 1972.

——De genesi ad litteram. Joseph Zycha, CSEL, Band XXVIII, 1.

——De genesi ad litteram liber imperfectus. Lectio Augustini 8, Palermo 1992.

——De genesi contra Manichaeos. Lectio Augustini 8, Palermo 1992.

Avicenna, Liber de philosophia prima sive scientia divina. Ed. Simone van Riet, Louvain-La-Neuve E. Peeters / Leiden E. J. Brill 1980, II, VIII.

Boethius, Consolatio Philosophiae. Lateinisch-deutsch. Herausgegeben und übersetzt von Ernst Gegenschatz und Olof Gigon, Eingeleitet und erläutert von Olof Gigon. Artemis und Winkler Verlag, Düsseldorf / Zürich 2004.

Gaius Iulius Caesar, De bello Gallico. Lateinisch-Deutsch. Übersetzt und herausgegeben von Marieluise Deißmann. Philipp Reclam jun. GmbH & Co., Stuttgart 2012.

Cyrill von Jerusalem, Catechesis (PG 33) Philipp Haeuser (Aus dem Griechischen übersetzt und mit einer Einleitung versehen), Des Heiligen Cyrillus Bischof von Jerusalem Katechesen. München, Josef Kösel & Friedrich Pustet Verlag 1922.

——Georg Röwekamp (Übersetzt und eingeleitet), Cyrill von Jerusalem. Mystagogicae Catecheses. Mystagosche Katechesen. Freiburg, Herder 1992.

M. Heidegger, Der Begriff der Zeit. Vortrag vor der Marburger Theologenschaft 1924（Hrsg. von H. Tietjen, Tübingen 1989.

——Einführung in die Metaphysik, Tübingen 1958.

——Sein und Zeit. Frankfurt a. M. 1977.

Homer, Illias. II 453： "τύν γε λίπῃ ψυχή τε καί αἰών." Griechisch-Deutsch. Übertragung von H. Rupé. 2. Auflage. München 1961.

Edmund Husserl, Vorlesungen zur Phänomenologie des inneren Zeitbewußtseins. Herausgegeben von Martin Heidegger. 1928.

——Zur Phänomenologie des inneren Zeitbewußtseins (1893-1917) Husserliana Band X. Herausgegeben von Rudolf Boehm. Haag Martinus Nijhoff 1966.

Immanuel Kant, Kritik der reinen Vernunft. Wissenschaftliche Buchgesellschft Darmstadt. In: Kant's gesammelte Schriften. Herausgegeben von der Königlich Preußischen Akademie der Wissenschaften.Erste Abtheilung: Werke, vierter Band. Berlin Druck und Verlag von Georg Reimer, 1911.

——Der einzig mögliche Beweisgrund zu einer Demonstration des Daseins Gottes. Historisch-kritische Edition. Mit einer Einleitung und Anmerkungen herausgegeben von Lothar Kreimendahl und Michael Oberhausen. Felix Meiner Verlag, Hamburg 2011.

Lactantius, De Divinae Institutionibus.

G. W. Leibniz, Principes de la nature et de la grâce fondés en raison. Publiés intégralement d'après les manuscrits d'Hanovre, Vienne et Paris et presents d'après des Lettres inédites par André Robinet. Presses Universitaires de France. 1954.

——Principes de la philosophie ou Monadologie. Publiés intégralement d'après les manuscrits d'Hanovre, Vienne et Paris et presents d'après des Lettres inédites par André Robinet. Presses Universitaires de France. 1954.

（上述两种著作是合印本）

——Philosophische Schriften. C. I. Gerhardt（Hrsg.）, Berlin 1875.

——Correspondance Leibniz-Clarke. A. Robinet（Ed.）, Paris 1957.

——Noveaux Essais.

Irenaeius von Lyon, Adversus haerese.

I. Newton, Principia mathematica philosophiae naturalis. Auflage (1726), Hrsg. von A. Koyré, I. Cohen (KC), 2. Band, Combridge 1972.

Paulus Orosius, Historiarum adversus paganos libri. VII, lib. IV, praefatio. Rec et commentario critico instruxit Carolus Zangemeister (CSEL 5) 1882.

Francesco Petrarca, Familiares. La Familiari, edizione critica per cura di Vittorio Rossi/Umberto Bosco, 4 Bande, Firenze 1933-1942.

Platon, Werke in acht Bänden Griechisch und Deutsch. Sonderausgabe, herausgegeben von Gunther Eigler. Wissenschaftliche Buchgesellschaft Darmstadt 1972.

Band 3 Symposium. Band 5 Parmenides. Band 6 Sophistic. Band 7 Timaios. Band 8/1 Nomoi. Band 8/2 Nomoi.

Plotinus, Enneaden. (ed. Ricarus Volkmann, Lipsiae 1884).

——Enneaden. Editerungt Paul Henry et Hans-Rudolf Schwyzer. Paris Bruxelles Leiden 1973, Band I, Band II, Band III.

——Plotins Schriften. Übersetzt von Richard Harder, Neubearbeitung mit griechischem Lesetext und Anmerkungen fortgeführt von Rudolf Beutler und Willy Theiler. Band IV, die Schriften 39-45 der chronologischen Reihenfolge. a) Text und Übersetzung. Felix meiner Verlag Hamburg 1967 Band IV, a) Text und Übersetzung.

——Plotins Schriften. Übersetzt von Richard Harder, Neubearbeitung mit griechischem Lesetext und Anmerkungen fortgeführt von Rudolf Beutler und Willy Theiler. Band IV, die Schriften 39-45 der chronologischen Reihenfolge. b) Anmerkungen. Felix meiner Verlag Hamburg 1967. Band IV, b) Anmerkungen.

Prudentius, Contra Symmachum. Lateinisch-Deutsch. Brepols Publischers, Turnhout 2008.

F. W. J. Schelling, Philosophie der Offenbarung, I. Vorlesung; Werk II-III

［1858］7.
——Urfassung der Philosophie der Offenbarung. Teilband I. Herausgegeben von Walter E. Ehrhardt. Felix Meiner Verlag Hamburg 1992.

Dun Scotus，Ordinatio. Edition Vatican, Band II, Band VII.

Seneca, De brevitate vitae. Gerhard Fink (Hrsg.), Die Kürze des Lebens. De brevitate. De Gruyter, Berlin 2011.

Sulpicius Severus, Chronicorum II 3.

Tertullian, De resurr. Carnis c. 24, Apologeticum XXXII I.

Thomas von Aquin，Summa Theologiae. I

——In Peri Hermeneias I.

——De veritate. S. Thomae de Aquino Opera Ombnia, iussu Leonis XIII P. M. edita, Tomus XXII, Quaestiones disputate de veritate, Volumen I, Fasc. 2, 1970.

Vergil, Aeneis.1. und 2. Buch. Lateinisch-Deutsch. Übersetzt und herausgegeben von Edith und Gerhard Binder. Philipp Reclam jun. GmbH & Co., Stuttgart 2007.

——Aeneis. Lateinisch/Deutsch. Überesetzt und herausgegeben von Edith und Gerhard Binder. Philipp Reclam jun. GmbH & Co. KG, Stuttgart 2012.

Zosimus, Histroria nova. Histoire nouvelle, 3 Bde. (Herausgegeben und übersetzt von F. Paschoud) Paris 1971. 1979. 1986. 1989.

3. 合集

H. Diels, W. Kranz, Die Fragmente der Vorsokratiker. 11. Aufl., Zürich-Berlin 1964.

二　中文原始文献

1. 圣经

《圣经》思高本（书中所引述的《旧约》与《新约》各篇在此不一一列出）。

2. 佛经

《大正新修大正藏》，第一卷。
"世纪经"。
"大楼炭经"。
"起世经"。
"起世因本经"。

三　西文工具书

1. 专业工具书

Augustinus-Lexikon. Hrsg. von Cornelius Mayer. Vol. I, Fasc. 1/2. Basel/Stuttgart (schwabe) 1986.

Lexikon für Theologie und Kirche. Herder, Freiburg in Breisgau. 2006, Band 1, Band 2, Band 5, Band 8.

Religion in Geschichte und Gegenwart. Dritte Auflag, 1957, Band I.

Reallexikon für Antike und Christentum. Stuttdart 1950, Band I.

Theologische Realenzyklopädie. Herausgegeben von Gerhard Müller, Studienaugsgabe. Walter de Gruyter, Berlin New York. 2006, Band 1, Band 10, Band 25, Band 27, Band 31, Band 33, Band 34.

Thomas Lexikon. Sammlung, Übersetzung und Erklärung der in sämmtlichen Werken des h. Thomas von Aquin vorkommenden Kunstausdrücke und wissenschaftlichen Aussprüche. Editor Ludwig Schütz. Zweite, sehr vergrösserte Auflage. Frederick Ungar Publishing CO. New York 1957.

2. 字典

Adolf Kaegi, Benselers Griechisch-Deutsches Schulwörterbuch. Verlag und Druck von B. G. Teubner in Leipzig und Berlin. 1931.

——Liddell and Scott's Greek-English Lexicon. Oxford at the clarendon press. London Glasgow, 1977.

Karl Ernst Georges, Ausführliches Lateinisch-Deutsches Handwörterbuch. 9. Auflage, Nachdruck der achten verbesserten und vermehrten Auflage von Heinrich Georges. Buchgemeinshaft Tübingen. Zweiter Band, 1951.

四　中文工具书

《神学辞典》，辅仁神学著作编译会。光启出版社，台北 1996

五　西文研究文献

Berthold Altaner, Patrologie. Leben, Schriften und Lehre der Kirchenväter. Sechste Auflage, Durchgesehen und ergänzt von Alfred Stuiber. Herder Freiburg Basel Wien 1960.

C. Andersen, Artikel “Apologetik”. In: Religion in Geschichte und Gegenwart. Dritte Auflag, Band I, 1957.

J. Audretsch, K. Mainzer (Hrsg.), Philosophie und Physik der Raum-Zeit. 2. Auflage, Mannheim/Wien/Zürich 1994.

J. Audresch, K. Mainzer (Hrsg.), Vom Anfang der Welt. Wissenschaft, Philosophie, Religion, Mythos. 2. Auflage, München 1990.

Hans Urs von Baltasar, Aurelius Augustinus (ausgewält und übertragen), Über die Psalmen. Leipzig 1936.

Janet M. Bately, David J. A. Ross, A Check List of Manuscripts of Orosius, Hisoriarum adversus paganos libri VII. Scr. 15. 1961.

Hans Michael Baumgartner (Hrsg.), Das Rätsel der Zeit. Philosophische Analysen. Verlag Karl Alber Freiburg/München. 2. Unveränderte Auflage 1996.

Karl Baus und Eugen Ewig, Die Kirche von Nikaia bis Chalkedon. In: Hubert Jedin (Herausgegeben), Handbuch der Kirchengeschichte Band

II, Die Reichskirche nach Konstantin dem Großen. Erster Halbband. Verlag Herder, Freiburg Basel Wien 1999.

E. Behler, Die Ewigkeit der Welt. Problegeschichtliche Untersuchungen zu den Kontroversen um Weltanfang und Weltendlichkeit in der arabischen und jüdischen Philosophie des Mittelalters. München 1965.

Werner Beierwaltes, Plotin, Über Ewigkeit und Zeit (Enneaden III 7). Übersetzt, eingeleitet und kommentiert. Vittorio Klostermann GmbH, Frankfurt am main, 4., ergänzte Auflage 1995.

E. Benveiste, Expression indo-européenne de l' Éternité. In: Bulletin de la Société de linguistique de Paris, 1937.

P. Bieri, Zeit und Zeiterfahrung. Exposition eines Problembereichs. Frankfurt a. M. 1972.

Karl Bilmeyer (Tüchler), Kirchengeschichte. Verlag Ferdinand Schöningh, Paderborn. 13. Auflage, Band I, 1952.

——Kirchengeschichte. Verlag Ferdinand Schöningh, Paderborn. 16 Auflage, Band I, 1958.

Sigurd Boehm, La temporalité dans l'anthropologie augustinienne. Paris (Cerf) 1984.

Gernot Böhme, Idee und Kosmos. Platons Zeitlehre-Eine Einführung in seine theoretische Philosophie. Vittorio Klostermann, Frankfurt am Main 1996.

H. Böhme, Zahl und Zeit. Studien zur Zeittheorie bei Platon, Aristoteles, Leibniz und Kant. Frankfurt am Main 1974.

L. Boros, Das Problem der Zeitlichkeit bei Augustin. (Dissertation) 1954.

P. Brunner, Zur Auseinandersetzung zwischen antikem und christlichem Zeit- und Geschichtsverständnis bei Augustin. In: ZThK NF 14, 1933.

B. Budinich, Neue Aspekte der Zeitkonzeption in physikalischen Theorien. D. Kamper, Chr. Wulf (Hrsg.), Die sterbende Zeit. Zwanzig Diagnosen. Darmstadt/Neuwied 1987.

Jakob Burckardt, Kulturgeschichte Griechenlands. Wien-Leipzig 1940.

J. F. Callahan, Four Views of Time in Ancient Philosophy. On the Views

of Plato, Aristotle, Plotinus and Sain Augustine. Cabridge, Mass. 1948.
——Basil of Caesarea. A New Source for St. Augustine's Theory of Time. In: Harvard Studies in Classical Philosophy 63, 1958.
——Gregory of Nyssa and the Psychological View of Time. In: Proceedings of the XIIth International Congress of Philosophy. Firenze 1960.
Eugenio Corsini, Introduyione alle ‚Stroie' di Orosio. Torino 1968.
O. Cullmann, Christus und die Zeit. Die urchristliche Zeit-und Geschichtsauffassung. Zürich 1948.
Jean Cuitton, Le Temps et l'éternié chez Plotin et Saint Augustin. Dritte Auflage, Paris (Vrin) 1959.
J. U. Dalferth, Existenz Gottes und christlicher Glaube. Skizzen zu einer eschatologischen Ontologie. München 1984.
Alexander Demandt, Metaphern für Geschichte. Sprachbilder und Gleichnisse im historisch-politischen Denken. München 1978.
A. Dempf, H. Arendt, F. Engel-Jonasi (Hrsg.), Politische Ordnung und menschliche Existenz. München 1962.
W. Deppert, Zeit. Die Begründung des Zeitbegriffs, seine notwendige Spaltung und der ganzheitliche Charakter seiner Teile. Stuttgart 1989.
E. Dinkler, Augustins Geschichtsauffassun. In: Schweizer Monatshefte 34, 1954/1955.
Ulrich Duchrow, Der sogenannte psychologische Zeitbegriff Augustins im Verhältnis zur physikalischen und geschichtlichen Zeit. In: Zeitschrift für Theologie und Kirche. 63 (1966).
——Christenheit und Weltverantwortung. Traditionsgeschichte und systematische Struktur der Zweireichenlehre. Stuttgart 1970.
J. Durandeaux, De l' éternité. Temps réfuté ou temps aimé? Paris 1990.
Mircea Eliade, Der Mythos der ewigen Wiederkehr. Düsseldorf 1953.
Das Heilige und das Profane. Hamburg 1957.
Fabrizio Fabbrini, Paolo Orosio——uno storico. Rom 1979.
Kurt Flasch, Was ist Zeit? Augustinus von Hippo. Das XI. Buch der Confessiones. Historisch-philosophische Studie. Text-Übersetzung-

Kommentar. Vittorio Klostermann. Frankfurt am Main 1993.

——Aurelius Augustinus, Confessione. Liber X et XI. Bekenntnisse 10. Und 11. Buch Latainisch-Deutsch. Übersetzt, herausgegeben und kommentiert von Kurt Flasch. Philipp Recclam jun. Stuttgart, 2008.

J. F. Frazer, Die Zeit. Auf den Spuren eines vertrauten und doch fremden Phänomens. München 1991.

F. L. G. Frege, Dialog mit Pünjer Über Existenz. In: Ders. Nachgelassene Schriften. Hrsg. Von H. Hermes. Hamburg 1969.

H. Fuchs, Der geistige Widerstand gegen Rom in der antiken Welt. 1938.

Johannes Geffcken, Komposition und Entstehungszeit der Oracula Sibyllina. Leipzig 1902.

Die Oracula Sibybllina. Leipzig 1902 (1967).

Werner Gent, Die Philosophie des Raumes und der Zeit. Historische, kritische und analytische Untersuchengen. Die Geschichte der Begriffe des Raumes und der Zeit von Aristoteles bis zum vorkritischen Kant (1768). Verlag von Friedrich Cohen in Bonn. Bonn, 1926.

E. Gilson, Der heilige Augustin. Hellerau 1930.

Helmut von Glasenapp, Die Weisheit des Buddha. Baden-Baden 1946.

Karen Gloy, Die Struktur der Augustinischen Zeittheorie im XI. Buch der Confessiones. In: Philosophisches Jahrbuch. Verlag Karl Alber, Freiburg/München. 95. Jahrgang 1988.

K. Gloy und E. Rudolph (Hrsg.), Einheit als Grundfrage der Philosophie. 1985.

Hans-Werner Goetz, Die Geschichte und Theologie des Orosius. Darmstadt 1980.

K. Goss, Christentum und Augustus, Reallexikon für Antike und Christentum. Band I, Stuttdart 1950.

Walter Gölz, Kants 'Kritik der reinen Vernunft' im Kontext. Textbezogene Darstellung des Gedankengangs mit Erklärung und Diskussion. 2., erweiterte Auflage. Mohr Siebeck Tübingen 2008.

Martin Grabmann, Der göttliche Grund menschlicher Wahrheitserkenntnis nach Augustinus und Thomas von Aquin. Münster 1924.

M. Greschat (Hrsg.), Gestalten der Kirchengeschichte. Alte Kirche II. Verlag Kohlhammer, Stuttgart Berlin, 2. Auflag 1994.

Elisabeth Gutwengler, Der Zeitbegriff bei Augustinus. Dissertationsarbeit, Wien 1955.

D. Günther, Schöpfung und Geist. Studien zum Zeitverstaendnis Augustins im XI Buch der Confessiones. Amsterdam (Elementa 58) 1993.

Theodor Haecker, Virgil. 1931.

Gerd Haeffner S. J., Bemerkungen zur augustinischen Frage nach dem Wesen der Zeit im XI. Buch der "Confessiones". In: Theologie und Philosophie. 63 (1988).

Harald Hagendahl, Orosius und Justinus. Göteborg 1941.

Adolf von Harnack, Mission und Ausbreitung des Christentums. 3. Auflage, Band I, Leipzig 1915.

——Die Mission und Ausbreitung des Christentums in den ersten drei Jahrhunderten. 4. Auflag, Band I, Leipzig 1924.

Peter Harrison, The Territories of Science and Religion. The University of Chicago Press, Chicago and Longdon 2015.

Friedrich Heer, Aufgang Europas. Wien Zürich 1949.

G. Heinemann (Hrsg.), Zeitbegriffe. Ergebnisse des interdisziplinären Symposiums 'Zeitbegriff der Naturwissenschaften, Zeiterfahrung und Zeitbewußtsein'. Freiburg/München 1986.

F. W. von Herrmann, Augustinus und die phaenomenologische Frage nach der Zeit. Frankfurt 1992.

Georg Graf von Hertling, Augustin. Maiz 1911.

——Die Bekenntnisse des heiligen Augustinus Buch I-X. 28. Auflage Freiburg 1936.

Ludger Hoelscher, The reality of the mind. Augustine's philosophical Arguments for the human soul as a spiritual substance. London/New York 1986.

Ludger Honnefelder, Zeit und Existenz. In: H. M. Baumgartner (Hrsg.), Das Rätsel der Zeit. Verlag Karl Alber Freiburg/München, 2., unveränderte Auflage 1996.

H. Hörz, Philosophie der Zeit. Zeitverständnis in Geschichte und Gegenwart. Berlin 1989.

J. Hubaux, Les Grands Mythes de Rome. Paris 1945.

Yves Janier, La Géographie d'Orose. Paris 1982.

Karl Jaspers, Drei Gründer des Philosophierens. Plato, Augustin, Kant. München 1957.

Hubert Jedin (Herausgegeben), Handbuch der Kirchengeschichte Band II, Die Reichskirche nach Konstantin dem Großen. Erster Halbband. Verlag Herder, Freiburg Basel Wien 1999.

Hans Jonas, Plotin über Zeit und Ewigkeit. In: A. Dempf, H. Arendt, F. Engel-Jonasi (Hrsg.), Politische Ordnung und menschliche Existenz. München 1962.

R. Jordan, Time and Contingency in St. Augustine. In: The Review of Metaphysics 8. 1954/55.

P. Jordan, Johannes B. Lotz und M. Müller, Zeit und Ewigkeit. Karlsruhe 1970.

Charles Kannengiesser, Pamela Bright (Hrsg.), A Conflict of Christian Hermeneutics in Roman Africa. Tyconius and Augustine. Berkeley, California 1989.

Wilhelm Kamlah, Christentum und Geschichtlichkeit. Untersuchung zur Entstehung des Christentums und zu Augustins "Bürgerschaft Gottes". 2. Auflag, Stuttgart 1951.

D. Kamper, Chr. Wulf (Hrsg.), Die Sterbende Zeit. Zwanzig Diagnosen. Darmstadt/Neuwied 1987.

Theoderic Kampmann, Augustinus heute. In: Hochland 46 1953.

O. Karre, Augustinus. München 1954.

A. Keller, Aurelius Augustinus und die Musik. Untersuchungen zu "De musica" im Kontext seines Schrifttums. Würzburg 1993.

Fr. Klinger, Römische Geisterswelt. Leipzig 1943.

N. Georg Knauer, Psalmenzitate in Augustins Konfessionen. Vandenhoeck & Ruprecht, Göttingen 1955.

H. Koller, Die Silbenquantitäten in Augustinus' Büchern De musica. In: Museum Heveticum. Jahrgang 1981. Band. 38, 1981.

Alfons Kurfess, Sibyllinische Weissagungen. München 1951.

B. Lackheit, Aion, Zeit und Sprache und Religion der Griechen. Dissertationsarbeit, Königstein 1916.

Benoit Lacroix, Orose et ses idées. Paris 1965.

Erich Lampey, Das Zeitproblem nach den Bekenntnissen Augustins. In: Wissenschaft und Weisheit 22, 1959.

——Das Zeitproblem nach den Bekenntnissen Augustins. Verlag Josef Habbel, Regensburg 1960.

Odilo Lechner, Idee und Zeit in der Metaphysik Augustins. Salzburg Studien zur Philosophie Band 5. München 1964.

Adolf Lippold, Rom und die Barbaren inder Beurteilung des Orosius. Dissertationsarbeit, Erlang 1952.

Karl Loewith, Weltgeschichte und Heilsgeschehen. Zur Kritik der Geschichtesphilosophie. Saemtliche Schriften, Band 2. Stuttgart 1983.

Hubertus Prinz zu Löwenstein, Rom: Reich ohne Ende. Propyläen Verlag, Frankfurt am Main, Berlin, Wien 1979.

H. de Lubac，Aspects du Bouddhisme. Paris 1951.

K. Mainzer，Zeit. Von der Urzeit zur Computerzeit. München 1995.

——Thinking in Complexity. The Complex Dynamics of Matter, Mind and Mankind. 2. Auflage, Berlin/Heidelberg/New York/Tokyo 1995.

Benoît, Mandelbrot, "How long is the coast of Britain?: Statistical self-similarity and fractional dimention." Science 156 (1967).

Antonio Marchetta, Orosio et Ataulfo nell' ideologia dei rapporti Romano-Barbarici. Rom 1987.

R. A. Markus, Saeculum: History and Society in the Theology of St Augustine. Cambridge 1970.

Odo Marquard, Zeit und Endlichkeit. In: Hans Michael Baumgartner (Hrsg.), Das Rätsel der Zeit. Philosophische Analysen. Verlag Karl Alber Freiburg/München. 2. Unveränderte Auflage 1996.

Heinri-Irénée Marrou, Augustin und das Ende der antiken Bildung. Übersetzt von L. Wirth-Poeschau in Zusammenarbeit mit W. Geerlings, Herausgegeben von J. Goette. Ferdinand Schoeningh Verlag. Paderborn/München 1995.

——L'ambivalence du temps de l'histoire chez Saint Augustin. 1950.

F. van der Meer, Augustinus der Seelsorger. Köln 1953.

Eginhard Peter Meijering, Augustin über Schöpfung, Ewigkeit und Zeit. Das elfte Buch der Bekenntnisse. Leiden (Brill) 1979.

John L. Morrison, Augustin's two theories of time. In: New Scholasticism. 1971.

Max Müller, Zeit und Ewigkeit in der abendländischen Metaphysik. In: P. Jordan, Johannes B. Lotz und M. Müller, Zeit und Ewigkeit. Karlsruhe 1970.

Walter von Del Negro, "Diskussionsbemerkung zum aristotelisch-augustinischen Zeitparadoxon". In: Zeitschrift für Philosophische Forschung. Vol. 20, 1966.

E. Norden, Die antike Kunstprosa. Band II, Neudruck 1909.

H. Nowotny, Eigenzeit. Entstehung und Strukturierung eines Zeitgefühls. Frankfurt am Main 1989.

Gerard O'Daly (G. J. P. O'Daly), Artikel Anima, animus. In: Augustinus-Lexikon. Hrsg. von Cornelius Mayer. Vol. I, Fasc. 1/2. Basel/Stuttgart (schwabe) 1986.

——Augustine's philosophy of mind. Berkeley/Los Angeles 1987.

Paul A. Onica, Orosius. Dissertationsarbeit. University of Toronto 1987.

H. Paflik (Hrsg.), Das Phänomen Zeit in Kunst und Wissenschaft. Weinheim 1987.

Herbert W. Parke, Sibyls and Sibylline Prophecy. In Classical Antiquity. London New York 1988.

L. Pearson, Aristoxenus, Elementa rhythmica. The Fragment of Book II and the Additional Evidence for Aristoxenean Rhythmic Theory, Texts edited with introduction, translation and commentary by L. Pearson. Oxford 1990.

C. J. Perl, Vom Gottesstaat. Verlag Ferdinand Schöningh, Paderborn 1979.

Dorothea Koch-Peters, Ansichten des Orosius zur Geschichte seiner Zeit. Frankfurt Bern 1984.

D. Peterson, Der Monotheismus als politisches Problem. 1935.

G. Picht, Der Begriff der Natur und seiner Geschichte. Stuttgart 1989.

Karen Piepenbrink, Konstantin der Große und seine Zeit. Wissenschaftliche Buchgesellschaft, Darmstadt 2002.

M. Pohlenz, Die Stoa. Geshcichte einer geistigen Bewegung. Göttingen 1948.

Hans Poser, Zeit und Ewigkeit. Zeitkonzepte als Orientierungswissen. In: Hans Michael Baumgartner (Hrsg.), Das Rätsel der Zeit. Philosophische Analysen. Verlag Karl Alber Freiburg/München. 2. Unveränderte Auflage 1996.

H. Prigogine, From Being to Becoming. Time and Complexity in physical Sciences. San Francisco 1978.

J. M. Quinn, The Concept of Time in St. Augustin. In: Studies in Philosophy and the History of Philosophy. 4, 1969.

Karl Rahner, Hörer des Wortes. München 1941.

C. Regamey, Die Religionen Indiens. In: Christus und die Religionen der Erde. Freiburg i.Br. 1951.

E. Rudolph, Einheit und Differenz. Anmerkungen zu Augustins Zeitauffassung im XI. Buch der "Confessiones". In: K. Gloy und E. Rudolph (Hrsg.), Einheit als Grundfrage der Philosophie. 1985.

J. Chaix-Ruy, H. Bachschmidt, Der Zeitbegriff bei Augustinus und die Orientierung eines modernen Zeitbegriffs an seinen Gedanken. In: PhJ 60, 1950.

R. Schaeffler, Die Struktur der Geschichtszeit. In: Philos. Abh. XXI.

1963.
K. H. Schelkle, Virgil i. d. Deutung Augustins. 1939.
Alfred Schindler, Wort und Analogie in Augustins Trinitätslehre. In: HUTh 4, 1965.
Michael Schmaus, Die psychologische Trinitätslehre des hl. Augustins. 1927.
Brigitte Schmitt, Der Geist als Grund der Zeit. Die Zeitauslegung des Aurelius Augustinus. Dissertationsarbeit, Freiburg in Breisgau. 1967.
Ernst A. Schmidt, Zeit und Geschichte bei Augustin. Carl Winter Universtitätsverlag, Heidelberg 1985.
Heinrich Scholz, Glaube und Unglaube in der Weltgeschichte. Leipzig 1911.
——Glaube und Unglaube in der Weltgeschichte. Ein Kommentar zu Augustin De civitate Dei. Leipzig 1921.
Kurt A. Schöndorf, Die Geschichte und Theologie des Orosius. Dissertationsarbeit, München 1952.
Karl-Heinz Schwarte, Die Vorgeschichte der augustinischen Weltalterlehre. Bonn 1966.
A. Schwend, Hymnen und Sequenzen. 1954.
Markus Sehlmeyer, Die Antike. Orientierung Geschichte.Verlag Ferdinand Schönigh GmbH & Co. KG. Paderborn 2009.
W. Seidel, Rythmus. Eine Begriffbestimmung. Darmstadt 1976.
Paul Simon, Aurelius Augustinus. Paderborn 1953.
B. Snell, Die Entdeckung des Geistes. 3. Auflage. Hamburg 1955.
E. Stauffer, Christus und die Caesaren. Hamburg 1948.
Wolf Steidle, Augustins Confessiones als Buch. Gesamtkonzeption und Aufbau. In: Romanitas-Christianitas. Untersuchung zur Geschichte und Literatur der römischen Kaiserzeit. Hrsg. von Gerhard Wirt. Berlin (De Gruyter) 1982.
Kenneth B. Steinhauser, The Apocalypse Commentary of Tyconius. A History of its Reception and Influence. Frankfurt am Main 1987.

Jiulius Stenzel, Metaphysik des Altertums. München 1931.

Frity Stolz, Grundzüge der Religionswissenschaft. 3. durchgesehene Auflage, Vandenhoek & Ruprecht Verlag Göttingen 2001.

J. Straub, Vom Herrscherideal der Spätantike. 1939.

E. Ströker, Geschichte und ihre Zeit. Erörterung einer offenen philosophischen Frag. In: Perspektiven der Philosophie 11 (1985).

Josef Svennung, Orosiana. Syntaktische, semasiologische und kritische Studien zu Orosius. Uppsala 1922.

A. E. Taylor, A Commentary on Plato's Timaeus. Oxford 1962.

Roland Teske, The world-soul and time in St. Augustine. In: Augustinian Studies (Villanova) 14 (1983) .

——Platonic reminiscence and memory of the present in St. Augustin. In: NSchol (Neue Scholastic) 58 (1984).

F. Ch. Tholen, M. O. Scholl (Hrsg.), Zeit-Zeichen, Aufschübe und Interferenzen zwischen Endzeit und Echtzeit. Weinheim 1990.

Klaus Thraede, Das antike Rom in Augustins De civitate Dei. Echt und Grenzen eines verjährten Themas. In: Jahrbuch für Antike und Christentum. Jahrgang 20, Aschendorffsche Verlagsbuchhandlung, Münster Westfalen, 1977.

St. Toulmin, J. Goodfiels, The Discovery of Time. 1965.

Friedrich Überweg, Grundriss der Geschichte der Philosophie. Erster Teil, Die Philosophie des Altentums. Zwölfte, umgearbeitete und erweitete, mit einem Philosophen- und Literatorenregister versehene Auflage. Herausgegeben von Dr. Karl Praechter. Verlag E. S. Mittler & Sohn, Berlin 1926.

W. Verwiebe, Welt und Zeit bei Augustin. o. Ord. 1933.

Alejandro G. Vigo, Zeit und Praxis bei Aristoteles. Die Nikomachische Ethik und die zeit-ontologischen Voraussetzungen des vernunftgesteuerten Handelns. Freiburg/München1996.

Josef Weis, Die Zeitontologie de Kirchenlehrers Augustinus nach seinen Bekenntnissen. Augustinus Confessiones, XI. Buch: 14-18Kap.

Frankfurt/Bern/New York (Peter Lang) 1984.

B. Fr. v. Weizsäcker, Aufbau der Physik. München/Wien 1985.

R. Wendorff, Zeit und Kultur. Geschichte des Zeitbewußtseins in Europa. Opladen 1980.

G. J. Whitrow, Die Erfindung der Zeit. Hamburg 1991.

Gerhard Wirt (Hrsg.)， Romanitas-Christianitas. Untersuchung zur Geschichte und Literatur der römischen Kaiserzeit. Berlin (De Gruyter) 1982.

Chr. Wulf，Lebenszeit-Zeit zu Leben. Chronokratie versus Pluratität der Zeit. In: D. Kamper, Chr. Wulf (Hrsg.), Die Sterbende Zeit. Zwanzig Diagnosen. Darmstadt/Neuwied 1987.

A. Zimmermann, Ipsum enim <,est’ >，nihil est (Aristoteles: Periherm. I c, 3). Thomas von Aquin über die Bedeutung der Kopula. In: Miscellanea Mediaevlia 8 (1971).

R. Zoll (Hrsg.), Zerstörung und Wiederaneignung der Zeit. Frankfurt a. M. 1988.

六　中文研究文献

徐龙飞，《形上之路——基督宗教哲学建构方法研究》，北京大学出版社， 2013 年。

徐龙飞，《循美之路——基督宗教本体形上美学研究》，中华书局（香港），2013 年。

徐龙飞，“存在之美与此间世界之美——试析托马斯关于美的论述”，《云南大学学报》，社会科学版，2009 年 2 期。

徐龙飞，“托马斯论证上帝存在的五种路径”，《外国哲学》第二十七辑，商务印书馆 2014 年。

七　中文译本

1. 奥古斯丁《忏悔录》译本

亚古司丁《古圣明心》（《亚古司丁认词》），胡贻榖（译），上海商务印书馆，1909年印，上海广学会藏版（缺第十一卷至第十三卷）。
《忏悔录》，应枫（译），时代文艺出版社，2000年第一版。
《忏悔录》，周士良（译），商务印书馆，1981年。

2. 其他

笛卡尔，《第一哲学沉思集》，庞景仁（译），商务印书馆，1986年。